유·불·도, 환경과 예술을 말하다

본 번역서는 중화사회과학기금(Chinese Fund for the Humanities and Social Sciences)의 지원을 받아 출판되었습니다.

本书由中华社会科学基金(Chinese Fund for the Humanities and Social Sciences)資助出版。

유·불·도, 환경과 예술을 말하다

천옌(陳炎), 자오위(趙玉), 리린(李琳) 지음

김철 옮김

景仁文化社

역자 서문

중국학자 천옌(陳炎)의 『유·불·도, 환경과 예술을 말하다(원저서명:『儒釋道的生態智慧與藝術訴求』)』는 2014년 국가사회과학기금프로젝트인 '중화학술외역(中華學術外譯)' 과제의 번역 결과물이다. 본 저서는 오늘날 세인들의 주목을 받고 있는 생태관념과 생태철학, 생태예술을 다루고 있어 매우 중요한 현실적인 의의가 있다.

21세기 글로벌시대 우리 인류가 직면한 여러 가지 위기 중에서 가장 큰 위기는 생태환경위기이다. 일찍 19세기 중후반부터 우리 인류는 산업화사회가 가져다준 물질적 부와 함께 생태계의 파괴라는 난제에 부딪치기 시작했다. 하지만 산업화가 너무나 빠르게 진행된 나머지 그 현란한 표면의 성과에 현혹되어 환경문제의 중요성을 미처 깨닫지 못한 채 오랜 세월을 지내왔다. 결국 생태환경문제가 우리의 삶을 위협하는 수준에까지 악화되자 문제의 심각성을 의식한 인류는 마침내 1972년 6월에 스웨덴 스톡홀름에서 유엔 환경회의를 개최하고 '인류환경선언'을 채택한다. 이 회의에서 생태환경문제는 전 지구적인 과제로 제시되고 각국은 각자 구체적인 대책마련에 들어가게 된다. 생태학, 또는 인류생태학이 세인들의 각별한 관심을 받게 된 것도 이때부터였다. 한 세기 남짓한 동안 우리 인류는 줄곧 생태계에 대한 학문적 탐구와 실천 활동을 진행해왔고 또 현재도 계속 진행 중에 있다.

실제 동양의 선현들은 먼 옛날부터 인간과 자연의 관계, 특히 양자의 조화에 대해 주목하여 여러 모로 고민해 왔었다. 현전하는 유·불·도 삼교의 교리와 경전 속에는 바로 그들이 수천 년에 거쳐 축적해온 철학적인 고민과 관련 생태지혜들이 고스란히 담겨 있다. 국내외 생태학자들은 일찍부터 이와 같은 우리 선현들의 지혜에 대해 깊은 관심을 갖고 다양한 연구를 진행해 왔다. 심미학(審美學) 학자 천옌 교수도 예외는 아니다. 그는 동양의 현대적 '심미관'과 '생태관'으로 선조들이 수천 년 쌓아온 철학사상에 깊이 천착하여 유·불·도의 생태철학과 생태윤리관, 그리고 그 예술관을 체계 있게 비교, 분석하였다. 이러한 연구를 통해 부동한 세계관에서 출발한 세 종교가 서로 다르면서도 상호 보완하는 자연 생태 관념과 예술적 가치관을 가지고 있음을 새롭게 밝혀냈다. 특히 유·불·도의 전통적 생태관이 사회생태와 자연생태, 그리고 정신생태 이 세 가지 층위에서 중국 고대 생태문명을 구축해 왔음을 지적한 것은 상당히 큰 학술적 가치가 있으며 현재 심각한 생존환경위기를 맞고 있는 우리들에게 매우 큰 깨우침을 줄 것이다.

2년 반 시간을 들여 힘들게 강행한 번역작업이 이제 마무리가 되고 곧 출판에 들어가게 된다고 생각하니 감회가 깊다. 그 동안 이 프로젝트를 완성하느라 얼마나 많은 힘든 시간을 보냈는지 모른다. 난해한 고문(古文)번역에 막혀 며칠 밤을 새가며 고민한 적도 있었고 때론 자기능력의 한계에 부딪쳐 한탄한 적도 있었다. 고진감래라고 고생 끝에 번역서 출간이라는 좋은 선물을 받게 되어 내심 기쁘기 한량없다. 그러면서 다른 한편으로는 걱정되는 점도 없지 않다. 제 나름으로 최선을 다했지만 내놓은 번역이 어떤 평가를 받게 될런지, 과연 독자들의 기대에 미칠 수 있을지 하는 등 걱정 때문에 마음이 가볍지는 않다. 그저 서툴고 세련되지 못한 번역이나마 생태학이나 인류생태학에 관심을 갖고 있는 독자들에게 얼마만큼이라도 의미 있게 다가갈 수 있다면 다행으로 생각하겠다.

출판을 앞둔 이 시각, 1년 전에 돌아가신 본 번역서의 원저자이신 천옌 교수님을 다시 떠올린다. 역자가 본 저서의 번역 때문에 첫 방문을 했을 무렵, 초면인 나를 반색해 맞아주고 잘 번역해보라며 따뜻하게 격려해주시던 교수님의 모습이 지금도 눈앞에 선하다. 나의 나태함으로 천 교수님과의 약속을 지켜드리지 못한 점이 후회스럽다. 내 번역서를 받아보지도 못한 채 총망히 우리 곁을 떠나가신 고(故) 천옌 교수님께 미안한 마음을 금할 길 없다. 늦게나마 이 약소한 결실을 천옌 교수님의 영전에 올리고자 한다. 그리고 그 동안 나의 번역을 도와준 본 프로젝트 번역진의 황영철, 윤석만 등 역자(譯者)들에게도 고마움을 표한다. 아울러 본 프로젝트를 지원해준 국가사회과학기금 '중화학술외역' 지원팀에도 깊이 감사를 드린다. 끝으로 본 번역서가 나오기까지 여러 모로 애써주시고 배려해주신 한국 경인문화사 한정희 이사장님과 이 책의 편집, 출판에 관여해준 귀 문화사 모든 편집자들께 진심으로 감사를 드린다.

정유년 2월 연구실에서
역자 씀

목차

제4장 불가의 생태적 지혜와 예술적 추구

서 론

논쟁이 무성한 연구 영역

제1절 생태

21세기 중국인들에게 가장 문제가 되는 것은 생태 문제이다. 오늘날의 생태 문제는 이미 말로 표현할 수 없을 정도로 심각하다. 예를 들면 쓰레기에 포위된 도시, 폐수에 오염된 하천, 느닷없이 쏟아지는 산성비, 어디나 할 것 없이 풍겨오는 고약한 냄새, 사람들의 시각을 현란케 하는 빛의 공해, 무방비 상태로 노출되어 있는 전자파, 그 외에도 지구 온난화의 위협, 토양 조건의 악화, 식품 안전 위기 그리고 끊임없이 새롭게 나타나는 변종 바이러스 등이다. 사람들은 이런 생태 변화에서 수시로 오염된 환경의 위협을 느끼게 되고, 오랜 시간 동안 별러온 대자연의 보복을 당하기도 한다. 생태 문제는 인간과 자연의 관계에서뿐만 아니라 인간과 사회의 관계에서도 나타난다. 날로 멀어지기만 하는 이웃 사이, 날로 긴장되는 직장 생활, 날로 물질화하는 인간관계 그리고 날로 권력화되는 사회관계가 바로 그것의 표현이다. 그 외에도 도덕 신앙의 상실, 정신문명의 쇠퇴, 삼정생활의 결핍, 문학예술의 쇠락…… 등을 들 수 있다. 사람들은 이와 같이 날로 복잡해지는 사회 구조 속에서 점점 미미한 존재가 되어 고독해지고 있으며, 더욱더 폐쇄된 채 고립되어가고 있다.

이런 현상을 초래한 원인은 쉽게 찾아볼 수 있다. "서방 국가들이 백여 년간 쌓아 올린 경제적 성과를 중국은 '개혁개방' 30년 동안에 이룩했다. 하지만 마찬가지로 백여 년 동안 서방 국가들에서 문제시되어왔던 환경 오염 문제가 중국에서는 30년 동안에 집중적으로 나타났다. 생태적인 측면에서만 봐도 중국은 자원과 환경 원가가 새로운 형태의 전환을 이룩하지 못했기 때문에 자체의 인구 자원마저도 지탱할 수 없다."[1] 딩

샤오핑(鄧小平)은 일찍이 개혁개방 초기에 "개혁개방과 경제 발전만이 살길이다"라는 유명한 명언을 남겼다. 그는 글로벌 경쟁이 갈수록 심해지고 있는 현대 사회에서 빈곤하고 낙후된 중국이 발전을 가속화하지 않으면 민족의 자주독립을 다시 한 번 상실할 수 있다는 점을 너무나 잘 알고 있었기 때문이다. 다시 말해서 개혁하지 않고 발전하지 않으면 중국은 이 지구에서 사라질 수도 있다는 의미이다. 그렇지만 30여 년 전, 중국의 개혁과 발전은 그 여건이 매우 열악했었다. 당시 중국은 1인당 자원 사용량이 극히 모자란 개발도상국으로서 자본과 기술뿐만 아니라 자원도 결핍했다. 이러한 상황에서 국가 발전은 오직 '개혁개방' 정책에 의존할 수밖에 없었다. 이른바 '개혁'이란 각 사회 구성원들의 자주적 능력과 창조적 능력을 최대한 발휘하게 함으로써 생산력을 최대한 해방시키는 것이다. 이를 위해 중국 정부에서는 '일부 사람들을 먼저 부유해지게 하자'는 슬로건을 제기한 적도 있었다. 그리고 이른바 '개방'이란 선진국의 자금과 기술을 최대한 도입하고 선진국의 선진 경험을 배우고 익히는 것이었는데, 이 같은 목적을 달성하기 위해 국가에서는 여러 가지 외자 유치에 관한 우대 정책을 펼치기도 했다. 그 결과로 알 수 있듯이, 이러한 조치들은 모두 뛰어나고 훌륭하며 정확했다. 이러한 조치들이 없었다면 30년 동안의 위대한 성과를 창조할 수 없었을 것이다. 하지만 이러한 고속 발전에는 반드시 상응하는 대가가 따르기 마련이다. '일부 사람들을 먼저 부유해지게 하자'는 정책은 사람들의 적극성과 창조성을 최대한 불러일으키면서 사회 발전에 활력을 불어넣기는 했지만 동시에 사람들 간의 빈부 격차를 더욱 키웠으며 사회 생태 면에서 새로운 모순들을 배태했다. 그리고 강력한 외자 유치 정책은 산업화를 크게 가속화하여 거대한 물질적 부를 창조하였지만, 그와 동시에 제한된 자원들

---

1) 潘嶽, 「中華傳統與生態文明」, 『新華文摘』(2009년 제5기), 111면.

을 과도하게 개발하여 환경이 크게 훼손되는 등 자연 생태 영역에서 새로운 문제들을 불러왔다. 이 같은 상황은 백여 년 전, 풍부한 자원과 대량의 식민지를 소유한 서방 국가들의 상황과는 매우 다른데, 중국은 내부의 자원을 이용하여 이런 모순을 해결할 수 없었을 뿐만 아니라 이러한 모순과 문제들을 해외로 전가시킬 수도 없었다. 그리하여 의식주 문제가 해결된 뒤, 곧바로 생태적 문제가 신속하게 중국 사회의 가장 뚜렷한 모순으로 자리 잡게 되었다.

중국은 비록 생태적 문제가 두드러져 있지만 이는 산업 문명의 전형적인 예증일 뿐이다. 그리고 산업 문명의 생태적 문제도 두드러지긴 하나 이 역시 인류 문명의 '이화(異化)' 현상의 집중적인 구현일 따름이다. 근본적으로 말하면 '문명'과 '이화'는 쌍둥이와 같다. 인류가 문명사회로 들어서기 전에 자연계는 이미 수억만 년의 진화 과정에서 자신의 생태 체계를 형성하였다. 여기에는 춘하추동과 같은 사계절의 순환을 비롯해, 큰 물고기가 작은 물고기를 잡아먹고 작은 물고기는 새우를 잡아먹으며, 또 새우는 플랑크톤을 먹는 것과 같은 생태계의 먹이사슬 등이 포함된다. 그러나 자연계 진화의 종점(終點)이 도리어 인류 진화의 시점(始點)이 되었던 것이다. 이는 인류가 출현한 후 대자연이 진화의 발걸음을 멈췄다는 것이 아니라 인류가 출현하면서 대자연은 인류의 간섭으로 진화의 궤적을 변화시키지 않으면 안 되었다는 것이다. 한 가지 수종(樹種) 밖에 없는 삼림과 정연하게 획일화된 논과 밭들 그리고 가로세로로 교차된 도로와 콘크리트 구조물로 숲을 이루고 있는 도시들, 오가는 선박으로 꽉 채워진 하천과 비행기들이 쉴 새 없이 날아다니는 하늘을 보면 우리는 다음과 같은 것을 쉽게 알 수 있다. 즉 자연계가 수천 수백만 년의 진화를 거쳐 특수한 생물 종인 인간을 만들어낸 후부터 자연계는 인간의 참여와 심지어 인간의 통제 속에서 고유의 진화 궤적을 벗어나고 있다는 점을 알 수 있다. 이러한 인간의 참여와 통제는 인간 주체의 자

주 능력과 창조 능력을 보여주고 있지만 동시에 인간의 자고자대(自高
自大)와 무지를 보여준 것이기도 하다. 마치 힘의 작용력은 언제나 똑같
은 반작용력을 가지는 것처럼 인간이 매번 자연의 개발을 통해 얻고자
하는 데에는 반드시 그에 상응하는 보복과 응징이 따르기 마련이다. 엥
겔스는 일찍 사람들에게 다음과 같은 경고를 한 적이 있다.

○ 우리는 자연과의 승리에 너무 도취되어서는 안 된다. 왜냐하면 매번 승리
할 때마다 자연계는 우리에게 보복을 감행하였기 때문이다.[2]

유물론적 관점에 따르면, 자연계는 의지를 가진 인격화된 주체가 아
닌데 어떻게 인간의 행위에 대해 보복을 감행할 수 있을까? 아마 이것이
바로 자연변증법의 오묘함일 것이다.

유물론적 변증법의 보편적 연관성의 관점에 따르면, 인간이 살아가는
자연계는 수많은 물질들의 우연적인 집합이 아니라 하나의 유기적인 계
통이다. 이 계통은 매우 복잡하고 오랜 시간을 거쳐 형성된 것이어서 하
나만 다쳐도 전체가 움직이는 내적 연관성을 가지고 있다. 억만 년이란
자연계의 진화와 대비해볼 때 인류의 역사는 극히 짧다. 비록 자연 진화
의 총아로서 인간은 자연을 개조하고 정복하려 노력했으며, 이런 노력을
통해 인류 문명을 창조하기도 했지만 인류의 자연에 대한 개조와 정복은
위대하면서도 미미했던 것이다. 인류는 자주적 능력과 창조적 능력에서
위대함을 보여주기는 했지만 그 인식과 실천 능력의 한계와 무지함으로
인간 자체가 보잘것없는 존재임을 드러내기도 했다. 끝없이 넓은 우주와
견주어볼 때 문제를 바라보는 인간의 안목과 시각은 언제나 짧고 협소했
으며, 심오한 우주와 견주어볼 때 문제를 논의하는 인간의 방법과 수단
은 언제나 천박하고 유치했던 것이다. "인간이 사고한다고 하니 하느님

---

2) 『馬克思·恩格斯全集』 제20권(人民出版社, 1971), 519면.

이 우스워했다"고 말한 원인이 바로 여기에 있다. 그러나 자연이라는 무한한 위력을 가진 하느님을 상대하면서도 인간은 자신들의 사고를 멈출 수 없었기 때문에 바로 생태학이란 학문이 탄생하게 되었다.

제2절 생태학

인류가 산업화 시대에 들어선 지 얼마 안 되는 1866년에 독일의 생물학자 에른스트 헤켈(Ernst Haeckel)이 '생태학'이라는 개념을 제기했다. 당시 생태학은 생물학의 한 분과로서 주로 유기체와 주변 환경의 관계를 연구하는 학문이었다. 그 뒤 생태학의 연구 범위는 시간의 흐름에 따라 부단히 확대되는 추이를 보이면서 식물생태학에서 동물생태학으로, 동식물과 외부 환경의 관계 연구에서 인류 및 자연 전반과의 관계 연구로, 그리고 인간과 사물 간의 자연 생태 연구에서 인간과 인간 간의 사회 생태 연구 등으로 발전했다. 이 같은 연구 범위의 끊임없는 확대 및 발전과 더불어 사람들은 '생태학'이란 학문의 속성에 대해서도 서로 다른 견해를 갖게 되었다. 즉 사람들은 "처음에는 환경을 하나의 기술적인 문제로 보고, 어떤 기술로써 오염 문제를 해결할 것인가를 연구했다. 그러나 아무리 훌륭한 환경 기술도 '고에너지 소모와 심각한 오염, 자원 소모형' 산업의 지속적 발전을 막을 수 없다는 점을 인식하게 되면서 이 문제를 경제적 문제로 격상시키고 여러 가지 환경 보호를 격려하고 오염을 처벌하는 경제 정책을 추진하게 되었다. 하지만 이후 환경이 사회 각 집단의 이익과 연관되고, 심지어 각 나라 간의 충돌과 모순을 야기할 수 있다는 점을 발견하면서 환경 문제는 정치적 문제로 격상되었다. 최근에는 특히 기후 변화 문제가 국제 정치의 주된 이슈로 떠오르면서 전 세계의 적지 않은 정치가들이 환경 문제가 하나의 문화, 윤리적 문제라는 점을 분명히 인식하게 되었다."[3]

사실상 생태학에서 해결해야 할 환경 문제는 과학 기술적인 문제 외에 경제적인 문제를 포함하고 있으며, 또한 정치적인 문제 외에 윤리적인 문제도 포함하고 있다. 생태학이 과학 기술적 문제를 포함하고 있다는 것은 자연 생태계에 대한 인간의 파괴가 상당 부분 과학 기술의 발전과 관련되어 있기 때문이다. 만약 화학 공업 기술이 없었더라면 어찌 화학 오염의 가능성이 있으며, 핵 기술의 발전이 없었더라면 어찌 핵 유출과 같은 위험이 생길 수 있겠는가? 뿐만 아니라 과학 기술로 인한 대부분의 문제들이 바로 보다 선진적인 과학 기술을 통한 해결을 필요로 하고 있다. 과학 기술이 발달한 서양 국가들에서는 이 분야에서 이미 뚜렷한 성과를 보여주었다. 그렇지만 보다 선진적인 과학 기술일수록 더욱 새로운 문제들을 야기하기도 한다. "이와 같이 자연의 상호 작용과 각종 과정들은 다양하고 복잡하며 무한한데 자연에 대한 인간의 인식은 늘 역사적인 제약을 받게 된다. 때문에 과학이 아무리 발달했다고 하더라도 '다음과 그다음'에 나타나게 될 영향, 즉 '먼 훗날의 자연 결과'를 예측한다는 것은 불가능하다."[4]

그리하여 아인슈타인을 비롯한 많은 과학자들이 과학 기술의 발전에 대해 비관적이거나 또는 세밀하면서도 신중한 태도를 취했다. 더욱이 과학 기술은 아직 인간이 물질적인 세계를 개조하는 데 필요한 수단에 지나지 않지만 그 배후에는 심오한 경제적 목적이 숨어 있다. '경제'라는 단어의 가장 본질적인 내포는 최소의 원가로 최대의 이익을 얻는 것이다. 그러나 오랜 세월 동안 인류의 경제 활동은 환경이라는 중요한 원가

---

3) 潘嶽, 「中華傳統與生態文明」, 『新華文摘』(2009년 제5기), 111면.
4) 이와사 시게루(岩佐茂), 『環境的思想－環境保護與馬克思主義的結合處』, 韓立新·張桂權·劉榮華 역(中央編譯出版社, 1997), 140면.

요소를 잊고 있음으로써 기형적인 소비와 과도한 성장을 초래했던 것이다. 이 때문에 경제생태학의 관점에서 어떤 이는 '성장의 한계'라는 문제점을 제기하고, 또 어떤 이는 '지속 가능한 발전'의 이론을 제기하기도 했으며, 또 어떤 이는 '녹색 GDP'라는 개념을 제기하고, 또 어떤 이는 '저탄소 경제'라는 목표를 제시하기도 했다. 그러나 인간의 경제적 동기는 이따금 정치 제도와도 연관성을 가진다. 그리하여 어떤 이는 이익을 추구하는 자본주의 제도의 본질이 변하지 않는 한, 생태 환경에 대한 인류의 파괴는 계속 늘어날 뿐 줄어들지 않을 것이라고 주장했다. 또 어떤 이는 국제 정치의 관점에 입각하여 국가 형태의 존재가 필연적으로 각국 정부, 특히 선진국들이 자국의 생태 위기를 타국에 떠넘기며 타국을 방패막이로 삼는 현상이 불가피할 것이라고 주장한다. 그러므로 국가를 단위로 하는 이익 주체에 대해 정치적 제한이 필요하다면 개인을 단위로 하는 이익 주체에는 도덕적 제한이 필요하다. 그리하여 사람들은 생태정치학에서 생태윤리학으로 관심을 돌리게 된다. 생활 재료가 매우 풍족한 산업 사회와 포스트 산업 사회에서 사람들이 얼마를 소비하고, 또 어떻게 자신들이 소유한 자원을 소비하는가 하는 문제는 많은 면에서 이미 더는 경제적인 행위가 아닌 일종의 윤리적인 행위가 되었다. 오직 사람들이 '인간 중심설'의 윤리적 가치를 완전히 버리고 평화와 우호적인 태도로 자연을 대할 때, 우리는 생산과 생활 중의 여러 가지 잘못된 영역에서 벗어날 수 있다. 하지만 자연에 대한 인간의 관심은 애초부터 인류 자신의 입장에서 시작된 것이기 때문에 인류로 하여금 '인간 중심설'의 가치관을 버리게 한다는 것은 자신의 머리털을 잡아당겨 지구 중심의 만유인력을 벗어나 하늘로 올라가려고 하는 것처럼 어려운 일이다. 그리하여 생겨난 학문이 바로 생태미학이다.

제3절 생태미학

종전에 언급한 생태학들과 달리 생태미학은 기술을 통해 생태 문제를 해결하려는 것도 아니고 경제적 책략, 정치적 제도, 윤리적 관점 등을 통해 생태 문제를 해결하려는 것도 아니다. 생태미학은 인류의 심미적 정서를 통해 생태 문제에 접근하려고 한다. 왜냐하면 과학 기술의 변화는 경제 책략의 변화를 기초로 하고, 경제 책략의 변화는 정치 제도의 변화를 근거로 하며, 또 정치 제도의 변화는 윤리적 관념의 변화를 기초로 하고, 윤리적 관념의 변화는 심미적 정서의 변화를 기초로 하기 때문이다. 생태미학의 목적은 종전의 기타 미학과 달리 근본적으로 사람들의 심미적 정서와 심미적 취미를 변화시켜 사람들로 하여금 거의 본능적으로 생태 보호에 유리한 행위와 판단을 할 수 있게 하는 것이다.

중국이 '생태미학'이라는 개념을 받아들이기 전인 1970년대부터 미국 등 서방 국가에서는 이미 '생태 비평(ecocriticism)' 또는 '문학과 환경 연구(studies of literature and environment)'라는 개념을 쓰기 시작했다. 포스트모던 해체주의 사조의 한 구성 부분으로서의 생태 비평은 페미니즘 비평이 남성 중심주의를 해체하고, 흑인주의 비평이 백인 중심주의를 해체한 것처럼 문학예술 속에 체현된 인간 중심주의를 해체하려 했을 뿐만 아니라 이를 돌파구로 삼아 인간과 환경의 관계를 변화시키려 했다.

1948년 미국의 학자 알도 레오폴드(Aldo Leopold)는 '자연 보호 운동의 경전'으로 불리는 『모래군(郡)의 열두 달』을 출간했는데 여기서는 인간의 생태 관념의 변화와 생태 지식 획득이 심미 활동에 주는 영향을 논했다. 훗날 서양의 학자들이 그의 사상을 개괄하여 '대지의 미학' 또는 '생태미학'이라고 했다. 1982년 한국계 미국 학자 고주석(高州錫)은

「생태 설계: 통일체 철학과 진화윤리학적 포스트모던 디자인 모델」이라는 논문에서 어느 학자들보다 일찍 '생태 건축', '생태미학(ecological aesthetics)'과 같은 용어들을 사용하여 건축의 구조와 위치를 어떻게 자연 경관의 특징과 융합시켜 양자가 혼연일체의 조화를 이루게 할 것인가를 논의한 바 있다. 1999년에는 또 다른 미국 학자 폴 곱스터(Paul Gobster)가 「삼림 경관 관리를 위한 생태미학」이란 논문에서 레오폴드의 철학 사상과 고주석의 설계 이론을 공원과 삼림 경관 관리에 적용했다. 삼림 경관의 심미적 가치와 생태의 지속적인 가치 간의 모순을 해결하기 위해 폴 곱스터는 현대적 생태 사상에 입각하여 전통적 미학 사상을 비판하고 변화시키려 했다.5)

앞에서 본 것처럼 문학 작품에서의 생태 비평이든 자연환경에 대한 생태미학이든 구미 학자들의 이 같은 노력은 모두 인간의 자연환경에 대한 심미적 정서와 심미적 태도를 바로잡으려는 데 그 목적이 있었다. 하지만 사실상 인간의 심미적 정서는 자연적으로 생겨나며 사상이나 이념의 제약을 받지 않는다. 다시 말해 사람들이 대상 세계에서 인간의 정서를 변화시키는 근본적 원인을 찾아내지 못한다면 생태 비평 또는 생태미학으로 명명된 그 어떤 학설도 완벽한 학문적 속성을 갖지 못하게 된다. 따라서 이러한 학설은 다만 외적이고 생경하며 심지어 천박한 것이 될 수밖에 없다.

서방의 생태 비평과 생태미학이 문학 작품과 자연현상을 연구 대상으로 삼았다면 중국의 생태미학은 주로 이론과 전통을 연구 대상으로 삼고 있다. 생태미학이란 개념이 중국에 들어오기 전, 중국 대륙에서 주도적 위치를 차지하고 있던 미학 사상은 '실천미학'과 '생명미학'이었다. 다 알다시피 이른바 미학적 문제란 근본적으로 대상 세계가 무엇 때문에 인

---

5) 程相占, 「美國生態美學的思想基礎與理論進展」, 『文學評論』(2009년 제1기).

간 주체로 하여금 감정적 변화를 불러일으키게 되는지를 해석하는 것이
다. 그리고 실천미학의 의미는 바로 주관적 입장에서 출발하여 다양한
객관적인 역사적 행위를 진행하는 '실천'을 통하여 객관과 주관, 물질과
정신 간의 내적 관계를 소통시키고, '인간의 본질적 능력의 대상화'를
통해 인간 주체의 심미적 감정의 변화를 불러일으키는 데 있다. '실천미
학'은 마르크스의 『경제학-철학 수고』(1844)에 근거하여 철학적 경지에
서 주관적 세계와 객관적 세계 간의 연결 고리를 '찾아냄'으로써 정서적
으로 객관 세계를 '향수'하는 인류 주체의 정신 활동을 실천적으로 객관
세계를 '개조'하는 인류 주체의 물질 활동에 토대하여 구축하였다. 이
견해는 중국 미학계의 주류 학설로서 많은 학자들의 지지를 받았다. 하
지만 자세히 분석해보면 이 학설도 소홀히 할 수 없는 두 가지 단점을
가지고 있다는 것을 알 수 있다.

첫째, 실천미학이 강조하는 것은 인간 주체의 집단적 실천이 객관적
세계에 대한 '물질적인 개조' 및 이로 인한 인간의 심미적 정서의 역사적
인 '축적'이지 인간 주체인 개체의 실천이 객관적 세계에 대한 '정신적
초월'과 이로 인한 인간의 심미 습관에 대한 현실적인 '돌파'가 아니기
때문이다. 따라서 실천미학은 집단을 중시하지만 개체를 소홀히 하고, 필
연(必然)을 중시하지만 자유를 소홀히 하며, 전통을 중시하지만 창조를
경시하는 결함이 있다. 그런 까닭에 실천미학은 심미적 감상을 쉽게 해석
하지만 심미적 창조에 대해서는 쉽게 해석하지 못한다. 왜냐하면 이는 역
사적으로 볼 때 모든 예술적인 걸작의 탄생은 다 집단적인 사회 실천이
간단하게 '축적'되어 이루어진 것이 아니라 개체로서의 예술가가 종전의
심미적 경험들에 대한 역사적인 '돌파'에서 이루어졌기 때문이다.

둘째, 실천미학이 강조하는 것은 인간 주체의 사회적 실천과 그것이
대상화된 세계에 남겨놓은 인류의 흔적이지 대상화되지 않은 세계의
고유한 형태가 지닐 수 있는 심미적 가치가 아니기 때문이다. 따라서

실천미학은 주체를 중시하지만 객체를 홀시하고, 사회를 중시하지만 자연을 홀시하는 결함이 있다. 이런 결함 때문에 실천미학은 사회미를 쉽게 해석하지만 자연미는 쉽게 해석하지 못한다. 왜냐하면 장자제(張家界), 주자이거우(九寨溝)와 같은 자연 경관은 바로 인공을 거치지 않은 원시적 자연이기 때문이다.[6] 그러므로 일부 학자들이 주장하듯 "실천미학이 규정하고 있는 인간의 본질은 유본질(類本質), 즉 일종의 추상적인 주체성이다. 인간의 본질적 능력으로서의 실천 역시 일종의 사회적으로 유화(類化)된 실천이다. 이러한 추상적인 명제는 구체적인 인간 개체가 진행하는 심미 활동의 가치와 권리를 소홀히 했을 뿐만 아니라 인간의 사회적 속성으로 인간의 자연적 속성을 대체하고 심미 활동의 현실성으로 보다 중요한 초월성을 대체함으로써 실용성이 심미성을 압도하고 이성이 감성을 압도하며 현실성이 초월성을 압도하는 극히 비정상적인 상황을 초래하게 되었다."[7] 그리하여 많은 학자들이 실천미학에 도전장을 내는 과정에서 '생명미학'이 태어나게 되었던 것이다.

실천미학과 반대로 생명미학(이와 유사한 것으로 '생존미학' 등이 있다)은 한 면으로는 집단적 실천에 대한 개체적 생명체의 도전을 강조하는 동시에 다른 한 면으로는 사회적 풍습에 대한 자연적 생명체의 돌파를 강조한다. 그러므로 생명미학은 집단을 초월하고 개체를 중시하며 사회를 초월하고 자연을 긍정하는 경향이 있다. '실천적 유물론'을 바탕으로 하는 실천미학이 인류 심미 활동의 집단성과 사회성을 지나치게 강조한다면 유일 의지론과 생명철학, 실존주의에 바탕을 둔 생명미학은 인류 심미 활동의 개체성과 자연적 특성을 지나치게 강조한다. 생명미학은 인간의 '생명'에 대한 이해에서 사회적인 내용과 규정이 결핍하기

---

6) 陳炎, 「試論'積澱說'與'突破說'」, 『學術月刊』(1993년 제5기).

7) 劉成記, 「從實踐, 生命走向生態－新時期中國美學的理論進程」, 『陝西師範大學學報』(2001년 제2기).

때문에 이러한 '생명'이 사회 제도, 사회 풍습, 사회 심리에 대한 초월은
완전히 우연한 것으로, 역사적 방향성이 없다. 바로 어떤 학자가 지적한
바와 같이

> ○ 이런 미학은 인간 개체의 자유해방을 추진하는 면에서는 중요한 역할을 했
> 지만 인간의 내적 세계에 대한 지나친 관심으로 인해 감성·욕망·정감 등
> 내적인 능력들이 지나치게 범람하게 하는바, 이런 범람은 '비확정성'을 유
> 일한 '확정성'으로 만들 뿐만 아니라 인류학의 영역에서 현대 심리학의 생
> 물학적(생물주의) 경향과 하나로 융합하여 인간성과 동물성의 경계를 말살
> 시킨다.8)

뿐만 아니라 생명미학은 실천미학과 많은 면에서 서로 대립되지만 하
나의 공통점을 가지고 있다. 즉 실천미학이 강조하는 것은 '인간의 본질'
이고, 생명미학이 강조하는 것은 '인간의 생명'이다. 이 양자 사이에는
비록 이성과 감성, 사회성과 자연성의 구별이 있지만 '인간 중심설'이라
는 공통적인 특성을 가지고 있다. 이에 일부 학자들은 이러한 공통적인
특성이 인간의 심미적 취향의 차이를 초래하게 하였으며, 이 같은 심미
적 취향의 차이 때문에 인간이 자연환경에 대한 파괴를 더욱 조장한 것
으로 보고 있다. 생태미학은 바로 이러한 배경에서 생겨났다.

실천미학에서 생명미학으로, 생명미학에서 다시 생태미학으로 변화
하는 과정에서 우리는 이러한 지향 변화의 내면에 숨어 있는 사회 역
사 발전의 단계적 특성을 쉽게 볼 수 있다. 동시에 우리는 실천미학에
서 생명미학으로, 생명미학에서 다시 생태미학으로 변화하는 과정에서
미학자들의 태도가 갈수록 급진적으로 변화했을 뿐만 아니라 그 미학
이론의 기초가 갈수록 박약해졌음을 인정해야 한다. 앞에서 살핀 바와

---

8) 劉成記, 「從實踐, 生命走向生態－新時期中國美學的理論進程」, 『陝西師範大學學
報』(2001년 제2기).

같이 실천미학은 많은 한계를 가지고 있지만 필경은 객관적 물질세계와 주관적 정신세계를 연결하는 매개와 유대를 '찾아냈으며', 또 이를 통해 미지의 대상화 세계가 어떻게 사람들의 감정 변화를 불러오는지 그 역사적 원인을 설명했다. 그러나 생명미학에 이르러 역사적 경험과 사회적 풍습에 대한 생명 주체의 초월은 완전히 우연적이고 임의적이며 비이성적인 것이었다. 그리고 역사적 경험에 대한 초월과 사회적 습관에 대한 돌파가 어떻게 미적 감각을 불러일으키는가 하는 점에 있어 생명미학은 끝내 합리적이고 설득력 있는 해석을 내놓지 못했다. 만약 인간이 비역사적이고 비이성적인 '생명'을 기반으로 설득력 있는 미학적 체계를 구축할 수 없다면 아무리 초인간적이고 초사회적인 '자연'을 기반으로 해도 설득력 있는 심미적 원칙을 세울 수 없다. 비록 생태미학을 테마로 한 논문, 저서, 학술회의, 연구 기관들이 우후죽순처럼 생겨나고 있지만 현재까지는 학문으로서의 생태미학이나 학파로서의 생태미학을 막론하고 모두 미숙한 탐색 단계에 처해 있다.

주지하다시피 하나의 성숙한 학문이라면 마땅히 독특한 연구 대상과 연구 방법이 있어야 한다. 그러나 생태미학이 연구하는 '자연 생태'와 '사회 생태'는 모두 확실한 연구 대상이 아니라 무엇이든 다 포함되어 있는 체계다. 이처럼 모든 것을 포함하고 있는 체계는 전통 미학과 비교할 때 독창성이 전혀 없다. 뿐만 아니라 생태미학이 주창하는 연구 방법은 연결 방법, 체계적 방법, 변증적 방법이 크게 다르지 않아 이러한 방법은 전통 미학과 비교할때 역시 독창성이 없다. 하나의 성숙된 학파라면 독특한 연구 품격이 있어야 할 뿐만 아니라 독특한 이론적 범주가 있어야 한다. 하지만 현재까지 생태미학은 인간 중심설에 대한 비판과 생태 보호의 중요성을 강조하는 면에서 합의를 본 것 외에는 그 어떤 독특한 연구 품격과 이론적 범주를 형성하지 못한 상황이다. 산업 문명이 지구촌을 휩쓸고 생태 환경이 날로 악화되어가는 오늘날, 생태 보호의 중요성을 강조하는 것은 의심할 바 없이 매우 필요한 일이다. 그러나 이런 상식적인 경험에 대한 기술은 학술적인 창조와 진보를 대표할 수 없다. 그리고 인류 중심설을 초월하느냐 안 하느냐의 문제는 결국 미학적 문제가 아니라 윤리학적 문제다.

우선 우리는 인간과 자연 간의 모순이 우연이 아닌 필연이라는 것을 알아야 한다. 심지어 숙명이라고 할 수도 있다. 인류 문명이 시작되는 날부터 사람들은 시도 때도 없이 자연 자원을 이용하고 자연의 진화 과정을 간섭하고 자연 생태를 파괴하면서 살아왔다. 이러한 이용과 간섭과 파괴는 인류 문명이 존재할 수 있는 기본적인 전제로서 어느 정도는 줄일 수 있다. 그러나 인간이 인류 문명의 혜택을 다 버리고 "새와 짐승과 더불어 살고 만물과 어울려 사는(同於禽獸居, 族與萬物並)"[『장자(莊子)』 '마제(馬蹄)'] 야만의 상태로 돌아가지 않는 한, 이 문제는 근본적으로 해결할 수 없다. 그러므로 문명한 생활 방식을 버리지 않으면서도 자연환경을 파괴하지 않으려는 윤리적인 탁상공론은 유치하면서도 실속이 없는 것이다.

또한 미학적인 문제는 감정이 어떻게 생기는가 하는 것이고, 윤리적 문제는 가치를 어떻게 판단하는가 하는 것인지를 우리는 알아야 한다. 현실에서 감정의 발생과 가치 판단 간에는 수많은 연관성이 있다. 그러나 학문적으로 볼 때 양자 간에는 각자의 원인과 근거가 있다. 다시 말하면 우리가 생각하는 가치 있고 좋은 것이 언제나 미적 감각만을 가져다주는 것이 아니다. 반면에 우리가 유해하다고 생각하는 나쁜 것들도 미적 감각을 가져다줄 수 있는 것이다. 그러므로 생태적 윤리학을 통해 인간의 심미적 경험에 영향을 주거나 변화를 주려는 시도가 반드시 성공할 것이라고 장담할 수는 없다. 혹시 일부가 성공하더라도 생태미학의 학문적 근거는 되지 못할 수 있는 것이다.

끝으로 우리는 인류 역사 속의 많은 민족들이 서로 다른 생태적 지혜를 가지고 있다는 점을 알아야 한다. 이런 독특한 생태적 지혜는 필연적으로 그들만의 독특한 심미관과 예술관에 직간접적으로 영향을 주고 있다. 그러므로 이러한 내적 관련성에 대한 연구는 전반적인 차원에서 한 민족의 문화 전통에 대해 전면적으로 이해하는 데 도움을 줄 뿐만 아니라 진정한 생태미학을 만들어나가는 데 없어서는 안 될 기초 작업이다. 한 걸음 물러서서 비록 생태미학을 만들지 못한다 하더라도 이러한 민족의 전통적 생태 지혜와 예술 경험 간의 연관성을 연구하는 사업은 필요할 뿐만 아니라 보람이 있다.

제1장

일종의 새로운 생태 세계관

20세기 후반 들어 사람들의 환경 의식이 점차 높아지면서 '생태'라는 단어가 소비문화 속의 명품 브랜드처럼 빠르게 번져나갔다. 게다가 생태라는 단어 자체도 실제로 명품 브랜드의 효과를 가진 듯, 경제학이든 사회학이든 그리고 건축업이든 관광업이든 어느 분야를 막론하고 앞에 '생태'라는 단어만 넣으면 바로 몸값이 달라지는 듯싶다. 필자는 그러한 '생태적인 것들이 그에 걸맞은 상응한 가치'를 갖고 있느냐 하는 데 회의를 갖는 것은 아니다. 실제로 설명하고자 하는 것은 마치 자동차업계에서의 벤츠나 BMW, 패션업계에서의 피에르 카르댕(Pierre Cardin)처럼 이것들에 대해 직접 체험하고 깊이 이해한 사람이 극히 드물 수 있다는 점이다. 많은 사람들의 머릿속에 이 단어들은 단지 유명 브랜드 자동차나 의류를 대표하는 데 지나지 않는다. 생태적 문제에 있어서도 대부분의 사람들이 문외한일 경우가 많다. 그들이 이해하는 생태는 이른바 '인간과 자연 간의 관계 처리', '환경과 야생 동물에 대한 보호'와 같은 극히 표면적인 것에 제한되어 있을 뿐이다.

　이 책은 생태적 지혜에 대한 표면적인 처리와 일방적인 이해를 피하기 위해 먼저 일정한 지면을 할애하여 생태관을 형성하는 현실적 기초, 이론적 배경, 생태관의 발전 과정 및 이론적 특성 등을 소개하고 분석하고자 한다. 또한 이 책을 펴낸 목적은 생태관에 입각하여 유·불·도의 세 사상을 재해석함으로써 그들이 가지고 있는 풍부한 생태적 지혜, 그리고 그와 관련된 심미적 취향, 예술적 특징을 탐색하려는 데 있다. 따라서 이러한 작업에 앞서 생태관에 대한 대략적인 소개와 분석을 진행하는 것은 필수적인 이론적 준비 과정이다.

제1절 생태관 형성의 현실적 기초

1. 전통 과학의 마이너스 효과

인류 사회가 산업화 시대로 진입한 18세기 말부터 19세기 초까지, 백여 년이란 짧은 기간에 세계는 천지개벽의 변화가 생겼다. 그 변화의 속도가 하도 빨라서 '일신월이(日新月異)'이라는 사자성어로 표현하기에는 역부족일 것이다. 하지만 인류는 이 짧은 기간에 전례가 없을 정도로 풍성한 성과를 얻었다. "사람들의 물질생활 수준은 보편적으로 향상되었고, 의료 위생 조건도 보편적으로 개선되었으며, 인간의 수명도 크게 연장되었고, 교육 대상 범위도 보편적으로 확대되었다. 또한 사회 조직화 수준도 눈에 띄게 강화되었고 사회 생산 부문과 생산자의 전문화도 날로 가속화되었다. 동시에 생산과 소비 영역의 세계화도 계속해서 늘어나고 있다."[1] 그러나 매우 유감스러운 것은 아무도 반가워하지 않는 마이너스 효과가 사람들을 흥분시키는 플러스 효과와 언제나 동반하고 있다는 점이다. 이로 인해 사람들은 산업화의 혜택을 누리는 동시에 쾌적함과 편리함에 상응한 대가를 치르지 않을 수 없다. 물질적 생활의 풍요와 의료 수준의 향상은 출생률과 사망률의 심각한 불균형을 초래하면서 나아가 세계 인구의 '대폭발'을 야기했다. 생산의 전문화와 생활 수준의 향상이 끊임없이 팽창하는 인간의 소비적 욕구를 자극하고 있는 데다 설상가상으로 인구의 급격한 증가까지 겹쳐지면서 자연 자원의 심각한 결핍을 초래하기도 했다.

당대 학자 찰스 하퍼(Charles Haper)는 "생산과 소비의 무한한 증가와 과학의 발전 그리고 기술의 발명은 사회 발전의 모든 문제를 해결할 수

---

1) 魯樞元, 『生態文藝學』(陝西人民教育出版社, 2000), 4면.

있다"는 관점을 들어 이를 현대 산업 사회의 "주도적 사회 패러다임 중 하나"2)로 보았다. 이 관점에 따르면 지구 상의 자원은 영원히 고갈되지 않으며, 실제로 한 종류의 자원이 어느 날 고갈되었다 하더라도 과학이 있으므로 걱정할 필요가 없다는 것이다. 이처럼 사람들은 자신들의 지식과 과학 기술을 이용하여 새로운 대체 자원을 충분히 찾아낼 수 있다고 믿는다. 예를 들어 깨끗하고 안전하며 고효율적인 핵융합 발전 연료인 '헬륨3(Helium-3)'은 매장량이 매우 적은데, 현재 인류가 알고 있고 또한 쉽게 채취할 수 있는 지구의 '헬륨3' 매장량은 5백 킬로그램 정도에 불과하다고 한다. 그러나 인류가 이미 초보적으로 탐사한 바에 따르면, 달 표면에는 수백 톤의 '헬륨3'이 매장되어 있다고 한다. 이렇게 풍부한 핵 연료는 인류가 수만 년을 쓰고도 남을 양이다. 만약 인류가 달에 매장된 '헬륨3'을 이용하여 발전(發電)하게 된다면 이 어찌 한 번의 고생으로 영원히 편안한 생활을 누릴 수 있는 에너지 위기 해결이 아니겠는가? 인류는 달에서 자원을 채취하는 것은 물론 다른 행성으로 이주하여 정착할 수도 있다. 따라서 어느 날 지구의 종말이 온다 해도 걱정할 필요가 없다. 전체 인류가 집단 이민을 하면 되므로. 게다가 우리는 이미 성공적으로 달에 오르지 않았는가? 또한 화성 탐사도 진행하고 있지 않은가? 집단 이민의 꿈은 머잖은 미래에 매우 손쉬운 일이 될 수도 있다. 물론 오늘날 과학 기술의 발전 속도로 볼 때, 집단 이민은 분명 먼 훗날의 일이다. 인류가 지금까지 자신이 거주하기에 알맞은 다른 행성을 찾지 못했다는 사실은 잠깐 제쳐놓고, 설령 행성을 찾았다 하더라도 지구 종말이 오기 전에 적합한 운송 수단을 연구해낸다는 것조차 장담할 수 없는 일이다. 때문에 과학만능주의를 신봉하는 낙관적인 정서의 배후에는 비관에 가까운 목소리도 따르는 것이다.

---

2) 魯樞元, 『生態文藝學』(陝西人民敎育出版社, 2000), 5면.

찰스 하퍼의 결론과 달리 로마클럽(The Club of Rome)의 조사 보고에
서는 세계 인구·산업화·오염·식량 생산·자원 소모, 이 다섯 가지 사항
은 모두 무한 성장할 수 없으며 저마다 한계가 있기 때문에 만약 이 사
회가 계속해서 생산과 소비의 성장을 추구할 목표로 정할 경우 한계에
대한 돌파가 돌이킬 수 없는 엄중한 결과를 가져올 것인바, 가령 다섯
가지 중 한 사항에서 한계를 돌파한다 하더라도 바로 지구 종말로 이어
지게 된다고 지적했다.[3] 즉 자원 고갈 문제가 미래 어느 시점에 가서
과학 기술의 힘으로 해결된다 해도 만사형통은 아니라는 것이다. 더욱이
자원 고갈 문제는 자원 이용 과정에서 나타난 엄중한 결과 중 일부분에
지나지 않은 것으로서 빙산의 일각에 불과하다는 것이다. 그리고 그 배
후에는 더 엄청난 문제가 숨어 있을 수도 있는데 그중 가장 중요한 문제
가 바로 환경 오염이라는 것이다.

우리가 사용할 수 있는 자원이 줄어드는 것을 걱정하고 있을 때, 실제
로 소모된 자원이 완전히 사라진 게 아니라는 사실을 알고 있는 사람들
은 아마 그리 많지 않을 것이다. 우리가 소모한 자원들은 단지 존재의
형태만 바꾸었을 뿐, 또는 직접 희석된 형태로 공기나 토양, 물에 존재한
다. 금속과 광물질이 바로 그런 예다. 자연계는 하나의 거대한 생태계로
서 어느 정도의 자아 조절 능력을 갖고 있다. 자연은 스스로 허용하는
범위 안에서 인류 활동으로 배출되는 많은 것들을 흡수하여 기타 생명체
에 유용하거나 무해하지 않은 물질로 처리해준다. 하지만 자연 생태계가
감당할 수 있는 범위를 벗어나면 그 결과는 달라진다. 자연 속에서 생활
하고 있는 인류가 그 피해를 입을 뿐만 아니라 자연 생태계 자체도 붕괴
위험에 처하게 된다. 현재 수은 함량이 기준치를 훨씬 넘은 물고기, 중금
속을 함유한 미세 먼지가 점점 많아지는 대기, 산처럼 쌓여 있는 도시

---

3) 데니스 메도스(Dennis Meadows) 외, 『增長的極限: 羅馬俱樂部關于人類困境的報
告』, 李寶恒 역(吉林人民出版社, 1997), 57면.

쓰레기, 점점 두꺼워지는 바닷가 해수면의 유막(油膜) 등을 보면 인류는 자연 생태계의 자기 정화 능력을 과대평가하거나 심지어 완전히 무시하고 있는 것이 분명하다. 더 무서운 점은 오염된 환경이 한 지역에만 조용히 머물러 있는 게 아니라는 것이다. "많은 유형의 오염이 결국에는 전 세계로 확산된다. 그린란드는 그 어떤 대기의 중금속 오염원과도 멀리 떨어져 있지만 그린란드 얼음 속의 납 성분 함량은 1940년부터 매년 3백 퍼센트씩 증가하고 있다. 맹독성 화학 농약인 DDT는 1970년부터 점차 사용이 금지되었지만 현재 지구 상의 모든 지역에 확산되어 알래스카의 에스키모부터 뉴델리의 주민에 이르기까지 이들 모두의 체지방 속에 DDT가 누적되어 있다"[4]고 한다.

하지만 이것이 전부가 아니다. 오염된 물질을 자연환경에 배출하는 것과 이렇게 배출된 오염 물질이 생태계에 최종적으로 끼치는 악영향 사이에는 하나의 분명한 '장기적인 체류 효과 단계'가 있다. 예를 들어 "싸고 깨끗하면서도 안전하다"(많은 국가 단체들이 이렇게 홍보하고 있다)는 핵발전소에서 배출되어 나오는 핵폐기물은 수천 년, 심지어 수만 년이 지나도 그 위험이 여전히 존재한다. 수많은 방사성 물질들 중에서 가장 위험한 것은 플루토늄(plutonium)이다. 플루토늄을 1파운드(약 453.592그램)만 지구에 고루 뿌려놓는다고 가정해도 지구의 모든 사람들이 폐암에 걸릴 수 있으며 그 위험은 50만 년이나 지속된다고 한다. 하지만 현재 원자로 1기에서 한 해에 나오는 핵폐기물만 수 톤에 달하고, 그중 플루토늄은 4백~5백 파운드(약 180~230킬로그램)에 달한다. 이 방사성 물질들은 다양한 간접 경로를 통해 장기간 인체에 누적되었다가 10년에서 40년이 지난 후에야 암을 유발한다. 그리고 방사성으로 인한 일부 유전성 질병은 몇 세대 후손들에게까지 이어진다고 한다.[5] 이런 사실들은 현

---

4) 앞의 책, 53면.

5) 프리초프 카프라(Fritjof Capra), 『轉轉點—科學, 社會和正在興起的文化』, 衛颯英·

재 커다란 골칫거리로 떠오르는 환경 문제가 단지 수많은 문제 중의 아
주 미미한 부분일 수도 있음을 의미한다. 우리는 '환경 오염'이 인간의
본의가 아니며 실제로 인간은 자신들의 환경을 개선하기 위해 노력하고
있다고 긍정적으로 말할 수 있다. 다만 "인간의 간섭 때문에 대자연이
오염되고 파괴된다는 수많은 사실들을 신문이나 방송으로 접할 때, 우리
는 인류의 아름다운 소망과 그 실제 행동이 판이한 것에 대해 놀라움을
금치 않을 수 없다. 아마 자신이 대자연의 적이라고 공공연히 말하는 사
람은 없을 것이지만 이미 형성된 생산 영역에서 이런저런 방식으로 대자
연을 파괴하지 않는 생산 분야는 없을 것이다."[6] 하여튼 이러한 사실들
은 우리로 하여금 산업화된 생산과 그 방식에 회의를 품지 않을 수 없게
한다.

　　물질세계의 변화가 사람들을 고무하는 플러스 효과를 불러오든 아니
면 사람들에게 외면당하는 마이너스 효과를 불러오든, 이 모든 것은 과
학 및 기술의 신속한 발전과 갈라놓을 수 없다. 영국에서 산업 혁명이
제일 먼저 시작된 것은 결코 우연이 아니다. 그것은 "현대 과학 기술이
중산층이 발달한 영국에서 창조되었기 때문이다."[7] 19세기 이전의 서양
에서는 과학과 기술의 관계가 그리 밀접하지 않았다. 과학은 오랫동안
단지 철학의 한 분과로만 존재했으며, 이는 바로 과학이 왜 '자연철학'
으로 불리게 되었는가 하는 원인이기도 했다. 19세기부터 사람들은 진정
으로 기술 발전에 대한 지식의 중요성을 깨닫게 되었고, 추상적인 지식
을 기술 발전과 연결시키는 방법을 발견하였으며, 아울러 기술 발전의
무한한 미래를 보게 되었다. 이때부터 유럽은 산업화 시대에 들어선다.[8]

　　李四男 역(四川科學技術出版社, 1988), 231면.

　6) 마르코프(Ю. Г. Марков), 『社會生態學』, 雒啓珂·劉志明·張耀平 역(中國環境科
　　學出版社, 1989), 25면.

　7) 앨프리드 화이트헤드(Alfred Whitehead), 『科學與近代世界(Science and the Modern
　　World)』, 何欽 역(商務印書館, 1959), 94면.

그러므로 과학 기술은 인간의 물질적 욕구를 충족시켜주는 공신인 동시에 환경 파괴의 주범이기도 하다. 실제로 이러한 견해를 가진 학자들이 적지 않다. 예를 들면 미국 학자 도널드 워스터(Donald Worster)는 제2차 대전 이후, 세계 환경이 돌연 악화된 원인을 과학 발전의 탓으로 돌리고 있다.[9] 배리 코머너(Barry Commoner) 역시 전 세계적인 생태 위기는 과학의 맹목성 때문에 초래된 것이라고 주장했다.[10] 일본 학자 이케다 다이사쿠(池田大作)는 현대의 기술 문명이 지구를 뒤덮기 전에 사람들 앞에 놓인 재난은 대부분 천재(天災)였으며 과학은 사람들이 자연재해에 맞서 싸우는 과정에 매우 큰 역할을 했을 뿐만 아니라, 이 과정에서 자체의 발전을 이룩했다. 그러나 현대의 과학은 그 힘이 너무 거대하여 인류를 훼멸시킬 수 있는 인재(人災)를 불러오는 주범이라는 것을 인정했다.[11] 이케다 다이사쿠의 주장은 고의로 과장하여 사람들을 놀라게 하려는 것이 아니다. 지금도 진행되고 있으며, 또 끊임없이 격상되고 있는 전 세계적인 핵무기 경쟁을 생각해보면 실로 소름이 끼친다.

그러나 이 역시 전부가 아니다. 전 세계적인 환경 악화는 단지 현대 과학 기술이 사람들에게 가져다준 악영향의 일부일 뿐이다. 과학 기술이 가져다준 더 심각한 악영향은 도덕과 윤리 그리고 인생 가치의 타락이며 심미 능력의 퇴화나. 도딕과 신잉의 상실, 정신문화의 쇠락, 감정생활의 결핍, 문학과 예술의 쇠퇴는 우리가 살아가고 있는 시대의 또 다른 크나큰 불행이다.

오스발트 슈펭글러(Oswald Spengler), 루이스 멈퍼드(Lewis Munford),

---

8) 앞의 책, 95면.

9) 도널드 워스터, 『自然的經濟體系: 生態思想史(*Nature's Economy:A History of Ecological Ideas*)』, 侯文蕙 역(商務印書館, 1999), 415면.

10) 위의 책, 42면.

11) 아널드 토인비(Arnold Toynbee)·이케다 다이사쿠(池田大作), 『展望二十一世紀: 湯因比與池田大作對話錄』, 荀春生·朱繼征·陳國梁 역(國際文化出版公司, 1985), 37~38면.

마르틴 하이데거(Martin Heidegger), 카를 야스퍼스(Karl Jaspers), 허버트
마르쿠제(Herbert Marcuse) 등 인문학자들은 기술을 인류 문명의 타락과
도덕 상실의 근원으로 보고 있다.

> ○ 예를 들면 마르쿠제는 과학 기술의 발전이 부유한 병적인 사회를 만들었
> 으며 사람들은 이러한 사회에 대한 부정과 비판의 원칙을 상실했고 다만
> 이러한 사회에 굴복하려는 일면만 남아 있다고 여겼다.12)

　현대 과학 기술이 세상을 지배하는 3백여 년 동안, 예술과 미학이 직
면한 위기는 더 심각하다. 디킨슨(Dickinson)의 말을 빌리면 "과학은 오
자마자 문학을 쫓아내려고 했던 것이다."13) 젊은 시절, 예술에 빠졌던
다윈(Darwin)도 자신이 점점 기계로 변해가고 있다며 고통스럽게 호소
한 적이 있다. 그는 자신이 수많은 사실들 중에서 일반적인 법칙을 쥐어
짜내는 것 외에 다른 것을 해낼 수 있을지 궁금하다면서 자신의 두뇌에
서 고급적인 취미와 대응되는 부분이 왜 퇴화되었는지 도무지 알 수가
없다고 했다.14) 백여 년이 지난 오늘날, 우리는 다윈의 물음에 대한 정
답을 매우 쉽게 찾을 수 있게 되었다. '과학이 곧 진리'인 시대에서, 인
생 가치와 관련된 도덕·예술·미학 같은 것들이 사람들의 냉대를 받고
있다는 사실은 전혀 이상할 게 없다. 그러나 우리도 인정할 수밖에 없는
것은 과학만 있는 시대는 참으로 무미건조하다는 점이다.
　실제로 과학과 기술에 대한 비판은 그리 생소한 것도 아니다. 독일의
생태학자 한스 작세(Hans Sachsse)의 관점에 따르면, "기술의 탄생에 의

---

12) 劉大椿·이와사 시게루, 『環境思想硏究: 基於中日傳統與現實的回應』(中國人民大學
　　出版社, 1998), 186면.
13) 수브라마니안 찬드라세카르(Subrahmanyan Chanderasekhar), 『眞與美: 科學硏究中
　　的美學和動機』, 朱志方·黃本笑 역(科學出版社, 1992), 68면.
14) 위의 책, 70면.

심을 품은 시기는 심지어 기술이 존재한 시간과 같이 오래되었으며 그리스어 '테크네(techne)'는 예술 작품 외에 전쟁 모략, 함정을 의미하며 '테그네토스(technetos)'는 인공 제조라는 뜻 외에도 위장, 허위 등 의미를 갖고 있는바, 그리스 신화에 등장하는 헤파이스토스, 프로메테우스, 다이달로스 등 위대한 기술자들도 자신들이 세운 공 때문에 가혹한 벌을 받게 되었다"[15]는 것이다. 더 흥미로운 점은 기술에 관한 많은 비판의 목소리가 과학 기술 분야의 전문가들에게서 나왔다는 사실이다. 예를 들면 20세기 최고의 물리학자 알베르트 아인슈타인(Albert Einstein)은 "투철하고 예리한 과학 연구는 인류에게 늘 비극적이다. 왜냐하면 과학 연구에 의한 발명은 사람들을 피곤한 육체노동에서 해방시켜 편하고 풍요로운 생활을 누리게 해준 반면, 사람들에게 심한 불안감을 가져다주어 기술 환경의 노예가 되게 한다"[16]고 했다. 매사추세츠 공과대학(MIT)의 학자들도 기술은 완벽하지 못할뿐더러 심지어 기만의 성질을 띠고 있다고 주장했다.

○ 우리는 기술 낙관주의가 이 세계를 모델로 하여 발견한 가장 보편적이고 가장 위험한 반응이라는 것을 알고 있다. 기술은 근본적인 원인에 영향을 주지 않고도 문제점을 약화시킬 수 있다. 그러므로 기술이 모든 문제의 최종 해결 방법이라고 보는 관점은 제한된 체계에서 날로 증가하는 기본적인 문제로부터 우리의 주의력을 다른 곳으로 옮기게 하며, 우리가 효과적인 조치를 취해 문제를 해결하는 것을 저애한다.[17]

인공두뇌학(cybernetics)의 창시자 위너(Wiener)도 현대 기술은 흡사

---

15) 한스 작세, 『生態哲學』, 文韜·佩雲 역(東方出版社, 1991), 110~111면.
16) 아인슈타인, 『愛因斯坦文集』 제3권, 許良英·趙中立·張宣三 편역(商務印書館, 1979), 259면.
17) 데니스 메도스 외, 『增長的極限: 羅馬俱樂部關於人類困境的報告』, 李寶恒 역(吉林人民出版社, 1997), 116면.

마력을 가진 원숭이의 손발처럼 이를 소유한 자의 모든 욕구를 만족시켜
주는 동시에 그들에게 재난을 가져다줄 것이라고 경고했다. 그것은 '원
숭이 손발'[18]을 가진 자들은 자신이 무엇을 해야 하는지 모르기 때문이
라고 했다. 또 사람들은 이 세상의 모든 것을 소유할 수 있고 눈앞의 이
익과 수요를 만족시킬 수 있지만 넓은 안목으로 볼 때, 다른 부분의 수
요를 잃어버리고 인간 자신의 생존 상태를 혼란하게 만들 것이라고 했
다. 그리고 우리는 현재 자신에 대한 통제력을 잃기 일보 직전의 상황에
처해 있을 수도 있다고 경고했다.[19]

　　한 가지 지적해야 할 것은 여기서 언급하는 '과학'은 데카르트-뉴턴
학설을 바탕으로 발전하여 20세기에 이르기까지 줄곧 주도적 위치를 차
지한 과학적 패러다임을 뜻하는데 객관주의, 실증주의, 기계론, 환원론
이 그 주요 특성이란 점이다. '과학'은 3백여 년 동안 모든 과학 분야에
존재했을 뿐만 아니라 인류 사상을 창조하는 모든 분야에서도 존재했다.
때문에 "'과학'은 과학의 발전 방향을 바꾸어놓았을 뿐만 아니라 인류
사상으로 하여금 도덕과 관련된 모든 것과 멀어지게 했다."[20] 하지만 전
반적으로 볼 때 이는 과학 발전의 역사에서 하나의 특정된 단계 또는
특수한 역사적 형태일 뿐이다. 즉 비판론자들이 과학과 기술을 향해 비
판의 예봉을 돌리고 있지만 앞서 논의된 문제들은 다만 어느 한 특정
단계의 과학과 기술로 인한 것이므로 과학 전체를 부정해서는 안 된다.
마치 누군가 어렸을 때 늘 잘못을 저질렀다고 해서 그 사람의 인생 전부
를 부정할 수 없는 것처럼 현대 과학 기술이 많은 문제를 일으켰다고

---

18) '허우장(猴掌)'은 바람에 말린 원숭이의 손과 발을 가리킨다. 전하는 바에 따르면,
　　이 원숭이의 손발은 사람들을 도와 세 가지 소망을 이루게 한다고 한다.
19) 에르빈 라슬로(Ervin László), 『系統哲學引論――种當代思想的新模式』, 錢兆華·熊
　　繼寧·劉俊生 역(商務印書館, 1998), 17면.
20) 데이비드 로예(David Loye), 『達爾文: 愛的理論』, 單繼剛 역(社會科學文獻出版社,
　　2004), 34면.

해서 과학 전체를 부정해서는 안 된다. 게다가 숱한 비판을 받아왔다고 해서 현대 과학 기술에 장점이 하나도 없는 것은 아니잖은가. 그러므로 전통 과학에 대한 온갖 비판을 통해 과학 전체에 대한 의구심이 아닌, 앞선 경험을 통해 과학의 장점을 취하고 단점을 극복할 수 있는 새로운 과학, 즉 진정한 '생태학'을 탄생시켜야 한다. 어쩌면 이처럼 생태학만이 갖고 있는, 전통 과학을 초월하는 가치 때문에 많은 학자들이 생태학을 '포스트모던 과학'이라 부르는지도 모른다.[21]

2. 생태학의 학제 간 발전

인류 사회가 산업화 시대로 갓 들어섰던 1866년에 독일 학자 에른스트 헤켈이 '생태학'이란 개념을 제기했다. 당시 생태학은 생물학의 한 분과로서 유기체와 그 주변 환경의 연관성을 주로 연구했다. 그 후 백여 년이 지나서야 이 개념은 널리 사용되게 되었다. 그러나 우리가 명칭만이 아닌 실질적인 내용을 중시한다면 미국 학자 도널드 워스터가 제기한 생태학의 사상이 명칭보다 먼저 형성되었다는 주장에 동의하게 될 것이다. 그는 다음과 같이 말했다.

○ 생태학의 사상은 18세기에 시작되었고 지구 상의 생명 구조를 더욱 복잡하게 관찰하는 방식으로 나타났는데 지구 상의 모든 유기 생명체를 내적 연관성으로 이루어진 하나의 체계로 보는 관점을 가지고 있다. 또한 이런 관점은 일반적으로 '자연적 경제 체계'로 귀납할 수 있다.[22]

---

21) 데이비드 그리핀(David Griffin), 『後現代科學 — 科學魅力的再現』, 馬季方 역(中央編譯出版社, 1995).
22) 도널드 워스터, 『自然的經濟體系: 生態思想史』, 侯文惠 역(商務印書館, 1999), 14면.

하지만 왕루숭(王如松), 저우홍(周鴻) 등 중국 생태학자들의 주장에 따르면, 생태학 사상이 나타난 역사는 이보다 훨씬 앞선 시기로 당겨지 게 된다. 이들은 다음과 같이 주장했다.

> ○ 고대 그리스의 철학자 아리스토텔레스 등의 저서에는 생태학의 내용이 명 시되었는데 다만 생태학이라는 용어를 쓰지 않았을 뿐이다. 그리고 훨씬 앞선 시기인 초기 인류의 토템 문화에도 생태학적 지혜와 학식이 내포되 어 있었다. 그것은 원시 부족 사회 사람들이 창조한 인격화된 신령-토템이 란 바로 초기 인류와 자연이 맺은 관계의 산물이기 때문이다.[23]

총체적으로 말하면 생태학의 연구 범위는 시간의 흐름과 함께 외연이 부단히 확대되는 추세다. 따라서 생태학의 학제 간 발전도 연구 범위의 확대와 함께 점차 현실화되고 있는데, 그 최초가 바로 식물생태학이다. 최초의 생물생태학 교과서는 1895년에 덴마크의 식물학자 에우게니우 스 바르밍(Eugenius Warming)이 펴낸 『식물생태학(*Plantesamfund*)』이다. 1896년에는 독일 생물학자 슈뢰터(Schröter)가 '개체생태학'과 '군집생태 학'의 개념을 제기했는데 이는 동물생태학의 연구 범위가 생물 개체 연 구에서 생물의 개체군을 연구하고, 더 나아가 생물 군집을 연구하는 쪽 으로 확대되었음을 의미한다. 20세기 초에는 생태학의 연구 범위가 이미 널리 확대되었으나 여전히 부동(不同)한 생물(해양 생물, 담수 생물, 식 물 병충해 등) 및 부동한 지역적 환경(기후대, 바다, 내륙 하천 등)을 대 상으로 분류하는 기술적(記述的) 연구에만 국한되어 있었다. 하지만 1935년 에 영국의 생태학자 아서 탠슬리(Authur G. Tansley)에 의하여 제기된 '생 태계'란 개념은 생태학 역사상 매우 중요한 증표가 되었다. 그 후 이 개념 은 역사적 발전 과정에서 부단히 확대되어 원래의 의미를 훨씬 초월했지만 '생태학'이란 용어는 생태학 역사에서 핵심적인 개념으로 자리 잡게 된다.

---

23) 王如松·周鴻, 『人與生態學』(雲南人民出版社, 2004), 77면.

1940년대, 미국의 생태학자 레이먼드 린더만(Raymond Lindeman)은
생태계의 물질 순환과 에너지 흐름의 이론을 정립했는데, 이는 현대 생
태학의 시작을 의미한다. 이때부터 생태학은 생태 구조에 따른 부문별
분류의 기술적 연구에서 생태 과정에 근거한 생태계의 기능적 연구로 발
전하게 되었다. 하지만 당시의 생태학 연구는 여전히 상대적으로 특수한
한 분야를 연구 범위에서 배제시키고 있었는데 그 분야가 바로 고급 생
물로서의 인류 및 인류의 생존 환경, 즉 사회적 환경이다. 당연히 이것은
생태적 연구의 주류적 경향을 두고 한 말이지만 엄밀히 따지면 틀린 말
이다. 그보다 앞선 시기인 1915년에 벌써 '인류생태학(Human Ecology)'
(일명 '사회생태학')이라는 용어가 시카고학파의 사회학자 로버트 파크
(Robert Park)와 어니스트 버제스(Ernest Burgess), 리처드 매켄지(Richard
Mckenzie) 등에 의해 제기되었다. 그러나 "본질적인 면에서 인류생태학
의 첫 시도는 활동 범위가 고정된 인간 군집의 행동을 통해 생물 군집의
고유한 생태적 관계와 규칙의 모의실험량을 찾아내어 생물학이 갖게 되
는 특유의 임무를 해결하는 것이었다. 때문에 인류생태학은 일반 생태학
의 분과로 간주되었고 사실상 사회 현상에 대한 생물학적 관점 체계로
인식되었다."[24] 20세기 후반기에 이르러서야 생태학은 인류 활동을 대
상으로 인간과 생물권 간의 상호 작용, 인간과 환경 및 자연 간의 조화
로운 발전 등을 중점적으로 연구하게 되었다. 이때부터 비로소 생태학은
점차 생물학의 범주에서 벗어나 기타 자연과학과 인문과학 및 사회과학
분야로 확대되었으며 경제생태학, 사회생태학, 문화생태학, 생태철학, 생
태윤리학 등 새로운 학문들이 학술 무대에 등장하게 되었다. 그리고 생
태학은 자연과학과 사회과학을 연결하는 가교 역할을 하게 되었다.

　이 시기에 이르러 생태학의 연구 범위는 거의 모든 것을 포괄하게 된

---

24) Eugene P. Odum, *Ecology: The Link Between the Natural and Social Scineces*, New
　　York: Holt, Rinehart & Winston, 1975, 6면.

다. 유명한 생태학자 유진 오덤(Eugene Odum)은 생태학이 "자연과학과 사회과학을 연결시켜줄 것이며", "새로운 종합적인 학과로 태어날 것"[25] 이라고 주장한 바 있다. 러시아의 생태학자 폴 오귀스트 뒤비노(Paul August Duvigneaud)와 탕게(Tanghe M.)는 1970년대에 출판한 『생물권 및 생물권에서의 인간의 지위』에서 생태학이 국부적인 학문에서 우주관적 기능을 가진 새로운 과학으로 거듭나고 있는 중이라고 주장했다.[26] 바로 이런 개별적인 학문을 초월한 종합적인 발전을 통하여 생태학은 최종적으로 세계관적인 기능을 갖게 되었다. 중국 학자 루쑤위안(魯樞元) 이 말한 것처럼 생태학은 "하나의 전문화된 학문이 아니라 이미 자연, 사회, 생명, 환경, 물질, 문화를 포함하는 관점으로 발전하였으며 새로운 세계관으로 향후 계속해서 완성되어야 한다."[27]

제2절 생태학 형성의 이론적 배경

1. 전통적 과학 세계관

1) 전통 과학관의 발전 역사

학문 형태로 볼 때, 현대적 의미의 과학은 16~17세기 서양에서 활발했다. 그러나 이데올로기적 측면에서 보면 과학의 발전 역사는 이보다 더 오래전인데, 그 원류는 고대 그리스까지 거슬러 올라갈 수 있다. 영국의 철학가 로빈 콜링우드(Robin Collingwood)의 해석에 따르면, 현대적

---

25) 마르코프, 『社會生態學』, 雒啓珂·劉志明·張耀平 역(中國環境科學出版社, 1989), 35면.
26) 魯樞元, 『生態文藝學』(陝西人民敎育出版社, 2000), 25~26면 참고.
27) 마르코프, 위의 책, 45면.

인 의미의 과학은 두 가지 가설을 기초로 성립되는데 그 가설은 모두 고대 그리스로부터 계속되어온 전통에서 왔기 때문이라는 것이다. 그중 첫째는 우주 만물 존재의 공동적인 기질인데 그것은 자연계 중의 변화를 감지할 수 있는 기저로서 보통 '물질'이라고 한다. 다른 하나는 끊임없이 변화하는 자연계의 배후에 존재하는 불변의 구조와 질서인데 이를 일반적으로 '법칙'이라고 한다. 현대 과학사에서 물질과 자연법칙은 줄곧 자연과학의 불변의 객체 대상이었다. 또한 이 두 가지 가설을 공동으로, 다른 한 유래가 깊은 공리에 구축해놓으면 마찬가지로 고대 그리스까지 소급해 올라갈 수 있는데 그것은 바로 "우리가 감관(感官)으로 자연을 감지할 때, 그 변화가 확실치 않음에 따라 알 수 없는 자연적 표상의 배후에 불변하면서도 알 수 있는 물건이 있다고 가정할 필요가 있다"는 것이다. 왜냐하면 "그리스 사람들의 시각에선 그것이 불변하는 것이어야지 그렇지 않으면 알 수 있는 물체가 없으므로 이는 이미 말할 필요도 없는 공리"가 되었기 때문이다. 따라서 고대 그리스는 전통적 과학 세계관이 형성되는 최초의 시발점이다. 구체적으로 말하면 필자는 고대 그리스의 이오니아학파를 그 시작으로 삼는다. 하지만 이런 설정은 상당히 대략적인 윤곽에 지나지 않는다. 말하자면 오직 전통적 과학관의 형성에 대해 상징적인 의미를 갖는 것들이어야만 비로소 주목받을 수 있다는 것이다.

기원전 6~7세기에 나타난 이오니아학파는 자연계에 대한 관심뿐만 아니라 연구에서도 독자적인 일파를 형성했는데, 그로 인해 그들은 통상 '자연철학가' 또는 '자연이론가'로 불렸다. 아리스토텔레스의 말에 따르면 이오니아학파의 자연관의 특징은 이렇다. 신봉하는 사람들이 "무엇을 자연이라고 합니까?"라고 물어올 때, 이오니아학파 사람들은 모두 즉시 이 질문을 "사물(물질)은 무엇으로 이루어졌는가?" 또는 "오리지널(original)이란 무엇인가? 그럼 우리가 인식한 자연계의 모든 변화 중에서 불변의 실체는 무엇인가?"로 바꿔버린다. 어찌 들으면 논제를 몰래 바꾼 것 같다. 그러나 이오니아학파의 이런 독특한 질문 방식이 현대 과학 연구의 길을 결정하게 되었던 것이다. 바꾸어 말하면 이오니아학파가 개척한 이 길이 현대 과학이 계승한 첫 번째 전통, 말하자면 "변화무쌍한 현상 세계의 배후에 하나의 고정불변의 물질적 본질을 소유한 전통"이라는 것이다. 물론 그들이 제공한 답안은 현대 과학의 '물질'에 대한 답안에 비해 일부 천진하면서도 유치한 면이 있다. 탈레스가 말한 우주의 오리지널은 '물'이고 아낙시메네스가 말한 것은 '공기(氣)'이다. 이렇게 보면 전자나 후자를 막론하고 모두 만족스럽지 못한 것 같다. 왜냐하면 그들이 일부 간단한 자연현상에 대해 이런저런 견해들을 내놓았다 하더라도 모두 다 합리적인 해석을 할 수 없기 때문이다. 예를 들어 한 개의 자석과 한 마리 곤충을 놓고 볼 때, 이것들은 모두 '물' 또는 '공기'로 이루어졌고, 또 아울러 '물' 혹은 '공기'로 이루어졌지만 그럼에도 불구하고 이것들은 왜 하나는 자성을 가지고 있지만 기어 다닐 수 없고, 또 왜 다른 하나는 기어 다닐 수 있지만 자성은 없는가? 하고 질문한다면 그들은 합리적인 해석을 줄 수가 없다. 그 결과, 이오니아학파 고유의 이론적 한계성이 한꺼번에 드러나게 되었다. 그들은 감지할 수 있는 자연계 중에 변화가 존재함을 인정한다. 왜냐하면 자석과 곤충은 분명한 차이가 존재하기 때문이다. 또 그들은 가변의 자연계 배후에 존재하는 '오리지널'은 동일한 것이며 차별이 없다고 주장했다. 그러나 어떻게 동일한 불변의 오리지널에서 천차만별의 구체적인 사물로 발전했는지, 그 과정에는 필요하고 믿을 만한 논리적 부분이 결여되어 있었던 것이다.

일찍 탈레스를 만나본 적이 있는 피타고라스는 이오니아학파의 학술 전통을 답습하지 않고 독자적으로 피타고라스학파를 창설했다. 이오니아학파의 이론이 한계가 있음을 의식하고 새로운 길을 개척했던 것이다. 다시 말해 그는 더 이상 사물의 구성 성분, 즉 물질의 '구성 요소'로 사물의 성질을 해석하려 하지 않고 사물의 '형식'에서 해석하려 했던 것이다. 예를 들어 그는 자연계의 본질이 기하 구조 혹은 수학 형식에 있다면 그걸 감지할 수 있는 사람의 차이는 기하 구조의 차이에 의해 결정된다고 주장했다. 그렇게 함으로써 자연스레 이오니아학파의 곤혹을 피할 수 있었다. 왜냐하면 수학 형식은 일종의 본체로서 그 자체가 능히 부동한 등급과 종류로 분화될 수 있기 때문이다. 즉 삼각형, 정사각형, 오각형…… 원추형, 정육면체, 육면체…… 및 부동한 비례들, 예를 들면 1:2, 2:3, 3:4……에 이르기까지 무한한 것이다. 이처럼 숫자 형식은 자체 내부에 자기 차이의 근거를 내포하고 있으므로 수많은 사물 간의 차별에 일종의 가능한 해석을 줄 수 있었다.[28] 쉽게 알 수 있다시피 피타고라스가 개척한 길은, 실제로 현대 과학이 계승한 것은 가변(可變) 세계의 배후에서 고정불변의 법칙을 찾는다는 이른바 두 번째 전통이다. 이후의 자연과학 발전사에서 이오니아학파와 피타고라스가 개척한 남이탈리아학파, 이 두 학파의 두 가지 전통은 지워버릴 수 없는 바탕색이 된 셈이다. 비록 때론 분명하게, 때론 암담하게, 또 때론 분리되었다가 때론 교차되기도 했지만 지금까지 철저히 사라진 적은 없었다. 이런 상황은 줄곧 20세기 전통 과학이 질의를 받을 때까지 이어져왔다.

그러나 피타고라스의 이론도 마찬가지로 문제가 있다. 비록 그가 부동한 사물의 차이를 해석하기는 했지만 이오니아학파가 제기한 사물 구성의 아르케(arche)에 대한 문제는 답을 주지 못했던 것이다. 그 뒤 아리스토텔레스가 이오니아학파와 피타고라스학파의 성과를 결합하여 '물질의 구성 요소'와 '형식'을 동시에 들어 그것들을 '사인설(四因說)'의 주요 근거로 삼으려 했다. 하지만 전통 과학의 발전사에서 영향력이 가장 컸던 아리스토텔레스의 사인설에 대해 영국 학자 루퍼트 셸드레이크

---

28) 콜링우드, 『自然的觀念』, 吳國盛·柯映紅 역(華夏出版社, 1990), 57면.

(Rupert Sheldrake)는 이를 그리스 사상이 현대 과학에 남겨준 '위대한 유산'인 '원자론'이라 일컫는다.

원자론이 처음 나타난 것은 기원전 5세기로, 그 대표적 인물은 레우키포스(기원전 5세기 초에 활동했으며, 데모크리토스의 스승으로 전해짐)와 데모크리토스다. 전자의 신분은 상당히 모호하여 그의 실제 존재 여부에 대해 일부 사람들이 이의를 제기하고 있다. 후자의 신분과 사상은 비교적 확실한데, 이에 근거하여 오늘날 우리는 그의 원자론의 기본 관점을 명확히 이해할 수 있게 되었다. 원자론은 대략 다음과 같은 내용을 포함하고 있다.

> ○ 단단하고 더 이상 쪼갤 수 없는 원자는 세계의 아르케(基質)다. 일체 물체는 다 원자와 허공의 결합물로서 결합되면 생겨나고 분리되면 괴멸된다. 때문에 물질을 이루고 있는 원자는 결합되고 분리될 때 부동한 구조와 질서를 이루게 되며, 이로써 물체 간에는 구체적인 차이를 보여주게 된다.

원자론은 이오니아학파의 물질의 구성 요소에 대한 문제든 피타고라스학파의 기하 구조에 대한 문제든 모두 이것을 통해 합리한 해석을 얻을 수 있다는 점에서 독특한 특징이 있다. 이는 전 두 개 학파 사상의 성공적인 융합이라고 말할 수 있다. 이 사상은 훗날 갈릴레이, 데카르트, 뉴턴 등에 계승되어 후세 과학 세계관의 형성에 중요한 영향을 미치기도 하였으며 자연과학에 대한 기여도 명백하다. 예를 들면 물리학 분야에서 원자와 이보다 더 작은 원자 입자들, 말하자면 양성자(proton), 중성자, 전자 심지어 쿼크(quark)의 발견, 그리고 화학 분야에서 존 돌턴(John Dalton)의 원자 가설, 생물학과 의학 분야에서 세포 학설의 거대한 성과 및 DNA 연구 등 어느 것도 원자론의 도움을 받지 않은 것이 없다. 이런 의미에서 원자론을 그리스 사상이 현대 과학에 남겨준 위대한 유산이라고 한 것은 지나친 말이 아니다.

그러나 한 가지 짚고 넘어갈 것은 "그리스 자연과학은 자연계가 침투된 심령(心靈) 또는 자연계에 충만한 심령이라는 원리를 바탕으로 구축되었고, 그리스 사상가들은 자연 속 심령의 존재를 자연계 법칙 또는 질서의 원천으로 삼았는바, 바로 후자의 존재가 있었기에 자연과학이 가능하게 되었다는 점"29)이다. 다시 말하면 그리스의 자연관은 총체적으로 일종의 '기체론(機體論)'으로서 문예 부흥기까지 '범령론(泛靈論)' 또는 '물활론(物活論)'의 형식으로 존재했던 것이다. 시간이 흐름에 따라 점차 수학적 경향이 주도적 지위를 차지하면서 '기체론'적 자연관은 점차 '기계론(機械論)'적 자연관으로 대체되었다. 이는 현대 과학관이 형성되기 시작했음을 의미하는 것이다.

영국 학자 콜링우드는 기체론이 기계론으로 넘어가는 전환점에서 가장 주목받은 것은 16세기 코페르니쿠스의 '지동설'이 가져다준 매우 중요한 철학적 의의라고 주장했다. 이 이론은 우리가 상상하듯 물질세계는 신성(神性)이 충만한 중심이 아니라는 것을 알려주었다. 그리하여 이 관점은 한 차례 우주론 혁명을 불러일으켰다. "왜냐하면 이는 전체 자연계 유기론을 깨뜨린 셈이 되기 때문이다. 하나의 유기체는 분화된 기관(器官)을 은근히 내포하고 있는 것이다. 그리스 사상의 기체론적 우주관에서는 지구가 중심에 있고 다음에 물, 공기, 불 그리고 최후에 아리스토텔레스가 주장한 제5원소가 있는 것으로 인식하고 있다. 만일 현재 세계에 중심이 없다면 이런 분화의 기반은 소멸되었을 것이다."30) 이런 시각에서 말하면 코페르니쿠스는 현대 과학 세계관의 형성에 불후의 기여를 한 인물이다. 그가 없었더라면 기체론을 깨뜨릴 수 없었을 것이고, 또 기체론을 타파하지 않았더라면 기계론을 기반으로 한 현대 과학관의 최종적 형성도 불가능했을 것이다.

---

29) 앞의 책, 3면.
30) 앞의 책, 104면.

서양 과학 기술사에서 걸출한 기여를 한 또 다른 인물은 갈릴레이 (1564~1642)다. 그는 고대 그리스의 '원자론'을 받아들여 물체는 '무한히 작은 불가분의 원자'로 분해할 수 있다는 가설을 내놓았으며 아울러 세계를 '제1성질'과 '제2성질'로 나누었다(이전에 우리는 이런 구분을 로크의 공으로 돌렸는데 실제는 그렇지 않았다). 말하자면 전자는 대소·형태·수량·운동의 빠르고 늦음 등을 측정할 수 있을 뿐만 아니라 양을 정할 수 있는 물체는 진실로 불변의 세계에 속한다. 후자는 냄새·색깔·소리 등 실제 자연계에서 독립되어 존재하지 않고 다만 우리의 감각으로 생기는 파생물, 즉 유도체(誘導體)다. 이런 차이는 현대 과학의 탄생에 결정적인 의의를 가진다. 왜냐하면 그것은 처음으로 "최종적으로 인류가 자연을 충분히 과학적으로 인식할 수 있는 조건"을 규정해주었기 때문이다. 간단히 말하면 바로 질적인 요소를 제외하고 자연 실재를 수학적으로 취급할 수 있는 양으로 한정시킨 것이다. 갈릴레이에 따르면, 측정할 수 있는 것만 과학적으로 인식할 수 있다.[31] 우리가 여기서 분명히 알 수 있는 것은 갈릴레이가 계승한 원리는 그리스 시대부터 전해져온 원리, 즉 오직 불변하는 것만이 비로소 감지할 수 있다는 원리라는 점이다. 따라서 기왕 인류의 감각과 관련한 모든 특징이 변동 없는 것인 이상 그것도 자연히 감지할 수 없다는 것이다. 때문에 오직 이 부분을 없애버려야 엄격한 의미에서의 자연과학이 비로소 성립될 것이다. 이러한 논리는 지금 시각에서 보면 매우 기괴한 것 같지만 그 당시의 관습적인 힘은 그들로 하여금 그것을 믿게 했다. 마치 오늘날 많은 사람들이 '항구'적인 '객관 법칙'을 믿어 의심하지 않는 것처럼 말이다.

일체의 질적 요소가 갈릴레이에 의해 배제된 후, 자연계의 기계론적 성질은 드러나게 된다. 그러나 자연과 기계적 사상을 분명하게 동등시한

---

31) 앞의 책, 112면.

것은 데카르트(Descartes)에 의해서다. 그는 갈릴레이의 '두 가지 성질'에 대한 구분을 계승하였을 뿐만 아니라, 철학 특유의 명석함과 웅변으로 세계를 사유할 수 있는 정신세계와 가장 근원적인 상태로까지 확대할 수 있는 물질세계로 나누어 보았다. 이 두 가지 세계는 서로 독립된 소통할 수 없는 세계, 즉 물질은 사유할 수 없고 정신은 연장할 수 없는 세계라는 것이다. 그의 말을 빌리면 "정신에 속하는 육체, 이 개념 중에는 아무것도 내포되어 있지 않으며 육체에 속하는 정신, 이 개념에도 역시 아무것도 없다"는 것이다. 이것이 이른바 정신과 물질 이원론이다. 이 같은 세계에 대한 엄격한 구분은 그로 하여금 매우 쉽게 정신적 요소를 자연계 밖으로 배제하게 하였고, 또 이로부터 과학은 자연계에 대해 자유롭게 기계적인 해석을 할 수 있도록 만들었다.

16세기에 시작된 산업 혁명은 풍차·시계·물 펌프·활차·인쇄기·외발자전거 등 기계 장치들이 인간의 일상에 들어오게 함으로써 사람들로 하여금 매우 쉽게 정신적 요소를 벗겨낸 자연계와 기계 설비들을 연결시키게 했다. 특히 데카르트는 거의 기계에 빠져들다시피 했다. 그는 자신 있게 "내가 보기에 엔지니어들이 만든 기계와 자연으로 만들어진 온갖 물체 사이에는 어떤 구별도 없다"고 말했다.[32] 데카르트는 두 가지 실체가 반드시 하나의 공동된 근원이 있음을 증명히기 위해 하느님까지 끌어들였다. 그는 자연이 바로 하나의 정밀하게 설계된 기계이며 자연에 있어 하느님은 시계를 만드는 장인과 같다고 했다. 그리고 무생물만 기계로 보인다고 여기면 절대 안 된다고 하면서 실제 식물과 동물도 예외가 아니며 심지어 사람의 몸 역시 하나의 기계라고 주장했다. 그는 일찍 환자를 고장 난 시계에, 건강한 사람을 원활하게 작동하는 시계에 비유한 바 있다.[33] 데카르트는 또 일찍 어떻게 하면 몸의 운동과 각종 생물 기능을

---

32) 프리초프 카프라, 『轉轉點─科學, 社會和正在興起的文化』, 衛颯英·李四男 역(四川科學技術出版社, 1988), 44면.

기기의 조작으로 귀결시킬 것인가에 대해 자세히 논술함으로써 생명 유기체는 자동 기기에 불과한 것임을 역설했다. 데카르트의 이런 '이원론' 구획은 그 후 3세기 동안 사람들의 사상 깊은 곳까지 침투해 있었다. 그러다가 양자 역학의 창시자 중 한 사람인 하이젠베르크(Heisenberg)가 나타난 뒤에야 비로소 완전히 다른 실재의 문제에 대한 태도로 그것을 대체하게 되었는데, 이렇게 되기까지는 꽤 긴 시간이 필요했다.[34]

　"데카르트는 17세기 과학 개념의 기틀을 마련했지만 자연을 하나의 완벽한 기계로 보고 정확한 수학 법칙의 지배를 받는다고 여긴 그의 관점은 되레 그의 평생 환상이 되고 말았다. 데카르트는 다만 그의 자연현상에 대한 이론적 윤곽을 그려냈을 뿐이다. 그의 꿈을 실현하고 과학 혁명을 완성한 것은 뉴턴이었다."[35] 뉴턴은 하나의 완전한 역학적 자연관을 기술한 이론을 내놓음으로써 코페르니쿠스, 갈릴레이 그리고 데카르트 등이 수행했던 연구의 위대한 종합을 실현했다. 그가 제공한 세계 통일성에 관한 수학 이론은 20세기 이후에도 여전히 과학 사상의 든든한 기반이 되었다. 뉴턴은 고대 그리스에서 전해온 '원자론'을 계속 발전시켰으며, 세계를 이룬 물질적 기초는 물질 입자라고 보았다. 그는 하느님이 천지 창조를 할 때부터 바로 이런 입자로 물질을 만들었으며, 이 입자(소립자)는 속이 차 있고 질량이 있으며 단단하고 꿰뚫을 수 없으며, 이동할 수 있을 뿐만 아니라 동질의 것으로서 전부 다 같은 물질 재료로 이루어진 것으로 간주했다. 또한 그는 원자론자들의 '허공(虛空)' 개념을 수용하였을 뿐 아니라 이를 정지되고 움직이지 않는 절대적 공간으로 발전시켰다. 마치 빈 용기 속에서 각종 물리적 현상들이 일어나지만, 그 물리적 현상들은 용기와 아무 관련이 없는 것처럼 시간은 공간과 마찬가

---

33) 위의 책, 44면.
34) 앞의 책, 42면.
35) 위의 책, 45면.

지로 역시 절대적인 것으로서 그것은 물질을 떠나 독립적으로 존재하나 다만 정지된 것은 아니고 균등하게 영원에서 영원으로 흐른다는 것이다. 또 뉴턴이 보기에도 하느님은 전지전능하고 인자한 분이었다. 왜냐하면 물질 입자를 창조할 때 그것들 간의 인력과 기본적 운동 법칙을 함께 만들어냈기 때문이라는 것이다. 따라서 물질 입자로 이루어진 물질들은 정지되고 움직이지 않는 절대적 공간과 균등한 소실의 절대적 시간 속에서 운동하며 아울러 영원불변의 법칙을 엄격히 지킨다는 것이다.[36] 뉴턴의 역학이 세워지면서 전통적인 과학 세계관은 성숙으로 나아가게 되었으며, '기계론'은 점차 그리스의 '기체론'적 자연관을 대체하면서 역사의 중요한 무대를 차지하게 되었다.

이 두 가지 자연관의 점차적인 변화 과정에는 또 다른 중요한 요소가 있는데 그것이 바로 기독교다. "니콜라이 베르댜예프(Nikolai Berdyaev)는 '오직 기독교만이 과학과 기술에 대한 실증을 가능케 한다'고 하면서 기독교 신앙의 가장 적절한 기여는 바로 감정 면에서 인간을 자연 속에서 분리시킨 것이며, 이는 현대 과학의 특징인 이성의 객관적 발전을 위해 씨앗을 뿌려놓은 것이라고 주장했다. 즉 관찰자의 주관 감정은 연구하려는 객관적 대상에 대해 엄격히 제한해야 함을 인정한 것이다. 기독교는 이단적인 만령론(萬靈論)을 뒤엎고 사람들로 하여금 이런 초연한 객관 태도로 자연을 대하게 했다. 그러나 만령론에 있어 인류의 사상은 자연계 내부에서 활력에 넘치는 정신과의 교제 중에 잠재해 있다고 보았다. 다행히 이러한 이단적 자연관에 대한 조기(早期)의 승리를 가져왔기 때문에, 서양 과학은 비로소 지구를 하나의 완전하고 세속적이며 분석할 수 있는 객관적 대상으로 삼고 연구하게 된 것이다."[37] 다시 말하면 전

---

36) 앞의 책, 47면.

37) 도널드 워스터, 『自然的經濟體系: 生態思想史(Nature's Economy: A History of Ecological Ideas)』, 侯文惠 역(商務印書館, 1999), 49면.

통 과학이 주장했던 '객관성'이 곧바로 기독교가 전통 과학을 위해 남겨 놓은 하나의 유산일 수도 있다.

어찌 보면 현대적 의미의 과학이 그 기초 위에 세운 '기계론' 역시 기독교에서 연원한 선물이라 할 수 있다. 만약 플라톤과 아리스토텔레스에게 하느님이 완벽한 이미지였다면 이는 다만 물질세계가 애써 모방한 표본과 완벽해지기 위한 원동력이었을 뿐이다. 그리스 자연관에서 하느님의 신성(神性)은 다만 영혼의 형식으로 물질세계에 내재되어 있는 것뿐이지 하느님과 물질세계는 동일한 것이었다. 그러다가 중세 이후에 이르러, 하느님은 물질세계의 전지전능한 창조자가 되어 무에서 물질을 창조할 뿐만 아니라, 또 물질 운동의 법칙과 물질의 구조 그리고 질서까지 창조한다. 그리고 "일체는 모두 완전히 이성적이고, 분명하고 알기 쉽게 혼돈의 세계 속에 가미되어 설계되고 형성됨"과 아울러 엄격한 법칙에 따라야 한다. 이런 논리에 따르면 물질세계도 당연히 시계처럼 설계가 정밀하고 구조가 완벽한 완성품이 되어야 한다. 그러므로 전통적 과학 세계관이 견지하는 기계론적 자연은 정확히 말하면 기독교에서 만들어 준 것이다. 당연히 "기계론적 철학은 일정한 여건하에서 역시 무신론으로 향한 첫걸음을 내디뎠을 것이다. 왜냐하면 현대 과학은 조물주가 자연계에 미치는 적극적인 영향을 부인하였기 때문이다."[38] 기왕 자연계의 모든 것이 영원히 고정불변의 기계 법칙에 따라 움직이게 된 이상, 하느님은 그것을 창조한 후에는 계속 존재할 필요가 없게 된 것이다. 이렇게 볼 때 일찍 전통 과학을 육성했던 기독교는 결국 자기가 생산한 후대에 의해 배척되고 통째로 먹혀버린 셈이다. 이는 일찍부터 운명적으로 정해진, 피할 수 없는 액운이었다.

완벽한 기계적 형상으로서의 물질세계는 많은 경우에 만능의 하느님

38) 앞의 책, 49, 63면.

이 만들어낸 산물이지만 과학이 사람들로 하여금 하느님의 존재를 믿기 어렵게 할 때, 그것은 하느님의 '죽음'과 함께 사라지지 않고 되레 보존되어 과학 추구의 대상이 되었다. "이러한 이상은 17세기부터 줄곧 인류의 의식을 만들어왔다."[39] 우선 자연과학 분야에서 천문학, 화학, 생물학, 심리학, 의학 등은 모두 뉴턴의 역학 모델로 자신을 만들어갔으며 18~19세기에 큰 성과를 이루었다. "데카르트가 제기했던 하나의 완벽한 기계적인 도경(圖景)으로서의 세계는 이때부터 실증을 거친 사실로 인정되었고 뉴턴은 그것의 상징이 되었다." 18세기부터 뉴턴의 역학 이론은 또 인문과학과 사회과학에 활용되었는데 그중에서 중요한 대표적 인물이 바로 존 로크(John Locke)다. 그는 뉴턴의 역학을 모방하여 원자론적 사회관을 주장하며 인간을 기본적 건축 자재로 삼고 사회를 기술했다.[40] 때문에 에드윈 아서 버트(Edwin Arthur Burtt)는 『근대 물리과학의 형이상학적 기초』에서 뉴턴에 대해 "현대 과학의 역사에서 오늘까지 기록해온 가장 성공적인 사상운동 중에 뉴턴의 패권적 지위는 의심할 바 없다."[41]고 높이 평가했다. 그리고 19세기 말에 이르러 볼츠만(Boltzman)은 여전히 왕립과학원 강연에서 "우리들의 세기는 기계관의 세기"라고 선포했다.[42] 추호의 과장 없이 말한다면 이러한 기계론적 과학관은 16~17세기 이래 거의 3백 년 동안 줄곧 과학 분야에서 주도적 지위를 차지했다.

물질세계와 정신세계의 이원 분리는 분명히 자연과학에 하나의 불변적이고 감지할 수 있는 세계, 즉 조작에 편리한 연구 객체를 제공했지만

---

39) 데이비드 그리핀, 『後現代科學－科學魅力的再現』, 馬季方 역(中央編譯出版社, 1995), 113면.
40) 프리초프 카프라, 『轉轉點－科學, 社會和正在興起的文化』, 衛颯英·李四男 역(四川科學技術出版社 1988), 49, 51면.
41) 에드윈 아서 버트, 『近代物理科學的形而上學基礎』, 徐向東 역(北京大學出版社, 2003), 176면.
42) 童天湘·林夏水, 『新自然觀』(中共中央黨校出版社, 1998), 436면.

그와 함께 이런저런 문제들을 안겨주었다. 만약 물질과 정신이 완전히 분리된다면, 또 감각과 관련된 모든 요소들을 반드시 배제한다면 물질세계 속 불변의 법칙들을 어떻게 인지할 수 있겠는가? 때문에 이 양자의 내재적 연관성을 찾아내는 일은 이원론자들이 후세 사람들에게 남겨준 하나의 난제였다.

이 문제를 해결하려고 나선 이들이 바로 18세기의 조지 버클리(George Berkeley)와 이마누엘 칸트(Immanuel Kant)다. 그러나 이들은 자연과학의 기본적 신념(즉 가변적 세계의 배후에 존재하는 불변적 물질의 기본 요소와 규칙)에 대해 회의를 갖지 않았다. 따라서 그들은 자연과학이 불변의 법칙을 탐구하는 일 자체가 가능한지는 추궁하지 않고 이러한 행위가 어떻게 가능한 것이 될 수 있는지를 질문했다. 이러한 태도는 시작부터 그들의 연구가 장차 전통 과학관의 원래 기초에 보완하거나 또는 금상첨화하는 작업임을 결정했다. 하느님의 권위가 도전을 받으면 그들 앞에 놓인 최우선 과제는 바로 온갖 방법을 끌어대어 서로 아무 연관이 없는 두 세계 사이에 일종의 내적 관계를 구축하는 것이었다. 하느님이 만들어준 다리가 없기 때문에 이 두 세계는 곧바로 벼랑을 사이에 둔 채, 서로 고립된 두 개의 산봉우리처럼 되고 말았던 것이다.

버클리는 이러한 두 세계의 구획을 수용했는데 양적으로 묘사할 수 있는 오직 '제1성질'만 가진 물질세계가 존재하고 있다는 점을 인정했다. 하지만 그는 이를 추상적인 것에 불과하다고 여겼다. 왜냐하면 우리는 자연에서 '제1성질'만 있고 '제2성질'을 갖지 못한 물질을 찾을 수 없기 때문이다. 말하자면 양(量)만 있고 질(質)이 없는 물질은 존재하지 않기 때문이다. 자연과학이 기술한 순수한 양(量)의 세계는 결국 우리의 감각을 통해 감지할 수 있는 자연의 '골격' 혹은 '갑옷과 투구'뿐인데 그것은 자연의 '제2성질'과 마찬가지이며 역시 심령을 움직인 결과로서 이 양자는 떨어질 수 없다. 이렇게 되어 서로 관계없는 두 세계, 즉 자연

과학의 대상 세계와 일생생활의 감관 세계는 모두 심령을 움직인 결과가
되었고, 따라서 양자는 인식론적으로 통일을 이루게 되었던 것이다. 버
클리의 해석에 따르면, 우리는 심리적 활동을 통해 우리가 일상 경험에
서 인식할 수 있는 따뜻하고 생명력 있고 색깔이 있으며 살아 있는 자연
계를 창조해낸다는 것이다. 그런 다음 추상적 사유를 통해 피와 살을 제
거하면 골격만 남는데, 이 골격이 바로 물리학자들이 주장하는 '물질세
계'라는 것이다.[43]

　칸트 역시 버클리와 마찬가지로 갈릴레이와 뉴턴의 물질세계(즉 칸트
가 주장하는 표상 세계)는 심령의 산물이라고 인식했다. 그렇지만 이런
산물은 임의적이거나 또는 비이성적인 산물이 아니라 일종의 이성적이
며 필연적으로 사물을 관찰하는 인류 방식의 산물이다. 객관적으로 말해
서 칸트의 기계론적 자연관에 대한 수정(修正)은 논리적인 면에서 버클
리보다 더 엄격했다. 그는 먼저 검증된 '시공 개념'과 '지적 범주'를 통
해 두 세계의 내적 연결을 실현하고, 자연 사물이 나타나는 방식에서의
중복성과 조작성도 증명했다. 그리하여 이원론이 안겨준 난제를 해결했
을 뿐 아니라, 자연과학이 불변의 대상을 연구 대상으로 삼는 전통을 계
속 유지하게 되었다. 그러나 칸트는 이 이론에서 그래도 하나의 '물자체
(物自體)'를 미리 설정하고 이울러 물자체가 자연과학에 대한 인식 방식
(즉 감성과 지성을 통한 종합)은 인식할 수 없다고 선언했다. 이는 다시
한 번 자연과학의 존재의 합리성을 부인한 것처럼 보인다. 하지만 그것
은 칸트에 대한 오해다. 마치 플라톤이 현실 세계의 진실성을 부인하면
서도 현실 세계의 실재성을 인정한 것처럼 칸트는 자연과학이 인식한 세
계는 다만 진실 세계의 표상임을 인정했지만 이 세계 표상의 현실 실재
성은 부인하지 않았던 것이다. 우리는 한 장의 「모나리자」 모조품을 두

---

43) 콜링우드, 『自然的觀念』, 吳國盛·柯映紅 역(華夏出版社, 1990), 124~125면.

고 진짜가 아니라고 말한다. 왜냐하면 그것은 다빈치의 손에서 그려진 것이 아니기 때문이다. 하지만 우리는 이 모조품의 존재를 부정할 수 없다. 왜냐하면 이 모조품은 분명 한쪽에 전시되어 있기 때문이다. 비록 자연과학이 인식한 세계는 물자체의 표상에 불과하지만, 그러나 사물이 이와 같이 드러내는 방식을 갖고 있다는 점에 착안한다면 물자체는 여전히 존재하며 과학적으로 볼 때, 그것 역시 인식할 수 있는 것이다. "왜냐하면 물자체가 나타내는 방식은 완전히 규칙적이고 예측 가능하기 때문이다."44)

칸트는 왜 물자체를 미리 설정한 것일까? 필자는 그 근본 원인이 칸트가 이원론의 입장을 완전히 동의한 데 있기 때문이라고 본다. 물자체를 미리 설정한 것은 칸트가 정신세계와 무관한 완전히 독립적으로 존재하는 물질세계의 존재를 인정했음을 의미한다. 그러나 칸트도 과학적으로 볼 때 이러한 세계는 인식 불가능하다는 점을 의식했던 것이다. 여기서 알 수 있다시피 칸트는 처음부터 자기에게 전혀 완성할 수 없는 하나의 임무를 정해주었다. 두 세계가 근본적으로 독립되었다는 입장에 서서 양자의 내적 연관성을 찾은 것이다. 그럼에도 불구하고 그는 방법을 찾아냈는데, 그것이 바로 과학 분야를 확정짓는 것이다. 즉 현상계는 과학 분야에서 다루고, 과학이 해결할 수 없는 물자체와 같은 것은 기타 학문에서 해결하도록 한 것이다. 예를 들면 윤리학 같은 것들을 통해서. 그러나 사실이 증명하다시피 이것은 여전히 고명한 방법이 아니었다. 비록 칸트는 물자체가 존재할뿐더러, 또 반드시 존재해야 한다고 주장했지만 물자체가 어떤 것인지에 대해서는 그 어떤 확답도 주지 않았다. 이는 칸트의 원리가 가지고 있는 한계로, 그가 물자체를 미리 설정한 그 순간부터 이런 제한성은 미리 정해졌던 것이다. 이는 칸트가 먼저 물질과 정신

---

44) 위의 책, 129면.

을 철저하게 두 쪽으로 갈라놓은 다음, 다양한 방법으로 양자를 하나로 봉합하려 했음을 의미한다. 하지만 상처가 너무 깊어서 억지로 봉합했다 하더라도 여전히 지워버릴 수 없는 상처를 남기게 되는 것이다.

사실 그것은 칸트 한 사람만의 한계가 아니라 전반적인 전통 과학의 한계이기도 하다. 왜냐하면 감각 기관과 연결된 세계는 늘 끊임없이 변화하는 세계로, "오직 불변하는 것만이 비로소 감지할 수 있다"는 원리를 견지하려면 과학은 반드시 하나의 탈감각 기관의 객관 세계를 가정해야 하기 때문이다. 그리고 이런 객관 세계에 대한 인식 불가는 이미 정해져 있는 것이다. 왜냐하면 일단 그것을 이해하려 할 때 필연적으로 주관적 요소와 관련되기 때문이다. 그러나 이 원리를 버린다면 전통 과학을 없애는 것과 같아진다. 왜냐하면 전통 과학은 이 원리가 성립할 수 있는 전제이기 때문이다. 전통 과학의 근본적인 임무는 끊임없이 변화하는, 감지할 수 있는 자연계의 배후에서 불변의 법칙을 탐색하는 것임을 잊지 말아야 한다. 비록 전통 과학관은 자체의 모순이 이렇듯 첨예하지만 고대 그리스부터 이어져온 신념은 그 뿌리가 깊어서 그에 대해 회의를 갖는 사람들이 매우 적다. 이 같은 거대한 전통의 힘에는 실로 경탄하지 않을 수 없다. 16~17세기에 성숙된 과학 세계관이 20세기까지 계속되어온 데는 그 유효성 요소 외에 전통의 역할도 결코 과소평가할 수 없을 것이다.

2) 전통적 과학관의 이론적 특징

전통적 과학관의 이론적 특징은 주로 아래와 같은 몇 가지 측면에서 나타난다. 우선 본체론적 측면에서 기계론을 주장한다. 다음, 인식론적 측면에서 객관론을 주장한다. 그다음, 방법론적 측면에서 환원론(還原論)을 주장한다.

(1) 기계론

본체론적 견지에서 볼 때, 전통적 과학관은 기계론을 주장한다. 많은 학자들이 전통 과학의 눈부신 성과는 대부분 기계론 덕택이라 보고 있다. 미국 학자 데이비드 봄(David Bohm)은 기계론이 일종의 현대 사상을 대표하며 19세기 말에 정점에 달했다고 보았다. 데이비드 봄의 관점은 오늘날 수많은 물리학자들과 기타 과학자들의 연구 방법의 기초가 되었다는 것이다. 물론 최근의 물리학자들은 기계론의 관점을 버렸다. 그러나 이 문제에 대해 알고 있는 일반 대중은 매우 적거나 극소수에 불과하다. 그럼에도 불구하고 기계론적 관점은 여전히 과학 연구의 주도적 지위를 차지하며 그 역할을 계속 수행하고 있다.[45]

기계론에서는 세계를 정밀하게 설계된 기계로 간주한다. 일반적인 상황에서 하나의 완벽한 기계는 기본적으로 두 가지 근본적인 요소로 이루어진다. 하나는 부속품이고, 다른 하나는 구조 규칙이다. 이는 바로 기계론의 두 가지 관점을 암시하고 있는데, 첫째는 세계가 기본적인 물질 재료로 구성되었으며 보통 미립자 형식으로 존재한다는 점이고, 둘째는 세계에는 고정된 구조와 법칙이 존재한다는 점이다. 그것은 우리가 늘 말하는 이른바 '법칙'이기도 하다.

전통 과학관에서 말하는 세계를 구성하는 가장 기본적인 부속품은 바로 물질 미립자다. 이 물질 미립자는 각자 독립적이고 자주적인 성질을 갖고 있으며, 비록 피차간에 배척하고 충돌하는 것과 같은 상호 작용이 있지만 그것들의 각 성질에는 어떤 영향도 미치지 않는다. 이는 하나하나의 물질 미립자가 모두 독립적으로 존재하는 실체이며, 그것들은 기타 실체에 의존하지 않고 자주적으로 존재하는 것임을 의미한다. 부동한 실체 간에 비록 부동한 구조와 질서로 관계가 발생하지만 본체의 성질은

---

45) 데이비드 그리핀, 『後現代科學―科學魅力的再現』, 馬季方 譯(中央編譯出版社, 1995), 77면.

되레 변하지 않고 여전히 본체 자체인 것이다. 왜냐하면 이런 관계는 완전히 외적인 것이기 때문이다. 그리하여 그것들로 이루어진 물체 및 전반 세계는 독립적인 실체의 무더기이다. 마치 아이들이 쌓은 블록 장난감처럼 온전히 자기 뜻에 따라 쌓을 수 있으며 규칙도, 구조도, 그리고 형태도 마음대로 변화시킬 수 있는 것과 같다. 그러나 어떻게 조합하든 장난감 자체의 성질은 변하지 않는다. 기계론에서 볼 때, 세계는 블록을 쌓는 형식으로 구성되어 있다. 단지 데카르트와 뉴턴에게는 블록 쌓기의 주인공이 하느님이었을 뿐이다. 아무튼 기본 미립자, 물체 및 자연을 기계론에서는 모두 독립적으로 존재하는 실체로 보고 있다. 이는 전통적 과학 세계관이 본질적으로 일종의 '실체론'임을 설명한다.

비록 세계는 성질상 서로 고립된 물질의 부속품들로 이루어졌다고 말하지만 이 부속품들이 완전한 '기계'로 조립되지 않았을 경우에는 여전히 한 무더기의 물질적 재료일 뿐, 우리가 말하는 현대 과학적인 의미에서의 물질세계는 아닌 것이다. 이는 전통적 과학 세계관에서 가장 기본인 실체적 재료 외에 구조적 요소도 매우 중요함을 의미한다. 하나의 기계가 만들어지기 전에, 즉 특정된 구조를 부여받기 전에는 그것을 기계라고 부를 수 없으며 당연히 기계의 기능을 가졌다고 말할 수 없다. 왜냐하면 그것은 조립하기 선에는 아무 일도 할 수 없기 때문이다. 다시 말해서 하나의 기계가 그 기능을 발휘하려면, 완전히 구조를 바탕으로 만들어져야 하며, 또 그 특정 구조가 특정 기능을 결정하게 된다는 것이다. 그러므로 우리는 기계가 왜 이러한 작용을 발휘하는지, 혹은 왜 이렇게 움직이는지를 이해하고 해석할 때는 우선 그 구조적 법칙을 이해할 필요가 있다. 이것이 바로 기계론이 왜 세계의 구조 법칙을 찾는 것을 근본적인 임무로 삼고 있는지를 보여주는 이유이다. 이런 맥락에서 볼 때 기계적 유추의 기초 위에 형성된 전통적 과학관은 구조를 발전 방향으로 삼는 세계관으로, 세계 뒷면의 구조와 법칙을 찾아내는 것을 연구 목표로 삼는다고 말한다. 그러므로 이런 세계관에서 볼 때, 오직 물체 구조의 질서를 파악한다면 그것이 어떤 역할을 발휘하고, 또 왜 이런 역할을 발휘하는지, 그리고 향후 어떤 변화가 일어날 것인지 등에 대한 모든 문제가 순리롭게 해결될 수 있다.

그러나 우리는 기계가 여느 생명체와 달리 스스로 성장하지 못하고 외부의 힘으로 만들어진다는 것과, 그 구조와 규칙 모두 외부적 힘, 즉 기계를 만드는 사람으로부터 부여받는다는 점을 잊지 말아야 한다. 기계적 유추에 의해 구축된 전통적 과학 세계관도 마찬가지다. 최초에 인간은 세계의 구조 규칙은 하느님이 준 것으로서, 먼저 물질 재료를 만들고 다음에 구조 규칙을 만든 후 나중에 양자를 결합했다고 여겼다. 그러나 하느님에 대한 믿음이 사라진 뒤에도 사람들은 구조 규칙은 세계가 고유한 것이라고 여겼으며 여전히 그러한 규칙과 물질 실체 간의 관계를 완전히 외적인 것으로 보았다. 게다가 이런 고유한 구조와 규칙이 어떻게 생겼는지에 대해선 묻는 사람이 없었다.

총괄적으로 말하면 사람들은 여전히 세계가 기본적인 물질 실체로 이루어졌고 이런 기본 물질의 실체(혹은 미립자)는 외부적 규칙에 의해 만들어졌으며, 이와 같은 미립자는 여러 가지 형태의 물체를 조합할 수 있다고 보았다. 또한 모든 물체들이 다시 어떤 규칙에 따라 연결되어 이루어진 집합체를 '자연' 혹은 '세계'라고 지칭했다. 마치 여러 개의 부속품들이 규칙에 따라 조립되어야 비로소 하나의 완전한 '기계'라고 부를 수 있는 것처럼 말이다. 여기서 우리는 전통적 과학 세계관이 본질적으로 일종의 '구성론(構成論)'이라는 것을 알 수 있다. 바로 이런 이유로 현대 유럽 언어에서 '자연'이라는 단어는 "총체적으로 집합(集合)의 의미를 가진 사물의 총화 또는 집중이라는 의미로 자주 사용되고 있다."[46]

---

46) 콜링우드, 『自然的觀念』, 吳國盛·柯映紅 역(華夏出版社, 1990), 47면.

만약 기계론의 입장에서 본다면 자연계는 일종의 '완성태(完成態)' 혹은 '준비 완료 상태'의 특징을 보여준다. 자연계를 설계가 정밀한 하나의 기계로 볼 때, 자연은 이미 기본적으로 완성된 제품임을 의미하는 것이다. 그러므로 기계론적 자연관에서 시간은 어떤 실질적인 의미도 갖지 않는다. 뉴턴의 이론에서 시간은 물질을 이탈한 독립적 존재의 절대 시간을 말하는데, 그것은 균일하고 등속(等速)적이며 영원에서 영원으로 흐름을 의미한다. 뉴턴이 현대 과학에서 오랫동안 패권적 지위를 차지하고 있던 관계로 이 같은 관념은 세계적 범위 내에서 보편적으로 유행되었을 뿐 아니라 뿌리가 매우 깊었다. 아인슈타인(사실 전통적 시간 개념은 상당 부분 그에 의해 바뀌었다)마저도 여전히 전통적 시간관념에 미련을 보이면서 "우리처럼 신앙이 있는 물리학자들로 말하면 과거, 현재와 미래의 구분은 일종의 환각에 지나지 않는다. 비록 그 환각이 매우 완강함에도 불구하고 말이다"[47]라고 말했다. 그러나 진화론을 주장한 앙리 베르그송(Henri Bergson)이 기계론에 대해 가장 참을 수 없었던 것은 아마 이 같은 시간에 대한 홀시였던 듯싶다.

> ○ 사람들이 비록 시간이라는 단어를 얘기하지만 시간에 대해 생각하지는 않는다. 왜냐하면 이런 이론에서 시간은 아무 쓸모도 없고, 그 어떤 물질도 만들 수 없으며, 아무것도 아니기 때문이다. 철저한 기계론은 일종의 형이상학을 의미한다. 이런 형이상학에서 현실의 정체성은 전부 영원함 속에 놓이게 된다.[48]

만약 시간이 아무 쓸모가 없다면 기계론에서 말하는 '운동'도 필연적으로 순전히 외부적이고 아무런 내적 의미도 가지지 못할 것이다. 이는 마치 일부 고립된 물체가 응고된 공간에서 조합되고 이동하는 것과 비슷

---

47) 童天湘·林夏水, 『新自然觀』(中共中央黨校出版社, 1998), 379면.
48) 앙리 베르그송, 『創造進化論』, 姜志輝 역(商務印書館, 2004), 38~39면.

하다. 심지어 우리가 완전히 그것들을 해체하여 한쪽에 버렸다 해도 '운
동' 자체는 그 실질적인 내용에 한해서 어떤 영향도 미치지 않는다. 그
러므로 실질을 말하면 전통적 과학 세계관은 비록 운동을 언급했지만 그
것은 사실 여전히 '정적(靜的)'인 세계관이다.

(2) 객관론

인식론적 견지에 입각한 전통적 과학 세계관은 객관론을 주장한다.
자크 모노(Jacques Monod)는 과학적 방법의 기초는 자연을 객관적인 것
으로 가정하는 것이며, 객관성의 가설과 과학은 일치한다고 주장했다.
그리고 만약 과학 분야 자체를 이탈하지 않으면 그것을 벗어날 수 없으
며, 심지어 잠시 또는 제한적으로도 벗어날 수 없다고 지적했다. 비록
모노 역시 세계에 관한 객관론의 관점이 우리의 가치관과 위배될 뿐만
아니라 우리로 하여금 하나의 이화(異化)된 세계에서 살도록 했음을 인
정하면서도 여전히 이런 관점을 수용해야 한다고 주장했다. 왜냐하면 자
연에 목적을 부여함으로써 자연에서 자유로움을 느끼도록 하는 범령론
(汎靈論)적 관점은 근본적으로 과학과 배치되기 때문이다.[49]

과학사의 시각에서 볼 때, 객관적인 가설은 확실히 과학과 동행하여
함께 탄생한 것이다. 이 말은 조금도 과장된 것이 없다. 갈릴레이의 '두
가지 성질'을 시작으로 과학자들은 이미 의식적으로 세계의 '본래면목'
을 기술하는 것을 과학 연구의 목적으로 삼았던 것이다. 우선 색채, 소
리, 맛 등 감관과 관련되는 성질, 인류가 물체에 부가했던 파생물들을
과학 영역 밖으로 배제시켰다. 그다음엔 물질과 정신 두 세계를 구분하
고 자연계로 하여금 그 어떤 주관적인 요소도 섞이지 않은 기계 계통으
로 변하게 했다. 과학자들은 열심히 자연을 완전히 독립 자존적인 하나

---

49) 데이비드 그리핀, 『後現代科學—科學魅力的再現』, 馬季方 譯(中央編譯出版社, 1995),
    4~5면.

의 객관 대상으로 꾸미는 동시에 그에 대해 순수 객관적인 기술을 하고
자 꿈꾸었던 것이다. 사실 자연에 대한 관찰과 기술은 상당히 복잡한 작
업이다. 그러나 물리학자 에르빈 슈뢰딩거(Erwin Schrödinger)가 지적한
바와 같이 과학자들은 조립된 세계의 이상적인 도경(圖景)이 경시되었거
나 혹은 삭제된 자기 자신을 통해 무의식적으로 거의 아무 생각 없이
자연을 이해하는 문제를 간소화했던 것이다.[50] 그리하여 과학자들은 마
치 하느님을 초월한 것처럼 멀리 물질세계 밖에 서서 수수방관할 수 있
게 되었다.

　　바로 관찰자 자신에 대한 경시와 소홀로 "자연에 대한 인식이 어떻게
가능한지" 하는 문제가 시종 누구도 관심을 갖지 않는 모퉁이에 장기간
버려지게 되었던 것이다. 18세기에 이르러서야 칸트가 이 문제를 사람들
의 시야에 끌어들이고 그에 대한 답을 내놓으려 했는데, 그 대답은 인류
가 자연을 대할 때 하나의 선험적인 인지 방식을 갖고 있으며 이는 필연
적으로 사물을 다루는 인류의 방식으로 관찰자 개체 심령의 영향을 받지
않는다는 것이다. 이 때문에 칸트에게 있어서는 인지 방식의 선험 보편
성으로 인해 비록 자연과 관련된 과학 지식이 진실 세계(즉 물자체)의
표상에 지나지 않지만 그것은 여전히 객관적이면서 광범위한 보편성을
지니는 것이었다. 아울러 과학직 시각에서 말하면 역시 효과적이고 중복
가능성과 조작 가능성을 가지게 되는 것이다.

　　다시 말하면 초기의 기계론자들에 의해 제거되었던 주체성 요소가 칸
트에 의해 다시 새롭게 과학 영역 속에 들어갔지만 이로 인해 "과학 지
식을 객관 지식으로 삼는" 신앙은 동요되지 않았다. 세계는 여전히 객관
적으로 기술할 수 있는 하나의 기계 계통으로 인정받았고, 개체 관찰자
들의 신분 문제는 여전히 아무 관심도 받지 못한 채 모퉁이에 방치되어

---

50) 童天湘·林夏水, 『新自然觀』(中共中央黨校出版社, 1998), 436면.

있었다. 이 같은 상황에서 장기간에 걸쳐 "자연에 대한 객관적 기술은 모든 과학의 이상이 되었던 것이다."[51]

하지만 실제 상황은 이처럼 간단하지 않았다. 어떤 의미에서 '순수 객관적인 기술'을 과학의 이상으로 삼는 것은 과학자들의 자기기만 또는 자기위안일 뿐이다. 왜냐하면 "관찰자인 그들 자신이 언제나 관찰 현장에 있으므로 그들의 존재가 그 관찰에 영향을 미치지 않을 수 없기 때문이다. 유대교와 기독교가 함께 하느님을 공유하고 있는 것처럼 과학자들이 서로 관심이 없고 멀리 떨어져 있으며, 공정을 초월한다면 영원히 대자연 밖에 서 있게 된다. 이렇게 되면 이들은 필연적으로 이러한 정체 속에 발전을 가져올 뿐, 이 정체의 전부를 영원히 볼 수 없게 될 것이며 다만 관찰자 앞에 언뜻 나타나 반짝 반응을 보이는 일부분만 보게 될 것이다."[52] 이미 보았던 부분이라 해도 관찰자가 취하는 구체적 방식, 예를 들면 관찰 설비나 수단이 부동하면 그 결과에 차이가 있게 된다. 그러나 이런 상황은 20세기 이후에 이르러서야 비로소 사람들의 주목을 받기 시작했다.

(3) 환원론

방법론의 견지에서 볼 때 전통적 과학 세계관은 '환원론'을 주장한다. 현재 과학 기술에서 "일종의 유행이면서 흔히 효과적인 방법은 연구 대상을 더욱더 작은 부분으로 분해하는 것이다. 물리학자들은 결정체를 원자로 분해하고, 또 그 원자를 더 작은 미립자, 즉 원자핵과 전자로 분해했다. 현대 물리학 연구에서 중요한 분과 중 하나가 바로, 보다 기본적인 입자인 쿼크(quark)와 글루온(gluon)을 연구하는 학문이다. 그러나 양자

---

51) 프리초프 카프라, 『轉折點-科學, 社會和正在興起的文化』, 衛颯英·李四男 역(四川科學技術出版社, 1988), 49면.
52) 도널드 워스터, 『自然的經濟體系: 生態思想史』, 侯文惠 역(商務印書館, 1999), 473면.

모두 물질의 제일 기본적 구성 요소가 아닐 수도 있다. 생물학자들은 조직으로부터 세포를 분할하고 다시 세포를 세포막과 세포핵 등 구성 부분으로 분해한 후 세포핵을 또다시 생물 분자와 같은 구성 형식으로 분해했다. 우리는 각종 과학 영역에서 셀 수 없이 많은 예들을 더 들어볼 수 있다. 확실히 과학 자체도 이미 수학, 물리학, 화학 그리고 사회학과 심리학 같은 여러 분과로 나뉘어 있다."[53] 이것은 바로 일종의 환원론적 방법이다. 참으로 세계는 하나의 허다한 부품으로 이루어진 기계이면서 가장 기본적인 물질 미립자들로 이루어진 물체로서 이러한 세계를 철저히 이해하는 최상의 방법은 바로 그 자체를 분할하여 하나하나씩 연구하는 것이다.

　구체적으로 말하면 환원론은 주로 전통 과학관의 두 가지 기본 가설을 바탕으로 하고 있다. 그 첫 번째 가설은 물질 실체가 모두 기본적 미립자로 구성되었으며 그것은 세상 만물의 공통 기질(基質)로서, 이른바 '우주의 벽돌'이라는 것이다. 이는 고대 그리스로부터 계속되어온 전통이자 역시 현대적 의미의 과학이 성립된 전제의 하나이며 아울러 열심히 추적했던 목표 중 하나이기도 했다. 그러나 이러한 미립자들이 아이들 손안에 있는 한 무더기 블록 장난감이 아닌 네트워크 중의 수많은 절점(節點)이라 할 때, 혹은 말을 바꾸어 이린 미립자들이 완전하게 독립된 것이 아니라고 한다면 이른바 '환원'은 여전히 불가능하다는 것이다. 그러므로 이러한 기본 입자들이 성질상 서로 독립되고 서로의 관련도 외부적이라는 두 번째 가설이 필요했다. 말하자면 "매개 입자들은 오직 그 자체로서의 성질만 갖고 있으며, 혹시 기타 입자들과의 접촉으로 조금은 영향을 받지만 그것으로 끝날 뿐이어서" 이런 영향은 내적 성질에 영향을 미치지 못한다는 것이다.[54]

---

53) 헤르만 하켄(Hermann Haken), 『協同學—大自然構成的奧秘』, 凌復華 역(上海譯文出版社, 2001), 5면.

이 두 가지 기본 가설에서 출발하여 환원론의 임무 역시 상응하게 두 가지로 나뉘는데 그중 하나가 성분의 환원이고, 다른 하나는 구조의 환원이다. 말하자면 '성분의 환원'이란 바로 현대 과학이 자나 깨나 갈망하던 '우주의 벽돌'인 최종 입자(소립자)를 추적하는 것이다. 그리하여 자연으로부터 실체로, 실체로부터 입자로, 대분자(大分子) 입자로부터 원자로, 원자로부터 아원자(亞原子) 입자로, 나아가 더 작은 쿼크와 같은 유형의 물질에 이르는 과정은 바로 전통 과학의 발전사나 다름없다. 말하자면 '구조적 환원'의 목적은 바로 부동한 기본 입자, 부동한 물질적 성분 간의 조합 및 구조 관계를 추적하는 것이다. 그리하여 물질세계는 구조 관계에 의한 부동성으로 인해 서로 다른 전공에 맡겨져 연구하게 되며, 따라서 복잡한 사물은 간단한 부분으로 분해된 후 다시 각자 격파된다.

총괄적으로 말하면 해석의 획득은 환원에 의뢰한 것이다. 생명체가 기계와 동등하다는 결론은 바로 여기서 온 것이다. D. M. 암스트롱은 "우리에게는 사람이 단지 하나의 물리적 기계 장치에 지나지 않는다는 전면적인 과학적 근거가 있다"고 하면서 "사실 정신 상태는 다만 중추 신경 계통의 물리적 상태일 뿐이다"라고 했다.[55] 환원론의 논리에 따르면, 생명체의 성질은 능히 여러 가지 화학 성질의 조합으로 환원될 수 있기 때문이라는 것이다. 화학적 성질은 또한 물리적 성질의 환원을 통해 이해할 수 있다. 그러나 환원론을 주장하는 학자들은 인간을 하나의 물리적 기계 장치로 환원했을 때, 인간의 감정과 욕망을 어떻게 해석해야 할지는 전혀 고려하지 않았던 것이다.

물론 우리는 일체 사물을 최종 입자로 환원하려는 방법이 확실히 현

---

54) 데이비드 그리핀, 『後現代科學―科學魅力的再現』, 馬季方 譯(中央編譯出版社, 1995), 77면.
55) 앞의 책, 8면.

대 과학계에 엄청난 성공을 몰고 왔음을 인정해야 한다. 만약 원자 이론이 없었다면 화학 공업에서 거둔 숱한 성과들은 상상할 수 없을 것이고 심지어 많은 생물학적 성과들, 예를 들면 DNA의 발견도 불가능했을 것이다. 그러나 우리는 환원론도 마찬가지로 우리에게 거대한 난제를 가져다주었음을 부인할 수 없다. "이런 방법은 고립된 사건에 대한 자세한 지식을 획득하는 데 중요한 역할을 했지만, 특정 현상을 이해하는 데 결정적 의미를 띠는 중요한 상호 관련성에 대해서는 고려하지 않았다. 그리하여 전문화 또는 전문화와 관련된 전문 언어, 방법, 관념 및 주의해야 할 쟁점 등과 같은 여러 가지 문제들을 야기했다. 요컨대 환원주의는 제한된 범위에서 다양한 이론을 만들어냈지만 그 하나하나의 이론은 오직 고도로 전문화된 사건에만 적용할 수 있기 때문에 사용 범위가 매우 작고 그 밖의 범위에 대해서는 적용할 수 없었다."56) 마치 화이트헤드가 말한 것처럼 세부적인 측면에서 좀 더 훌륭하게 완성할 수 있고, 진보도 더 빠를 수 있지만 종합적인 방향에서는 오히려 혼란스럽기만 했는데, 이렇게 하다가는 세부적인 면에서의 진보도 전체적 조화에 어려움과 위험만 늘어날 것이다.57) 그러므로 일단 세계를 독립 불변의 실체 또는 물질 입자로 환원하면 필연적으로 부동한 실체 간의 연관과 세계의 정체성 특징을 소홀히 하게 된다. 바로 일리야 프리고진(Ilya Prigogine)이 말한 바와 같이 "과학에서 우리는 문제를 많은 세부로 구획하는 데 익숙해 있을 뿐만 아니라, 늘 한 가지 유용한 기법으로 이러한 세부적인 것들의 하나하나를 그 주위 환경에서 고립되게 했다. 이런 기법은 바로 우리가 늘 말하는 '세테리스 파리부스(ceteris paribus)', 즉 '기타 상황을 설정하는 것과 모두 같은 것이다'. 이렇게 되면 우리 문제와 우주 기타 부분 간의

---

56) 에르빈 라슬로, 『系統哲學引論——一种當代思想的新模式』, 錢兆華·熊繼寧·劉俊生 역(商務印書館, 1998), 19면.
57) 앨프리드 화이트헤드, 『科學與近代世界』, 何欽 역(商務印書館, 1959), 186면.

복잡한 상호 작용에 대해서는 관심을 가지지 않아도 될 수 있다."[58] 그러나 이런 '복잡한 상호 작용', 즉 세계적 관계성의 특징에 대하여 우리는 수수방관할 수 없다. 이는 다만 우리가 현재에 직면한 온갖 환경 문제만 봐도 그것들은 절대로 소홀히 할 수 없는 것들임을 어렵지 않게 이해할 수 있다.

분명한 것은 이런 부동한 영역 간의 '복잡한 상호 작용'에 대한 소홀함은, 말하자면 결국 하나의 문제를 처리하는 기교에 불과하다는 것이다. 물질 입자를 독립 불변의 고립된 실체로 설정하고, 세계를 이런 고립 실체의 무더기로 보는 것도 그저 일종의 인위적인 추상일 뿐이다. 그러므로 어떤 의미에서 말하면 환원론은 하나의 과학 방법이라기보다 일종의 신앙이라고 말하는 것이 낫다. "왜냐하면 사람들은 이런 방법으로 일체의 문제를 해결할 수 있다고 믿기 때문이다. 이는 초기 사람들을 부추겨 위대한 종교를 신앙하게 한 것과 조금도 다를 바 없다."[59] 현재 이 방법은 여전히 대다수 과학 기구들이 숙달한 체계적인 방법이기도 하다. 앨빈 토플러(Alvin Toffler)의 말을 빌리면 "현대 서양 문명 중에서 가장 발전한 기교 중 하나가 바로 부품을 해부하는 것이다. 즉 문제를 가능한 한 작은 부분으로 분해하는 것이다. 우리는 이런 기교에 매우 능숙한 반면, 세부적인 것들을 다시 하나로 조립하는 일은 이따금 잊는다."[60]

요컨대 전통적 과학 세계관은 17세기 이래 3백 년 동안 줄곧 서양 문화의 주류가 되어왔고, 그 문화가 이룬 성과 또한 매우 뚜렷하다. 오랜 시간 "뉴턴의 세계관은 틀림없이 정확하고 완벽한 것으로 인정받아왔으며, 또 그 어떤 엄격한 과학자도 그것에 회의를 가져본 적이 없었다."[61]

---

58) 일리야 프리고진·이사벨 스텐저스(Isabelle Stengers), 『從混沌到有序: 人與自然的新對話』, 曾慶宏·沈小峰 譯(上海譯文出版社, 1987), 5면.

59) 데이비드 그리핀, 『後現代科學－科學魅力的再現』, 馬季方 譯(中央編譯出版社, 1995), 78면.

60) 일리야 프리고진·이사벨 스텐저스, 앞의 책, 5면.

그러나 20세기에 들어서면서 이런 '기계론'과 '환원론'을 바탕으로 한 전통 과학관의 한계가 점차 드러나기 시작했다. 심지어 미국 학자 카프라는『새로운 과학과 문명의 전환』에서 이를 가리켜 "세계적 범위의 전면적인 위기"라고 지적했다. 이는 감정상 받아들이기 어렵지만 이성적 측면에서 볼 때, 부득불 인정하지 않을 수 없는 관점이다. 카프라가 볼 때 위기의 근본 원인은 바로 "사람들이 때 지난 세계 도경(圖景), 즉 데카르트와 뉴턴의 역학적 세계 도경의 각종 개념들을 그 자체로 더 이상 그런저런 개념으로 이해할 수 없는 현실에 적용하려 한 데 있다. 현재 우리는 전 지구가 상호 연결된 세계에서 살아가고 있다. 이 세계에서 생물적, 심리적, 사회적 그리고 환경적인 각종 현상은 모두 서로 의존하고 있는 것이다. 우리가 적당히 이 세계에 대해 기술하려면 데카르트의 세계 도경이 제공할 수 없는 생태관이 필요하다."[62] 그 결과, 일종의 새로운 과학관을 만들어 전통 과학관의 단점을 보완해야 한다는 견해가 하나의 막을 수 없는 발전 추세가 되었다. 결국 이 과정에서 '생태관'은 전통 과학관을 초월해야 하는 어렵고 힘든 과제를 떠안게 되었다. 그렇지만 구체적으로 생태관을 논의하기 전에, 그것이 태어나게 된 또 다른 계기에 대한 논의를 전개할 필요가 있는데 그것이 바로 신물리학 분야가 가져온 관념의 혁신이다.

2. 물리학이 몰고 온 혁신

전통적 과학관은 비록 인류 과학사에서 확실히 거대한 성과를 이루었

---

61) 프리초프 카프라, 『轉折點－科學, 社會和正在興起的文化』, 衛颯英·李四男 역(四川科學技術出版社, 1988), 78면.

62) 앞의 책, 34면.

지만 그것이 가져다준 부정적인 효과도 명백하다. 기계론의 입장에서 인류로 하여금 자연에 대한 동정심과 경외감을 상실하게 하였고, '아무것도 아니다'는 식의 태도로 주위 환경을 대하면서 떳떳하게 대자연에 대한 약탈과 통제를 시작하게 했던 것이다. 그리고 과학 영역에서 얻은 거대한 성과는 인류가 스스로를 맹목적으로 과대평가하고 독선적으로 빠지게 했다. 또 극도로 팽창한 우월감은 인류로 하여금 정의를 위해 용감하게 자기들의 웅대한 이상을 실천하게 하였으며, 이미 조성된 불량한 효과를 무시하게 했다. 그러다 상황이 통제할 수 없는 정도에 이르자 이른바 웅대한 청사진이란 결국 인류 자기만을 고려하고 객관적인 조건은 무시한 것이었음을 의식하게 되었다.

물질과 정신의 이원론적 구분은 시각, 청각, 미각 등 각종 감각 기관 그리고 미감, 도덕감, 가치관 등 각종 정신과 관련한 요소들을 과학 영역에서 배제했다. 이런 과학관이 사람들의 머릿속에서 광범위하게 유전되면 될수록 더 많은 도덕적 가치와 인생 윤리, 예술 심미 등이 배척받게 되었다. 그리하여 20세기에 들어서면서 도덕 신앙의 상실과 정신문화의 몰락, 감정생활의 빈약, 문학예술의 쇠퇴 그리고 심미 능력의 퇴화 등의 문제들이 나타나기 시작했다. 이런 놀라운 사실들은 전통 과학관의 성공 뒤에 치러야 하는 혹독한 대가가 무엇인지를 똑똑히 보여주었다. 게다가 그것이 가져다준 환경오염 문제까지 고려할 때, 인류가 치른 대가는 인류로 하여금 이미 취득한 성과들이 과연 바람직한 것인지에 대해 회의를 갖게 한다. 더욱 심각한 것은 전통적 과학 세계관이 이미 과학 자체의 건강 발전을 해치고 있다는 것이다. 특히 물리학자 닐스 보어(Niels Bohr)는 느낀 바가 매우 컸는데, "근년에 우리의 경험은 눈에 띄게 확대되어 간단한 기계론 개념의 단점을 드러냄으로써 관찰 결과에 대한 해석적 근거의 기반이 흔들리게 되었다"[63]라고 말했다.

갈수록 많은 폐단에 직면하자 책임감을 느낀 과학자나 인류학자들은 저마다 새로운 돌파구를 생각하지 않을 수 없었다. 필자가 여기서 20세기 이후에 나타난 물리학 영역의 새로운 성과인 '상대성 이론'과 '양자 이론'을 택한 것은 이러한 노력이 전통 과학 세계관에 가져다준 거대한 충격과 혁명적인 돌파가 무엇인지를 구체적으로 설명하기 위해서다.[64] 우리가 물리학 영역을 택한 이유는 다음과 같다. 첫째, "과학이 통치적 지위를 차지한 문화에서 우리가 제출한 논점이 과학을 근거로 한다면 사회 기구로 하여금 반드시 근본적인 혁신을 진행해야만 이것이 아주 쉽게 이루어진다는 점을 믿게 할 수 있다."[65] 둘째, 현대적 의미에서의 과학은 기본적으로 물리학 영역에서 시작되었고 17세기부터 물리학은 이미 정확한 과학의 훌륭한 예증(例證)을 바탕으로 이루어짐으로써 다른 과학의 본보기가 되었다. 따라서 물리학 영역 내부의 돌파력 있는 성과는 보다 강한 설득력을 지니게 될 것이다. 셋째, 상대성 이론과 양자 이론이 얻은 새로운 성과들은 전통 과학관에 근본적인 전복을 가져왔는바, 이는 기타 영역에 비하여 보다 뛰어나다. 아울러 그들이 제기한 일부 새로운 관념은 "우리의 세계 도경에 심각한 변화를 몰고 왔으며, 우리 관념이 데카르트와 뉴턴의 기계론 사상에서 총체론적이고 생태적인 사상으로 전환하게 하였다."[66]

---

63) 프리초프 카프라, 『物理學之'道': 近代物理學與東方神秘主義』, 朱潤生 譯(北京出版社, 1999), 41면.

64) 상대성 이론은 사실 아인슈타인 혼자 거의 완성했다. 1905년, 그는 '특수 상대성 이론'을 발표했고 10년 뒤에는 '일반 상대성 이론'을 발표했다. '양자론(量子論)'은 '양자 역학'이라고도 하는데 20세기 1930년대에 일부 국제 물리학자들에 의해 공동으로 완성되었다. 이 중에는 막스 플랑크(Max Planck), 아인슈타인, 닐스 보어(Niels Bohr), 루이 드브로이(Louis de Broglie), 에르빈 슈뢰딩거(Erwin Schrödinger), 볼프강 파울리(Wolfgang Pauli), 베르너 하이젠베르크(Werner Heisenberg), 폴 디랙(Paul Dirac) 등이 포함된다.

65) 프리초프 카프라, 『轉折點-科學, 社會和正在興起的文化』, 衛颯英·李四男 譯(四川科學技術出版社, 1988), 29면.

66) 위의 책, '서문' 참고.

1) 관념의 혁신(1): 물질세계의 새 도경(圖景)

전통적 과학관은 우주 만물에 일종의 공통 기질(基質), 즉 '물질'이 존재하고 있으며 그것은 자연계에서 불변의 기저(基底)를 감지할 수 있는데 보통 기본 입자의 형식으로 존재한다고 본다. 기왕 가변의 자연계 배후에 불변의 기저가 있는 이상, 물질은 영원히 존재한다는 것이다. 바다는 마르고 바위는 풍화되고 인간과 동물은 죽게 마련이다. 그러나 이것들을 이루고 있는 물질은 없어지지 않는다. 권위 있는 물리학에서 질량은 소실되지 않는 유형의 물질과 관련 있으며 "에너지와 마찬가지로 그것들도 변함없이 보존되는 것으로 인정하기 때문에 어떤 질량이든 소실되지 않는다"[67]고 본다. 질량이 변함없이 보존된다는 것은 동시에 전통적 과학 세계관에서 말하는 물질도 없어지지 않는다는 것을 의미한다. 그러나 아인슈타인의 상대성 이론은 오히려 질량이 일종의 에너지 형식임을 발견했다. 형상적으로 말하면 그것은 에너지의 '냉동' 형식에 불과하다는 것이다. 이는 질량이 더 이상 소실되지 않을 뿐만 아니라, 그것이 완전히 다른 형식의 에너지로 전환할 수 있음을 의미한다. 아원자 입자들이 서로 부딪칠 때 이런 현상이 나타나는데, 즉 "이러한 부딪침에서 입자는 사라지고 그들 질량 중에 내포되어 있던 에너지는 운동 에너지로 전환하여 충돌에 관여하는 기타 입자들에 전달된다. 이와 반대로 입자가 극히 빠른 속도로 충돌할 경우, 그들의 에너지는 새로운 입자가 만들어지는 에너지로 쓰일 수 있다."[68] 그리하여 새로운 물리학 영역에서 질량은 더 이상 물질 재료와 관련이 없게 되고 입자는 더 이상 기본적인 물질 자료로 간주되지 않고 에너지로 이루어진 것으로 간주하게 되었다. 앞에서 지적했다시피 '물질'을 가변적 자연계 배후에 있는 불변의 기저

---

67) 프리초프 카프라, 『物理學之'道': 近代物理學與東方神秘主義』, 朱潤生 譯(北京出版社, 1999), 186면.
68) 위의 책, 같은 면.

로 간주하는 것은 전통 과학관의 일종의 가설 또는 전제로서 일단 물질
이 '불변'도 아니고 '기저'도 아닌 경우, 전통 과학관이란 큰 나무는 뿌
리가 잘리는 것이다.

　전통적 과학 세계관에서 세계의 기본을 이루는 재료, 즉 물질 입자는
본질상 타성적이고 그 운동은 외부적 힘에 의해 추진 또는 충돌하게 된
다. 다시 말해 전통적 과학 세계관은 물질 입자와 운동이 쉽게 분리된다
고 여긴다. 데카르트는 "나에게 물질과 운동을 주면, 나는 하나의 우주
를 만들겠다"[69]고 말했다. 그러나 20세기 이후 이런 관점 역시 도전을
받았다. 우선 한 가지는 상대성 이론이 가져온 '시공 연속체'의 도전이
고, 다른 한 가지는 양자 이론의 '에너지 춤'의 도전이다. 시간과 공간을
절대적으로 분리한 전통 과학과 달리 상대론은 공간이 입체적인 것이 아
니고 시간도 독립된 것이 아니며, 이들은 불가분리적으로 함께 연결되어
있다고 보았다. 그러나 우리는 어느 한쪽을 버리고 다른 한쪽만 독자적
으로 논의할 수 없다. "공간과 시간의 통일은 물질을 그 능동성과 서로
분리시킬 수 없음을 의미하기 때문에 동태적 관계 속에서 운동과 상호
작용 및 변환 등 방면으로부터 아원자 입자의 성질을 인식해야 한다."[70]
양자론 역시 상대론의 뒤를 이어 물질 입자의 동태적 본질을 증명했다.
즉 "원자는 입자로 이루어졌고 입자는 어떠한 물질 재료로 이루어진 것
이 아니다. 우리는 절대적으로 그 어떤 물질도 관찰할 수 없는데 눈에
보이는 것은 다만 끊임없이 다른 형식으로 변화하는 동태적 방식, 즉 끊
임없이 움직이는 에너지의 춤"이라는 것이다.[71] "물질이 자신이 하고자

---

69) 데이비드 그리핀, 『後現代科學－科學魅力的再現』, 馬季方 譯(中央編譯出版社, 1995),
　　89면.

70) 프리초프 카프라, 『物理學之'道': 近代物理學與東方神秘主義』, 朱潤生 譯(北京出
　　版社, 1999), 178면.

71) 프리초프 카프라, 『轉折點－科學, 社會和正在興起的文化』, 衛颯英·李四男 譯(四
　　川科學技術出版社, 1988), 75면.

하는 것을 한다고 여기는 것은 우선 (자신이 하고자 함의 제한을 받지
않는 것이) 바로 그것이 그것이기 때문이라고 하는데 이런 견해는 전혀
사실에 부합되지 않는다. 지금 우리가 알다시피 물질이 바로 그것이 그
것이라는 것은 물질이 자신이 하고자 하는 것을 하기 때문이며, 달리 말
하면 그것이 그것이라는 것과 자신이 하고자 하는 것을 한다는 것은 전
적으로 동일한 것이기 때문이다."72) 이로써 알 수 있는바 물체는 비교적
작은 요소들, 예를 들어 분자, 원자 및 입자로 이루어진 것으로 기술되어
있지만 이러한 '물질 입자'들은 전통 과학관이 인정한 것처럼 운동과 서
로 분리된 고립적 존재인 자존물(自存物)이 아니다. 상대론과 양자 역학
의 시각에서 볼 때 이들은 바로 운동 과정 그 자체다. 일상 경험에 따르
면, 우리 주위의 물체들은 거의 모두 피동적이고 타성적이다. 예를 들면
금속이나 돌 같은 것들이다. 그러나 실제로 이는 일종의 거시적 측면에서
의 유사성일 뿐, "일단 이런 '죽은' 돌덩이와 금속 조각들을 좀 더 확대했
을 경우, 우리는 그것들이 온전히 활동 중에 있음을 볼 수 있게 된다."73)

   전통적 과학 세계관에서 물질 입자는 또 하나의 중요한 특징을 갖고
있는데 바로 독립적이고 자족적인 성질이다. 하나하나의 입자는 모두 고
립된 실체로 간주할 수 있으며 모두 자신만의 성질을 갖고 있다. 간혹
다른 입자들의 부딪침으로 일부 영향을 받을 수도 있겠지만 그저 그럴
뿐이다. 다시 말해 물질 입자들 간의 관계는 기본적으로 외부적이다. 거
시적 측면에서 물체의 존재와 소실은 모두 입자들 간의 집결과 분리에서
연유됨을 볼 수 있다. 하지만 집결이든 분리든 그것들은 입자 자체의 성
질과는 아무런 영향이 없다는 것이다. 그러나 양자 역학은 도리어 물질
입자가 완전히 다른 하나의 형태임을 알려준다. 물질 입자들은 짧은 방

---

72) 콜링우드, 『自然的觀念』, 吳國盛·柯映紅 역(華夏出版社, 1990), 162면.
73) 프리초프 카프라, 『轉折點─科學, 社會和正在興起的文化』, 衛颯英·李四男 역(四
    川科學技術出版社, 1988), 72면.

식의 운동 과정을 통해 이미 그 자체가 고립적이고 자체적으로 존재하는 실체가 아님을 증명했다. 상호 충돌 과정에서 그들은 소실될 수 있고 질량과 에너지를 기타 입자들에 전환시킬 수 있으며, 또 기타 입자들과 질량 및 에너지를 상호 교환할 수도 있다는 것이다. 그렇지만 보다 중요한 발견은 바로 '파동-입자 이중성'이다. 관측 과정에서 물질 입자(비물질적인 광입자도 마찬가지다)는 때론 입자성을 나타내거나 파동성을 나타내기도 한다. 구경 입자성을 나타내느냐 아니면 파동성을 나타내느냐 하는 것에 대해서는 완전히 실험 조건에 의해 결정되거나 혹은 사람들의 관찰 각도에 의해 결정된다고 말하기도 한다. 이는 아원자 차원의 물질 입자들이 결코 환경과 무관한 어떤 내재적 특징을 가지지 않음을 의미한다. 그런 이유로 우리가 이런 에너지 입자들의 성질을 이해하려 할 때면 이미 입자 객체에 대한 매우 정밀한 구획과 측량 기기 간의 경계선을 통해서는 객체의 '자재(自在)' 상태를 인식할 수 없으며 다만 상호 작용의 결과인 양자 현상의 정체만 인식할 수 있는 것이다.

닐스 보어는 "독립적인 물질 입자는 일종의 추상적인 개념으로서 그들의 특징은 기타 계통과의 상호 작용을 통해야만 비로소 정의를 내리고 관찰할 수 있다"고 말한 바 있다. 헨리 스태프(Henry Stapp)는 "하나의 기본 입자는 독립적으로 존재하는 것이 아니며 불가분리의 실체다. 실질적으로 그것은 한 세트의 밖으로 확대되어 기타 사물에 도달하는 관계다"[74]라고 말했다. 전자든 후자든 막론하고 모두 우리로 하여금 '물질 입자'의 개념에 대해 새로운 이해를 갖게 한다.

그 때문에 전통적 과학 세계관이 '실체'를 세계의 본체로 삼은 것과 달리 양자 역학은 우리로 하여금 세계의 '관련성'에 대한 본질을 깨닫게 했다. 마치 카프라가 말한 것처럼 "아원자 입자는 '물체'가 아니라 '물

---

74) 앞의 책, 64~65면.

체' 간의 상호 관계다. 이런 물체는 도리어 또 다른 '물체'와 상호 연관
되며, 또 이렇게 유추해나갈 수 있다. 양자 이론에서는 종래로 '물체'로
끝나지 않고 언제나 각종 상호 관계로 처리한다. 그리하여 현대 물리학
은 우주의 기본적 성질인 정체성을 제시했다. 그것은 우리가 결코 세계
를 독립적인 존재의 가장 작은 단위로 분열할 수 없다는 점을 분명히
보여주었다. 우리가 물질 내부에 깊이 들어갔을 때, 자연이 우리에게 보
여준 것은 어떤 고립된 건축 재료가 아니라 통일된 정체 속의 각 부분이
서로 연관되어 이루어진 하나의 복잡한 망(그물 형태의 조직이나 계통)
인 것이다."75)

2) 관념의 혁신(2): 객관 진리와의 결별

전통 과학관의 발전 과정을 보면 학자들은 과학 지식을 '객관 진리'와
동일시하면서 주로 두 가지 경로를 통해 정리했음을 알 수 있다. 하나는
'제1성질'과 '제2성질'의 구별 및 '물질세계'와 '정신세계'의 구획을 통
해 모든 심령과 관련되는 이변 요소들을 배제하고 과학 연구의 객체 대
상을 양적으로 계산할 수 있는 이른바 '확실성' 요소들로 제한했다. 그
리하여 주관성을 배제한 자연계는 순수한 객관적 기계 장치가 되면서 경
험도 감성도 목적도 없어졌다. 따라서 그러한 자연계는 '연구 대상'으로
서의 '객체'이며, 본질적으로도 객체에 불과할 따름이다. 두 번째 경로는
관찰자들의 개체성 존재를 소홀히 함으로써 그러한 자연계를 완전히 관
찰 대상 밖에 독립될 수 있는 냉정하고 초연한 방관자로 형상화하는 것
이다. 세계에서 발생한 모든 것들이 마치 방관자와 무관한 것처럼, 과학
자들이 하고자 했던 것은 다만 세계의 '본래 정체'를 여실히 기술하는
것뿐이었다. 이 두 가지 측면의 노력을 통해 과학과 객관성은 자연스럽

75) 앞의 책, 64면.

게 하나가 되었으며 과학 지식도 자연스럽게 객관 진리로 변했다. 자크 모노가 말한 바와 같이 과학 영역 자체를 이탈하지 않는다면 우리는 곧 객관성을 벗어날 수 없으며 심지어 잠지적인 이탈과 제한된 범위에서의 이탈조차도 불가능했을 것이다.

만약 데카르트의 주장에 따른다면 과학 지식은 모두 확실하고 분명하다. 그러나 지식으로서의 가능성만 있는 내용은 전통적 과학 세계관에서는 인정받지 못한다. 하지만 20세기에 들어오면서 과학자들은 갈수록 "과학 이론이 실재에 대해 완전하고 확정적인 기술을 제공할 수 없음을 인식하게 되었다. 과학 이론은 언제나 사물의 진실한 본질에 가까울 뿐이다. 솔직히 말하면 과학자들은 진리와 상대하는 것이 아니라 실제 존재하는 제한적이면서도 유사한 기술(記述)과 상대한다."[76] 양자 역학이 제시한 일련의 현상들은 일찍이 그의 창시자들(전통 과학 신앙 속에 성장한 과학자들)에게 큰 괴로움과 고통을 가져다주었다. 가장 중요한 원인은 이른바 객관 진리를 파악하려는 꿈이 결국 수포로 돌아갔기 때문이다. 새로운 연구 성과들은 사람들로 하여금 과학자들이 계속 관측 대상 밖에서 방관자 역할을 한다는 것이 이미 현실적으로 불가능한 것임을 똑똑히 인식하게 해주었다. 과학자들은 독립된 객관적 관찰자로 존재할 수 없으며 그들은 언제나 관찰의 세계 속으로 빠져들어가게 되고 이런저런 방식으로 관찰 대상의 성질에 영향을 미치고 있는 것이다. 말하자면 "원자물리학에서 정신과 물질, 관찰자와 관찰 대상이라는 데카르트 식의 명확한 구획은 더 이상 성립될 수 없었다. 사람들은 더 이상 자연을 논하면서 자신을 논하지 않을 수 없었던 것이다."[77] 하이젠베르크의 말을 빌리면 "우리의 관측은 결코 자연계 자체가 아니며", "자연과학은 자연계를 기술하고 해석하는 것일 뿐만 아니라 자연계와 우리 사이에 일어나는

---

76) 앞의 책, 39, 30면.

77) 위의 책, 70면.

상호 작용의 일부이기도 한 것이다."[78] 그러나 이 같은 확실한 인식이
있음에도 불구하고 그들은 전통 과학관에서 비롯된 다른 하나의 가설(假
設)에 회의를 제기하지 못했다. 그것은 바로 자연계에는 경험도 없고, 감
성도 없으며, 목표와 목적도 없다는 가설이다. 전통 과학관의 이런 가설
은 본래 아리스토텔레스주의 및 '범령론(汎靈論)'을 수정한 것인데, 전
통 과학관에 대한 같은 가설은 다시 훗날의 자기 조직화 이론가들에 의
해 완성된다. 이에 대해서는 뒷부분에서 다시 논의하고자 한다.

3) 관념의 혁신(3): 환원론 신화의 파멸

앞에서 논의한 바와 같이 전통 과학에서의 '환원론'은 두 가지 전제
위에서 확립되었는데, 그중 하나는 세계가 기본적이면서 불변의 물질인
미립자로 이루어졌다는 것이고, 또 하나는 이런 기본 입자들은 성질상
서로 독립되어 있을 뿐만 아니라 피차간의 연결도 외부적이라는 것이다.
그러나 새로운 물리학이 '물질세계'의 '신도경(新圖景)', 즉 새로운 이상
적인 상황을 제시함에 따라 환원론이 기대고 있던 이 두 가지 전제에
동요가 생기게 되었다. 이런 물질세계의 새로운 도경에서 물질은 에너지
의 특수한 형식이 되며 실체는 과정에 의해 대체된다. 그리고 이른바 기
본적이고 불변적인 물질 미립자는 결국 일련의 운동 과정에서 짧은 순간
의 방식일 뿐이다. 어떤 입자든 모두 전체 과정의 단면 혹은 극히 짧은
순간을 대표한다. 그러므로 성질 면에서 모두 독립적이고 실제로 존재하
는 특성을 가질 수 없다. 이는 부동한 입자 간의 연결도 완전히 외부적
일 수 없음을 의미한다. 그렇지만 '파동-입자 이중성'이 제시한 양자의
성질은 실험 조건 또는 관찰 각도에 대한 의존성이 어떤 입자든 모두
환경과 무관한 그 어떤 내적 특징을 갖지 않으며 환경을 떠나서는 더더

---

78) 프리초프 카프라, 『物理學之'道': 近代物理學與東方神秘主義』, 朱潤生 譯(北京出
版社, 1999), 124면.

욱 고립적으로 존재할 수 없음을 뜻한다. 이는 본질적으로 한 세트(一組) 씩 밖으로 확장되어 기타 사물에 도달하는 관계로 변해버린 것이다. 데이비드 봄이 말한 바와 같이 "일반적인 대표적 개념은 세상의 독립된 기초적 부분을 기본적인 실재(實在)로 보며 부동한 계통은 다만 이런 부분들의 특정한 우연적 형식과 조합에 지나지 않는다. 이와 반대로 우리는 전체 우주의 불가분의 양자(量子)들이 상호 연관된 것이야말로 비로소 기본적인 실재이며 상대적으로 독립된 부분을 나타내는 것은 다만 전체의 특수하고 우연적인 형식에 지나지 않는 것이다."[79]

바꾸어 말하면 새로운 물리학이 우리에게 가져다준 '물질 신도경(新圖景)'에서 세계의 본질적 특징은 더 이상 고립 자족의 '실체'가 아니라 상호 관련이 있는 '과정'과 '관계'이다. 그리고 세계의 기본 구성단위는 더 이상 '실체(혹은 물체)'가 아니고 '사건'이며 세계의 총체적 모습도 더 이상 고립된 실체의 정적인 성질이 아니라 실체 간의 동적 관계에 의해 결정된다. 하이젠베르크의 말을 빌려 개괄해보면 다음과 같다.

○ 세계는 사건의 복잡함으로 뒤엉킨 양상을 띠며, 이 중에 부동한 종류의 관계들이 서로 얽히고 중첩 또는 결합되어 있는바, 이로써 총체적 구조가 결정된다.[80]

문제는 세계의 본질이 '과정'이든 '관계'든 우리는 환원론의 도움으로 는 이들을 얻을 수 없다는 점이다. 환원론의 가장 기본적인 기교는 바로 부품을 분해하는 것이다. 그렇지만 우리가 전체를 부동한 부분으로 분해 하고 다시 나누어서 좀 더 이해하고 해결할 경우, 세계는 원래 모습을 알아볼 수 없게 변한다. 그 때문에 하나의 완전한 운동 과정과 각 부분

---

79) 앞의 책, 121면.
80) 프리초프 카프라, 『物理學之'道' :近代物理學與東方神秘主義』, 朱潤生 역(北京出版社, 1999), 122면.

간에 실제상 분해할 수 없는 하나의 총체임에 직면했을 때 환원론은 누구의 말을 믿어야 할지 모르는 상황을 맞거나, 또 그렇지 않으면 "발을 깎아서 신발에 맞추는" 격의 상황을 맞게 될 것이다.

또 하나 짚고 넘어가야 할 것은 우리가 환원론 신화의 파멸을 선포했다고 하여 환원론의 업적까지 부정하는 것은 아니라는 점이다. 우리가 부인하고자 하는 것은 다만 '환원론 만능주의'의 논조일 뿐이다. 환원론이 오랜 역사 과정에서 사람들의 보편적인 숭배를 받을 수 있었던 것은 절대 우연이 아니다. 환원론은 확실히 과학으로부터 거대한 성과와 신뢰를 얻었는바, 20세기 중엽 이후에도 여전히 분자생물학의 혁명을 몰고와 DNA 분자 구조 연구에서 새로운 발전을 가져다주었던 것이다. 그러나 동시에 반드시 명기해야 할 것은 환원론의 방법은 '만능열쇠'가 아니며 더욱이 유일한 방법도 아니라는 점이다. 비록 우리가 환원론을 통해 세계의 어느 한 부분에 대한 지식을 얻을 수는 있지만 전체의 지식을 다 얻을 수는 없다. 가령 환원론이 어느 한 방면에서 거대한 성과를 거두었다 할지라도, 그것이 바로 다른 방면의 한계를 드러내는 것일 수도 있는 것이다. 만약 거시적 차원에서 아주 유용한 기교라 하더라도 아원자 입자의 차원에 이르면 속수무책으로 변해버릴 수 있다. 거시적 물체의 차원이라 할지라도 그것이 얻은 성과는 단지 어느 한 측면에만 국한될 뿐이다. 따라서 우리는 반드시 환원론 만능주의의 신화적 색채를 타파하고 새로운 방법론에 충분한 공간을 만들어줌으로써 환원론의 부족한 점을 채울 수 있기를 기대해야 한다.

총괄적으로 말하면 20세기부터 물리학 영역에서의 혁명적인 발전이 가져다준 일련의 새로운 관념들은 어느 것 하나 새로운 시대의 도래를 암시하지 않은 것이 없다. 바로 저명한 생물학자이며 일반 계통론의 창시자인 루트비히 폰 베르탈란피(Ludwig Von Bertalanffy)가 말한 바와 같이 "기술(技術) 시대에서는 변화로 인해 자기 스스로도 귀찮아지게 된다. 그러니 우리 모두 뒤에 도래하게 될 유기 시대(有機時代)가 인류의 미래에 새로운 비전을 가져다주길 기대해봐야 할 것이다."[81]

제3절 생태학의 발전 과정

영국의 철학자 화이트헤드는 일찍이, 1925년에 하나의 과학과 문화의 '재건 시대'가 도래할 것을 예견한 바 있다. 그는 『과학과 근대 세계』에서 자연계에 대한 기계적 분석이 서양 사상계를 지배한 지 3세기가 되었다면서, 환원론과 물리학의 논쟁할 여지가 없는 권위는 이미 과거가 되었다고 말했다. 이는 필연적인 결과로서 인류의 자연관도 또다시 풍부하면서도 구체적인 다양성을 띠게 될 것이고, 자연관 자체에 의해 결정되는 자유성과 자체 특성의 깊이로 인한 복잡성 또는 신비성을 띠게 되고, 자체의 내적 의미와 가치에 대한 인식으로 돌아와 '총체로서의 유기적 통일성'과 '하나의 상호 연결된 공동체 속에 배치된 사건에 대한 인식'을 회복할 것이다. 쉽게 말하면 이러한 시대가 바로 유기론의 시대이고, 과정과 창조성과 무한성을 중시하는 시대이며,[82] 동시에 생태 세계관의 시대이기도 하다.

1. 유기적 세계로의 전진

하나의 성숙한 세계관은 모두 일부 기본적인 이론 신념을 가진 다음

---

81) 도널드 워스터, 『自然的經濟體系: 生態思想史』, 侯文惠 역(商務印書館, 1999), 41면.
82) 앞의 책, 370, 372면.

에야 이를 바탕으로 끊임없이 풍부해지고 발전하게 된다. 이는 건강한 사람이 반드시 힘 있는 다리를 갖춰야 견고하게 대지를 딛고 설 수 있는 것과 흡사하다. 전통적 과학 세계관은 두 개의 기본적 신념 위에 세워졌다. 마치 사람의 두 발처럼 왼쪽 발은 독립적이고 자주적인 물질 미립자이고, 오른쪽 발은 영구불변의 구조적 법칙이다. 마찬가지로 '생태관' 역시 두 개의 기본적 신념을 바탕으로 하고 있다. 그러나 전자와 달리 왼쪽 발은 내적으로 연관된 유기적 총체인 세계이고, 오른쪽 발은 끊임없이 발전하는 진화 과정의 세계이다.

생태관이 '내적으로 연관된 유기적 총체'를 기본 신념으로 할 때는, 이미 전통 과학 세계관과의 차이가 매우 커진 것이다. 이는 생태관의 착안점이 고립된 실체가 아닌 실체 간의 내적 관계에 있음을 의미한다. 비록 미국 학자 도널드 워스터가 『생태 사상사』를 집필할 때 일찍 생태학에 불만을 드러내면서 "마치 도시에 난입한 낯선 사람처럼 과거의 신상과 관련된 참고할 만한 것이 없는 듯하다"라고 했지만 그래도 상대적으로 확실한 하나의 출발점을 찾았는데, 정확히 말하면 사상의 출발점은 바로 18세기였던 것이다. 당시 생태학은 '자연적 경제 체계'로 불렸는데 그 목적은 모든 지구 상의 살아 있는 유기체를 하나의 내적 연관이 있는 총체로 기술하는 관점을 탐구하는 데 있었다.[83] 이로써 "생태학이 처음부터 주목한 것은 공동체와 생태계 및 총체였음"[84]을 알 수 있다.

위의 출발점을 놓고 두 사람을 논의할 필요가 있는데, 바로 길버트 화이트(Gilbert White)와 칼 폰 린네(Carl von Linné)다. 이 두 사람은 서로 다른 길을 걸었는데, 화이트는 인간과 자연의 화목과 공존을 탐구했고 린네는 인간의 자연에 대한 통치를 실현하려 했다. 하지만 두 사람은

---

83) 앞의 책, '서문' 참고.
84) 로드릭 내시(Roderick Nash), 『大自然的權利: 環境倫理學史』, 楊通進 역(靑島出版社, 1999), 67면.

근본적으로 공동점이 있었는데, 그것은 바로 두 사람 모두 자연계 중의 생물체 간 상호 의존적인 내적 관계에 착안한 점이다. 화이트는 자연이 하나의 위대한 경제 전문가로서 "별로 화목하지 못한 대다수 동물들이 서로 이용하도록 한다"고 했다. 예를 들면 지네는 조류들의 먹이가 되고, 그걸 먹은 새는 다시 여우나 사람들의 요리가 된다. 또한 지네처럼 행동이 느린 벌레는 땅을 부드럽게 해주는 동시에 농민들을 도와 땅을 환기시키고 비료를 제공한다. 그리고 소가 물이 뱃가죽까지 차오르는 늪에 들어가 더위를 식히며 배출한 배설물은 곤충들의 먹이가 되는 동시에 간접적으로 고기들에게도 먹이를 제공한다고 했다. 목사인 화이트는 아무 의심 없이 이 모든 것은 조물주의 위대한 창조력에서 비롯된 것이라고 믿었다.

이런 점에서 그는 린네와 견해가 같았다. 린네가 1749년에 펴낸 『자연의 경제 체계』는 하느님이 자연에 미친 영향을 발견하겠다는 잠재적인 목적이 명확했다. 린네가 볼 때 하느님은 부동한 생물 종들에게 부동한 역할을 맡김으로써 "장기적으로 평화가 공존하는 하나의 공동체를 만들었다"는 것이다. 예를 들면 화목에 이르기 위해 하느님은 매개 동물들에게 특유의 먹이를 분배했는데, 말은 잎이 작은 뱀무(geum) 잎을 먹지 않지만 염소는 먹고, 반대로 염소는 부자초[附子草, 일명 오두초(烏頭草)] 잎을 말에게 양보하고 젖소는 잎이 긴 큰 뱀무 잎을 양에게 남겨준다는 것이다. 화이트와 린네 두 사람은 또 하나의 공통점이 있는데, 그것은 바로 그들이 보여준 지구의 생물들이 상호 작용하는 화면이 기본적으로 정적(靜的)인 장면이라는 점이다. 물론 그들도 변화를 반대하지는 않으나 이런 변화는 역사와 무관할 뿐만 아니라 더욱이 진화와 무관하다고 보았다. 예를 들어 린네의 '자연의 영구적 갱신'은 일종의 영원히 원점으로 돌아가는 상태의 순환이라는 것이다.[85] 이들 두 사람의 논리에 따르면, 모든 작용과 변화는 모두 하느님이 미리 배치한 것이며,

비록 자연은 끊임없이 운동하고 변화하지만 이 과정에서 어떤 새로운 물질들도 생기지 않는다는 것이다. 이는 우리로 하여금 고대 그리스의 원자론자들과 뉴턴으로부터 운동도 하느님이 부여한 것이라는 생각을 갖게 한다. 그리고 우리는 린네에게서 '기계론'의 그림자를 엿볼 수 있을 것 같다.

그런가 하면 하느님의 배치를 떠나 자연계 내부에서 자연의 전반적인 관련과 변화의 원인을 찾으려 한 이가 있었는데 바로 18세기 말에서 19세기 초에 활동한 알렉산더 폰 홈볼트(Alexander von Humboldt)다. 여기서 특별히 홈볼트를 언급한 또 다른 이유는 바로 생태관의 형성 과정에서 홈볼트가 다윈을 통해 간접적이지만 중요한 역할을 했기 때문이다. 다윈은 자신의 전반적인 생활 방향은 모두 젊은 시절에 여러 권으로 된 홈볼트의 『자서전』을 반복적으로 읽은 결과라고 술회한 바 있다. 홈볼트는 저서에서 일종의 총체적인 자연관을 채용하는 데 심혈을 기울였다. 그는 일찍 남미를 여행할 때, 자기 여행의 목적은 열심히 노력하여 자연 속의 각종 힘들이 어떻게 상호 작용하고, 또 지리적 환경이 어떤 방식으로 동물과 식물들에게 영향을 미치는지를 발견하는 것이라고 말한 바 있다. 물론 홈볼트도 화이트나 린네와 마찬가지로 자연계는 하나의 조화로운 통일체라고 굳게 믿었지만 그는 이러한 조화를 하느님의 자비로운 배치에 귀결시키지 않았다. 오히려 그는 "기후와 같은 자연의 각종 힘에 주의를 돌리면서 이런 힘들이 독특하고 제한적인 유기 계통의 창조에서 차지하는 중요성을 찾으려고 했다."[86] 객관적으로 말하면 이는 한 차례의 중대한 전환이었다. 자연의 조화를 하느님의 배치로 돌리면 사실상 하나의 실질적인 문제를 회피하는 것이나 다름없게 되는데 그것이 바로

---

85) 도널드 워스터, 『自然的經濟體系: 生態思想史』, 侯文惠 역(商務印書館, 1999), 26, 56면.

86) 앞의 책, 169~170면.

자연계 중의 각종 유기 계통의 형성 및 효과적으로 움직이는 내적 원인과 원동력에 관련된 문제였다. 오직 이 문제에 대한 유효한 답을 얻어야만 비로소 생태관의 진정한 형성을 뜻할 수 있게 된다. 이런 의미에서 볼 때, 훔볼트의 역할은 매우 중요한 것이다.

생태관의 또 다른 신념, 즉 세계는 끊임없이 발전하는 진화 과정이라는 신념의 형성 역시 18세기까지 소급해 올라갈 수 있다. 구체적으로 볼 때, 이 과정은 주로 두 학문, 즉 역사학과 지질학의 도움을 많이 받았다. 그리스 시대부터 전해 내려온 전통이 무릇 변화하는 것은 모두 인지 불가능한 것이라고 주장했기 때문에 과학자들은 줄곧 자연 표상의 배후에 숨겨진 불변의 것을 파악하려 했던 것이다. 그리고 18세기 말에 일어난 역사주의 운동은 이러한 전통을 동요시켰다. 그 역사주의 운동 중에서 "역사학자들은 이미 스스로 과학적 사고를 할 수 있도록 훈련되었을 뿐만 아니라 자기들이 영원히 변화하는 인류 사회에 대해 과학적으로 사고할 수 있음을 발견하게 된다. 왜냐하면 변화의 배후에는 불변의 기저뿐만 아니라, 또 그 변화의 발생이 따를 만한 불변의 법칙도 없었기 때문이다. 현재 역사는 이미 스스로를 과학적으로 육성했는바, 이는 내세운 이론이 엄격하고 깊이 있게 논증된 진보적인 탐구였다. 이러한 실험이 증명하다시피 영구적 변화의 객체와 관련된 과학 지식은 가능한 것이다."[87]

거의 비슷한 시기에 지질학 분야에서는 시간의 진정한 함의에 대한 연구가 나타났다. 많은 고생물 화석들이 출토되면서 지질학자들은 생물 종이 고정불변한 것이 아님을 의식하기 시작했던 것이다. 왜냐하면 몇 세기 전에 존재했던 동식물들이 18세기에 와서는 존재하지 않았기 때문이다. 동일한 생물 종이라 해도 모든 세부적인 변화가 그들의 조상들과 동일한 노선을 따라 계보를 계승한 것이 아니었기 때문에 세부적 변화에

---

87) 콜링우드, 『自然的觀念』, 吳國盛·柯映紅 譯(華夏出版社, 1990), 13면.

서 매우 큰 차이가 존재했다. 이는 지구 상의 생물은 시간의 변화에 따라 자체도 끊임없이 변화함을 의미한다. 지질학 영역에서 특히 거론할 가치가 있는 인물은 찰스 라이엘(Charles Lyell)이다. 지질학자로서 그는 산맥의 상승과 하강, 대륙과 대륙 간 지협(地峽)의 침하와 상승 그리고 하천과 시냇물의 구불구불한 물길 등을 집중적으로 연구했다. 이러한 연구를 통해 그는 이미 현대 식물과 동물의 연관성이 동일한 점(點)에서 정확히 유지될 수 없음을 명확히 했다. 또한 그것들의 연관성은 지질의 변화 과정에 따라 움직이는 것으로서, 린네가 말한 것처럼 하나하나의 생물 종은 모두 하느님이 지정해준 고정된 위치에 있는 것이 아니라는 점을 명확히 했다. 즉 코끼리가 아프리카에 적응하고 사향쥐가 아메리카에만 적응하는 게 아니라는 것이다. 또 찰스 라이엘은 어떠한 생물 종도 새로운 지역으로 이동하면 모두 그 지역 생물 종들 간의 원래 관계를 바꿀 수 있다는 것을 발견했다. 이처럼 라이엘의 눈에 비친 세계는 영원히 새로운 것이었다. 그리하여 그는 앞 세대 사람들과 전혀 다른 가설을 내놓았는데 아주 오래전, 하느님이 세상을 창조하기 시작한 시기부터 세계는 줄곧 이러한 창조 과정에 놓여 있었을 뿐만 아니라 앞으로도 계속 창조되고 영원히 재창조된다는 것이다. "지구의 표면은 간단하고도 일차성적인 비범한 발명이 아니라 쉽게 볼 수 있는 온갖 힘, 즉 바람, 비, 햇빛 등이 취약한 표면에 작용한 결과다. 따라서 생태학은 반드시 역사적인 것이 되어야 하고, 또 반드시 지질학처럼 현존하는 식물과 동물들 간 내적 관계의 법칙을 자연 속에 장기간 축적한 결과로 보아야지 하느님이 배치해준 대로 영원한 체계가 되는 것이 아니라고 했다."[88]

　그러나 진정으로 대자연에 대한 기술을 철저히 역사화하고 생물학을 역사학의 한 분과로 바꾸어 이 두 가지 신념이 진정한 융합을 이루게

---

88) 도널드 워스터, 『自然的經濟體系: 生態思想史』, 侯文惠 역(商務印書館, 1999), 173면.

한 사람은 라이엘보다 조금 늦은 시기에 나타난 다윈이다. 바로 "이런 역사화된 생물학에서 생태학이 태어났다. 비록 1990년대에 이르러서야 생태학이 비로소 하나의 학문적 지위를 인정받게 되었지만 말이다."[89] 물론 우리는 라이엘의 공적을 말살해서는 안 된다. 전문적인 훈련을 받지 않았고 거의 문외한에 가까웠던 다윈이 비글호에 올라 『종의 기원』을 탄생시킬 여행을 시작했을 때, 몸에 지닌 것이 바로 라이엘의 두 권짜리 『지질학 원리』였기 때문이다. 또 그는 '자연 공동체' 사상에 뛰어난 기여를 한 린네와 훔볼트 등 다른 선배들의 이름도 기억하고 있었을 것이다. 이로써 생태학의 두 가지 기본 신념은 다른 사람이 아닌 다윈에 의해 융합되었던 것이다. 『종의 기원』에서 다윈은 자연계를 '하나의 복잡한 관계망'에 비유하며 이 네트워크 밖에서 독립하여 생활하는 개체 유기물이나 생물 종은 없다고 말했다. 그리고 또 가장 작은 동물이라 해도 그것들은 상호 연관된 생물 종의 이익에서 말하면 매우 중요하며 적어도 어떤 면에서는 그들이 '사회 성원'이 되거나, 또는 이전의 어느 시점에 이미 그렇게 되었을 것이라고 주장했다.[90] 이 관점은 분명히 훔볼트, 린네 및 화이트의 사상과 일맥상통한다. 그뿐만 아니라 이 주장은 선인들의 거둔 성과를 기반으로 한층 더 발전된 견해인바, 그것은 바로 '인간'이라는 특수한 생물 종을 다윈 자신이 말한 복잡한 관계망 속에 편입시킨 것이다. 이는 선인들이 비록 이미 의식했던 문제이지만 명확하게 표현하지 못했던 관점이었던 것 같다.

하느님의 영향에서 벗어나기 위해 다윈은 훔볼트의 발자취를 따라 계속 앞으로 나아갔던 것이다. 그에게 복잡한 자연 전체의 네트워크와 네트워크를 이룬 생물들을 포괄한 모든 것들은 하느님이 창조한 것이 아니라 자연적인 방식으로 점차 변화해온 것들이었다. 보편적으로 하느님을

---

89) 위의 책, 487면.
90) 앞의 책, 193면.

신앙하는 시대에서 공공연히 하느님의 공로를 부인한다면 그 결과가 어떨지는 쉽게 짐작할 수 있다. 그로 인해 정면적인 사회 비판을 불러왔을 뿐만 아니라 심지어 독실한 기독교 신자인 자신이 가장 사랑하는 아내 에마까지 해쳤다. 그러나 우리가 앞에서 언급한 바와 같이 만약 이러한 희생이 없었더라면 생태관은 더 이상 성숙으로 나갈 수 없었을 것이다. 이는 기독교가 인간을 중심으로 하는 반생태적 경향을 지녔기 때문이다. 그리고 더 중요한 것은 오직 하느님이 여전히 존재한다면 생물 종 및 전반 세계의 변화도 당연히 외부의 힘으로 추진된다고 여기게 될 것이며, 자연적으로 이 세계는 사실상 외부적 힘의 추진을 필요치 않는 자아 성장과 자아 보완의 진화 과정이라는 것을 믿으려는 사람들도 없었으리라는 점이다.

외적 추진력으로서의 하느님을 부정한 다음에 대답해야 할 첫 번째 문제는 바로 세계 진화의 원동력 혹은 시스템이 무엇인가 하는 문제다. 다윈이 최초로 우리에게 준 답안은 자연 선택이었다. 그는 훔볼트가 언급하지 못한 새로운 요소인 '경쟁'을 도입했다. 전하는 바에 따르면, 이는 토머스 맬서스(Thomas Malthus)의 『인구론』에서 계시를 받은 것이라고 한다. 다윈은 환경 조건에 충분히 적응할 수 있는 유기체는 먹이와 기타 필수품이 부족한 여건에서 그에게 필요 없는 이웃을 몰아냄으로써 살아남는다고 주장했다. 이는 경쟁이 자연의 진화에서 중요한 역할을 함을 의미한다. 하지만 그러한 경쟁이 진화를 추진하는 유일한 역할을 하는지에 대해선 의심해볼 필요가 있다. 자연의 가장 보편적인 경쟁 요소는 부동한 개체가 동일한 하나의 '지위'(후세 생태학자들이 말하는 '생태적 지위' 또는 '미니 서식지'이다)에 대한 쟁탈에서 유래한 것이다. 왜냐하면 이 지위는 개체에게는 식량 자원처럼 생존에 필수적인 자원을 의미하기 때문이다. 수많은 개체들이 같은 지위를 차지하려 하지만 그런 지위가 한정적일 경우에는 경쟁과 도태가 불가피해진다는 것이다. 만약

18세기의 린네학파가 주장한 것처럼(그들은 이러한 지위가 하느님이 배치해놓은 것으로 늘릴 수도 줄일 수도 없는 것으로 생각했다) 이런 지위는 양적으로 늘릴 수도 줄일 수도 없는 것으로 인식한다면 경쟁을 진화의 유일한 원동력으로 간주하는 것이 합리적이라는 가설은 분명 사실에 부합되지 않는다. 왜냐하면 이런 가설은 세계의 생물 종이 왜 갈수록 다양화되는지를 해석할 수 없을 뿐만 아니라 다양화된 생물 종은 '지위'의 끊임없는 증가를 의미하기 때문이다. 다윈은 스스로 이 모순을 인식했고, 또 이를 극복하기 위해 '분기 진화(divergent evolution)'라는 원칙을 도입하여 이런 다양화를 해석하려 했다. 사실상 다양화는 바로 자연계가 경쟁을 피할 수 있는 효과적인 방식이다. "다시 말하면 동일한 하나의 경제 지위를 서로 쟁탈하기보다 후대들이 스스로 새로운 직업을 창조하고 부모와 형제자매들로부터 분리하여 아직 개발하지 않은 자원과 거주지를 이용하는 것이 더 나은 것이다."91) 이렇게 보면 경쟁은 분명 대자연 진화의 유일한 내적 원동력이 아니다. 이후의 다윈을 추종하는 사람들과 비교해볼 때, 다윈 자신은 보다 분명히 이 원리를 알고 있었다. 이는 그가 만년에 펴낸 저서 『인류의 유래』를 통해 대자연 진화의 기타 내적 추진력을 탐구하기 시작한 데에서 뚜렷이 나타나 있다.

만약 『종의 기원』에서 다윈이 진화의 원인을 주로 생존 투쟁과 자연 선택의 결과로 보았다면 『인류의 유래』에서는 진화의 원인(도덕의식의 진화도 포함)을 자연 선택과는 완전히 다른 것으로 보았다. 미국의 학자 데이비드 로예(David Loye)는 이를 '생물 선택'이라고 일컬었다. 만약 자연 선택이 주로 경쟁을 강조했다면 생물 선택은 사랑과 협력을 강조했다. 로예는 후자를 일종의 자주적 조직 결성(self-organization)이라 일컬었다. 왜냐하면 "생물체 혹은 기타 계통은 그 내부 요소로 이루어지는

91) 앞의 책, 198면.

것이지 외부 요소에 의해 조직되는 것이 아니며, 또 내부적 수요와 안전 그리고 목표가 시스템 자체를 형성하였기"[92] 때문이란 것이다. 그러나 로예의 견해가 반드시 정확하고 적절하다는 것은 아니다. 왜냐하면 경쟁 역시 협력과 마찬가지로 자주적 조직 결성 과정에 없어서는 안 될 중요한 요소이기 때문이다. 비록 일종의 환경 문제로서의 자연 선택이 마치 생물체가 부단히 진화하는 외부 추진력인 것 같지만 만약 생물 개체의 적극적이고 주동적인 경쟁이 없다면 진화의 발생은 절대 불가능했을 것이다. 이 때문에 경쟁은 사실상 여전히 진화를 추진하는 하나의 내적 힘(이 문제에서는 다윈이 로예보다 더 명백했던 것 같다)이다. 20세기 후반기 이후에 이르러 자주적 조직 형성 이론의 대표자 중 한 사람이며 협동학 창시자인 헤르만 하켄(Hermann Haken)은 다윈의 관점을 수정하여 보다 분명하고 확실하게 경쟁과 협력을 다 같이 자주적 조직 형성 시스템의 내적 원동력으로 삼았다.

위의 내용을 간단히 정리하면 우리가 기본적으로 긍정할 수 있는 것은 새로운 세계관으로서의 생태관이 다윈에 의해 이미 형성되기 시작했다는 점이다. 이 중에서 가장 근본적인 표지는 바로 생태관의 두 가지 근본 신념, 즉 세계는 내적 연관성이 있는 유기적 통일체이면서 또 끊임없이 발전하고 진화하는 과정이라는 신념이 다윈을 통해 이미 상대적으로 완벽하게 나타났다는 점이다. 그리고 생태학의 발전 역사에서 다윈의 지위는 이미 광범위한 인정을 받았을 뿐만 아니라 그의 지위를 흔들 만한 사람도 없었던 것이다. 비록 '생태학'이라는 명칭이 다윈의 시대에서는 정식으로 탄생(이 명칭이 최종적으로 제기된 것은 1866년 에른스트 헤켈에 의해서였다)한 것은 아니지만 생태학을 명명한 헤켈을 포함한 많은 초창기 생태학자들이 모두 다윈을 생태학의 가장 위대한 발기인으로 인정했

---

92) 데이비드 로예, 『達爾文: 愛的理論』, 單繼剛 역(社會科學文獻出版社, 2004), 146면.

다. 미국 철학자 루이스 멈퍼드는 다윈을 "최초이자 가장 위대한 생태학
자"[93]라고 말한 바 있다. 워스터도 다윈을 "지난 2~3세기의 생태학 역
사에서 유일무이한 가장 중요한 인물"[94]이라고 평가했다. 생태학이 번영
하고 발전한 20세기 후반기에 들어 온갖 생태학파들이 더욱더 다윈을 이
학과의 시조 그리고 분분히 자기들 이론의 신주(神主)로 떠받들면서 저
마다 다윈의 직계 적통으로 자처했다. 그들은 이러한 방식으로 자기 이론
의 정당성을 증명하거나 자신들의 몸값을 높이기도 했다. 다윈은 생태학
영역에서 거의 모든 사람들이 마음속으로 숭배하는 우상이었다.

그러나 다윈이 여전히 완성하지 못한 한 가지 임무가 있는데, 그것은
바로 그의 진화론이 아직 생물학적 범위 내에 한정되어 있을 뿐, 무생물
영역으로 확대하지 못한 것이다. 하지만 그것은 다윈이 완성할 수 없는 임
무였다. 왜냐하면 다윈 시대 무생물계에 대한 연구는 서양에서 생물학적
범주에 속하지 않고 물리학적 범주에 속하기 때문이다. 더 중요한 것은 당
시 물리학 영역에서 물질세계는 생물 진화론과 완전히 상반되는 발전 노선
을 따르고 있었는데 그것이 바로 '엔트로피 증가의 원리(Entropy increase
principle)'이다. 이 원리를 열역학 '제2법칙'이라고도 하는데, 그 창시자
중 한 사람인 독일의 물리학자 루돌프 클라우지우스(Rudolf Clausius)의 기
술에 따라 그 내용을 요약하면 모든 폐쇄된 계통에 대해 엔트로피는 끊임
없이 극대화하는 쪽으로 치우치는데, 이를 간단한 수학 공식으로 설명하
면 $ds \geqslant 0$(여기서 s는 계통의 엔트로피를 표시하며, 열역학에서 물질 계통
의 에너지 소실 정도를 나타내는 측정 수치)이라는 것이다. 에너지 소모
정도가 높아짐에 따라 엔트로피도 증대되며, 따라서 이 계통은 가장 무질

93) Lewis Mumford, *The Myth of Machine:The Pentagon of Power*, Now York: Harcourt
    Brace Jovanovich, 1964, pp. 51~65.
94) 도널드 워스터, 『自然的經濟體系: 生態思想史』, 侯文惠 역(商務印書館, 1999), 51~
    65면.

서한 혹은 가장 혼란한 상태로 변화한다는 것이다. 그리고 또 모든 차이는 균형으로 변하고 분자도 완전히 불규칙적인 운동 상태로 나아가게 된다는 것이다. 이 이론에 따르면 우주는 하나의 폐쇄된 계통으로, 그 변화 과정은 어쩔 수 없이 갈수록 무질서한 상태로 발전하고 최종적으로 이른바 '열 죽음(heat death)'에 이르게 된다. 이처럼 두 가지 과학관은 첨예한 대립을 불러왔는데 그중 하나는 갈수록 무질서한 물리 세계이고, 다른 하나는 갈수록 질서가 있는 생물 세계이다. 이 두 가지 관점은 거의 비슷하게 동일한 시대에 제기된 것으로서 얼핏 보면 확실히 조화할 수 없는 모순 같기도 하지만 실제적으로는 반드시 극복되어야 할 모순이기도 하다. 왜냐하면 지구 상의 생명은 처음부터 있던 것이 아니기 때문이다. 만약 생명과 비생명의 진화가 완전히 같지 않으면 우리의 생명이 어떻게 생겨났는지를 해석할 수 없을 뿐만 아니라 유기 진화론도 생물계에만 국한된 '절반짜리 공사'로 전락하고 생태관도 성숙된 방향으로 발전하기 어려워진다.

그리하여 다윈 이후, 어떻게 이 모순을 극복하고 생물계와 무생물계를 하나의 공동 진화 과정에 들어서게 할 것인가 하는 문제가 학자들이 주목한 첫 번째 과제가 되었다. 이 연구에서 가장 먼저 언급해야 할 인물이 앙리 베르그송이다. 왜냐하면 베르그송이 태어난 해에 바로 다윈의 『종의 기원』이 나왔기 때문이다. 만약 우리가 정말 하느님이 영혼을 가졌다고 믿었다면 아마도 자연계 현상을 하느님이 특별히 배치해놓은 것으로 여겼을 것이다. 그러나 하느님의 배치든 아니든 베르그송은 결국 다윈이 완성하지 못한 임무를 떠맡게 되었던 것이다.

만약 17~18세기의 유물주의가 물리학을 기점으로 다시 전체 자연을 물질로 환원했더라면 베르그송은 오히려 완전히 상반되는 길을 걸었을 것이다. 하지만 그는 생물학을 자기 출발점으로 삼고 최종적으로 전체 자연을 생명으로 환원했던 것이다. 그가 보기에 생명은 바로 충동 혹은 과정이었고 창조적인 진화 과정이었으며, 그것은 또한 정신의 창조인 동시에 물질의 창조였다. 이렇게 되어 "물질이라는 것은 이 같은 우주 운동의 캐리어(carrier) 또는 선결 조건이 아니라 자연의 산물이며 자연율은 자연의 진화 과정을 지도하는 법칙이 아니라 자연 자체가 잠깐 채용한 외형일 뿐"[95]이라는 것이다. 이처럼 베르그송은 물질을 생명의 부산물로 폄하함으로써 생물계와 무생물계의 통일을 실현했던 것이다. 그러나 콜링우드가 말한 것처럼 천문학과 물리학의 무기계(無機界)는 하나의 거대한 계통이며, 그것은 공간과 시간에서 차지하는 범위가 유기계(有機界)보다 훨씬 많기 때문에 억지로 그것들을 생명 과정이라는 '위장(胃腸)' 속에 집어넣으면 소화시킬 수 없게 된다. 베르그송의 문제점은 그가 생명의 개념을 중시하지 않은 데 있는 것이 아니라 그 외의 것들을 모두 중시하지 않은 데 있다.[96] 사실 베르그송 본인도 이 문제를 의식하여 때로는 부득이하게 물질은 생명과 병렬될 수 있으며 아울러 생명보다 먼저 존재했음을 시인하기도 했다. 예를 들면 그가 생명의 진화 방향을 논술할 때, 생명은 두 가지 유형의 원인이 있는데, 그 첫 번째 유형이 바로 생명이 봉착한 무기 물질의 저항력이라는 것이다. 아울러 베르그송은 생명은 미래의 발전을 도모하기 위해 반드시 일시적으로 양보하는 것으로 우선 무기 물질에 적응해야 하고 연후에 그것을 점차 다른 길로 끌어들여야 한다고 주장했다.[97] 이는 베르그송으로 하여금 자기모순에 빠지게 했다. 즉 "생명이 물질보다 먼저 있었다"와 "물질이 생명보다 먼저 있었다" 중에서 양자택일을 했어야 하는데 베르그송은 양자 사이에서 우왕좌왕했던 것 같다. 그리하여 최종적으로 무기계와 유기계를 통일하려던 그의 노력은 수포로 돌아갔다. 만약 현재의 관점에서 베르그송의

---

95) 콜링우드, 『自然的觀念』, 吳國盛·柯映紅 역(華夏出版社, 1990), 154면.
96) 앞의 책, 157면.
97) 앙리 베르그송, 『創造進化論』, 姜志輝 역(商務印書館, 2004), 86면.

실패를 돌이켜보면 근본적 원인을 쉽게 찾을 수 있다. 그 원인은 바로 그의 '물질' 개념이 여전히 17~18세기 물리학의 기초 위에 머물러 있었기 때문이다. 그리고 이런 '물질' 개념은 그가 제기한 '생명' 개념과는 물과 불처럼 서로 용납할 수 없는 관계였다. 만약 우리가 상대론과 양자역학이 제기한 새로운 물질 개념에서 출발하여 이 문제를 다시 해결한다면 매우 쉽게 풀릴 수 있었을 것이다. 왜냐하면 그들에게서 물질은 생명과 마찬가지로 일종의 과정이기 때문이다. 물론 베르그송은 볼 수 없었던 것들이다. 왜냐하면 그의 이론이 형태를 갖출 시기에는 새로운 물질 개념이 아직 탄생하지 않았기 때문이다. 그러나 베르그송의 공적은 여전히 사라질 수 없는바, 적어도 그는 후세 사람들을 위해 노력의 방향을 제시했던 것이다.

베르그송이 해결하지 못한 임무를 마지막으로 완성한 것은 1960년대 이후 점차 성숙되기 시작한 자기 조직화 이론이다. 우리들이 알다시피 무질서가 끊임없이 증가하는 '엔트로피의 법칙'은 적용 한도가 있었는데 그것은 바로 고립되고 폐쇄된 계통에만 적용할 수 있는 것이었다. 만약 개방적인 계통이라면 상황은 어떻게 되었을까? 폐쇄된 계통은 언제나 열역학 평형으로 기울어지기 때문에 물리학자들은 종종 비평형 상태를 평형 상태로 처리하는 잠시의 편차 정도로만 생각하지 누가 또 그것이 어떤 새로운 사물의 원천임을 보증할 수 있겠는가? 이는 바로 일리야 프리고진이 30여 년 동안 연구해온 과제였다. '산일(散逸) 구조 이론(dissipative structure)'은 프리고진의 30여 년 각고의 노력에 대한 보답이며 역시 전 세계에 주는 선물이기도 했다. 이 이론의 탄생은 오랜 세월 동안 줄곧 사람들을 곤혹스럽게 하던 물리학과 생물학을 둘러싸고 생긴 클라우지우스와 다윈 사이의 모순을 최종적으로 해결했다. 프리고진은 화학 계통에서 오직 일정한 조건만 구비된다면, 예를 들어 시스템을 환경에 개방하고 환경과 더불어 에너지, 물질 및 정보 교환을 유지하는 동시에 계통 중에 자가 촉매의 단계(혹은 비선형 요소)가 존재하고, 또 평형과 멀리 떨어진다면 상황은 곧 '엔트로피의 법칙'을 위반하지 않는다는 전제하에 역전이 생기는 것을 발견하게 된다. 즉 계통은 유질서에서 무질서로 나가는 것이 아니라 공교롭게도 이와 상반되는 방향으로 나갔던 것이다.

프리고진의 산일 구조 이론은 기존의 원리와는 전혀 다른 원리로, 즉 '자기 조직화 기계역학' 또는 '자기 조직화 이론'이라 불리는 이론을 제시하기도 했다. 이 이론은 뒤에 나타난 만프레트 아이겐(Manfred Eigen)의 하이퍼사이클(hypercycle) 이론 및 헤르만 하켄의 상승 협동학(synergetis) 중에서 이미 재차 실증되었으므로 우리는 여기서 이 두 가지 학설에 대해 자세히 서술하는 대신 그들이 공동으로 관심을 가졌던 '자기 조직화' 문제만 잠깐 소개하고자 한다. 이른바 자기 조직화란 통속적으로 말해서 시스템이 갖고 있는 질서는 온전히 자기 노력에 의해 스스로 조직화된 것이라는 것이다. 상승 협동학의 창시자인 하켄은 자기 조직화에 대해 이렇게 해석했다. 한여름 수영장에 사람들이 가득 차면 걱정거리가 생기는데 만약 수영하는 사람들이 제멋대로 하면 서로 방해가 된다. 이런 불편을 줄이기 위해 구조대원들은 수영하는 사람들에게 원을 그리며 수영할 것을 권장한다. 여기서 구조대원이 수영하는 사람들을 인도하여 진행하는 것은 일종의 단체 운동이다. 그러나 구조대원의 인도 없이 수영하는 사람들이 원을 그리며 수영하는 방법을 생각할 수도 있다. 처음에는 몇 사람에 불과하겠지만 이러한 수영 방법이 매우 편리하다는 것을 느꼈을 때에는 더 많은 사람들이 동참할 것이다. 그리하여 최종적으로는 어떤 외부적인 지도 없이도 하나의 집단 운동이 나타나게 된다. 이것이 바로 일종의 자기 조직화 운동이다. 대자연도 이와 동일한 방식으로 일을 추진한다.[98] 기실 이런 자기 조직화 현상은 사람들에게 낯선 것이 아니다. 다만 기존의 이해에서

---

98) 헤르만 하켄, 『協同學—大自然構成的奧秘』, 凌復華 역(上海譯文出版社, 2001), 33면.

우리는 그것들이 생명계에만 존재하는 현상(심지어 지금도 여전히 적지
않은 사람들이 이런 관점을 주장하고 있다)이라고 생각했을 뿐이다. 그러
나 현재 자기 조직화 현상은 이미 물리학과 화학 영역에서 끊임없이 제기
되고 있다. 예를 들면 물리학 영역에서 레이저가 자기 조직화를 통해 질서
를 갖춘 상태가 된다는 것이 대표적인 예다. 이것은 하켄이 협동의 역할을
논의할 때, 가장 즐겨 쓰는 예이기도 하다. 그는 일반 형광등도 양쪽에 평
면거울을 설치하면 레이저 기기와 비슷한 장치가 된다고 주장했다. 형광
등을 통과하는 전류가 증가하여 일정한 정도에 이르면(자기 조직화 이론
은 이를 '임계치'라고 한다) 빛이 갑자기 레이저로 변하는데, 이는 광파가
무질서의 운동에서 질서 정연한 운동으로 변화한 것으로서 스스로 조직된
것임을 의미한다. 그리고 이런 레이저는 끊임없이 레이저 기기에 에너지
(예를 들면 전류)를 들여보내야만 지속적인 방사를 유지할 수 있다. 우리
는 화학 반응에서도 이런 현상을 찾아볼 수 있는데, 그중 가장 유명한 예
가 바로 벨루소프-자보틴스키 반응(Belousov-Zhabotinsky reaction)이다. 이
반응은 황산 용액에 세슘(혹은 철, 망간) 이온이 첨가된다는 전제하에 말
론산이 브롬화염산에 의해 산화되는 반응으로 일정한 조건을 만족시키면
동심원 또는 회전 나선 형태의 파(波)가 나타날 수 있다. 그리고 이와 상
응한 반응 계통에서 또 몇 시간 가까이 극히 규칙적인 맥동(脈動, 주기적
인 운동이나 변화)을 관찰할 수 있기 때문에 이런 계통을 화학 시계라고
부르기도 한다.

이와 같은 모든 확실한 증거들은 무생물계에 자기 조직화 현상이 분
명히 존재함을 보여준다. 아울러 자기 조직화 기계역학의 수학 형식은
"살아 있는 유기체의 번식의 기계역학 방정식은 비생명체 계통의 자가
촉매 기계역학 방정식과 같음"[99]을 보여준다. 그리하여 자기 조직화 현

---

99) 에리히 얀치(Erich Jantsch), 『自組織的宇宙觀』, 曾國屛 등 역(中國社會科學出版社,
1992), 74면.

상은 성공적으로 생명계와 비생명계 사이에 다리를 놓게 되었다. 따라서 "생명은 더 이상 모종의 비생명적이고 물리적으로 실제 존재하는 한 층의 얄팍한 상부 구조로 나타나는 것이 아니라 우주의 고유한 기계역학의 원리로 나타나는데"[100] 이것이 자기 조직화된 기계역학이라는 것이다. 이렇게 보면 아리스토텔레스의 '움직이지 않는 추진자'든 뉴턴의 '제일 추진력'이든 모두 존재할 필요가 없는 것이다. 왜냐하면 전 세계의 운행과 발전은 전지전능한 하느님의 추동력도 필요치 않기 때문이다. 비록 우리가 피에르 라플라스(Pierre Laplace)의 세계와 관련된 견해에 대해 조금도 인정하지는 않지만 그는 매우 일리 있는 말을 남겼다. 나폴레옹이 라플라스에게 왜 당신의 학설 중에는 하느님의 위치가 없느냐고 물었을 때 그가 대답하길 "폐하, 저에겐 그런 가설이 필요 없나이다"라고 했다 한다. 아무튼 자기 조직화 이론은 하나의 위대한 공헌으로서 무기계와 유기계를 성공적으로 통일함으로써 다윈과 베르그송이 이루지 못한 임무를 완성했다.

2. 주관과 객관이 교류할 수 있는 가능성

생태론은 일종의 새로운 세계관으로 그 형성 과정에서 전통 과학 세계관과 전혀 다른 이론적 특징이 점차 드러나기 시작했는데 그 주요 표현은 다음과 같은 세 가지가 있다. 첫째, 본체론적인 면에서 '기계론'이 아닌 '유기론(有機論)'을 주장했다. 둘째, 인식론적인 면에서 '객관론'을 주장하지 않고 '주객 상호 보완론'을 주장했다. 셋째, 방법론적인 면에서 '환원론'을 숭배하지 않고 '총체론'을 숭배했다.

---

100) 위의 책, 26면.

1) 유기론

본체론의 견지에서 볼 때 생태론은 '유기론'을 주장한다.

전통적 과학 세계관은 자연을 한 무더기 물질들의 실체로 이루어진 집합과 다르다고 여기지만 생태론은 자연을 하나의 생명 유기체로 간주한다. 그 기본 관점에는 다음과 같은 내용이 포함된다. 첫째, 세계는 각자 고립된 물질 실체의 간단한 집합이 아니라 각 부문 간에 상호 의존하고 상호 작용하는 유기적 통일체라는 것이다. 둘째, 이 통일체는 원래부터 그런 것이 아니고 아울러 영원히 정지 상태의 존재물이 아니라 시종 운동과 변화 중에 놓여 있으며, 또 이러한 과정은 외부적 힘에 의존하지 않고 세계 자체에서 오는 내부적 힘에 의존하는데 이는 세계의 본질에 의해 결정된다는 것이다. 그리고 이 변화 과정은 아울러 법칙도 없고 방향도 없는 것이 아니라 간단한 것에서 복잡한 것으로, 저급에서 고급으로 성장하는 과정이라는 것이다.

우선 생태론이 세계를 각 부문 간에 상호 의존하고 상호 영향을 주는 유기적인 통일체로 본다면, 필연적으로 그 착안점을 각 부분 간의 유기적 관계에 두게 된다. 비록 전통적 과학 세계관처럼 세계를 부동한 구성 부분으로 나누지만 후자와 다른 점은 이러한 구획을 일종의 유용하나 다만 근사치의 추상성, 혹은 다만 부르기 편리한 것으로 보았다. 즉 사람을 오관과 사지로 구분하지만 실제로 어떤 부분도 독자적으로 자립할 수 없는 것처럼 팔이나 다리 하나가 인체를 떠난 후에는 그것을 다시 팔 또는 다리라고 부르기 어려운 것과 같다. "우리는 단독으로 어떤 생물 종을 구별할 때 그것이 계통 내의 다른 생물 종들과 서로 연관되어 있음을 발견하게 된다."[101] 그 때문에 우리는 구체적인 환경을 떠나 하나의 고립된 실체의 성질을 논의할 수 없으며, 어떤 부분을 막론하고 그것과 그

---

101) 도널드 워스터, 『自然的經濟體系: 生態思想史』, 侯文惠 譯(商務印書館, 1999), 494면.

외의 부분 그리고 전체 세계와의 관계 속에서만 비로소 이해하고 해석할 수 있다. 이런 이유로 생태론에서 '관계'라는 단어는 '실체'라는 단어에 비해 훨씬 더 중요하게 취급된다. 물론 전통적 과학 세계관도 관계를 논의하지만 외적인 관계는 실체의 성질에 결코 충분한 영향을 미칠 수 없다. 그러므로 "이른바 실체는 바로 피차간 독립적으로 존재하는 물질이다. 실체론에서는 수소 원자를 다 같은 것이라고 보며, 태양 중심의 수소 원자든 우리 대뇌 속의 수소 원자든 할 것 없이 다 같은 것으로 인정한다. 왜냐하면 그들과 그 주위의 환경은 아무 관련이 없기 때문이다."[102] 그러나 생태론의 각도에서 볼 때, 고립적으로 수소 원자를 논의하는 것은 의미가 없다. 왜냐하면 수소 중의 수소 원자와 물속의 수소 원자는 그 기능과 성질이나 행위와 방식을 막론하고 모두 같을 수 없기 때문이다. 우리는 심지어 그런 '고립'적인 수소 원자는 마치 구체적인 환경을 이탈한 추상적인 '인간'이 존재하지 않는 것처럼 근본적으로 존재하지 않는다고 말할 수 있다. 우리가 볼 수 있는 것은 다만 수소 중의 수소 원자 혹은 물속의 수소 원자일 뿐이다. 다시 말하면 생태론은 본질상 이미 더는 일종의 '실체론'이 아니라 하나의 '관계론'이라는 것이다.

다음, 생태론이 세계를 한 대의 정밀 기기에 비유하지 않고 생명이 있는 하나의 통일체로 볼 경우, 운동과 변화의 외적인 힘, 예를 들면 하느님 또는 기계의 충돌은 활기차게 번영하는 내적 '생명력'에 자리를 내줘야 할 것이다. 생태론은 더 이상 전통적 과학 세계관이 이른바 "가변적 감관(感官) 세계의 배후에 불변의 물질적 기반이 있다"는 것을 믿지 않으며 세계는 근본적으로 하나의 과정인 동시에 다시 회복할 수 없는 또 하나의 진화 과정임을 인정했다. 이런 본질적 구별은 두 가지 세계관의 각자 부동한 상징물인 기계와 생명체를 통해 분명하고도 형상적으로

---

102) 데이비드 그리핀, 『後現代科學−科學魅力的再現』, 馬季方 역(中央編譯出版社, 1995), 90면.

문제를 설명할 수 있다. 예를 들면 기계는 만들어진 것이고 생명체는 스스로 자라난 것이다. 기계는 기술자에 의해 만들어진 것이므로 그것을 움직이는 데는 외적 힘이 필요하다. 그러나 생명체의 탄생은 비록 부모에 의존하지만 그 운행과 발전은 주로 자체의 힘, 즉 자체의 내적 추동력에 의거하여 새로운 요소의 발생에 힘쓴다. 바로 이러한 점에서 전통과학 세계관의 주장은 생명 진화론자인 베르그송을 참기 어려울 정도로 만들었다. 그는 의심할 바 없이 이미 만들어진 기계와 '성장' 혹은 '발전'의 관념은 불과 물의 관계로 여겼다. 다시 말하면 "'발전'은 한 사물이 그 자체가 아닌 사물로 되기에 진력하는 것을 가리키는데, 예를 들면 한 마리 새끼 고양이는 큰 고양이로 성장하지만 하나의 기계는 완성되지 않은 상태에서는 어떤 일도 할 수 없다. 기계는 그 기능이 자기에게 생기는 유일한 변화가 마모 또는 붕괴인데 이는 발전의 상황이 아니다. 왜냐하면 그것은 일종의 새로운 기능을 획득하는 것이 아니라 다만 낡은 기능의 상실일 뿐이기 때문이다."[103] 그러므로 본질적으로 말해서 전통적 과학 세계관을 일종의 '구성론(構成論)'이라고 한다면 생태론은 일종의 '생성론(生成論)'인 것이다. 그리고 만약 전자를 '정적' 세계관이라고 한다면 후자는 '동적' 세계관이며, 만약 전자가 '구조'를 발전 방향으로 삼았다면 후자는 '과정'을 발전 방향으로 삼은 것이다.

어떤 의미에서 생태론이 주장한 이와 같은 과정을 발전 방향으로 한 동태적 생성론은 전통 과학관이 주장한 구조를 발전 방향으로 한 정태적 구성론에 비교해볼 때, 전자는 후자보다 분명히 우월한 점이 많다. 그것은 생명 현상을 해석할 때, 정태적 구성론에 비교할 수 없는 우위를 갖고 있을 뿐만 아니라 일부 무생명 현상에 대해서도 후자보다 더 큰 설득력을 갖고 있는 것 같다. 예를 들면 새로운 물리학 영역이나 혹은 아원

---

103) 콜링우드, 『自然的觀念』, 吳國盛·柯映紅 역(華夏出版社, 1990), 14~15면.

자 입자의 충돌 현상 같은 것들이다. 하나의 광양자는 충격을 받아 성질이 전혀 다른 입자들을 만들어내는데 두 개의 양입자와 음입자가 충돌하면 그것과 성질이 완전히 다른 광양자로 변화하게 된다. "마치 하나의 사과가 두 개의 수박으로 분열되고 두 개의 수박이 결합되어 하나의 사과가 되는 것과 흡사하다. 이는 확실히 구성론의 관점으로 이해하기 어렵지만 생성론의 관점으로는 쉽게 이해할 수 있는 것이다."[104]

　여기서 무시할 수 없는 또 다른 문제가 있는데, 그것은 바로 세계를 하나의 생명체로 보든 아니면 세계 진화의 내적 추진력을 '생명력'으로 부르든 모두 '애니미즘(animism)' 혹은 '물활론(hylozoism)'의 혐의가 있다는 점이다. 이 두 이론은 일찍이 '반과학적'이라는 이유로 전통 과학 세계관의 배척을 받아 점차 쇠퇴했다. 그러나 '자기 조직화 이론'의 출현은 일종의 새로운 형식으로 고대 그리스부터 이어져온 오랜 전통을 부활시켰다. 이는 간단한 화학적 산일 구조로부터 작은 단세포로, 다시 또 전체 지구에 이르기까지 모두 일정한 정도의 자기 조직화 기능을 갖고 있을 뿐만 아니라 우리가 비교적 고급 생물 자체의 정신, 의식 혹은 심리 활동만 활용하는 것과 매우 흡사함을 의미한다. 새로운 발견에 따르면 박쥐와 꿀벌의 일부 유기체는 인류와 비슷한 기억과 내부 상상 기능을 갖고 있다고 한다. 40억 년 전에 이미 출현한 가장 간단한 단세포 생물들도, 그리고 또 현재 우리에게 익숙한 DNA와 RNA 대분자들 역시 기억과 결책의 맹아적 상태를 나타냈다고 한다. 과학자 대니얼 코시랜드(Daniel Koshland)와 그의 동료들은 이미 이 방면의 증거를 제시했다.[105] 심지어 하나의 간단한 화학적 산일 구조에서 이미 '전체 시스템 기억' 기능이 나타났는바, "이는 그 계통으로 하여금 그 기원과 관련을 가질

---

104)　童天湘·林夏水, 『新自然觀』(中共中央黨校出版社, 1998), 488면.
105)　데이비드 그리핀, 『後現代科學－科學魅力的再現』, 馬季方 譯(中央編譯出版社, 1995), 18면.

수 있게 했으며, 따라서 자기의 총체적 진화를 체험하게 하고 부분적으로 미래의 진화 경로를 스스로 결정하게 하는 데 지도적인 방향을 제공했다."106)

최대의 생태 계통인 지구도 하나의 자기 조직화 계통이다. 비록 지구를 식물과 동물 혹은 사람과 같이 단 하나의 유기체로 고려할 때, 조금 황당한 것 같지만 그것은 확실히 하나의 유기체처럼 자아 조절을 할 수 있다. 예를 들면 지구는 공기의 화학 합성을 조절하여 부동한 기체로 하여금 상대적으로 고정된 비례를 유지하게 함으로써 산소의 함량이 시종 만족스러운 적정 상태에 있게 한다. 그리고 지구의 표면 온도도 장기간 생명체의 생존에 적합한 범위 내로 제한하는 동시에 지구 환경의 다른 많은 부분도 조절할 수 있다. 이런 조절 방식에 대한 세밀한 연구를 통해 화학자 제임스 러브록(James Lovelock)과 미생물학자 린 마굴리스(Lynn Margulis)는 오직 전체 세계를 하나의 단일 생명 유기체로 볼 때만 이러한 현상을 이해할 수 있다고 했다. 바꾸어 말하면 지구라는 이 행성에서 생명이 넘칠 뿐만 아니라 그 자체가 바로 하나의 살아 있는 생명이라는 것이다. 지구 상의 모든 생명 물질, 여기에 대기층, 해양과 토양을 첨가하여 하나의 복잡한 계통을 이루었는바, 이 시스템은 자기 조직화의 모든 특징과 형식을 갖추고 있다. 이것은 또한 시종일관 일종의 명확한 화학과 열역학의 비평형 상태에 놓여 있을 뿐만 아니라 온갖 과정을 통해 이 행성의 환경을 조절함으로써 지구로 하여금 생명 진화에 최적의 조건을 유지하도록 한다.107) 이것이 바로 유명한 '가이아 가설(Gaia hypothesis)'이다. 가이아는 그리스 신화에 나오는 땅의 여신이다. 그 뜻은 지구 및 모든 생명은 다 사람이 갖고 있는 전부의 특징을 갖고 있다는 의미다. 이런

---

106) 에리히 얀치, 『自組織的宇宙觀』, 曾國屛 등 역(中國社會科學出版社, 1992), 22면.
107) 프리초프 카프라, 『轉轉點－科學, 社會和正在興起的文化』, 衛颯英·李四男 역(四川科學技術出版社, 1988), 275면.

의미에서 말하면 대자연은 분명히 생명이 있으며 유기론도 확실히 일리가 있는 것이다.

2) 주객 상호 보완론

인식론적인 면에서 생태론은 '주객 상호 보완론'을 주장한다.

세계를 불가불리의 유기적 통일체로 인정한 만큼 인간은 이 통일체 속의 일원으로서, 마치 유대교와 기독교가 공동으로 하나의 하느님을 갖고 있는 것처럼 영원히 자연 밖에 위치한 무관심하고 공정을 초월한 방관자 또는 관찰자가 된다는 것은 현실적으로 불가능한 일이다. 바꾸어 말하면 전통적 과학 세계관이 말하는 이른바 주체 관찰자와 무관한 순수 객관적인 세계는 실제로 존재 불가능하다는 것이다. 이와 관련하여 존 휠러(John Wheeler)는 다음과 같이 말한 바 있다.

　　○ "세계는 우리 밖에 독립하여 고립적으로 존재하는 것"이라고 한 견해는
　　이제 더는 진실이 아니다. 어떤 특별한 의미에서 우주는 본래 관찰자가
　　참여하고 있는 우주였다.[108]

생태론의 '유기적 전체'에서 출발하면 휠러의 이 주장은 이해하기 어렵지 않다. 왜냐하면 관찰자로서의 자기는 언제나 관찰하는 현장에 서 있게 되고 아울러 그 존재는 관찰에 영향을 미치기 때문이다. 말하자면 우리는 근본적으로 전통적 과학 세계관이 선양한 것처럼 관찰자의 주관적 요소들을 그 관찰과 연구의 대상 밖에 철저히 배제할 수 없게 된다. 하나하나의 관찰자는 저마다 생생하고 독특한 개체이며 그것들은 자체의 문화 배경, 교육 내용, 사상 습관, 심지어 종교 신앙으로 그가 최종적으로 얻어낸 과학적 결론에 영향을 미치게 된다는 것이다. 이런 의미에

---

108) 吳邦惠 등, 『人體科學導論』 下(四川大學出版社, 1998), 785면.

서 말하면 주체로서의 관찰자는 초자연적인 '방관자'가 아니라 당사자로
서의 '참여자'인 것이다.

생태론에서 관찰자가 맡은 순수 이성적인 방관자 역할은 참여자에 의
해 대체될 뿐만 아니라 데카르트 식의 물질-정신 세계의 이원적 구획도
더 이상 존재하지 않게 된다. 또한 생태학의 시야에서 볼 때, 세계 만물
은 모두 '살아 있는 것'이며 또 모든 생물과 무생물 그리고 그것들로 이
루어진 부동한 등급의 생태 시스템은 모두 어느 정도의 자기 조직 기능
을 갖추고 있다. 우리는 심지어 그것들도 마찬가지로 감각과 목적 그리
고 의식을 갖고 있다고 말할 수 있다. 전하는 바에 따르면, 드니 디드로
(Denis Diderot)는 일찍이 물질은 감각을 갖고 있다고 주장했다.[109] 그러
나 진화론의 시각에서 말하면 자연계도 분명 목적이 있다. 왜냐하면 진
화는 언제나 일정한 방향이 있어야 하기 때문이다. 미국 수학자 노버트
위너(Norbert Wiener)와 컴퓨터 과학자 줄리언 비글로(Julian Bigelow),
신경생리학 교수 아투로 로젠블루스(Arturo Rosenblueth)는 공동으로 논
문 「행위, 목적과 목적론(Behavior, Purpose and Teleology)」을 집필한 적
이 있다. 그들은 이 글에서 우주의 목적성을 다음과 같은 세 가지로 분
류했다. 첫 번째 부류는 인간의 목적성으로서 그것은 인류의 자각 혹은
의식적 기획이 있는 추구 또는 행위라는 것이다. 두 번째 부류는 동물과
식물의 목적성인데 이것들은 생물 유기체가 외계 환경에 대한 일종의 적
응성, 일종의 본능이라고 했다. 세 번째 부류는 무기 자연계의 목적성으
로서 이는 자동 조절 피드백의 작용 아래 혹은 조화력의 작용 아래 특정
되고 안정된 상태를 유지하거나 또는 그런 상태로 기울어짐으로써 시스
템 내부와 외부 환경이 서로 조화를 유지할 수 있는 특성이라고 했
다.[110] 미국 학자 에리히 얀치는 이와 같이 일찍부터 직접 무생명계에

---

109) 일리야 프리고진·이사벨 스텐저스, 『從混沌到有序: 人與自然的新對話』, 曾慶宏·沈
    小峰 역(上海譯文出版社, 1987), 122면.

존재하는 자기 조직화 능력을 '의식'이라고 불렀다. 그의 관점에 따르면 우리가 늘 말하는 '인류 의식'은 다만 이런 무생명계 의식의 고급 차원으로서 그 차이는 복잡함의 정도일 뿐이라고 했다. 그러나 그 "의식은 바로 자기 조직화의 기계역학 자체"라는 것이다.[111] 바꾸어 말하면 이른바 의식은 일종의 기능 형식 또는 동적 관계라는 것이다. 만약 물질세계에 관한 새로운 물리학의 기술과 연관시킨다면 정신과 물질은 이미 더는 데카르트 식의 전통적인 이원 대립이 아니라 "동일한 우주 과정을 나타내는 두 가지 부동한 측면으로 간주할 수 있음"[112]을 쉽게 볼 수 있다. 만약 자연계도 마찬가지로 자기의 목적과 자주성을 갖고 있다면 인류라는 관찰자를 대함에 있어 더는 전통적 과학 세계관이 공언한 것처럼 다만 하나의 수동적인 객체만이 아니라 주체가 쌍방향적 교류 중에 놓여 있거나, 또는 서로 주객체가 되기도 할 것이다.

생태관이 세계를 하나의 변화하는 동적인 과정으로 이해할 때, 갈릴레이와 존 로크가 주장했던 '1차 성질'과 '2차 성질'의 구분도 마찬가지로 의미를 상실하게 된다. 이런 구분의 목적은 냄새·색깔·소리 등 감각과 관련한 가변적 요소들을 과학 연구의 대상에서 배제하기 위한 데 있었다. 그렇지만 세상의 모든 것들은 모두 변화 중에 놓여 있는데, 이른바 '불변적 객관 요소'는 결국 일방적인 가설일 뿐 사실상 근본적으로 존재하지 않는다고 할 때, 1차 성질이냐 2차 성질이냐 하는 구분은 자연히 부질없는 짓이 되고 마는 것이다. 만약 생태론에서 전통적 과학 세계관에 의해 강박적으로 분리된 주체와 객체, 정신과 물질이 실제 서로 의존하고, 서로 영향을 주는 상보적 상태에 있다면 억지로 대립 면에 놓인

---

110) 葉平, 『生態倫理學』(東北林業大學出版社, 1994), 132면.

111) 에리히 얀치, 『自組織的宇宙觀』, 曾國屛 등 역(中國社會科學出版社, 1992), 181면.

112) 프리초프 카프라, 『轉轉點 — 科學, 社會和正在興起的文化』, 衛颯英·李四男 역(四川科學技術出版社, 1988), 281면.

이성과 직감, 과학과 도덕, 지식과 심미 등도 마찬가지로 철저히 분리될
수는 없는 것이다.

　　순수 객관적 신화의 파멸은 이성지상주의(理性至上主義)의 전복을
의미하며, 주관적 요소의 개입은 감정, 직감 등 비이성적 요소들이 과학
에서 불가피하거나 심지어 없어서는 안 되는 것으로 변하게 했다. 과학
자들이 몇 가지 선택을 할 수 있는 가능성에 직면했을 때, "이성적 사고
는 가능성을 구체화하는 방법으로 비교를 진행할 수는 있으나 결국 우선
적으로 어떤 가능성을 선택할 것인가 하는 데 있어서는 본능(직감)이 여
전히 결정적 역할을 하게 된다."113) 이는 순수한 이성은 모든 문제를 해
결할 수 없음을 의미한다. 이성적 사유는 선형적(線形的)이고 집중적이
고 분석적이며, 직감은 종합적이고 총체론적이며 비선형적인 것임을 의
미한다. "오직 우리가 이성 지식과 환경의 비선형적 본질에 대한 직감을
결합할 때만 비로소 생태적 의식이 생겨날 수 있다."114) 말하자면 전통
적 과학 세계관이 비이성적 요소를 배척한 극단적 태도와 달리, 생태론
은 비이성적 요소를 이성적 사고와 마찬가지로 반드시 필요한 것이라고
주장했던 것이다.

　　이성과 비이성의 관계와 비슷하게 과학과 도덕도 한계가 뚜렷하지 않
으며 양자는 똑같이 상호 영향을 주고 상호 침투한다. 그러므로 '순수
객관'으로 불리는 전통 과학이라 할지라도 그에 따른 상응한 도덕적 영
향은 피할 수 없다. 과학자들이 생생하게 살아 있는 동물을 객관 대상으
로 삼고 해부실에 놓았을 경우, 그것이 바로 여타 생명에 대한 인류의
무관심이 아니고 무엇인가? 반면에 도덕적 관념의 변화는 어느 정도에
서 과학의 발전에 영향을 미칠 수 있는 것이다. 현재 '실험생물학'에 비

---

113) 한스 작세, 『生態哲學』, 文韜·佩雲 역(東方出版社, 1991), 182면.
114) 프리초프 카프라, 『轉轉點－科學, 社會和正在興起的文化』, 衛颯英·李四男 역(四
　　川科學技術出版社, 1988), 23면.

해 더 인성적인 '행위생물학'이 발전할 수 있는 것은 바로 여느 생명에 대한 사람들의 동정심과 도덕적 관심 덕분이 아니고 무엇인가?

또한 다른 과학과 비교할 때, 생태학은 보다 분명하고, 보다 심도 있게 사회적 가치 규범 속에 빠져든다. 1930~1940년대에 시카고 대학에는 권위적인 동물생태학자 워더 앨리(Warder Allee)를 중심으로 한 '생태학 그룹'이 있었는데 그들의 시종일관된 사명은 바로 도덕이상주의를 일종의 합리적인 과학 기초 위에 구축하는 것이었다. 그리고 또 그들은 힘써 자연에서 인류에게 적용할 수 있는 총체주의 가치관을 찾고자 노력했다. 1941년 9월, 시카고 대학 개교 50주년 경축 행사에서 생태학 그룹은 '생물 시스템과 사회 생태 메커니즘이 융합된 단계'에 관한 세미나를 소집할 것을 발의했다. 그 세미나에 제출된 논문들 중에서 가장 광범위하게 일치를 본 관점은 바로 유기물과 사회는 비슷할 뿐만 아니라 실제로는 동일한 현상이며 이들은 모두 점점 커지는 융합으로 변화, 발전한다는 관점이었다.[115] 이런 측면에서 볼 때, 생태학과 윤리학의 차이는 그리 크지 않다고 말하기보다는 차라리 그들이 부동한 시각에서 똑같은 원리를 설명했다고 말하는 편이 낫다.

만약 과학과 도덕 간에 상호 보완이 필요하다면 과학과 미학도 마찬가지로 불가분의 관계로서 이 양자를 억지로 분리시킬 필요가 없다. '과학자 시인'으로 불리는 퍼시 셸리(Percy Shelley)는 시를 일체 과학의 기원과 귀착점으로 간주했으며, 수학자 앙리 푸앵카레(Henri Poincaré)는 과학자가 자연을 연구하는 것은 그것이 아름답기 때문이며 만약 자연이 아름답지 않다면 지식은 추구할 가치가 없는 것이 된다고 말한 바 있다. 노벨 물리학상을 받은 수브라마니안 찬드라세카르는 일련의 예를 든 후, 자신감에 넘쳐 "한 과학자가 뛰어난 심미적 직감에 따라 제기한 이론이

---

115) 도널드 워스터, 『自然的經濟體系: 生態思想史(*Nature's Economy:A History of Ecological Ideas*)』, 侯文惠 역(商務印書館, 1999), 382면.

처음에는 틀린 것처럼 보이지만 결국에는 정확하다는 것을 우리는 증거로써 증명할 수 있다. 마치 존 키츠(John Keats)가 오래전에 보았던 것처럼 '무릇 상상으로 아름답다고 인정한 것은 반드시 진리이다. 그것이 이전에 존재했는지의 여부를 막론하고 말이다'"116)라고 말한 바 있다. 생태론에서 과학과 심미는 지금까지 대립한 적이 없다. 일찍이 다윈의 생태 사상에 깊은 영향을 미쳤던 홈볼트는 그의 저서에서 하나의 소망을 분명히 드러낸 적이 있는데 그것이 바로 현대적인 "과학의 특수성과 일종 자연의 전체성에 대한 심미적 감정이 혼합되어 이루어진 하나의 연속적인 사업이었다." 그는 "자연 외관의 구분에 대한 연구는 일종의 미학적 사업일 뿐만 아니라 동시에 일종 수학과 과학의 사업"117)이라고 보았던 것이다.

3) 총체론

방법론적인 면에서 생태론은 '총체론'을 주장한다.

이 책 앞부분에서 이미 언급했다시피 환원론은 오랫동안 물질 구조에 대한 이해에서 유행한 방법으로, 때로는 매우 효과적인 방법이기도 했다. 실천적 측면에서 말하면 환원론은 분명 일종의 유용하면서 비슷한 방법론이며 사람들로 하여금 세부적인 것에서 상대적으로 정확한 지식을 얻을 수 있게 한다. 그러나 이는 환원론이 만능임을 의미하지는 않는다. 그것은 어떤 방법도 다 그 사용 범위가 있으며 일단 그 범위를 벗어나면 즉시 아무 의미도 없는 것으로 변해버리기 때문이다. 그런데 끊임없이 변화하는 유기적 총체를 어떻게 이해하고 처리할 것인가 하는 문제

---

116) 수브라마니안 찬드라세카르, 『眞與美: 科學硏究中的美學和動機』, 朱志方·黃本笑 역(科學出版社, 1992), 71, 73, 79면.
117) 도널드 워스터, 『自然的經濟體系: 生態思想史』, 侯文惠 역(商務印書館, 1999), 169면.

는 공교롭게도 환원론 범위 밖의 문제였다. 환원론이 물질적 실체들이 서로 고립된 것으로 간주하는 것을 전제로 구축된 데 반해, 생태론에서는 도리어 자연계를 고립된 물질적 실체의 집합이 아니라 불가분리한 하나의 유기적 총체로 간주했다. 또한 환원론은 반드시 사물의 성질이 상대적으로 고정된 상태에서 비로소 적용(適用) 가치를 가진다고 보는 데 반해 생태관은 자연계가 불변하는 것이 아니며 그 자체가 바로 변화하는 발전 과정이라고 주장한다. 이 모든 것들이 생태론에서 환원론의 작용은 매우 제한적인 것임을 의미한다.

'상승 협동학(synergetics)'의 창시자인 헤르만 하켄은 환원론을 채용한 연구자들의 체험이 장난감 자동차를 얻은 어린아이와 매우 흡사하다고 말했다. 어린아이는 자동차가 어떻게 달릴 수 있을까 하는 호기심 때문에 그 장난감을 하나하나 분해한다. 일반적으로 말하면 이는 어려운 일이 아니다. 그러나 우리는 늘 아이가 무더기로 쌓인 부속품을 앞에 두고 우는 모습을 보게 된다. 왜냐하면 아이는 자동차가 어떻게 달리는지에 대해 알 수 없기 때문이다. 이 이야기는 우리에게 환원론은 물질의 구조가 어떻게 이루어져 있는지를 알려주었지만 그 구조가 어떻게 생겨났는지, 그리고 또 각종 부품들 간에는 어떻게 협업하는지에 대해서는 알려줄 수 없음을 말해준다.[118] 만약 마지막 두 가지 질문에 대답하려면 우리는 전혀 다른 방법론을 받아들여야 하는데 그것이 바로 '총체론'이다.

관련 연구에 따르면 '전체론'이라는 용어는 남아프리카공화국의 정치가인 얀 스머츠(Jan Smuts)가 1926년에 「전체론과 진화(holism and evolution)」라는 글에서 처음 제기했는데 주로 전체적 요소가 역사 안에서 일으키는 역할을 설명하는 데 쓰였다고 한다.[119] 그러나 필자가 여기서 말하는 '총

---

118) 헤르만 하켄, 『協同學─大自然構成的奧秘』, 凌復華 譯(上海譯文出版社, 2001), 5면.
119) 孫慕天·이반 자하로비치 세츠미스트로(Ivan Zaharovich Cechmistro), 『新整體論』 (黑龍江敎育出版社, 1996), 1면.

체론'은 환원론에 상대하여 쓰는 말이며 그것은 문제를 처리하는 사유
방식과 방법을 가리킨다. 에이브러햄 매슬로(Abraham Maslow)는 일찍
'원자론'(즉 환원론)과 '총체론'을 두 가지 부동한 사유 방식으로 간주했
다. 그러나 이 양자는 부동한 적용 범위가 있으며 전자는 전문화된 과학
에 쓰이고, 후자는 종합적인 철학에 쓰인다고 생각했다.[120] 실제로 그는
전문화된 과학은 원자론의 원인이 아닌 결과이며, 그 자체가 바로 환원
론의 사유 방식에 입각했기 때문에 최종적으로 현대 과학의 전문화를 초
래했음을 의식하지 못했던 것이다. 그러나 전문화된 과학과 종합적인 철
학 사이에 필연적으로 환원론과 총체론의 구별이 존재하는 것은 아니다.
사실이 증명하다시피 전문화된 과학은 궁극적으로 총체론으로 나아가게
되는데 새로운 물리학이 가장 좋은 예다. 마치 카프라가 『새로운 과학과
문명의 전환』에서 주장한 것처럼 다른 과학의 모범으로서의 물리학이
새로운 단계의 발전은 완전히 다른 과학을 향해, 과학적 사유는 반드시
환원론과 역학적인 것이 아니어도 될 뿐만 아니라 '총체론'과 '생태론'
도 과학적으로는 역시 합리적인 것임을 설명해줄 것이다. 유기적이고 생
태적인 세계상(世界像)은 바로 20세기 물리학이 겪은 몇 차례 개념 혁명
에서 유도된 것이다.[121] 카프라는 다른 저서 『물리학의 도(道)』(한국에
서는 『현대물리학과 동양 사상』으로 번역, 출판되었음-옮긴이)에서 우주
의 기본적인 통일성은 새로운 물리학의 가장 중요한 발견 중 하나라고
말했다. 그것은 원자의 등급상 이미 드러나기 시작했는데 아원자 입자의
범주에 이르러 더욱 분명하게 나타났다. 즉 "아원자물리학의 각종 모형
을 연구할 때(즉 양자 이론-옮긴이), 우리는 그것들이 거듭 부동한 방식

---

120) 에르빈 라슬로, 『系統哲學引論――种當代思想的新模式』, 錢兆華·熊繼寧·劉俊
生 역(商務印書館, 1998), 20면.
121) 프리초프 카프라, 『轉轉點-科學, 社會和正在興起的文化』, 衛颯英·李四男 역(四
川科學技術出版社, 1988), 29면.

으로 같은 견해를 표현하는 것을 볼 수 있는데 그것은 바로 물질의 성분
이 그들과 관련한 기본 현상과 전부 상호 관련되고 연결되며 상호 의존
적임을 말해준다. 따라서 그것들을 고립된 존재가 아닌 전체를 이루고
있는 부분으로 볼 수밖에 없다."[122] 혹시 우리가 환원론을 택하느냐 총
체론을 택하느냐 하는 문제는 근본적으로 부동한 과학 유형에 의해 결정
되는 것이 아니라 우리가 신봉하는 세계관에 의해 결정된다고 말할 수도
있다. 바로 생태학과 20세기 이후 전문화된 과학인 물리학이 만들어낸
일종의 완전히 새로운 세계관으로 인해 비로소 궁극적으로 사유 방식의
변화가 일어났던 것이다. 에르빈 라슬로가 계통론의 방법론 본질을 논의
할 때 한 말을 빌리면 "우리는 바로 한 차례 사유 방식의 전환, 엄밀하고
정교하면서도 또 전체적 이론으로의 전향을 목격한 것이다."[123]

만약 전통 과학 세계관에서 세계를 '기본적인 건축 자재' 혹은 각자
독립된 물질 실체로 이루어진 집합이라고 말한다면 생태론에서의 세계
는 바로 각 부분 간의 상호 의존, 상호 작용의 복잡하면서 유기적인 네
트워크다. 따라서 총체론은 더 이상 환원론처럼 실체가 아닌 관계를 중
시하며, 더는 부분적인 것에 입각하여 전체를 다루지 않고 총체적인 것
에 입각하여 그 부분을 분석하는 동시에 부분과 부분, 부분과 전체 간의
상호 작용을 분석한다. 환원론의 시각에서는 오직 부분의 성질과 구조
구성을 충분히 이해하면 전체적 문제들은 순리롭게 해결된다고 보았다.
총체론은 "자연을 그것들의 원자론상의 각 부분으로 분해하면 이런 전
체에 대한 진정한 이해에 도달할 수 없다고 여겼다. 그리고 또 그 특수
한 성질은 상호 영향과 집단적 작용 때문에 나타나는 것이므로 자연의

---

122) 프리초프 카프라, 『物理學之'道': 近代物理學與東方神秘主義』, 朱潤生 역(北京出
     版社, 1999), 114면.
123) 孫慕天·이반 자하로비치 세츠미스트로, 『新整體論』(黑龍江教育出版社, 1996),
     206면.

전체적 성질은 그것들 각 부분의 총화와 다르다"[124]고 보았다. 우리가 전체를 고립된 부분으로 분해했을 경우, 그 후의 총체적 특성은 실제로 더 이상 존재하지 않기 때문에 그것들은 처음부터 전체에 입각하여 그 각 부분의 성질을 이해하게 된다.

만약 전통적 과학 세계관이 일종의 정적인 '구성론'으로서 대자연의 배후에 고정불변의 구조가 존재한다면, 그 생태론은 일종의 동적인 '생성론'이며 대자연은 마치 생명체와 마찬가지로 끊임없이 성장하는 과정이 된다. 따라서 환원론과는 달리, 총체론이 중시하는 것은 자연계의 구조가 아닌 그 기능과 과정이다. 또한 총체론은 구조로부터 출발하여 그 기능을 이해하는 것이 아니라 그와 정반대로 기능과 과정의 각도에서 그 구조를 해석할 것을 주장한다. "서양 물리학의 환원론 전통은 (프리고진이 제시한 것과 같이) 미시적 간결성의 신념 위에 구축된 것이면서도 아울러 주로 공간 구조와 관련한 정적인 관념 위에 구축된 것이기도 하다. [……] 그러나 실제 시스템에서는 모든 거시적 특징이 다 그 구성 부분의 특성과 그들의 조합에서 유도해낸 것이 아니다. 거시적 특징은 정적인 구조로 귀결할 수 없고 시스템 내부와, 시스템과 환경 간의 동적인 상호 작용에서 생성되는 것이다. 한 유기체는 그 세포 특성의 총화에 의해 결정되는 것이 아니다. 화학 반응 과정에서 반응에 참가하지 않은 일부 분자들은 촉매제로서의 역할을 발휘할 수 있으며 이로 인해 전체 화학 반응의 동력 시스템에 결정적인 영향을 미치게 되는 것이다."[125] 그리하여 하나의 총체론적 기술은 어떤 하나의 구조만 기술한 것이 아니라 전반적으로 많은 구조를 경과한 시스템의 진화를 기술한다.

최근 3백 년의 인류 발전사를 종합하면 알 수 있다시피, 전통적 과학

---

124) 도널드 워스터, 『自然的經濟體系: 生態思想史(Nature's Economy:A History of Ecological Ideas)』, 侯文惠 역(商務印書館, 1999), 41면.

125) 에리히 얀치, 『自組織的宇宙觀』, 曾國屛 등 역(中國社會科學出版社, 1992), 30면.

세계관의 생태 이론으로의 전환은 일종의 역사적 필연성인 듯싶다. 이런 전환은 새로운 학문의 출현만을 의미하는 것이 아니라 새로운 세계관의 형성을 의미한다. 전면적이고 계통적이며 자각적인 세계관으로서의 생태 관념의 형성은 과학 기술이 발달한 현재의 서양 사회라 할지라도 상당히 시대를 앞서가는 현상이다. 그렇지만 이는 유구한 동양 문화 전통 중에 이와 유사한 사상적 맹아와 정신적 요소가 없음을 의미하지 않는다. 사실상 당대의 서양 사람들은 이러한 새로운 세계관을 구축하는 과정에서 항상 오래된 이역 문화 가운데 필요한 정신적 영양을 섭취하려 했다. 한 가지 분명한 것은 수많은 학자들이 북아메리카, 아프리카 및 오세아니아에 위치한 원시 부락에 깊이 들어가 토착민들의 생태 지혜에서 사상의 원천을 찾을 수 있기를 갈망하고 있다.126) 또 다른 한 가지 분명한 조짐은 줄곧 '동방 신비주의'로 불리던 중국의 고대 문화가 새롭게 서양 학자들의 연구 영역에 들어간 것이다. 미국 학자 카프라의 견해에 따르면 많은 과학자들이 동양 신비주의(이 책에서 연구하고자 하는 유·불·도를 포함하여)의 사상이 당대 과학 이론(유기론, 총체론, 생태론을 특징으로 함)에 일치하면서 매우 적합한 철학적 배경을 제공할 수 있음을 의식하고 있다고 했다.127) 그런 이유로 카프라는 동양 철학을 일종의 유기적이고 생태학적인 우주관으로 보았던 것이다.128) 유구한 동양 문화의 배경에서 성장한 중국 학자들은 보다 큰 책임감으로 이런 새로운

---

126) See in Raymond Pierotti and Daniel Wildcat, "Ttaditional Ecologiacl Knowledge: The Third Alternative(commentary)", *Eclogical Applications*, Vol.10, No.5(Oct. 2000), pp. 1333~1340. Deborah Rose, "An Indigenous Philosophical Ecology: Situating the Human", *The Australian Journal of Anthropology*, Vol.16, No.3(Dec.2005), pp. 294~305.

127) 프리초프 카프라, 『轉轉點－科學, 社會和正在興起的文化』, 衛颯英·李四男 역(四川科學技術出版社, 1988), 61면.

128) 프리초프 카프라, 『物理學之'道': 近代物理學與東方神秘主義』, 朱潤生 역(北京出版社, 1999), 11면.

희망에 대한 탐색 과정에 참여해야 할 이유가 있다. 따라서 비록 주제넘지만 자못 신성한 동기를 가지고 필자는 오래된 중국 경전으로 돌아가 고대 선현들이 남겨준 소중한 생태적 지혜를 탐색하고자 한다.

제2장

유가의 생태적 지혜와 예술적 추구

제1절 인륜적 시각에서 본 유기적 총체론

생태적 세계관은 서양의 전통 과학관과 달리 세계를 하나의 기계나, 서로 고립된 물체들이 모여서 이루어진 단순한 집합이 아닌 하나의 생명체로 보면서 내부 각 기관들이 상호 의뢰하고 상호 작용하는 유기적 통일체로 간주한다. 유기적 통일체 관념은 생태관의 중요한 신념 중 하나로 어떤 의미에서는 상호 대체가 가능한 것으로 보고 있다.

비록 중국 고대 유가(儒家) 학자들에게는 아직 자각적인 생태관이 형성되지 않았음에도 불구하고 그들은 이미 분명히 전체 세계를 하나의 유기적 통일체로 간주하는 생태적 지혜를 갖고 있었다. 바로 영국의 학자 조지프 니덤(Joseph Needham)[1]이 일찍 지적한 바와 같이 "중국의 자연관은 일종의 유기적 자연관"이었다. 독일 학자 게러이도 「동서양 이해 속의 자연」에서 서양의 기계론적 세계관과 달리 동양은 일종의 유기론적 세계관으로서 우주를 하나의 유기적 통일체로 여겼다고 자기주장을 고수했다.[2]

1. '인'을 핵심으로 한 총체적 구성론

유가는 인류 개체의 입장에서 우주 전체를 돌이켜보고 체험했기 때문에 인간의 개체 수양은 유가 사상의 기본적인 이론적 토대가 되었다. 만

---

1) 니덤(1900~1995)은 영국의 한학자로서 본명은 조지프 테렌스 몽고메리 니덤(Joseph Terence Montgomery Needham)이며 중국명은 리유에써(李約瑟)이다.
2) 余正榮, 『中國生態倫理傳統的詮釋與重建』(人民出版社, 2002), 3면.

약 통일체를 하나의 원으로 비유한다면 개체인 사람은 바로 그 원의 중심이 된다. 유가의 '개인→가족→국가→천하'라는 논리적 추리 패턴으로 볼 때 '가족'과 '국가', '만물'은 각각 작은 것에서 큰 것으로 이르는 서로 다른 총체적 단위를 대표하기 때문에 면적이 점차 확대된 세 개의 원으로 볼 수 있다. 이처럼 모든 과정이 '자아'를 원심으로 삼아 끊임없이 외부로 확장되어 하나의 동심원을 이루고 있다. 아울러 유가의 입장에서 볼 때 이처럼 끊임없이 밖으로 확장되는 원동력은 바로 자아에 대한 '애(愛)'이면서도 유가 사상 중의 핵심 범주인 '인(仁)'이기도 했다. 바로 이러한 '인애(仁愛)'의 힘에 의해 개체는 비로소 궁극적으로 유기적 총체에 대한 체험 과정을 완성한다고 볼 수 있다.

유가의 '개인→가족→국가→천하'의 논리적 추리 패턴 중에서 개인의 수양은 그 이론의 출발점으로 이른바 '수신(修身), 제가(齊家), 치국(治國), 평천하(平天下)'의 모든 것들이 수신에서 비롯되었다. 이리하여 유가에는 "천자로부터 평민 백성에 이르기까지 한결같이, 모두 수신을 근본으로 삼는다(自天子以至於庶人, 一是以修身爲本)"[『대학(大學)』]는 말이 있다. 그리고 수신의 근본은 '어짊(仁)'에 대한 수양에 있는바, 이른바 "도덕으로써 자아를 수양하고 인애로써 도덕을 수양하는 것(修身以道, 修道以仁)"[『중용(中庸)』]이라고 했다. '어짊'에 대한 실천을 통해야만 인간 개체는 비로소 '사랑'의 힘에 의지하여 총체적 화합을 실현할 수 있으며, 아울러 그 범위를 점차 '가족'에서 '국가'로, '국가'에서 다시 '천하'로 끊임없이 확장시켜 최종적으로 천인합일(天人合一)을 실현하게 된다는 것이다. 때문에 이런 의미에서 말하면 '어짊'은 유가 사상의 가장 핵심적인 개념이라고 할 수 있다.

이른바 '어짊'이란 간단히 말하면 '사랑'이다. 그러나 여기서의 '사랑'은 '자신에 대한 사랑'이 아닌 '타인에 대한 사랑'이다. 그리하여 공자는 이르기를 "인덕이 있는 사람은 남을 사랑한다(仁者, 愛人)"[『논어(論語)』

‘안연(顔淵)’]고 했다. 동중서(董仲舒)도 “‘어짊’의 준칙은 타인을 사랑하는 것에 있지 자기를 사랑하는 데 있지 않다(仁之法在愛人, 不在愛我)” [『춘추번로(春秋繁露)』 ‘인의법(仁義法)’]고 말했었다. 『중용』에 따르면 “어짊은 곧 타인을 사랑하는 것이다(仁者, 人也)”라고 했다. 또 허신(許愼)의 『설문해자(說文解字)』에서는 “인애(仁愛)하는 자는 사람을 대함에 있어 친절하고, 사람은 서로 사랑해야 한다(仁者, 親也, 從人從二)”고 설명하고 있다. 어짊이 탐구하고자 한 것은 바로 사람과 사람의 관계이고, 또 이런 관계의 시작은 가족에서 비롯된 것이었다. ‘가(家)’는 직접적인 혈연적 기초 위에 건립된 가장 기본적인 생존 단위다. “부모를 가까이 모시는 것이 인애다(親親, 仁也)”[『맹자(孟子)』 ‘진심(盡心)’ 상(上)]와 “어짊의 본질은 부모를 잘 모시는 것이다(仁之實, 事親是也)”[『맹자』 ‘이루(離婁)’ 상(上)]라는 논술에서 볼 수 있듯이 유가의 어짊은 당연히 ‘가족 성원’ 간의 밀접한 혈연관계 속에서 발생하는 것이다. 따라서 그들은 바로 가족과 친족의 친밀한 혈연관계가 ‘사랑’을 가능하게 한다고 보았다. 쉽게 말하면 인애는 친자(親子) 혈연에서 발원한 자연적인 감정이며 인간의 천성이자 본능이라는 것이다. 그리하여 공자는 이르기를 “인간이 배우지 않고도 갖게 되는 것은 천부적인 본능(良能)이며, 사고하지 않고 이해하는 것은 천부적인 도덕관념(良知)이다. 두세 실 철부지리도 자기 부모에게 효도할 줄 모르고 자기 형제와 웃어른을 존경할 줄 모르는 애들이 없을 것이다. 부모를 가까이 모시는 것이 바로 ‘어짊’이며 웃어른을 존경하는 것이 ‘의(義)’다. 이 두 가지만 있으면 세상일에 다 통할 수 있다(人之所不學而能者, 其良能也; 所不慮而知者, 其良知也. 孩提之童無不知愛其親者, 及其長也, 無不知敬其兄也. 親親, 仁也; 敬長, 義也; 無他, 達之天下也)”(『맹자』 ‘진심’ 상)라고 했다. 이와 같이 천성에서 나온 자연적 감정에서 가장 중요한 것은 ‘효제(孝悌)’인바, 이는 이른바 “부모에게 효도하고 형제를 공경하는 것이 바로 인애의 근본(孝弟

也者, 其爲仁之本也)"[『논어』 '학이(學而)']이라는 것이다. 부자지간의
사랑은 '효(孝)'라 하고, 형제간의 사랑은 '제(悌)'라고 한다. "이런 사랑
은 서로 주고받기는 하지만 등가적 관계는 아니다. 부모도 자식을 사랑하
고 자식도 부모를 공경하지만 그 사랑하는 방법이 다르다. 이를 흔히 '부
자자효(父慈子孝)'라고 한다. 형이 동생을 사랑하면 동생도 형을 존경한
다. 이런 경우에도 역시 사랑의 방식이 같지 않다. 이를 '형우제공(兄友
弟恭)'이라고 한다. [……] 이런 특정한 사랑은 '부효자자(父孝子慈)'나
'형공제우(兄恭弟友)'로 바꿀 수 없을뿐더러 '부우자공(父友子恭)'과 '형
자제효(兄慈弟孝)'로 바꿀 수도 없는바, 이러한 질서에 변화가 생길 경우
사람들 간의 '인애' 관계는 유지될 수 없다."[3] 그러므로 유가 사상 중에
서 부모 자식 간과 형제간의 관계는 가장 기본적인 혈연관계이며, '부자
자효'와 '형우제공'은 가장 기본적인 윤리 준칙이다. 이러한 이유 때문인
지는 모르겠지만, 유가는 개체로부터 출발한 모든 추론의 고리를 '가족',
'국가', '천하'를 막론하고 전부 부모와 자식, 형제 관계의 혈연적 패턴과
'부자자효', '형우제공'의 윤리적 준칙 위에 설립했다.

　가족이 혈연적 기초 위에 구축된 가장 기본적인 생존 단위라면 국가
는 바로 그 가족을 확대한 것이다. 때문에 중국어에서 '국가'라는 단어
는 아주 특별한 의미를 가지고 있으며 이는 혈연관계를 한층 더 확대한
결과다. 그리고 보다 확대된 혈연적 기초 위에서 백성은 가족 성원(家人)
이고 임금은 바로 백성의 부모인 것이다. 이러한 입장에서 출발하여 유
가는 "온 세상 사람들이 모두 형제(四海之內皆兄弟)"[『논어』 '안연']이
며 "세상의 모두가 한 집안(四海之內如一家)"[『순자(荀子)』 '왕제(王
制)']이라 주장했고, 또 "신하는 임금을 섬기고 아랫사람은 윗사람을 받
들며 자식은 부모를 섬기고 동생은 형을 모셔야 한다(臣之於君也, 下之

---

3) 陳炎·趙玉, 「儒家的生態觀與審美觀」, 『孔子硏究』(2006년 제1기).

於上也, 若子之事父, 弟之事兄)"[『순자』'의병(議兵)']고 주장했다. 따라서 "부모는 부모다워야 하고, 자식은 자식다워야 한다(父父, 子子)"는 혈연적 감정을 "임금은 임금답게, 신하는 신하다워야 한다(君君, 臣臣)"는 사회적 윤리로 확대했고 "가까이에서 부모님을 섬겨야 한다(邇之事父)"는 '효(孝)'를 "멀리는 임금을 섬긴다(遠之事君)"는 '충(忠)'으로 확대했고, 다시 또 '수신, 제가'의 생활 윤리를 '치국, 평천하'의 정치적 이상으로 확대함으로써 이러한 사상이 봉건 종법 제도(封建宗法制度)를 공고히 하는 사회의식 형태로 변형되게 했다.[4] 이와 상응하여 유가의 어짊은 더 이상 '부자자효'나 '형우제공'의 '부모친근(父母親近)'에만 국한되지 않고 "자기 부모를 섬기는 마음으로 타인의 부모를 대하며, 자기 자식을 대하는 마음으로 타인의 자식을 제 자식처럼 여겨야 한다(老吾老, 以及人之老, 幼吾幼, 以及人之幼)"[『맹자』'양혜왕(梁惠王)' 상 (上)]는 '인민(仁民, 백성들에게 인애를 베풀다)' 사상으로 확대되었다. 따라서 이른바 "인덕이 있는 사람은 남을 사랑한다(仁者, 愛人)"거나 "사람들에게 널리 자비를 베풀고 또 인덕이 있는 사람들과 가까이해야 한다(泛愛衆, 而親仁)"[『논어』'학이')는 주장은 모두 '자신의 혈친', 즉 부모에 대한 친애(親愛)에 비해 보다 넓은 의미의 사랑을 의미한다. 그러므로 인간은 자기 친족을 친애해야 할 뿐만 아니라 마땅히 다른 사람들도 사랑해야 한다는 것이다.

유가 사상에서 이른바 '천하'는 국가와 유사한 점이 있다. 후자가 가족을 확대한 개념이라면 유가의 가족에서 국가로, 다시 천하로 확장된 동심원 패턴에서 천하는 마찬가지로 국가를 한층 더 확대한 것이다. 이른바 "천지는 만물의 어버이(惟天地萬物父母)"[5]이며 "무릇 생명 있는

---

4) 앞의 책.
5) 『상서(尙書)』'주서(周書)·진서(泰誓)' 상(上)에 따르면 주 무왕(周武王)이 "천지는 만물의 부모, 인간은 만물의 영장(惟天地萬物父母, 惟人萬物之靈)"이라고 했다 한

것은 모두 형제, 자식과 같은 친족들이다(凡有血氣, 皆其昆弟赤子之親)"라는 것이다. 국가를 천하로 확대함에 따라 혈연관계에 대한 유가의 이해는 이미 자기와 관련된 사람들의 범위를 넘어 진일보하여 상이한 부류의 집단으로까지 뻗어나갔다. 이는 육친과 자국인은 물론 '오랑캐(夷狄)'와 이족(異族)까지 포함하고 있으며, 심지어 생명을 가진 동물과 식물 외에도 생명이 없는 모든 자연을 포함하고 있다. 그리하여 이와 같이 보다 확대된 혈연관계 속에서 인간과 세상 만물은 형제가 되고, 천지는 인간과 만물의 공동 부모가 되는 것이다. 말하자면 "하늘을 아버지라 칭하고 땅을 어머니라 칭하며 미미한 존재로서의 나는 천지 사이에 놓여 있다. 천지간에 가득 찬 기(氣)가 내 몸의 형체가 되었고 천지 만물을 통솔하여 변화를 일으키는 것은 바로 나의 천성이다. 백성은 나의 형제자매이며 만물은 나와 같은 족속이다(乾稱父, 坤稱母; 予玆藐焉, 乃混然中處. 故天地之塞, 吾其體; 天地之帥, 吾其性. 民吾同胞, 物吾與也)"[장재(張載), 『서명(西銘)』]라는 것이다. 이와 상응하게 혈연을 바탕으로 한 어짊은 '부자자효', '형우제공'의 '친친(親親, 어버이를 가까이 섬기는 것)'과 '범애중(泛愛衆, 백성들에게 인애를 널리 베푸는 것)'의 '인민(仁民)'인 동시에 또 "만물을 두루 거쳐 천하와 더불어 친애한다(體萬物而以天下共親)"[대진(戴震), 『원선(原善)』]는 의미의 '만물에 대한 사랑(愛物)'도 포함하고 있다. 이른바 "성실하고 신용 있게 백성들을 사랑한다면 아래로 짐승 벌레(鳥獸昆蟲)에 이르기까지 사랑하지 않는 것이 없을진대 사랑을 베풀지 않는다면 어찌 그것을 '인'이라 할 수 있겠는가!(質於愛民, 以下至於鳥獸昆蟲莫不愛. 不愛, 奚足謂仁!)"(『춘추번

다. 전하는 바에 의하면 『상서』는 공자가 수정한 것이라 한다. 비록 이러한 견해에 대해 학술계에서 현재까지 그 진위를 판단하지 못하고 있지만 최소한 『상서』, 특히 그중에 '주서(周書)' 부분과 유가 사상이 내재적 일치성이 있다고 긍정적으로 말할 수 있다. 별도로 정호(程顥)와 정이(程頤)의 『二程集』 제1권(中華書局, 1981), 117면 참고.

로』'인의법')라는 주장이 강조한 것은 바로 이와 같은 세상 만물에 대한
사랑이다.

이렇게 볼 때 유가의 어짊은 실제로는 내부에서 외부에 이르는 세 가
지 내용으로 이루어졌으며 여기에는 친족에 대한 사랑, 나라와 백성에
대한 사랑, 만물에 대한 사랑 등이 포함되어 있다. 즉 맹자가 말한 것처
럼 "혈육을 친애(親愛)하는 까닭에 백성을 인애(仁愛)하게 되고 백성을
인애하는 까닭에 만물을 사랑하게 되는 것이다(親親而仁民, 仁民而愛
物)"(『맹자』'진심'상). '어짊'은 우선 육친을 사랑하는 것에 착안하여
점차 친인 사랑에서 백성 사랑으로의 과정을 실현하고, 다시 만물 사랑
에까지 이르며 나중에 "어진 사람이 타인과 사물을 사랑하지 않는 경우
가 없는(仁者無不愛)"(『맹자』'진심'상) 최고의 경지에 도달한다는 것
이다. 때문에 유가의 입장에서 볼 때, 진정으로 어진 사람은 마땅히 "천
하의 인간을 보는 데 있어 겉과 속, 멀고 가까움의 차이가 없으며, 무릇
생명 있는 모든 것은 다 자기 형제이고 자식과 같은 친족으로 보아 그들
을 평안하고 안전하게 가르치고 키우려는 마음이 없지 않게 되며, 따라
서 만물일체의 이념을 실현하게 된다(視天下之人, 無外內遠近: 凡有血
氣, 皆其昆弟赤子之親, 莫不欲安全而敎養之, 以遂其萬物一體之念)"[6]
는 것이다. 이는 바로 어진 사람은 천지 만물을 자신의 오관사지(五官四
肢)로 인식하고 내외원근(外內遠近)의 구분 없이 사물 하나라도 자신의
관심 밖으로 밀려나지 않도록 함으로써 "사물 하나를 잃어도 곧 자기
자신이 '인애'의 소임을 다하지 못한 것으로 인식했음(使有一物失所,
便是吾仁有未盡處)"[7]을 말해준다. 그러나 '개인→가족→국가→천하'
의 논리적 추리 패턴으로 볼 때, 부모 자식 간과 형제간의 사랑은 여전
히 가장 기본적인 것이었다. '인간에 대한 사랑(愛人)'과 '만물에 대한

---

6) 王守仁, 『傳習錄』(山東友誼出版社, 2001), 214면.
7) 위의 책, 같은 면.

사랑(愛物)'은 모두 당연히 부모를 사랑하는 기초 위에서만 생길 수 있
는 것이다. 이는 자기 부모 형제조차 사랑하지 않는 사람이 전혀 알지
못하는 다른 사람에게 사랑의 마음을 베풀 것이라고는 기대할 수 없고,
또 더욱이 날짐승이나 들짐승 그리고 수목화초에 대해 보다 많은 동정을
보낼 것이라 기대할 수 없기 때문이다. 명나라 때 유학자 왕양명(王陽
明)은 부모 자식 간과 형제들 간의 사랑의 중요성을 강조하기 위해 일찍
이 이 도리를 나무가 싹을 피우는 데 비유한 적이 있다. 그는 "싹이 난
다음 줄기가 자라고, 줄기가 자라서 가지가 되고 잎이 생겨난 연후에 끊
임없이 생장 번식하게 된다. 만약 싹이 없으면 어찌 줄기와 가지와 잎이
있을 수 있겠는가?(抽芽然後發幹. 發幹然後生枝生葉. 然後是生生不
息. 若無芽, 何以有幹有枝葉?)"라고 했다. 때문에 "부모 자식, 형제간의
사랑은 인간의 인정과 활기가 생겨나는 발단으로서 마치 나무가 움트는
것과 같다. 이로부터 백성에 대한 사랑과 만물에 대한 사랑은 바로 줄기
가 자라나고 가지와 이파리가 생겨나는 것과 같다. 묵씨(墨氏)의 겸애
(兼愛)에는 차별이 없었는바, 자기 가족과 부모 자식, 형제 그리고 길 가
는 나그네를 똑같이 봤기 때문에 사물 발단의 원천이 스스로 사라졌다.
싹이 트지 않으면 거기에 뿌리가 없고 끊임없이 생장 번식할 수 없음을
알게 되는데 어찌 그것을 '어짊'이라고 할 수 있겠는가? 부모에 대한 효
도와 형에 대한 공경은 어짊을 근본으로 삼는데 알고 보면 결국 '인리
(仁理)'는 바로 그 속에서 나온 것이다(父子兄弟之愛, 便是人心生意發
端處, 如木之抽芽. 自此而仁民, 而愛物, 便是發幹生枝生葉. 墨氏兼愛
無差等, 將自家父子兄弟與途人一般看, 便自沒了發端處. 不抽芽, 便
知得他無根, 便不是生生不息, 安得謂之仁? 孝弟爲仁之本. 卻是仁理
從裏面發生出來)"8)라고 했다. 어떤 의미에서 유가가 "부모에게 효도하

8) 앞의 책, 107면.

고 형제를 공경하는 것이 바로 인애의 근본(孝弟也者, 其爲仁之本與)"
(『논어』 '학이')이라고 주장하는 주요 원인도 바로 여기에 있다.

　도가가 처음부터 거시적 총체에 입각하여 개체를 보려 했던 이론적 패
턴과 달리, 유가는 '개체적 인간'을 출발점으로 삼아 통일체를 체험하려
했을 뿐만 아니라 혈연관계의 점차적인 확장과 더불어 통일체의 범주를
확대시켰다. 따라서 그들은 도가처럼 세상의 모든 개체를 통일체 중의 완
전히 평등한 일원으로 보지 않고 혈연관계의 친소원근(親疏遠近)에 따라
모든 개체를 멀고 가까움, 높고 낮음의 부동한 차원과 등급으로 구분했
다. 이는 비록 넓은 의미에서 말할 때 '부모에 대한 사랑(愛親)', '타인에
대한 사랑(愛人)' 및 '만물에 대한 사랑(愛物)'은 모두 자연 혈연의 기초
위에 설립된 것이고, 또 아울러 만물 간에는 공동의 혈맥이 있지만, '사
랑'과 '사랑' 사이에는 의연히 완전한 대등 관계 설립이 불가능함을 인정
한 것이 된다. 가족 범위 안에서 '부자자효(父慈子孝)', '형우제공(兄友
弟恭)'을 '부효자자(父孝子慈)'와 '형공제우(兄恭弟友)'로 전도시킬 수도
없고 또 '부우자공(父友子恭)', '형자제효(兄慈弟孝)'로 바꿀 수도 없었
던 까닭은 바로 타인과 자기 간의 혈연관계를 파괴할 수 없었기 때문이
며, 국가적 범위 안에서 "백성들에게 널리 사랑을 베풀어야 백성들을 구
제힐 수 있었음(博施於民而能濟衆)"[『논어』 '옹아(雍也)']에도 불구하고
'화이지별(華夷之別)'을 변경할 수 없었던 원인은 바로 적아(敵我) 간의
친소(親疏) 관계를 혼란에 빠뜨릴 수 있기 때문이었다. 그리고 또 세계,
즉 '천하'의 범위 안에서 "인간은 서로 형제이고 만물은 서로 같은 족속
(民胞物與)"임에도 불구하고 "만물로 인간을 먹여 살리는 것(以物養人)"
과 "새와 짐승을 잡아 친인을 먹여 살리는 것(殺禽獸以養親)"의 합법성
을 부정할 수 없었던 원인도 바로 인간과 사물 간의 원근 관계를 혼란에
빠뜨릴 수 없었기 때문이다. 이로부터 알 수 있는바, 도가의 '제물(齊物)'
사상과는 분명히 다르게 유가는 "모든 사물이 서로 차이가 있는 것(物之

不齊)"이 사실과 더욱 부합되는 것으로 여겼던 것이다. 이는 이른바 "사물이 서로 차이 있는 것은 사물의 본질로서 어떤 것은 두 배 다섯 배, 어떤 것은 열 배 백 배, 또 어떤 것은 천 배 만 배로 차이가 난다(夫物之不齊, 物之情也. 或相倍蓰, 或相什百, 或相千·萬)"[『맹자』 '등문공(滕文公)' 상(上)]는 것이다. 이때 서로 다른 사물에 대해 상이한 사랑을 베푸는 것은 당연한 일이다. 그러므로 맹자는 "군자는 자연 만물을 대함에 있어 아끼고 사랑하되 인덕을 베풀어서는 아니 되며 백성에 한해서는 인덕으로 대하되 친애(親愛)를 베풀어서는 안 된다. 군자는 먼저 혈육을 친애(親愛)하는 까닭에 백성을 인애(仁愛)하게 되고 백성을 인애하는 까닭에 만물을 사랑하게 되는 것이다(君子之於物也, 愛之而弗仁; 於民也, 仁之而弗親. 親親而仁民, 仁民而愛物)"(『맹자』 '진심' 상)고 했다. 이 견해에 대해 후세 사람인 조기(趙岐)는 "친(親)은 곧 인(仁)이지만 인은 친에 미치지 못한다. 인은 동족 사이에서는 애(愛)이지만 백성들에게 널리 베풀 때에는 그저 인일 뿐이다. 인을 사람(人)에게만 국한시킨 것은 사람과 사물에 대한 사랑을 구별하기 위해서다. 친(親)을 친족(親)에게만 국한시킨 것은 친소(親疏)와 구별하기 위해서다(親卽是仁, 而仁不盡於親. 仁之在族類者爲親, 其普施於民者, 通謂之仁而已. 仁之言人也, 稱仁以別於物; 親之言親也, 稱親以別於疏)"[『맹자주(孟子注)』]라고 해석했다. 그리고 초순(焦循)은 "만물, 이른바 모든 만물은 인간을 먹여 살릴 수 있다. 그러나 애(愛)로 인간을 키운다면 인간에게 인(仁)을 베푸는 것보다 못하기 때문에 필요할 경우 부득불 희생해야 하며(物, 謂凡物可以養人者也, 當愛育之, 而不如人仁, 若犧牲不得不殺也)", "백성을 대하는 것은 자기의 혈육을 대하는 것과 다르므로 부모와 동일하게 대해서는 안 된다(臨民以非己族類, 故不得與親同也)"[9]고 해석했다. 이는 부동한 대

---

9) 焦循, 『孟子正義』(上海書店, 1986), 559면.

상에 따라 사랑의 정도가 자연히, 그리고 마땅히 등가적이지 말아야 함을
말해준다. 우리는 인간과 사물을 모두 사랑해야 한다. 그러나 인간이 삶
을 영위하기 위해서는 별수 없이 다른 사물을 해칠 수밖에 없다. 이 문제
에 대해 왕양명은 "오직 도리는 자고로 경중(輕重)이 있는 법이다. 예를
들면 비록 한 몸이지만 손발이 머리와 눈을 가린다고 하여 손발을 경시
하는 도리와 같다. 짐승과 초목은 다 같이 사랑해야 하나 초목으로 짐승
들을 키우려면 또 모질게 참을 수밖에 없다. 사람과 짐승도 다 같이 사랑
해야 하지만 짐승을 잡아 육친을 먹여 살리고 제사를 지내고 손님들을
대접하려면 역시 내심 참아야 한다. 육친과 길 가는 사람도 다 같이 사랑
해야 한다. 하지만 얼마 안 되는 음식을 얻으면 살고 얻지 못하면 죽게
되는 상황에서 양자를 모두 구할 수 없으므로, 육친을 구할지언정 길 가
는 사람을 구하지 않는 것 또한 참을 수밖에 없다. 이는 도리에 맞는 것
으로 마땅히 그렇게 해야 한다(惟是道理自有厚薄. 比如身是一體, 把手
足捍頭目, 豈是個要薄手足, 其道理合如此. 禽獸與草木同是愛的, 把草
木去養禽獸, 又忍得; 人與禽獸同是愛的, 宰禽獸以養親與供祭祀, 燕賓
客, 心又忍得; 至親與路人同是愛的, 如簞食豆羹, 得則生, 不得則死,
不能兩全, 寧救至親, 不救路人, 心又忍得; 這是道理合該如此)"[10]라고
보다 확실하게 천명한 바 있다. 유기의 추리 패턴에서 사랑의 범위가 끊
임없이 밖으로 확장됨에 따라 지속적으로 확장되는 것이 바로 혈연관계
다. 그들은 우선 부모와 자식, 형제 등 가장 직접적인 혈연으로부터 착수
한 다음에 이런 관계를 같은 족속 및 그 전체 자연계에까지 점차 확대했
다. 이러한 혈연관계가 궁극적으로 자연계로 뻗어나갈 때면 천하의 모든
사물, 인간이든 동식물이든, 그리고 생명이 있든 없든 간에 모두 하나의
혈통이 되며 아울러 공동 성장의 원천을 가지게 되는데, 이것이 곧 '천부

---

10) 王守仁, 『王陽明全集』 上册(上海古跡出版社, 1992), 108면.

지모(天父地母)'라는 것이다.

자세히 보면 이처럼 끊임없이 확장된 혈연관계에 대한 유가의 인식은
마치 간단한 유추의 기초 위에서 설립된 것처럼 보인다. 그들은 '국가'
를 확대된 '가족'으로 보았을 뿐만 아니라 군신(君臣) 간의 관계를 부자
간의 관계로, 신민(臣民) 간의 관계를 형제간의 관계로 보았다. 그들은
또 천하를 국가가 한 단계 확대된 것으로 간주하면서 천지를 부모로 보
고, 인간과 만물을 친형제자매로 봄으로써 최종적으로 부자 관계를 전체
자연계로 확대하여 응용했다. 그러나 이처럼 보기에 간단한 유추와 같은
논리적 확대의 배후에는 오히려 어떤 생태학적 의미가 포함되어 있을뿐
더러 그런 부분들은 약속이나 한 듯 다윈의 관점과 일치되었다. 다윈은
동정(同情)과 기타 도덕적 정조(情操)는 최초에 바로 이런 부모와 후손
간 혈육의 정에서 기원했으며, 가족 및 그 이상 범위의 공동체 역시 이
를 유대로 설립되었다고 주장했다. 아울러 이렇게 가장 동정심 있는 성
원들을 대량으로 포함한 공동체는 번영하게 되고, 또 그 속에서 성장한
후손들의 수도 크게 늘어나기 때문에 이러한 도덕적 정조는 기나긴 진화
과정에서 끊임없이 강화되면서 가족으로부터 보다 큰 공동체로 확장되
었다는 것이다.[11] 이는 다윈도 사실상 유가와 마찬가지로 윤리 도덕은
맨 처음에는 부모와 후대 간 혈육의 정에 근원을 두었다는 점은 물론
가족 및 그보다 더 큰 범위의 통일체(혹자는 '공동체'라고 함)도 바로 이
러한 혈육 간의 정을 기초하여 점차 형성되었다는 점을 인정했음을 말해
준다.

다윈은 일찍 『인류의 유래』에서 모든 생물 종 간에는 내적인 도덕과
외적인 육체의 연속성이 있음을 증명하려고 한 적이 있었다. 그는 대자
연을 여전히 '상호의 열애와 동정'으로 하나가 된 세계라고 믿었다. 비

---

11) 王正平, 『環境哲學』(上海人民出版社, 2004), 211면.

록 그것들이 훗날 인류 속에서 이룩한 발전과 비교할 때 이러한 도덕적 품성은 단지 이른바 불완전한 발전 방식으로 기타의 생물 종 가운데 존재하지만, 그것들은 의연히 자연계가 공허하고 폭력적이며 위협적인 존재만이 아닌, 또는 토머스 헉슬리(영국의 박물학자)가 말한 것과 같은 "도덕적으로 볼 때 적대적 존재의 근거지"가 아님을 보여주고 있다. 아울러 다윈은 또 도덕 발전의 최고 단계에서 대자연은 일종의 자아를 초월한 연민과 동정의 감정으로 변하고 또 동시에 기타 일체 생명을 가진 물질, 지구를 포함한 모든 것에 혈연관계가 있다고 믿었다. 그리고 또 인류는 움직이는 것과 살아 있는 물건을 동정하는 능력을 가졌을 때만 모든 생명을 동정할 수 있다고 믿었다. 이는 자기 가족, 국가, 심지어 일부 생물 종에만 국한되지 않고 모든 것을 동정할 때만 비로소 진정으로 그들이 문명화되었다고 말할 수 있다는 것이다.[12]

발생학적(發生學的) 시각에서 말하면 유가의 선현들은 다윈처럼 '인(仁)'(즉 다윈이 말한 상호 열애와 동정)을 핵심으로 한 윤리 도덕의 기원을 전 인류(前人類) 단계로 한 단계 더 소급하여 추진할 수는 없었다. 하지만 그들이 얻은 소위 인류의 친자 혈연(親子血緣)과 부자간 사랑에서 출발하여 이것들이 최종적으로 세상 만물과 같이 공통의 혈연적 관계를 설립했다는 추론적 결과는 오히려 다윈의 과학 실증에 입각한 이론과 놀라운 일치성을 보여주고 있다. 그리고 인류가 비인류 조상으로부터 진화해왔다는 다윈의 실증적 관점과 20세기 후반기에 일어난 생물이 무생물 진화에서 왔다고 보는 광의적 진화론의 이론은 모두 의심할 바 없이 유가의 '천부지모(天父地母)', 즉 세상 만물은 모두 공통의 혈통을 갖고 있다는 견해를 입증한 것이 된다.

왓슨(미국의 분자생물학자)은 일찍이 잡지 『네이처』에 자신의 연구

---

12) 도널드 워스터, 『自然的經濟體系: 生態思想史』, 侯文蕙 역(商務印書館, 1999), 222~223면.

결과를 소개한 적이 있는데, 그 연구에 따르면 인간과 쥐의 유전자 지도는 "기본적으로 동일"한 바, 전부 3만여 개 유전자 중에 약 80%의 유전자가 "완전히 동일한 것임"을 발견했다고 한다. 그의 추측에 따르면, 인간과 쥐의 공통적 조상은 일종의 작은 쥐 종류와 같은 고생물(古生物)이었다고 한다. 이런 품종의 생물은 현재로부터 7500만 년에서 1억 2500만 년 전의 '공룡 시대'에 살았다고 한다. 비록 쥐의 유전은 인류의 것보다 14% 정도 작지만 40%에 달하는 인간과 쥐의 유전자는 '직접 조합'이 가능하다고 한다. 쥐는 20쌍의 염색체를 갖고 있고 인류는 23쌍의 염색체를 갖고 있다면서 바로 이와 같은 인간의 유전자와 쥐의 유전자 간의 미세한 차이(거의 3백 가지 특색 유전자)로 인해 각각 완전히 다른 포유동물을 생산하게 된다고 했다.

만약 다윈의 공통 혈통 이론이 "인류와 자연계를 상호 이탈시켰던 전통적인 입장을 개변시키고 인류를 자연계의 불가분의 한 부분으로 삼음으로써", "아리스토텔레스에서 칸트에 이르기까지 유행했던 철학관에서 벗어나", "일종의 혁명적 의의를 가지게 되었다"고 한다면 현대의 유전자 기술은 인간과 동식물 간의 '혈연관계'가 사실임을 한 단계 더 확실하게 보여주었다. 이렇게 볼 때, 유가에서 말하는 "세상 모두가 한 집안이다(四海之內若一家)"(『순자』 '왕제')와 "세상 만물은 하나다(萬物一體)"[왕양명, 『전습록(傳習錄)』]라는 유기적 통일체의 관점은 현재 생태학 관념의 양성과 마찬가지로 일종의 혁명적인 계시를 주는 의의가 있다. 자원학(字源學)의 시각에서 볼 때 '생태학'이란 단어는 그리스어 '오이코스(oikos)'에서 온 것으로, '집'이라는 의미다. 이는 마치 생태학의 시각에서 말하는 "자연계가 곧 인류 생물 종이 거주하는 방이고 집"임을 뜻하는 것 같다. 이러한 논리로 볼 때 자연계에서의 모든 생물은 역시 인류와 함께 한집에서 생활하는 동포 형제들인 것이다. 의심할 바 없이 이는 유가의 "사람은 형제자매이고 만물은 같은 족속이다(民胞物與)"라는 사상과도 근본적인 공통점이 있다.

헨리 솔트(Henry Salt)는 『탐욕적 육친 관계』에서 "모든 진정한 도덕적 기초는 반드시 모든 생명에 대해 혈연관계의 의식이 존재한다"고 말한 바 있다.[13] 만약 그의 말이 맞는다면 유가의 '인(仁)' 사상과 생태학 간에는 마땅히 본질적으로 일치하는 부분이 존재할 것이다. 왜냐하면 유가의 '인' 사상이 비록 도덕과 윤리에 편중하고 있기는 하지만 이런 도덕 및 윤리에 대한 선택은 세상 만물에는 자연 육친 관계가 존재한다는 의식 위에 설립된 것으로서 모든 물질세계가 통일적이며 근원이 같다고 보는 관점을 기초로 한 것이기 때문이다. 그러나 생태학은 비록 자연계에 대한 과학적 인식에 중점을 두고 있지만 그것이 제시한 세상 만물의 자연적 혈연관계, 그리고 통일성과 근원 동일성에 대한 강조가 야기한 가장 의미 있고 심원한 의의를 가지는 것은 도리어 도덕상의 문제다. 이는 영국의 소설가 토머스 하디(Thomas Hardy)가 말한 바와 같이 "마치 극소수의 사람들만 생물 종의 공동 기원에 가장 심각하고 거대한 영향이 도덕상에 있다는 점을 인식하고 확인한 것처럼, 또 극소수의 사람들은 이와 같은 확인이 일종의 사심 없는 도덕의 재조정과 관련되어 있음을 인식하였는바, 사람들이 말하는 '금과옥조(金科玉條)'의 적용 범위를 일종의 필요한 권리로 삼아 인류에게만 적용하던 것을 동물 왕국 전반에도 적용해야 할 것이다."[14] 그러나 하디의 주장은 아직 철저하지 못한 부분이 있다. 왜냐하면 도덕적 재조정은 단지 동물 왕국에만 확장할 것이 아니라 마땅히 자연계 전반으로까지 확장해야 하기 때문이다. 마치 중국 고대의 유가가 '인'을 기초로 한 도덕적 윤리를 줄곧 '만물일체(萬物一體)'라는 총체적 배경으로까지 추진해왔던 것처럼 말이다.

---

13) 도널드 워스터, 『自然的經濟體系: 生態思想史』, 侯文蕙 역(商務印書館, 1999), 227면.
14) 위의 책, 226면.

2. '인생불능무군(人生不能無群)'의 관계론

타이완의 학자 린안위(林安雨)는 부모 자식 간의 혈연관계는 자연적인 양육과 의존의 관계가 아니라 근원과 생장의 관계라고 보았다. 그러므로 유가의 '부자자효(父慈子孝)'의 윤리적 관념 속에서 '자(慈)'는 자기 생명에 대한 확장에서 자연스럽게 나타나는 감정이며, '효(孝)'는 바로 자기 생명의 근원으로 거슬러 올라가 거기서 갖게 되는 생명의 근원에 대한 숭배와 존경이다.[15] 유가의 '가족', '국가' 및 '천하'의 개념은 모두 부모 자식과 형제간의 혈연적 패턴에 의해 형성된 것이므로, 개인에서 가족으로, 가족에서 국가로, 다시 국가에서 천하로의 논리적 추리는 단지 혈연관계의 점차적인 확장만 아니라 동시에 생명의 근원으로 거슬러 올라가 탐구하는 것이기도 했다. '친친(親親)'에서 '인민(仁民)'으로, '인민'에서 '애물(愛物)'로의 감정적 확장은 마찬가지로 혈연관계에 대한 친밀감일 뿐만 아니라 생명의 근원에 대한 경외심과 숭배, 존경심인 것이다. 유가가 혈연관계를 '만물(萬物)'에까지 확장시키고, 생명 최초의 기원을 '천하'에까지 거슬러 올라갔을 때 '하늘(天)'은 '부(父)'의 역할을 부여받게 되고 세상 모든 생명의 공동의 원천이 되었다. 이로써 '하늘' 역시 도가의 '도(道)'와 동등한 지위와 기능을 갖게 되었으며 이에 따라 유가 사상도 인류 윤리학의 실체로 완성되었고, 이로 해서 그 유기적인 통일체 사상도 짙은 인간 윤리적 색채를 띠게 되었다.

이른바 "하늘(天)은 만물의 조상이며 하늘 없이는 만물이 생성할 수 없다(天者, 萬物之祖, 萬物非天不生)"[『춘추번로』 '순명(順命)']는 말은 '하늘'이 곧 모든 물질적 세계의 최초 근원으로서 바람, 비, 우레, 번개, 산천초목, 새, 짐승, 고기, 벌레 그리고 우리 인간을 막론하고 그 어느

---

15) 林安梧, 『儒學與中國傳統社會的哲學省察－以'血緣性縱貫軸'爲核心的理解與詮釋』(學林出版社, 1998), 226면.

것도 예외 없이 모두 '하늘'에서 생겨났다는 의미다. 유가 사상에서 '천
(天)'을 만물의 근원으로 보는 것은 개별적인 현상이 아니라, 거의 모든
유가 경전에서 다 이러한 주장을 언급하고 있다. 예를 들면 『논어』 '양
화(陽貨)'에서는 "하늘이 뭐라고 하던가? 사계절은 여전하고, 만물 또한
여전히 성장하지 않던가? 하늘이 뭐라고 말이라도 하던가?(天何言哉?
四時行焉, 百物生焉, 天何言哉?)"라고 말한 바 있고, 『맹자』 '등문공'
상에서는 "하늘이 만물을 만들었으니 본시 하나다(天之生物也, 使之一
本)"라고 말한 바 있다. 또 『순자』 '왕제'에서는 "천지는 생명의 근원이
다(天地者, 生之始也)"라 하였고, 『중용』에서는 "하늘이 만물을 탄생시
키고 또 그 재질에 따라 키워준다. 따라서 심어놓은 것은 비와 이슬로
키워주고 쓰러진 것은 눈과 서리로 덮어버린다(故天之生物, 必因其材
而篤焉. 故栽者培之, 傾者覆之)"고 하였으며 『주역(周易)』 '건(乾)·단
전(彖傳)'에서는 "무한한 하늘(乾元)의 기(氣)는 만물 탄생의 근원이요,
이런 힘은 전체 천도운행(天道運行)에 관통되어 있다(大哉乾元, 萬物資
始, 乃通天)"고 했다. 이처럼 세상 만물에는 하나의 공동 원천이 있다고
보는 관점은 바로 유교 사상 중의 기본 관념임을 말해준다.

　　다만 여전히 고민해야 할 것은 유교 사상에서 말하는 '하늘'이 도대체
어떤 개념이냐 하는 문제다. 이 개념이 학자들에게 가져다준 고민과 논
란은 도가에서의 '도'에 비해 조금도 손색이 없다. 학자들은 유가 사상
의 '하늘'은 단순히 우리가 지금 말하는 자연계의 하늘이 아님을 발견했
다. 이 하늘은 너무나도 많은 인성적 요소와 신비로운 색채를 지니고 있
는 듯싶다. 그리하여 이 하늘을 두고 유물적인 것이냐 아니면 유심적인
것이냐, 윤리적인 것이냐 아니면 종교적인 것이냐 하는 식의 논쟁이 끊
이지 않고 있다. 서양 전통문화의 영향에서 발전된 서로 다른 학문 및
동일 학문 분야의 부동한 학파들은 분분히 각자의 전문 용어로써 '하늘'
에 대해 나름대로 전문화된 해석을 내놓았다. 그리하여 본시 유가 사상

에서 풍부하고 통일화된 '하늘'의 개념에 대해 자연의 하늘이니 의리(義理)의 하늘이니 주재(主宰)의 하늘이니 운명(運命)의 하늘이니 하는 등 각양각색의 해석이 나타났다. '개인→가족→국가→천하'의 논리적 추리 패턴으로부터 볼 때, 유가는 인간 개체의 윤리적 수행을 논리 추리의 바탕으로 삼았던 것이다. 이로써 '천(天)'은 필연적으로 모종의 인륜적 색채를 띠게 되었는데 예를 들면 '하늘'을 '부(父)'로 간주한 것과 같은 것들이다. 하지만 하늘을 자연적 의미에서의 '하늘'로 보든 도덕적 의미에서의 '하늘'로 보든, 또는 종교적 의미에서의 '하늘'로 보든 이는 중요한 문제가 아니다. 문제의 관건은 유가가 '하늘'을 물질세계의 원천과 기점으로 보고 있다는 점이다. 물질세계에 공동의 원천이 존재함을 승인하는 것은 사실상 세상 만물 사이에 내재적인 유기적 연관이 있음을 승인하는 것과 다를 바 없다.

유가에서는 '하늘[天, 실제 지(地)를 내포하고 있음]'을 물질세계의 공동 원천으로 삼고 있는바, 이는 동시에 세상 만물이 동일한 혈연관계에 있을 뿐만 아니라 마치 하나의 대가족처럼 내재적 연관성을 갖고 있는 유기적인 통일체임을 뜻하기도 한다. 실제 유가 선현들의 '동심원(同心圓)' 추리 패턴에서 엿볼 수 있듯이 그들도 모든 세상을 하나의 대가족으로 간주했던 것이다. 그들은 부모 자식 간의 혈연관계를 기초로 하는 '가족' 관념을 국가로 확대시켜 "온 세상 사람들이 모두 형제(四海之內皆兄弟)"임을 시인했을 뿐만 아니라, 동시에 가족이란 관념을 국가에서 모든 자연계, 즉 천하로 확대시켜 "무릇 살아 있는 것은 모두 나의 형제요 자녀들임(有血氣, 皆其昆弟, 赤子之心)"16)을 주장했다. 바로 이렇기 때문에 혈연을 기초로 형성된 "두렵고 측은한 마음(怵惕惻隱之心)"은 "어린아이가 우물에 빠지려 할 때(孺子之入井)"에 반응할 뿐만 아니라

---

16) 王守仁, 『傳習錄』(山東友誼出版社, 2001), 214면.

"새나 짐승이 애처롭게 울면서 벌벌 떨 때(鳥獸之哀鳴觳觫)"에도 반응
하며, "초목이 부러지고(草木之摧折)", "기와와 바위가 훼손(瓦石之毁
壞)"[17]될 때에도 반응하는 것이다. 심지어 유가의 선현들은 현대의 일부
생태학자들처럼 대자연을 대지의 여신 가이아(Gaia)와 같은 생명체로 보
았던 것이다. 특히 그들은 그중에서 '인(人)'을 이 생명체의 심장으로 보
았고, 천지 만물을 심장과 밀접히 연관된 오관(五官)과 사지(四肢)로 보
았는데, 여기에는 바로 "무릇 인간은 천지의 심장이고 천지 만물은 본시
인간과 일체를 이루며(夫人者, 天地之心, 天地萬物本吾一體者也)"[18],
"어진 사람은 천지 만물과 일체가 되며 혼자가 아니다(仁者, 以天地萬
物爲一體, 莫非己也)"[19]라는 근본적인 내포가 들어 있다.

물론 도가와 비교할 때, 유가의 주된 관심거리는 우주 자연이 아닌
인류 사회였다. 하지만 그들이 세상을 바라보는 방식은 도가와 별 차이
없이 모두 사물 자체에 착안하지 않고 사물 간의 관계를 중시했다. 이는
현대 의미에서의 생태관과 일치한 것이다. 만약 현대적인 의미에서의 생
태관이 고립적으로 수소 원자만을 담론하는 것은 의미가 없다고 주장한
이유가 이른바 '고립'된 수소 원자란 근본적으로 존재하지 않으며, 수소
중의 수소 원자와 물속의 수소 원자는 기능 면에서나 실현 방식 면에서
나 완전히 다 같을 수 없기 때문이라 한다면 유가 선현들의 관점에서
'인간(人)'을 고립적으로 논하는 것도 마찬가지로 의미가 없는 것이다.
왜냐하면 구체적인 환경을 벗어난 추상적인 '인간'은 존재할 수 없으며,
오로지 사회관계망 속에서 활동하는 구체적인 인간만 존재할 수 있기 때
문이다. 그래서 "인간은 사회를 떠날 수 없다(人生不能無群)"(『순자』
'왕제')고 했다. 아울러 이런 인간은 오직 구체적인 관계망 속에서만 올

---

17) 앞의 책, 509면.
18) 위의 책, 306면.
19) 程顥·程頤, 『二程集』 제1권(中華書局, 1981), 15면.

바른 이해와 해석을 얻을 수 있다. 따라서 우리는 고립적으로 한 남자를 어떻다고 평가해서는 안 된다. 다만 한 남자를 한 아버지의 아들, 한 아들의 아버지, 한 여인의 남편, 한 가족의 연장자 또는 한 임금의 백성이라고 말할 수밖에 없다. 이처럼 서로 다른 관계에 직면했을 때 그 인간은 그에 걸맞은 서로 다른 행동과 태도를 취하게 되며, 아울러 서로 다른 양상과 성격을 나타낸다는 것이다. 예를 들면 아버지한테는 '효(孝)', 아들한테는 '자(慈)', 형한테는 '공(恭)', 아우한테는 '우(友)', 아내와 후배한테는 '존(尊)', 임금한테는 '충(忠)'과 '순(順)'을 다하는 자체가 바로 유가에서 이른바 '부자자효(父慈子孝)', '형우제공(兄友弟恭)', '남존여비(男尊女卑)' 및 '군인신충(君仁臣忠)'인 것이다. 이는 유가 사상이 본질적으로 일종의 관계론이지 실체론이 아님을 말해준 것이다. 또한 유가는 도가와 마찬가지로 절대 한 사물을 고립적인 실체로 보지 않았으며, 언제나 총체적인 데서 출발하여 그것을 구체적인 관계망 속에 망라시켜 분석하고 이해하고자 했던 것이다.

3. '생생불식(生生不息)'의 동태적 생성론

세계를 하나의 유기적인 통일체로 본 것 외에도 유가는 도가와 마찬가지로 세계를 끊임없이 변화하고 발전하는 동태적 과정으로 보았다. 유가의 선현들은 물질세계에는 고정적인 정지 상태의 물질이 존재하지 않을뿐더러 영원히 변하지 않는 고정된 구조도 없으며, 오히려 이와 반대로 세상 모든 것들은 끊임없이 변화하고 발전하는 과정에 있다고 보았다. 바꾸어 말하면, 유가 선현들의 눈으로 본 세상은 동태적인 생성의 세계였던 것이다.

우선 도가와 마찬가지로 유가 사상에서도 세계를 동태적인 것으로 보았는데 구체적으로 아래와 같은 세 가지 측면에서 그 동태적 특성을 강조하고 있다. 첫째는 직접적인 정면 논술인데 예를 들면 "천하의 모든 사물은 멈춰 있는 것이 없다. 아기는 태어나서부터 하루 크면 하루가 줄어드는 것이니 어찌 멈출 수 있겠는가? 그러나 몸이 날로 자라면서 크는 것도 절로 크고, 줄어드는 것도 절로 줄어들지만 서로 상충되지는 않는다(天下之物, 無有住者. 嬰兒一生, 長一日便是減一日, 何常得住? 然而其體日漸長大, 長的自長, 減的自減, 自不相幹也)"[20]라고 한 것과 같은 설명이다. 또 예를 들면 "천지간의 변화는 두 가지 사물에서 비롯되기 때문에 움직이려면 반드시 힘이 일치되어서는 안 된다. 이것을 두 개의 돌아가는 맷돌에 비유한다면 맷돌의 톱니도 같아서는 안 된다. 움직이면 사물이 생기는데 어찌 일치한 것을 얻겠는가? 돌아가는 톱니는 더더욱 같아서는 안 된다. 이로부터 천변만화는 이와 같은 교력(巧歷)이 궁해서는 안 된다(天地之化, 旣是二物, 必動已不齊. 譬之兩扇磨行, 便其齒齊, 不得齒齊. 旣動, 則物之出者, 何可得齊? 轉則齒更不復得齊. 從此參差萬變. 巧歷不能窮也)"[21]는 것이다.

둘째는 도가와 마찬가지로 '음양(陰陽)'을 물질세계가 발전하고 변화하는 구체적인 운행 체제로 간주했다. 예를 들면 "음과 양만으로는 만물이 생겨나지 못하므로 음양과 천지가 조화를 이루어야 만물이 생겨난다(獨陰不生, 獨陽不生, 陰陽與天地參然後生)"(『춘추번로』 '순명')고 한 것이나 "천지가 화합해야 만물이 생성되고, 음양이 조화를 이루어야 변화가 일어난다(天地合而萬物生, 陰陽接而變化起)"[『순자』 '예론(禮論)']고 한 것, 또는 "수많은 행성들이 서로 감돌고 해와 달은 서로 비춰주며 사계절이 끊임없이 바뀌고, 음양은 부단히 변화하며 바람이 불고 비가 대지에 쏟아져 내리는 가운데 자연의 만물은 각자 조절 작용을 거쳐 생장하면서 자연

20) 程顥·程頤, 『二程集』 제1권(中華書局, 1981), 195면.
21) 위의 책, 31면.

의 자양분과 결실을 얻게 된다(烈星隨旋, 日月遞照, 四時代禦, 陰陽大化, 風雨博施, 萬物各得其和以生, 各得其陽以成)"고 한 것, 그리고 또 "사물은 고립될 도리가 없는바, 같지 않고 다르지 않은 것, 굽히고 펴며 시작과 결말을 분명히 하며 비록 사물이라도 사물이 아니다. 사물은 시작과 죽음으로 이루어져 있으며 같지 않더라도 피차간 느낌의 유무, 보지 않아도 그것이 이루어지며 그 이루어지는 것을 보지 않으면 비록 사물이라 해도 사물이 아니다. 그런고로 한 번 굽혔다 한 번 펴면서 서로 느낌을 받고 이로써 이롭게 생긴다(物無孤立之理, 非同異, 屈伸, 終始以發明之, 則雖物非物也; 事有始卒乃成, 非同異, 有無相感, 則不見其成, 不見其成則雖物非物, 故一屈一伸相感而利生焉)"[『장자정몽(張子正蒙)』 '동물 제5(動物第五)']고 한 것 등은 다 세상의 운행과 세상 만물의 변화는 모두 음과 양의 상호 작용에 의해서만 완성될 수 있다는 점을 강조한 것이다.

셋째는 '오행(五行)' 사상을 수용한 것이다. 유가의 자사(子思) 학파와 맹자(孟子) 학파들은 이미 오행 사상을 수용했을 뿐만 아니라 그들의 경전인 『상서』 '요전(堯典)', 『상서』 '홍범(洪範)' 및 『예기(禮記)』 '월령(月令)' 등에 모두 오행에 대한 구체적인 논의들이 들어 있다는[22] 사실이 많은 학자들에 의해 밝혀졌다. 한나라 이후 오행 관념은 다시 대학자인 동중서에 의해 구체적으로 나타났다. 그의 해석에 따르면, 소위 "행(行)은 행해지는 것이다(行者, 行也)"라는 것은 바로 오행에서의 '행(行)'을 말한 것인데 이는 사실상 운행이나 운동을 뜻하는 것이다. 그리고 이른바 "천지에 가득 찬 기(氣)가 하나로 합쳐지고 나뉘면 음양이 되고 흩어지면 사계절이 되고 배열되면 오행이 된다. 움직임은 곧 행(行)이고, 그 행이 서로 다르다고 해서 오행이라고 부른다. 오행이란 오관(五官)이며, 상극 과정에 상승이 있다(天地之氣, 合二爲一, 分爲陰陽, 判爲四時,

---

22) 樂愛國, 『道敎生態學』(社會科學文獻出版社, 2005), 43~45면.

列爲五行. 行者行也, 其行不同, 故謂之五行. 五行者, 五官也, 比相生而間相勝也)”[『춘추번로』 ‘오행상성(五行相生)’]고 한 것은 천지에서 음양까지, 음양에서 사계절까지, 다시 사계절에서 오행까지, 그리고 또 오행에서 오행 간의 상생상극(相生相剋)에 이르기까지 역시 마찬가지로 모든 물질세계의 과정적 특성을 강조한 것이다. 요컨대 천(天)과 지(地)의 ‘천변만화’나 ‘생기무궁’ 그리고 음과 양의 상호 견제와 조화, 오행 간의 상생상극을 막론하고 이는 모두 전 세계를 끊임없는 변화 가운데 놓이게 한 것이다.

그다음으로 도가와 같은 점이라면 유가 사상도 세계를 점차 생성된 것으로 보았다는 점이다. 유가 선현들이 관심을 가졌던 핵심 문제도 물질세계의 기성적 존재가 아니었다. 그들은 서양의 선현들처럼 “세상의 시발점은 어디에 있는가?” 또는 “세상은 어떻게 구성된 것인가?”라는 의문을 제기한 것이 아니라, 도가처럼, 그리고 또 생태관에서 견지했던 것처럼 “세상이 어떻게 생성되었는가?” 또는 “세상은 어떻게 돌아가고 있는가?” 하는 핵심 문제들에 대해 깊은 관심을 가졌던 것이다. 어쩌면 유가와 도가가 이런 근본적인 문제에서 갖고 있는 일치성이 유가 선현들로 하여금 ‘존재(being)’를 중시하지 않고 생성 변화의 문제를 중시하도록 공감대를 형성하게 했을지도 모른다. 이 점은 “역동적인 상생상극의 법칙을 역(易)이라 한다(生生之謂易)”[『주역』 ‘계사전(繫辭傳)’] 또는 “하늘은 생성(生)을 도(道)로 삼을 뿐이다(天只是以生爲道)”[『이정집(二程集)』 ‘유서 권 2(遺書卷二)’]라는 설명에서, 그리고 “천지는 물질의 생성을 중심으로 한다(天地以生物爲心)”[주희(朱熹), 『사서집주(四書集註)』 ‘맹자집주(孟子集註)·공손추장구 상(公孫醜章句上)’]와 같은 진술에서 잘 엿볼 수 있다.

유가 선현들의 ‘생(生)’에 대한 관심은 그들이 내린 ‘인(仁)’에 대한 정의에서도 찾아볼 수 있다. 유가 사상에서 ‘인’은 가장 핵심적인 범주로서 '인'이 없으면 유가 사상도 없어진다고 말할 수 있다. 그러나 동시에 '생'이 없는 유가 사상도 완전하지 않다고 할 수 있다. 유가 선현들의 안목 중에, 특히 후기 유가들에게 있어 '생'은 곧 '인'이었다. 그들의 해석에 따르면 "'인'은 끊임없는 생장 번식의 원리를 만들어낸다는 것이다(仁是造化生生不息之理)"(왕양명, 『전습록』). 그리고 이른바 "기(氣)가 흘러 움직이고 끊임없이 생성하는 것이 곧 '인'이며(氣化流行, 生生不息, 仁也)", "역동적인 생성을 보면 '인'을 알 수 있다(觀於生生, 可以知仁)"(대진, 『원선』)고 한 주장들은 모두 이런 의미에서 한 말이다. 유가들이 보존한 경전을 보면, 소위 '덕(德)'은 하늘을 본뜬 것이며, 심지어 하늘에서 온 것으로 설명했음을 알 수 있다. 공자에게는 "하늘이 나에게 덕을 주었다(天生德於予)"[『논어』 '술이(述而)']와 "오직 하늘만이 제일 높고 크다고 했는데 임금은 하늘을 따랐다(唯天爲大, 唯堯則之)"[『논어』 '태백(泰伯)']는 논조가 있다. 이렇게 볼 때 유가의 '인' 역시 하늘을 따른 것임을 알 수 있다. 왜냐하면 그들은 하늘 자체가 원래 '인'의 미덕을 갖추고 있었으며 인간은 하늘의 명(命)을 따라야만 하늘로부터 '인'을 얻어 어질게 될 수 있다고 보았기 때문이다. 동중서는 "'인'의 미덕은 하늘에 있고, 하늘이 곧 '인'이며, 하늘이 만물을 양육하는 것이니 변화가 일면 생겨나고 먹을 것이 있어 성장한다. 이와 같은 일은 끝이 없어 끝나면 다시 시작되고 반복된다. 무릇 그것으로 돌아가 인간을 섬기면 하늘의 뜻을 알게 될 터이니 그것이 곧 무궁무진한 '인'이다. 인간은 하늘로부터 생명을 부여받고 '인'은 하늘에서 얻는 것이니 이것이 곧 인애(仁愛)다. 이런고로 인간은 하늘의 지존을 받아 부모 형제에 대한 사랑을 갖게 되고 충성과 신뢰, 자비와 은혜의 마음을 갖게 되며 예의와 청렴·양보의 행실을 갖게 되며, 시비역순(是非逆順)의 정치를 하게 된다. 이렇게 되면 사회 질서와 제도가 갖추어지고 지식이 박식해진다. 때문에 오로지 인간의 도(道)만이 하늘과 같게 될 수 있는 것이다(仁之美者在於

天. 天, 仁也. 天覆育萬物, 旣化而生之, 有養而成之, 事功無已, 終而複始, 凡擧歸之以奉人, 察於天之意, 無窮極之仁也. 人之受命於天, 取仁於天而仁也. 是故人之受命天之尊, 有父兄子弟之親, 有忠信慈惠之心, 有禮義廉讓之行, 有是非逆順之治, 文理燦然而厚, 知廣大有而博, 唯人道爲可以參天)"[『춘추번로』 '왕도통삼(王道通三)']라고 했다. 여기서 말하는 '생(生)'은 바로 천지의 지고한 덕(德)과 최상의 선(善)으로서, '인'의 최고의 표현이기도 하다. 그러기에 유가에는 또 "천지간에 위대한 도덕은 생명을 아끼는 것이다(天地之大德曰生)"[『주역』 '계사(繫辭)' 하(下)]라는 논지도 있다. 그리고 『주역』 '건·단전'에 이르기를 "하늘의 도(道)는 무척 크다(大哉乾元)"고 했으며 『주역』 '건·단전'에서는 "땅의 도(道)는 무척 넓다(至哉坤元)"고 했다. 여기서 '건(乾)'은 하늘을 뜻하고, '곤(坤)'은 땅을 뜻하며, '원(元)'은 '선(善)'을 뜻한다. 유가의 선현들이 천지를 '원(元)'이라고 부른 것은 바로 천지의 '생장 번식의 미덕'을 칭송하기 위해서다. 이런 시각에서 보면 송나라 유학자 정호(程顥)가 "만물의 생장 경지는 가장 볼 만한 것이다(萬物之生意最爲可觀)"[『이정유서(二程遺書)』 '명도선생어일(明道先生語一)']라고 칭찬한 말의 함의가 쉽게 이해된다.

허신의 『설문해자』에 따르면, '생(生)'자는 "아기가 어머니 배 속에서 태어나는 것이 마치 초목이 흙 속에서 싹이 터 자라나는 것과 흡사하다(進也, 像草木生出土上, 凡生之屬皆從生)"는 의미라고 한다. '생(生)'의 자형(字形)으로 볼 때, 위에는 하나의 '⺾'자, 즉 '초(草)'자, 아래는 하나의 '토(土)'자다. 이는 봄에 초목들이 땅을 뚫고 싹트기 시작함을 의미하며, 활기차게 자라난다는 뜻을 부여하고 있다. 그리고 여기서 이른바 '진야(進也)'는 끊임없이 앞으로 발전해가는 과정을 가리키며 중국 고대에서 소위 말하는 '생생불이(生生不已, 끊임없는 생장 번식을 의미함)'란 논조도 어쩌면 여기서 비롯되었을지도 모른다. 이는 고대 중국어에서의

'생'자가 생장과 발전을 의미하고 주로 새로운 사물을 창조하기 위해 노력함을 의미하기 때문이다. 이렇게 '생'에 대한 유가와 도가의 중시 정도만 보더라도 우리는 대체로 두 유파의 세계관이 본질적으로 모두 생태관과 일치할 뿐만 아니라 동태적 과정을 방향으로 한 것임을 알 수 있다. 또한 '생'은 그 자체가 성장과 발전의 뜻을 나타내므로 이런 과정은 실제로 부단히 새로운 것을 창조하는 과정이기도 하다. 다시 말하면, 본질적으로 볼 때 이는 생태학 영역에서의 진화 과정인 것이다.

제2절 '약식 인류 중심'의 생태적 윤리관

미국 생태학자 도널드 워스터는 "생태학 역사에서 우리의 주된 관심사는 줄곧 모두 도덕적인 것이었으며, 그중에서도 우리가 가장 중시한 것은 이 학문이 자연에서 차지하는 위치에 대한 인간 자신의 견해를 어떻게 형성하느냐 하는 것이었다"[23]고 말한 바 있다. 기왕 이렇게 된 이상, 인간이 자연 속에서의 자기 위치를 어디에 둘 것인가, 또는 인간과 자연의 관계를 어떻게 볼 것인가 하는 문제들은 모든 생태적 관념론에서 피할 수 없는 문제다. 유가도 물론 다를 바 없으며, '약식 인류 중심(弱式人類中心)'의 의미를 내포하고 있는 생태윤리학 이론도 바로 이 두 가지 문제에 대한 해답을 통해 구축된 것이다.

---

23) 도널드 워스터, 『自然的經濟體系:生態思想史』, 侯文蕙 역(商務印書館, 1999), 225면.

1. '천지지심(天地之心)'의 친자연성

거시적인 '도(道)'에서 시작하여 인간과 만물을 똑같이 대하는 도가의 태도와 달리 유가 사상에서 인간의 지위는 자연에 비해 상대적으로 매우 높다. 유가의 '개인→가족→국가→천하'의 논리적 추리 패턴으로 볼 때, 개체는 그 논리적 추리의 바탕이 된다. 따라서 '가족', '국가', '천하' 세 부분으로 구성된 크고 작은 동심원은 '자아'를 그 원심으로 하고 있으며, 개체로서의 인간은 바로 이 세 동심원의 중앙에 위치하고 있다. 이는 유가에서 말하는 "인간은 천지의 중심이다(人爲天地之心)"[『예기』 '예운(禮運)']라는 주장과 매우 흡사하다. 또 인간의 이러한 위치는 천지, 즉 우주 범위 내에서 기타 비인류적인 족속들과 비교해볼 때, 인간이 가장 월등한 존재임을 결정지었던 것이다. 즉 유가에서 말한 것과 같이 인간은 "세상에서 제일 귀한 존재다(最爲天下貴)"(『순자』 '왕제').

그러나 다른 한편으로 볼 때, 유가의 '가족'에서 '국가'로, 다시 '천하'로의 논리적 확대에서 천하는 국가를 확대시킨 것이고, 국가는 가족을 확대시킨 것이다. 다시 말하면 유가의 '천하'는 사실상 가족 내 부모 자식 간의 혈연관계가 더 큰 범위에서 답습된 것이다. 그런 까닭에 유가에서도 "오로시 천지가 세상 만물의 부모다(惟天地萬物之父母)"[『상서』 '주서(周書)·태서(泰誓)' 상(上)]라고 하는 것이다. 이런 면에서 볼 때, 인간은 비록 '가족', '국가', '천하'의 원심 중앙에 자리 잡고 있으면서 세상 만물 중의 '제일 귀한 존재'로 주목받지만, '천부지모(天父地母)'의 입장을 고려하여 여전히 천지자연에 대한 경외와 존경을 보유하고 있으며, 또 아울러 이로써 생태 세계관이 갖고 있는 특유의 친자연성을 보여주고 있다.

유가는 한편으로 인간이 "천하제일의 귀한 존재"라고 주장하면서도 또 한편으로는 '천부지모'의 이념을 고수하고 있으므로 인간과 자연의

관계를 다룸에 있어 도가와도 같지 않을뿐더러 전통적인 서양 문화와도
다르다. 도가에서는 모든 자연계의 총체성을 지키고 모든 족속 사이에
갈라놓을 수 없는 혈연관계를 강조하기 위해 인간을 짐승의 지위로 낮추
기도 하고, 심지어 인간과 기타 종(種) 사이의 차이를 줄이거나 말살하려
했다. 이는 마치 새로운 왕조에 들어선 전조(前朝)의 유신들이 자기 전
조의 신분을 나타내기 위해 전조 시기의 습관과 옷차림을 끝까지 고집하
는 것과 흡사하다. 전통적인 서양 문화에서는 인간의 우월성과 지고한
지위를 유지하기 위해 인간과 기타 족속 사이의 혈연관계를 단절시킴으
로써 인간을 전체 자연계 속에서 부상시키려 했다. 이는 "도시에 일부
반질거리는 사람이 서둘러 자기의 미련한 시골 친척을 잊어버리려고 하
는 것"24)과 흡사하다. 때문에 도가든 전통적인 서양 문화든 모두 생태관
적인 진화론의 원칙에 조금씩 위배되는 면이 있는 것 같다. 도가는 자연
의 총체성을 유지하고 있지만 일종 발전 과정으로서의 자연의 진보성과
어긋나며, 유가는 자연 진화의 진보성을 옹호하지만 자연 자체가 지녀야
할 총체성과 연속성을 단절시켰다. 이에 비하면 유가의 태도가 더 현명
하다는 것이 확연히 드러난다. 유가 사상은 인류의 우월성을 유지했을
뿐만 아니라 자연의 총체성과 연속성도 버리지 않았기 때문에 양자를 아
울러 돌보고 있다.

　우선 도가와 달리 유가에서는 자연의 총체성을 유지함과 동시에 인류
의 진보성과 우월성을 강조하고 있다. 유가는 "사물에는 귀천이 없으며
(物無貴賤), 내가 바로 사물이요, 사물이 사물이니 인간과 사물은 모두
평등하다는 것을 견지한 것이 아니라, 인간은 "만물의 영장이며(爲萬物
之靈)"[소옹(邵雍), 『관물외편(觀物外篇)』], "세상에서 가장 귀한 존재
(最爲天下貴)"(『순자』 '왕제')라는 것을 명확히 제시했다. "마구간이 불

---

24) 도널드 워스터, 『自然的經濟體系: 生態思想史』, 侯文蕙 역(商務印書館, 1999), 225면.

에 탔다. 공자가 조당에서 나오더니 사람은 상하지 않았느냐고 물었으나 말
은 어찌 되었는지를 묻지 않았다(廐焚, 子退朝曰: 傷人乎? 不問馬)"[『논어』
'향당(鄕黨)']는 이야기에서 우리는 인간을 중시하고 짐승을 천하게 대하
며 사람을 귀히 여기는 공자의 사상을 분명히 알 수 있다. 순자에 이르
면 이런 사상이 더욱 두드러지는데, 예를 들어 『순자』 '왕제'에 이르기
를 "물과 불은 기(氣)는 있지만 생명이 없고, 초목은 생명은 있지만 의식
이 없고, 짐승은 의식은 있지만 의리가 없다. 사람은 기가 있고 생명이
있고 의식이 있으며, 또한 의리까지 있기 때문에 세상에서 제일 귀하다
(水火有氣而無生, 草木有生而無知, 禽獸有知而無義, 人有氣, 有生, 有
知, 亦且有義, 故最爲天下貴也)"고 하였다.

인간은 진화 과정에서 지금까지 가장 고급 단계의 산물로서, 많은 자
질을 동시에 갖추고 있기 때문에 자연히 "세상에서 제일 귀한 존재"라고
할 수 있는 것이다. 다윈은 다음과 같이 말한 바 있다.

○ 인간은 설령 허허벌판에서 살고 있을지라도 생명이 존재한 이래, 지구에
   나타난 가장 월등한 동물이다. 인간은 기타 고도로 발달된 유기 조직적
   생물 형태보다 더 넓게 퍼져 있을 뿐만 아니라 기타 모든 생물 형태들은
   모두 인간 앞에서는 양보한다. 이렇듯 모든 것을 능가하는 우월성은 분명
   여러 가지 이성적인 사고방식과 사회적 습성에서 비롯된 것이며, 이러한
   특성과 습성은 그들로 하여금 같은 무리들 간에 상부상조하게 한다.[25]

따라서 도가와 비교해볼 때, 순자의 사상은 더욱더 생태관의 진화 원
칙에 걸맞은 것이다. 물론 순자뿐만 아니라 유가의 많은 선현들도 인류
의 우월성을 존중하고 있다. 예를 들면 동중서는 "인간은 만물을 초월했
기 때문에 세상에서 가장 귀한 존재이고, 만물은 인간의 아래이며 인간
(인간의 덕)은 위로는 천지와 나란히 한다(人之超然萬物之上, 而最爲天

---

25) 達爾文, 『人類的由來』 上册, 潘光旦·胡壽文 譯(商務印書館, 1997), 64~65면.

下貴也. 人, 下長萬物, 上參天地)"[『춘추번로』 '천지음양(天地陰陽)']고
했다.

또한 도가와 달리 유가에서는 '개체로서의 인간'을 기점으로 하여 통
일체를 되돌아보고 체험하게 하였으며, 혈연관계의 점차적인 확대를 통
해 통일체의 범위를 신장시켰다. 때문에 유가는 도가에서처럼 세상 모든
개체들을 통일체 속에 포함된 절대적으로 평등한 일원으로 보는 것이 아
니라 혈연관계의 친근함과 소원함, 멀고 가까움에 따라 모든 개체들을
원근고저의 서로 다른 차원과 등급으로 구분했다. 넓은 의미에서 볼 때
배우자에 대한 사랑과 인간에 대한 사랑, 사물에 대한 사랑은 모두 자연
적 혈연관계를 기초로 하고 있다. 유가는 이러한 만물 사이에 공통적인
혈연관계가 있음을 승인하면서도 다른 한편으로는 또 애사랑과 사랑 사
이에는 완전한 대등 관계가 존재하지 않음을 분명히 주장하고 있다. 가
족의 범위 내에서는 혈연관계의 친근감과 소원감이 다르고, 국가적 범위
내에서는 지역적으로 멀고 가까움이 다르고, 천하의 범위 내에서는 생물
종 사이의 성질이 같지 않은데…… 이런 모든 차이가 인간과 그 상대
간의 윤리적 지위의 차이를 결정짓는다는 것이다. 이로부터 "사물은 다
똑같다(齊物)"는 도가의 사상과 달리 유가가 주장하는 "사물과 사물 사
이는 서로 일치하지 않는다(物之不齊)"는 견해가 보다 더 사리에 맞음을
알 수 있다. 즉 이는 이른바 "사물이 서로 차이 있는 것은 사물의 본질로
서 어떤 것은 두 배 다섯 배, 어떤 것은 열 배 백 배, 또 어떤 것은 천
배 만 배로 차이가 난다(夫物之不齊, 物之情也. 或相倍蓰, 或相什百,
或相千萬)"(『맹자』 '등문공' 상)는 의미인 것이다.

이런 이유로 비록 유가도 도가처럼 인간과 만물 사이의 혈연적 관계
를 중시하면서 "천하는 한 가족이다(天下爲一家)", "온 세상 사람들이
모두 형제(四海之內皆兄弟)"(『논어』 '안연')라고 주장하지만, 동시에 유
가는 또 인간을 만물 위에 놓고 "만물의 영장(萬物之靈)"(소옹, 『관물외

편』)이란 지위를 부여해주었다. 유학자들은 비록 "어진 사람은 사랑하지
않는 것이 없다(仁者無不愛)"(『맹자』 '진심' 상), 인자한 사람은 "만물을
보살피고 천하와 같이한다(體萬物而與天下共親)"(대진, 『원선』)고 하면
서도 또 동시에 사랑에는 등급이 있고, 혈육에는 멀고 가까움이 있으며
인간은 당연히 "초목으로 짐승을 기르고(以草木去養禽獸)", "짐승을 잡
아 혈육을 길러야 한다(宰禽獸以養親)"(왕양명, 『전습록』)고 주장했다.
바로 이런 입장이 그들로 하여금 만물에 대해 인문적 배려를 베풀게 했
고, 또 동시에 "물질로 인간을 기르는 것(以物養人)"은 인간의 합법적인
권리임을 주장하게 했다. 때문에 유가 경전에는 또 "천지가 만물을 낳는
고로 여유가 충분하니 인간에게 먹을 것과 입을 것을 제공해준다(夫天
地之生萬物也, 固有餘足以食人)"[『순자』 '부국(富國)'], "오곡은 음식
의 일종으로, 하늘이 인간들에게 베풀어준 것이다(五穀食物之性也, 天
地所以爲人賜也)"[『춘추번로』 '제의(祭儀)']라는 견해들도 있다. 요컨
대 어디까지나 "물(物)로써 인간을 기르는 것"은 피할 수 없는 사실인
만큼 누군들 동식물을 보호하기 위해 자기 생의 권리를 포기하겠는가?
진정 그렇게 된다면 생태계의 에너지 흐름에 불리할 뿐만 아니라 이는
분명히 대자연의 진화 원칙에도 어긋나는 일이다.

그다음으로 전통적인 서양 문화와 달리 유가는 인류의 우월성과 최고
의 지위를 수호하기 위해 인간과 자연, 인간과 기타 족속 간의 유기적
연관을 차단하지 않았다. 유가는 인류의 자주성과 창조성을 존중하는 동
시에 여전히 인간은 대자연에서 빼놓을 수 없는 일부분이며 인류와 기타
족속은 모두 이 공통체 속의 형제자매임을 견결히 주장했다. 이 관점을
'이정(二程)'의 말로 요약한다면 "하늘은 상이요, 땅은 하요, 사람은 중
이다. 사람이 없으면 천지를 볼 수 없다(天位乎上, 地位乎下, 人位乎中,
無人則無以見天地)", 또 『상서』[또는 『서경(書經)』]에 이르길 "오로지
천지만이 만물의 부모요, 인간만이 만물의 영장이다(惟天地萬物父母,

惟人萬物之靈)"[26]라는 것이다. 이른바 "하늘은 상이요, 땅은 하요, 인간
은 중이다"라고 한 것은 다른 족속과 비교할 때 인간이 제일 고귀하고
자주성이 가장 강한 존재로서 천지 만물 가운데 유독 집어내어 능히 천
지와 어깨를 나란히 할 수 있는 존재임을 의미한다. 소위 "사람이 없으
면 천지가 어이 보이겠는가?(無人則無以見天地)"라는 말인즉 천지자연
의 존재와 운행은 인류의 이성을 통해서만 분명하게 나타날 수 있는 반
면, 다른 족속들은 이 같은 능력을 갖추지 못했으므로 이 부분이 바로
인간의 고귀한 점이라는 뜻이다. 그러나 "오로지 천지만이 만물의 부모
다(惟天地萬物父母)"라는 것은 다른 한편으로 인간이 비록 고귀한 존재
이지만 아직 세상 만물을 능가할 정도의 고귀한 지위까지 이르지는 못한
까닭에 천지와 같이 논할 수 없음을 의미한다. 실질적으로 말하면, 인간
과 만물은 모두 천지를 부모로 삼기 때문에 모두 동일한 공동체 속의
구성원에 속한다는 것이다. 물론 이 '공동체(大家族)'에서 인간이란 성
원과 기타 성원 사이에는 차별이 존재한다. 그렇지만 이러한 차별은 '양
적(量的)' 차원에서만 그 의미가 있다. 바꾸어 말하면 이런 차별은 정도
의 차이일 뿐 본질적인 차이가 아니며 또한 이는 무생물에서 유생물로,
식물에서 동물로, 다시 동물에서 인간으로 진화하는 과정 가운데 부동한
단계의 산물일 뿐이라는 것이다. 그렇지 않으면 "백성은 나의 동포요,
만물 속에 내가 들어 있다(民吾同胞, 物吾與也)"(장재, 『서명』)라는 견
해도 없었을 것이다. 이는 유가에서 인간과 기타 족속의 혈연관계는 서
양 문화에서처럼 완전히 단절된 것이 아니라 온 자연의 일체성과 연속성
을 여전히 유지할 수 있도록 했음을 보여준다. 이로써 유가 사상도 생태
세계관에서 특유의 '친자연성'을 갖게 된 것이다.

---

26) 程顥·程頤, 『二程集』 第1册(中華書局, 1981), 117면.

2. '여천지참(與天地參)'의 생태적 책임

인생 태도로 말하면 유가는 도가보다 상대적으로 적극적인 편이다. 이러한 특징은 유가가 인간을 기타 족속들 위에 두고 문제를 생각하며 따라서 인간을 "세상에서 가장 귀한 존재"로 여긴 데서 볼 수 있다. 동시에 이는 유가가 인간을 천지와 같은 위치에 놓고 인간으로 하여금 자연에 대해 적극적으로 보조하고 개입할 것을 주장한 데서도 나타난다. 도가가 자연을 대할 때, '무위(無爲)' 또는 '불망위(不妄爲)'를 내세웠다면 유가에서는 "적절히 적극적으로 역할을 할 것(有所作爲)"을 주장했다. 또한 도가가 단순히 인간은 피동적으로 적응해야 한다고 강조하면서 모든 인위적인 창조를 반대했다면, 유가는 만물의 능동성과 창조성을 충분히 동원해야 한다고 주장했다.

우선 인류 사회 생태 계통 영역에서 유가의 능동성과 창조성은 예악(禮樂) 제도와 사회 윤리의 적극적인 구축에서 집중적으로 표현된다. 유가 선현들의 안목으로 볼 때, 인간과 자연의 가장 큰 변별점은 인간에겐 사랑이 있고 도리가 있고 예의가 있는 반면에 동물에게는 이런 것들이 없다는 것이다. 그래서 유가 경전에서는 "인간과 짐승의 차이는 예의와 도의에 있다(人之異於禽獸者, 以有禮儀也)"(대진, 『원선』)고 했다. 만약 그들의 기준에 따른다면 한 인간이 인간으로서의 자격이 있느냐 없느냐, '서민'으로 불리느냐 '군자'로 불리느냐 하는 것은 그 인간이 얼마만큼의 '인적(仁的) 윤리 정서'와 '예적(禮的) 행위 규범'을 갖추었느냐에 달려 있는 것이다. 맹자가 이른바 "인간이 짐승과 구별되는 점은 매우 적다. 서민은 이런 차이점을 버리고 오직 고상한 군자들만 그것들을 가지고 있다(人之異於禽獸者幾希, 庶民去之, 君子存之)"[『맹자』 '이루(離婁)' 하(下)]고 한 것은 바로 '인(仁)'과 '의(義)'를 가리킨 것이다. 정호(程顥)가 "후세 사람들이 인리(人理)가 점차 사라져 적게 잃으면 오랑캐

(夷狄)가 되고, 크게 잃으면 짐승(禽畜)이 된다"27)고 한 것은 바로 '예 (禮)'를 두고 한 말이다(여기서 '인리'는 '예'로 해석할 수 있다). 이처럼 유가는 인·의·예에 무게를 두었기 때문에 도가의 철저한 반문화적인 태 도와 달리 문화 구축자의 역할을 담당하게 되었던 것이다. 그들은 '인' 을 통해 인간의 내면적 심리를 형상화하고, '예'를 통해 인간의 사회적 행위를 규범화함으로써 사회 생태 계통의 안정성을 유지하는 데 중요한 역할을 담당했다. 이 점에 대해서는 몇천 년에 걸친 봉건 사회 발전사를 통해 쉽게 알 수 있다. 물론 '인'과 '의' 등 심리적 요소가 인간과 동물을 족히 구분할 수 있는가 하는 문제는 아직도 논의가 필요한 부분이다. 점 점 더 많은 과학 성과들이 증명하다시피 일부 고등 동물들은 이미 인류 와 흡사한 감정과 이성, 지혜를 갖고 있다고 한다. 그뿐만 아니라 다윈은 일찍이 인류의 도덕적 의식은 이미 저급 동물에서 점차 발전해왔다고 지 적한 바 있다. 그러나 원점으로 돌아가 유가의 '인'과 '의' 등 심리적 요 소가 인간과 동물을 구별하는 지표로 꼭 과학적이라고 할 순 없겠지만 인간이 짐승보다 월등함을 판단함에 있어 그 예의 규범을 세우는 능력을 지표로 삼는 데는 도리가 없지 않다고 본다.

그다음으로 자연계의 생태 계통 영역에서 유가가 주장하는 이러한 능 동성과 창조성은 자연 과정에 대한 적극적인 참여와 조절 아래 구체적으 로 표현된다. 이러한 면에서 가장 대표적인 사람으로는 순자를 들 수 있 다. 순자에게는 다음과 같은 세상에 널리 알려진 문장이 있다.

○ 하늘이 위대하다고 하여 사모하기보다는 그것을 하나의 물체로 삼아 장악 하려는 것이 더 낫지 않을까? 하늘에 순종하고 칭송하기보다는 자연의 변 화 규칙을 장악하고 이용하는 것이 더 낫지 않을까? 천시(天時)만 바라고 기다리기보다는 천시에 적응하고 그것을 가꾸려고 하는 것이 더 낫지 않 을까? 만물이 많아지기만 기다리기보다는 인간의 수요에 따라 그것을 늘

---

27) 程顥·程頤, 『二程集』 제1권(中華書局, 1981), 117면.

리도록 하는 것이 낫지 않을까? 만물에 정을 담아 유용지물이 되기를 바
라기보다 만물을 다스려 그들을 잃지 않는 것이 더 낫지 않을까? 만물의
자연 생장을 바라기보다 그 생장 규칙을 장악하여 인간의 수요에 따라 자
라게 하는 것이 더 낫지 않을까? 그러므로 인간 자체의 노력을 포기하고
하늘만 바란다면 세상 만물의 본질을 파악할 수 없다(大天而思之, 孰與
物畜而制之! 從天而頌之, 孰與制天命而用之! 望時而待之, 孰與應時
而使之! 因物而多之, 孰與騁能而化之! 思物而物之! 孰與理物而勿失
之也! 願於物之所以生, 孰與有物之所以成! 故錯人而思天, 則失萬物
之情)."[『순자』 '천론(天論)']

이는 유가 사상 가운데 인간의 자주성과 능동성을 강조한 가장 전형
적인 설명이라고 할 수 있다. 그러나 여기서 한 가지 문제가 되는 것은
많은 학자들이 순자가 말한 "천명(天命, 자연의 필연적 법칙을 의미함)
을 만들어내고 그것을 이용한다(製天命而用之)"는 말의 사상을 "인간은
꼭 하늘을 이긴다(人定勝天)"라는 관념으로 이해한 점이다. 이는 유가
선현들에 대한 곡해가 아닐 수 없다.

"인간은 꼭 하늘을 이긴다(人定勝天)"라는 말은 인류의 자연에 대한
정복과 이용을 표현한 것으로서 이러한 견해는 실제 전통적인 서양 문화
에서 줄곧 주도적 지위를 차지하고 있었다. 생태윤리학자 폴 테일러
(Paul Taylor)가 제기한 바와 같이 정복과 개발은 "현재의 대다수 사람들,
적어도 서양 문명 속의 대다수 사람들이 자연을 대하는 태도다. 이러한
태도는 어느 때든 막론하고 자연을 단지 인류를 위해 물질적, 생물적 자
원을 제공해주는 창고로 삼고, 인간으로 하여금 소비하게 하거나 목적에
따라 개발, 이용하게 한다. 그리고 자연은 우리를 위해서만 존재하고 우
리만이 자연을 한 가지 도구로 이용할 권리가 있다고 여긴다. 또 고도로
발전된 문명은 거친 광야와 자연을 정복하여 자연으로 하여금 인간을 위
해 봉사하게 함으로써 인간에게 더 좋은 삶을 누릴 수 있게 할 뿐이다."[28]

28) Paul W. Taylor, *Respect for Nature: A Theory of Environmental Ethics*, Princeton

즉 "인간은 꼭 하늘을 이긴다(人定勝天)"는 견해가 전해주는 것은 사실상
일종의 자연을 통제하고 정복하는 반생태적인 정보다. 이런 사고방식은
유가 사상과 모순되는 관계에까지는 이르지 못했지만 이미 서로 완전히
다른 사고방식이었다.

주지하다시피 유가 사상은 '효'를 바탕으로 하고 있다. 소위 "부모에
게 효도하고 형제를 공경하는 것이 바로 인애의 근본이다(孝弟也者, 其
爲仁之本與)"(『논어』 '학이'), "천지 만물에서는 인간이 제일 귀한 존재
이고, 사람의 품행에서는 효도가 제일 중요하다(天地之行, 人爲貴. 人之
行, 莫大於孝)"[『효경(孝經)』 '성치장(聖治章)']란 말은 적어도 윤리적
의미에서 볼 때, 부친의 권위와 존엄은 신성불가침한 것임을 의미한다.
유가의 윤리적 체계에 따르면 '국가'는 '가족'을 확대한 것이고, '천하'
는 '국가'를 진일보 확대한 것이므로 임금은 백성의 아버지이고 하늘은
인간과 만물의 아버지인 것이다. 때문에 유가 경전에는 '군군(君君), 신
신(臣臣), 부부(父父), 자자(子子)'란 말이 있을뿐더러 '천부지모(天父地
母)'란 논조도 있다. 유가의 대표적 인물 중 하나인 순자의 사상도 이
테두리를 벗어나지 않고 있다. 순자는 군신부자(君臣父子)의 전통을 이
어받아 소위 "신하는 임금을 섬기고 아랫사람은 윗사람을 받들며 자식
은 부모를 섬기고 동생은 형을 모셔야 한다(臣之於君也, 下之於上也,
若子之事父, 弟之事兄)"[『순자』 '의병(義兵)']고 주장한 동시에 천지는
만물(인간을 포함)의 부모란 관념도 견지했는데 이른바 "천지가 화합하
면 만물이 소생한다(天地合萬物生)"[『순자』 '예론(禮論)'], "천지는 생
명의 근원이다(天地者, 生之始也)"(『순자』 '왕제')라는 설명 역시 그런
의미의 견해들이다. 그는 심지어 "위로는 하늘을 기리는 것이고, 아래로
는 땅을 기리는 것이다(上事天, 下事地)"(『순자』 '예론'), "하늘과 직책

University Press, 1986, p.95.

을 겨루지 않는다(不與天爭職)"(『순자』 '천론')고 주장하기도 했다. 이
렇게 말한 이상 '효'를 바탕으로 하고 '하늘(天)'을 아버지로 하는 사상
체계 속에 "인간이 꼭 하늘을 이긴다"는 관념이 있다는 것을 누가 믿을
수 있겠는가? 이러한 관념을 억지로 유가 사상에 덮어씌워놓고 그것을
서양 관념에서 유가를 곡해한 자료로 이용하지 않았다면 이는 옛사람들
의 지혜를 과소평가한 것이다.

　이러한 해석은 유가 사상의 진면목을 왜곡할 뿐만 아니라 유가 사상
의 생태학적 가치를 떨어뜨린 것이 된다. 유가에서 주장하는 것은 절대
로 자연을 손에 쥐고 농락하려는 것이 아니라 다만 자연 과정에 대해
적극적인 참여와 조화를 추진하는 것이다. 또한 유가에서 선양하는 것은
자연에 대한 정복과 노예화가 아니라 다만 자연 보조를 통한 만물에 대
한 관리였다. 이른바 "인간이란 천지의 중심이요, 인간이 없으면 천지를
관리할 자가 없다(人者, 天地之心. 沒這人時, 天地便沒人管)"[『주자어
류(朱子語類)』 권 45 '논어 27(論語二十七)']거나, 또 "자연이란 천하이
며, 이를 주재하는 자는 인간이다(自然者天地, 主持者人. 人者天地之
心)"[왕부자(王夫子), 『주역외전(周易外傳)』 권 2 '복(復)']라고 한 것은
바로 이런 의미에서 한 말이다. "인간이 자기를 위한 '천지지심(天地之
心)'의 가치 기준을 확립한 동시에 소유하게 되는 것은 만물에 대한 지
배권이 아니라 자연 만물의 '주재자(主宰者)'로서 갖게 되는 자발적인
책임과 의무다. 따라서 '만물의 영장'으로서 인간의 특수성도 바로 여기
에 있는 것이다."29) 요컨대 '관리(管理)'든 '주재(主宰)'든 막론하고 실
제적으로 모두 천지자연에 대한 존경과 경외는 버리지 않았다.

　유가는 비록 인간의 우월성과 자주성을 강조하지만 동시에 '민포물여
(民胞物與)', '천부지모(天父地母)'의 신념도 갖고 있기 때문에 유가 선

---

29) 白奚, 「儒家的人類中心論及其生態學意義」, 『中國哲學史』(2004년 제2기).

현들로 하여금 "인간은 만물의 영장"이라는 주장을 견지하게 함과 동시에 이런 관념에서 너무 크게 벗어나지 않도록 한다. 그리고 인간과 자연의 관계를 다룸에 있어 그들은 비록 인간의 자주성과 창조성을 고양하면서 "천명(자연의 법칙)을 인식하고 이용해야 한다(制天命而用之)"고는 했지만 이러한 자주성을 자연을 통제하고 정복할 수 있는 정도까지는 끌어올리지 못했다. 오히려 인간이 자연을 이용하여 자기 생존과 발전을 도모할 경우, 천리(天理)에 따라 행동해야 하며 자연을 존경하고 자연에 어긋나지 않으면서 자연을 인도하고 조절해야 한다고 강조했다. 말하자면 "재원(財源)을 적당히 활용하여 천지를 보조해야 하며(財成天地之道, 輔相天地之宜)"[『주역』 '상전(象傳)'] 이러한 "일정 범위 내에서의 천지 변화는 지나치지 않으며, 오히려 만물을 곡진하게 하면서도 하나도 버리지 않는다(範圍天地之化而不過, 曲成萬物而不遺)"(『주역』 '계사' 상)는 주장이다.

　유가는 자연 속에서 인간이 차지하는 이런 독특한 지위에 대해 간단한 말로 "사람은 천지와 더불어 함께한다(人與天地參)"라고 했다. 자연 속에서 인간은 만물 이상의 위치에 있으므로 만물을 초월하여 천지와 화합할 자격이 있으며, 또한 그렇기 때문에 중생 가운데 "인도(人道)만이 하늘과 화합할 수 있다(唯人道爲可以參天)"(『춘추번로』 '왕도통삼')고 했다. 하지만 인간이 천지와 화합할 수 있다는 것은 결코 인간이 천지와 대등하며 비견할 수 있다는 것은 아니다. 소위 "천지를 도와 만물을 자양하면 천지와 나란히 한다(贊天地之化育, 則可以與天地參矣)"(『중용』)거나, 또는 인간이 천지와 나란히 할 수 있는 자격을 갖게 된다는 것은 다만 인간이 천지를 보조하여 만물을 자양할 만큼 충분한 능력이 있고 자신의 자주성을 이용하여 "마음으로 하늘의 뜻을 대신하고, 입으로 하늘의 말을 대신하며, 손으로 하늘의 화공을 대신하고, 몸으로 하늘의 일을 대신할 수 있기(以心代天意, 口代天言, 手代天工, 身代天事)"[소옹,

『관물편(觀物篇)』] 때문이라는 것이다. 이것이 바로 소위 "하늘과 땅은 사람들을 낳아주고, 성인은 사람들을 길러주며(天地生之, 聖人成之)"[『순자』 '대략(大略)'], "천지가 변화하니, 성인은 그것을 본받았다(天地變化, 聖人效之)"(『주역』 '계사' 상)는 논리다. 자연 속에서 인간에게 알맞은 역할은 거만한 통제자가 아니라 직무를 다하는 대리인 또는 대변자로서, 겸허한 학습자와 보조자로서의 역할을 다하는 것이다. 이래야만 "천지의 의지에 맞고, 해와 달의 광채가 있게 되며, 사계절의 질서에 들어맞게 되고, 귀신의 길흉에 순응할 수 있다(與天地合其德, 與四時合其序, 與鬼神合其吉凶)"[『주역』 '건괘(乾卦) 문언(文言)']. 이로 미루어볼 때 유가의 "사람은 천지와 더불어 함께한다(人與天地參)"는 견해는 도가처럼 지나치게 겸손한 '제물론'도 아니고 서양의 전통적인 과학 세계관처럼 지나치게 거만한 '정복(征服觀)'도 아니며 겸허하지만 비굴하지 않고, 자부하지만 거만하지 않은 '보조관(補助觀)'이다.

　유가의 생태적 사상도 이처럼 사람을 귀히 여기지만 마음대로 부리지 않고, 사물을 이용하지만 버리지 않는 양극 대립 속에 자기 개성과 성품을 형성했던 것이다. 인간의 중심적 지위를 지나치게 강조하면 전통적인 서양 문화와 똑같이 내몰려 생태관의 반대쪽에 서게 되고, 사물의 지위가 지나치게 돋보이면 도가 사상과 같아져 자연계의 진화 원칙을 어기게 된다. 생태관의 측면에서 두 후자와 비교해보면, 유가 선현들이 자연 속에서 인간에 대한 위치를 확정한 것이 보다 현명하다. 그들은 "인도(人道)를 강조하면서도 인간과 자연의 관계를 단절하지 않았고, 인간의 가치를 고양하면서 자연 속에 존재하는 물질의 가치를 부정하지 않았다. 유가의 관점에서 볼 때, 천지는 끊임없이 생장하고 번성하는 창조적 원천이고, 인간은 우주 창조 과정의 보조자이며 촉진자이다." 아울러 "우주에서 인간의 지위는 다른 세상 만물보다 높으며 천지와 더불어 탁월하게 공존하고 있다. 우주에서 인간의 작용은 하늘을 도와 만물을 양육하고, 만물의 순조로운 생장을 촉진시키는 것이며, 인간과 천지 만물의 관계는 서로 돕고 호혜하며 서로 의존하는 협력 관계인 것이다."30)

3. '보조'관과 '약세 인류 중심론'

비교해서 말하자면, 유가의 이처럼 겸손하면서도 비굴하지 않고, 자부하면서 거만하지 않는 '보조관'은 서양의 현대 인류 중심론적 생태윤리학 ['약세 인류 중심론(弱勢人類中心論)'이라고도 함]과 비슷한 면이 있다.

미국의 환경윤리학자 브라이언 노턴(Bryan Norton)은 '인류 중심론'을 두 가지로 나누어 구체적으로 설명하고 있다. 하나는 '강세(强勢) 인류 중심론(strongly anthropocentrism)'이고 다른 하나는 '약세(弱勢) 인류 중심론(weakly anthropocentrism)'이다. 전자는 다만 인류 개체의 감성적 의향(considered preference)을 참고로 하고, 인간의 당면한 수요와 직접적인 이익을 유도하며, 장기적인 최후 결과나 이익을 고려하지 않는다. 후자는 이성적 염원(considered preference)을 참고로 하고, 인류가 자원을 이용하면서 장구하고 주도면밀하게 고려할 것을 요구하며, 인류의 전체적인 이익과 공동 이익을 돌보고, 자연의 법칙을 존중하는 전제하에 합리적으로 이용하고 개발할 것을 요구한다.31) 전자는 보통 '고전(古典) 인류 중심론'이라고도 불리는데 "자연을 정복하고 자연을 착취하며 생태 균형을 파괴해서라도 인류의 복지를 추구하는 가치관이다." 후자는 일반적으로 '현대(現代) 인류 중심론'이라고 불리며 "인류의 수요에 따

---

30) 余正榮, 『中國生態理論傳統的詮釋與重建』(人民出版社, 2004), 121면.

31) Bryan G. Norton, "Environmental Ethics and Weak Anthrocentrism", *Environmental Ethics*, Vol.6, No.2(1984), pp.131~148.

라 자연 개조의 타당성을 가늠하고, 인류 이익의 시각에서 출발하여 생태 환경을 보호하고자 하는 가치관이다."[32]

위의 두 가지 서양 관념과 비교할 때, 유가의 생태적 윤리 사상은 서양의 '고전 인류 중심론'과는 거리가 멀고 오히려 '현대 인류 중심론'에 가깝다는 것을 알 수 있다. 구체적으로 말하면, 유가와 이러한 '약세 인류 중심론'은 다음과 같은 비슷한 점들이 있다. 우선 양자는 모두 인류가 자연 속에서 특수하고 월등한 족속에 속한다고 보고 있다. 전자는 인간을 '천지의 중심(天地之心)', '만물의 영혼(萬物之靈)'에 비유하여 "세상에서 가장 귀한 존재(最爲天下貴者)"로 여겼고, 후자는 인류를 하나의 주체로 보고 기타 족속은 그저 객체에 불과하며 인류가 주도적 지위를 차지한다고 보았다. 그다음, 양자는 모두 다른 족속의 이익이 아닌 인간의 이익을 가장 중요한 지위에 놓고 있다. 전자는 "물질로써 인간을 부양하고(以物養人)", "짐승을 잡아 가족을 부양한다(殺禽獸以養親)"고 보았으며, 후자는 모든 것이 인간의 이익으로부터 출발해야 한다고 보면서 기타 족속은 단지 인류의 당면한 수요나 장기적인 수요, 개체 이익과 전체적인 이익을 만족시키는 자원이나 자료로 보았던 것이다. 그다음, 양자는 모두 자연계에 대해 일정한 정도의 존경심을 보여주며, 맹목적인 개발과 무절제한 이용을 반대했다. 전자는 "사계절의 법칙에 따라 사물을 이용하고(取物以時)"(『맹자』 '양혜왕' 상) "정세 변화에 따라 이에 맞는 대책을 마련할 것(應時而使)"을 요구했으며, 후자는 자연의 법칙을 지키고 생태 평형을 유지하는 전제하에 인류의 수요를 만족시킬 것을 주장했다.

물론 자세히 따져보면 양자 사이에도 분명한 차이가 있다. '고전 인류 중심론'과 비교할 때, 비록 양자는 모두 자연에 대한 존경을 표현하고

---

32) 王正平, 『環境哲學』(上海人民出版社, 2004), 138면.

있지만 그 존경의 출발점은 서로 다르다. 전자는 '천부지모(天父地母)', '만물일가(萬物一家)'란 관념 아래 나타난 일종의 생명 근원에 대한 경외 및 깊은 형제의 정에 대한 인정이다. 하지만 후자는 인류의 전체적인 이익과 장기적인 이익을 유지하는 전제하에 나타난 자연에 대한 과학적인 관리와 합리적인 이용이다. 전자는 종교적인 정신적 체험을 호소하고, 후자는 과학적인 이성 인식에 의존한다. 전자의 단점은 과학적인 이론과 기술의 버팀목이 없기 때문에 설득력이 부족하고, 후자의 단점은 자연계에 대한 마음속으로부터 우러나오는 경건함과 경외심이 부족해서 과학적인 인식에 오류가 생겼을 경우, 환경 파괴와 생태 평형의 상실을 초래할 수 있다는 점이다. 그러나 의심할 바 없이 전자든 후자든 막론하고 모두 인간과 자연의 관계를 처리하는 데 중요한 계시와 참고적 의미를 갖고 있다.

제3절 도덕지상(道德至上)의 예술적 추구

1. '군자비덕(君子比德)'의 심미적 이상

비록 도가와 유가에서는 소리·색채·맛에 대한 감각 기관의 즐거움에 대해선 서로 다른 입장을 보이지만 거시적인 측면에서 자연 생태계와 사회 생태계의 조화로 인한 정신적인 기쁨에 대해서는 공통적인 편애를 보이고 있다. 다시 말하면 도교나 유가 모두 인간과 자연, 인간과 사회, 인간과 천지 만물 생태계의 조화에 대한 추구를 최고의 심미적 이상으로 삼고 있다. 예를 들면 도가의 "덕을 길러 조화를 이루고 천하의 이치에 순응하고(抱德煬和, 以順天下)"[『장자』 '서무귀(徐無鬼)'], "천지와 더불어 살고 만물과 하나가 되며(天地與我幷生, 而萬物與我爲一)"[『장자』
'제물론(齊物論)'], "가장 아름답고 기품 있는 노랫소리는 언제나 인정으
로 순응하고, 천리에 따르며, 오덕으로 추리하고, 자연으로 걸맞추어야
사계절의 서열에 맞게 천지 만물과 융합을 이룬다(夫至樂者, 先應之以
人事, 順之以天理, 行之以五德, 應之以自然, 然後調理四時, 太和萬
物)"[『장자』'천지(天地)']는 등의 주장과 유가의 "천하의 온갖 이치가
내 마음속에 갖추어 있고(萬物皆備於我)", "위로는 하늘과 더불어 아래
로는 땅과 더불어 흐르며(上下與天地同流)"(『맹자』'진심' 상), "무릇
대인은 천지와 더불어 그 덕을 합하며, 일월과 더불어 그 밝음을 합하며,
사시와 더불어 그 차례를 합하며, 귀신과 더불어 그 길흉을 합해서 하늘
보다 먼저 해도 하늘이 어기지 않으며, 하늘을 뒤따라 해도 하늘의 때를
받들어야 하며(夫大人者, 與天地合其德, 與日月合其明, 與四時合其序,
與鬼神合其吉凶, 先天而天弗違 後天而奉天時)"(『주역』'건괘·문언'),
"음악이란 천지의 조화(調和)이고(樂者, 天地之和也)"[『악기(樂記)』],
"천지간의 아름다움이란 음양이 조화를 이루는 것이다(擧天地之道, 而
美於和)"[『춘추번로』'순천지도(循天之道)']라는 등의 주장들은 모두 도
가와 유가에서 추구하는 공통의 심미적 목표를 반영하고 있다. 중국 학
자 리쩌허우(李澤厚)와 류강지(劉綱紀)는 이렇게 말하고 있다.

○ 고대 중국의 철학자들은 매우 명확하고 아무런 주저함도 없이 대자연과
  인류 사회의 관계는 본능적으로 조화로운 관계이며, 가장 아름다운 것은
  이러한 조화 속에 있다고 주장한다. 사실 자연과 사회, 인간과 자연, 개인
  과 사회 간에 조화가 없다면 아름다움이 있을 수 없다. 세상의 모든 아름
  다움이 인간과 자연, 인간과 사회의 조화로운 감성적 현실의 표현(긍정적
  표현과 부정적 표현을 망라하여)이 아니라면 무엇이겠는가? 때문에 우주
  는 본질적으로 볼 때 조화로운 것으로 최고의 미는 우주의 조화 속에 존
  재하며 자연과 사람이 하나가 될 때 존재한다. 이는 비록 소박하지만 심
  오한 사상이다.33)

　이처럼 도가와 유가는 공통의 심미적 이상을 가진 것처럼 보인다. 이
는 도가와 유가 모두 인간과 자연, 인간과 사회, 인간과 천지 만물 간의
조화를 추구하기 때문이다. 하지만 본질적으로 볼 때, 이들의 심미적 이
상의 공통점은 제한적인 것으로서 겉모습만 비슷할 뿐 실상은 딴판이라
고 할 수 있다. 왜냐하면 도가와 유가의 논리적 바탕이 다르기 때문이다.
도가가 본체론적 의미가 명확한 자연의 '도(道)'를 바탕으로 하고 있다
면 유가는 짙은 사회적 색채를 지닌 도덕의 '인(仁)'을 바탕으로 하고 있
다. 때문에 두 이론의 중심도 서로 달라서 도가는 우주 대자연에, 유가는
인류 사회에 중심을 두고 있다. 이런 점들 때문에 양자가 인간과 자연,
인간과 사회의 조화를 공통의 심미적 이상으로 삼을 경우에는 다시 뚜렷
한 분화를 보여주게 된다. 도가에서 추구하는 것은 자연 생태계의 조화
또는 인간과 자연의 조화이므로 그들의 심미적 활동에는 뚜렷한 자연적
경향을 보여준다. 반면에 유가에서 중시하는 것은 사회 생태계의 조화
또는 인간과 사회의 조화이므로 그들의 심미적 추구는 짙은 사회적 색채
를 띠고 있다.

　도가가 '도'에 입각해 이론의 중심을 자연적 영역에 두는 것과 달리
유가는 '인'에 입각해 이론의 중심을 사회적 영역에 두고 있다. 때문에
유가에서 추구하는 이상적인 아름다움은 주로 사회적 생태계에서 찾을
수 있다. 공자가 "마을에 어진 풍속이 있는 것이 아름답다(里仁爲美)"[『논
어』 '이인(里仁)']라고 한 것이든, 맹자가 "어진 것과 의로운 것이 아름답
다(以仁義爲美)"[『맹자』 '공손추(公孫醜)' 하(下)]고 한 것이든, 또는 순
자가 "풍속이 바로잡히면 천하가 모두 편안해지고 아름답고 선량한 사
람들이 서로 즐기게 된다(移風易俗, 天下皆寧, 美善相樂)" [『순자』 '악
론(樂論)']라고 한 것이든, 또 『역전(易傳)』에서 "군자는 마치 황색이 중

---

33) 李澤厚·劉綱紀, 『中國美學史』 先秦兩漢編(安徽文藝出版社, 1996), 86면.

화와 문리를 통달하듯이 바른 자리에 예(禮)를 두면 아름다움이 가운데 있어 사지로 통달하며 사업으로 확대되는데 이것이야말로 아름다움의 극치이다(君子黃中通理, 正位居體, 美在其中, 而暢於四支, 發於事業, 美之至也)"(『주역』 '곤괘·문언')34)라고 한 것들은 모두 사회적 생태계의 '선(善)'이 사람들에게 가져다주는 정신적 기쁨을 강조하고 있다. 단지 맹자의 '여민동락(與民同樂)'(『맹자』 '양혜왕' 하) 사상만 보더라도 유가의 심미적 추구에는 강렬한 사회적 색채가 있음을 볼 수 있다.

만약 도가가 이상적 아름다움을 추구하면서 사회적 생태계에도 자연적 색채를 부여하여 인간들의 조화보다 인간과 자연의 조화를 중시했다면, 유가는 자연 생태계의 조화에 사회적 색채를 부여하여 인간과 자연의 조화보다 인간들 간의 조화로 보고 있다. 그리하여 도가에서 그들이 추구하는 이상적 사회를 "새와 짐승들이 함께 살며 부족과 만물이 어울리는(同於禽獸居, 族與萬物幷)"(『장자』 '마제') 사회로 묘사할 때, 유가에서는 자연계를 '가족'을 확대한 것으로 보면서 하늘과 땅을 부모로, 사람과 만물을 형제로 보는, 즉 "하늘과 땅은 만물의 부모다(惟天地萬物之父母)"(『상서』 '주서·태서' 상)와 "사람들과 나는 모두 형제이며, 세상 만물과 나는 같은 무리다(民吾同胞, 物吾與也)"(장재, 『서명』)와 같은 주장을 펴고 있다. 이렇게 함으로써 인간과 자연, 인간과 만물의 관계를 전적으로 부자지간, 형제지간 등의 혈연적 관계와 "부모는 자애롭고 자식은 효성을 다하며(父慈子孝)", "형은 아우를 사랑하고 동생은 형을 공경하는(兄友弟恭)" 윤리적 준칙을 기반으로 하여 구축했다.

이와 더불어 유가는 순수한 자연현상을 관찰할 때에도 윤리 도덕의 입장에 서 있기 때문에 자연계의 아름다움에 대해서도 짙은 사회적 의미를 부여한다. "슬기로운 사람은 물을 좋아하고, 어진 사람은 산을 좋아

34) 가오형(高亨)의 해석에 따르면 이곳에 쓰인 '체(體)'는 '예(禮)'를 의미한다고 한다. 『周易大傳今注』(齊魯書社, 1998), 69면 참고.

한다(知者樂水, 仁者樂山)"(『논어』 '옹야')라고 한 것이라든지 "덕으로써 정치를 한다면, 비유컨대 북극성이 그 자리에 있어도 뭇별들이 이를 향하여 돎과 같으니라(爲政以德, 譬如北辰, 居其所而衆星共之)"[『논어』 '위정(爲政)']고 한 것이라든지, 또한 "날씨가 추워진 후에야 소나무와 측백나무가 늦게 시듦을 안다(歲寒然後知松柏之後凋也)"[『논어』 '자한(子罕)']든지 "무릇 옥이란 군자에게 덕으로 비유되는 것이다. 따뜻하고 윤기가 나는 것은 어진 성품을 뜻하고, 무늬가 뚜렷한 것은 슬기로움을 뜻하고, 단단하고 굽히지 않는 것은 의로움을 뜻하고, 모가 나도 부서지지 않음은 행동을 뜻하고, 꺾어져도 굴하지 않음은 용감함을 뜻하고, 티가 보이는 것은 정이 있음을 뜻하고, 두드리면 그 소리가 깨끗하게 멀리 퍼지지만 그쳤을 때 소리가 바로 멈추는 것은 겸손함을 뜻하는 것이다. 고로 옥을 닮은 돌을 조각하더라도 옥을 조각한 것에 미치지 못한다(夫玉者, 君子比德焉. 溫潤而澤, 仁也; 栗而理, 知也; 堅剛而不屈, 義也; 廉而不劌, 行也; 折而不撓, 勇也; 瑕適並見, 情也; 扣之, 其聲清揚而遠聞, 其止輟然, 辭也. 故雖有珉之雕雕, 不若玉之章章)"[『순자』 '법행(法行)']라고 한 주장들은 모두 윤리 도덕 우선의 원칙에 입각하여 자연현상을 해석했으나 자연계 본연의 미에 대해서는 오히려 소홀했다.

도가에서는 과거로 되돌아가 이미 사람들에게 잊혀버린 원시적 자연의 조화로움과 소박한 아름다움을 체험할 것을 주장했다면, 유가는 미래지향적으로 새로운 사회의 조화와 현란한 아름다움을 적극 창조할 것을 주장한다. 때문에 도가가 사람들에게 "자신의 몸과 팔다리를 잊어버리고 눈과 귀의 활동을 없애고, 형체를 떠나고 앎을 버리면 대통(大通)과 같게 된다(墮肢體, 黜聰明, 離形去知, 同於大通)"[『장자』 '대종사(大宗師)']고 하면서 자연 자체의 율동과 조화로움을 체험할 것을 요구할 때, 유가는 오히려 "사람의 마음속을 깊이 파고들고 사람의 마음도 빨리 감화시키는(入人也深, 化人也速)"[『순자』 '악기(樂記)'] '상하합동(上下合

同)’의 ‘악(樂)’과 존비에 차이가 있고 장유에 차별이 있으며 귀천에 등급이 있는 ‘예(禮)’를 통하여 질서가 있고 조화롭고 이상적인 새로운 사회 생태를 구축할 것을 요구한다.

2. ‘진선진미(盡善盡美)’의 예술적 추구

도가에서 늘 예술을 배척하고 멸시한 것에 비해, 유가에선 예술에 대해 훨씬 높은 예우와 중시를 보여주었다. 고서적들에는 유생들이 “‘시(詩)’ 3백여 수[『시경(詩經)』을 가리킴]를 전부 읊조릴 수 있었고, 또 그것을 거문고로 연주하기도 하고 노래하기도 하며, 심지어는 거기에 춤까지 곁들이기도 했다(頌詩三百, 弦詩三百, 歌詩三百, 舞詩三百)”[『묵자(墨子)』 ‘공맹(公孟)’]는 전설을 기록했을 뿐만 아니라 『논어』에서도 공자가 “다른 사람과 더불어 노래를 부름에 잘하면 반드시 다시 부르게 하고 그 뒤에 따라 하게 했다(與人歌而善, 必使反之, 而後和之)”(『논어』 ‘술이’)는 이야기를 기록하고 있으며 “시(詩)에서 흥취를 일으키게 되고, 예(禮)로써 올바른 행동을 할 수 있으며, 악(樂)으로써 자기를 완성하게 된다(興於詩, 立於禮, 成於樂)”(『논어』 ‘태백’)는 기록이 있다. 유가와 도가 간에 이 같은 차이를 보이는 근본 원인은 ‘예악(禮樂)’ 문화에 대한 양자의 태도가 다르기 때문이다. 서주(西周) 왕조의 예악 제도가 날로 형식화되고 세속화되면서 예악은 날이 갈수록 상층 사회 집단의 향락적 도구로 전락했다. 이런 상황에 대해 유가는 몹시 뼈저리게 뉘우치며 원망했지만 상층 사회 집단이 도를 벗어나 예악을 어지럽히는 행위에 대해 비판은 하면서도 도가처럼 예악 전반을 포기하지 않고 이를 계승하고 재건하는 쪽을 택했다.

날로 세속화되고 관능적으로 변해가는 ‘예악’ - 즉 우리가 말하는 예술에 대해서는 유가도 도가와 마찬가지로 반대적 입장을 취하고 있다.
공자도 이렇게 개탄한 적이 있다.

○ 예의, 예의 하지만 옥이나 비단을 말하겠는가? 음악, 음악 하지만 종과 북
만 말하겠는가? 공경을 하고서 옥백(玉帛)으로 받들면 예(禮)가 되고, 조
화를 하고서 종고(鍾鼓)로 나타내면 악(樂)이 된다. 근본을 빠뜨리고 오로
지 그 끝만을 일삼으면 어찌 예악이라고 할 수 있겠는가?(禮云禮云, 玉
帛云乎哉? 樂云樂云, 鐘鼓云乎哉?)(『논어』 '양화')

○ 사람으로서 어질지 아니하면 예를 해서 무엇을 할 것이며, 사람으로서 어
질지 아니하면 음악을 해서 무엇하리오?(人而不仁, 如禮何, 人而不仁,
如樂何?)[『논어』 '팔일(八佾)']

이처럼 공자는 '예'와 '악'은 단지 형식에 불과한 것이 아니며, 그 목
적 또한 사람들의 관능적 향락만을 만족시켜주는 데 있지 않다고 보았던
것이다. 때문에 공자는 "정(鄭)나라의 가요가 아악(雅樂)을 어지럽히는
것을 미워하여(惡鄭聲之亂雅樂)"(『논어』 '양화'), "정나라 가요를 내칠
것(放鄭聲)"[『논어』 '위령공(衛靈公)']을 강력하게 요구했던 것이다.
하지만 도가와 다른 점은 유가에서는 구더기 무서워 장 못 담그랴 하
는 식으로 나오지 않고 예악 문화의 형식화와 관능적 추구를 반대하면서
도 도가처럼 예악 자체의 존재적 가치를 전반적으로 부정하지 않았다.
"눈은 아름다운 것을 즐기고, 귀는 듣기 좋은 소리를 즐기고, 입은 맛있
는 음식을 즐기고, 마음은 이로운 것을 즐기고, 뼈와 몸과 피부는 즐겁고
편안함을 즐김(目好色, 耳好聲, 口好味, 心好利, 骨體膚裏好愉佚)"[『순
자』 '성악(性惡)']은 모두 사람이 타고난 천성이고 본능인데 예악 예술
을 이러한 천성과 본능을 만족시켜주는 도구와 수단으로 삼는 것에 대해
그리 지나치게 비난할 바 있겠는가? 맹자가 "지금의 음악이 예전의 음악
과 다르지 않으며(今之樂, 猶古之樂也)"(『맹자』 '양혜왕' 하), "선왕의

음악도 세속의 음악과 다르지 않다(先王之樂猶世俗之樂也)"(『맹자』 '양혜왕' 하)고 말한 적이 있는데 이는 사실상 관능적인 향락을 중요시 하는 '세속지악(世俗之樂)'도 존재의 합리성을 가지고 있음을 주장한 것 이나 다름없다. 마찬가지로 존재의 합리성을 가졌다면 세속의 음악을 철 저히 포기할 필요성과 이유도 없는 것이다. 중요한 것은 사람들이 이런 관능적인 즐거움에 대한 추구가 보다 높은 경지의 정신적인 추구를 방해 하지 말아야 한다는 것이다. 다시 말하면 유가에서는 사람들에게 관능적 인 즐거움을 가져다주는 '악(樂)'의 가치를 인정하고 이러한 즐거움을 추구하는 사람들의 보편적인 욕망도 인정했지만 이를 예술의 최고 목표 로 삼는 것에 대해선 반대하는 입장이었으며 더욱이 유일한 목표로 삼을 수 없음을 주장했다. 그러면서 예술의 관능적 아름다움에 대한 추구가 합리성을 가지려면 그 전제가 반드시 더 높은 경지에 있는 '선(善)'을 기 초로 하는 아름다움을 만족시켜야 한다고 보았다. "공자가 제나라에 있 을 때 '소(韶)'라는 음악을 듣고 석 달 동안 고기 맛을 알지 못했다. 그리 고 이르기를 '음악의 아름다움이 이렇게 극진함을 나는 일찍이 알지 못 했다'고 했다(子在齊聞韶, 三月不知肉味, 曰: '不圖爲樂之至於斯也!')" (『논어』 '술이')는 이야기가 있다. 이러한 공자의 감탄과 경력으로부터 유가에서는 예술 작품이 사람의 감각 기관에 주는 영향을 부인하지 않았 을뿐더러 이러한 '미(美)'적인 향수를 반드시 '선(善)'적인 교화와 상호 일치시킴으로써 '진선진미(盡善盡美)'의 경지에 이르게 하려 했음을 알 수 있다. 때문에 "공자는 '소(韶)'를 가리켜 '미를 다하고 선도 다했다'고 논평했지만 '무(武)'를 가리켜 '미는 다했지만 선을 다하지 못했다'"(子 謂韶: 盡美矣, 又盡善也; 謂武: 盡美矣, 未盡善也)(『논어』 '팔일')고 서 로 다른 평가를 내렸다. 유가의 입장에서 볼 때, 이상적인 예술은 사람들 에게 감관적(感官的) 즐거움을 가져다주는 것 외에도 중요한 것은 사람 들로 하여금 정신적인 승화(昇華)를 얻게 하는 것이었다. 그러므로 맹자

가 이르기를 "인(仁)의 근본은 어버이를 섬기는 것이고, 의(義)의 근본은
형을 따르는 것이다. [······] 악(樂)의 근본은 이 두 가지를 즐거워하는
것이니 즐거워하면 악(樂)이 우러나온다(仁之實, 事親是也; 義之實, 從
兄是也 [······] 樂之實, 樂斯二者, 樂則生矣)"(『맹자』 '이루' 상)고 했
는데 이는 '악(樂)'의 본질은 바로 사회의 조화를 이루는 '인(仁)'과 '의
(義)'를 잘 파악하는 데 있음을 말한 것이다.

　이렇게 볼 때, 유가 사상에서 이상적인 예술은 반드시 다음의 두 가지
조건을 만족시켜야 한다. 첫째는 사람들에게 일정한 정도의 감관적인 즐
거움을 가져다주어야 한다. 즉 눈과 귀를 즐겁게 하는 것과 같은 형식적
인 특징이 있어야 한다는 것이다. 그러므로 유가에서는 "반드시 큰 종을
두드리고 북을 치고 생황과 피리를 불고 거문고와 비파를 타서 백성들의
귀를 충족시키고, 반드시 새기고 쪼고 깎고 아로새기고 보불(黼黻)을 하
고 문장(文章)을 수놓아 백성들의 눈을 충족시키며, 또 반드시 가축의
고기와 벼나 기장과 같은 곡식과 다섯 가지 맛과 향기로운 음식으로 백
성들의 입을 충족시킬 것(必將撞大鐘, 擊鳴鼓, 吹笙竽, 彈琴瑟, 以塞其
耳; 必將雕琢, 刻鏤, 黼黻, 文章, 以塞其目; 必將芻豢稻梁, 五味芬芳,
以塞其口)"(『순자』 '부국')을 주장한다. 둘째는 사람들로 하여금 인류와
자연, 인류와 사회, 인류와 전체 우주 생태계의 조화를 체험하거나 실현
하는 데 도움을 주어야 한다. 때문에 유가에서는 "음악이란 천하를 통일
시키는 중요한 수단이며 사람들의 성품을 중화시키는 규칙으로서 사람
들에게 없어서는 안 되는 것(故樂者, 天下之大齊也, 中和之紀也, 人情
之所必不免也)"(『순자』 '악론')이라고 했으며 "음악은 하늘과 땅의 조
화(樂者, 天地之大和也)"(『악기』)라고 했다. 따라서 유가의 예술적 이상
을 개괄해보면 "아름다움을 다하고(盡美)", "선함을 다해야 한다(盡善)"
는 것이다. 말하자면 오직 관능적(官能的) 미와 경지적(境地的) 미가 서
로 보완되고 잘 어울려 돋보일 때만 비로소 예술은 진정한 이상적 경지

에 이르게 된다는 것이다.

유가의 이러한 '미선상악(美善相樂)'의 심미적 이상과 '진선진미(盡善盡美)'의 예술적 추구는 구체적으로 내용과 형식의 관계에서 "문식(겉차림)과 실질(바탕)이 조화를 이루는 것(文質彬彬)"으로 나타난다. "눈은 아름다운 것을 즐거워하고 귀는 듣기 좋은 소리를 즐거워함(目好色, 耳好聲)"(『순자』 '성악')을 긍정한 것은 눈과 귀를 즐겁게 하는 예술적 형식에 대한 긍정이기도 하다. 만약 도가가 감관의 즐거움을 반대하는 입장에 입각하여 천뢰(天籟, 하늘이 내려준 자연의 소리)를 이상적인 예술로 삼고 "대악(大樂)은 반드시 쉽게 하고, 대례(大禮)는 반드시 간단하게 할 것이며(大樂必易, 大禮必簡)"[『장자』 '산목(山木)'], "새김은 소박함으로 돌아가야 한다(旣雕旣琢 複歸於樸)"(『장자』 '산목')고 주장했다면 유가는 감관의 즐거움을 허가하는 입장에서 '인간의 소리'를 중시했으며 "문(文)은 질(質)과 같아야 하고, 질이 문과 같아야만 하며(文猶質也, 質猶文也)", "문식(겉차림)과 실질(바탕)이 조화를 이루어야 군자가 된다(文質彬彬, 然後君子)"(『논어』 '안연')고 주장했다. 또 만약 도가에서 주장한 예술적 추구가 일부 '질'을 중시하고 '문'을 소홀히 했다면 유가에서 추구한 예술은 '질'과 '문' 모두 중시했던 것이다. 구체적으로 말하면 '문'은 인간의 감관적인 즐거움을 만족시켜주는 것으로 눈과 귀를 즐겁게 하는 것이고, '질'은 사람들의 정신적 즐거움을 만족시켜주는 것, 즉 사람의 의지와 마음을 즐겁게 해주는 것이다. 물론 '문'과 '질'에서 가장 근본적인 것은 '질'이다. 이것이 바로 나날이 형식화되고 세속화되어가는 예악 문화에 직면하여 유가가 도가와 마찬가지로 이에 심각한 비판을 가하게 된 원인이기도 하다.

하지만 '질'만 있고 '문'이 없는 것도 마찬가지로 유가에서 추구하는 예술이 아니다. 유가에도 "악이라는 것은 황종(黃鍾)이나 대려(大呂) 등의 율려나 현악기에 맞춘 노래 또는 방패를 들고 춤을 추는 것이 아니다.

이러한 것은 악의 말단 마디에 불과한 것(樂者, 非謂黃鍾大呂弦歌幹揚也, 樂之未節也)"[『예기』 '악기(樂記)']이라는 견해가 있지만 이른바 "본바탕이 겉치레를 능가하면 질박하게 된다(質勝文則野)"(『논어』 '옹야')고 한 것이나, 또 이른바 "살아 있는 이를 섬기는 데 충성된 마음이 두텁지 않고 공경하는 데 문(文)이 없는 것을 '비속(野)'하다 이르고 죽은 이를 보내는 데 충성된 마음이 두텁지 않고 공경하는 데 문(文)이 없는 것을 '척박(瘠薄)'하다 이르는 것이니 군자는 비속한 것을 천하게 여기고 척박한 것을 부끄럽게 여긴다(故事生不忠厚不敬文謂之野; 送死不忠厚不敬文謂之瘠. 君子賤野而羞瘠)"(『순자』 '예론')고 한 것과 같은 유가의 원시적 주장들은 본질만 중시하고 형상을 중시하지 않으면 유가의 예술적 주장을 대표할 수 없다는 점을 잘 보여주고 있다. 묵자가 "공자는 화려한 수식으로 세상을 속이고, 거문고와 북과 춤으로 사람들을 모으고, 등강(登降)의 예를 복잡하게 하여 의표(儀表)의 시범을 보이며 추상(趨翔)의 예절에 힘써 무리에 뽐내고 있다(孔某盛容修飾以蠱世, 弦歌鼓舞以聚徒, 繁登降之禮以示儀, 務趨翔之節以觀衆)"[『묵자』 '비유(非儒)' 하(下)]고 비판한 데서 우리는 '문'에 대한 유가의 중시 정도를 쉽게 볼 수 있다. 자공(子貢)이 이르기를 "문(文)이 질(質)과 같고, 또 질(質)이 문(文)과 같으면, 이는 털을 뽑아낸 호랑이와 표범의 가죽이 털을 뽑아낸 개와 양의 가죽과 같아지는 격이 되는 셈이다(文猶質也, 質猶文也, 虎豹之鞟猶犬羊之鞟)"(『논어』 '안연')라고 했는데 '질'만 있고 '문'이 없다면 털 뽑힌 호랑이와 표범의 가죽이 털 없는 개와 양의 가죽과 다를 바 없다고 했다. 이처럼 유가에서 추구하는 이상적인 예술은 그 품격에서도 필연적으로 도가의 평범하고 소박한 것과 서로 다르며 그들이 추구하는 이상적인 예술은 격식에 맞게 아름다우며 형상과 본질이 모두 뛰어나다.

하지만 유가와 도가의 예술적 추구에 나타난 변별점과 차이점은 여기

서 그치지 않았다. 도가에서 자연을 존중하고 '무위(無爲)'를 주장함으로
써 예술을 오직 인류가 생태계의 조화를 체험하는 수단으로 여겼다면 유
가에서는 인간의 자주성과 능동성을 존중하면서 인간이 자연과 사회 과
정에 대한 적극적인 참여를 강조함으로써 예술을 인류가 생태적 조화를
실현하고 구축하는 도구로 여겼다. 상고 시대부터 중국에서는 '악(樂)'이
하나의 종합적 예술 형태로 존재했으며 생태적 조화를 실현하고 구축하
는 도구로 간주되었다. 그 전형적인 예가 바로 "신과 사람이 조화를 이
룬 것(神人以和)"과 "음악으로 바람을 조절한 것(樂以調風)"이다. 초기
에 사람들은 늘 원시적인 의식을 통해 사람과 자연의 생태적 조화를 추
구했다. "신과 사람이 조화를 이루는" 원시적인 무속 의식에서 '음악'은
매우 중요한 역할을 했다. 옛사람들은 사람 마음의 조화가 음악적 조화
를 통해 우주의 조화를 추진할 수 있을 것이라고 믿었기에 "이로 인해
음악은 또한 의식의 대명사로도 불리기도 했다."35) 다시 말하면 조화를
이룬 음악은 사람들이 인간과 신의 조화를 체험하는 데 도움을 주고 아
울러 우주와 자연을 주관하는 신인(神人)을 통해 인간과 자연, 인간과
우주 간의 조화를 추진한다고 보았던 것이다.

농업을 위주로 하던 고대 중국에서 '악(樂)'의 또 다른 주요 기능은
바로 "음악으로 바람을 소절하는 것(樂以調風)"이었다. 『국어(國語)』
'진어(晉語)'에는 다음과 같은 바람에 대한 관측 기록이 있다.

○ 입춘 전에는 양기(陽氣)가 가득 차서 위로 상승하고 토지가 녹아 푹신해
   진다. 기상(氣象)과 농사를 책임진 여러 관원들은 별자리와 해와 달의 변
   화, 기상과 풍토의 변화를 자세히 관찰하여 수시로 군왕께 상황을 보고하
   며 후자는 여러 관원들에게 농사 준비를 잘하라고 독촉한다. 이때 악관
   (樂官)이 맡은 하나의 직책이 바로 악기의 음향 효과를 통해 풍토의 변화
   를 측정하는 것인데 협풍(協風)이 올지 안 올지를 판단한다. 바람은 음악

---

35) 張法, 『中西美學與文化精神』(北京大學出版社, 1994), 63면.

(의식) 과정에서 감지된다. 반면에 음악(의식) 과정도 바람에 영향을 주는 데 음악을 통해 풍우순조를 이룬다.36)

이외에도 『좌전(左傳)』에 나온 "천자가 바람을 관측하고 음악을 지었다(天子省風以作樂)"[『좌전』 '소공 21년(昭公二十一年)']는 기록, 『국어』에서 나온 "음악으로 산천의 바람을 열었다(樂以開山之風)" [『국어』 '진어(晉語)' 8]와 "우막(虞幕)이 협풍(協風)을 듣고 음악을 만들었다(虞幕能聽協風以成樂)"(『국어』 '진어' 8)는 등등의 기록들도 다 비슷한 주장들이다.

"신과 사람이 조화를 이루는 것"이든 "음악을 통해 바람을 조절하는 것"이든 그 최종 목적은 모두 사람과 자연, 사람과 우주의 생태적 조화를 이루는 데 있었다. 말하자면 '악(樂)'은 사람과 자연의 관계를 조절하는 매개체이자 도구인 것이다. 그리고 학자들의 고증에 따르면, 전자와 후자는 모두 유가와 어느 정도 어원적 관계를 맺고 있다고 한다. 장타이옌(章太炎)의 주장에 의하면, 한자 '유(儒)'는 고대 문자에서 원래 '수(需)'로 적었는데 '수(需)'는 또 비를 구하는 무당을 뜻하는 한자였다고 한다. 최근 어떤 사람이 『주역』 '수괘(需卦)'의 점괘를 풀이한 글에서 고증한 바에 따르면, '수(需)'는 '술사(術士)'들이 점을 보는 행위 또는 은나라의 무속 제례 의식에서 쓰는 '예(禮)'를 뜻한다고 한다. 또 일본 학자 가토 조겐(加藤常賢)의 해석에 따르면, 무축(巫祝)과 복사(蔔仕) 등은 모두 고대 생활의 중심에서 생활했던 성자(聖者)와 지자(智者)로, 고대 문화와 예의를 소지한 자들이었다고 한다. 다시 말하면 유학과 무당은 전혀 관계없는 게 아니라는 것이다. 공자와 그의 제자들도 무축과 복사들에게서 비교적 수준 높은 실용적이고 이성적이며 전통적인 '군자유(君子儒)'를 계승했다고 한다. 또 다른 사람들의 고증에 따르면, 유가의 기원은 악사(樂師),

36) 張法, 『中國美學史』(上海人民出版社, 2000), 23면.

즉 앞선 시기에 교육과 의식을 주관하던 악관(樂官)과 관련이 있다고 한
다.37) 이런 기원설들은 유가가 '악'을 생태적 조화를 실현하는 매개와 수
단으로 여겼을 가능성이 크다는 것을 의미한다. 실제로도 그랬는데, "고
로 성인이 음악을 만든 것은 음악으로 조화로운 마음을 선양하여 천지간
에 이르고 천지간의 기를 모아 대화(大和)를 이루고자 함이다(故聖人作
樂, 以宣暢其和心, 達於天地, 天地之氣感而大和焉)"[『주돈이집(周敦頤
集)』권 2 '악중(樂中)']라는 주장이 바로 가장 좋은 예증이다.

  그러나 유가는 자연이 아닌 사회에 입각했기 때문에 자연과의 조화를
추구하는 도가와 달리 비록 자연 생태계의 조화를 취급하긴 했지만 이론
의 중심을 시종일관 사회 생태계의 조화에 두고 있다. 그리하여 사회 생
태계의 조화를 체험하고 재구축하는 것이 유가에서 추구하는 예술적 목
표가 되었다. 순자가 "무릇 노래와 음악은 사람에게 들어감이 깊고 그것
이 사람을 변화시킴도 빠르다. 고로 선왕께서는 삼가 그 문(文)을 만드셨
다. 음악이 중정하고 화평하면 백성이 화합하며 빗나가지 않고, 음악이
엄숙하고 장엄하면 백성들이 질서가 있어 어지럽지 않게 된다(夫聲樂之
入人也深, 其化人也速, 故先王謹爲之文, 樂中平則民和而不流, 樂肅
莊則民齊而不亂)"라고 주장한 것이라든가 "음악이란 종묘에서 임금과
신하 윗사람과 아랫사람이 함께 들으면 곧 화합하고 공경하지 않음이 없
고, 집안에서 부모 자식과 형제들이 함께 들으면 화합하고 친해지지 않
음이 없으며, 향리 집안 어른들 중에서 노소가 함께 들으면 화목하고 순
종하지 않음이 없다. 고로 음악이란 하나를 살핌으로써 조화를 정하는
것이다(樂在宗廟之中, 君臣上下同聽之, 則莫不和敬; 在閨門之內, 父
子兄弟同聽之, 則莫不和親; 在族長鄕裏之中, 長幼同聽之, 則莫不和
順. 故樂者, 審一以定和者也)"(『순자』'악론')라고 주장한 것, 또 『예기』

---

37) 葛兆光, 『中國思想史』제1권(復旦大學出版社, 2001), 88~89면.

'악기'에서 말한 "부자와 군신이 화합하고 만민이 화목하도록 하는 것이
다(合和父子君臣, 附親萬民)"라는 주장 등은 모두 음악이 사회 생태계
의 조화를 이루는 데 있어서의 적극적인 역할을 강조한 것이다.

전체적으로 말하면, 화려하고 정교한 예술 형식을 얕잡아 보며 "소
리 없는 가운데서 홀로 조화하는 소리를 듣는(無聲之中, 獨聞和焉)"
(『장자』'천지') 도가에 비해 유가는 자신들의 독특한 예술적 추구를
보여주고 있다. 그들은 사회적 조화를 실현하려는 견지에서 예악 문화
를 계승하고 재건할 것을 주장하며 관능적 미와 경지의 미를 동시에
주장하는 입장에서 이상적인 예술은 반드시 '진미진선(眞美眞善)'해
야 하며 "문(文)과 질(質)이 어우러져 아름다운 것이어야 한다"고 주장
한다. 또 그들은 "사람이 세상에서 가장 소중하다"는 관점에 입각하여
예술을 조화의 체험 수단으로 보는 동시에 조화의 실현 도구로 보고
있다.

제4절 유가의 생태적 지혜와 예술적 추구의 한계

1. '충효절의'와 개성의 자주성에 대한 배척

생태 관념에서 총체성과 자주성, 집단 이익과 개인 이익, 협력과 경쟁
등 상호 대립되며 보완하는 요소들은 그 어떤 건전한 유기체에 있어서든
동시에 병존한다. 이들은 음양의 양극처럼 서로 의뢰하고, 서로 제약하
며, 서로 영향을 주고, 서로 배합한다. 이러한 대립적인 요소들 간의 상
호 작용은 한 유기계(有機界)가 건전하게 운행할 수 있는 원동력이 된
다. 그러므로 둘 중 어느 하나가 없어서도 안 되고 둘 다 똑같이 중요하

다. 이런 현상은 사회 생태계도 예외가 아니다.

그러나 유교의 사회 이론을 분석해보면 그들의 관념 속에서 시종일관 한 가지가 빠져 있는 것을 발견할 수 있다. 그것은 완전히 없어지지 않았더라도 극도로 약화되어 있는 것인데, 바로 개체, 경쟁 및 자주성을 나타내는 하나의 극(極)이다. 유교에서 이것은 '악(惡)'의 극(極)이라고 불리며 일반적으로 '욕(慾)', '이(利)', '쟁(爭)'으로 묘사된다. 반면에 집단, 협력, 총체성을 뜻하는 또 다른 극인 '선(善)'은 일방적으로 강조되고 있는데 이것은 유가에서 늘 말하는 '인(仁)', '의(義)', '예(禮)' 등을 가리킨다. 때문에 이 두 가지 상호 제약하는 요소들이 심하게 균형을 잃은 상황을 유교의 생태적 지혜의 가장 심각한 한계라고 할 수 있다.

이러한 유교의 생태적 지혜의 한계는 일방적으로 사회 생태계의 집단적 이익을 확대하는 데서 가장 먼저 나타난다. 유가의 관점을 통틀어 볼 때, '인'이든 '의'든 아니면 '효'든 '충'이든 거의 모두가 '이타(利他)적인 것'을 기초로 하고 있다. 하지만 '이기(利己)적인 면'은 늘 소인배의 행위로 간주되어 질타를 받는다. 예를 들면 "군자는 의를 밝히고 소인은 이익을 밝힌다(君子喩於義, 小人喩於利)"라든가 "군자는 덕행에 관심을 갖고 소인은 땅에 관심을 두며, 군자는 규범에 관심을 갖고 소인은 혜택에만 관심을 둔다(君子懷德, 小人懷土; 君子懷刑, 小人懷惠)(『논어』 '이인')라든가, 또는 "오직 인의(仁義)만 있을진대 하필 이익을 말하겠는가?(亦有仁義而已矣, 何必曰利?)"(『맹자』 '양혜왕' 상)라는 등의 관점은 모두 이타적인 것을 확대하고 이기적인 것을 폄하하는 사상의 가장 전형적인 표현들이다.

특히 개체를 기반으로 한 서방 문화와 유가 사상을 비교한다면 그 개체 이익을 무시하는 경향이 더욱 뚜렷하게 보인다. 중국 학자 치완량(齊萬良)은 다음과 같이 말한 바 있다.

○ 개인은 사회 제약 관계의 핵심이자 주체이며, 사회 제약 관계는 개인의
이익을 중추로 한 조절 체계다. 근대 서방의 이런 관점과 어긋나는 전통
적인 유가는 개인 이익에 대한 고려를 근본적으로 포기했던 것이다. 혹자
는 이르기를 개체 이익이 완전히 추상적인 단체 이익에 의해 대체되었는
데, 이른바 '도(道)'에 의해 엄폐되었다고 한다.[38]

물론 만약 유가 선현들이 개인 이익에 대한 고려를 근본적으로 포기
했다거나 또는 개체 이익이 완전히 단체 이익으로 대체되었다면 이것도
사실에 완전히 부합되지는 않는다. 어떤 의미에서는 그들도 "부와 고귀
한 신분은 사람마다 모두 탐내는 것(富與貴, 是人之所慾也)"(『논어』 '이
인')임을 승인하며, 개인 이익을 적당히 만족시켜주는 데 대해서는 반대
하지 않았다. 다만 이기(利己)와 이타(利他), 개인 이익과 단체 이익이
모순되어 양자를 다 얻을 수 없을 경우, 긍정적으로 포기하는 쪽은 바로
전자였던 것이다. 이른바 "부와 고귀한 신분은 사람마다 모두 탐내는 것
이긴 하지만 부당한 방법으로 얻으려 하지 말아야 하며, 가난과 비천한
신분은 사람마다 싫어하는 것이지만 그릇된 방법으로 그것을 피하려 들
지 말아야 한다(富與貴, 是人之所慾也, 不以其道得之, 不處也; 貧與賤,
是人之所惡也, 不以其道得之, 不去也)"(『논어』 '이인')고 하면서 "죽지
않고 사는 것도 내가 원하는 것이고 의로운 삶을 지향하는 것도 내가
바라는 것이지만 이 양자를 다 이룰 수 없다면 사는 것을 버리고 의리를
취하는 쪽을 택하겠다(生亦我所慾也, 義亦我所慾也; 二者不可得兼, 舍
生而取義者也)"[『맹자』 '고자(古子)' 상(上)]고 한 것은 바로 가장 좋은
예다. 이러한 의미에서 유가는 또 분명히 개인 이익을 소홀히 하는 경향
이 있다. 유가 경전을 읽어보면 이를테면 "선비가 도에 뜻을 두었다 해
도 어지러운 옷과 더러운 음식을 부끄럽게 여긴다면 함께 의논할 상대가

못 된다(士志於道, 而恥惡衣惡食者, 未足與議也)"(『논어』 '이인')라든가, 또 "의를 정당하게 하려면 그 이익을 따지지 말아야 하며, 도를 밝게 하려면 그 공을 따지지 말아야 한다(正其義不謀其利, 明其道不計其功)"[『한서(漢書)』 '동중서전(董仲舒傳)']라든가 심지어 이를테면 "천지(天地)를 보존하고 인욕(人慾)을 멸하라(存天理, 滅人慾)"라는 등의 문구들이 적지 않게 보인다.

그다음으로, 유가의 생태 지혜의 한계는 협력을 극력 숭배하면서 근본적으로 경쟁을 부정하는 데서도 나타난다. 사회 생태계는 하나의 자조직 계통(自組織系統)으로서 협력과 경쟁은 상호 보완적이므로 어느 하나도 없어서는 안 된다. 이 두 가지 요소의 상호 작용은 곧바로 하나의 자조직 계통이 끊임없이 발전, 진화하게 되는 내적 원동력이다. 즉 "자계통(子系統)의 경쟁은 계통으로 하여금 평형 조건 아래 자계통 중의 일부 운동 경향과 연합하여 한층 더 증대되고 우위적인 지위를 차지하게 함으로써 계통의 전체적 진화를 지배하게 한다."[39] 말하자면 오직 협력과 경쟁이 동시에 병존하고 아울러 상호 의존하고, 상호 제약하며, 상호 작용할 때만 비로소 하나의 정상적인 사회적 계통이 끊임없이 진화, 발전할 수 있다. 그렇지 않고 어느 하나라도 잃으면 전체 사회 계통이 멈추고 심지어는 죽어버리게 된다.

그러나 유가는 오히려 종래로 경쟁의 적극적인 역할을 진정 인식해본 적이 없는 것 같다. 반대로 그들이 볼 때 경쟁이 사회적 계통에 가져다주는 것은 혼란 외에 바로 재앙인바, 역시 이른바 "다툼은 바로 재앙이고(爭者禍也)"(『순자』 '부국'), "다투면 혼란이 생기며 혼란하면 궁핍해진다(爭卽亂, 亂卽窮)"(『순자』 '왕제')는 결과라는 것이다. 이러한 사상 관념 아래 그런 경쟁을 숭배하는 사람들도 자연히 유가로 해서 부끄럽게

---

39) 吳彤, 『自組織方法論硏究』(淸華大學出版社, 2001), 49면.

생각하지 않게 되었다. 춘추 시대 오패(五覇)는 각자 모두 일대 호걸들
이나 "공자님의 문하생인 오척 동자도 오패라면 부끄럽게 생각했다(仲
尼之門人, 五尺之竪子, 言羞稱五伯)"[『순자』 '중니(仲尼)']. 그 근본 원
인은 오패가 이익을 다투며, 모두 "서로 화려함을 다투고 인(仁)을 부르
짖으면서도 이익을 마다하지 않은 것(以讓飾爭, 依乎仁而蹈利者也)"
(『순자』 '중니')에 있었다. 때문에 유가의 입장에서 볼 때, 그들은 '소인
(小人)'이라 할지라도 기껏해야 '소인지걸(小人之傑)'로 부를 수밖에 없
었다. 유가 선현들의 안중에 진정한 군자는 응당 "자기가 옳다고 믿어도
다투지 말아야 했다(矜以不爭)"(『논어』 '위령공'). 심지어 군자뿐만 아니
라 "선비 이상은 모두가 이익을 챙기는 것을 부끄럽게 생각하여 백성들
과 업을 다투지 않고 그 은혜를 즐기되 재부의 축적을 수치로 생각해야
한다(從士以上皆羞利而不與民爭業, 樂分施而恥積藏)"(『순자』 '대략')
고 보았다.

요컨대 사람은 응당 의(義)를 중히 여기고 이(利)를 중요하게 여기지
말아야 하며 서로 화목하고 다투지 말아야 한다는 것이다. 기실 여기에
바로 유가가 숭앙하는 예악교화(禮樂敎化)의 근본 목적이 있으며 그들
스스로의 말을 빌리면 "먼저 공경하고 양보하며 백성들과 서로 다투지
않으며, 예악(禮樂)으로 인도하되 백성들과 화목해야 한다(先之以敬讓,
而民不爭, 導之以禮樂, 而民和睦)"[『효경(孝經)』 '삼재장(三才章)']는
것이다. 이렇게 했기 때문에 유가의 선현들이 계획한 이상 사회에서는
근본적으로 경쟁이 있을 수 없으며 경쟁을 격려하지도 않았다. 만약 이
러한 논리에 따른다면 경쟁은 인간의 실생활 중에 그 어떤 합법적 존재
의 권리도 없다. 그러나 많은 사회 실천이 보여주었다시피 자연 생태계
의 진화나 사회 생태계의 발전을 막론하고 경쟁은 모두 근본적인 원동력
의 하나였다. 전자의 구체적 표현은 생물학적 영역의 적자생존이고, 후
자의 구체적 표현은 경제학 영역의 경쟁 이론이다.

마지막으로 유가의 생태적 지혜가 갖고 있는 또 하나의 선명한 한계는 바로 그들이 사회 생태계의 정체성을 지나치게 강조한 나머지 개체 성원들의 주체성을 엄중히 억압한 데 있다. 이에 비교해 말한다면 만약 근대 서방 문화의 결함이 바로 편파적으로 개체로서의 인간 주체성을 강조한 나머지 사회적 성원으로서의 인간 정체성을 소홀히 하거나, 또는 개인의 이익을 수호한 나머지 단체 이익을 소홀히 한 것이라면 이와는 정반대로 유가 문화는 편파적으로 사회적 성원으로서의 인간 정체성을 강조한 나머지 개체로서의 인간 주체성을 소홀히 하고 단체의 이익을 치중하여 수호한 나머지 오히려 상대적으로 개체의 이익을 소홀히 한 결함이 있다. 이 점에서는 유가와 도가가 지극히 유사한 점이 있다. 양자는 다 인류 개체의 주체성에 대해 충분한 인식을 갖고 있지 못했기 때문에 제대로 존중하지 못했다. 그러나 양자의 구체적 표현을 자세히 살펴보면 일부 다른 점도 있는바, 도가의 결함은 인간이 환경에 대한 피동적 적응을 지나치게 강조한 것이고, 유가의 결함은 지나치게 엄격한 등급 질서를 추구한 것이다.

객관적으로 말하면 유가는 총체적 수요에서 출발하여 하나의 완전한 윤리적 규범을 만들어 그것으로써 개체 행위를 제한하려고 한 노력은 매우 적극적인 의미를 가진다. 역사학자 도널드 워스터는 오랜 역사 연구 과정에서 얻은 경험이, 어떤 영속성(장기성) 사회든 사냥과 채집 기술에 근거했든 농업 기술에 근거했든 간에 모두 하나의 가장 중요한 특징을 갖는데 그것이 바로 인간이 각종 규범을 창조하여 자기의 행위를 제한하는 현상이라는 것이다. 그중에는 많은 규칙들이 있는데, 때로는 완전히 목적, 의식적으로 만들어낸 것도 있고 때로는 민간 풍습에 체현된 것도 있다고 한다. 하지만 이는 모두 익숙한 국부적인 경험에서 형성된 것으로서 그들은 결코 자연계 또는 사회단체를 이탈하여 독립적으로 존재하려 하지 않았을 뿐만 아니라 개인의 창조성의 제한을 원망하지도 않았으며, 오히려 자발적으로 자신에게 맞추어진 많은 제한을 수용하여 서로 지속적으로 실행한다고 했다. 또한 그들이 규칙을 실행하는 방법은 현대 미국인들의 프라이버시 기준과 공정 기준에 맞지 않으며 당대의 강렬한 개인 권리 의식과도 어울리지 않는 동시에 그러한 규칙들은 당연히 창조력이나 적극성을 억제하게 된다는 것이다. 그러나 총괄적으로 역사를 보면 이런 규칙들을 소유함과 동시에 이에 대한 강력한 실행은 장기적인 생태 생존의 필요조건인 듯하다는 점을 발견하게 된다.[40]

이렇게 말하면 유가의 사회 윤리 건설은 실제로 일종의 역사적 필연인바, 사람들이 농경 사회에서 장기간 자연과 교제하는 생태 실천 중에서 얻은 필연적 선택이었다고 말할 수 있다. 이른바 "사람이 살아가면서 사회적 집단을 떠날 수 없으나 집단을 이룬 뒤에 등급과 명분의 구별이 없으면 다툼이 생긴다. 다툼이 생기면 동란이 생기고, 동란이 생기면 민심이 흩어지게 되고, 민심이 흩어지면 힘이 쇠약해지고, 쇠약해지면 외부의 사물을 전승할 수 없으므로 궁실에서 평안히 살 수 없게 된다(人生不能無群, 群而無分則爭, 爭則亂, 亂則離, 離則弱, 弱則不能勝物, 故宮室不可得而居也)"(『순자』 '왕제')는 것이다. 인간은 사회적 동물로서 반드시 집단 거주의 형식으로 생활하게 되며 그 사회단체는 곧 하나의 유기 계통을 이루게 된다. 그 속에서 만약 일정한 규칙과 등급 없이 전체 계통의 화목과 정체성을 유지한다는 것은 불가능한 일이다. 이런 시각에서 말하면 유가의 이른바 "무리는 명분이 없을 수 없으며(群而不能無分)"(『순자』 '왕제'), "의(義)는 분(分)으로 조화하고, 조화는 일치한 단합을 이루고, 하나로 단합되면 힘이 커지고, 또 힘이 세지면 강해지게 되며 강성해지면 곧 외계 사물을 이길 수 있으므로 사람들은 집에서 평안하게 살 수 있다(義以分則和, 和則一, 一則多力, 多力則强, 强則勝

---

40) 도널드 워스터, 『自然的經濟體系: 生態思想史』, 侯文惠 譯(商務印書館, 1999), 497면.

物, 故宮室可得而居也)"(『순자』 '왕제')고 주장한 관점에는 일정한 도
리가 있다. 그리고 오직 일정한 규칙과 질서를 통해서만 각 구성원들이
각자 자기 위치에서 자신의 소임을 다할 수 있는 고로 "귀천에 등급 차
이가 있고, 장유(長幼)에도 차별이 있으며, 재산의 많고 적음과 지위의
높고 낮음에 다 적응할 수 있으며(貴賤有等, 長幼有差, 貧富輕重皆有
稱者)"(『순자』 '부국'), 또 "사람들로 하여금 각자 자기 맡은바 일이 있
고 거기서 만족스러운 지위와 일을 배치받으며 그런 연후에 곡식과 봉록
의 많고 적음도 그것에 맞추게 된다(使人載其事而各得其宜, 然後使穀
祿多少厚薄之稱)"[『순자』 '영욕(榮辱)']는 것이다. 오직 이렇게 해야 비
로소 진정으로 "무리가 살고 상호 화목하게 하는 도(群居和一之道)"(『순
자』 '영욕')가 될 것이며, 또 이렇게 해야 진정 조화로운 하나의 정체(正
體)를 이룰 수 있는 것이다. 이렇게 말한다면 질서의 존재와 등급의 분
별은 실제상 사회 계통의 조화를 실현하는 필수 조건이며 유가가 존비와
귀천을 구분한 '예(禮)'를 이용한 최종 목적은 바로 사회 인생의 조화를
실현하기 위한 것이었다. 이른바 "예를 행함에 있어 조화로움을 가장 귀
하게 여긴다. 옛날 제왕들은 도를 행함에 있어 이를 으뜸으로 귀하게 여
겼다(禮之用, 和爲貴, 先王之道, 斯爲美)"(『논어』 '학이')고 한 것은 바
로 이러한 도리를 말한 것이다.

그러나 문제는 이러한 규칙의 제한을 어느 정도로 장악하느냐에 있
다. 만약 이런 질서와 등급이 전체 사회 계통의 조화와 정체성을 유지하
면서도 개체 자유나 자주성에 해를 끼치지 않는 정상적인 발휘라면 우리
는 그러한 규칙을 완전히 적극적이고 유효한 것이라고 말할 수 있다. 하
지만 규칙 제한의 중요성을 지나치게 확대하면 그 사이의 등급 질서가
지나치게 엄격해지거나, 또는 지나치게 도식화하면 필연코 개체의 자유
또는 자주성을 질식시킬 뿐만 아니라 전체 사회 생태계가 생기를 잃을
수도 있다. 이런 의미에서 말하면 유가의 문제점은 그들이 예의 규범과

등급 질서를 중시한 데 있는 것이 아니라 지나치게 중시했거나 또는 심지어 예의 규범과 등급 질서만 중시한 데 있는 것이다. 말하자면 이런 예의 규범과 등급 질서에 대한 중시는 이미 그 정상적인 사회 계통이 허락하는 범위를 크게 넘어선 것이다.

우리는 공자가 회복하려 했던 '주례(周禮)'가 일의 대소(大小)를 가리지 않은 전장 제도(典章制度)로서 사람의 의식주행(衣食住行)을 다 포함하며 관련되지 않은 데가 없음을 알고 있다. 입는 옷에 있어 반드시 "천자는 용을 수놓은 붉은색 예복에 면류관을 쓰고. 제후는 교룡을 수놓은 검은색 예복에 면류관을 쓰며, 대부는 비(裨), 제복에 관을 쓰고, 선비는 흰 사슴 가죽으로 만든 관에 예복을 입어야 하며(天子袾裷衣冕, 諸侯玄裷衣冕, 大夫裨冕, 士皮弁服)"(『순자』 '부국') 이를 마음대로 바꾸어서는 안 되었다. 그렇지 않으면 "사악이 정의를 압도하는(紫之奪朱)"(『논어』 '양화') 착오를 범하게 된다고 보았다. 또 언행에 있어서도 "하대부들과 말할 때에는 곧으면서도 즐거운 자태를 취하고, 상대부들과 이야기할 때에는 부드러우면서도 사리가 분명하며, 임금이 계실 때에는 매우 공경스러우면서도 의젓하였으니(與下大夫言, 侃侃如也; 與上大夫言, 誾誾如也. 君在, 踧踖如也, 與與如也)"(『논어』 '향당') 그 언행을 똑같이 볼 수 없다고 했으며 그렇지 않으면 규범을 어지럽힐 수 있다는 것이다. 그리고 심미적 취미일지라도 완전히 자기 애호에 따라 마음대로 선택할 수도 없으며, 그렇지 않고 "팔일무를 뜰에서 추게 하는 짓을 참고 넘어간다면 또 어디에 참고 넘어갈 수 없는 일이 있겠는가?(八佾舞於庭, 是可忍,孰不可忍)"(『논어』 '팔일')라는 질책을 받을 수 있다는 것이다.

묵자 때부터 유가에 대해 "공자는 화려한 수식으로 세상을 속이고 거문고와 북과 춤으로 사람들을 모으고 등강(登降)의 예를 복잡하게 하여 의표(儀表)의 시범을 보이며 추상(趨翔)의 예절에 힘써 무리에 뽐내고 있다(盛容修飾以蠱世, 弦歌鼓舞以聚徒, 繁登降之禮以示儀, 務趨翔之

節以觀衆)"(『묵자』 '비유' 하)고 비판한 것을 보면 그 시기 유가의 예의 규범이 번쇄(煩瑣)했음을 가히 상상하고도 남음이 있다.

이로써 '예(禮)'는 유가에서 신성불가침의 위엄과 구속력을 지니게 되었다. 이른바 "선왕(先王)의 옷차림 규범이 아니라면 함부로 입지 않고 선왕의 언행 규범이 아니라면 함부로 논하지 않으며 선왕의 덕행이 아니면 함부로 따르지 말아야 한다. [……] 세 가지를 모두 겸비한 후에야 조상의 종묘를 지킬 수 있다(非先王之法服不敢服, 非先王之法言不敢道, 非先王之德行不敢行 [……] 三者備矣, 然後能守其宗廟)" [『효경』 '경대부장(卿大夫章)']고 한 것이나, 또 이른바 "친인(親人)을 가깝게 대하고 웃어른을 존경하며 선배를 섬기고 남녀는 구별하여 대해야 하는바, 이는 사람마다 지켜야 할 십분 중요한 도덕규범이다(親親, 尊尊, 長長, 男女之別, 人道之大者也)" [『예기』 '상복소기(喪服小記)']라고 한 것은 모두 이런 규범에 따른 것이다. 문제는 이런 예의 규범이 불가침법의 신성한 색채를 부여받으면 필연적으로 아무런 융통성도 없는 것으로 변할 수 있다는 점이다. 이 정도로 엄격한 규칙 아래 개체로서의 인간은 다만 그에 따를 수밖에 없고 그 요구에 맞게 일을 처리할 수밖에 없는바, 이른바 '개성 자유'는 논의할 여지가 없는 것이다. 바로 어떤 학자가 말한 바와 같이 '예(禮)'는 사회 집단의 존재를 수호하기는 했지만 반면에 인간의 개성을 왜곡했던 것이다.[41] 이와 같이 "예가 아니면 보지 말고, 예가 아니면 듣지 말며, 예가 아니면 말하지 말고, 예가 아니면 움직이지도 말라(非禮勿視, 非禮勿聽, 非禮勿言, 非禮勿動)"(『논어』 '안연')는 규칙의 억압 아래 사람들의 일거수일투족은 걸핏하면 비난받게 되었으며 이런 상황에서 자주성과 능동성의 정상적인 발휘는 더욱더 논할 수 없었던 것이다. 어떤 이들은 공자가 중시하고 선양한 개인의 독립적 인격은 진

---

41) 齊萬良,「傳統儒家'禮'的社會整合功能與個體道德的悖禮行爲」,『陝西師大學報』哲學版(1995년 제4기).

짜로 "역사적인 오해일 것"이라고 말한다. 그러나 학자 쉬지시(徐緝熙)는 이러한 관점에 반대하고 있다. 그는 공자가 '인격'에 대해 말한 적이 있다고 하지만 이는 다만 규범화, 유형화된 인격이지 인간의 독립적 개성은 절대 아니라고 말했다. 실제로 유가가 말한 인격은 일반 사람들에게 다 필요한 '격(格)'(즉 규범)의 뜻이지 개성에 대한 발양은 아니었다. 공자의 사상에서 근본적으로 이른바 개성은 없으며 개인의 독립적 개성은 더더욱 논할 여지가 없다.[42)]

사실 필자가 보건대, 공자뿐만 아니라 유가 사상에는 총체적으로 개성 혹은 자주성을 억압하는 경향이 있다. 비록 그들이 힘써 "임금은 임금답고, 신하는 신하답고, 아버지는 아버지답고, 자식은 자식다워야 한다(君君, 臣臣, 父父, 子子)"는 사회 윤리를 "부모는 자비를 베풀고 자식은 효도하며(父慈子孝)", "임금은 어질고 신하는 충성하는(君仁臣忠)" 자연적인 인정(人情) 위에 수립했지만 일단 따뜻한 정감이 넘쳐흐르는 그 인애(仁愛)의 베일을 벗기면 엄격한 등급 관념이 숨김없이 드러난다. 이른바 "임금이 죽으라면 신하는 부득불 죽고, 부모가 자식더러 도망가라면 자식은 도망가야 하며", 죽지 않으면 '불충(不忠)'이고 도망가지 않으면 '불효(不孝)'란 것도 그렇고, 또 이른바 "아버지의 친구를 만났을 때 들어오라는 말을 하지 않으면 들어가지 말고, 물러가라는 말이 없으면 함부로 내려가지 말며 묻지 않으면 함부로 대답하지 않는 것이 바로 효자의 행실이다(見父之執, 不謂之進, 不敢進, 不謂之退, 不敢退, 不問不敢對, 此孝子之行也)"[『예기』 '곡례(曲禮)' 상(上)]라는 것도 모두 이런 관념을 보여준 것이다. 그러므로 인애의 베일에 싸인 것은 실제로 자식은 부모에게, 신하는 임금에게, 아내는 남편에게 무조건 복종하는 것이다. 털어놓고 말하면 이 같은 무조건 복종에는 바로 유가의 '충효'관

---

42) 徐緝熙,「對一種學說的解剖 – '論語', 儒學及其他」, 收入『遁世與救世 – 中國文化名著新評』(上海文藝出版社, 1991).

의 중요한 내포가 들어 있다. 그리고 '충효'의 관념 위에 수립된 사회 윤리 제도는 스스로 자연스럽게 위에서 아래에 이르기까지 엄격한 등급 통제 메커니즘을 형성했던 것이다.

바로 학자들이 말한 바와 같이 자연 생태계의 진화, 발전은 오늘에 이르러 독립적인 계통이 실제로 이미 매우 적게 존재하며 절대다수의 계통은 모두 계층의 방식으로 존재한다. 즉 하나의 계통이 몇 개 자계통(子系統)을 포함하며 또 하나하나의 자계통은 또 각각 자기 자계통을 포함하고 있는바, 다른 것들은 이에 의해 유추할 수 있다는 것이다. 이러한 논리에 따르면 유가 사상의 사회는 바로 전형적인 등급 계통인바, 만약 한 사람을 위로부터 따진다면 개인→가족→국가로 볼 수 있다. 당연히 한 개인을 아래로부터 따져보면 기관←세포(즉 진핵 세포)←세포 기관(전신은 지구 상에 나타난 가장 오래된 생물 즉 원핵세포)으로 볼 수 있다. 만약 이런 등급 계통을 완전하게 나타낸다면 세포 기관→세포→기관→개인→가족→국가다. 이 중에 매 단계 계통은 모두 부분적인 자주성을 보존하고 있는 동시에 서로 간에 또 공동으로 조화할 수 있어 일정한 정도의 정체성을 보여주기도 한다. 이런 공동적인 조화는 부분적인 자주성의 방식으로 전반적인 환경과 상호 작용하고 상호 교류한다. 자조직론(自組織論)자인 에리히 얀치(Erich Jantsch)는 이를 '등급별 자주성 또는 다층적 자아 유지성(Self production)'이라고 불렀다. 겉으로 보면 이런 다층차적 자주성은 유가 사상 중의 엄격한 통제 등급성과 매우 비슷해서 헷갈리기 쉽다. 그러나 실질적으로 양자 간에는 근본적인 차이가 존재한다. 얀치의 관점에 따르면 "등급 통제에서 정보는 아래에서 위로 유동하고 질서는 위에서 아래로 지령한다고 한다."[43] 그러나 유가적 등급 통제는 상호 조화, 상호 교류 방식이 아니라 일방적으로 상급이 하급

---

43) 에리히 얀치, 『自組織的宇宙觀』, 曾國屛 등 역(中國社會科學出版社, 1992), 280면.

에 명령하며 하급은 상급에 복종하는 방식으로 움직인다. 이런 상황에서 자주성은 필연코 억압당하고 정체성은 최대화된 방향으로 발전하게 된다. 이대로 나가면 계통 자체의 융통성은 필연적으로 점차 상실되고 자기 갱신 능력도 점차 약화되면서 나중에는 전체 계통이 평형 상태로 기울어져 진화가 정지되는 결과를 초래하게 된다. 때문에 만약 유가의 이러한 윤리 원칙이 현재의 사회 계통을 유지하는 온당성 위에서만 현저한 효과를 발휘한다면 이런 원칙은 해당 사회 계통이 시대와 함께 발전하는 방면에서는 오히려 심각한 질곡이 될 것이다.

2. '지호예의(止乎禮義)'와 예술 자유의 속박

만약 도가 사상의 주요 취지가 '자연지상(自然至上)'이라 한다면, 유가 사상의 주도적인 경향은 '도덕 우선(道德優先)'이다. 만약 자연지상의 관념이 인간의 예술 활동을 심각하게 억압했다면 도덕 우선의 경향은 예술 자유의 충분한 발휘를 강하게 속박했다고 말할 수 있다.

인위적인 예술을 반대한 도가와 달리 유가는 예술을 시종 중요한 위치에 놓았다. 이 점은 유가의 창시자인 공자의 주장들인 "시(詩)에서 흥취를 일으키게 되고, 예(禮)로써 올바른 행동을 할 수 있으며, 악(樂)으로써 자기를 완성하게 된다(興於詩, 立於禮, 成於樂)"(『논어』 '태백'), "도에 뜻을 두고, 덕을 지키고, 인에 의지하고 육예(六藝)에 노닐어야 한다(志於道, 據於德, 依於仁, 遊於藝)"(『논어』 '술이'), "얘들아, 왜 『시경』을 공부하지 않느냐? 시는 감흥을 일으킬 수도 있고 사물을 관찰할 수 있으며 조화를 꾀할 수도 있고 마음의 응어리를 풀 수도 있게 하며, 가까이는 부모님을 섬기게 하고, 멀리는 임금을 섬기게 하며, 짐승과 새, 나무와 풀의 이름도 많이 알게 한다(小子何莫學夫詩? 詩, 可以興, 可以

觀, 可以群, 可以怨. 邇之事父, 遠之事君. 多識於鳥獸草木之名)"(『논어』 '양화') 등등에서 그 총체적인 경향을 짐작할 수 있다. 하지만 예술이 설령 유가의 이론 체계에서 그처럼 높은 예우를 받았다 하더라도 이는 결코 예술이 유가의 선현들이 만들어놓은 탄탄대로를 따라 곧장 휘황한 미래로 나아갈 수 있다는 의미는 아니다. 예술이 그처럼 높은 예우를 받게 된 것은 이른바 예술 자체가 윤리적 교화(敎化) 구실만 했기 때문이었다.

유가는 비록 도가처럼 무위자연을 숭배하고 인위적인 창조를 반대하지는 않았지만 도리어 '도덕 우선'을 견지했던 것이다. 그러나 이 같은 원칙 아래 예술은 많은 경우에 도덕 윤리를 담는 도구로 전락했고, 또 그로 인해 마음껏 펼 수 있는 자유를 박탈당하고 신선한 생명력을 잃었다. 장샤오캉(張少康)과 류싼푸(劉三富)가 말한 것처럼 유가는 인성(人性)의 양성부터 '인의(仁義)'의 공통성으로 개성의 자유로운 발전을 억제했으며 '예(禮)'로써 자유로운 언론과 행동을 엄격하게 규범화했다. 그리고 이러한 모든 것이 선왕의 언행에 부합되는지를 준칙으로 삼고 자기 스스로 개인적인 의견을 발표하는 것을 허가하지 않았고 '이단(異端)'적인 사상의 존재도 허락하지 않았다. 다만 "옛것을 배워 전하기도 하되 창작하지는 않으며 옛것을 믿고 좋아하게 하는 것(述以不作, 信以好古)"(『논어』 '술이')뿐이었다 이런 엄격한 윤리적 도덕관념은 인간 창조력의 발휘를 크게 제한했으며 예술 창작과 예술 비평 이론의 건전한 발전에도 지극히 불리했다. 때문에 유가 사상의 영향 아래 예술 창작과 이론 비평은 늘 독창성이 결핍했고 복고와 모방의 색채가 농후했으며 봉건적 설교 요소가 매우 심했다.44) 원래 예술 창작은 개성과 자유로운 활동을 가장 중히 여긴다. 그러나 '시교(詩敎)', '악교(樂敎)'의 이론적 규범

---

44) 張少康·劉三富, 『中國文學理論批評發展史』(北京大學出版社, 1995), 27면.

아래 어떻게 그 개성과 자유를 실현할 수 있겠는가?

공자는 이르기를 "시에서 흥취를 일으키게 되고, 예로써 올바른 행동을 할 수 있으며, 악(樂)으로써 자기를 완성하게 된다(興於詩, 立於禮, 成於樂)"(『논어』 '태백')고 했다. 유가의 시조가 보건대 예술의 목적은 원래부터 바로 인간의 도덕 윤리 방면의 수양을 쌓도록 해주는 것이었던 것이다. 『시경(詩經)』 '위풍(衛風)·석인(碩人)' 중에 "방긋 웃으면 볼우물 일고, 아름다운 눈은 초롱초롱, 흰 바탕에 현란한 무늬 이루었네(巧笑倩兮, 美目盼兮, 素以爲絢兮)"라는 시구가 있는데 이는 원래 다만 여자의 아름다운 용모를 묘사한 것이었으나 공자는 도리어 "먼저 흰 바탕이 있은 후에야 비로소 그림 그리는 것이 가능하다(繪事後素)"는 논리로부터 "먼저 어진 성품을 갖춘 후에 예(禮)를 논할 수 있다"는 도리를 이끌어냄으로써 그 의미를 확대했다. 이는 도덕 우선의 예술 원칙이 일찍 공자에게서 이미 비교적 확실시되었다는 점을 보여준다. 바로 이러한 도덕 우선의 원칙에 따라 공자는 "정성(鄭聲, 민간 음악을 가리킴-옮긴이)을 버려라(放鄭聲)"고 요구했는바, 이는 인(仁)과 예(禮)를 갖춘 '아악(雅樂)'에 비할 때 '정성'이 세속적이고 감각 기관의 향락을 목적으로 한 심미적 경향을 대표하기 때문이었다. 말하자면 '정성'은 그 감정을 자연스럽게 표현할 뿐만 아니라 절제가 없어 사람들의 감성적 욕망을 쉽게 유발할 수 있어 인(仁)과 예(禮)를 내용으로 한 도덕적 성품을 양성하는 데 불리했기 때문이다. 마찬가지로 도덕 우선을 고려하여 공자는 또 '무악(武樂)'은 "아름다움은 다했으나" 오히려 "선(善)은 다하지 못했다"고 비판했다. 그것은 '무악'이 보여준 것이 무왕(武王)이 정벌을 통해 얻은 천하가 "덕(德)으로 정치를 해야 한다(爲政以德)"(『논어』 '위정')는 공자 자신의 윤리적 주장에 위배되기 때문이라는 것이다. 그러나 우리는 '정성'이든 '무악'이든 막론하고 그 자체가 예술로서 모두 상당히 성공적인 것임을 인정하지 않을 수 없다. 학자들의 고증에 따르면 '정성'은 실제 당시의 '신악(新樂)'을 가리킨 것인데 그 리듬이 명쾌하고 강렬했으며 가락 또한 높고 낮음의 변화가 비교적 크고 쉽게 사람들을 감동시켰기 때문에 많은 사랑을 받았다고 한다. 또 『예기』 '악기(樂記)'의 기록에 의하면 위문후(魏文侯)가 일찍 자기는 고악(古樂)을 들었을 때에는 십분 지루함을 느꼈고 피곤하여 잠을 자고 싶기까지 했으나 신악을 들었을 때에는 원기 백배하면서 즐거움으로 온갖 피로를 다 잊었다고 말한 바 있다 한다. 청나라 호인(胡寅)은 『명명자론어집해의소(明明子論語集解義疏)』에서 "춘추(春秋) 시대 여러 나라에서는 다 정음(鄭音)을 좋아했으며 가희(歌姬)들은 뇌물을 받아먹는 도구로 간주했다. 양공(襄公) 11년에 정(鄭)나라에서는 뇌물로 진(晉)나라에 '사리(師悝)', '사촉(師觸)', '사벌(師伐)'을 선물한 적이 있고, 양공(襄公) 15년에 정나라에서는 뇌물로 송(宋)나라에 '사탁(師蠋)', '사혜(師慧)'를 선물한 적이 있다. 위문후는 정위(鄭衛)의 음악을 즐겨 들었고, 조열후(趙烈侯)는 홀로 정나라와 위(衛)나라의 노래를 좋아했다"[45]고 말한 적이 있다. 그리고 '무악'에 대해서는 공자 스스로도 그것을 '진미(盡美)'한 것이라 인정했으므로 더 말할 필요도 없다. 이렇게 말하면 공자의 맹렬한 비판을 받았던 "아악(雅樂)을 어지럽힌 '정성(鄭聲)'이나 그 가치상 '진미(盡美)'가 크게 평가 절하되었지만 오히려 '진선(盡善)'한 '무악'이나를 막론하고 모두 예술화원에 피어난 여느 꽃보다도 뛰어난 한 떨기 진기한 꽃이므로 마땅히 건전하게 발전할 권리가 있다고 본다. 필경 그런 온유돈후(溫柔敦厚)하고 중정인화(中正仁和, 정직하고 어질고 화한)한 예술의 꽃송이는 아무리 아름답다 해도 어찌 여러 종의 아름다움을 다투는 꽃들과 필적할 수 있겠는가? 유감스러운 것은 도덕 우선의 원칙이 도리어 그런 기준에 부합하지 않은 예술의 꽃들을 건전하게 자라나지 못하게 하고 심지어 도중

---

45) 張少康·劉三富, 『中國文學理論批評發展史』(北京大學出版社, 1995), 38면.

에 요절하게 했다는 점이다.

또 하나 유감스러운 것은 유가는 비단 자기 심미 관념상의 단점을 의식하지 못했을 뿐만 아니라 도덕 우선의 원래 입장을 더욱더 강하게 고집했다는 점이다. 공맹(孔孟) 이후 또 다른 유가의 대표인 순자는『악론』에서 "도(道)로써 욕망을 억제한다(以道制慾)"는 명제를 제출하고 "문예 창작은 엄격히 '예의(禮義)'를 기본 내용으로 할 것을 요구했으며, 예의를 심미의 전제 조건으로 삼고 예의를 벗어난 문예 창작과 심미 관점을 용인하지 않았다. 이렇게 함으로써 문예와 미학이 예의의 종속물이 되게 했으며 예술의 창조력과 생명력을 질식시켰고 미학이 경직되게 했다."46) 그리고 사상에서는 순자의『악기(樂記)』를 계승하고, 또 분명히 예술은 인간 내심의 감정 표현이라는 것, 즉 "악(樂)이란 음(音)에서 나왔고 그 본질은 인간의 마음이 외계 사물에서 감동을 받아 나오는 것이다(樂者, 音之所由生也, 其本之在人心之感於物也)"라는 것과 관련되어 있지만 이는 절대로 유가가 이때부터 예술이 개인의 마음속 감정의 자유로운 토로와 표현임을 주장했다는 것은 아니다. 그 근본적인 입장은 여전히 도덕 우선이었기 때문에 그들은 반복적으로 "성음(聲音)의 도(道)와 정사(政事)는 통한다(聲音之道於政通)", "악(樂)은 윤리와 통한다(樂通於倫理)", "음악을 살펴보면 정치를 안다(審樂以知政)" 등을 강조했을 뿐만 아니라 아울러 오직 표현하는 감정이 사회 정치적 윤리와 도덕에 부합할 때만 '악(樂)'이라 할 수 있고 그렇지 못할 때에는 '음(音)'이라고 할 수밖에 없다는 점을 인정했다.

그리고 또한 음악 창작의 목적은 결국 "백성을 교화하고 선량함과 악한 것을 평정하고 사람의 도(道)를 바르게 하기 위한 것(敎平民好惡, 以反人道之正)"일 뿐이라고 보았다. 한(漢)나라 때에 이르러 "뭇 유학자들

---

46) 앞의 책, 56면.

의 수령(群儒首)"(『한서』 '동중서전')으로 불린 동중서는 "음악이란 민
풍과 풍습을 변화시키기도 한다. 백성들을 변화시키는 것도 쉽고 사람을
교화하는 것도 현저하다. 고로 성(聲)은 화(和)에서 나왔지만 정(情)에서
비롯된 것이며 피부를 통해 골수에 간직된 것이다(樂者, 所以變民心,
化民俗也; 其變民也易, 其化人也著)"[『춘추번로』 '거현량대책(擧賢良
對策)']라고 주장했다. 동중서의 미학 사상은 그전 시기 유학에 비해 "보
다 단면적이면서 극단적으로 미(美)와 예술을 '왕자(王者)'의 '교화(敎
化)'에 종속시켰을 뿐만 아니라 미와 예술을 교화를 실현하는 도구, 수
단으로 보면서 그것이 개체 인격의 형성 및 발전에서 일으키는 역할과
심미가 갖고 있는 다만 정치적 교화에만 국한되지 않은 특수한 기능에
대해서는 소홀히 했다."47)

　『모시서(毛詩序)』에 이르러서는 "부부 관계를 바르게 하고, 사람들이
효성과 존경심을 갖게 하며 윤리적으로 미덕을 훌륭히 갖추게 하고 잘
교화하며 풍습을 변화시켜야 한다(經夫婦, 成孝敬, 厚人倫, 美敎化, 移
風俗)"고 했는데 이는 문예(文藝)의 가치 전부를 기본적으로 개괄한 것
이나 다름없다. 하지만 그 "감정은 남녀 간의 정에서 생기나 예의의 제
한을 받는다(發乎情, 止乎禮義)"는 예술 원칙은 지극히 소극적인 역할
을 했다. 즉 이러한 원칙은 유가의 '예의'로써 감정에 대한 예술의 표현
을 제한했으며, 몇천 년 동안 지속되어온 '예의'는 중국의 수많은 예술
가들이 감히 뛰어넘을 수 없는 경계선이 되었던 것이다. 특히 『모시서』
가 나타난 동한(東漢) 시기, 지배층들의 이른바 '예의'는 보다 경직되고
삼엄한 등급 구분의 성격을 갖고 있었기 때문에 선진(先秦) 유가 사상
중에 다소 보존되었던 고대 민주 정신과 개체의 전면적인 발전을 중시했
던 사상은 이미 거의 다 상실되었다. 이러한 상황은 '지호예의(止乎禮

47) 李澤厚·劉綱紀,『中國美學史』, 先秦兩漢編(安徽文藝出版社, 1999), 470면.

義)'가 문예 발전에 더욱 해로운 질곡이 되었음을 보여준다.[48] 송나라 때 이르러 유학자들의 예술 창작의 자유 공간은 가련할 정도로 작아졌지만 도덕 우선의 원칙은 극치에 달했다. 정이(程頤)에 이르러 뜻밖에도 "문(文)은 도를 해치는 것이다(作文害道)"라고 주장하면서 예술 창작에 종사하는 것을 '완물상지(玩物喪志)'의 표현으로 보았다. 그리고 또 문(文)에 비해 시가(詩歌)는 비록 도(道)를 해칠 정도에는 이르지 않았지만 많은 정력과 시간을 허비하기 때문에 역시 정사(政事)를 방해한다는 혐의를 받게 되었고 결국 정이에 따르면 시는 "실없는 말"에 불과했던 것이다.[49] 주희(朱熹)도 "도(道)를 공부하는 것"이 천하에서 제일 중요한 일이라고 강조했으며 다만 사람들의 찬양을 받기 위해 예술 창작에 종사하는 사람들을 비웃으면서 "이는 지극히 자질구레한 일(此極微細事)"이라고 했다.[50] 그러면서 주희는 비록 예술의 가치를 완전히 부정하지는 않았지만 오직 그런 도덕 윤리에 부합되면서도 도덕 윤리 수양에 도움이 되는 작품만을 인정할 만한 존재의 범주에 넣었다. 예를 들면 문(文)은 마땅히 "도(道)에서 흘러나온 것"이어야 하며 무릇 도에서 나와 문(文)으로 표현된 것이면 최고라고 한 것, 그리고 또 시가에 한해서 말하면 비록 사람의 마음이 외계 사물에 감동되어 언어로 표현한 산물이지만 마음의 느낌은 사악한 것도 있고 바른 것도 있는바, 생각이 바르면 시도 바르고 생각이 사악하면 시도 사악하게 된다면서[51] 전자는 충분히 교훈으로 삼을 필요가 있고 후자는 조금도 취할 바가 못 된다고 한 것 등이 바로 그러한 경향을 보여준 예다.

---

48) 위의 책, 549면.
49) 郭紹虞 主編, 『中國歷代文論選』 제2권(上海古籍出版社, 2001), 284~285면.
50) 위의 책, 286면.
51) 葉朗 主編, 『中國歷代美學文庫』 宋·遼·金 卷下(高等敎育出版社, 2003), 352면.

제3장

도가의 생태적 지혜와 예술적 추구

제1절 우주 시야의 유기적인 총체론

유가와 달리 도가 학자들이 눈여겨본 것은 인류 사회가 아니라 우주 자연이었다. 그들은 자신들의 집중력을 사회 윤리에 대한 분석이 아니라 심오한 우주론에 두었다. 그런 까닭에 도가의 생태적 지혜는 유가보다 더 풍부해 보인다. 유가는 생태적 지혜의 이론적 바탕을 사회의 '인(人)'에 두었으며 그 논리적 추리 패턴은 개인→가족→국가→천하의 순서이다. 하지만 도가 사상은 이론적 시발점을 자연의 '도(道)'에 두었으며, 그 논리적 추리 패턴은 도→음양→자연 만물(사람까지 포함됨)의 순서였다. 유가는 미시적인 '인(仁)'(즉 개인의 사랑)에서 출발하여 처음부터 개체로서의 사람에 입각하여 인애(仁愛)의 힘을 빌려 전체적 범위까지 부단히 확장함으로써 결국 우주의 범위(즉 천하)에까지 이르도록 했다. 때문에 '인(仁)'을 토대로 천지 간의 모든 존재물을 혈맥상통하는 하나의 유기적인 총체로 보고 있다. 하지만 도가는 거시적인 '도'에서 출발한 뒤 우선 생태적 지혜의 유기적인 전일체에 입각하여 전체적인 시각에서 개체의 '인(人)'을 위해 그에 맞는 행위 규범과 가치 기준을 만들었다.

요컨대 유가에서 개체(인류 개체를 가리킴)에 입각하여 전체를 되돌아보고 체험했다면, 도가에서는 전체에 입각하여 개체를 재조명하고 규범을 만들었다. 또한 유가에서 윤리학의 시각으로 인류의 윤리적 관념을 실체화했다면, 도가에서는 존재론의 시각으로 인류를 위한 생의 의미와 귀의를 찾았다.

1. '도생만물(道生萬物)'의 총체론

도가의 유기적 총체론은 '도'를 논리적 출발점으로 삼아 구축한 것이다. '도'란 무엇일까? 일부 학자들의 연구에 의하면 '도'의 최초 원시적 이미지는 여자의 음부였다고 한다. 하지만 추상적인 존재론 과정에서 '도'는 나중에 우주의 본원, 만물의 시작점으로까지 올라갔다.[1] "도라 하는 것은 만물이 말미암은 바에서 취하였다(夫道也者, 取乎萬物之所由也)."[왕필(王弼), 『노자지략(老子指略)』] 다시 말하면, '도'는 천하 만물의 원초적 기원이고 우주 변화의 시작이란 것이다. 그러므로 『노자』에 이르기를, '도'는 "하늘과 땅 이전에 있으며(先天地生)", "우주의 어미로 삼을 만하도다(可以爲天下母)"(『노자』 25장)고 했다. 또 『장자』에 이르기를 '도'는 "스스로 만물의 근본과 뿌리가 되어 천지가 있기 전부터 이미 존재해왔다. 그것은 천상의 귀신과 상제님도 신령스럽게 했으며 하늘과 땅도 낳았다(自本自根, 未有天地, 自古以固存, 神鬼神帝, 生天生地)"(『장자』 '대종사')고 했다. 『회남자(淮南子)』에서는 이 문제를 더욱 구체적이면서 형상적으로 설명했다.

> ○ 무릇 하늘이 덮고 있는 것과, 땅이 싣고 있는 것은 육합(六合)으로 둘러싸여 있으며, 음양 조화가 기를 내뿜어 자라나게 하고, 비와 이슬로 적셔주어 도덕을 지탱하도록 돕는다. 이처럼 그 모든 것은 부모로부터 태어나고, 하나의 온화한 기운 속에 싸여 통제되어 있다(夫天之所覆, 地之所載, 六合所包, 陰陽所呴, 雨露所濡, 道德所扶, 此皆生一父母而閱一和也)." [『회남자』 '숙진훈(俶眞訓)']

이외에도 도가의 선현들은 자주 '도'를 '천하의 뿌리(天地根)', '곡신(穀神)', '현빈지문(玄牝之門)'으로 부르곤 했다. 하지만 어떤 설명이든

---

1) 文達三, 『老子新探』(嶽麓書社, 1995), 143면.

'도'의 본원적인 지위는 벗어나지 않았다.

'도'는 만물이 생겨나는 공동의 출발점일 뿐만 아니라 끊임없이 생장하고 번성하는 생명 창조의 힘이다. 때문에 『노자』에는 "도가 하나를 낳고, 하나가 둘을 낳고, 둘이 셋을 낳고, 셋이 만물을 낳는다(道生一, 一生二, 二生三, 三生萬物)"(42장)거나 "만물이 도에 의지하여 생겨난다(萬物恃之而生)"(34장)는 견해가 있다. 또한 『장자』에도 "도는 만물의 근원이 되는 것이다. 모든 물건이 이것을 잃으면 죽고, 이것을 얻으면 산다(且道者, 萬物之所由也, 庶物失之者死, 得之者生)"[『장자』'어부(漁父)']라든가, 또는 "음기가 체류하고 양기가 움직인다(留動而生物)"(『장자』'천지')라든가 하는 견해들이 있다.

이외에도 도는 자연 만물이 앞으로 부단히 발전하는 원동력이다. 『노자』의 "만물을 입히고 먹인다(衣養萬物)"(34장), 『장자』의 "만물을 움직이게 함에도 모자람이 없다(運量萬物而不匱)"['지북유(知北遊)']라든가 "천도의 운행은 막힘이 없으므로 그로 인해 만물이 생성한다(天道運而無所積, 故萬物成)"[『장자』'천도(天道)']라든가 하는 견해 등은 모두 세상 만물이 '도'의 추동 아래 부단히 생장하고 발전할 수 있다는 것을 보여주고 있다. 요컨대 세상 만물은 모두 '도'에서 비롯되었으며, '도'에 의해 그 힘이 끊임없이 생성되고 성상하며 성숙되고 멸망함으로써 전 세계로 하여금 영원히 멈추지 않는 움직임과 변화 과정에 처해 있게 한다는 것이다.

그러나 도교의 시각에서 볼 때, '도'는 세상 만물의 근본적인 생명 창조의 힘이지만, 도에서부터 자연 만물에 이르는 생성 과정은 직접 완성될 수 없고, 반드시 중간고리를 거쳐야만 이룰 수 있는데, 그것이 바로 '음양(陰陽)'이라는 것이다. 그래서 도가에서 "도는 하나로부터 시작되지만, 하나만으로는 그 무엇도 발생시킬 수 없기 때문에 음과 양으로 나뉘었으며, 그 음과 양이 조화를 이루어 만물을 만들어낸다(道始於一, 一而不生,

故分而爲陰陽, 陰陽合和而萬物生)"[『회남자』 '천문훈(天文訓)']는 견해가 있다. 다시 말하면 도는 물질세계의 공동적인 원천과 내재적 원동력으로서 '음양' 양극의 방식으로 운행해야만 다채로운 물질적 세계가 이루어질 수 있으며 부단히 발전하고 변화할 수 있다는 것이다.

때문에 도가 사상에서는 음양이 '도'의 구체적인 운행 방식 혹은 표현 형식으로 되어 있다. 그러므로 도는 우주 진화의 내재적 추진력으로서 '음'과 '양'이 상생상극(相生相剋)하며 잃기도 하고 얻기도 하면서 그 역할을 발휘한다. 이런 음양 양극 간의 상생상극과 상의상경(相依相競)이 물질적 세계의 기본적인 운행 패러다임을 이루고 있다는 것이다. 이것이 바로 "한 번 음하고 한 번 양한 것이 도이다(一陰一陽之謂道)"라는 견해와, "음과 양이 끊임없이 순환한다(一陰一陽而無窮)" [왕필, 『주역약례(周易略例)』 '명효통변(明爻通變)']라는 견해의 진정한 의미다. 이렇게 볼 때 자연 만물의 탄생과 성장, 성숙 그리고 소멸과 같은 광활한 세계의 변화무쌍한 변화는 그 근원으로 말한다면 도의 내재적 추동력에 의한 것이었다. 즉 이른바 "만물에 행하여지는 것이 도(行於萬物者, 道也)"(『장자』 '천지')라는 것이다. 그러나 직접적인 의미로 말하면, 이것은 바로 음과 양 사이의 상호 작용이다. 그래서 도가에서는 또한 "음양의 이기(二氣)가 뒤섞여 사우(四隅)가 서로 통하며, 혹은 죽기도 하고 혹은 낳기도 하는 것이니 만물은 이로 해서 이루어진다(陰陽相錯, 四維乃通. 或死或生, 萬物乃成)"(『회남자』 '천문훈')고 했고, "음이 지극하면 춥고, 양이 지극하면 더워서, 반드시 음과 양이 부딪쳐 조화를 이루어야 만물이 생성된다(至陰, 至陽赫赫, 兩者交接成和, 而萬物生焉)"[『회남자』 '남명훈(覽冥訓)']고 했으며, "조화가 시작되고 음양이 변화하는 것을 사는 것이라고도 하고 죽는 것이라고도 한다(造化之所始, 陰陽之所變者, 謂之生, 謂之死)"[『열자(列子)』 '주목왕(周穆王)']고 했다. 그리고 또 "음양이 서로 어우러지고, 서로 소모되고 대체되며, 서로 돕고 다스리기도 한다. 또 사계절이 서로 바뀌고, 서로 양육하며, 서로 파멸시킨다. 욕망과 증오, 버림과 친함이 계속해서 변화하며, 암수가 교배하여 후대를 길이 이어간다. 안전과 위험이 서로 바뀌고 복과 화가 서로 의지하여 나타나며, 느림과 빠름이 서로 영향을 주어 모임과 흩어짐과 생사가 이루어진다(陰陽相照相蓋相治, 四時相待相生相殺, 慾惡去就於是橋起, 雌雄片合於是庸有. 安危相易, 禍福相生, 緩急相摩, 聚散以成)"[『장자』 '칙양(則陽)']고 했다.

한 가지 지적해야 할 것은 '도'의 운행 궤도가 하나의 곧은 직선이 아니라 머리와 꼬리가 이어진 순환 형태로 나타난다는 점이다. 도가의 경전에서 "되돌아가는 것이 도의 움직임이다(反者, 道之動)"(『노자』 40장)라든가 "두루 움직여도 위태롭지 않다(周行而不殆)"라든가, 또 "큰 것은 뻗어나가고, 뻗어나가면 멀리 가게 되며, 멀리 나가면 돌아온다(大曰逝, 逝曰遠, 遠曰反)"(『노자』 25장)라든가, "끝나는 곳에서 다시 시작한다(終則復始)"(『장자』 '지북유')라든가, "수레바퀴가 끊임없이 회전하듯 하다(輪轉而無窮)"[『회남자』 '병략훈(兵略訓)']라든가, "하늘과 땅의 도리는 다하면 돌아오고, 가득 차면 이지러진다(天地之道, 極則反, 盈則損)"[『회남자』 '태족훈(泰族訓)']라든가 하는 등등의 견해는 모두 도의 순환성 운동 특징을 강조한 것이다. 따라서 도의 구체적인 표현 형식과 운동 방식으로서의 음양은 마찬가지로 머리와 꼬리가 이어진 방식으로 순환 운동한다. 도가에서 말하는 "양은 음에 의해 생기고, 음은 양에 의해 생긴다(陽生於陰, 陰生於陽)"(『회남자』 '천문훈')라든가, "궁해지면 되돌아오고, 끝나면 다시 시작된다(窮則反, 終則始)"(『장자』 '칙양')라든가, "어떤 물건이 저곳에서 텅 비면 이곳에서는 가득 차게 된다. 또 이곳에서 이루어지는 것은 저곳에서는 허물어지게 된다(物損於彼者盈於此, 成於此者虧於彼)"[『열자』 '천서(天瑞)']라든가 하는 등등은 모두 이런 의미에서 제기된 견해들로서 가장 훌륭한 증명이 된다. 이로 미루어볼 때, 도가의 유기적 총체론의 구체적인 변화 과정은 근본으로 하는 기원과 성장점, 그 음양이 상호작용하는 중간단계에 자연만물이 생성되는 마지막 단계의 순서이다. 즉 '도→음양→자연 만물'이 되는 것이다.

그럼 도가의 이런 '도→음양→자연 만물'의 세계 변화 모델이 임의의 주관적인 억측인지, 아니면 참으로 어떤 현실적인 생태학적 의미가 있는지, 이 문제를 설명하기 위해 우선 도라는 핵심 범주에 대한 이해부터 살펴보기로 한다. 도가에서 말하는 도는 줄곧 사람들로 하여금 고민에 빠지게 하고, 또 실제적으로도 많은 사람들을 곤혹스럽게 했던 문제다. 그럼 도란 결국 무엇인가? 다채로운 물질적 세계가 도에서 생성된 것이라면 그 자체 역시 일종의 물질이 아닐까? 유물론적 시각에서 볼 때, 도가 사상을 유물론 혹은 신비주의에 귀속시키지 않는다면 이는 확실히 일종의 물질이지만 기껏해야 비교적 특이하고 추상화된 사물 혹은 직접 '물질'로 보았을 것이다. 실제 많은 학자들도 그렇게 여기고 있다. 하지만 도가의 대답 또한 아주 명확한데, "물건을 물건으로서 존재하게 한 것은 물건이 아닌 도(物物者非物)"[『장자』 '재유(在宥)']라는 것이다. 다시 말하면 도는 결코 일종의 물(物)이 아니라는 것이다. 도가가 묘사한데 따르면 도는 '유황유홀(惟恍惟惚)', '무상(無狀)', '무상(無象)'이며, 그리고 '시지불견(視之不見)', '청지불문(聽之不聞)', '단지부득(搏之不得, 뭉치면 얻지 못하는 것)'이며, 또 "앞에서 맞이하여도 그 머리를 볼 수 없고, 뒤에서 좇아도 그 뒤를 볼 수 없(迎之不見其首, 隨之不見其後)"(『노자』 14장)는 것이다. 따라서 "움직임도 없고 형체도 없고 전할 수는 있으나 주고받을 수는 없으며 터득할 수는 있으나 볼 수는 없다(無爲無形, 可傳而不可受, 可得而不可見)"(『장자』 '대종사')는 것이다.

이런 묘사를 통해 볼 때, 도는 우리가 말하는 물(物)의 개념과 확실히 차이가 매우 크다. 우리가 알다시피 '물(物)'이냐 '비물(非物)'이냐를 판단하는 근본적인 지표는 연장성이 있느냐 없느냐에 있다. 그러나 여기서 말하는 도는 분명 이런 특징을 구비하지 않고 있다. 비록 노자도 "모든 물건이 뒤섞여 이루어진 것이다(有物混成)"(『노자』 25장)라고 말한 적이 있지만 여기서 물(物)이라고 한 것은 그가 분명히 말한 바와 같이 완전히 더 좋은 표현을 찾을 수 없는 상황에서 그렇게 부른 것이었다. 즉 이른바 "나는 그 이름을 알지 못하니 글자로 하면 '도'라 붙이고 그것에 대해 억지로 말한다면 '대(大)'라고 했다(吾不知其名, 强字之曰道, 强爲之名曰大)"(『노자』 25장)고 털어놓은 바와 같다. 심지어 도가의 선현들은 후세 사람들의 이런 오해를 피하기 위해 특히 도를 '무(無)'라고 부르기도 했다.

그럼 이 세상은 물질에서 비롯된 것인가 아니면 '무(無)'에서 비롯된 것인가? 현재 과학적인 결론에 의하면, 우주는 한 차례 대폭발에서 비롯되었으며, 그때 대폭발의 초기 단계에는 우주에 에너지만 있을 뿐 물질이 없었다고 한다. 후자, 즉 물질은 부동한 에너지를 가진 입자의 충돌에서 '대칭의 파괴와 결손'이 나타나 생성된 것이다.[2] 다시 말해 우주 초기의 에너지 방사는 물질세계 최초의 원천과 출발점이었다. 다채로운 물질적 세계는 에너지의 가시적 형식 혹은 물질 외화(外化)의 결과다. 물질세계의 천태만상과 천변만화는 에너지의 영원한 운동과 전환에서 비롯된 것이다.

이렇게 볼 때 도는 물질이라기보다 에너지로 보는 편이 더 정확할 것이다. 왜냐하면 양자 사이에는 본질적인 공통성이 분명 존재하기 때문이다. 도는 에너지와 함께 물질적 세계의 최초의 원천과 출발점일 뿐만 아니라 동시에 에너지와 마찬가지로 연장성이 구비되어 있지 않은 것, 즉 '무상(無狀)', '무상(無象)'이다. 또한 활동 과정과 늘 관련되어 있으며 자연 만물이 부단히 앞으로 발전하는 내재적 추동력이다. 그러나 자연

---

2) 童天湘·林夏水 主編, 『新自然觀』(中共中央黨校出版社, 1998), 312면.

만물은 단지 도의 물질적 외화 혹은 가시적 형태, 즉 도가에서 이른바 "만물은 도가 아니면 생겨날 수가 없다(形非道不生)", "만물에 행하여지는 것이 도이다(行於萬物者, 道也)"(『장자』 '천지')라고 말한 것과 같은 형태의 도이다. 이는 에너지와도 일치한 것이다.

물질세계의 기원을 말하자면 다음과 같은 연구 성과에 주목할 필요가 있다. 우크라이나 학자 이반 자하로비치 세츠미스트로(Ivan Zaharovich Cechmistro)는 양자 이론과 현대 우주론에 따라 일부 새로운 연구 성과를 내놓았는데, 의외로 중국의 도가와 같은 결론을 얻어냈던 것이다. 그 결론인즉 "우주는 없던 데로부터 생성된 것이다"였다. 물론 여기서 말하는 무(無)는 도가 아니라 비물질적인 순수 에너지를 말한 것이다. 그러나 이는 바로 에너지와 도가 의미상 공통성이 있음을 입증한 것이다. 더욱더 중요한 것은 도가의 '도→음양→자연 만물'의 논리적 추리 패턴에서 묘사된 세계 변화 과정과 에너지로부터 물질로의 우주 변화 과정이 거의 일치한다는 것이다. 우주 대폭발 초기에 질량이 없는 에너지 광자가 충돌 속에서 각종 입자와 그 반대 입자들을 생성한 과정은 마치 도에서 음양에 이르는 과정과도 같은 것이다. 그리고 각종 입자와 그 반대 입자들이 서로 부딪치면서 광자로 변화하는 과정에서 소량의 물질적 입자가 살아남아 결국 오늘날의 물질세계를 이루었던 것이다. 이 과정은 마치 도가에서 말하는 '음양 조화, 만물 생성(陰陽合和而萬物生)'의 과정과도 같다.

이렇게 볼 때, 도가의 주관적 억측인 것 같은 세계 변화 모델과 현대 과학 사이에는 놀라운 유사성이 있다. 그것은 바로 도가에서 줄곧 말해 왔던 일종 신비주의 색채를 띤 핵심적인 범주인 '도(道)'와 현대의 생태계에서 말하는 '에너지' 사이에도 "단어는 다르지만 의미가 같은" 관계를 갖고 있는 것이다. 사실 미국의 이론물리학자이며 계통론 전문가인 프리초프 카프라(Fritjof Capra)는 일찍이 『물리학의 도』를 편찬하면서 이미 에너지와 도 사이의 내재적 일치성을 깨달았던 것이다.[3] 이와 같이 도가 사상과 생태관의 일치성에 대해 증명하고자 한 시도는 분명 우리의 연구에 매우 큰 도움이 된다.

이 밖에도 도를 에너지와 동일시한 데는 또 다른 충분한 이유가 있는데, 그것이 바로 도의 순환성 운동 특성과 생태계(즉 물질세계)의 에너지 순환의 일치성이다. 심지어 『장자』에는 이미 부동한 생물 종이 완전한 순환 계통을 구성한다는 논술이 있었다. 예를 들면 장자는 "만물은 모두 종류가 다르며 각기 다른 형태로 끊임없이 변화하는 것이다. 시작과 끝 맺음이 고리의 처음과 끝과 같아서 구분할 수 없는 고로 그 이치를 터득할 수 없는 것이다(萬物皆種也, 以不同形相禪, 始卒若環, 莫得其倫)"[『장자』 '우언(寓言)']라고 했는데 이 모든 것이 하나의 결론, 즉 도가 사상에는 분명히 풍부한 생태적 지혜를 내포하고 있으며, 이는 현대 의미에서의 생태적 세계관과도 근본적인 일치성을 갖고 있다는 결론을 뒷받침해주고 있다.

2. '만물불상리(萬物不相離)'의 관계론

전통 과학의 세계관에서는 그 착안점을 물질세계의 구성 요소에 두었다면 생태 세계관에서는 각 부분 사이의 유기적 연관에 그 착안점을 두고 있다. 그럼 도가 사상은 어떤가? 전통 세계관처럼 '실체론'을 주장하는가 아니면 생태학처럼 '관계론'을 주장하는가?

물론 답은 후자다. 도가에서는 도를 '천하의 어머니(天下母)', '천지의 뿌리(天地根)', '만곡의 신(穀神)' 그리고 '현빈의 문(玄牝之門)'으로 보

---

3) 프리초프 카프라, 『物理學之'道': 近代物理學與東方神秘主義』, 朱潤生 역(北京出版社, 1999), 189면.

고 있다. 즉 도를 물질세계가 생성하는 근원과 기점으로 보고 있으므로, 도가에서는 자연계에 현존하는 모든 존재는 도에서 비롯되었고, 그들 사이에는 반드시 공동의 '혈연적 관계'를 갖고 있으며, 또한 전체 물질세계는 각 부분 사이에 혈맥 상통하는 유기적인 총체를 이루고 있다고 본다. 즉 도가에서 말하는 "느티나무와 느릅나무, 귤나무와 유자나무는 형제간과 같은 것이며, 유모는 삼위와 더불어 통하게 되어 한 집안이 된다(槐楡與橘柚合而爲兄弟, 有苗與三危通爲一家)"[『회남자』 '정신훈(精神訓)']는 견해가 바로 그것이다. 그들이 보기에 "천지 운행은 상통하며, 만물의 귀속은 천도에 있는 것(天地運而相通, 萬物總而爲一)"(『회남자』 '정신훈')이다. 즉 세상에는 독립 자족하는 사물이 없고, 모든 존재는 서로 통하고 연관되어 있으며, 어느 하나의 실체도 이 전체를 떠나 홀로 존재할 수 없다. 그러므로 도가에서는 또 "천지 만물은 서로를 떠날 수 없다(天地萬物不相離也)"(『열자』 '천서')면서 "무릇 하늘이 덮고 있는 것과 땅이 싣고 있는 것은 육합(六合)으로 둘러싸여 있으며, 음양 조화가 기를 내뿜어 자라나게 하고, 비와 이슬로 적셔주어 도덕을 지탱하도록 돕는다. 이처럼 그 모든 것은 부모로부터 태어나고, 하나의 온화한 기운 속에 싸여 통제되어 있다(夫天地所覆, 地之所載, 六合所包, 陰陽所呴, 雨露所濡, 道德所扶, 此皆生一父母而閱一和也)"(『회남자』 '숙진훈')고 주장한다. 이런 관점은 도가의 선현들이 사물 간의 유기적인 연계에 그 착안점을 두고 있으며, 어느 고립된 실체나 사건에 국한되어 있지 않았음을 보여준다. 미국 학자 카프라는 중국 고대에 이미 이런 관념이 생겼다고 말하면서 고대에는 "사물을 영원히 유동하고 있는 도 가운데의 짧은 단계로 보고, 이를 기본적인 물질로 귀결시키기보다는 그들 간의 상호적 관계를 더 중시했다"[4]고 했는데 이는 도가 사상의 실제와 부

---

4) 앞의 책, 189면.

합된다.

때문에 도가 사상과 서구 전통적인 과학 세계관은 전혀 다르다. 도가 사상이 말하는 세상은 고립된 실체들의 간단한 퇴적물이 아니라 각 부분 사이에 상호 관련되고 의존하는 유기적인 총체다. 다시 말하면 도가의 세계관은 '실체론'이 아니라 '관계론'인 것이다. 이는 현대적 의미에서의 '생태 이론'과 본질적으로 상통한다. "생태적 세계관은 우리로 하여금 우리의 첫 번째 착오가 바로 우리가 모종의 요소를 총체 속에서 빼내고, 이러한 분리 상태에서 그들의 본질을 인식할 수 있다고 가정한 점을 이해하게 했다. 그들과 뗄 수 없는 총체에서 분리해낸 상태에서 발전된 그것들을 논술한 개념은 총체 속에서의 그들의 상황을 정확히 반영할 수 없다."[5] 때문에 모든 실체는 다른 실체 및 전반 세계와의 관계 속에서만 진정한 이해와 해석이 가능하다. 도가에서도 종래로 구체적인 환경을 벗어나 고립적으로 하나의 실체를 보지 않고, 시종 상호 밀접하게 관계된다는 시각으로부터 총체적 테두리 안에서 한 사물에 대해 구체적으로 이해하고 해석하고 있다. 따라서 도가에는 종래로 고정불변한 특질이 존재하지 않는다. 바로 "사람이 싫어하는 것이 의지할 데 없고, 부족하고 선하지 않은 자인데 왕공은 이를 자신의 칭호로 삼는다(人之所惡, 惟孤, 寡, 不穀, 而王公以爲稱)"(『노자』 42장)라든가, "사람들은 짐승들의 고기를 음식으로 하고, 사불상(四不像)은 풀을 먹으며, 지네는 작은 뱀을 즐겨 먹고, 올빼미는 쥐를 즐겨 먹는다. 사람, 사불상, 지네, 올빼미 넷 중에서 어느 것이 진미를 더 잘 아는가? [……] 모장(毛嬙)과 여희(麗姬)는 사람들에게 칭송받는 미인이지만 물고기들이 그들을 보면 물속으로 깊이 들어가고 새들이 그들을 보면 하늘 높이 훨훨 날아가며 사불상이 그들을 보면 후다닥 달아난다. 사람, 물고기, 새와 사불상 넷 중에 누가

---

5) 데이비드 그리핀, 『後現代科學-科學魅力的再現』, 馬季方 역(中央編譯出版社, 1995), 141면.

천하의 진정한 미색을 알고 있는가?(民食芻豢, 麋鹿食薦, 蝍蛆甘帶, 鴟鴉耆鼠, 四者孰知正味? [……] 毛嬙麗姬, 人之所美也; 魚見之深入, 鳥見之高飛, 麋鹿見之決驟 四者孰知天下之正色哉?)"(『장자』 '제물론') 라고 한 것들은 도가의 이 같은 특질을 잘 보여주고 있다.

모든 사물의 특성은 모두 그와 기타 사물 간의 부동한 연계와 작용에 따라 변화한다. 또 부동한 사물 사이에도 늘 상대방 안에 내가 있고, 내 안에 상대방이 있으며, 겉으로는 연계가 끊어진 듯하지만 사실은 이어져 있다. 이른바 "귀함은 천함으로 근본을 삼고, 높음은 낮음으로 바탕을 삼는다(貴以賤爲本, 高以下爲基)"(『노자』 39장)라든가, "만물은 동일한 기원이 존재하지만 서로 다른 형태로 교체되며, 시작과 끝맺음이 순환하여 왕복하고, 어느 누구도 그중의 법칙을 파악하지 못하는데 이것이 바로 자연의 균형이다(萬物皆種也, 以不同形相禪, 始卒若環, 莫得其倫, 是爲天均)"(『장자』 '우언')라든가, 또 이른바 "오래된 대나무와 교합해서 청녕(靑寧)이란 벌레를 낳는데, 청녕이 정(程)이란 짐승을 낳고, 정이라는 짐승이 다시 말을 낳고, 말이 사람을 낳았다고 한다. 그리고 사람은 또 변화의 오묘한 기틀로 들어가 변화한다. 만물은 모두 변화의 기틀에서 생겨나, 모두가 변화의 기틀에 의해 돌아가게 되는 것이다(久竹生靑寧, 靑寧生程, 程生馬, 馬生人. 人又返入於機. 萬物皆出於機, 皆入於機)"[『장자』 '지락(至樂)']] 등은 모두 이런 관계를 설명한 것이다.

3. '유동이생물(留動而生物)'의 생성론

전통적 과학 세계관은 세계를 정교하게 설계한 기계에 비유하면서 감관 세계의 배후에는 불변의 물질적 기초가 있기 때문에 근본적으로 볼 때, 구조를 발전 방향으로 하는 '정태 구성론(靜態構成論)'이라고 본다.

생태 세계관은 세계를 하나의 생명이 있는 총체로 간주하며, 세계를 끊임없이 변화하는 과정으로 보기 때문에 본질적으로 보면 과정을 바탕으로 하는 '동태 생성론(動態生成論)'이다. 그럼 도가는 어떤가? 그들의 의식 속에 세계는 구조를 바탕으로 한 정태적 구성인가 아니면 과정을 바탕으로 한 동태적 생성인가?

답은 역시 후자다. 도가에서 '도'는 세상 만물의 공동 원천과 내재적 전동력(傳動力)으로서 "두루 움직여도 위태롭지 않다(周行而不殆)"(『노자』 25장), "만물이 모두 운행하면서 모자람이 없다(運量萬物而不匱)" (『장자』 '지북유')고 한 바와 같이 끊임없는 운동적 특성 때문에 물질세계에는 고정불변한 것은 존재하지 않는다고 보았다. 즉 이른바 "도는 시작과 끝이 없지만 만물은 죽기도 하고 생성되기도 한다(道無終始, 物有死生)", "세월은 멈추게 할 수 없고 시간은 멈추게 할 수 없으며 만물은 사라지기도 하고 생장하기도 하며 가득 차기도 하고 쇠약하기도 하며 교체되기를 끊임없이 반복한다(年不可舉, 時不可止, 消息盈虛, 終則有始)"[『장자』 '추수(秋水)']는 것이다. 표면적으로 혹은 단기적으로 본다 할지라도, 고정불변한 것 같지만 실제 또는 장기적으로 볼 때 여전히 끊임없이 운동하고 변화하는 중에 있는 것이다. 때문에 『열자』에서는 다음과 말했다.

○ 모든 사물은 멈춤 없이 시시각각 변하며 흐르고 있다. 천지도 사람이 모르는 사이에 이곳에서 저곳으로 이동하고 있다. 이런 운동을 누가 깨달을 수 있겠는가. 그래서 어떤 물건은 저곳에서 텅 비면 이곳에서는 가득 차게 된다. 또 이곳에서 이루어지는 것은 저곳에서는 허물어지게 된다. 텅 빈 것은 가득 차게 되고, 이루어진 것은 허물어지게 된다. 이런 것은 다 변화하는 이 세계와 같이 따라 사멸하게 된다. 흘러갔다가 흘러오는 만물이 서로 맞닿아 있어 그 간격을 살필 수가 없다. 어느 누가 변화하는 이런 현상들을 깨달을 수 있는가. 한 사물의 기운은 갑자기 움직여 진행되는 것도 아니고, 한 사물의 현상은 갑자기 움직여 이지러지는 것도 아니다.

그러므로 역시 사람은 사물의 현상이 이루어지는 것도 잘 느끼지 못한다. 또 사물의 현상이 이지러지는 것도 잘 느끼지 못한다. 이런 현상은 역시 사람이 이 세상에 태어나면서부터 늙어 죽을 때까지 자기도 모르는 사이에 얼굴빛과 형태가 달라지지 않는 날이 없는 것과 같고, 피부와 모발이 생기자 바로 벗겨지고 떨어지는 것과 같다. 그러므로 어린 시절 그대로 변모하지 않고 머물러 있는 일은 없다. 이와 같이 모든 사물이 형성되었다가 훼손되어 사라지는 그 한계를 느끼지 못하다가 늙어 죽게 되는 날에야 비로소 알게 된다(運轉亡已, 天地密移, 疇覺之哉? 故物損於彼者盈於此, 成於此者虧於彼. 損盈成虧, 隨世隨死. 往來相接, 間不可省, 略覺之哉? 凡一氣不頓進, 一形不頓虧, 亦不覺其成, 亦不覺其虧. 亦如人自世至老, 貌色智態, 亡日不異. 皮膚爪髮, 隨世隨落, 非嬰孩時有停而不易也. 間不可覺, 俟至後知).(『열자』 '천서')

즉 사물의 변화는 "갑자기 이루어지거나(頓進)" 혹은 "갑자기 사멸되는(頓虧)" 방식대로 진행되는 것이 아니어서 단시간 내에는 사람들의 주의를 끌지 못하지만 장기적으로 볼 때는 역시 일목요연할 수 있다. 마치 한 사람이 태어나서부터 늙어 죽을 때까지 그 생김새나 자태, 심리, 행위가 날마다 변화를 겪고 있는 것과 같다. 도가의 경전에는 "널리 어디에나 불쑥 나타나 갑자기 움직이는데도 만물은 그것을 따른다"(『장자』 '천지'), "천도의 운행은 막힘이 없으므로 그로 인해 만물이 생성한다(天道運而無所積, 故萬物成)"(『장자』 '천도'), 그리고 "만물은 음(陰)을 업고 양(陽)을 안으면 충화(沖化)의 기(氣)로써 조화를 이룬다(萬物負陰而抱陽, 沖氣以爲和)"(『장자』 '지북유'), "음양과 사계절은 올바로 운행되어, 모두가 그 질서를 잃지 않는다"(『장자』 '지북유'), 또 "도는 낳고 덕은 쌓는 것이니, 도는 이끌고 덕은 가르치며, 도는 누리게 하고 덕은 끝나게 하며, 도는 기르고 덕은 보호하는 것이다(道生之, 德畜之, 長之育之, 成之熟之, 養之覆之)"(『노자』 51장)라는 논술들이 있다. 이러한 주장들 중 어느 하나 물질세계의 운동적 특성에 대해 강조하지 않은 것이 없다. 이로써 우리는 도가 선현들의 인식에서 세계는 현대 의미에서의 생태 이론과 마찬가지로 동적인 것이며, 과정을 발전 방향으로 삼고 있음을 볼 수 있다.

이에 반해 도가 사상과 전통적 서구 문화 사이에는 이미 현격한 차이가 있다. 미국 학자 에리히 얀치(Erich Jantsch)는 "2천 년 이래 서구 물리학의 주된 관심사는 줄곧 인식 구조에 있었다. 스토아학파로부터 지금에 이르기까지 물질을 구성하는 궁극의 돌을 찾았는데, 그것을 원자 혹은 아원자 입자라고 부르거나 아니면 오늘의 개념에 따라 쿼크라고 부르거나 상관없이 말이다"6)라고 했다. 이와 상응하게 서양의 전통 철학이 지금까지 열심히 대답해온 것은 역시 두 가지 문제다. 첫째는 '세상의 기본은 무엇인가?' 하는 문제이고, 둘째는 '세상은 어떻게 이루어진 것인가?' 하는 문제이다. 데모크리토스(Democritos, B.C. 460~370년경)의 원자나, 스토아학파의 기원 학설이나, 데카르트(Descartes, 1596~1650)의 아톰설이나, 조르다노 부르노(Giordano Bruno, 1548~1600)와 라이프니츠(Leibniz, 1646~1716)의 단자론이나, 피타고라스(Pythagoras, B.C. 580~490년경)의 수(數) 이론이나, 그리고 플라톤(Platon, B.C. 429~347년경)의 이데아(idea) 사상과 논리적 실증주의의 원자론을 막론하고 시종 이 두 가지 문제를 둘러싸고 논의가 전개되었다. 때문에 서양 철학자들이 가장 많은 관심을 보인 단어가 바로 'Being'이다. 이것은 즉 'Yes' 또는 '존재'이다. 파르메니데스(Parmenides, 5세기 중엽)부터 시작해 이 단어는 "서구 문화가 우주 존재론을 탐구하는 방향이 되었다. 아리스토텔레스가 진일보하여 'Being'을 'Substance(실체)'로까지 추진시켰을 때, 그 방향은 완연히 정형화되었다."7) 그러나 'Being'이 가리키는 것은 'Yes' 또는 '존재' 그 자체일 뿐, '무엇인가?' 또는 '존재하는 사물'은 아니었다. 하지만 하이데거(Heidegger)가 말했듯이 그전에 존재하던 철학이 대답한 것은 줄곧 '존재자'에 대한 문제였으며, 결국은 여전히 '무엇인가?' 또는 '존재하는 사물'로서 앞에 언급

---

6) 에리히 얀치, 『自組織的宇宙觀』(中國社會科學出版社, 1992), 88면.
7) 張法, 『中西美學與文化精神』(北京大學出版社, 1994), 14면.

한 두 가지 문제의 범위를 벗어나지 못했다. 하이데거 본인은 'Being'이란 단어에 대한 재해석(그의 이해는 '존재'에 더 가까웠다)을 통해 세계에 대한 이해를 동태적인 과정 속에 끌어들였기 때문에 서구의 전통적인 관념과 많이 다르다. 그러나 현존하는 자료가 증명하듯이 하이데거 본인의 사상은 바로 도가 사상의 영향을 받았던 것이다.[8]

이와 다른 것은 도가의 선현들이 '세상의 바탕은 무엇인가?' 그리고 '세상은 무엇으로 구성되었는가?' 하는 문제에 대해 캐묻지 않는다는 점이다. 그들이 가장 관심을 가졌던 문제는 두 가지다. 첫째는 '이 세상은 어떻게 형성된 것인가?'이고, 둘째는 '이 세상은 어떻게 운행되는가?'였다(이는 '생태론'이 가장 관심을 갖는 문제이기도 했다). 그들에게 가장 애착이 가고 마음이 쏠리는 단어는 'Being'도 아니고 'Substance'도 아닌, '생(生)'이었다. 즉 "도가 하나를 낳고, 하나가 둘을 낳고, 둘이 셋을 낳고, 셋이 만물을 낳는다(道生一, 一生二, 二生三, 三生萬物)"(『노자』 42장)고 한 것, "천하의 만물은 유에서 생겨나고, 유는 무에서 생겨난다(天下萬物生於有, 有生於無)"(『노자』 40장)고 한 것, 또는 "하늘과 땅을 낳는다(生天生地)"(『장자』 '대종사')고 한 것…… 등등에서, 그리고 '곡신(穀神)', '현빈지문(玄牝之門)' 및 '천하모(天下母)' 등등 도와 관련한 호칭에서 우리는 도가가 '생'을 매우 중시한다는 것을 쉽게 발견할 수 있다. 때문에 도가 철학은 애초부터 과정을 발전 방향으로 삼은 생성론 철학으로서 소박한 진화론의 색채를 띠고 있다. 심지어 생태학자들이 열중하고 있는 세계가 끊임없이 앞으로 발전하는 '계통수(系統樹)'에 대한 형상적 비유마저도 진한(秦漢) 시기에 편찬한 『회남자』에서 찾아볼 수 있다. 그 비유를 보면 "무릇 도란 것은 두서가 있고 맥락이 있는 고로, 혼연일체의 도를 얻고 파악하면 천지만엽을 관통할 수 있다(夫道有經紀

8) 라인하르트 마이(Reinhard May), 『海德格爾與東亞思想』, 張志强 역(中國社會科學 出版社, 2003).

條貫, 得一之道, 連千枝萬葉)", "오늘 무릇 만물은 나뭇가지처럼 뻗고 퍼져나가며, 만사는 바로 줄기와 이파리가 가지와 덩굴을 번성하게 하듯이 되는데, 이는 실제 모두 하나의 근원에서 나와 조리 정연하게 다양한 자태와 모양으로 변화한 것이다(今夫萬物之疏躍枝擧, 百事之莖葉條蘗, 皆本於一根, 而條循千萬也)"(『회남자』 '숙진훈')와 같은 것들이 있다.

제2절 '비인간 중심'의 생태 윤리관

1. '제물론'과 생태 구성원들의 평등

'도→음양→자연 만물(인간을 포함)'로의 논리적 추리 패턴을 보면, 도가의 선현들은 처음부터 총체론적 시각에서 출발하여 인간과 만물을 취급했음을 알 수 있다. 그중에서 인간은 자연 만물 속에 포함된 인간을 말한다. 다시 말하면 인간과 만물은 표면적으로 볼 때, 서로 다른 개체로서 이런저런 구체적인 차별이 존재하지만, 본질적으로 볼 때, 모두 '도'의 산물로서 도가 운행 과정 중에 형성한 본질적 외화의 결과다. 때문에 거시적이고 전체적인 입장에서 볼 때 인간과 만물, 즉 세상의 모든 생물과 무생물 개체는 "천지 만물이 도를 통해 하나가 된다(道通爲一)"(『장자』 '제물론')는 전제 아래 모두 동등한 가치와 지위를 갖고 있으며, 고저우열의 차이가 없다. "도의 입장에서 보면, 물건에는 귀하고 천한 것이 없다(以道觀之, 物無貴賤)"(『장자』 '추수')는 것이 바로 도가의 선현들이 말하는 '제물론'이다.

"고대 그리스 때부터 인간 중심 이론의 가치관은 인류 문명의 발전을 지배한 주도적인 힘이었다. 서양에서 인간 중심 이론의 관념은 역사가 유구한데, 심지어 모든 서구 문화의 핵심이 바로 인간 중심 이론이었다."9) 고대 그리스의 프로타고라스가 말한 것처럼 "인간은 만물의 척도이고, 또 존재자가 존재하는 척도이면서 비존재자가 존재하지 않음의 척도이기도 하다."10) 이는 서양 기독교에서 비롯된 것이므로 모든 종교에서 인류를 가장 중심으로 하는 종교라고 할 수 있다.11) 고대 그리스 철학과 기독교 문화를 바탕으로 한 전통적인 과학 세계관은 인간 중심주의의 전형적인 대표다. 이로부터 볼 수 있듯이 전통적인 서양 문화에서는 언제나 '인간(人)'을 가장 특이하고, 동시에 가장 우수한 생물 종으로 간주해왔던 것이다.

이와 확연히 다르게 도가 사상에서의 '인간'은 아무런 특이성도 없거니와 다른 생물 종보다 더 우월하지도 못한 존재로서, 여느 생물 종처럼 세계 총체 속의 한 일원에 불과할 뿐이다. 마치 장자가 말했듯이 "하늘과 땅 사이에 존재하는 나는 마치 큰 산에 있는 조그만 돌멩이나 나무와 같은 하찮은 존재이거늘, 내 어쩌자고 뽐내려 하겠는가? 자세히 생각해 보면 사해(四海)가 천지 사이에 있는 것이 마치 개미굴이 큰 못 가운데 있는 것 같지 않은가? 또 사해에 둘러싸여 있는 중국이란 광대한 땅덩어리도 돌피의 낟알이 커다란 곳간 안에 있는 것과 같지 않은가? 흔히 세상 사물의 수(數)를 만(萬)이라고 부르는데 사람은 그중 하나에 지나지 않는다. 사람들이 구주에 살면서, 온갖 곡식이 자라고, 배와 수레가 소통하는 공간 가운데에서 개인이 차지하는 것은 고작 그 일부분에 지나지 않는 법이다. 이러한 상황을 우주 만물과 견주어본다면 마치 털끝 하나가 말의 몸에 붙어 있는 것과 같지 않은가?(吾在於天地之間, 猶小石

---

9) 王正平, 『環境哲學』(上海人民出版社, 2004), 138면.

10) 北京大學哲學系 編, 『西方哲學原著選讀』 上(商務印書館, 1983), 54면.

11) Lynn White, "The Historial Roots of Our Ecological Crisis", *Science*, Vlo.155(1967), pp.1203~1207.

小木之在大山也, 方存乎見少, 又奚以自多? 計四海之在天地之間也, 不似礨空之在大澤乎? 計中國之在海內, 不似稊米之在大倉? 號物之數謂之萬, 人處一米之在大倉? 號物之數謂之萬, 人處一焉, 人卒九州, 穀食之所在, 舟車之所通, 人處一焉, 此其比萬物也, 不似毫末之在於馬體乎?)"(『장자』 '추수')라는 것이다. 간단히 말하면 인간은 천지 사이에 있으며 마치 산속의 작은 돌, 작은 나무와도 같고, 말 [馬] 몸에 난 한 가닥의 털과도 같다는 의미다. "나도 사물이고 사물도 나다(我亦物也, 物亦我也)"(『회남자』 '정신훈')라고 한 것과 같이 인간과 다른 종 사이에는 지위의 고저도 없거니와 본질적인 차별도 존재하지 않는다는 것이다. 즉 양자는 완전히 동등한 것이었다.

만약 전통적인 서양 문화를 일종의 인간 중심 이론으로 본다면 도가 문화는 비인간 중심 이론이다. 미국 환경윤리학자 수잔 암스트롱과 리처드 보슬러의 관점에 의하면 인간 중심 이론의 "윤리적 원칙은 오직 인간에게만 적용되고, 인간의 이익과 수요가 가장 중요하며, 심지어 유일하게 가치가 있고 중요한 것이다. 때문에 비인간 실체에 대한 관심은 인간의 입장에서 가치가 있는 실체에만 국한되어 있다"고 했다.[12] 『웹스터 신세계 대사전』의 해석에 따르면 '인간 중심'에는 두 가지 뜻이 내포되어 있는데, 첫째는 인간을 우주의 중심적 실체 혹은 목적으로 본 것이고, 둘째는 인류의 가치관에 따라 우주의 모든 사물을 고찰한다는 것이다. 따라서 도가의 문화는 일종의 '비인간 중심 이론'으로 자연스레 이와 상반되는 뜻을 가지게 된다. 즉 도가의 문화는 인간이 우주의 목적임을 승인하지 않고, 또 인간을 우주에 있는 모든 사물의 가치를 평가하는 주체로도 보지 않는다.

이른바 '가치(價値)'란 전통적인 철학적 관점에서 볼 때, "객체로서의

---

12) Susan J. Armstrong & Richard G. Botzler, eds., *Environmental Ethics: Divergene and Convergence*, NewYork, McGraw-Hill, 1993, p.275

일반적인 사물과 주체로서의 현실적인 인간 사이의 수요와 만족 관계를 분석하는 철학적 범주였다."[13] 심지어 "가치라는 이 보편적인 개념"마저도 모두 "인간과 그들의 수요를 만족시키는 외계 사물 간의 관계 속에서 생성된 것"이라고 보았다.[14] 이는 가치가 인간에게만 적용되는 것이며, 일종 존재물의 가치 유무를 판단함에 있어 가장 중요한 것은 "인간에게 유용하면 가치가 있는 것이고, 그렇지 않으면 가치가 없는 것이다"는 의미다. 다시 말하면 가치는 인간에 대한 '유용성(有用性)'이다.

이와는 달리 도가에서는 유용성의 가치 구분은 여전히 승인하지만, 그 적용 범위는 오히려 더욱 폭넓게 확대시켰는데, 이미 인간에게만 국화되지 않고 비인간적인 기타 사물에까지 적용시켰던 것이다→인간에게만 국화되지 않고 비인간적인 기타 사물에까지 이미 적용시켰던 것이다. 바꾸어 말하면 가치적 주체가 인간에게만 국한되어 있는 것이 아니라 비인간적인 기타 생물에도 적용되었던 것이다. 즉 물속의 환경은 인간에게는 해롭지만 물고기들에게는 가치 있는 것이다. 때문에 도가의 선현들은 "물고기는 물에서 살지만, 사람은 물속에 들어가면 죽는다(魚處水而生, 人處水而死)"(『장자』 '지락')고 말했으며 큰 집과 넓은 방은 인간에게는 유용하지만 조류에게는 아무 의미도 없다고 보았던 것이다. 또 높은 산과 수림은 짐승들에게는 좋지만, 인간이 거처하기에는 부적합하며 '함지(鹹池, 해가 진다고 하는, 서쪽에 있는 큰 못-옮긴이)', '구소(九韶, 중국 고대 순임금 때의 음악-옮긴이)'는 인간에게는 천뢰(天籟)지만 모든 짐승에게는 소음이라고 했다. 때문에 도가 경전에서는 다음과 같이 설명했다.

○ 크고 넓은 집과 문이 여러 겹으로 된 깊숙한 방은 사람들이 거처하기에

---

13) 餘謀昌, 『生態哲學』(陝西人民出版社, 2000), 140면.
14) 王正平, 『環境哲學』(上海人民出版社, 2004), 118면.

편안한 곳이나 새들이 들어가 살면 걱정한다. 높고 험준한 산과 깊고 무성한 숲은 호랑이나 표범이 즐기는 곳이나 사람이 들어가면 두려워한다. 대지를 관통하는 하천과 계곡, 깊이를 알 수 없는 호수는 자라나 악어가 편히 사는 곳이나 사람이 들어가면 죽는다. 함지(鹹池), 승운(承雲), 구소(九韶), 육영(六英)은 사람들이 즐기는 것이나 새와 짐승이 들으면 놀란다. 그리고 깊은 골짜기의 가파른 절벽과 큰 나무의 긴 가지는 원숭이가 즐기는 곳이나 사람이 올라가면 벌벌 떤다(廣廈廊屋, 連闥通房, 人之所安也; 鳥入之而懮. 高山險阻, 深林叢薄, 虎豹之所樂也; 人入之而畏. 川穀通源, 積水重泉, 黿鼉之所便也; 人入之而死. '鹹池', '承雲', '九韶', '六英', 人之所樂也; 鳥獸聞之而驚. 深溪峭岸, 峻木尋枝, 猿狖之所樂也; 人上之而栗).[『회남자』 '제속훈(齊俗訓)']

이로부터 알 수 있듯이 전통적인 서양 문화에서 유일한 평가 주체로 인정받는 인간의 우월한 지위는 도가 사상에서는 존재하지 않는다. 도가의 시각에서 볼 때, 인간뿐만 아니라 모든 생물과 종은 모두 평가적 주체로서의 합법적인 권리를 갖고 있다. 왜냐하면 모든 생물과 종은 모두 자기 생존의 목적에서 출발하여 자신의 존재에 유익한 적용 대상을 선택할 수 있기 때문이다. 이런 의미에서 볼 때, 도가 문화는 비인간 중심의 생물종 평등 이론이라고 할 수 있다.

뿐만 아니라 도가는 가치의 상대성에 대한 논술을 통해 인간과 사물 등 부동한 개체 사이의 고저우열(高低優劣)을 철저히 제서함으로써 진정한 의미에서의 평등을 이루었다. 『노자』 2장에 이르기를 "천하의 아름다움이란 사람의 마음이 자연히 끌려 좋아하게 되는 것이요, 추함이란 사람의 마음이 미워하고 싫어하게 되는 것이다. 아름답게 여기는 것과 추하게 여기는 것은 기뻐하고 성내는 것과 같고, 착하고 착하지 않은 것은 옳고 그름과 같다(天下皆知美之爲美, 斯惡矣; 皆知善之爲善, 斯不善矣)"고 했고, 『장자』 '제물론'에 이르기를 "사물은 저것 아닌 것이 없으며, 이것 아닌 것이 없다(物不非彼, 物無非是)"고 했으며, 『장자』 '지북유'에서는 "취부(臭腐, 썩고 악취가 나는 것)가 다시 변화해서 신기(神

奇)가 되고, 신기가 다시 변화해서 취부가 된다(臭腐復化爲神奇, 神奇復化爲臭腐)"고 했다. 또 왕필은 『노자주(老子注)』에서 "기뻐하고 성내는 것은 뿌리가 같고, 옳고 그름은 문을 같이하니 그러므로 한쪽만 들수가 없다(喜怒同根, 是非同門, 故不可得而偏擧也)"고 했고 『회남자』 '제속훈'에는 "우둔한 자에게도 장점이 있고, 똑똑한 자에게도 부족한점이 있다. 나무 기둥으로 이를 쑤실 수 없고, 비녀로 지붕을 받칠 수는 없다. 말에게는 무거운 짐을 지워서는 아니되고 소에게 속도를 내게 해서는 아니된다. 납으로는 칼을 만들 수 없고, 구리로는 화살을 만들 수없다. 쇠로는 배를 만들 수 없고, 나무로는 솥을 만들 수 없다. 이는 사물이 각자 알맞은 쓰임새가 있고 또 알맞게 쓰였을 때에라야 자기 역할을충분히 나타낼 수 있다. 그들의 유용성 면에서 볼 때는 또한 일치한 것이다(愚者有所修, 智者有所不足. 柱不可以摘齒, 筐不可以持屋, 馬不可以服重, 牛不可以追速, 鉛不可以爲刀, 銅不可以爲弩, 鐵不可以爲舟, 木不可以爲釜. 各用之與其所適, 施止於其所宜, 卽萬物一齊, 而無由相過)"라고 말했다. 도가의 선현들은 모든 사물이 양면성을 갖고 있다고 보았다. 즉 좋은 동시에 나쁜 것이며, 착하면서 악한 면도 있다는 것이다. 약은 환자에게는 좋지만 건강한 사람에게는 해로운 것이며, 난쟁이는 정상인에게는 장애인으로 보이지만 출연자로서는 적격일 것이다. 이것이 바로 도가에서 "천웅(天雄)과 오훼(烏喙)는 한약재 중에서 극독이지만 좋은 의사는 이런 약으로써 인간의 병을 치료할 수 있고, 난쟁이와 맹인은 사람들 속에서 가장 곤궁하고 고민하는 사람들이지만 임금은그들을 악관과 악사로 쓰고 있다(天雄烏喙, 藥之凶毒也, 良醫以活人; 侏儒瞽師, 人之困慰者也, 人主以備樂)"[『회남자』 '유칭론(謬稱論)']고말한 것과 같은 이치이다.

결론적으로 말하면 가치는 상대적인 것이다. 우리는 어떤 사물을 가리켜 이 사물은 영원히 가치가 있고, 저 사물은 처음부터 끝까지 가치가 없다고 말할 수 없다. 한 사물의 가치는 반드시 시간과 장소에 따라, 그리고 구체적인 대상과 상황에 따라 판단해야 한다. 모든 생물종은 평가 주체가 부동함에 따라 가치도 자연히 다를 것이다. 이에 도가에서는 "물고기는 물에서 살지만, 사람은 물속에 들어가면 죽는다(魚處水而生, 人處水而死)"[『장자』 '지락(至樂)']고 했다. 또한 평가 기준이 부동함에 따라 가치도 달라진다. 이에 장자는 "물건 자체의 입장에서 볼 때, 자신은 귀하고 남은 천한 것이다. 세속적인 입장에서 본다면 귀하고 천한 것은 자신에게 달린 것이 아니라 남이 정하는 것이다(以物觀之, 自貴而相賤; 以俗觀之, 貴賤不在己)"(『장자』 '추수')라고 했다.

만약 양극 통제의 생물학적인 원동력 메커니즘으로 볼 때, 도가의 가치관이 보유하고 있는 "취부(臭腐)가 다시 변해서 신기(神奇)가 되고, 신기가 다시 변해서 취부가 된다(臭腐復化爲神奇, 神奇復化爲臭腐)"는 식의 상대적 관점은 도리가 없는 것이 아니다. "생물 행위의 규제를 관찰해 볼 때, 이는 논리적 추론과는 근본적으로 다른 원칙에 따라 진행되는 것이다. 왜냐하면 순서가 변화하면서 전제가 교환되기 때문이다. 또 교환은 가치의 변화를 의미한다. 식욕 중심은 음식물에 대해 고도의 가치를 부여하지만 포식 중심에서는 음식물의 가치를 매우 작게 본다."[15] 때문에 통제 메커니즘이 양극 사이에서 끊임없이 흔들리고 전환되면서 가치도 이에 따라 변화를 가져온다. 이는 영원히 고정불변한 가치는 존재하지 않으며, 시간과 장소에 따른 가치 주체는 부동한 수요에 따라 서로 다른 변화를 가져온다는 것을 설명해준다.

비록 도가의 이러한 가치 상대론은 사물의 고정 가치를 부정하고 있기 때문에 철저한 허무주의를 초래할 수도 있지만, 좀 더 적극적인 의미에서 볼 때 우리가 더욱 너그럽고 평등한 윤리적 태도로 자연 만물에

---

15) 한스 작세, 『生態哲學』, 文韜·佩雲 역(東方出版社, 1991), 136면.

접근하도록 하는 데는 오히려 유익하다. 즉 도가의 선현들이 말한 바와 같이 "상하와 존비는 막연하게 논할 수 없으며, 도의 존재만이 가장 소중한 것이다(大小尊卑, 未足以論也, 唯道之在者爲貴)"[『회남자』 '범훈론(氾論訓)']. 비록 부동한 사물은 서로 다른 평가적 주체와 평가 기준에 따라 부동한 가치를 나타내지만 '도'의 각도에서, 즉 거시적 전체주의 관점으로 볼 때, 이러한 모든 부동한 가치는 고저귀천과는 상관없는 것이다. 때문에 도가 선현들은 "도의 입장에서 보면, 물건에는 귀하고 천한 것이 없다(以道觀之, 物無貴賤)"(『장자』 '추수')고 하면서 "가늘고 작은 풀줄기와 높고 큰 정원 기둥, 흉측한 몰골과 미녀, 너그럽고 기변하며 간사하고 기괴한 일들을 '도'의 시각으로 설명하면 천지 만물이 도를 통해 하나가 된다(擧莛與楹, 厲與西施, 恢恑憰怪, 道通爲一)"(『장자』 '제물론')고 주장했다. 거시적인 총체주의 시각에서 볼 때 만물에 고저귀천의 구별이 없다면, 도의 산물로서 모든 개체, 즉 인간이든 동식물이든 막론하고, 유생물이든 무생물이든 모두 평등하게 존재할 권리가 있다. 그러므로 인간은 자신의 이익과 입장에 서서 한쪽을 중시하고 다른 한쪽을 경시할 자격이 없다.

20세기 이후, 생태 문제가 갈수록 많은 사람들의 관심을 받게 된 그 근원은 바로 '강한 인간 중심(strongly anthropocentrism)'의 전통적인 서구 문화(우리가 말하는 '전통적 과학관'을 대표로 함)가 초래한, 갈수록 심각해지는 환경 문제에 있었다. 많은 환경 문제의 제일 근본적인 원인은 바로 인간의 맹목적인 자고자대(自高自大)와 오만에 있는 것이다. 레이먼드 피에로티(Raymond Pierotti)와 대니얼 올드캣(Daniel Woldcat)이 말했듯이 "비록 이런저런 현저한 차별이 존재하지만 서양 사람들의 자연에 대한 태도는 모두 하나의 동일한 철학적 기반에서 비롯되었는데 그것이 바로 데카르트와 베이컨 그리고 계몽 운동을 대표로 하는 유럽 철학이다. 아리스토텔레스의 관점과 달리 데카르트와 칸트는 사람은 자치

(自治)할 수 있다고 보며, 또한 자연계는 인류에게 통제되고 있다고 보았다. 예를 들면 로크가 예전에 주장했듯이 자연계는 주로 인간의 편안함과 편리를 위해 봉사하며, 인간의 목적을 위해 존재하는 것이다. 우리는 이러한 관점을 '패권 문화'라고 한다. 이러한 문화는 현대 유럽이나 북미, 일본 등 산업화 국가들에서 광범위하게 존재한다."[16] 이런 '패권 문화'에 반해 도가에서는 인간과 기타 종은 오로지 창해일속일 뿐 모든 종은 다 평등한바, 이른바 인간도 사물이고 물체도 사물이며 따라서 "만물이 일치하며", "사물은 귀천이 없다"고 보았던 것이다. 이는 분명 여러모로 환경 위기를 맞고 있는 인류에게 하루속히 과대망상을 버리고 인간 중심론의 편견을 수정하여 자연계에서 인간의 위치를 재고하도록 하는 데 중요한 계발이 되는 의미를 갖고 있다.

2. '불망위(不妄爲)'와 생태 계통의 균형

비록 같은 문화 배경에서 일어난 것이지만 도가의 처세 철학은 유가에 비해 많이 소극적인 듯싶다. 유가에서는 "하늘의 운행은 건실하다. 군자는 그것을 본받아 스스로 강하게 하기 위해 멈추지 않는다(天行健, 君子自强不息)"[『주역』 '건(乾)·상전(象傳)']고 주장하고, 도가에서는 "성인(聖人)은 인위(人爲)를 쓰지 않는다(聖人無爲)"(『노자』 64장)고 주장한다. 또 유가에서는 "불가능하다는 것을 알면서도 그렇게 한다(知其不可而爲之)"[『논어』 '헌문(憲問)']는 관점을 견지하고, 도가에서는 "사람의 힘으로는 어찌할 수 없음을 알고, 마음을 편히 하고 운명에 따른다

---

16) Raymond Pierotti & Daniel Woldcat, "Traditional Ecological Kowledge: The The Third Alternative(commentary)", *Ecological Applications*, Vol.10, No.5(Oct. 2000), pp.1333~1340.

(知其不可奈何而安之若命)"[『장자』 '인간세(人間世)']고 주장한다. 유가에서는 "천명(자연의 법칙)을 인식하고 이용해야 한다(制天命而用之)"(『순자』 '천론')고 요구하고, 도가에서는 "인위로써 자연을 손상시키면 안 되고, 지혜로 천명을 손상시켜서는 안 된다(無以人滅天, 無以故滅命)"(『장자』 '추수')고 한다. [……] 언뜻 들으면 이런 논술에는 분명히 인간의 자주성을 말살하는 소극적인 경향이 들어 있는 듯싶다. 따라서 당시 사람들은 유가 철학을 '입세 철학(入世哲學)'이라 부르고 도가철학은 '출세 철학(出世哲學)'이라고 부를 수밖에 없었던 것 같다.

그러나 사실은 그처럼 간단하지 않다. 도가의 '도→음양→자연 만물(인간을 포함)'의 논리적 추리 패턴으로 볼 때, 거시적인 총체적 입장에서 인간과 만물은 평등하고, 인간은 만물의 일원으로, 즉 앞에서 이미 분석한 바와 같이 도가의 '제물론'이다. 이 사상에는 두 가지 내용이 포함되어 있는데 하나는 인간의 입장에서 볼 때, 도가에서 인간을 기타 종과 평등한 위치에 자리매김하는 것은 분명 인간의 자주성을 말살하는 소극적인 경향이 있는 듯싶다. 다른 하나는 기타 종의 입장에서 볼 때, 도가에서 기타 종들의 위치를 인간의 위치에까지 높이고 있는데, 이는 또한 기타 종의 자주성에 대해 지나치게 드높은 존경을 부여했음을 의미하는 것 같다. 그러므로 표면상 소극적인 인생철학의 배후에서 도가의 자주성에 대한 숭상은 유가에 비해 조금도 손색이 없다. 양자의 구별이라면 그 강조하는 바가 다를 뿐이다. 유가에서는 인간의 자주성에 대한 존중이 기타 종보다 더 심하지만 도가는 반대로 인간의 능동적인 자주성에 대한 존중이 부족하고, 기타 종 및 자연계 자체(즉 객관적인 생태 계통)에 대한 존중은 유가보다 더 심하다. 심지어 도가에서는 인간을 제외한 세상의 모든 존재에 대해 평등한 존경을 드러낸다고 말할 수 있다. 이러한 기타 종과 자연 자체의 자주성에 대한 차별 없는 존경이 인류 실천에서 구체적으로 표현된 것이 바로 '무위(無爲)'이다.

어떤 의미에서 보면, 도가의 '무위' 사상에는 사실상 하나의 전제가 은연중 내포되어 있는데 그것은 바로 도가는 자연 만물의 개체로서 스스로 자기 조직과 자아 창조력을 갖고 있음을 인정한 것이다. 도가의 선현들은 인간과 자연의 관계를 처리함에 있어 인간이 만약 무위의 경지에 도달한다면 "만물이 저절로 생성하고 발전해나갈 것이다(萬物將自化)" (『노자』 37장), 또 인간이 만약 "삼가 자기 몸을 잘 지킨다(愼守女身)"면 "만물은 스스로 왕성해질 것이다(物將自壯)"(『장자』 '재유')라고 했다. 이는 분명 자연 만물은 모두 자아 조절, 자아 조직, 자아 생존의 능력이 있다는 것을 설명해준다. 기왕 자연 만물이 모두 자아 조직과 자아 생존의 능력이 있다면 인간의 '유위(有爲)' 행동은 불필요하며, 심지어 쓸모없는 것이 된다. 이렇게 볼 때 도가의 무위는 자연 만물을 존중하는 행위 선택으로서 일반 사람들이 생각하는 것과 달리 소극적인 행위 선택이 아니라 자아 조직 원리가 내포된 행위 선택이다. 물론 우리가 도가의 선현들에게 2천 년 전에 '생태학(生態學)'이란 학문을 기대할 수 없는 것과 마찬가지로 그들에게 2천 년 전에 현대적 의미의 '자아 조직 이론'을 기대할 수는 없다. 그러나 비록 그들이 과학적 의미에서의 '생태학'을 만들지는 못했지만 풍부한 생태 이론을 창조한 것처럼, 그들은 현대적 의미의 '자아 조직 이론'을 제공할 수는 없지만 그것들과 상통하는 소중한 사상을 제공해줄 수도 있는 것이다.

도가 경전 중에 많은 자료들이 증명하다시피 그들은 자연 만물의 자주성에 대한 존중을 여러모로 나타냈던 것이다. 예를 들면 "그 근원을 막지 아니하여 사물이 저절로 생겨나게 한다(不塞其原, 則物自生)"라든가, "그 근원과 본성을 막지 않고, 금하지 않으면 대상 사물은 자생자화(自生自化)의 길을 갈 수 있다(不禁其性, 則物自濟)"(왕필, 『노자주』 10장)라든가, "어떤 것은 발로 걸어 다니고, 어떤 것은 꿈틀거리며 기어 다닌다. 즐거울 때는 한데 어우러져 있고, 성이 날 때는 서로 물어뜯고

싸운다. 좋은 점이 있으면 빌붙고, 재해가 있으면 도망간다. 이러한 상황
은 다 비슷하다. 비록 그들은 모두 자기가 선호하는 것이 있지만, 그들의
생존 본능과 유리한 것만 좇고 해로운 것은 피하는 특징은 인간과 다를
바 없다. [……] 기러기는 순풍에 따라 날아다니며 자신의 체력을 보전
하고, 갈대를 입에 물고 날면서 실이 달린 화살의 습격을 막는다. 개미는
구멍을 파서 흙더미를 만들 줄 알고, 오소리는 구불구불한 땅굴을 팔 줄
알며, 호랑이는 무성한 수림 속에 머물 줄 알고, 멧돼지는 우리 안을 풀
로 펴고 나뭇가지로 가릴 줄 안다. 그들의 동굴은 마치 인간의 집들이
빽빽하게 늘어선 것처럼 하나에 하나를 끼고 있다. 이들은 동굴로써 장
마철에는 비를 막고 낮에는 햇볕을 막았다. 이것이 바로 짐승들의 지혜
이며, 생존을 위한 이익을 얻기 위함이다(蚑行蟯動之蟲, 喜而合, 怒而
鬪, 見利而就, 避害而去, 其情一也. 雖所好惡其與人無以異. [……] 夫
雁順, 以愛氣力, 銜蘆而翔, 以備矰弋. 蟻知爲垤, 貛貉爲曲穴, 虎豹有
茂草, 野彘有艽莦, 槎櫛堀虛, 連比以像宮室, 陰以防雨, 景以蔽日. 此
亦鳥獸之所以知求合於其所利)"[『회남자』'수무훈(修務訓)']라든가, 또
는 "나무에 사는 동물들은 둥지를 만들고, 물속에서 사는 동물은 동굴에
의거하며 짐승들은 풀숲에서 살며 인간은 집을 쓰고 산다. 육지를 가는
데는 소와 말이 적합하고 물이 깊은 곳은 배로 가는 것이 적합하다. 흉
노 지역에는 거친 가죽이 나고 오월 지방에서는 바람이 통하는 갈포가
나므로 각자 요긴한 물건을 생산하여 건조함과 습함을 막으며 각자 처한
환경에 따라 추위와 더위를 막는다. 이렇게 각자 얻는 것이 있고 각자
적합한 것이 있다. 이로 보아 만물은 다 그 본능에 의해 생존하고 발전
한다. 그렇다면 인간은 어찌 그것들을 간섭할 필요가 있겠는가?(木處榛
巢, 水居窟穴, 禽獸有芄, 人民有室, 陸處宜牛馬, 舟行宜多水, 匈奴出
穢裘, 於, 越生葛絺. 各生所急, 以備燥濕; 各因所處, 以禦寒暑; 并得其
宜, 物便其所. 由此觀之, 萬物固以自然, 聖人又何事焉?)"[『회남자』

'원도훈(原道訓)'라고 하는 것들이다. 이는 간단히 말하면 자연계의 모든 존재는 조류든 짐승이든, 식물이든 동물이든 모두 자기 유지 및 자기 조직 능력을 갖추고 있다는 것이다. 그들은 '자생(自生)', '자제(自濟)', '취리(就利)', '피해(避害)'할 수 있을 뿐만 아니라 "각자 필요에 따라(各生所急)", "각기 거처하는 환경에 순응하며(各因所處)", "모두 그 장점을 취하고(幷得其宜)", "각기 그곳에 편리하게 산다(各便其所)"고 할 수 있다. 이런 개체를 두고 누군들 또 자주성이 없다고 부인할 수 있겠는가!

그리고 도가가 존중하는 것은 자연 만물의 자주성만 아니라 자연계 그 자체, 즉 거시적 생태계의 자주성에 대해서도 마찬가지로 충분한 존중을 나타내고 있다. 이는 의심할 바 없이 생태계의 균형을 유지하는 데 매우 큰 의미가 있다. 도가의 이른바 "천지의 법익은 지극히 아득하고 무한한 것이라 하늘의 길은 스스로 변화의 원리를 우주에 그려내는 것이다. 너무나 막연하게 쉽게 분별할 수는 없지만, 하늘의 길은 스스로 움직이는 것이다(窈然無際, 天道自會, 驀然無分, 天道自運)"[『열자』 '역명(力命)')라는 주장이나, "음양과 사계절은 올바로 운행되어, 모두가 그 질서를 잃지 않는다(陰陽四時運行, 各得其序)"(『장자』 '지북유')라는 견해, 또는 소위 "혼연 무위하지만, 천하는 자연적으로 화순을 이룬다(洞然無爲而天下自和)"[『회남자』 '본경훈(本經訓)')라는 견해나, "하늘과 땅이 잘 화합하면, 벼르지 않아도 단 이슬이 내린다(天地相合, 則甘露不求自降)"(왕필, 『노자주』 32장)라는 견해…… 이것들은 어느 하나 자연 생태계의 자기 조직, 자아 업그레이드의 능력을 강조하지 않은 것이 없다.

중국의 한자(漢字) 계통 중에서 '물(物)'과 '민(民)'은 개체적인 개념일 뿐만 아니라, 동시에 집단적인 개념이기도 하다. 때문에 도가에서 말하는 '물'과 '민'은 개체적 의미에서 이해할 수 있는 것 외에도 집단적 개념으로서 각기 부동한 유형의 거시적 계통을 대표할 수 있다. 그중에

'물'은 자연을 대표하고 '민'은 사회를 대표한다. 이런 의미에서 보면,
도가에서 말한 바와 같이 "도는 늘 무위하지만 하지 못하는 바가 없다
(道常無爲, 而無不爲)"(『노자』 37장)라든가, "만물은 스스로 서로를 다
스리며 질서를 유지한다(萬物自相治理)"(왕필, 『노자주』 5장)라든가, 또
는 "도는 만물에 무위(無爲)하지만 만물은 각자 자기의 역할이 있다(無
爲於萬物而萬物各適其所用)"(왕필, 『노자주』 32장)라든가, "하늘과 땅
이 서로 화합하면 감로가 내릴 것이며 백성들에게 강요하지 않아도 저절
로 질서가 잡힌다(天地相合以降甘露, 民莫之令而自均)"(『노자』 32장)
등의 견해들은 거시적 계통의 자주성에 대한 존중이라고 이해할 수 있다.

　20세기 후반에 일어난 자아 조직 이론의 관점에 따르면, 무생명체인
물리적 현상, 예를 들면 헤르만 하켄이 말한 '레이저'나 비생명체인 화
학 시스템, 예를 들어 일리야 프리고진이 말한 '구조 소실' 같은 것들,
그리고 거시적인 생태계는 모두 유기적인 생명체와 마찬가지로 각자 수
준이 다른 자주성을 갖고 있다. 예를 들면 물리, 화학자 및 노벨상 수상
자인 프리고진의 '구조 소실' 이론은 "가장 간단한 형식으로 자기 조직
동력학을 나타내고, 대다수 생명적 현상의 특징인 자아 업그레이드, 적
응, 진화, 심지어 '정신' 과정의 원시적 형식까지 제시해 주었다. 그것들
이 생명체로 인정받지 못한 유일한 원인은 바로 그들은 생식할 수 없고
세포를 구성할 수 없기 때문이다."[17] 하지만 영국의 대기화학자 제임스
러브록(James Lovelock)과 다른 연구자들은 많은 생태학 사실을 들어 지
구라는 이 행성에는 생명이 존재할 뿐만 아니라 그 자체 또한 살아 있는
생명체임을 증명했다. 따라서 지구 상의 모든 생명체, 그리고 여기에 대
기층과 바다 및 토양을 포함해 하나의 복잡한 계통을 구성하고 있으며,
이 계통은 자기 조직의 모든 특징적 모델을 구비하고 있다.[18] 이런 점에

---

17) 프리초프 카프라, 『轉折點－科學,社會和正在興起的文化』, 韋嵐英·李四南 역(四川
　　科學技術出版社, 1988), 262면.

서 도가는 자연을 존중하는 행위적 선택에서 일정하게 시대를 초월한 의식을 보여주었다고 할 수 있다. 우리 선현들이 거의 직감적인 추측을 통해 얻어낸 견해들은, 곧바로 1960년대 이후 과학자들이 노력을 통해 증명해야 할 과제들이다. 이것은 우연한 일치가 아니라 분명 천재적인 가설이다.

또한 도가의 비인간적인 기타 종에 대한 존중은 많은 사람들로부터 여전히 인정받으면서, 잘못된 관념을 바로잡고, 동물을 기계와 동일시하는 기계론적 관념을 바꾸는 데 큰 도움을 준다. 장기간 사람들은 인간을 제외한 기타 생물, 예를 들면 동물도 일종의 생명체라는 것을 부인하지는 않았지만, 실질적으로 그들을 진정한 의미에서의 생생한 생명으로 대하지 않았던 것 같다. 예를 들면 "거미가 거미줄을 치고", "개미가 굴을 파는" 이러한 생명 행위를 모두 타고난 것으로 여기며, 죽을 때까지 변화하지 않는 고정적인 절차, 즉 소위 말하는 '본능'으로 간주해왔다. 이와 같은 인식에 따르면 동물들, 특히 일부 하급 동물들을 언제나 순서대로 하나하나씩 진행하고, 또 규칙에 따라 행하는 기껏해야 숨 쉴 줄 아는 기계에 불과했다. 그리고 일단 프로그램이 설정되면 그 자신은 어느 날인가 기계처럼 고장 날 때까지 시종일관 절차에 따라 해나갈 것이다. 미국의 자연과학자 아이작 아시모프(Isaac Asimov, 1920~1992)는 "거미는 종래로 거미줄 치는 것을 본 적이 없고, 심지어 거미줄이 어떻게 생겼는지도 모르지만 처음부터 사람들을 놀라게 하는 완벽하고 복잡한 거미줄을 칠 수 있다"고 말했다. 하지만 거미나 곤충은 비록 태어날 때는 완벽하지만, 오히려 이러한 본능으로부터 조금도 벗어날 수 없다. 거미는 예쁜 거미줄을 만들 수 있다. 그러나 거미줄을 칠 수 없을 경우, 거미는 다른 종류의 거미줄을 만드는 방법을 배울 수 없게 된다. 하지만 인

---

18) 위의 책, 275면.

간은 다르다. 동물과 비교할 때, 인간은 태어날 때는 아무 재능도 없고 동물들이 갖고 있는 그런 '타고난 완벽함'도 없지만 오히려 거대한 이득을 획득했다. 예를 들면 신생아는 본능적으로 젖꼭지를 빨 줄 알고, 배고프면 울 줄 알며, 떨어지려고 하면 손을 잡고 놓지 않는 등 본능은 있지만, 이런 본능 외에는 다른 일을 거의 아무것도 할 줄 모른다. 하지만 인간은 배울 줄 안다. 비록 그 배움의 속도가 느리거나 또는 완벽하지 못한 정도밖에 못 미치지만, 다양하면서도 스스로 선택한 완벽하지 못함에 이를 수 있다.[19] 이러한 비교에 따르면 인간은 당연히 '우주의 정화', '만물의 영장'으로 받들리게 되며 만물을 멸시하는 우월감을 갖게 된다.

"삼가 자기 몸을 지키면, 만물은 스스로 왕성해질 것이다(愼守女身, 物將自壯)", "무위의 경지에 이르면, 만물은 자연적으로 변화를 이룬다(徒處無爲, 而物自化)"(『장자』'재유') 등과 같은 도가 사상과 비교해보면, 이런 우월감은 일부 인간으로 하여금 터무니없이 잘난 체하게 만들었다. 그러나 현재 갈수록 많은 과학 성과들이 보여주다시피, 동물을 기계로 보는 관점보다는 도가 사상이 더욱더 사실에 부합된다. 노벨상 수상자 카를 폰 프리슈(Karl von Frisch)는 『동물건축학』에서 흰개미가 집 짓는 실화를 얘기한 적이 있다. 그 내용은 동물이 상당한 정도의 자주성을 갖추고 있다는 것을 증명해주고 있다. 흰개미의 건축물은 분명 대대로 똑같이 만들 수 있지만, 이는 외부 환경이 변화되지 않는 전제하에서만 성립된다. 그러나 일단 환경에 변화가 생기면 그들도 따라서 상응한 변화를 꾀한다. 물론 이 같은 조절에는 일정한 한계가 있거나, 혹은 숱한 실패 과정을 거치겠지만 효율적으로 볼 때, 긍정적으로 인간은 개미들의 수준에 미칠 수 없을 것이다. 기왕 인간은 모두 무기력할 때가 있는데, 우리가 또 무슨 이유로 다른 동물들을 각박하게 강요하겠는가?

---

19) 아이작 아시모프, 『人體和思維』, 阮芳賦 등 역(科學出版社, 1978), 155면.

자연 만물을 자기 마음대로 다룰 수 있는 기계로 보거나, 자연을 쉽사리 정복할 수 있는 대상으로 보는 '인간 중심주의'의 관점과 달리 도가의 만물 개체 및 자연에 대한 존중은 이미 보통 사람들이 이해할 수 있는 정도를 넘어, 심지어 인위적인 간섭과 개입을 완전히 반대하는 데에까지 이르렀다. 더욱이 도가에서는 인위적인 간섭을 일종의 재난으로 보면서 "하늘의 법도를 어지럽히고 만물의 진실에 역행하면, 하늘의 현명한 조화가 이루어지지 않는다. 짐승들은 무리로부터 흩어지고, 새들은 모두 밤에도 울게 될 것이다(亂天之經, 逆物之情, 玄天弗成; 解獸之群, 而鳥皆夜鳴; 災及草木, 禍及止蟲. 意, 治人之過也!)"(『장자』 '재유')라고 했다. 또 다른 예를 들면 "노나라 임금이 기르던 새가 죽어버렸고(魯侯養鳥而鳥死)"(『장자』 '지락'), "백락이 길들이던 말이 죽어버렸다(伯樂治馬而馬亡)"(『장자』 '마제')는 이야기들은 모두 인위적인 간섭이 생물 개체에 가져다준 재난을 말해주고 있다. 바로 이런 '인화(人禍)'에 대한 반성으로부터 도가는 결국 '무위(無爲)'라는 결론을 얻어냈던 것이다. 그래서 장자는 다음과 같이 말했다.

○ 자네가 그저 무위 속에 살기만 하면 만물은 스스로 변화할 것이오. 자네의 육체를 버리고 총명함을 버리고 자신과 사물에 대한 생각을 잊어버리게 나. 자연의 기운과 크게 융합되게 하고 마음을 버리고 정신을 풀어버리면 아득히 영혼도 없게 될 것이오. 만물이 무성한 것은 각자 자기의 근본으로 돌아간 때문이며, 각자 자기의 근본으로 되돌아가면 아무것도 모르고 혼돈 상태에서 평생 그곳을 떠나지 않게 될 것이오. 만약 그것을 알게 되면 곧 그것으로부터 떠나게 될 것이니 그 이름을 물을 필요도 없고, 그 실정도 알려고 할 필요가 없소. 만물은 본래 자연스럽게 생육되는 것이오 (汝徒處無爲, 而物自化. 墮爾形體, 吐爾聰明, 倫與物忘; 大同乎涬溟, 解心釋神, 莫然無魂. 萬物雲雲, 各複其根, 各複其根而不知; 渾渾沌沌, 終身不離; 若彼知之, 乃是離之. 無問其名, 無窺其情, 物固自生). (『장자』 '재유')

물론 깊이 따져보면 도가의 이런 행위 논리의 배후에도 내재적인 모순이 존재함을 발견할 수 있다. 자연계의 정상적인 진화 법칙에 따르면, 고급 생물일수록 자주성이 강하다고 한다. 그러므로 기타 종과 비교하면, 인간의 자주성은 당연히 가장 높아야 한다. 또한 인간은 일종의 생명체로서 개방적인 계통이며 외계로부터 '마이너스 엔트로피'를 받아야 잘 생존해나갈 수 있다. 이런 의미에서 볼 때, 자연을 개발하고 이용하는 것은 인간 자주성의 반영이다. 도가에서는 기타 종의 자주성을 존중해주는 동시에 오히려 인간 자신의 자주적 기능은 부인하면서 스스로 논리적인 모순에 빠져들었다.

기왕 인간의 자주성 정도가 다른 생물 종보다 높은데도, 도가에서는 왜 단지 기타 비인류적 기타 종의 자주성에 대해서만 충분한 존중을 나타내고 유독 인간 자신의 자주성에 대해서는 충분한 관심을 돌리지 못했을까? 이러한 의문을 풀려면 우리는 여전히 도가의 '도→음양→자연 만물(인간을 포함)'의 논리적 추리 패턴에 도움을 청할 필요가 있다. 도가의 논리적 추리 패턴에서 세계의 변화 과정은 단일 방향적 발전이나 정확히 말하면 총체적인 결정론이다. 따라서 인간은 비인류의 기타 종과 같이 모두 '도'에서 시작해 '음양'을 거쳐 발전해온 것이며 그 생성과 발전, 완성, 소멸의 활동 과정은 또한 '도'에 의해 결정되고 '도'에 따라 진행된다는 것이다. 때문에 거시적인 총체론의 각도에서 출발하여 모든 개체, 즉 식물, 동물 혹은 인간을 막론하고 "천지 만물이 도를 통해 하나가 된다(道通爲一)"(『장자』 '제물론')는 전제하에 모두 평등한 것이며 자연계의 기타 개체와 비교해볼 때, 개체로서의 인간은 아무런 우월성도 갖추지 못했다는 것이다. 그리고 기왕 이렇게 된 이상, 인간은 더는 총명한 체하지 말아야 하며 자연 만물처럼 완전히 '자연(自然)'적 상태로 살아가야 한다는 것이다. 이런 의미에서 볼 때, 도가는 실제 인간의 자주성을 완전히 부인한 것이 아니라 인간이 기왕 이렇게 자연 만물의 상태를 본받아 생존할 바에는 자연 만물과 동등한 수준의 자주성을 구비해야 한다는 것이다. 때문에 도가에서는 "하늘과 땅이 서로 화합하면 감로가 내릴 것이며 백성들에게 강요하지 않아도 저절로 질서가 잡힌다(天地相合, 以降甘露, 民莫之令而自均)"(『노자』 32장)라고 주장한 것이다. 또 노자는 이렇게 말했다.

○ 성인께서 이르기를 "내가 무위해야 백성들이 스스로 바뀌고, 내가 조용히 있어야 백성이 스스로 바르게 되고, 내가 아무 일도 하지 않아야 백성이 스스로 부유해지고, 내가 아무 욕심이 없어야 백성이 스스로 생업에 힘쓴다" 하였느니라(我無爲而民自化, 我好靜而民自正, 我無事而民自富, 我無欲而民自樸).(『노자』 57장)

이는 의심할 바 없이 인간의 자아 관리와 자아 생계유지의 자기 조직 능력을 긍정한 것이다. 다시 말해 도가에서 부인하는 것은 다만 인간이 진화 역사에서 본디 구비해야 할 그 부분의 자연 만물을 초월한 자주성과 능동성이었다. 바꾸어 말하면 도가에서는 단지 인간과 기타 종 사이에 원래부터 존재하는 자주성 정도의 차이를 말살해버린 것이다. 더 나아가 도가에서는 인간이 정상적인 생리적 수요로부터 외적 자원의 소비를 반대한 것이 아니라 인간이 문화적인 상태에서 외적 자원의 약탈을 반대한 것이다.

그러므로 도가에서의 '무위(無爲)'는 완전히 소극적이고 아무 할 일도 없거나, 혹은 어떤 성과가 없는 것과는 같지 않다. 도가의 경전에서 이른바 "도는 항상 무위하지만 하지 못하는 바가 없다(道常無爲, 而無不爲)"(『장자』 '천도')는 관점은 바로 이 도리를 말해주고 있다. 도가의 선현들에게 있어 인간은 도에 따라 움직여야 하고, 인간이 무위해야 하는 이유는 도의 무위에 있기에 '무불위(無不爲)'해야 한다는 것이다. '무위'는 다만 수단일 뿐이고 '무불위'가 목적이라는 것이다. 즉 무위는 최종적으로 무불위를 실현하기 위함이라는 것이다. 이른바 "정(靜)으로 동(動)을 제압하고(以靜制動)", "변하지 않는 것으로 만 가지 변화에 대응한다(以不變應萬變)"고 한 것은 궁극적으로 말해서 무위는 단지 '대위(大爲)'를 실현하는 책략에 불과할 뿐이라는 것이다. 때문에 도가의 무위가 강조하는 것은 인간으로 하여금 본분을 지키고, 완전히 자연적인 상태로 생활하며, 다른 종과 자연계에 대해 함부로 간섭하지 말라는 것이다. 여기서 말하는 무위는 마땅히 "함부로 행동하지 않는다(不妄爲)"로 이해해야 한다. 이는 인류에게 "모든 일을 자연에 따르게 하며 사심을 개입시키지 말 것(順物自然而無容私)"[『장자』 '응제왕(應帝王)']을 요구하고 "인위로써 자연을 손상시키면 안 되고, 지혜로 천명을 손상시켜서는 안 된다(無以人滅天, 無以故滅命)"(『장자』 '추수')고 요구할 뿐만 아니라 "자연스럽게 되어가는 대로 맡길 것(因其它自然而推之)"(『회남자』 '원도훈')을 요구하면서 모든 만물은 자기 성질에 따라 자연적으로 움직일 것을 요구했다. 그리고 "말 머리에 고삐를 씌우고 소의 코에 구멍을 뚫는(落馬首, 穿牛鼻)"(『장자』 '추수') 행위와 "곰을 좋아해서 곰에게 소금을 주고, 수달을 좋아해서 수달에게 술을 먹이는(愛熊而食之鹽, 愛獺而飲之酒)"[『회남자』 '설립훈(設立訓)'] 행위, 그리고 노나라 제후처럼 "친히 종묘 안으로 데리고 와 술을 권하고, 아름다운 궁궐의 음악을 연주해주고, 소와 돼지, 양을 잡아 대접한(禦而觴之於廟, 奏'九韶'以爲樂, 具太牢以爲膳)"(『장자』 '지락') 행위에 대해 말하자면 위에서 언급한 것처럼 "사람을 기르는 방법으로 새를 대하는(以己養養鳥)" 식의 행위 모두 본분을 지키지 않고 제멋대로 하는 행위로서 그 유일한 후과는 생태 평형을 파괴하고 자연과 만물에 불행과 재난을 가져다주는 것이다.

　도가의 이러한 '불망위'는 서양에서 오랫동안 신봉해온 강력한 통치의 '패권 문화'와 그리고 당대 중국 문화 속의 정복적인 경향에 대해 커다란 경종을 울렸다는 데 의의가 있다. 몇천 년래 서양 문화는 점차 '통치' 관

념 속에 빠져들고 있다. 즉 인간이 비인간의 자연을 통치하고, 남성이 여
성을 통치하고, 돈 있고 권세 있는 사람들이 가난하고 비천한 사람들을
통치하고 서양 문화가 비서양 문화를 통치하고 있는 것이다. 이러한 문화
적 배경 아래 자연은 인간의 노예화와 약탈 대상으로 전락했다. 당대 중
국 문화에도 서양 문화의 영향과 충격을 받아 과도하게 개발하고 강압적
으로 약탈하는 경향이 존재한다. 현대의 자원 고갈, 환경 오염 등 많은
생태적 위기들은 바로 만족을 모르는 인간의 탐욕스러운 강요 때문에 자
연의 감당 능력이 무시되면서 초래된 악과(惡果)인 것이다. 이러한 배경
하에 도가의 자연을 존중한 '불망위' 견해를 새롭게 재고하는 것은 분명
중요한 현실적인 의미와 참고적 가치가 있다. 1995년에 영국 런던 근교
윈저 성에서 개최한 '세계 종교 및 환경 보호 지도자 회의'에서 중국 도
교 대표단은 「생태 환경 보호에 대한 중국 도교의 선언」을 발표했는데
이 글은 바로 이러한 입장에서 관련된 주장을 설명한 것이다.[20]

물론 도가에서 주장하는 무위 사상은 인류의 자주성을 억압하고 배척
하는 경향이 있는 것도 사실이다. 그러한 '도→음양→자연 만물(인간을
포함함)'의 세계 변화 모델은 사실상 일종의 단일 방향으로 발전한 총체
론적 결정론의 모델이다. 이런 모델은 총체가 개체를 결정한다는 사실을
강조하는 동시에 개체가 총체에 가져다주는 역방향적인 영향력을 홀시
하거나 부정하고 있다. 그러나 이러한 역방향적인 영향이야말로 인간 자
주성의 가장 훌륭한 구현이다. 도가에서는 총체적 결정론의 관념으로 인
간과 만물의 평등을 실현한 반면, 인간을 자연 만물의 수준까지 격하시
켰던 것이다. 만약 자연과 만물의 자주성을 승인한 것을 도가 사상의 적
극적인 면이라고 한다면, 인간의 무위 과정에 대한 강조는 도가 사상의
분명한 한계라 할 수 있다.

20) David E. Cooper & Joy A. Palmer, *Spirit of the Environment: Religion, Value, and
Environmental Concern*, London;New York:ROUTLEDGE, 1998, pp.24~25.

3. '무위'와 '비인간 중심주의'

마이클 지머맨(Michael E. Zimmerman)의 견해에 따르면, 현대 서구의 비인간 중심주의 생태 윤리 사상은 크게 개체주의와 총체주의로 나눌 수 있다고 한다.[21] 전자는 주로 피터 싱어(Peter Singer)와 톰 리건(Tom Regan)을 대표로 하는 '동물 권리론'과 알베르트 슈바이처 및 에드워드 타일러(Edward Tylor)를 대표로 하는 '생물 중심론'으로 나뉜다. 후자는 또한 '생태 중심론'으로 불리기도 하는데, 주로 앨도 레오폴드(Aldo Leopold)를 대표로 하는 '대지윤리학'과 롤스턴을 대표로 하는 '자연 가치론' 및 아르네 네스를 대표로 하는 '심층생태학'으로 나뉜다. 전자는 개체를 강조하면서 감각적 능력을 갖고 있는 동물 개체든 감각적 능력이 없는 기타 생물 개체든 모두 자기 목적을 갖고 있는 생명적 주체이므로 모두 평등하게 도덕적 존중을 받아야 한다고 주장한다. 그리고 후자는 총체를 강조하면서 총체적인 생태계도 도덕적 관심을 받아야 할 대상임을 인정한다. 뿐만 아니라 자연계의 부동한 종들 사이에는 다 상호 연관되고 의존하며, 하나의 공동체 속에서 공생하므로 이 공동체 속의 모든 성원들이 평등하다고 여겼다.

이런 분류에 따르면, 중국 고대의 도가 사상은 양자를 모두 겸비하고 있는 듯하다. 도가에서 가치 주체의 범위를 인간으로부터 모든 생물적 영역으로 넓힌 방법은 모든 생명에 대한 존중이다. 이는 본질적으로 전자와 일치한다. 또 한편으로 도가에서는 "천지 만물이 도를 통해 하나가 된다(道通爲一)"는 전제에서 출발하여 거시적이고 총체주의적인 시각으로 개체를 평가하고 있는데 이른바 "도의 입장에서 보면, 물건에는 귀하고 천한 것이 없다(以道觀之, 物無貴賤)"(『장자』 '추수')는 주장은 후자

---

21) M. E. Zimmerman, *Environmental Philosophy: From Animal Rights to Radical Ecology*, Englewood cliffs: Prentice-Hall, 1993, pp.3~11.

와 공통점이 있다.

이외에도 개체로부터 출발한 비인간 중심주의든, 전체로부터 입각한 비인간 중심주의 혹은 도가의 '제물론'이든 본질적으로 하나의 공통점이 있는데, 그것은 바로 인간의 우선적 지위를 부정하고 인간과 만물의 완전한 평등을 제창한 점이다. 많은 비인간 중심주의를 견지하는 환경윤리 학자들, 예를 들면 타일러는 자신들의 생물 중심론 관점을 논술할 때, 인류는 생명 공동체의 일반 성원에 불과하다는 데 중점을 두었다. 타일러는 "인간은 지구 생물권의 자연 질서의 한 요소이므로 인간이 자연계에서 차지하는 지위는 기타 종들과 같은 것이다"[22]라고 주장하고 있다. 대지윤리학의 대표적 인물인 레오폴드의 중심 견해 역시 인간은 생물 공동체의 '일반 공민(plain citizens)'이지 대지의 주재자(主宰者)와 정복자가 아니며 모든 종들을 능가하는 '대지의 주인(lord and master)'도 아니다.[23] 심층생태학의 창시자들도 생물권 속의 모든 존재는 유기적인 총체의 일부분으로 내재적 가치에서는 모두 평등하며, 모든 생명은 다 고저귀천(高低卑賤)이 없다고 주장하고 있다.[24] 도가에서 인간은 천지 사이에서 작은 돌이나 나무와도 같고, 만물 사이에서 말의 몸에 붙은 한 가닥 털끝과도 같으며, "나도 사물이요, 사물도 사물(吾亦物, 物亦物)"(『회남자』 '정신훈')이라고 한 것은 역시 '인간'은 천지간의 한 일원에 불과함을 강조한 것이 아니고 무엇인가?

물론 서양의 비인간 중심주의 생태 윤리 사상이 온갖 질의와 힐난을 받고 있는 것과 마찬가지로 도가의 이런 '제물론' 사상도 여러 가지 의

---

22) Paul W. Taylor, *Respect for Nature: A Theory of Environmental Ethics*, Princeton University Press, 1986, pp.99~100.

23) Aldo Leopold, *A Sand Country Almanac: Ane Sketches Here and There*, Oxford University Press, Lnc, 1977.

24) Bill Devall & George Sessions, *Deep Eoology: Living as if Nature Mattered*, Salt Lake City:Peregnine Smith Books, 1985.

심과 비난을 받고 있다. 예를 들면 인간이 정말 자아 중심적인 입장에서 철저히 벗어나, 초연하게 세계 만물을 바라보며 이른바 "인간과 모든 만물을 하나로 보고, 서로 다를 바 없는(萬物一齊, 無由相過)"(『회남자』 '제속훈') 경지에 이를 수 있을까? 현대 인간 중심주의의 대표적 인물인 미국 식물학자 머디(W. H. Murdy)가 말한 바와 같이 "인간은 반드시 자신을 목적으로 해야 한다. 왜냐하면 인간은 자신의 이익을 떠나서는 존재할 수 없으므로 인간은 자연히 인간 자신을 중심으로 할 수밖에 없다. 마치 거미가 거미를 중심으로 할 수밖에 없는 것과도 같다."[25] 만일 노자의 "성인은 자신을 뒤에 머물게 함으로써 앞서고 자리를 뜸으로서 그 곳에 있게 되며 자신의 이익을 떠나 잊음으로써 자신의 이익을 실현하게 된다.(聖人後其身而身先, 外其身而身存, 以其無私, 故能成其私)" 거나 "스스로 목숨을 늘리려 하지 않기 때문에 오래 있을 수 있다(以其不自生, 故能長久)"(『노자』 7장)는 등의 논술로부터 보면, 도가는 자연과 만물을 존중할 것을 요구하며, 심지어 사물을 우선으로 하는 '제물' 사상도 궁극적으로 보면 여전히 인간 자신의 이익에 대한 고려에서 비롯된 것이다. 부동한 점이라면 다만 도가에서는 부드럽고 우회적인 방법을 택했을 뿐이다. 그러나 이야기의 원점으로 돌아가서 인간이 자신의 입장을 철저히 벗어난다는 것은 불가능한 일일지라도 최소한 인간으로 하여금 자연계의 모든 존재들은 다 서로 연관되고 상호 의존한다는 것과 자연의 총체성과 기타 종의 존재 및 안위를 무시한다는 것은 더욱 불가능한 일임을 터득하게 했다. 이런 의미에서 말하면, 도가의 이러한 비인간 중심주의 생태 윤리 사상은 아직도 참조할 만한 부분이 있는 것이다.

---

25) Murdy, "Anthropocentrism: a Modern View", in *Environmental Ethics: Divergence and Convergence*, eds. S. J. Armstrong & R .G. Botzler, NewYork: Mcgraw-hill, 1993, pp.302~309.

제3절 자연지상의 예술적 추구

1. '도법자연(道法自然)'의 심미적 이상

　도가에서는 '도'와 자연의 내재적 연관성 때문에 자신의 이론적 중심을 자연의 영역에 두고 있다. 이는 도가의 심미적 이상(理想)도 필연적으로 뚜렷한 자연적 경향을 띠게 된 결정적 요인임과 아울러 이러한 성질은 주로 자연 생태계의 조화 혹은 인간과 자연의 조화에서 비롯된 것임을 보여준다. 도가에서는 가끔 인간과 인간, 인간과 사회의 조화를 언급하고 있는데 예를 들면 "온 천하를 고르게 다스리는 것은 사람들을 화합하게 하는 것이다. 사람들과 화합하는 것을 인락(人樂)이라 부른다(所以均調天下, 與人和者也. 與人和者, 謂之人樂)"(『장자』 '천도')라고 한 것과 같은 것들이다. 하지만 전체적으로 볼 때 인간과 자연, 인간과 만물의 조화는 도가의 선현들이 줄곧 추구해온 목표였다. "만물은 나와 더불어 하나를 이룬다(萬物與我爲一)"(『장자』 '제물론')라든가, "만물과 함께 봄을 즐긴다(與物爲春)"[『장자』 '덕충부(德充符)']라든가, 또는 "천지와 땅이 더불어 합해진다(與天地爲合)"(『장자』 '천지')라든가, "음을 만났을 때는 음과 함께 몸을 숨기고, 양을 만났을 때는 양과 함께 몸을 나타낸다(與陰俱閉, 與陽俱開)"(『회남자』 '원도훈')라든가, "만물이 끝나고 시작되는 변화의 세계에서 노닐며 자기 본성을 순박하게 하고 정기를 기르며 자기의 덕행을 천지자연에 합치시켜 만물이 이루어지는 조화에 통달하고자 한다(遊乎萬物之所終始, 一其性, 養其氣, 合其德, 以通乎物之所造)"[『장자』 '달생(達生)']라든가, 또는 "오르락내리락하면서 조화로움을 자연의 법도로 삼을 것이며, 만물의 근원에서 노닐게 한다(一上一下, 以和爲量, 浮遊於萬物之祖)"(『장자』 '산목')라든가 "도덕적 실질을 견지하고, 평화적 분위기를 양성해 천하에 순응하는 것이다 (抱德煬和以順天下)"(『장자』 '서무귀')라든가 "사심을 버리고 담담하게 자연의 순리를 따른다면, 천하의 일이 다 순조롭게 풀리지 않겠는가(遊心於淡, 合氣於漠, 順物自然而無容私)"(『장자』 '응제왕') 하는 견해들은 그 어느 하나도 인간과 자연의 조화와 그리고 이로 인한 정신적 쾌락을 강조하지 않는 것이 없다.

뿐만 아니라 '도'와 자연의 내재적 연관으로 하여 도가에서는 심미적 이상을 추구함에 있어 사회 생태계의 조화를 언급하더라도 여전히 분명한 자연적 색채를 나타내고 있다. 바꾸어 말하면 설령 사회적 영역에서 도가가 강조하는 중점은 여전히 인간과 만물, 인간과 자연의 조화였더라도 인간과 인간, 인간과 사회의 조화나, 또는 이른바 직접 인간과 사물의 조화로써 인간과 인간의 조화를 대체한 것은 아니었다. 도가의 선현들에게 이상적인 사회 생태계, 즉 그들이 말하는 '지덕지세(至德之世)'는 이미 상대적으로 문명화된 요, 순, 우, 탕, 무 시대에 있는 것이 아니고, 더욱이 유가에서 본보기로 떠받드는 이른바 "주나라는 하나라와 은나라 2대를 거울로 삼았다. 그야말로 찬란한 문물이도다(『논어』 '팔일')라고 칭송하던" 주(周)나라 때도 아닌, 여전히 냉혹한 시대에 처해 있으면서 원시인 같은 비참한 생활을 하던 소씨(巢氏) 시대나 신농(神農) 시대와 같은 작은 나라, 적은 백성의 시대였다. 그때의 백성들은 모두 "낮에는 도토리와 밤을 줍고, 밤에는 나무 위에서 잠을 잤다(晝拾橡栗, 暮棲木上)"[『장자』 '도척(盜跖)']고 하며 "산에는 작은 오솔길도 없었고, 못에는 배나 다리가 없었으며, 만물이 무리 지어 살고 있듯이 사람들도 무리 지어 '공동체'를 이루어 살았으며, 짐승은 무리를 이루고 초목은 무성했다. 그러므로 짐승에게 굴레를 씌워 같이 놀 수 있었고 때까치 둥지도 나무에 올라가 엿볼 수 있었다(山無蹊隧, 澤無舟梁; 萬物群生, 連屬其鄉; 禽獸成群, 草木遂長. 是故禽獸可系羈而遊, 鳥鵲之巢可攀援而窺)"

(『장자』 ‘마제’)고 한다. 이런 사회적 생태 속에서 진정한 화합은 인간과 인간 사이, 즉 “온 세상 사람들이 모두 형제로다(四海之內皆兄弟)”(『논어』 ‘안연’)나 “내 어르신을 공경하듯 그런 마음으로 미루어 남의 어르신을 공경하고 내 어린아이를 보살피듯 그런 마음으로 남의 어린아이를 보살피는 것(老吾老, 以及人之老; 幼吾幼, 以及人之幼)”(『맹자』 ‘양혜왕’ 상)에서 오는 것이 아니라 인간과 사물 사이, 즉 인간이 “고라니나 사슴 따위와 함께 살고(與麋鹿共處)”(『장자』 ‘도척’), “짐승과 더불어 살고, 만물과 무리 지어 사는 것(同與禽獸居, 族與萬物幷)”(『장자』 ‘마제’)에서 온다는 것이다.

그것은 최고의 심미적 이상을 대표하는 “지극한 아름다움과 즐거움(至美至樂)”도 유가에서 간절히 바랐던 이른바 “임금과 신하가 한 가족이 되고, 상하 화동하는 데(君臣一家, 上下和同)”에서 오는 것이 아니라, “천지 사이에 가득 차 있는 음과 양의 기운이 항상 조화를 이루고, 해와 달은 항상 밝고 맑으며, 사계절의 순환은 항상 순조롭고, 해마다 곡식은 풍년이 들고, 토지에는 재해가 없으며, 사람에게는 갑자기 죽게 되거나, 나쁜 병이 없고 귀신들은 이상한 소리를 내지 않는 데(陰陽常調, 日月常明, 四時常若, 風雨常均, 字育常時, 年穀常豐; 而主無箚傷, 人無夭惡, 物無疵厲, 鬼無靈響焉)”[『열자』 ‘황제(黃帝)’]에서 오는 것이다.

이로부터 볼 수 있는바, 도가는 ‘계통 조화(系統和合)’의 심미적 이상을 추구함에 있어 언제나 과거로 돌아가 원초적인, 심지어 사람들에게 잊힌 원시적 자연의 조화와 원시적 미를 다시 체험하고자 했던 것이다. 이는 그들이 “백성들은 들판의 사슴과 같고(民如野鹿)”, “일해도 전해지지 않는(事而無傳)”(『장자』 ‘천지’) ‘지덕지세(至德之世)’에 대한 동경에서 표현되었을 뿐만 아니라 동시에 “자기 본성을 순박하게 하고 정기를 기르며 자기의 덕행을 천지자연에 합치시켜 만물이 이루어지는 조화에 통달하고(一其性, 養其氣, 合其德, 以通乎物之所造)", "만물이 끝나고 시작되는 변화의 세계에서 노닐며(遊乎萬物之所終始)"(『장자』 '달생'), 또 "오르락내리락하면서 조화로움을 자연의 법도로 삼을 것이며 만물의 근원에서 노니는 것(一上一下, 以和爲量, 浮遊於萬物之祖)"(『장자』 '산목')과 같은 아름다운 소망에서 표현되기도 했다.

도가는 "사람은 땅을 본받고, 땅은 하늘을 본받고, 하늘은 도를 본받고, 도는 스스로 그러함을 본받는다(人法地, 地法天, 天法道, 道法自然)"(『노자』 25장)는 견해와 "도는 늘 무위하므로 하지 못하는 바가 없다(道常無爲, 而無不爲)"(『노자』 37장)는 입장에서 출발하여 모든 적극적이고 주동적이며 인위적인 창조를 반대한다. 때문에 유가와 달리 도가에서는 예악 문화의 적극적인 구축을 통해 인간과 인간, 인간과 사회의 조화를 실현할 것을 주장하지 않거니와 "사람은 천지와 더불어 함께하는 것(人與天地參)"을 빌려 인간과 자연 사이에서 새로운 조화와 새로운 미를 구축하는 데 힘을 기울일 것도 주장하지 않는다. 오히려 사람들로 하여금 "자신의 몸과 팔다리를 잊어버리고 눈과 귀의 활동을 없애고, 형체를 떠나고 앎을 버림(墮肢體, 黜聰明, 離形去智)"으로써 "대통(大通)과 같게 되고(同於大通)"(『장자』 '대종사'), "마음속의 도를 지켜 신체의 음양 조화를 이루며(守其一以處其和)", "해와 달과 빛을 같이하고 천지와 같이하며(與日月參光, 與天地爲常)"(『장자』 '재유'), "고요히 있을 때에는 음과 같은 덕을 지닐 것이고, 움직일 때에는 양과 같은 율동을 지니는(靜而與陰同德, 動而與陽同波)" 것과 같은 경지에서 자연 자체의 율동과 조화를 체험하고 "하늘과 화합하는" '천락(天樂)'적 경지(『장자』 '천도')를 최종적으로 실현할 것을 요구한다.

2. '담연무극(澹然無極)'의 예술적 추구

생태 계통의 조화는 미적 원천인 동시에 예술적 표현의 목표 가운데 하나다. 도가에서든 유가에서든 모두 예술을 조화를 표현하고 미적 감각을 얻는 매개와 수단으로 보고 있다. 중국 고대에는 우리 현대에서 말하는 '예술(藝術)'이란 명칭이 없었으며, 현대적 의미에서의 '예술'은 중국 고대 사람에게 보통 '예악(禮樂)'의 형식으로 나타냈다. 귀모뤄(郭沫若)의 주장에 따르면 "옛날 중국에서 말한 '악(樂)'[악(嶽)]이라는 것은 그 내포가 넓어 음악·시가·무용 3자가 일체가 되고, 회화·조각·건축 등 조형 미술도 포함되어 있었다. 심지어 의장, 수렵, 풍성한 음식 등도 그 속에 다 포함될 수 있었다. 소위 '악'(嶽)이란 '악(樂)'[낙(洛)]이다. 무릇 사람들을 즐겁게 하고, 사람들의 감관으로 하여금 즐거움을 느끼게 하는 것들은 넓은 의미에서 모두 '악(樂)'[악(嶽)]이라 했다."[26] 즉 다시 말하면 중국 고대에서 말하는 '악'은 현대의 모든 주요한 예술적 형태들을 다 망라했던 것이다. 귀모뤄의 이러한 견해는 도리가 없는 것은 아니다. 『예기』 '악기'에는 "금(金), 석(石), 사(絲), 죽(竹)은 음악의 도구가 된다. 시(詩)는 뜻을 말함이요, 노래는 그 소리를 부르는 것이며, 무용은 그 자태를 움직여 나타내는 것이다. 이 세 가지는 모두 마음에서 비롯한 것이니 그런 연후에야 악기가 이것들을 수반한다(金石絲竹, 樂之器也. 詩, 言其志也; 歌, 詠其聲也; 舞, 動其容也. 三者本於心, 然後樂器從之)"라는 기록이 있다. 이는 분명 '악'이란 일종 '문학(文學)', '성악(聲樂)', '기악(器樂)', '무도(舞蹈)'를 한 몸에 품고 있는 종합적인 예술 형태라는 것을 의미한다. 또 『묵자』 '비악(非樂)' 상(上)의 기록에 따르면, '악(樂)'에 대한 묵자의 이해도 꽤 넓었는데, 소위 그의 '악(樂)'에는 "큰 종(大

---

26) 郭沫若, 「公孫尼子與其音樂理論」, 『樂記』 '論辯'에 수록(人民音樂出版社, 1983), 5~6면.

鐘), 큰북(大鼓), 거문고와 비파(琴瑟), 피리와 생황(竽笙)의 소리"가 포함되어 있을 뿐만 아니라 "조각과 문양의 색깔(刻樓華文章之色)", "사육한 소와 돼지고기를 구운 냄새(芻豢煎炙之味)", "높은 누각과 건물이 들어선 깊은 정원(高臺厚榭邃野之居)"도 포함되어 있다. 위의 여러 논술들은 대개 시가·음악·무용·건축·조각 등 그 시기의 주요한 심미적 현상과 예술적 활동을 다 망라하고 있다.[27] 바로 귀모뤄가 지적했듯이 중국에서 '樂(yè)'과 '樂(lè)'는 동일한 글자로 되어 있는데 이는 절대 우연이 아니다. 『묵자』 '비악', 『순자』 '악론' 및 『예기』 '악기' 중에 모두 "음악은 즐기는 것이다(樂者, 樂也)"란 논설이 있다. 그 외 『여씨춘추(呂氏春秋)』에도 "대악은 군신·부자·어른·어린이 들이 기뻐하는 바이다(大樂, 君臣父子長少之所歡欣而悅也)"['대악(大樂)']라는 기록과 "고대 성인들이 음악을 중시하게 된 원인이 바로 음악은 사람들에게 정신적 쾌락을 가져다주기 때문이다(凡古聖王之所爲貴樂者, 爲其樂也)"[『여씨춘추』 '치악(侈樂)']라는 기록이 있다. 이는 고대 사람들의 심목 중에서 '악(樂)'은 긍정적으로 미적 체험을 전달해주는 가장 전형적이고 대표적인 매개체였음을 의미한다. 이 역시 바로 우리가 현재 말하는 가장 광의적인 의미에서의 '예술'이기도 하다.

  소위 '예(禮)'란 최초에는 주로 제사 의식만을 가리켰다. 많은 전문가들이 고증한 바에 따르면, 상고 시대의 '예(禮)'와 '악(樂)'은 본디 하나였으며 '예'는 원래부터 제사 때 활용하는 음악과 무용이었다. 때문에 고서들에서는 항상 '예'와 '악'을 같이 사용했고, 이로 해서 이른바 '예악교화(禮樂敎化)'란 말까지 생겨났다. 당연히 제사 의식은 '예'의 가장 원시적이며 역시 가장 협의적인 개념으로, 그 내포는 이후의 역사 발전 과정에서 갈수록 넓어졌다. 그리하여 사람들은 생산과 생활 속의 모든

---

27) 祁海文, 『儒家樂敎論』(河南人民出版社, 2004), 168면.

관혼상제, 그리고 사람을 대하는 태도의 규칙과 제도 및 행위 규범들을
통틀어 '예'라고 했다.[28] 바로 이런 의미에서 출발하여 본고는 현대의
'예술' 개념을 고대의 '예악'과 동등하게 취급했다.

『예기』 '명당위(明堂位)'에는 "……주공이 무를 도와 주를 쳤다. 무
왕이 죽고 성왕이 어렸으므로, 주공이 천자의 위(位)에 나아가서 천하를
다스렸다. 6년에 제후를 명당에서 조회케 했으며, 예와 악을 만들고 도
량형을 반포하니 천하가 크게 복종했다. 7년에 정사를 성왕에게 돌렸다
(周公相武王以伐紂. 武王崩, 成王幼弱, 周公踐天子之位, 以治天下. 六
年, 朝諸侯於明堂, 制禮作樂, 頒度量, 而天下大服. 七年, 致政於成
王)"라는 기록이 있다. 그리고 『사기(史記)』 '주본기(周本紀)'에도 "소공
(召公)이 보좌를 하고, 주공(周公)이 은사가 되어 [……] 예악을 바로잡
고 홍기시키기 위해 예악 제도를 고침으로써, 백성들이 화목해지고 칭송
을 금치 못했다(召公爲保, 周公爲師. [……] 興正禮樂, 度制於是改, 而
民和睦, 頌聲興)"라는 기록이 있다. 이 기록들은 바로 역사에서 전해오
는 주공이 "예를 정하고 악률을 만들었다(制禮作樂)"는 이야기다. 전하
는 바에 따르면, 주공은 주나라 정세의 안정과 사회 번영, 민심의 화목과
즐거움을 위해 적극적인 역할을 했다고 한다. 그러나 주 왕조가 끊임없
이 쇠약해지고 나중에 춘추 전국 시대에 이르러서는 "예의와 음악이 깨
지고 무너지는(禮壞樂崩)" 시대를 맞게 되었다. 그리하여 "예악 제도가
갈수록 형식화되었으며, 따라서 사회 질서를 보호하고 세도인심을 돈독
히 하는 역할을 완전히 상실했을 뿐만 아니라, 오히려 귀족 사회의 향락
적 도구로 전락하고 말았던 것이다. 예악의 세속화 추세는 거역할 수 없
는 역사적 조류가 되었고 이로 해서 사상계에서 관심을 받는 화제가 되
었다 한다."[29]

---

28) '예(禮)'에 관한 구체적인 논의는 祁海文의 『儒家樂敎論』(河南人民出版社, 2004)
　　중에서 '악교(樂敎)' 주해 부분을 참고하기 바람.

바로 이 시기에 유가와 도가는 이러한 "예의와 음악이 깨지고 무너지는(禮壞樂崩)" 국면을 맞아 각자 전혀 다른 태도를 보여주었던 것이다. 유가는 몹시 원망하는 동시에 서주(西周)의 예악 문화를 재구축하는 중임을 떠맡게 된다. 이와 달리 도가는 온갖 불만 속에서 예악에 대해 무자비한 비판을 가하고 내던져버렸다. 이처럼 다른 문화적 입장은 필연적으로 각자로 하여금 서로 차이가 큰 예술적 주장을 형성하게 했는데, 결국 유가에서는 "더할 나위 없이 훌륭한 아름다움(盡善盡美)"을, 도가에서는 "담담하고 끝없음(澹然無極)"을 추구하게 되었다.

도가의 선현들은 "예의와 음악이 한곳에 치우쳐 이루어지면, 곧 천하가 혼란에 빠지게 되는 것이다(禮樂遍行, 則天下亂矣)"[『장자』 '선성(繕性)']라고 하면서 예악이 사회 안정에 불리할뿐더러 오히려 원래 평온한 사회생활을 어지럽혔다고 여겼던 것이다. 그들 상상 속에 "신농씨 시대는 안락하게 자고 유유자적하게 일어나는(神農之世, 臥則居居, 起則於於)"(『장자』 '도척') 시대였다. 말하자면 이 시대 사람들은 성현들을 숭상하지 않았고, 재능이 있어도 쓰지 않았으며, 군자와 소인의 구별을 모르는 일종의 "짐승과 더불어 살고, 만물과 무리 지어 사는 것(同與禽獸居, 族與萬物並)"(『장자』 '마제'), "순수함을 보여주고 질박함을 간직하며, 사사로움을 적게 하고 욕심을 줄이는(見素抱樸, 少私寡欲)"(『노자』 19장) 생활 상태에 있었지만 여전히 "먹는 밥을 달게 여겼고, 입는 옷을 아름답게 여겼으며, 거처도 편안하게 여겼고, 그 풍속 또한 즐거워했던 것(甘其食, 美其服, 安其居, 樂其俗)"[『장자』 '거협(胠篋)']이다.

도가의 선현들이 볼 때, 그러한 예악의 교란이 없는 시대야말로 이른바 '지덕의 세계(至德之世)'였다. 그러나 이른바 '성인(聖人)'이 나타난 뒤로는, "소위 '인(仁)'을 억지로 고취하고, 소위 '의(義)'를 애써 추구하

---

29) 祁海文, 앞의 책, 154면.

면서 천하에는 현혹과 의심이 나타나기 시작했다. 방종하고 무절제하게 안락한 삶을 추구하고, 번거로운 예의와 법도를 세우면서 천하가 분열되기 시작했다(蠢蠢爲仁, 踶跂爲義, 而天下始疑矣; 澶漫爲樂, 摘僻爲禮, 而天下始分矣)"(『장자』 '마제'). 이는 사람들로 하여금 "예가 아니면 보지 말고, 예가 아니면 듣지 말며, 예가 아니면 말하지 말고, 예가 아니면 움직이지도 말라(非禮勿視, 非禮勿聽, 非禮勿言, 非禮勿動)"(『논어』 '안연')는 규범의 속박 아래 걸핏하면 책망을 듣게 했으며, "온갖 화려한 볼거리는 사람들의 눈을 멀게 하고, 온갖 즐거운 음악은 사람들의 귀를 먹게 하고, 온갖 맛있는 음식은 사람들의 입을 버리게 한다(五色令人目盲, 五音令人耳聾, 五味令人口爽)"(『노자』 12장)는 관능적인 추구로 자신의 본성을 상실하게 했던 것이다. 이렇게 볼 때, 오늘의 혼란한 정세는 바로 독선적인 '성인(聖人)'들이 예악교화를 추진함으로써 사람들로 하여금 "본래의 모습을 잃게 한(失其常然)" 결과인 것이다. 때문에 도가들이 보기에 "예의라는 것은 세속적인 행동의 기준(禮者, 世俗之所爲也)"(『장자』 '어부')이었다. 따라서 진정한 성인이라면 마땅히 "자연을 본받고 본질을 중시하며, 세속에 구애받지 않아야 하며(法天貴眞, 不拘於俗)"(『장자』 '어부'), "억지로 일하지 않고, 말 없는 가르침을 실천(處無爲之事, 行不言之敎)"(『노자』 2장)해야 한다. 또한 "화려한 문장을 없애고, 오채(五彩)를 흩어버리고(滅文章, 散五采)", "여섯 가지 음을 교란하고 젓대와 거문고를 훼손해버리며(擢亂六律, 鑠絶竽瑟)"(『장자』 '거협'), "하늘과 땅의 미덕을 근원으로 하고 있으며 만물의 이치에 통달해야 한다(原天地之美而達萬物之理)"(『장자』 '지북유')는 것이다. 요컨대 도가가 추구한 이상은 인위적인 예악 문화를 포기하고 자연 상태로 되돌아가는 것이다.

바로 이러한 입장에서 도가는 인위적인 오음육률(五音六律, 중국 고대 음악의 음계)과 사·죽·우·비(絲竹竽琵, 중국 고대 악기)를 반대했으며, 진정한 음악은 인위적인 것이 아니라 자연적인 것이라고 주장했다.
그들이 이른바 "인간의 소리는 대지의 소리보다 못하고, 대지의 소리는
하늘의 소리보다 못하다(人籟不如地籟, 地籟不如天籟)"라고 한 것은
바로 이런 견해를 설명한 것이다. 이런 의미에서 볼 때, 예악 문화를 재
구축하고 "시에서 흥취를 일으키게 되고, 예로써 올바른 행동을 할 수
있으며, 악으로써 자기를 완성하게 된다(興於詩, 立於禮, 成於樂)" [『논
어』 '태백(泰白)']는 유가 사상과 비교해볼 때, 도가는 마치 반예술적인
것 같다. 이는 '도'의 자연에 입각하여 인간의 자주적 창조를 반대하는
논리적 사고방식과 일치할 뿐만 아니라, 관능적 미를 폄하하는 극단적인
경향과도 근본적으로 상통한다. 그리고 도가는 인간의 자주적 창조를 배
척하는 입장에서 출발하여 사회에서 '예악'의 윤리적 교화 작용을 반대
했을 뿐만 아니라 관능적 미를 폄하하는 극단적인 경향으로부터 출발하
여 '예악'이 가져다주는 관능적인 즐거움에 대해서도 반대하는 입장이었
다. 때문에 도가에서 예술을 대표하는 '예악'을 배척하는 것은 매우 당
연한 일이었다.

그러나 이것만으로 우리는 도가가 모든 예술에 반대하는 태도를 갖고
있다고 단정할 순 없다. 왜냐하면 『장자』에는 예술에 대한 긍정적인 묘
사가 많기 때문이다. 예를 들면 "재경이 나무를 깎아 종을 만들었다(梓
慶削木爲鐻)"(『장자』 '달생')고 찬미한 것과 송원군(宋元君) 화사에 대
한 칭송[『장자』 '전자방(田子方)'], 그리고 묵자의 '함지(鹹池)', '대소
(大韶)' 등 음악과 "살아서 노래를 부르지 않는다"는 것에 대한 비판(『장
자』 '천하') 등이 바로 그것이다. 이는 도가가 모든 예술을 부정의 대상
으로 본 것이 아니라, 사실 그들이 반대한 것은 사람들에게 관능적 즐거
움만을 가져다주는 세속적인 예술이었음을 말한다. '악'에 대한 궈모뤄
의 해석, 즉 "무릇 사람들로 하여금 즐겁게 하고 사람들의 감관으로 하
여금 향락을 느낄 수 있게 하는 것은 모두 넓은 의미에서 악(樂)이라고

할 수 있다"라고 한 견해에 따르면 고대의 '예악'이 지녔던 관능적 즐거움의 역할은 의심할 바 없는 것이다. 춘추 전국 시대의 사회적 상황으로 볼 때, 그 당시 예악 제도도 분명히 갈수록 형식화, 세속화되었으며, 갈수록 귀족 계층의 향락의 도구로 전락했던 것이다.

바로 이러한 문화 현상과 배경에 맞추어 도가의 선현들은 "온갖 화려한 볼거리는 사람들의 눈을 멀게 하고, 온갖 즐거운 음악은 사람들의 귀를 먹게 하고, 온갖 맛있는 음식은 사람들의 입을 버리게 한다(五色令人目盲, 五音令人耳聾, 五味令人口爽)"(『노자』 12장)는 주장을 제기했던 것이다. 하지만 이런 견해는 그들에게 예술이 불필요하다는 의미가 아니다. '하늘과 땅이 합쳐짐'을 추구하는 심미적 이상[즉 그들이 말하는 '지미지락(至美至樂)']으로부터 출발하여 도가에서는 여전히 예술이 존재할 수 있는 일정한 공간을 남겨주었던 것이다. 그러나 사람들에게 관능적 즐거움만을 가져다주는 세속적인 예술은 불필요하지만, 사람들로 하여금 "하늘과 땅이 합쳐져 공존하게 하는" 예술은 별도로 논의해야 한다. 이른바 "'악'은 화락하게 하기 위한 것이고, 음란하게 하기 위한 것은 아니다(樂者, 所以致和, 非所以爲淫也)"(『회남자』 '본경훈')라고 한 것은 바로 이러한 도리를 말한 것이다. 그리고 『장자』에서 "음악을 조화의 방법으로 삼고(以樂爲和)", "악(樂)으로써 회합을 이룬다('樂'以道和)"('천하')라고 한 견해 역시 이런 입장에서 제기한 것이다.

이렇게 볼 때, 도가에서는 예술을 전혀 다른 두 가지 부류로 나누었을 뿐만 아니라 각각 다른 태도로 대우하고 있음을 알 수 있다. 그중 하나가 관능적인 미를 취지로 하는 세속적인 예술이었고, 다른 하나는 '경지에 이른 미(境界美)'를 이상으로 하는 자연적인 예술이었다. 전자는 사람들로 하여금 "본질을 잃게(失性)" 함으로써 사회 풍조를 문란하게 하는 화근으로 보았고, 후자는 천성을 회복하고 천지와 합일하는 유력한 수단으로 삼았다. 또 전자는 "종과 북 소리, 새의 깃과 소의 꼬리를 들고

추는 춤은 음악의 말단(鐘鼓之音, 羽旄之容, 樂之末也)”(『장자』‘천도’)
이고, 후자는 “들으려 해도 그 소리가 들리지 않고, 보려고 해도 그 형체
가 보이지 않지만, 하늘과 땅에 가득 차고, 천지 사방을 감싸고 있는(聽
之不聞其聲, 視之不見其形, 充滿天地, 苞裹六極)”[『장자』‘천운(天運)’]
경지다. 전자는 소리가 있고 형상이 있으므로 듣기에 좋고 보기에 즐거
울 가능성이 있지만, 후자는 소리가 없고 형상이 없기 때문에 마음만 즐
겁게 할 수 있다. 즉 바로 “말하지 않아도 마음은 기쁘게 되고(無言而說
[悅])”, “하늘의 기밀을 내세우지 않아도, 오관은 모두 갖추어져 있다(天
機不張而五官皆備)”(『장자』‘천운’)는 것이다. 때문에 전자는 해로운 예
술로 버림받아 마땅하나 후자는 도가의 예술적 이상을 대표한다는 것이
다. 이런 기초 위에서 한 걸음 더 나아가 추론해보면, 도가에서 추구하는
이상적인 예술은 반드시 다음과 같은 두 가지 조건을 구비해야 한다. 첫
째, 소리·색깔·맛 등 방면의 감관적인 향락을 반드시 배제함으로써 오성
(五聲)·오색(五色)·오미(五味)가 사람들로 하여금 ‘실성지거(失性之擧)’
와 ‘생지해(生之害)’를 초래하지 않도록 해야 한다. 둘째, 반드시 사람들
로 하여금 인간과 자연, 인간과 우주의 ‘조화’, 즉 이른바 “소리로써 임금
과 태화에서 통하는(音之君通於太和)”(『회남자』‘남명훈’) 경지를 체험
하도록 함으로써 정신적인 쾌락, 즉 ‘경지에 이른 미’를 획득하도록 해야
한다. 이 두 가지 조건이 동시에 구비되었을 때만 도가에서 말하는 예술
적 이상도 눈앞에 살아 움직이는 듯 나타나는데 그것이 바로 “보아도 까
마득하고, 들어도 아무 소리가 없는데, 까마득한 가운데 홀로 밝음을 보
고, 소리 없는 가운데서 홀로 조화하는 소리를 듣는(視乎冥冥, 聽乎無聲.
冥冥之中, 獨見曉焉; 無聲之中, 獨聞和焉)”(『장자』‘천운’) 경지라는 것
이다. 바꾸어 말하면 감관적인 미를 철저히 배제한 상황에서 천지자연에
서 오는 조화와 율동을 체험할 수 있다는 것이다. 이러한 예술적 이상에
서 출발하여 도가에서는 또 ‘지락(至樂)’이란 개념을 제기하고 있다. 즉

"대저 지극히 아름다운 음악이란 우선 언제나 인간사에 순응하고, 천리에 따르며, 오덕으로 연주하고, 자연에 걸맞아야 사계절의 변화에 맞추어 천지 만물과 조화를 이루게 된다(夫至樂者, 先應之以人事, 順之以天理, 行之以五德, 應之以自然, 然後調理四時, 太和萬物)." 그런 다음, 또 "음양의 조화로 그것을 연주하고, 해와 달빛으로 이를 비추며(奏之以陰陽之和, 燭之以日月之明)" 나중에 소위 "들으려 해도 그 소리가 들리지 않고, 보려고 해도 그 형체가 보이지 않지만, 하늘과 땅에 가득 차고, 천지 사방을 감싸고 있는(聽之不聞其聲, 視之不見其形, 充滿天地, 苞裹六極)"(『장자』 '천운') 경지에 이른다는 것이다.

그러나 문제는 예술은 언제나 형식을 필요로 한다는 점이다. 만약 진정 도가에서 말하는 '무형(無形)', '무성(無聲)' 및 '무언(無言)'의 상태에까지 이른 뒤면, 우리가 말하는 '예술'이 진짜 존재할 수 있겠는가 하는 것이 의문이다. 비록 '언불진의(言不盡意, 마음의 뜻을 말로 다 표현할 수 없다)'의 경우에는 확실히 부인할 수 없는 사실이지만, 만일 철저하게 말이 한마디도 없으면 어떻게 그 뜻을 표하겠는가! 이는 분명 피할 수 없는 문제다. 때문에 도가에서는 '언(言)'의 가치를 극력 비하하고, "말로 설명할 수 있는 것은 만물의 초보적인 면들이다(可以議論者, 物之粗也)"(『장자』 '추수')라고 주장하면서도 부득불 적당히 타협함으로써 '언'을 위해 일정한 공간을 남겨두었는데 이것이 바로 "말은 뜻을 전달하는 수단이나, 그 뜻을 전달하면 그 말을 잊는다(言者所以在意, 得意而忘言)"[『장자』 '외물(外物)']는 견해. 마찬가지로 도가에서는 비록 "큰 형상은 아무 형체가 없고(大象無形)", "큰 소리는 잘 들리지 않으며(大音希聲)", "가장 신선한 맛은 먹을 때 즐거움을 느끼지 못하고, 가장 심오한 말은 수식에 신경 쓰지 않으며, 가장 큰 즐거움은 웃음이 없고, 가장 높은 소리는 외치지 않는다(至味不慊, 至言不文, 至樂不笑, 至音不叫)"[『회남자』 '설림훈(說林訓)']고 주장하며, "소리 있는 음을 들으면 귀가 먹게 되고, 소리가 없는 음을 들으면 귀가 신통해진다. 하지만 '도'에서 요구하는 것은 귀가 먹지도 신통하지도 않아야만 신명스럽게 된다(聽有音之音者聾, 聽無音之音者聰; 不聾不聰, 與神明通)'(『회남자』'설림훈')고 했지만, 철저한 무형, 무성을 실현한다는 것은 예술로 말할 때 똑같이 불가능한 일이라는 것을 승인하지 않을 수 없다. 그러나 이야기를 다시 원점으로 돌리면 비록 철저한 '무(無)'는 이룰 수 없더라도 최대한의 '소(少)'에는 이를 수 있는 것이다. 기왕 철저한 이탈이 불가능하다면 최대한 피하는 것은 어렵지 않다. 이것이 도가에서 이른바 "음악은 쉬워야 하고, 대례(大禮)는 간결해야 한다(大樂必易, 大禮必簡)"[『회남자』'전언훈(詮言訓)'], 또는 "큰 솜씨는 마치 서투른 것처럼 보인다(大巧若拙)"(『노자』 35장)와 "조각은 소박함으로 돌아가야 한다(旣雕旣琢, 複歸於樸)"(『장자』'산목')와 같은 경지다. 때문에 도가에서 말하는 이상적인 예술은 그 성격으로 볼 때 필연적으로 평범하고 질박한 것이다. 바로 말하자면 "담백이 무극에 달하면 모든 미덕이 그를 따르게 되는 것(澹然無極而衆美從之)"[『장자』'각의(刻意)']의 경지에 이르는 예술인 것이다.

예술이 화합을 나타내고 사람들로 하여금 미적 감각을 얻는 매개물과 수단이라면, 감관적인 미를 추구하는 것은 인간의 천성이자 본능이며, 듣기 좋고 보기 좋은 예술 형식을 통해 사람들이 감관적인 향락을 획득하는 것도 당연한 일이다. 도가에서는 그런 듣기 좋고 보기 좋은, 사람들에게 감관적인 즐거움을 주는 예술적 유형 및 예술적 형식을 자기 심미적 이상 밖에 배제한 것은 확실히 조금은 과격하다. 하지만 다른 시각에서 볼 때, 도가의 이러한 과격은 오히려 인간의 예술적 추구에 또 다른 경지를 열어준 것이기도 하다. 그 경지가 바로 이른바 "형태가 없지만 모양을 만들 수 있고, 소리가 없지만 오음을 형성하며, 맛이 없지만 오미를 형성할 수 있고, 색깔이 없지만 오색을 형성할 수 있다. 때문에 유형은 무형에서 오고, 실체는 공허에서 오는바, 그래서 천하를 한데 가두어 명실이 함께 있도록 하는 것(無形而有形生焉, 無聲而五音鳴焉, 無味而五味形焉, 無色而五色成焉. 是故有生於無, 實出於虛, 天下爲之圈, 則名實同居)"(『회남자』 '원도훈')의 경지다. 도가의 이러한 "소리 없는 가운데서 홀로 조화하는 소리를 듣는(無聲之中, 獨聞和焉)" 예술적 이상은 감상자들에게 충분한 상상의 여지와 재창조의 공간을 남겨줌으로써 진정으로 "담백이 무극에 달하면 모든 미덕이 그를 따르게 되는 것(澹然無極而衆美從之)"(『장자』 '각의')의 경지를 실현하게 된다.

총체적으로 말하면, '경지에 이른 미'를 고양하고 감관미를 비하하는 기본적인 입장에 걸맞게, 도가의 예술적 이상에 대한 추구 역시 그 독특한 개성적 특징을 나타내고 있다. 즉 인위적인 예악 문화를 반대하면서 "인간의 소리는 대지의 소리보다 못하고, 대지의 소리는 하늘의 소리보다 못함(人籟不如地籟, 地籟不如天籟)"을 주장한 것이다. 그리고 도가는 감관적인 즐거움에만 진력하는 세속적인 예술을 배척하고 "소리 없는 가운데서 홀로 조화하는 소리를 듣는(無聲之中, 獨聞和焉)" 이상적 예술을 제창한다. 그러면서 또한 실속 없이 겉만 화려하고 정교한 예술적 형식을 경멸하고, "큰 형상은 아무 형체가 없고(大象無形)", "큰 소리는 잘 들리지 않으며(大音希聲)", "큰 솜씨는 마치 서투른 것처럼 보임(大巧若拙)"을 숭상한다. 이는 예악 문화를 재건하고 선미상락(善美相樂, 미와 선이 서로 즐기는 것)을 주장하며 우아하고 질박함을 추구하는 유가의 심미관과 선명한 대비를 이루고 있다.

제4절 도가의 생태적 지혜와 예술적 추구의 한계

1. '박이후동(迫而後動)'과 주동적 창의성에 대한 압제

일부 외국 학자들[예를 들면 오스트레일리아 생태철학가 리처드 실번(Richard Sylvan)과 데이비드 베넷(David Bennett) 및 미국 학자 프리초프 카프라 등]이 제기한 것처럼 도가 사상 중에는 심층적인 생태적 의식이 내포되어 있으며 그 본질 파악의 수준도 놀랍다. 하지만 도가에서 "가장 완벽한 생태적 지혜를 제공했다"[30]고 한 것은 아마 과찬일 것이다. 만약 이것이 선의적인 과장이 아니라면 그것은 분명 도가 사상에 대한 투철한 이해가 부족한 표현인 것이다. 도가의 생태적 지혜가 뚜렷한 결점이 있는 점은 부인할 수 없을 뿐만 아니라, 실제 부인할 필요도 없는 일이다. 소위 '하부엄유(瑕不掩瑜)'는 결점이 있음을 인정하면서도 아울러 단점이 장점을 가릴 수 없음을 나타내는 말이다. 도가 사상의 자양으로 성장한 후대로서, 세밀하고 신중하며 내정한 사고 능력을 유지하는 것은 유명무실한 찬미 속에 도취되어 자신을 정확히 알지 못하는 것보다 더 큰 의미가 있다. 때문에 아래 부분에서는 도가 선현들의 부족한 점에 대해 반성해보기로 한다.

간단히 한두 마디로 요약한다면, 도가의 생태적 지혜의 한계는 주로 인간의 자주성에 대한 존중이 부족한 데 있다. 즉 인간의 피동적 적응만 강조하고 인간의 능동적 창의성을 부정하고 있는 것이다. 이는 유가의 "군자는 자강불식한다(君子自强不息)"는 관점과 다를 뿐만 아니라 도가 자신이 기타 종(種)의 자주성에 대해 극단적으로 존중하는 태도와도 현

---

30) Capra, *Uncommon Wisdom, Conversations with Remarkable People*, Simon & Schuster edition Published, January 1988, Bantam edition, February 1989, p.36.

저히 다르다. 도가는 인간과 종에 대한 태도가 더 소극적인바, 그들이 숭배하고 추앙하는 '성인(聖人)'들은 "명예의 감수자가 되지 않고, 지략의 소유자가 되지 않으며, 일의 시행자가 되지 않고, 모략의 주인은 더더욱 되지 않으며(不爲名屍, 不爲謀府, 不爲事任, 不爲智主)"(『회남자』'전언훈'), "사물에 감화된 후에야 반응하며, 사물이 닥쳐온 다음에야 움직이며, 부득이한 경우에만 비로소 일어선다(感而後應, 迫而後動, 不得已而後起)"(『장자』'각의'). 그리고 "창도적인 일을 하지 않고, 일이 와 닿을 때만 통제하고, 사물이 나타날 때에야 대응한다(不爲物先倡, 事來而制, 物至而應)"(『회남자』'전언훈'). 그리고 도가가 좋아하는 '진인(眞人)'은 "그 본성과 도가 하나로 융합되고(性合於道)", "부득이 앞에 나서며, 반짝이는 빛과 같이 그림자가 사물의 모양을 본뜨듯 한다(不得已而往, 如光之耀, 如景之放)"(『회남자』'정신훈'). 또 그들이 찬송하는 '지덕지인(至德之人)', 말하자면 덕이 지극한 사람은 "사람의 힘으로는 어찌할 수 없음을 알고, 마음을 편히 하고 운명에 따르는(知其不可奈何而緣不得已之化)"(『장자』'인간세') 사람이며, 그들 마음속의 이상적인 군주는 "사물의 자연 본성에 순응하여 사물 자신의 자연적 규칙을 지키며(隨自然之性而緣不得已之化)"(『회남자』'본경훈'), "대자연의 도움으로 천지와 자연적으로 융합되는(因天地之資而與之和同)"[『회남자』'주술훈(主術訓)'] 사람이다. 이와 같이 '성인'이든 '진인'이든 '지덕지인'이든, 또는 이상적인 군주든 막론하고 도가의 입장에서는 이들의 가장 훌륭하면서 현명한 행위 선택은 모두 '적응'이다. 이 적응은 바로 천도(天道)에 대한 적응이고, 만물에 대한 적응이며, 주위 환경에 대한 적응이었다. 뿐만 아니라 이러한 적응은 완전히 소극적이고 피동적이며, 마치 햇볕이 태양에서 오고, 그림자가 형체에서 오는 것과 같은 것이었다.

만약 현재의 시각으로 볼 때, 이는 지극히 소극적이고 피동적인 인생태도다. 그러나 도가의 선현들이 보기에는 이것이 오히려 마땅한 처세 원칙이었다. 반대로 그들에게는 적극적이고 주동적인 것이야말로 피해야 할 것들이었다. 왜냐하면 이러한 것들은 재난만 가져와 "하늘의 법도를 어지럽히고, 만물의 진실에 역행(亂天之經, 逆物之情)"할 뿐만 아니라, "짐승들을 무리로부터 흩어지게 하며(解獸之群)", "새들을 모두 밤에도 울리기(鳥皆夜鳴)" 때문이다.

도가 사상의 핵심 범주인 '도'와 생태학에서의 '에너지' 개념의 내재적 일치성에서든 아니면 "도가 하나를 낳고, 하나가 둘을 낳고, 둘이 셋을 낳고, 셋이 만물을 낳는다(道生一, 一生二, 二生三, 三生萬物)"는 물질세계 변화 과정의 직관적인 추측에서든, 또 아니면 그들이 기타 종과 거시적 생태 계통의 자주성에 대한 공통적인 존중에서든 도가의 선현들은 모두 충분한 이유로 그들의 학설에 깊이 있는 생태적 지혜가 확실히 들어 있음을 우리로 하여금 믿게 하고 있다. 비록 이러한 사상에 그다지 명철하고 주도면밀하지 못한 면이 있음에도 불구하고 말이다. 하지만 그들이 자주 강조해온 인간이 피동적으로 자연에 적응하는 처세적인 태도는 오히려 우리를 곤혹스럽게 한다. 왜냐하면 이 관점은 그들이 미시적 계통의 자기 조직 기능(기타 종과 개체에 대한 존중에서 나타난다)을 존중하는 견해와 서로 저촉되기 때문이다. 결론적으로 말하면 자연계의 고급 종으로서의 인간이 외부 환경으로부터 영양을 섭취하고 진일보하여 자연을 개발하는 행위는 본디부터 바로 자기 조직 형태의 가장 뚜렷한 표현이었던 것이다.

만약 도가에서 묘사한 만물 모두 '자생(自生)', '자제(自濟)', '취리(就利)', '피해(避害)'할 수 있고, "필요에 따라(個生所急)", "각기 거처의 환경에 순응하여(個因所處)", '정렴(正斂)'이 "아울러 이 적의함을 얻으며(並得其宜)", "각자가 그곳에 편리하게 한다(個便其所)"는 등의 본질로 볼 때 도가는 미세 계통으로서의 만물은 다 자아 조직과 자아 생계유지 기능을 갖추고 있다는 점을 의식했음을 믿어 의심치 않는다. 하지만 그들이 생각지 못한 것은 이러한 자아 조직과 자아 생존의 기능이 사실은 두 부분으로 구성되었다는 점이다. 그중 하나는 자아 유지, 즉 자신에 대한 끊임없는 조절을 통해 환경의 변화(거시적 계통)에 적응하는 기능이고, 다른 하나는 자아 발전, 즉 자신의 능동성을 동원하여 자신의 현존 상태를 초월함으로써 환경의 진화에 영향을 주거나 촉진하는 것이다. 사실 전자는 적응성을 말한 것이고, 후자는 창의성을 말한 것이다. 그러나 양자 모두 없어선 안 되는 것들로, 창의성이 없는 적응은 경쟁이 없는 협력 관계, 또는 자주성이 없는 총체성처럼 하나의 유기적인 총체의 진화로 말하면 매우 위험한 것이다. 이러한 유기적인 총체는 미시적 계통이든 거시적 계통이든 전부 그렇다. 심지어 어떤 의미에서 보면 후자가 전자보다 더 중요한 것처럼 보이는데 이는 "모든 차원에서의 진화는 다 자아 초월의 결과"이기 때문이다.[31] 이 도리는 아주 간단한바, 사실 경험으로만 본다 할지라도 이해하기가 어렵지 않다. 약 25억 년 전부터 지구 상에 생존했던 남색 녹조식물은 가장 먼저 나타난 단세포 식물인데, 환경 적응력이 매우 강해서 25억 년 이후, 오늘까지 여전히 생존해 있으며 그 번식 능력 또한 비할 바 없이 강하다. 만약 진화의 핵심이 적응만을 의미한다면 우리는 왜 생명의 형태가 남색 녹조식물을 초월하여 한 걸음 더 진화했는지를 잘 이해할 수가 없다. 수십억 년에 달하는 역사는 이미 그들이야말로 생존의 적자임을 충분히 증명하고 있다. 이것은 "진화란 단지 적응만이 아니며, 늘 안정이 깨어짐을 필요로 하고, 초월을 필요로 하며, '자기표현'을 필요로 한다"[32]는 점을 알려준다.

그러나 유감스러운 점은 우리 도가의 선현들은 '적응'만 말하고 '창조'는 반대한 것이다. 아울러 이러한 반대는 또 태도가 철저하고 견결했는바, 이러한 태도는 이른바 "삼군과 여러 가지 무기의 사용은 덕의 말

---

31) 에리히 얀치, 『自組織的宇宙觀』, 曾國屛 등 역(中國社會科學出版社, 1992), 205면.
32) 앞의 책, 220면.

단이고 상과 벌과 이익과 손해와 다섯 가지 형벌에 관한 법은 교화의 말단이다. 또한 예의와 제도와 형식과 명칭 및 자세한 비교는 다스림의 말단이며 종과 북 소리, 새의 깃과 소의 꼬리를 들고 추는 춤은 음악의 말단들이다(三軍五兵之運, 德之末也; 賞罰利害, 五刑之辟, 教之末也; 禮法數度, 形名比詳, 治之末也; 鐘鼓之音, 羽旄之容, 樂之末也; 哭泣衰 絰, 隆殺之服, 哀之末也)"(『장자』'천도')라고 한 데서 표현된다. 바꾸어 말하면 도가는 거의 모든 인위적인 창조에 대해 모두 반대했던 것이다.

　　우선 도가에서는 모든 인위적인 기술적 성과를 반대한다. 『장자』'천 지'에는 "자공이 남쪽으로 초나라를 여행했다(子恭南遊於楚)"는 이야기 가 기록되어 있다.

　　○ 자공이 남쪽으로 초나라를 여행하고 진나라로 돌아오다가 한수 남쪽을 지 　　　나는 길에 한 노인이 채소밭을 돌보고 있는 것을 보았다. 그는 땅을 파고 　　　우물로 들어가 항아리에 물을 담고 나와서 물을 주고 있었다. 힘은 무척 　　　많이 들이고 있었으나 효과는 거의 없었다. 자공이 말을 걸었다. "기계만 　　　있다면 하루에 상당히 많은 밭에 물을 줄 수 있을 것입니다. 힘을 아주 　　　적게 들이고도 그 효과는 클 것인데 왜 기계를 쓰지 않으십니까?" 노인이 　　　머리를 들어 자공을 바라보며 말했다. "어떻게 하는 것입니까?" 자공이 　　　말했다. "나무에 구멍을 뚫어 만든 기계인데 뒤는 무겁고 앞은 가볍습니 　　　다. 손쉽게 물을 풀 수 있는데 빠르기가 물이 끓어 넘치는 것 같습니다. 　　　그 이름을 두레박이라고 합니다." 밭을 갈던 노인은 성난 듯 얼굴빛이 바 　　　뀌었으나 잠시 후 웃으며 말했다. "내가 우리 선생님께 들기로는 기계를 　　　가진 자는 반드시 기계를 쓸 일이 생기게 되고, 기계를 쓸 일이 있는 사람 　　　은 반드시 기계에 대해 마음을 쓸 일이 생기게 되고, 기계에 대한 마음 　　　쓰임이 가슴에 차 있으면 순박함이 갖추어지지 않게 되고, 정신과 성격이 　　　불안정하게 되고, 정신과 성격이 불안정한 사람에게는 도가 깃들지 않게 　　　된다고 했습니다. 나는 기계의 쓰임을 알지 못해서 쓰지 않는 것이 아니 　　　라 부끄러워서 쓰지 않고 있는 것입니다." 자공은 부끄러워 얼굴을 붉히 　　　며 몸을 굽힌 채 말대꾸도 못했다(子貢南遊於楚, 反於晉, 過漢陰, 見一 　　　丈人方將爲圃畦, 鑿隧而入井, 抱甕而出灌, 搰搰然用力甚多, 而見功 　　　寡. 子貢曰: "有械於此, 一日浸百畦, 用力甚寡而見功多, 夫子不欲

乎?” 爲圃者卬而視之曰: “奈何?” 曰: “鑿木爲機, 後重前輕, 挈水若
抽,數如泆湯, 其名爲槹.” 爲圃者忿然作色而笑曰: “吾聞之事師, 有機
械者必有機事, 有機事者必有機心. 機心存於胸中, 則純白不備; 純白
不備, 則神生不定; 神生不定者, 道之所不載也. 吾非不知, 羞而不爲
也.” 子貢瞞然慚, 俯而不對).

노인이 “부끄러워서 쓰지 않는 것”과 자공이 “부끄러워 얼굴을 붉히
며 몸을 굽힌 채 말대꾸도 못한” 이야기에서 도가가 그 시기의 기술에
대해 얼마나 경시했으며, 심지어 얼마나 멸시했는지를 우리는 쉽게 알
수 있다. 그들이 보건대 소위 기계(기술)란 다만 투기 모리배들의 소행에
지나지 않으며, ‘도를 닦는 자(爲導者)’들에게는 폐단이 이익보다 크므
로 거론할 가치도 없는 것이었다. 그들의 이상적인 사회 모델은 “나라를
작게 만들고 백성의 수는 적게 하며, 10여 개의 꼭 필요한 물건만 갖게
하되 이것들도 쓰지 못하게 하고 [……] 또 비록 배와 수레가 있어도
그것을 탈 일이 없고, 군대를 갖추고 있어도 진을 칠 일이 없으며 사람
들로 하여금 다시 새끼줄로 매듭을 묶어서 그것을 생활에 이용하게 하는
(小國寡民, 使有什佰之器而不用 [……] 雖有舟輿, 無所乘之; 雖有甲
兵, 無所陳之. 使民複結繩而用之)”(『노자』 80장) 사회였다. 그들의 관
점에 따르면, 실용적인 기술은 단지 “생명이 자리를 잃으면, 도가 깃들
지 못하는 법이다(神生不定)”라고 한 것처럼 사람들로 하여금 ‘도’를 담
을 수 없게 할 뿐만 아니라 심지어 기술적 추구는 ‘천하대란(天下大亂)’
을 초래할 수 있는 것으로 여겼다. 그래서 도가는 늘 “세상에 좋은 그릇
(기구 제도)이 많아지면 나라와 가족은 더욱 암울해지고 세상에 교묘한
재주가 많아지면 이상한 물건들이 더욱 만들어진다(人多利器, 國家滋
昏; 人多伎巧, 奇物滋起)”(『노자』 57장), “대개 활이나 그물 따위의 기
계를 쓰는 지혜가 많다면 새들은 공중에서 어지러울 것이요, 그물이나
통발 따위를 쓰는 지혜가 많다면 고기들은 물에서 어지러울 것이요, 덫

이나 새그물이나 토끼그물 따위의 기계가 많으면 짐승들은 늪에서 어지러울 것이다(夫弓弩畢弋機變之知多, 則鳥亂於上矣; 鉤餌岡罟罾筍之知多, 則魚亂於水矣; 削格羅落罝罘之知多, 則獸亂於澤矣)”(『장자』 ‘거협’)라고 경계했다. 즉 이런 기술적 성과가 많이 이용될수록 사회는 더 혼란스러워지고 생태 환경도 더 많이 파괴된다는 것이다. 현대 사람들이 절제 없이 남벌하고 남획하는 행위를 생각해보면 도가의 이러한 사상은 참으로 가치 있는 권계(權誡)가 아닐 수 없다.

문제는 기술적 성과라는 것이 환경의 약탈 이외에 환경 보호에도 이용될 수 있다는 점이다. 때문에 부동한 염원에 따라 기술을 수정하고 심지어 기술을 제한할 수는 있지만 포기할 필요는 없다. 이야기를 다시 원점으로 돌려 만약 생태계 에너지의 관점에서 볼 때, 도가에서 반대하는 ‘활과 그물, 작살’이나, ‘그물, 통발’, 아니면 ‘덫이나 새그물, 토끼그물’이나를 막론하고 극한만 초과하지 않는다면 이런 도구들 자체가 조그마한 의미도 없는 것은 아닐 것이다. 필경 인간은 이러한 새·물고기·짐승을 떠나 생존할 수 없으니 말이다. 우리는 이러한 동물들이 우리의 가장 중요한 음식물의 근본이라는 것을 잊지 말아야 한다. 독일 학자 한스 작세는 도구를 인간의 팔다리의 진일보한 연장으로 보고, 기술은 도구의 진일보한 연장으로 보았다. 이런 관점에 따르면 기술은 인간 자주성이 한 걸음 더 제고된 표지일 뿐만 아니라 동시에 생물 진화의 필연적 결과이기도 하다. 도가에서는 기술을 견결히 반대함과 아울러 인간의 자주성뿐만 아니라 종의 진화마저도 반대했다. 이는 도가의 생태 사상으로 말하면 작지 않은 한계다.

다음, 도가에서는 기술 외에 언어·문자·예술·전장 제도와 사회 윤리 등을 포함한 거의 모든 문명적 형태를 반대한다. 조금도 의심할 바 없이 인간이 진화 과정 중에서 발전시켜온 언어와 문자는 인간 자체가 기타의 종보다 우월함을 나타내는 가장 중요한 지표임과 아울러 인간 자주성의 진일보한 향상을 보여주는 가장 좋은 지표이기도 하다. 왜냐하면 언어와 문자는 일종의 기호 계통으로서 인간의 경험 교류를 가능케 했을 뿐만 아니라 인간들이 그것을 빌려 이러한 경험 같은 것들을 고정된 형식으로 보존할 수 있게 했으며, 또 자기의 경험 획득으로 하여금 직접 체험과 모방의 속박에서 벗어나 시공간의 경계를 타파하고 더 넓은 범위에서 그 작용을 발휘할 수 있게 했기 때문이다. 도가의 선현들은 분명 언어 문자의 이러한 우월성을 의식하지 못했던 것이다. 그들은 진정한 정수는 언어와 문자로 전달할 수 없으며, 무릇 전달할 수 있는 것은 '껍데기(皮毛)'에 불과하다는 주장을 고수했다. 또 그것은 이른바 "말로 논할 수 있는 것은 물건으로서는 큰 것이다(可以議論者, 物之粗也)"(『장자』'추수')는 것이다. 무릇 역사적으로 전해온 서면적인 자료는 모두 찌꺼기로, 이른바 "임금께서 읽고 계신 것은 옛사람의 찌꺼기(君之所讀者, 古人之糟魄已夫)"(『장자』'천도')란 것이다. 때문에 그들의 관점은 "도를 배움에 있어 세상에서 귀중히 여기는 것은 글이다. 글은 말에 불과하지만, 그 말은 또한 귀중한 것이다. 말이 귀중한 까닭은 뜻이 있기 때문인데, 뜻이란 무엇인가 추구하는 바가 있다. 특히 추구하는 것은 말로써 전할 수 없는 것이다. 그런데도 세상은 그 때문에 말을 귀중히 여기며 글을 선한다. 세상에신 비록 그것들올 귀중히 여기지만 귀중히 여길 것이 못 되는 것이다. 세상 사람들이 비록 귀중히 여기지만 오히려 귀중히 여길 것이 못 된다. 그런데 눈에 보이는 것은 형체와 색깔이다. 귀로 들을 수 있는 것은 명칭과 소리다. 슬프다! 세상 사람들은 그 형체와 색깔과 명칭과 소리로써 그것들의 진실을 파악할 수 있다고 생각한다(君之所讀者, 古人之糟魄已夫世之所貴道者書也, 書不過語, 語有貴也. 語之所貴者意也, 意有所隨. 意之所隨者, 不可以言傳也, 而世因貴言傳書. 世雖貴之, 我猶不足貴也, 爲其貴非貴也. 故視而可見者, 形與色也; 聽而可聞者, 名與聲也. 悲夫, 世人以形色名聲爲足以得彼之情)"(『장자』'천도')

는 것이다. 이러한 논리에 따르면 "뜻이 추구하는 것은 말로는 전할 수 없는 것"이므로 책은 자연히 '귀하지 않은 것'이 되고, "말을 귀중히 여기며 글을 전하는(貴言傳書)" 세인들과 "형체와 색깔, 소리와 명칭(形色名聲)"만을 알고 "진실을 파악했다(得彼之情)"고 생각하는 세인들은 가소롭고 불쌍한 존재라는 것이다. 우리 도가의 선현들이 지금까지 살아 있다면, 그리고 그들이 남긴 경전들이 오늘날 세상 사람들에게 보물처럼 떠받들리고 있는 것을 본다면, 그들은 어떤 태도를 보일 것이며 소감은 또 어떠했을까?

언어 문자와 마찬가지로 예술은 인간 자주성과 창의성의 또 다른 하나의 성과다. 도가가 예술(특히 듣기 좋고 보기 좋은 예술)을 대함에 있어 자연히 언어 문자를 대하던 것과 마찬가지로 여전히 조금도 용서하지 않고 그것을 부정해버렸음을 상상해볼 수 있다. 예를 들면 장자는 "인간의 소리는 대지의 소리보다 못하고, 대지의 소리는 하늘의 소리보다 못하다(人籟不如地籟, 地籟不如天籟)"(『장자』 '제물론')고 여겼던 것이다. 그가 보기에 "다섯 가지 빛깔은 눈을 어지럽혀 눈을 어둡게 만들고(五色亂目, 使目不明)", "다섯 가지 소리는 귀를 어지럽혀 귀를 잘 들리지 않게 하기(五聲亂耳, 使耳不聰)"(『장자』 '천지') 때문에 "화려한 문장을 없애고, 오채(五彩)를 흩어버리며(滅文章, 散五采)", "여섯 가지 음을 교란하고 젓대와 거문고를 훼손해버린다(擢亂六律, 鑠絶竽瑟)"(『장자』 '거협')는 것이다. 하여간 그런 듣기 좋고 보기 좋은 예술적 형태들은 모두 버리고 하나도 남기지 않는 것이 가장 좋다는 것이다.

도가가 문화를 부정한 또 다른 뚜렷한 표현은 유가의 예악 제도 설립과 사회 윤리에 대한 극단적인 배척이다. 인간 자주성에 대한 유가의 존중은 도가보다 훨씬 많다. 이와 상응하게 그 처세 태도도 분명 적극적인 면이 많다. 철저히 문화를 반대하는 도가의 입장과 달리 유가에서는 줄곧 문화 구축자 역할을 담당해왔다. 유가는 전통적인 예악 제도를 회복

하는 것을 목적으로 인(仁)을 정신적 핵심으로 삼고, 예(禮)를 외부적 형
식으로 하여 일련의 계통적 사회 윤리를 건립했다. 이는 도가에 있어 참
을 수 없는 일이므로 자연히 그들의 비판 대상이 되었다. 그리고 그 언
사들도 아주 격렬하기로 극히 드물다. 예를 들면 "도(道)를 잃은 뒤에 덕
(德)이 중시되고, 덕을 잃은 뒤에 인(仁)이 중시되며, 인을 잃은 뒤에 의
(義)가 중시되고, 의를 잃은 뒤에 예(禮)가 중시된다. 예란 충성과 신의가
얕아서 나타나는 것이며 혼란의 근원이다(失道而後德, 失德而後仁, 失
仁而後義, 失義而後禮. 夫禮者, 忠信這薄, 而亂之首)"(『노자』 38장)라
고 한 것과 같은 것이다. 또 "성(聖)이니 지혜니 하는 것을 끊고 버리면
백성의 이익이 백배가 되며, 인의를 끊고 버리면 백성들은 효와 자애로
돌아올 것이다. 기교니 이익이니 하는 것을 끊고 버리면 도적이 없어질
것이다(絶聖棄智, 民利百倍; 絶仁棄義, 民複孝慈; 絶巧棄利, 盜賊無
有)"(『노자』 19장)라 하고, 또 "예라는 것은 도의 열매 없는 꽃과 같은
것이고, 혼란의 근원이라고 한다(禮者, 道之華而亂之首也)"(『장자』 '지
북유'), "예의와 음악이 한곳에 치우쳐 이루어지면, 곧 천하가 혼란에 빠
지는 것이다(禮樂遍行, 則天下亂矣)"(『장자』 '선성')라고 한 데서 모두
이러한 특징을 엿볼 수 있다. 간단히 말하면 사회에 나타난 모든 부정들
은 모두 유가의 '독선적(自以爲是)'이고, "스스로 잘난 체하는 것(自作
聰明)"과 관련이 있다는 것이다. 도가의 이러한 논리에 따르면, 유가가
없어야만 모든 명리를 추구하고 교묘하게 속이거나 경박한 풍속이 자연
히 없어지며 사회 질서 또한 안정을 찾게 된다는 것이다. 허심탄회하게
논한다면 이러한 지적과 비평은 실로 지나친 것이며 현실을 떠나 있는
것이다. 왜냐하면 유가의 문화적 구축은 사실상 편향을 바로잡고 병폐를
시정하려는 일종의 노력이며, 사회적 혼란과 인심이 야박한 데 대한 적
극적인 대응책이다. 즉 '난(亂)'은 원인이고 '치(治)'는 결과다. 도가에서
는 이 '인과' 관계를 전도시켜 '치(治)'를 원인으로 하고 '난(亂)'을 결과

로 하여 사회가 문란해지고 인심이 야박해진 죄를 모두 유가에 떠안기려 했다. 물론 도가의 과격한 언사는 혹시 학파 분쟁의 수요에 의해서였을 수도 있겠지만, 다른 한 면으로는 문화 구축에 대한 도가의 극단적인 배척이기도 했음을 분명히 보여주고 있다.

보다 심한 것은 도가가 거의 모든 문화와 문명적 성과를 반대할 뿐만 아니라 심지어 이런 성과를 만들어낸 지혜마저도 함께 반대하고 있다는 것이다. 이른바 "지혜 다툼이 일어나니 큰 속임수가 나온다(智惠出, 有大僞)"(『노자』 18장)라든가, "그리하여 천하는 언제나 크게 어지러울 것이다. 그 죄는 지(智)를 좋아하는 데 있는 것이다(天下每每大亂, 罪在於好知)"(『장자』 '거협')라든가, 또 이른바 "지혜로써 나라를 다스리는 것은 곧 나라의 적이다. 지혜로써 나라를 다스리지 않는 것은 나라의 복이다(以智治國, 國之賊; 不以智治國, 國之福)"(『노자』 65장)라는 주장들은 모두 지혜를 자연으로 하여금 균형을 잃게 하고, 사회를 동란에 빠지게 한 주모자로 보고 있다. 그들의 소망에 따르면, 모든 사람들이 다 무지한 상태로 돌아가는 것이 가장 이상적이라고 하지만 이런 일이 어찌 가능할 수 있는가? 대뇌 과학의 최신 연구 결과에 따르면 이성과 지혜는 새 대뇌 피질이 발전된 이후에야 나타난 것이고, 일종 특수한 생리적 구조로서의 새 피질은 비교적 고급 동물, 예를 들면 영장류의 대뇌 속에서 이미 발육하기 시작했으며, 현재 인간의 대뇌 속에서도 일정한 속도로 발육되고 있다고 한다. 이는 이성과 지혜가 나타난 것은 생물 진화 과정의 막을 수 없는 추세라는 것을 말해준다. 기왕 이렇다면 도가의 구상이 어떻게 현실로 될 수 있겠는가? 『장자』 '천지'의 한마디 말이 도가에 딱 어울릴 것 같다. "마치 사마귀가 앞다리를 힘껏 쳐들고 수레바퀴 앞에 버티고 서 있는 것과 마찬가지여서 도저히 당해낼 수 없을 것이다(猶螳螂之怒臂以當車軼, 則必不勝任矣)."

바로 인류의 모든 문명과 문화를 반대하는 입장에서 출발하여 도가에서는 이른바 '지덕지세(至德之世)'를 제기하고 있다. 유가가 더 문명하고 합리적인 이상 사회를 설립하려는 것과 달리 도가의 선현들이 갈망하는 이상적인 사회는 오히려 반문명적인 것이었다. 그들은 "보통 사람보다 십 배, 백 배 뛰어난 기략(什佰之器)"이나 "배나 수레(舟輿)" 같은 것도 필요 없고, "갑옷과 무기"도 없으며 가장 좋기는 언어·문자도 없어서 인간들로 하여금 다시금 새끼로 매듭을 지어 기록하는 생활 상태로 돌아가기를 희망했다. 여전히 나라가 있고, 군신이 여전히 존재하더라도 그것은 역시 "인재를 숭상하지 않고, 재간 있는 자를 쓰지 않으면, 임금은 제일 높은 자리에 있지만 마치 나무 꼭대기의 가지처럼 위에 있고 싶어서가 아니라 자연히 높이 달려 있는 것과도 같고, 무식한 백성은 아무런 구속 없는 들사슴과도 같다. 단정한 행위를 도의로 보지 않고, 서로의 우애를 인애로 보지 않으며, 도탑고 성실함을 충성으로 보지 않고, 일 처리가 적절한 것을 신의로 보지 않으며, 무심히 행동하면서 서로 시키는 것을 은사로 보지 않는다. 때문에 행동 후에 흔적을 남기지 않고, 일 해도 전해지지 않는 것(不尙賢, 不使能, 上如標枝, 民如野鹿. 端正而不知以爲義, 相愛而不知以爲仁, 實而不知以爲忠, 當而不知以爲信, 蠢動而相使不以爲賜. 是故行而無跡, 事而無傳)"(『장자』 '천지')과 같게 된다는 것이다. 만약 가능하다면 우리 도가의 선현들은 오히려 짐승들의 생활 상태로 되돌아가고 싶어 한다. 이는 절대 날조된 말이 아니다. "백성은 들판의 사슴과도 같고(民如野鹿)", "일해도 전해지지 않는다(事而無傳)"는 기대 외에도 '지덕지세(至德之世)'에 대한 그들의 묘사를 보면 알 수 있다.

○ 원시 인간들의 천성이 가장 잘 보전된 시기, 사람들의 행동은 언제나 진중하고 자연스러우며, 사람들의 눈길 또한 한결같고 한눈팔지 않는다. 바로 이러한 시기에 산에는 길도 터널도 없고, 물 위에는 선박이나 다리가 없다. 여러 생물 종이 공동으로 생존하고, 인간의 거처는 서로 상통하고 이

어져 향과 현의 차별이 없으며, 짐승이 무리를 지어 다니고, 초목이 마음
대로 자란다. 고로 짐승은 끈으로 끌고 다니며 노닐고, 새들의 우리도 올
라가서 구경할 수 있다. 인간의 천성이 가장 잘 보전된 그 시기에 인간은
짐승과 똑같이 거처하고, 각종 생물 종들과 서로 결합되어 병존한다(至德
之世, 其行塡塡, 其視顚顚. 當是時也, 山無蹊隧, 澤無舟梁; 萬物群生,
連屬其鄕; 禽獸成群, 草木遂長. 是故禽獸可系羈而遊, 鳥鵲之巢可攀
援而窺. 夫至德之世, 同與禽獸居, 族與萬物幷)."(『장자』 '마제')

하지만 도가의 선현들은 이미 이러한 것들이 불가능함을 인식했기 때
문에 다만 사람들로 하여금 "짐승과 더불어 살고, 만물과 무리 지어 사
는 것(同與禽獸居, 族與萬物幷)"을 희망했을 뿐, 그들에게 사람으로서
의 권리를 완전히 포기할 것을 요구하지는 않았다. 그렇지 않았다면 노
자는 어떻게 나라를 다스리고 어떻게 군사를 거느릴까 하는 일에 대해
논의하지 않았을 것이다. 물론 『노자』 오천언(五千言)도 사람들에게 정
치적 보전(寶典)으로 보지 않게 함과 아울러, 병서로도 읽히지 않았을
것이다. 도가의 이러한 전 사회적 단계로 되돌아가려는 희망은 실패할
것이 불 보듯 뻔하다. 그 이유는 매우 간단한데, 인간의 정신세계는 퇴보
할 수 없으며 자연의 역사 또한 역주행할 수 없기 때문이다.

만약 생명 계통의 차원에서만 보면, 그 진화 추세는 복잡성 정도의
끊임없는 향상 외에 자주성도 끊임없이 증가하는 특징을 보인다. 예를
들면 초기 파충류 시기에 동물들은 자기 체온을 조절함으로써 환경의 온
도에 적응했는데 이런 동물들을 '변온 동물'이라고 하는데 뱀과 같은 동
물을 가리킨다. 포유동물 시기에 들어서서 그들은 이미 모피와 지방으로
일정한 온도를 유지할 수 있었고, 최고의 생명 형식인 인류에 이르러서
는 주택 온도를 가열하거나 냉각하는 방법으로 자기 생존에 적합한 인공
적 환경을 창조할 수 있는 능력을 갖게 되었다. 이는 인간이 현재까지
진화 역사에서 나타난 최고급 종으로서 그 자주성 또한 가장 높을 뿐만
아니라 갈수록 높아질 것임을 분명히 말해준다. 이런 의미에서 볼 때,

과학 기술·언어 문자·사회 윤리 제도 및 기타 모든 문화와 문명의 진보는 피할 수 없는 필연적 추세다. 도가가 환경에 대한 인간의 피동적인 적응만 일방적으로 강조하고 자주성과 창의성을 폄하하고 억누르는 것은 분명 자연의 진화 원리와 어긋난 것이다. 만약 단지 환경의 적응력만 말한다면, 뱀의 적응력이 더 만족감을 줄 것이다.

다윈과 비교해볼 때 도가의 진화론 사상은 비록 거칠고 원시적이며 심지어 충분한 과학적 근거가 부족한 천재적인 가설에 불과했지만 그들이 처음부터 유기 진화론의 관점을 생물계에서 무생물계까지 밀고 나아감으로써 물리적 세계와 생명 세계의 단절을 피하였다. 하지만 아쉽게도 도가는 이를 끝까지 관철하지 못하고 진화된 더 높은 차원, 즉 인간의 사회적 영역에서 다시 퇴보의 길을 걸은 것이다. 그들은 인간의 자주성을 억압했을 뿐만 아니라 진화의 성과인 사회 문명을 부인했다. 때문에 우리는 매우 유감스럽게도 도가의 유기적 진화론 사상이 다윈의 생물진화론과 마찬가지로 여전히 미완성된 '반쪽 공사'임을 부득불 인정하지 않을 수 없다.

2. '탁란육률(攛亂六律)'과 예술적 창조에 대한 배척

유가와 비교할 때 도가 사상에서 가장 뚜렷한 이론적 특징의 하나가 바로 '자연지상(自然至上)'이다. 그래서 도가의 선현들은 "사람은 땅을 본받고, 땅은 하늘을 본받고, 하늘은 도를 본받고, 도는 스스로 그러함을 본받는다(人法地, 地法天, 天法道, 道法自然)"(『노자』 25장)고 주장한다. 여기서 말하는 '자연(自然)'은 우리가 말하는 '대자연'만 가리키는 것뿐 아니라 또한 꾸밈없는 그 본연의 것이라는 뜻도 있다. 그래서 도가의 선현들은 늘 '자연'과 '무위'를 한데 연결시켰는데 예를 들면 "일부러하는 일이란 없이 언제나 자연스러웠다(莫之爲而常自然)"(『장자』 '선성')라든가, 또는 "이로써 만물의 자연스러움을 돕되 억지로 하지 않는다(以輔萬物之自然而不敢爲)"(『노자』 64장)라든가, "마음을 담담한 경지에서 노닐게 하고, 기를 막막한 세계에 맞추어 모든 일을 자연에 따르게 하며, 사심을 개입시키지 않는다(遊心於淡, 合氣於漠, 順物自然而無容私焉)"(『장자』 '응제왕')는 견해들에 잘 표현되어 있다. 바로 이러한 자연 무위적 입장에서 도가는 일체 진취적이고 주동적인 인위적 창조를 반대해왔다. 따라서 인간의 창조성과 능동성의 전형적인 표현으로서의 예술적 활동이 도가 사상에서 억압을 당한 것은 아주 당연한 일이다.

도가는 '자연지상'의 원칙에서 출발하여 소위 "하늘과 땅은 위대한 아름다움을 지니고 있으면서도 말하지 않는다(天地有大美而不言)"(『장자』 '지북유')라고 말한 바와 같이 자연적 미를 숭상하고 인위적인 심미적 창조를 반대한다. 도가의 선현들은 진정한 미야말로 자연계 속에 들어 있으며 인위적으로 만들 수 없다고 여겼다. 비록 현란한 외형과 정교한 구조가 없고 전적으로 허정(虛靜)·염담(恬淡)·적막(寂寞)·무위(無爲)의 '소박(樸素)'한 상태의 것이지만 바로 이러한 소박함 때문에 비로소 온갖 미를 한 몸에 포용할 수 있는 것이다. 즉 소위 "세상에 단순함과 아름다움을 다툴 만한 것이 없는 것(樸素而天下莫能與之爭美)"(『장자』 '천도')이다. 이와 상응하게 도가에서는 또 "인간의 소리는 대지의 소리보다 못하고, 대지의 소리는 하늘의 소리보다 못하다고 했다(人籟不如地籟, 地籟不如天籟)"(『장자』 '제물론')고 하면서 다만 순수한 자연적인 '천뢰(天籟)'의 소리만이 최고의 예술이며 "사람이 색깔과 곡선으로 그린 그림, 소리와 박자로 만든 음악, 언어와 문자로 창조한 문학 등은 사실상 가장 서투른 예술이라고 했다."[33] 그리고 이러한 것들이 나타낸 것

---

33) 張少康·劉三富, 『中國文學理論批評發展史』 上(北京大學出版社, 1995), 63면.

은 그냥 겉모양과 찌꺼기에 지나지 않은 것으로서 사실은 피상적으로 조
금 인식했을 뿐, 미의 내재적 본질은 전혀 파악하지 못했다고 했다. 때문
에 도가에서 이르기를 "말로 설명할 수 있는 것은 만물의 초보적인 면들
이다(可以議論者, 物這粗也)"(『장자』 '추수')라 했고, "종과 북 소리, 새
의 깃과 소의 꼬리를 들고 추는 춤은 음악의 말단들이다(鐘鼓之音, 羽旄
之容, 樂之末也)"(『장자』 '천도')라고 하면서 "눈으로 볼 수 있는 것은
형체와 색깔이고 귀로 들을 수 있는 것은 명칭과 소리다. 슬프다. 세상
사람들은 그 형체와 색깔과 명칭과 소리로 그것들의 진실을 파악할 수
있다고 생각하고 있다(視而可見者, 形與色也; 聽而可聞者, 名與聲也.
悲夫, 世人以形色名聲爲足以得彼之情!)"(『장자』 '천도')라고 한탄하기
도 했던 것이다. 도가의 현인들이 보건대 이러한 인위적인 예술은 사람
들로 하여금 미의 내재적 특성을 파악하지 못하게 할 뿐만 아니라 오히
려 자연 본질의 미를 잊어버리게 한다는 것이다. 즉 "온갖 화려한 볼거
리는 사람들의 눈을 멀게 하고, 온갖 즐거운 음악은 사람들의 귀를 먹게
하고, 온갖 맛있는 음식은 사람들의 입을 버리게 한다(五色令人目盲, 五
音令人耳聾, 五味令人口爽)"(『노자』 12장)는 것이다. 도가에서 볼 때,
인위적인 오색(五色)·오음(五音)은 사람들의 이목을 현혹하게 하고 사람
들의 마음을 고혹시키며 사람들의 본성을 잃게 하는 것 외에 아무런 긍
정적인 가치도 없다. 그래서 그들은 "여섯 가지 음을 교란하고 젓대와
거문고를 훼손해버리며, 사광의 귀를 막아버림으로써 세상 사람들의 귀
를 밝게 한다. 화려한 문장을 없애고, 오채(五彩)를 흩어버리고, 이주(離
朱)의 눈을 가림으로써 세상 사람들이 눈이 밝아지게 한다(攫亂六律, 鑠
絶竽瑟, 塞瞽曠之耳, 而天下始人含其聰矣; 滅文章, 散五朶, 膠離朱之
目, 而天下始人含其明矣)"(『장자』 '거협')고 주장한 것이다. 이는 즉 인
위적인 예술이 "눈을 멀게 하고", "귀를 어둡게 한다"면 그것을 모두 청산
한 다음에야 사람들은 진정한 예술이 무엇인지 알 수 있으며 눈귀가 밝아

지고(耳聰目明), 아울러 대자연의 천연적 미를 감상할 수 있다는 의미다.

여기서 볼 수 있듯이 인위적인 예술 활동은 도가의 '자연지상'의 사상 원칙 아래 분명히 더는 발전할 공간이 없으며, 만약 그들의 관점에 따른다면 심지어 존재할 필요조차 없는 것이다. 이는 예술 활동에 대한 억압을 여실히 보여주고 있다. 물론 우리는 중국 고대 예술 사상사에서 분명히 많은 중요한 예술적 명제가 모두 도가 사상에서 비롯되었다는 점은 부인할 수 없다. 예를 들면 그림 그리기에서 "허와 실은 서로를 낳는다(虛實相生)"는 원리는 도가의 "큰 형상은 아무 형체가 없다(大象無形)"(『노자』 41장)에서 비롯된 것이고, 음악 이론 중의 "소리 없음이 있음보다 애절하다(此時無聲勝有聲)"라는 말도 도가의 "큰 소리는 잘 들리지 않는다(大音希聲)"(『노자』 41장)에서 비롯된 것이며, 또 언어 예술 중의 "말에는 끝이 있지만 그 의미는 끝이 없다(言有盡而意無窮)"는 표현은 도가의 "뜻이 통하고 나면 말은 잊어버린다(得意而忘義)"(『장자』 '외물')에서 온 것이다. 사람들이 예술적 품격에서 추구하는 "맑고 깨끗한 물에서 피어난 아름다운 연꽃은 천연적으로 조각된 것이다(淸水出芙蓉, 天然去彫飾)"라든가 "자연적으로 생성되고(自然天成)", "인공적인 것이 천연적인 재능을 능가한다(巧奪天工)"라든가 하는 기준은 도가의 "큰 솜씨는 마치 서투른 것처럼 보인다(大巧若拙)"(『노자』 45장)라는 견해와 "새김은 소박함으로 돌아가야 한다(旣雕旣琢, 得歸於樸)"(『장자』 '산목')는 견해 등에서 얻은 것들이다. 그러나 우리가 동시에 부인할 수도 없는 것은 이 모든 예술과 관련된 중요한 주장들이 최초에는 다 예술의 시각에서 제기된 것이 아니었다는 점이다. 유가에 비해 도가에서는 예술적 문제에 대해 거의 전혀 논의하지 않는다. 때문에 『노자』 오천언(五千言)을 총괄적으로 보면 "온갖 화려한 볼거리는 사람들의 눈을 멀게 하고, 온갖 즐거운 음악은 사람들의 귀를 먹게 하고, 온갖 맛있는 음식은 사람들의 입을 버리게 한다(五色令人目盲, 五音令人耳聾, 五味令人口

爽)"(『노자』12장)는 부정적 논의 외에 우리는 예술과 관련된 논의를 거
의 찾아볼 수 없다. 공자가 열중했던 시(詩)와 악(樂)에 관한 문제들은
노자에게서는 완전히 한쪽에 방치된 채 관심을 받지 못했으며 아무런 위
치도 없었다. 장자 학파에도 비록 "음악을 조화의 방법으로 삼는다(以樂
爲和)"(『장자』'천하')와 같은 논의가 있고, 『장자』'천운'에도 음악에
관한 한 단락의 문구가 있지만, "사실은 악으로 도(道)를 비유했을 뿐,
음악 예술을 토론한 것은 아니었다."[34] 예술과 직접 관련된 논의가 있다
하더라도 노자처럼 대부분 부정적 의미에서 제기한 것이다. 하지만 도가
의 다른 중요한 두 편의 저서 『열자』와 『회남자』에서는 역시 유가의 경
전처럼 예술적 문제에 대해 집중적으로 체계 있게 논의하지는 않았다.

또 우리가 부인할 수 없는 것은 도가 사상 중에도 깊은 미학적 의미가
내포되어 있다는 점이다. 도가, 특히 장자 학파에서 추구하는 철학적 경
지 혹은 생존 경지는 근본적으로 볼 때, 가장 높은 심미적 경지다. 때문
에 일부 학자들은 심지어 단도직입적으로 "장자의 온갖 노력은 사람들
에게 어떻게 '심미(審美)'적으로 살아갈 것인가를 가르치는 데 있었
다"[35]고 말한다. 그러나 장자 학파든 기타 도가의 선현들이든 모두 자연
무위의 입장에서 출발했지만, 또 매우 분명하게 인위적인 예술적 활동을
일체 반대함으로써 도가의 미학 사상에 황당무계한 현상이 나타나게 했
던 것이다. 즉 심미적인 경지를 추구하면서 오히려 예술적 실천은 반대
했고, 내재적인 예술적 정신은 넘쳐나지만 외적인 예술 형식은 결핍했던
것이다. 이는 동시에 도가의 미학 사상으로 하여금 언제나 완전하지 못
한 느낌이 들게 한다. 어떤 학자들은 중국 고대 예술 발전사에서 예술과
심미에 가장 큰 기여를 한 것은 유가가 아닌 도가로 여긴다. 그러나 우리
는 인위적인 예술에 대한 도가의 배척이 이처럼 분명하기 때문에 사람들

---

34) 李澤厚, 劉綱紀, 『中國美學史』先秦兩漢篇(安徽文藝出版社, 1999), 258면.
35) 陳炎 主編, 廖群 著, 『中國審美文化史』先秦篇(山東畵報出版社, 2000), 310면.

로 하여금 만약 이런 길로 발전해간다면 예술은 헤겔이 선양한 것처럼 최
종적으로 멸망의 길에 들어서지 않을까 하는 걱정을 갖게 한다는 점을 잊
어서는 안 된다. 만일 중국 고대 문화 중에 도가만 있고 유가가 없었더라
면 중국이 '시의 나라'가 될 수 있었을까? 이는 십분 의심이 가는 문제다.

　전체적으로 말하면, 비록 유가와 도가의 심미적 관념과 예술 사상에는
각자 극복할 수 없는 결함은 있지만, 저마다 장점이 있을 뿐만 아니라 양
자는 상보적인 관계를 이루고 있다. 중국 고대 예술 발전사에서 볼 때, 유
(儒)·도(道) 두 학파의 사상은 중국 예술의 문화적 기반과 이론적 기초로
서 둘 중 어느 하나가 없어도 중국 고대 예술이란 큰 빌딩을 지탱할 수
없다. 유가만 있고 도가가 없었다면 도덕 우선의 원칙은 예술로 하여금
단순한 교화의 도구로 몰락했을 것이고, 예술이 존재하기는 했지만 영적
인 생명은 없었을 것이다. 또 그렇게 되면 중국 고대 심미 역사에는 예술
적 실천은 있지만 심미적 정신이 없는 이상한 현상이 나타났을 것이다.

　반대로 도가만 있고 유가가 없었다면, 자연을 숭상하고 인위적인 창
조를 반대하는 사상적 경향은 또 쉽게 예술을 핍박하여 멸망의 길로 나
아가게 했을 것이다. 그렇게 되었더라면 중국 고대 심미 역사에는 심미
적 정신은 있지만 예술적 실천은 없는 황당한 현상이 나타났을 것이다.
오직 유가·도가의 상보적 작용 아래에서만 중국 예술은 비로소 사회적
책임을 가지면서도 개성적 자유를 유지할 수 있을 것이고, 일정한 법칙
에 따르면서도 지나치게 다듬고 꾸민 흔적이 없게 될 것이며, 개인의 능
동성과 창조성을 엿볼 수 있으면서도 또한 자연 천성(天成)을 드러냄으
로써 진정한 비전을 이룩할 수 있게 될 것이다.

　물론 이러한 유가·도가의 상보적 작용 외에도 중국 고대 문화로 하여
금 진정한 눈부신 길로 나아가게 한 것 중에 무시할 수 없는 또 하나의
정신적 힘인 불교가 있다.

제4장

불가의 생태적 지혜와 예술적 추구

제1절 불가의 세 가지 시야와 유기총체론

불가의 철학적 사상은 부처님이 중생을 이끌어 인생의 해탈을 추구하는 것으로 그 핵심 이념은 다음과 같다. 즉 세상의 모든 사물과 현상이 모두 인연화합(因緣和合)에 의해 생겨났다고 주장하는 '연기론(緣起論)', 이것도 저것도 아니고 이것이 될 수도 있고 저것도 될 수 있다고 (非此非彼, 亦此亦彼) 주장하는 '중도론(中道論)', 그리고 집착을 없애고 무명자아(無名自我)를 없애는 '무아론(無我論)'이 있는데 이들은 모두 인류의 생태적 지혜와 예술적 추구에 영향을 미쳤다.

먼저 연기론의 탄생과 발전은 바라문교(婆羅門敎)의 '범아합일(梵我合一)'과 '브라만 지상(婆羅門至上)' 등 사상에 대한 반박일 뿐만 아니라 기존의 무인론(無因論), 우연론(偶然論), 숙명론(宿命論) 등의 학설에 대한 반발이기도 하다. 연기론은 우주 만물의 형성과 상호 관계를 맺고 있는 우주 전반에 대해 상대적으로 합당하게 설명하고 있다. 이 중에는 많은 생태적 지혜를 내포하고 있는데, 만물의 기원 및 전반적 융합을 다룬 전식론(全息論)과 모든 사물이 부단히 변화하는 과정에 있다는 과정론(過程論)과 실체적인 개념을 배척하는 공성론(空性論) 등이 포함되며 이런 생태적 지혜들은 인간과 자연 간의 전반 관계의 전식(全息)을 정확히 이해하는 데 도움을 줄 수 있는 원시적인 이론을 제공해주었다.

다음은 불가의 무아론으로, 인간과 자연 만물은 모두 공생하는 과정에서 부단히 변화하기 때문에 세상에는 절대적인 주재자(主宰者)와 불변의 자아가 있을 수 없다고 주장한다. 그러므로 사람들은 반드시 자아와 만물에 대한 집착을 버려야만 생사윤회의 번뇌에서 해탈하고 최종적

으로 열반의 상태에서 진정한 '대아(大我)'를 실현할 수 있다고 주장한
다. 이런 대아의 경지는 심층생태학에서 주장하는 '생태적 대아'와 서로
통하는 면이 있는데 개인과 사회, 자연과 이성, 생명과 우주가 완전히
융합된 근본적인 경지다. 심미적 시각에서 볼 때 무아론은 주객을 구분
하지 않음으로써 미학적 활동에서 순수성과 자유성을 확보하게 한다.

마지막으로 중도론은 불가의 이론적인 사유 방식인데, 유가의 '중용
(中庸)설'과는 다르다. 중용설은 "A이면서 B이다"를 주장하면서 "A는 A
의 범위를 초과하지 못하고 B는 B의 범위를 초과하지 못한다"는 사유
방식이지만 불가의 중도론은 "A도 아니고 B도 아니다"라는 주장으로
"A가 될 수도 있고 B가 될 수도 있다"는 사유 방식이다. 중도론은 이원
적 대립을 타파하는 것이 목적이어서 현대인들에게 객관적 사물과 정신
적 사유를 통합하고 현실과 이상을 통일하는 데 이론적인 도움을 준다.
중도론의 사유 방식이 인간의 생활 방식에 체현되면 사람들은 물질에 모
든 욕망을 쏟아붓지 않음으로써 주체적 독립성을 유지하게 되고 물질적
실현을 떠난 허무함을 추구하지 않게 된다. 그리고 심미적 관점에서도
'시가중도(詩家中道)'라는 이론을 내세워 중국 고대 미학에 "A도 아니
고 B도 아니다"라는 독특한 관점을 내놓았다.

전반적으로 말하면 연기론을 핵심으로 무아론과 중도론을 특징으로
하는 불가의 생태적 철학은 그 주장과 사유 방식 등에서 현대의 생태적
철학과 환경미학 등의 학문들과 폭넓은 대화의 공간을 가지고 있다. 이는
불가 사상의 이론적 특징을 보여줌과 동시에 한편으론 현대의 생태적 이
론과 생태적 문명을 건설하는 데 새로운 사상적 자원을 제공하고 있다.

1. 연기론과 전식론

'연기설'은 불가 철학 사상의 기초이며 우주 인생에 대한 불교의 기본적인 관점을 체현하고 있다. 통시적으로 볼 때 인도 원시 불교에서의 인생 '십이인연(十二因緣)'에 대한 '업감연기(業感緣起)', 중관파(中觀派)의 '중도연기(中道緣起)', 요가학파(瑜伽學派)의 '자성연기(自性緣起)', 밀종파(密宗派)의 '육대연기(六大緣起)'로부터 중국 천태종(天臺宗)의 '진여연기(眞如緣起)', 유식종(唯識宗)의 '유식연기(唯識緣起)', 화엄종(華嚴宗)의 '법계연기(法界緣起)', 선종(禪宗)의 '자성돈현연기(自性頓現緣起)'에 이르기까지 불가의 연기설은 점진적으로 발전하고 성숙해가는 과정을 거쳐왔다. 비록 여러 종파의 연기설에 대한 해석은 서로 다르지만 다음과 같은 공통점을 가지고 있다. 즉 우주에 존재하는 모든 현상의 유무(有無)와 생멸(生滅)은 모두 인연화합을 통해 생성되고 일정한 조건의 존재로 인해 존재하며 일정한 조건의 소실로 인해 소멸된다. 인생 현상과 우주 만상은 모두 각종 원인과 조건들이 모여 이루어진 인연의 그물과 같아서 그 어떤 현상도 고립적으로 존재하지 못하고 영원히 불변하지 않는다. 불가 경전 『잡아함경(雜阿含經)』 권 12에서는 다음과 같이 설명하고 있다. "이것이 있으므로 저것이 있고 이것이 살아 있으므로 저것이 살며 이것이 없으므로 저것이 없으며 이것이 소멸되므로 저것도 소멸된다(此有故彼有, 此生故彼生, 此無故彼無, 此滅故彼滅)."[1] 이는 연기설에 대한 가장 원초적이고 전형적인 설명이라고 할 수 있다.

불가의 연기설이 태어난 가장 주된 원인은 사실 바라문교의 '범아일여(梵我一如)'의 통치적 지위를 전복하기 위해서인데, 바라문교의 생존 기초인 '브라만'이라는 우주 본체로 하여금 그 존재의 기초를 상실하도록

---

[1] 다카쿠스 준지로(高楠順次郞) 등 편저, 『大正新修大藏經』 제2권(日本大正一切經刊行會, 1934), 67면.

하기 위함이다. 다음으로는 당시 인도 사상계에서 유행하던 두 가지 인과
론을 반대하기 위해서다. 그중 하나는 '인중유과설(因中有果說)'로 우주
의 모든 사물과 현상은 하나의 총체적인 원인 때문에 태어난다는 것이고,
다른 하나는 '인중무과설(因中無果說)' 즉 여러 가지 원인들이 복합적으
로 작용하여 하나의 사물을 생성한다는 것이다. 석가모니가 제기한 연기
설은 각종 현상들 사이의 서로 의존하고 서로 조건이 되는 인과 관계를
강조하고 있으며, 하나의 사물은 반드시 전반적인 틀에서 여러 가지 조건
의 제약을 받아야만 자체적 존재를 확립할 수 있다는 것이다. 그러나 이
이론은 바라문교의 제일원인을 타파했지만 인생의 실제와 무관한 무엇이
제일원인인가 하는 문제에 대해서는 더 이상 언급하지 않았다.

연기설에 대한 또 다른 대표적인 설명으로 『잡아함경』 권 2에서는 다
음과 같이 설명하고 있다. "세간의 모든 사물과 현상은 인연이 모여서
생겨나지만 또한 인연이 흩어짐으로써 소멸된다(有因有緣集世間, 有因
有緣世間集, 有因有緣滅世間, 有因有緣世間滅)."[2] 이러한 인연 관계
는 "공간적으로 볼 때는 유무의 상태이지만 시간적으로 볼 때는 생멸의
과정이다."[3] 이처럼 연기설은 시공간적으로 동시(同時)적 인과 관계와
이시(異時)적 인과 관계의 존재를 보여주었다. 이후의 대승 불교(大乘佛
敎) 중관파에서는 "중인연생법, 아설즉시공(衆因緣生法, 我說卽是空)"[4]
이라고 주장했는데 바꾸어 말하면 이는 세상 만물은 독자적으로 자체의
존재를 결정하지 못하고 인연에 의해 결정되므로 독립적인 자체적 본성
을 가지지 못함은 곧 세상 만물이 본질이 없음을 의미한다는 것이다.

위에서 언급한 바와 같이 연기설의 제기와 발전은 육사외도(六師外

---

2) 앞의 책, 12면.

3) 方立天, 「佛敎生態哲學與現代生態意識」, 『文史哲』(2007년 제4기).

4) 『中論』, 다카쿠스 준지로 등 편저, 『大正新修大藏經』 제30권(日本大正一切經刊行
會, 1934), 33면.

道)의 무인론(無因論), 우연론(偶然論), 숙명론(宿命論) 등 기존의 각종 학설에 대한 반발일 뿐만 아니라 바라문교의 패권에 대한 한 차례의 큰 충격이기도 하다. 연기설은 보편적 연관성의 방법으로 우주 만물 간의 상호 관계를 충분히 설명하였고 우주 전반을 인식하는 데 상대적으로 합당한 논술을 제공했는데 이 과정에서 여러 가지 생태적 사상을 내포하고 있다. 만물연기의 사상에 대해서 미국 학자 캐럴린 머천트(Carolyn Merchant)는 다음과 같이 말하고 있다. "우주의 모든 구성 부분들은 하나의 유기적인 전체 속에서 상호 연결되고 상호 작용한다. '자연의 친화력'에서 기인된 모든 사물은 상호 간의 흡인력과 사랑에 의해 하나로 연결되어 있다. 자연계의 모든 부분들은 서로 의지하고 있으며 매 부분 우주의 다른 부분의 변화를 나타낸다. 세계 각 부분들의 긴밀한 결합은 동반 자양(滋養)과 동반 성장을 뜻하기도 하지만 고통도 함께 한다는 것을 의미한다."5) 이는 불가의 연기 사상에 대한 현대적인 해석이라고 볼 수 있다.

1) 만물연기(萬物緣起), 화합이생(和合而生)과 전식론

현대적인 '전식' 이론의 주요 관점은 우주를 여러 부분들이 긴밀하게 연결된 하나의 완전체로 보고, 매 부분이 완전체의 정보를 내포하고 있다고 보는 것이다. 그러므로 전식론은 완전성, 과정성, 연관성을 주장하지만 단편적이고 기계적이며 고립적인 것을 반대하는데, 이는 현대 생태적 이론의 핵심 사상이다. 사실 고대의 불가 경전에서 우리는 불가가 이미 초보적으로 인간과 자연 간의 전체성을 파악하고 우주 만물 간의 관계에 대해 합리적인 탐구를 하였음을 알 수 있다. 불가에서는 "모든 법은 고립적으로 생기지 않으며 인연에 의해 태어나고 모든 도는 허로 이

---

5) 캐럴린 머천트, 『自然之死 – 女性, 生態和科學革命』, 吳國盛 등 역(吉林人民出版社, 1999), 111면.

루어지지 않으며 인연에 의해 나타난다(法不孤起, 仗境方生, 道不虛行, 遇緣則應)"고 주장한다[선화상인개시(宣化上人開示), 『금강경(金剛經)』)]. 그들은 특별히 연기설이라는 철학적 해석을 내세워 인간과 자연이 공생 공영한다는 기본 틀과 적극적인 의의를 객관적으로 설명했다. 그들은 모든 사물이 인과 관계에 의해 존재할뿐더러 상호 의존하고 상호 관련된 온갖 조건들이 결합된 산물이며 그 어떤 사물도 전체를 떠나서는 확인될 수 없다고 주장했는데, 이는 현대의 전체적인 전식론적 사유 방식으로 우주 만물을 관찰하는 것과 유사하다.

불가 경전 중에는 '전체적 네트워크'의 중요성에 관한 논술들이 많다. 『범망경(梵網經)』의 "모든 땅과 물은 나의 몸이요, 모든 불과 바람은 나의 신체이니라(一切地水是我先身, 一切火風是我本體)"[6]와 같은 서술이라든지 『경장약의(經藏略義)』에서 "바람은 하늘에 의지하고 물은 바람에 의지하며 땅은 물에 의지하고 사람은 땅에 의지한다(風依天空水依風, 大地依水人依地)"와 같은 서술들은 모두 물질세계의 4대 기본 구성 요소(땅·물·불·바람)가 모두 중생의 신체를 구성하고 있으며 중생의 신체와 물질세계는 불가분리의 관계임을 주장하고 있다. 그리고 이들 간에는 물질과 에너지의 교환이 존재하므로 인간을 우주와 독립시킬 수 없을 뿐만 아니라 우주의 일부분으로 보아야 한다고 주장한다. 이들은 모두 생명과 환경 간의 내적 연관성에 대한 불가의 절묘한 해석들이다. 그리고 『잡아함경』 권 12에도 "마치 세 단의 갈대를 공터에 세우는 것처럼 서로 의지하면 모두 곧게 서 있지만 만약 하나를 없애면 나머지 둘은 서 있지 못하고, 둘을 없애면 나머지 하나는 서 있지 못하며 서로 의지하면 모두 서 있을 수 있다. 식(識)과 색(色)과 명(名) 사이의 인연도 마찬가지다. 셋이 서로 의지해야만 성장할 수 있다"[7]라고 서술하고 있는

---

6) 다카쿠스 준지로 등 편저, 『大正新修大藏經』 제24권(日本大正一切經刊行會, 1934), 1006면.

데 색·식·명 3자 간의 관계가 마치 세 단의 갈대를 서로 의지하여 세우는 것처럼 어느 하나만 없애도 나머지 둘의 존재가 어려워진다고 했다. 따라서 우주 역시 여러 물질들의 상호 의존에 의해 구성된다고 주장했다. 천태종에서 제기한 '성구(性具)' 이론은 불가 전식론의 새로운 공간을 개척했다. 그들은 세상의 모든 사물이 본래 우주 만물의 본성을 가지고 있다고 주장하면서 '일념삼천(一念三千, 한 가지 일상의 생각에 우주의 모든 생각이 다 들어 있다)'[8]의 사상을 제기했다. 즉 사람의 생각에는 우주의 삼천 세간(世間)을 포함하고 있다는 것으로, 전식론적 사유의 살아 움직이는 표현이기도 하다. 화엄종에서는 '무진연기(無盡緣起)'의 이론으로 세상 만물들 간에 서로 인연이 되고 있는 관계와, '일(一)'과 '다(多)' 사이에 서로 포함하고 있는 관계를 설명했다. 『화엄오교장(華嚴五敎章)』에서는 "법계의 연기는 자재무궁(自在無窮)하고 [……] 원융자재(圓融自在)하다. 일즉일절(一卽一切)이고 일절즉일(一切卽一)이니 그 모양을 말할 수 없다(不可說其狀相耳)"[9]라고 서술하고 있는데 우주 만물은 서로 대립하지 않고 서로 작용하며(相卽相入) 막힘없이 두루 통하므로(圓融無礙) 겹겹의 연기가 무궁(無窮)하다면서 세상 만물 간에 작용하는 전체성과 일치성, 의존성을 보여주었다. 이와 동시에 『화엄경』은 '해인삼매(海印三昧)'[10]로 부처의 경지를 묘사했는데 한 방울의 바닷물에 백 갈래 강을 담을 수 있다고 비유하면서 세상의 모든 사물은 서로가 서로를 담을 수 있으며 최종적으로 '무진원융(無盡圓融)'의 세계를 형성

---

7) 다카쿠스 준지로 등 편저, 『大正新修大藏經』 제2권(日本大正一切經刊行會, 1934), 81면.

8) 다카쿠스 준지로 등 편저, 『大正新修大藏經』 제46권(日本大正一切經刊行會, 1934), 54면.

9) 다카쿠스 준지로 등 편저, 『大正新修大藏經』 제45권(日本大正一切經刊行會, 1934), 503면.

10) 위의 책, 637면.

할 수 있다고 주장한다.

　불가 연기설 이론의 구축 과정에서 보여주는 다양한 서술은 모두 불가적 사유 방식인 "크거나 작아도 본질은 여전하다(大小相如故)"는 경지를 드러내고 있으며, "머리카락 하나에 만물이 담긴(毛端納萬物)" 우주 전체를 포함하고 있다. 예를 들면 『유마힐경(維摩詰經)』 '불사의품(不思議品)'에서 서술한 "사해의 바닷물을 하나의 모공 속에 들이부어도 바다의 본질은 여전하다(以四大海水入一毛孔, 而大海本相如故)"[11]거나 『화엄경』에서 서술한 "부처의 모공 하나하나마다 1억(億) 개의 불국토가 있으니 이는 불가사의한 일이로다. 그러나 종래로 서로 비좁다고(迫隘) 함이 없도다(一一毛孔中, 億剎不思議, 而未曾有迫隘)"[12]거나 "겨자씨에 수미산(須彌山)을 얹고 모공에 찰해(剎海, 온 세상을 뜻함)를 담는다(芥子容須彌, 毛孔收剎海)"거나 "모래 한 알에 하나의 세상이 있고 이파리 하나에 부처님이 계시다(一沙一世界, 一葉一如來)" 등이 그렇다. 불가의 관념에서는 미세한 먼지, 모래알, 모공까지도 무수한 바다와 불국토와 수미의 세계를 담을 수 있으며 또한 본연의 모습을 잃지 않고 비좁은 느낌이 전혀 없는데 마치 인타라망(因陀羅網)[13]에 비유하여 나타내는 것과 같다. 즉 장엄한 제석천(帝釋天) 궁궐에 걸려 있는 거대한 보석 그물의 그물코마다 반짝이는 보석들이 걸려 있는데 하나하나의 보석이 모두 다른 보석을 비치고 보석에 비친 다른 보석의 그림자마다 또 다른 보석 그림자를 비치고 있어 무한히 교착된 관계를 이루는 것과 같은 것이다. 이는 세상의 모든 사물(법) 간에 일(一)과 다(多)의 관

---

11) 다카쿠스 준지로 등 편저, 『大正新修大藏經』 제14권(日本大正一切經刊行會, 1934), 546면.

12) 다카쿠스 준지로 등 편저, 『大正新修大藏經』 제10권(日本大正一切經刊行會, 1934), 279면.

13) 다카쿠스 준지로 등 편저, 『大正新修大藏經』 제45권(日本大正一切經刊行會, 1934), 513면.

계를 비유하는 것으로 마지막에는 상즉상입(相卽相入)하고 서로 융합하여 원융일체(圓融一體)를 이루는 전체적인 네트워크를 형성한다.

이러한 이론들은 불가에서 현상 세계의 전체성과 관련성에 대한 가장 소박한 추측인 동시에 우주 만물 전식론에 대한 가장 적절한 비유이며 인간과 인간, 인간과 자연, 인간과 사회 간의 전체적 원융 관계에 대한 가장 생동감 넘치는 표현이기도 하다. 이 같은 이론적 사고를 거쳐 우리는 철저한 전체적 사유를 얻게 되었고, 모든 사물들이 서로 반영하고 있다는 점을 알게 되었으며, "우리 자신도 완전히 우리가 볼 수 있는 사고와 모든 사물 속에 반영되어 있음"14)을 인식하게 되었다. 사실상 인타라망에 대한 전식 구조는 전체 우주와 과거 및 미래의 사물에까지 확대시킬 수 있다. 반면에 공간과 시간의 부분마다 모두 자체 내부에 '숨겨진' 총체적 구조를 반영한다.15) 이에 홈스 롤스턴(Holmes Rolston)은 서양 사람들이 앨도 레오폴드(Aldo Leopold)가 제기한 '생물 공동체'의 개념을 잘 이해하지 못하고 있는데 불교의 인타라망에 대한 비유는 사람들이 생물 공동체 개념을 제대로 이해하는 데 유리하다고 주장했다.16)

전반적으로 말해서 불가의 연기설은 주객(主客)이 분열된 세계관을 타파하였을 뿐만 아니라 간단하고 단일한 인과관(因果觀)을 초월하여 전지전능하고 영원불변한 조물주의 존재를 배제시켰으며 사물의 고립자생의 가능성을 부정했다. 이는 생태학의 전식 이론과 일맥상통하며 현대인들에게 명확한 생태적 계발을 주고 있다. 현대 생태학에서 '전체성'은 생태계의 가장 중요한 특징으로 간주되는데 주로 생태계 각종 요소들의 보편적 연관성과 상호 작용, 그리고 전체적이고 연관성을 가진 기능이

14) David Bohm, *Wholeness and the Implicate Order*, Routledge & Kegan Paul Ltd. 1980, p.167.
15) 위의 책, 149면.
16) Holmes Rolston, "Can the East Help the West to Value Nature?" *Philosophy East and West*, Vol.37, No.2(April 1987), pp.172~190.

다른 부분적 기능보다 중요하다는 면에서 나타난다. 생태학자 리처드 레빈스(Richard Levins)와 리처드 르원틴(Richard Lewontin)은 "전체란 하나의 사물과 그 사물 자체의 일부가 상호 작용하며 또한 그 사물이 속한 더 큰 전체와의 상호 작용으로 규정된 구조이다"라고 했다.[17] 생태계는 생명체와 비생명체로 이루어졌으며, 우주 만물은 보편적으로 의존하고 상호 교착하는 체계적인 네트워크 관계를 이루고, 인류와 생태 환경은 오직 서로 의존해야 하며 이런 의존 관계를 떠나서는 독립적으로 존재할 수 없다. 그리고 전체 또는 어느 일부분의 손해는 기타 부분의 손해를 가져올 수 있다. 이는 불가의 총체적인 관념과 내적 일치를 이루고 있다. 그러므로 연기설은 독특한 방식으로 인간과 자연의 관계 및 자연 속에서의 인간의 위치를 보여주는 동시에 인류도 기타 생물과 마찬가지로 생태계라는 더 큰 전체에 속하며 생태계의 완전성은 인류에게 지속적 생존의 가능성을 제공해준다는 것을 설명하고 있다.

장스잉(張世英)은 '일체즉일(一切卽一)'의 우주 구조를 하나의 커다란 그물에 비유하고 모든 개체를 그물코로 비유했다. "그물코는 연장성이 없으며 기하학에서의 점과 같다. 이는 진실한 것으로 허구가 아니다. 하나하나의 그물코는 우주 전체의 보편적 작용과 영향을 담고 있다. 그러므로 우리는 하나하나의 그물코가 전체 우주를 반영한다고 할 수 있거나 우주 전체로 볼 수도 있다. 이는 라이프니츠(Leibniz)가 말한 것처럼 하나하나의 단자(Monad)는 모두 우주 전체를 비치는 거울과 같다."[18] 이에 대해 우리는 다음과 같이 이해할 수 있다. 즉 인간과 생태 환경의 일체성과 전체성의 관계에 근거할 때 자연을 파괴하는 것은 인류가 자신의 존재를 파괴하는 것과 같다. 그러므로 자연을 보호해야만 인류는 자

---

17) 로버트 매킨토시(Robert McIntosh), 『生物學槪念和理論的發展』, 徐嵩齡 譯(中國科學技術出版社, 1992), 155면.
18) 張世英, 『進入澄明之境 – 哲學的新方向』(商務印書館 1999), 41면.

신을 보호할 수 있다. 불가의 만물연기와 공생의 생태적 지혜는 생태주의자들에게 그들이 필요한 소박한 생태적인 전체적 세계관을 제공했으며, 현대적인 생태 사상도 경험 실천의 방식으로 불가의 연기공생의 전체적 시야를 끊임없이 증명하고 있다. 그러므로 현대의 생태 위기를 해결하려면 인류는 반드시 기계적이고 단일한 세계관에서 전체적이고 연관적인 세계관으로 전향해야 하고, 기타 사물들과 서로 엉키면서 의존하고 공생하는 생태적 네트워크에 참여해야 한다. 태허대사(太虛大師)는 이런 말을 남겼다. "우리 인간의 일거수일투족과 말하는 것과 침묵하는 것 등 모든 것이 만사만물과 인연을 가지고 서로 소식을 통한다. 더 확대해서 말하면 산간의 일초일목(一草一木)과 바다의 파도와 공기, 하늘의 움직이는 별들은 어느 하나도 서로 인연을 맺지 않은 채 위배와 순종, 성쇠에 이른 것이 없다."[19]

2) 제행무상(諸行無常)하고 변동불거(變動不居)하는 과정론

앞에서 서술한 바와 같이 불가의 연기설은 "이것이 있으므로 저것이 있고 이것이 살아 있으므로 저것이 살며 이것이 없으므로 저것이 없다(此有故彼有, 此無故彼無)"는 공시(共時)적 존재를 주장할뿐더러 "이것이 살아 있으므로 저것이 살아 있고, 이것이 소멸되므로 저것도 소멸된다(此生故彼生, 此滅故彼滅)"는 통시(通時)적 변화도 중시하고 있다. 인연 관계는 수시로 변하므로 물질 세상의 생멸(生滅)이 교체되는 현상과 끊임없이 이어지는 동적(動的)인 과정을 보여준다. 이는 만물은 영원함이 없다는 사물의 본질, 즉 불가의 '제행무상(諸行無常)'의 결과를 탄생시켰다. 불가에서 말하는 이런 '무상'의 상태는 시간상에서 '상속무상(相續無常)'과 '찰나무상(刹那無常)'으로 나뉜다. 즉 생명체의 생로병사

19) 釋太虛, 「萬有皆因緣所生」, 『太虛大師全書』 제1권(宗敎文化出版社, 2005), 325면.

의 변화 과정과 전생 및 금생, 내생으로 이어지는 끊임없는 연속 과정을
포함할 뿐만 아니라 물리 현상과 정신적 현상의 형성, 발전, 쇠퇴, 소실
등 일련의 변화 과정도 포함한다. 즉 만물의 존재는 단지 잠시적이고 상
대적인 것일 뿐 영원불변한 것이 아니다. '연기' 역시 부단히 변화하는
과정이며 전체 우주의 발생 및 발전도 하나의 과정이다. 이 과정은 서로
의존하는 수많은 현실적 사물들로 구성되며, 이러한 현실적 사물들은 우
주의 유기적 전체의 일부로서 전체 구조의 변화에 따라 부단히 변화한
다. 그리하여 매 사물로 하여금 시간에 따라 변화하게 하여 우주 생명이
지속적으로 발전하고 존재하는 법칙을 구성하도록 한다.

미국 학자 가르마 창(Garma Chang)과 프랜시스 쿡(Francis Cook) 등은
불교와 '과정철학(process philosophy)'이 매우 유사한 점을 발견했다. 그들
은 불교와 과정철학 양자 모두 "사물을 관계의 과정"[20]으로 보고 있다.
'과정철학'은 영국 철학가 앨프리드 화이트헤드(Alfred Whitehead)에 의해
제기되었는데, 그는 우주를 하나의 생명체로 보아야 하며, 우주의 수많은
사건들이 모두 유기적으로 연결되고 부단히 변화하는 과정에 있기 때문에
하나의 개방적인 시스템을 형성한다고 주장했다. 전통적인 기계론적 자연
관과 달리 화이트헤드는 사물들 간의 관계를 '합생(concrescence)'의 관계
로 보았다. 그는 "많은 존재물들이 모두 현실적이고 실제적인 합생 과정
에 참여하여 일종의 구성 성분이 될 만한 잠재력을 가지고 있는데 이런
잠재성(潛在性)은 모든 현실적이거나 비현실적인 존재물이 가지고 있는
보편적인 형이상학적 특징이다. 이런 특징들은 모두 우주의 매번의 합생
과 관련이 있다. 다시 말하면 이는 모종의 '존재적' 본질로서 매번의 '생

---

20) Garma C. C. Chang, *The Buddhist Teaching of Totality: The Philosophy of Hwa-Yen
Buddhism*, University Park: The Pennsylvania State University Press, 1971; Francis
H. Cook, *Hwa-Yen Buddhism: The Jewel Net of Indra*, University Park: The
Pennsylvania State University Press, 1977.

성'은 모두 잠재적인 것이다. 이것이 바로 '상대성 원리'다"라고 했다.[21] 화이트헤드 이후의 학자인 스티브 오딘(Steve Odin)은 『과정형이상학과 화엄 불교』에서 "화엄종과 과정철학 간에 동서양의 대화를 구축"하려고 시도했다.[22] 스티브의 관점에 의하면 화엄종의 '공(空)'과 과정철학의 '창 조성'은 모두 보편적 상대성을 강조하고 있는데, 이는 매 '사건'마다 심도 있는 사회적 연결과 본체론의 공통성 및 우주론의 일치성을 구축할 수 있 다고 주장했다.[23] 불가의 연기설에 포함된 제행무상의 요소들은 인생 현 상을 심도 있게 통찰한 결과로서, 이를 통해 불가의 무상에 대한 초월, 즉 열반의 경지를 이끌어내려는 데 있다. 그러나 우리는 이 과정에서 일련의 생태적 계발을 얻을 수 있다. 즉 생태계에서 '법(法)'이든 자아(我)든 혹은 만사만물이든 간에 그 자체의 '실체성(be)'은 이미 생성(becoming)으로 변 화한 것이다. 모든 사물은 변화 생성의 과정에 놓여 있고 이 과정에서 한 사물이 분해되고 소멸되는 것은 다른 한 사물을 탄생시키는 중요한 요소 가 될 수 있다. 총체적으로 보면 그 어떤 사물의 생멸 변화도 자연계의 전체 발전 과정 중 일부분에 지나지 않으며, 세계는 또 하나의 생명체인 동시에 조화롭고 부단히 변화하는 전체이다.

불가의 제행무상의 과정론이 우리에게 제시하는 바는 다음과 같다. 사람과 자연 만물은 전체를 이탈하여 독립적으로 존재할 수 없으며 게다 가 자신의 생장, 발육 및 상호 관련된 '생성' 과정에서만 존재할 수 있 다. 이는 롤스턴이 생명 과정을 하나의 '흐름'으로 보는 주장과 같은 것 으로서, "인류의 생명은 광합성 작용과 먹이사슬을 기초로 하는 생물의 생명 위에 떠 있는 것처럼 앞을 향해 흐른다. 생물의 생명은 또한 수문

21) 앨프리드 화이트헤드, 『過程與實在: 宇宙論硏究』, 楊富斌 역(中國城市出版社, 2003), 38면.
22) Steve Odin, *Process Metaphysics and Hua-yen Buddhism: A Critical study of Cumulative Penetration VS. Interpenetration.* Albany: State University of New York, 1982, P.ix.
23) 위의 책, P.ii.

(水文), 기상(氣象)과 지질(地質)의 순환에 의지한다. 이 과정에서 생명
은 마찬가지로 개체적 자아에만 제한되지 아니하고 자연 자원들과 긴밀
하게 연관된다. 이는 인간과 인간이 소유한 모든 것이 자연 속에서 생장
하고 축적된 것이다"[24]라는 주장과 서로 호응하고 있다. 불가의 연기 과
정 이론을 통해 우리가 사고해야 할 것은 바로 생태계와 자연환경이 인
연 조건이 바뀜으로써 일어나는 변화에 대해 어떻게 대응할 것인가 하는
문제이다. 이에 우리는 전체적인 생태계와 함께 움직이면서 적극성을 향
상해야 할 필요가 있다. 생태계 전체와 동적인 평형 관계를 유지하는 기
초 위에서 인간과 자연의 관계를 조절하여 생태계로 하여금 더욱 양호한
방향으로 발전하게끔 추진해야 한다. 1998년 싱윈 대사(星雲大師)는 제
7회 불광회원 대표 대회에서 '자연과 생명'이라는 제목으로 설법했는데
"자연은 세간의 실제 상황과 같다. 춘하추동 사계절의 운행처럼 중생의
생로병사의 윤회도 매우 자연스럽다. 세상일이 자연의 이치에 부합하면
생명이 생겨나고 성장이 있으며 형성이 이루어지며 선(善)과 미(美)가 있
게 된다"고 했다. 그러나 이러한 무상과 변화는 절대적으로 불가역적인
것이 아니다. 이 때문에 우리는 생태계의 동적인 발전 규칙을 따르는 동
시에 상대주의자로 전락하는 잘못도 피해야 한다.

3) 실체 개념을 배척하는 관계론

불가의 연기설은 또한 모든 현상의 존재가 인연에 의존하며 "영원히
진실하고 영원히 주도적이거나 의지적이며 성질이 불변하는(是實, 是眞,
是常, 是主, 是依, 性不變易)" 사물은 존재하지 않는다고 주장한다.[25]
즉 세상 만물은 독자적으로 자신의 존재를 결정하지 못하고 인연에 의해

---

24) 홈스 롤스턴, 『哲學走向荒野』, 劉耳·葉平 역(吉林人民出版社, 2000), 104면.
25) 다카쿠스 준지로 등 편저, 『大正新修大藏經』 제12권(日本大正一切經刊行會, 1934),
    375면.

결정되므로 독립적인 자성(自性)을 가지지 못하고 따라서 본성(本性)도 존재하지 않는다는 것이다. 여기서 불가는 영원불변한 실체를 부정하고 사람들로 하여금 법집(法執)을 타파하여 '법무아(法無我)'의 경지에 도달할 것을 주장한다. 동시에 불가는 독립적 자아와 불변의 자성을 부정하고 사람들로 하여금 아집(我執)을 타파하여 '인무아(人無我)'의 경지에 도달할 것을 주장한다. 불가는 이를 통해 "모든 사물은 꿈과 거품 같고 이슬과 번개 같으니 그렇게 여김이 마땅하다(一切有爲爲法, 如夢幻泡影, 如露亦如電, 應作如是觀)"[26]는 이론을 내세워 관계를 중시하고 비실체를 우선시하는 전체적 네트워크를 보여주었다.

구소련의 철학자 테오도르 체르바스키(Theodor Stcherbatsky)는 『불교 열반의 개념』에서 "석가모니의 독창성은 바로 모든 실체를 부정하고 세상의 과정을 생멸 변화 과정에서 여러 요소들이 조화를 이루는 과정으로 보았다는 점이다. 석가모니는 우파니샤드(Upanisad)의 일원론과 수론(數論)의 이원론을 버리고 가장 철저한 다원론 사상 체계를 세웠다"[27]고 했는데 불가에서는 어떤 사물에 집착을 가진다면 세상 만물에 대해 정확히 인식하고 판단할 수 없다고 보고 있다. 이러한 점에서 보면 불가의 연기설과 중국 전통적 철학의 이념은 크게 다르다. 사실 중국에서는 "불교가 유입된 후에야 현상을 허망한 것으로 여기는 사상이 나타나기 시작했다. 그러나 대부분 사상가들은 모두 불가의 외계(外界)를 허망한 것으로 여기는 관점을 반대했다. 대부분의 중국 철학자들은 근본이야말로 진실한 것이며 근본에서 발생한 사물 역시 진실한 것으로 보면서 오직 근본이 있느냐 없느냐의 구별이 있을 뿐이라고 주장했다."[28] 여기서 알 수 있듯

---

26) 다카쿠스 준지로 등 편저, 『大正新修大藏經』 제8권(日本大正一切經刊行會, 1934), 752면.
27) 任繼愈 편저, 『中國佛敎史』 제1권(中國社會科學出版社, 1981), 512면.
28) 『張岱年全集』 제2권(河北人民出版社, 1996), 43면.

이 근본의 진실을 받아들이고 만물이 '천(天)'과 '도(道)'로 통일된다는 유가나 도가의 주장과 달리 불가의 연기설은 독립적으로 존재하는 모든 실체를 부정하고 그것이 우주의 근본이 될 수 없다고 주장하면서 심지어 자아마저도 함께 부정하며 '유(有)'와 '공(空)' 사이의 동적(動的)인 순종 관계를 중시하는 데 주의를 돌렸다.

그러므로 불가의 연기설은 '공'과 '유'의 관계를 논함에 두 가지 의미를 가지고 있다. 하나는 실제로 존재하는 현상에 대한 관점인데 바로 세상 만물을 '유'로 보는 것이다. 불가에서는 만물에 대하여 오직 독립적으로 존재하는 자성(自性)을 부정하였지만 인연화합을 빌려 객관 존재를 승인했다. 그것은 만약 존재하는 현상이 '공무(空無)'하다면 물체의 현상을 통해 연기의 생멸(生滅) 변화를 설명할 수 없기 때문이다. 그리고 또 하나의 관점은 본질의 존재에 관한 것인데 세상 만물을 '공(空)'으로 보는 것이다. 여기서 말하는 '공'이란 현상계와 자신에 대한 집착을 뜻하며 자성불진(自性不眞)의 '공'을 말한다. 그리하여 '유'와 '공'은 연기 법칙에서는 서로 통일되어 상호 의존하고 작용하며 변화하는 것이다. 불가 경전 『유마힐경』 '관중생품(觀衆生品)' 제7에서 서술한 "머물지 않은 근본으로 일체 법을 세운다(從無住本, 立一切法)"[29]와 축도생(竺道生)의 『주유마힐경(注維摩詰經)』 '제자품(弟子品)'에서 서술한 "공은 공의 모양을 가진 것 같지만 공이 공의 모양을 가진다면 유가 되며 공이 아니다. [……] 즉 공을 따르려면 무상을 따라야 한다(空似有空相也, 然空若有空相則成有矣, 非所以空也 [……] 即順於空, 便應隨無相)"[30], 그리고 구마라습(鳩摩羅什)이 「선사보살찬(善思菩薩贊)」에서 언급한 '즉

---

29) 다카쿠스 준지로 등 편저, 『大正新修大藏經』 제14권(日本大正一切經刊行會 1934), 547면.

30) 다카쿠스 준지로 등 편저, 『大正新修大藏經』 제38권(日本大正一切經刊行會, 1934), 347면.

색자연공(卽色自然空)' 등은 불가에서 주장하는 "색불이공, 공불이색, 색즉시공, 공즉시색(色不異空, 空不異色, 色卽是空, 空卽是色)"[31]의 변 증 관계를 주장하고 있다. 이로부터 모든 것을 '공'으로 여기는 불가의 사상은 오직 그 본성에서만 만물 실체에 대한 집착을 부정하였을 뿐 현 상 세계의 상대적 존재는 부정하지 않고 "묘유는 유가 아니고 진공은 공이 아니다(妙有非有, 眞空不空)"[32]를 주장한 것임을 알 수 있다. 요컨 대 불가는 연기설의 입장과 중도론의 방법론을 결합하여 만물 간 동적 관계성의 존재에 주의를 돌리고 사물의 상대성과 일시적 특성을 강조했 는데, 이는 합당한 면이 있다.

뤼청(呂澂)은 중관파에서 만물을 자성(自性)이 없는 '공(空)'에 귀속시 킨 것은 불교의 근본 사상인 연기 사상을 파괴한 것이 아니라고 주장했 다.[33] 즉 만물의 '공'과 '유'가 서로 의존하며 서로 영향을 주는 연기 관 계에서 개체는 연기 법칙의 지배를 받는, 부단히 움직이면서 변화하는 네트워크 속에 놓이고, 또 그럼으로써 우리에게 예전과 다른 관계의 세 계를 보여주는데 이를 통해 사람들은 관계성의 존재를 확인하게 된다는 것이다. 바로 이러한 '관계성의 존재'에서 사람들은 현상 본체에 대한 집착에서 벗어나고 현실적인 공리(功利)의 속박에서 벗어나 현상 세계 전체를 파악하고 만물이 하나로 되는 소화로움을 느끼게 되며, 또 이렇 게 해야만 인간과 자연은 서로 의존하고 공생공사(共生共死)하게 되고 우주 자연은 인류가 생명을 지속해가는 공간이 되고 사람은 '존재적 간 호인(看護人)'이 됨과 아울러 이를 기초로 인간과 자연 간의 조화롭고 심미적인 친화 관계를 구축할 수 있다는 것이다. 여기서 우리는 하이데

---

31) 다카쿠스 준지로 등 편저, 『大正新修大藏經』 제8권(日本大正一切經刊行會, 1934), 848면.
32) 『卍新纂讀藏經』 제58책(臺北白馬精舍, 1989, 영인본), 426면.
33) 呂澂, 『佛學論著選集』 제3권(齊魯書社, 1991), 1392~1397면.

거가 제기한 '재세(在世)' 존재론과 불가의 연기 사상이 매우 유사하다
는 점을 알 수 있다. 이 양자는 모두 인간을 전체 세계 속에 포함시켰으
며 눈앞의 물건은 유한하지만 보이지 않는 물건은 무한하며, 눈앞에 보
이는 사물의 유한성은 보이지 않는 세상의 무한성에 뿌리를 두고 있다.
그리고 인류가 무한한 우주의 유한한 존재인 만큼 인류는 반드시 이 점
을 의식해야만 자연과의 조화를 회복할 수 있다고 했다. 그러나 양자는
서로 다른 점도 있다. 즉 하이데거가 주장하는 존재주의의 '비실체주의'
경향에는 '자성공(自性空)'의 개념이 없는데 그가 추구하는 개체의 독립
은 개체의 실제 존재를 기초로 하고 있는 것이다.[34]

2. '무아(無我)'와 생태적 대아(大我)

'제법무아(諸法無我)' 사상은 불가의 '삼법인(三法印, 불교의 세 가지
기본 사상)'의 핵심 사상으로, 불가에서 중생을 인도하여 인생을 깨닫고
자아를 맑게 하고 세계를 인식하게 하는 중요한 이론이다. 불가에서는
인연화합을 주장하는데 연기로 인해 모든 사물이 생성되고 사물 간의 관
계는 잠시 상대적이며 중생과 세계가 무상(無常)해진다고 주장한다. '무
상'으로 인해 사람과 우주 만물은 모두 자성(自性)이 없으며 이 때문에
세상에는 독립불변하고 자아를 주재하는 사물과 법칙이 없는데 이것이
바로 '인무아(人無我)'와 '법무아(法無我)'라는 것이다. 이러한 "'열반'
적멸(寂滅)을 목표로 하는 무주재(無主宰), 무본체(無本體)의 종교는 세
상에 아마 불가뿐일 것이다."[35] 불가의 '무아설'은 바라문교에서 '브라

---

34) 唐忠毛, 「'中道'的超越之路 - 對佛教般若中觀超越模式的詮釋」, 『人文雜誌』(2000년
   제3기).
35) 金克木, 『梵佛探』(江西教育出版社, 1999), 464면.

만(梵)'의 일원론을 이용하여 인도 카스트 제도의 존재를 합리적으로 설명하는 것을 반대하는 과정에서 처음 제기되었다. '무아설'은 현상 중의 '자아'의 비실제적 존재를 통해 객관적으로 바라문교가 주장하는 카스트 제도의 영원지상주의의 관점을 반대했다. 동시에 무아설은 중생들로 하여금 이전의 자아 집착 상태에서 벗어나게 하였고, 중생들로 하여금 인간 세상의 고통과 윤회 사상에서 해탈하게 했다. 또한 무아론은 현대인들이 자기중심주의의 수렁에서 벗어나는 데도 도움을 준다.

1) '무아'의 함의에 대한 분석

불교의 '아(我)' 개념은 산스크리트어 '아트만(atman)'에서 온 것으로, 원래의 뜻은 '호흡하다'이지만 "모든 사물 내부에 잠재하며 개체의 존재를 지배하는 근본"이라는 의미도 가진다.

불가가 탄생하기 전의 인도의 종교 및 철학 학파들은 실존적이고 주체(主體)적이며 주재(主宰)적인 '아'가 있다고 주장했다. 불가에서는 인연 법칙에 근거하여 생명의 불변하는 영혼과 그 실체성의 존재를 모두 부정했으며 중생들이 인정하는 '자아'는 공무(空無)하다고 주장했다. 불가 경전 『아함경(阿含經)』에서 주장하는 '무아설'은 '오온(五蘊)'을 통해 자아를 해소하는데 바로 '오온자아(五蘊自我)'다. 즉 인간은 다섯 가지 요소(色·受·想·行·識)로 구성되었는데 자아란 이러한 요소들의 집합체에 대한 칭호일 뿐이다. 그 어떤 독립적인 요소도 "자재(自在)하고 주재(主宰)하며 유일한 자아"로 불릴 수 없다. 만약 '이'의 존재에 무리하게 집착하면 인간은 심리적으로 탐욕스러운 욕망이 생기게 되고 남의 물건을 탐내게 되며, 인식하는 데 있어 무분별한 '무지(無知)'의 상태를 초래하게 되고 이로 인해 끊임없는 고통의 윤회 속에 빠져 해탈하지 못한다고 주장했다.

그리하여 불타(석가모니)는 사람의 인생에서 나타나는 '여덟 가지 고통(八苦)'의 근원이 '아집(我執)'에 있다고 했으며 구체적으로 네 가지 상태로 나타난다고 했다. "아치(我癡)란 무명(無明)을 이르는데 아리(我理)에 아둔하여 아치라고 한다. 아견(我見)이란 아집을 이르는데 아법(我法)에 따르지 않고 허망한 술수를 써서 아견이라고 한다. 아만(我慢)이란 거오(倨傲)를 이르는데 집아(執我)를 고집하고 마음을 들뜨게 하여 아만이라고 한다. 아애(我愛)란 아탐(我貪)을 이르는데 집아에서 깊이 탐하므로 아애(我愛)라 한다(我癡者, 謂無明, 愚於我理, 故名我癡. 我見者, 謂我執, 於非我法, 妄計爲我, 故名我見. 我慢者, 謂倨傲, 持所執我, 令心高擧, 故名我慢. 我愛者, 謂我貪, 於所執我, 深生耽著, 故名我愛)."[『성유식론(成唯識論)』권 4] 이에 석가모니는 자신에 대한 집착을 버리고 망집적인 자아를 버려야만 '무명'의 상태에서 벗어날 수 있고 자신의 마음과 우주의 합일을 실현할 수 있으며 마침내 윤회에서 벗어나 해탈을 얻을 수 있다고 했다. 석가의 무아 사상보다 더 철저한 것은 대승 불교였다. 그들은 아집이 모든 악의 근본일 뿐만 아니라 모든 '법'도 자성이 없는 것으로 보았는데, 이는 개체의 자아를 부정하는 동시에 부파 불교(部派佛敎)에서 인정하는 '법아(法我)'를 부정하였고 진정으로 "아법을 파하여 무아가 있는(因破我法有無我)"[『중론(中論)』'관법품(觀法品)' 제18] 사람과 법이 모두 없는(人法二無) 이중적 부정을 실현하고 "중생의 성상(性相)이 일절 없는 공(空)"의 길을 선택했다.[36]

그리하여 불가에서는 중생들이 어려운 수행을 통해 인간과 자연 만물이 부단히 변화하는 과정에 놓여 있으며 절대적인 주재와 불변의 자아가 없다는 것을 인식했을 때, 생사윤회의 번뇌에서 해탈하고 자아를 초월하여 생명 깊은 곳에 숨어 있는 지혜의 샘으로 들어가 마지막 열반의 경지에 이르면서 '진아(眞我)'를 실현한다고 주장했다. 여기서 '진아'는 곧

---

36) 다카쿠스 준지로 등 편저, 『大正新修大藏經』 제44권(日本大正一切經刊行會, 1934), 485면.

'대아'로서 개체가 아집과 아견을 버리고 자유로운 해탈 상태에 이르렀을 때의 진정한 자아다. 즉 석가가 주장하는 열반의 경지다. 특히 불법(불교의 교리)이 중국에 전파된 후 '아'의 개념은 변화를 가져왔는데 중국의 불자들은 중도(中道)적인 사유 방식으로 석가 사상의 '무아'의 개념을 '불성(佛性)'의 함축적 의미로 승화시켜("여래가 말씀하신 진아는 곧 불성이다"37)) 자아와 무아를 통일시켰다. 『열반경』권 2에서는 "제법무아라고 말하지만 실은 무아가 아니다. 왜 아(我)인가 하면 법이 영원히 진실하고 영원히 주도적이거나 의지적이며 품성이 불변하므로 아라고 부른다(說言諸法無我, 實非無我, 何者是我, 若法是實, 是眞, 是主, 是依, 性不變易, 是名爲我)"38)고 주장하고 있으며, 권 8에서는 "'아'란 여래장이란 뜻으로 일체 중생은 모두 불성이 있으니 바로 '아'란 뜻이다. 아는 처음부터 늘 무량한 번뇌에 싸여 있는 고로 중생들이 보지 못한다(我者即是如來藏義. 一切衆生悉有佛性, 即是我義. 如是我義, 從衆本已來, 常爲無量煩惱所覆, 是故衆生不能得見)"39)고 적고 있는데 여기서 알 수 있는 바는 세간의 모든 무명에 가려진 자아는 진실한 것이 아니고 자유롭고 해탈된 열반의 대아만이 진정한 자아이며 중생은 열반의 경지를 실현한 후에야 '아'의 본질을 알 수 있다. 이 때문에 "열반은 무아이고 크게 자유로운 고로 대아라 부른다(涅槃無我, 大自在故, 名爲大我)."40)

개체가 진아의 경지에 이르면 사물의 보편성과 전체를 볼 수 있고 우주 만물이 하나로 통일되는 조화로움을 느낄 수 있으며, 중생에 대한 자비로운 마음이 생기고 인간과 자연의 공생 관계를 존중하게 된다. 특히 선종의 "부처는 마음속에 있으니 몸 밖에서 찾지 말라"41)는 주장은 자

---

37) 다카쿠스 준지로 등 편저, 『大正新修大藏經』제12권(日本大正一切經刊行會, 1934), 653면.
38) 위의 책, 618면.
39) 위의 책, 648면.
40) 위의 책, 746면.

아를 크게 선양하고 자아의 '청정본성(淸淨本性)'을 회복시켰으며 인간의 잃어버린 본성과 만물의 본모습을 찾는 데 큰 기여를 했다.

2) 유가의 '상아(尙我)', 도가의 '망아(忘我)', 불가의 '무아(無我)'

자아 집착적이고 자아 중심적이며, 사리사욕적인 행위는 예로부터 중국 고대 선현들로부터 비판을 받아왔다. 그러나 유·불·도의 이론적 배경이 서로 다른 까닭에 비판의 정도도 다르고, 비판의 근거도 달라서 '자아'에 대한 완전히 다른 세 가지 비판 이론을 탄생시켰다.

유가는 일반적으로 '상아'를 주장하는데 "천하의 온갖 이치가 내 마음속에 갖추어 있고(萬物皆備於我)"(『맹자』 '진심' 상), "세상 만물은 나와 다를 바 없다(視天下無一物非我)"[『정몽(正蒙)』 '대심(大心)']고 주장하고 있는데 여기서 '나(我)'란 자신만을 뜻하는 소아(小我)가 아니다. 개인 사욕의 무한 팽창으로 인한 사회와의 모순 충돌을 방지하기 위해 유가에서는 인의도덕으로써 개체와 집단 간에 대립되고 긴장된 관계를 없애려고 주장하는데 군자는 '신독(愼獨)'해야 할뿐더러[『예기』 '중용(中庸)'] 사회를 관찰할 때 "억측하지 말고, 독단적이지 말고, 고집을 부리지 말고 이기적이지 말 것(毋意·毋必·毋固·毋我)"(『논어』 '자한')을 주장하였고 "극기복례(克己復禮)"(『논어』 '안연')와 "천지 만물은 하나로 서로 다르지 않음(天地萬物爲一體, 莫非己也)"[『정씨유서(程氏遺書)』 권 2]을 주장함으로써 일체를 이루려 했다. 그러므로 유가의 '극기'는 세속적인 면에서 개체인 '소아'에 대한 유한적인 초월로서 주체를 강조하고 자아 수양을 중시하며 자신의 사리사욕을 극복하여 전체 사회와의 조화를 추구하는 인생의 경지를 주장하고 있다.

도가에서는 일반적으로 '망아(忘我)'를 주장한다. 즉 세상 만물은 '혼

---

41) 『卍新纂讀藏經』 제83책(臺北白馬精舍, 1989, 영인본), 445면 .

돈 상태'의 원시적 상태에서 태어났으므로 인간과 사물이 평등하다는 주장을 통해 개체 생명과 자연의 대립을 해소하려 했다. 개인이 사회에 의해 이화(異化)되어 나타나는 여러 가지 해로움에 대해 도가에서는 "순박한 본성을 지킬 것(見素抱樸)"과 "성인은 자신을 잊고(聖人無己)", "모든 잡념을 버리고(離形去智)" 만물 속에 몸을 맡길 것을 주장했다. 도가에서는 자기 신체의 존재에 대한 집착을 고통의 근원으로 보았다. 예를 들어 『노자』13장에서는 "내가 병이 있음은 나의 신체 때문인데 나에게 신체가 없으면 어찌 내게 병이 있을손가?(吾所以有大患者, 爲吾有身, 及吾無身, 吾有何患)"라고 말한 것과 같다. 그리하여 도가에서는 사람들로 하여금 "마음을 가라앉히고(澄懷)", "모든 사물과 본인의 신체마저 잊어버릴 것(坐忘)"을 요구하면서 모든 부귀영화와 세상만사를 버리고 "자신을 잊어버리고(喪我)", "천하를 초월(外天下)"하는 마음가짐으로 자연의 도를 깨칠 것을 요구했다. 도가의 '망아'는 사회 현실 속의 모든 이해관계를 초월하여 자연과의 합일을 이루고 자유로운 예술적·미적 경지에 이를 것을 추구하지만 여전히 '아(我)'의 존재를 승인하는 것을 전제로 한다.

불가에서는 총체적으로 '무아'를 주장한다. 그들은 만물연기설과 세상 만물이 모두 공허함을 주상하며 세상 만물에 자성(白性)이 존재하지 않음을 주장한다. 이런 주장은 '아집'를 타파하는 데 근본적인 이론적 근거를 제공하고 있다. 불가에서는 사람의 모든 고통과 불행은 모두 자아에 대한 집착과 관련이 있다고 보는데 '연기성공(緣起性空)'의 도리를 깨쳐야만 개체와 소아를 완전히 버릴 수 있고 인간과 나, 물체 간의 대립 관계를 철저히 없앨 수 있다고 보면서 사람들로 하여금 개체 생명이 자연에서 기원함을 깨닫게 하여 개인과 우주의 합일을 이루고 있다.

유·불·도에서는 모두 주체인 '아'에 대해 부동한 정도의 비판과 부정을 하고 있지만 각각 인륜, 자연, 우주에 치중하고 있다. 유가에서는 사

회적인 '대아'로 개인적인 '소아'를 대체하여 집단의 정신을 숭상하지만,
도가에서는 자연적인 '진아'로 세속적인 '위아(僞我)'를 대체하였고, 불
가에서는 본질적으로 '아'의 존재를 부정했다. 비교해보면 3자 중에서
불가가 가장 철저하고 가장 절대적이다. 불가 사상에는 "모든 현상 속의
'아'는 '무(無)'를 통하지 않으면 늘 '자(者)'의 형태를 유지하지만 '무'가
되기만 하면 곧 묘아(妙我)의 경지에 이르며 윤회를 벗어나 열반의 경지
로 이르게 된다"는 내용이 있는데 이것이 바로 불가 '무아설'의 핵심이
다.42) 바로 이러한 무아의 관념은 불가 사상으로 하여금 개방성과 포용
력을 갖게 한다. 이에 대해 카를 야스퍼스는『대철학가』에서 이렇게 서
술하고 있다. "세계에 대한 완전한 초탈은 세계에 대한 더욱 철저한 관
용을 가져오게 된다. 현실 세계에서 인류의 모든 심리 활동은 모두 무명
(無明)에서 기인한다. 이 무명은 바로 허망한 면사포와 같은 것으로 반
드시 이를 걷어 없애고 환상적인 세계에 대한 집착을 버려야만 환상적인
세계와 환상적인 모든 형식을 초월할 수 있다. 그러므로 불교는 모든 종
교와 철학 및 생활 방식을 무조건적으로 받아들일 수 있다."43)

3) 불가의 '무아'와 생태적 '대아'

불가의 '무아설'은 생태적인 면에서 우리로 하여금 인간 중심주의에
대해 심각하게 반성하고 인간 우월주의를 해소하여 인간과 자연의 조화
로운 공생 관계를 증진하게 한다. 생존을 위한 인간의 발전 역사를 되돌
아보면 인류는 항상 자기중심적이었다. "자신을 보호하는 것은 생명 세
계의 원칙이다. 극단적으로 말하면 자아 보호와 자신의 이익을 추구하는
이기주의는 심신(心身)이 갖고 있는 선천적이고도 본능적인 기능의 원리

---

42) 姚治華,「補特伽羅(Pudgala)與阿特曼(Atman)譯名問題－兼談輪廻說與無我說」,『佛
　　敎文化』(1991년 제3기).
43) 카를 야스퍼스,『大哲學家』, 李雪濤 등 역(社會科學文獻出版社, 2005), 108면.

이다."[44] 그리고 인류 발전 역사에서 보면 인간은 점차적으로 인간 중심 주의에 빠져드는 극단적인 추세를 보여주고 있다. 케네스 윌버(Kenneth Wilber)는 의식의 스펙트럼을 통해 심리적 분열과 발전의 차원에서 보면 인간이 자신에 대한 제한이 더 좁고 차원이 더 낮을수록 더 많은 존재 영역이 자아를 벗어나 비아(非我)가 된다고 했다.[45] 하지만 언제부턴가 인류는 자신을 우주에서 가치 있는 유일한 생명적 존재로 여겨 우주에서 의 인류 생명의 고귀함과 독특함을 단편적으로 강조하면서 생태계에 대 한 개체 생명의 의존성과 종속성을 무시하고 생태계와의 통일성과 협동 성을 무시하며 자신들의 욕구를 만족시키기 위해 전반 자연 생태계에 대 한 파괴를 감행했다.

그럼 우리는 어떻게 개체로 하여금 소아를 초월케 하여 우주 생태계 의 동적 평형 법칙을 따르게 할 것인가? 이에 서양 학자 피터 러셀(Peter Rusell)은 "개인과 사회 및 행성까지도 중시할 수 있는 진정한 관념의 전 환이 이루어져야 한다"고 주장했는데 반드시 협동 수준이 낮은 세계관 에서부터 협동 수준이 높은 세계관으로의 관념 전환이 필요하다고 했 다.[46] 러셀의 주장에 따르면 인류의 자아 중심적 사유 방식이 사회 협동 수준을 낮추었다고 보았는데, 자신과 외부 세계를 분리시켜 "살가죽에 싸인 자아"의 상태를 초래함으로써 인간은 타인과 환경에 대한 점유를 통해 자아에 대한 긍정을 얻으려 한다는 것이다. 그러나 인간은 환경의 일부분으로 우주와 불가분리의 연관성을 가지고 있으며, 이는 가장 보편 적이고 가장 기본적인 '순수한 자아'이다. 그리하여 인간은 우주 만물과

---

44) 이케다 다이사쿠·아우렐리오 페체이(Aurelio Peccei), 『二十一世紀的警鐘』, 卞立强 역(中國國際廣播出版社, 1988), 83면.

45) 케네스 윌버, 『沒有疆界: 東西方個人成長的路境』, 許金聲 등 역(中國人民大學出版 社, 2007), 머리말.

46) 피터 러셀, 『覺性的地球(The Awakening Earth)』, 王國政·劉兵·武英 역(東方出版社, 1991), 120면.

의 동일성 체험을 통해 양자 간의 밀접한 연관성을 느끼게 된다는 것이다. 그러므로 "천지 만물에 대한 진정한 사랑은 개인이 우주 만물과의 동일성 체험에서 오는 것으로, 즉 가장 기본적인 측면에서 볼 때 자아와 세계는 하나이다"[47]라고 했다. 이처럼 자아 형식의 변화를 통해 전체적이고 생태적인 새로운 세계관을 수립하고 사회 협동 수준을 점차적으로 향상시킨다는 견해는 훌륭한 것이라고 할 수 있다.

러셀의 이 같은 전반적인 생태에 관한 '자아 형식'은 불가 철학에서 일찍 언급한 바 있다. 불가의 중생 평등의 추구와 자아중심주의를 반대하며 자아에 대한 집착을 버리고 만물의 조화를 추구하는 방식은 바로 이러한 자아 형식의 구체적인 표현이다. 일본 선학(禪學)의 대가인 아베 마사오(阿部正雄)는 인간과 자연 관계에 대한 불교의 주장이 환경 파괴에 대한 해결책을 제공할 수 있다고 본다. 왜냐하면 이 문제는 바로 인간 중심주의 사상에서 기인했기 때문에 사람들은 자연을 하나의 장애물 또는 자신의 사욕을 채울 수단으로 생각하여 끊임없이 자연을 이용하고 정복하는 방법을 찾고 있는데 "불교의 열반의 기초가 되는 우주주(宇宙主)의 관점은 자연을 인간의 장애물로 보지 않고 인간을 자연의 부속물로 보고 있다. 더 정확히 말하면 '우주'의 입장에서 인간을 자연의 일부분으로 보고 있다. 그러므로 우주주의 관점은 인간으로 하여금 자연과의 갈등을 해소하고 자연과 조화를 이루게 하며 동시에 개성을 잃지 않게 한다"[48]고 했다. 이로부터 우리는 불가의 무아설이 객관적으로 인간 중심주의의 속박을 없앨 수 있다는 것을 알 수 있다. 불가는 자아에 대한 해소를 통해 인간의 탐욕을 제약하고, 인간 주체로 하여금 심적 반성을 통해 우주와의 동일성을 깨닫게 하며, 우주 및 기타 생명들과 자아의 조화 및 융합을 주장함으로써 전체적 시야를 가진 세계관의 수립을 위해

---

47) 앞의 책, 153면.
48) 아베 마사오, 『禪與西方思想』, 王雷泉·張汝倫 역(上海譯文出版社, 1989), 247면.

이론적인 계시(啓示)을 주고 있다.

이케다 다이사쿠도 인류의 욕망을 해소하려는 불교의 노력을 긍정하였는바 대승 불교는 욕망을 완전히 해소할 것을 주장하지 않고 '대아'(우주의 보편적 자아)에 대한 깨달음을 통해 욕망과 서로 통하는 '소아'(개인적 자아)를 극복한다고 보았다.[49] 알다시피 인류에게는 부동한 성격의 욕망이 있는데 인류를 진보의 길로 이끄는 적극적이고 건전한 욕망이 있는가 하면 파괴적이고 소극적이며 강한 점유욕도 있다. "선진국으로 불리는 나라의 생활 방식에는 탐욕이 미덕으로 둔갑하여 칭찬받고 있다. 그러나 탐욕을 종용하는 사회의 미래는 희망이 없다. 자제력이 없는 탐욕은 자멸(自滅)을 초래한다."[50] 불가의 '무아'를 통해 개체의 욕망을 억제하는 방법은 우리로 하여금 우주에서의 인간의 위치를 똑똑히 알게 함으로써 인간과 자연의 관계를 정확히 처리하는 데 중요한 자료를 제공했다. 또한 인간 우월주의를 없애는 데 도움을 주었고, 자연을 정복하려는 자고자대한 심리를 해소하는 데도 도움을 주었으며, 생태 위기의 근본으로부터 시작하여 문제를 해결하는 데도 도움을 주었다.

프리초프 카프라는 이 같은 주장에 동의하면서 "인간은 자연계의 일부분이지 자연계 밖에 존재하는 것이 아니다. 인간이 교류할 수 있는 대중적인 기구들과 생명체들은 모두 인간과 생물계 간의 명지(明智)하고 공손한 상호 작용에 의거한다. 이 원칙을 어기는 정부나 경제 제도는 결국 인류를 자멸로 이끌 것이다"[51]라고 했다. 때문에 우리는 생태의 전반 이익을 수호한다는 전제하에 자신들의 물질적 수요를 절제해야 한다. 이렇게 했을 때 우리가 자연 생태 환경의 화목한 질서를 재건하고 인류의

---

49) 아널드 토인비·이케다 다이사쿠, 『展望二十一世紀: 湯因比與池田大作對話錄』, 荀
 春生·朱繼征·陳國梁 역(國際文化出版社, 1985), 395면.
50) 위의 책, 57면.
51) 프리초프 카프라·샬린 스프레트낙(Charlene Spretnak), 『綠色政治－全球的希望』,
 石音 역(東方出版社, 1988), 57면.

장기적인 이익을 실현하는 데도 유리하다.

이로부터 우리는 불가의 무아 이론에 심층적인 생태적 지혜가 들어
있음을 알 수 있다. 무아 이론은 자아를 탐욕·초조·번뇌에서 벗어나 개
인의 마음을 우주의 마음으로 확대시켜 생태 자연이 인류에 대한 중요성
을 깊이 깨닫게 함으로써 우주와의 조화와 통일을 도모하려고 한다. 프
랑스 학자이자 스님인 마티유 리카르(Matthieu Ricard)는 불교가 사람들
에게 '나'란 그 어떤 존재도 아니며 만악(萬惡)의 근원이라는 것을 깨닫
게 하였고 자아에 대한 미련을 버리는 가장 평온한 방법을 제공하였으
며, 가장 적합한 방법으로 각 사람의 사상에 작용하여 자신을 복잡한 심
경에서 해방시켜 최종적으로 정신적 본질을 이해하게 한다고 했다. 이러
한 이해는 '나'에 대한 미련으로부터의 해방이라고 했다.[52] 즉 사람들은
자신의 이익을 위해 자연환경을 통제하려는 단순한 표층 생태적 이론을
심층 의식 속에서 초월하기 위해 노력하고 있으며 가치와 존재적 의의를
중시하는 심층 생태적 지혜를 추구하고 있다는 것이다.

1960년대에 탄생한 심층생태학은 현대의 생태적 위기를 배경으로 하
고 있는데 그 초점은 인류의 '지배적 세계관(dominant worldview)'을 조
준하고 데이비드 에렌펠드(David Ehrenfeld)가 제기한 '자고자대한 인본
주의(arcomance of humanism)'를 없애기 위한 데 있었다.[53] 심층생태학
의 창시자인 아르네 네스(Arne Naess)는 '자아실현'을 심층생태학의 가
장 중요한 기초로 보고 있다. 그는 자아 각성 과정은 '본아(ego)'에서 사
회화된 '자아(self)'의 과정을 거치고, 다시 자아에서 형이상학적인 '대아
(Self)'의 과정을 거쳐야 한다고 했는데 이것이 바로 '생태적 대아'의 과
정이다. 이 과정에서 인류는 자신들이 자연계의 기타 사물들과 서로 의

---

52) 장 프랑수아 르벨(Jean-François Revel)·마티유 리카르, 『和尙與哲學家－佛敎與西
    方思想的對話』, 陸永昶 역(江蘇人民出版社, 2000), 25~34면.

53) David Ehrenfeld, *The Arcomance of Humanism*, Oxford University Press, 1978.

존하는 관계임을 점차 알게 되고, '이타적'과 '이기적'의 차이를 해소하여 생태계의 그 어떤 사물도 모두 '생태적 대아'와 관련된 일부분이라는 것을 깨달음으로써 환경 보호의 중요성에 대해 다시 한 번 생각하게 될 것이라고 했다. 이처럼 심층생태학에서 불가의 '무아' 이론을 흡수하고 배우는 것은 서양의 환경 운동이 표층에서 심층으로 전환하는 데 큰 도움이 되었다.

하지만 문제는 그처럼 쉽게 해결되는 것이 아니다. 자아실현은 생태학자들이 주장하는, 인류가 추구하는 이상적인 경지이자 최고의 목표로서, 만약 전 사회가 동원되어 참여한다면 그 실천적 가치는 대단한 것이다. 그러나 소수의 사람들만 행동에 참여한다면 이 소수의 사람들은 이념의 희생양이 될 가능성이 많다. 에이브러햄 매슬로(Abraham Maslow)의 주장에 따르면, 자아실현의 완벽한 경지에는 오직 소수의 사람들만 오를 수 있는데 다수의 사람들에게는 이 경지가 단지 하나의 이상에 지나지 않는다고 한다. 네스도 자아실현은 사람들이 접근할 수 있지만 오를 수 없는 경지라고 하면서 자아실현은 생태적 윤리의 유토피아와 같은 것이라고 했다. 오늘날 서양의 생태적 페미니즘과 사회생태학 학자들이 네스의 자아실현론에 회의를 갖고 비판하는 것도 이 때문이다.[54)]

3. '중도'설과 생태적 평형

'중도(中道)'란 무엇인가? 불가에서는 중도 사상을 다음과 같이 설명하고 있다. '공(空)'과 '유(有)'는 각각 서로 다른 면이지만 문제를 관찰하고 인식할 때 반드시 양측의 요소를 종합적으로 고려하여 어느 한쪽에도 치우치지 말고 어느 한쪽도 빠뜨려선 안 된다는 뜻이다. 중도 사상은

---

54) 雷毅, 「深層生態學: 一種激進的環境主義」, 『自然辨證法研究』(1999년 제2기).

이것이 아니면 저것이라는 사유 방식을 타파하고, 이것이면서 저것도 되
는 사유 방식으로 전환하여 인생의 본질을 관찰하는 목적에 도달하려는
것이다. 『대보적경(大寶積經)』에서는 "상(常)은 한쪽이고 무상(無常)도
한쪽이다. 상무상(常無常)은 그 중간으로서 무색무형(無色無形)하고 무
명무지(無明無知)하므로 중도라 부르며 모든 법이 실현된다. 아(我)는
한쪽이고 무아(無我)도 한쪽이다. 아무아(我無我)는 그 중간으로서 무색
무형하고 무명무지하므로 중도라 부르며 모든 법이 실현된다"[55]고 하였
다. 때문에 불가의 중도 이론은 "불이법문에 들 것(入不二法門)"을 요구
한다. 즉 공과 유, 상과 무상, 아와 무아, 선과 악, 생과 멸, 복과 화 등
모든 대립되는 면에 대한 집착을 초월하고 모든 사물에 대한 이원적 대
립 관계를 초월하여 더욱 진실하면서도 변증적이고 전면적으로 사물을
인식하고 파악할 것을 요구한다.

1) '중도(中道)'·'중행(中行)'·'중용(中庸)'

불가의 중도와 『주역(周易)』에서의 '중행(中行)', 그리고 유가에서의
'중용'은 문자적 의미에서 비슷한 점이 있는데 모두 양쪽의 대립적인 면
을 멀리 떠나 극단을 취하지 않음의 뜻을 가지고 있다. 하지만 자세히
살펴보면 다른 점이 많다. 『역전』에서는 '중(中)'을 길(吉)한 것으로 보
는데 '임괘(臨卦)' 다음의 '상전(象傳)'에서는 "강이 중정해서 응하고(剛
中而應), 크게 형통하여 바르게 하니(大亨以正) 하늘의 도이다(天之道
也)"라고 설명하고 있다. 즉 이 괘(卦)는 육오지유(六五之柔)와 구이지강
(九二之剛)이 상호 교착되어 천지의 중화지도(中和之道)를 상징하며 형
통하여 만물을 탄생시킨다는 뜻이다. 『주역』의 상중(尙中) 사상은 '중
(中)'이 괘사(卦辭)에서 모두 길한 뜻이라는 데에서도 나타난다. 예를 들

---

55) 다카쿠스 준지로 등 편저, 『大正新修大藏經』 제11권(日本大正一切經刊行會,
1934), 633면.

면 『역경』 '단괘(彖卦)'의 괘사에서 "천지가 서로 만나(天地相遇) 만물이 모두 밝아지고(品物鹹章) 강이 중정을 만나니 천하대행이라(剛遇中正, 天下大行也)"고 하고, '복괘(復卦)'의 '육사(六四)' 괘사에서도 "중도를 향해 홀로 돌아온다(中行獨復)"고 하고, '사괘(師卦)'의 '구이(九二)' 괘사에서는 "군대에서 중간에 있으면 길하고(在師中吉) 허물이 없으며(無咎) 왕이 세 번 명령을 내린다(王三錫命)"고 하고 있다. 또 '태괘(泰卦)'의 '구이(九二)'에서는 "거친 것을 포용하고 황하수를 홀로 건너는 용맹을 가지며, 멀리 있는 것을 버리지 아니하며 붕당을 없애면, 중정의 도를 행함에 숭상함을 얻으리라(包荒用馮河, 不遐遺; 朋亡, 得尙於中行)"고 했는데 주희(朱熹)는 『주역본의(周易本義)』에서 "구이(九二)는 강(剛)으로 유위(柔位)에 머무르며 하괘(下卦)의 가운데에 있고 위에 육오(六五)의 응(應)이 있으니, 태(泰)를 주관하면서 중도(中道)를 얻은 것이다(九二, 以剛居柔, 在下之中, 上有六五之應, 主乎泰而得中道者也)"라 해석했고, 주준성(朱駿聲)은 "황하의 물은 9리의 땅을 적시고 물줄기가 아홉 굽이이다. 9는 양(陽)의 숫자이다. 황하는 또 서북 건위에서 발원했으니 상이다. 황하가 건에서 나와 땅의 중간에서 흐르니 홀몸으로 황하를 건너도 배를 사용하지 않으며 땅에서 하늘로 오르고 길이 비록 멀시라도 세 가지가 모두 오르니 이를 막을 수 없다. 중(中)은 5이고 곤(坤)은 붕(朋)이니, 즉 2가 5 위에 거하므로 해서 중화(中和)를 행하게 된다. 또 이 둘의 위치가 바뀌면서 변(變)하여 정(正)을 얻는다(河潤九裏, 河流九折. 九, 陽數, 河又發源於西北乾位, 故象焉. 又河出於乾, 行於地中, 陽性欲生, 陰性欲承, 馮河而上, 不用舟行, 自地昇天, 道雖遼遠, 三體具上, 不能止之, 故曰不遐遺. 中謂五, 坤爲朋, 朋亡而下, 則二上居五, 而行中和矣; 又二失位, 變得正)"[56]라고 했다. 두 학자의 '중행(中

---

56) 朱駿聲, 『六十四卦經解』(中華書局, 1958), 53면.

行)'에 대한 해석은 모두 '중도', '중화', '중정' 등 단어를 둘러싸고 진행
했는데『주역』의 중행 원칙의 변증법적 사유 방식을 충분히 반영하였으
며, 고정적이고 굳어진 '중간' 위치가 아닌 변화적이고 상대적인 존재의
상태를 뜻하며 사람들에게 동적인 중도적 처세 원칙을 세워주었다.

유가의 '중용'은 인격 도덕의 교화에 치중한 인생 실천의 법칙이다.
『설문(說文)』에서는 "용이란 쓰는 것이다(庸曰用也)"라고 설명하고 있
다. 정현(鄭玄)도『예기』에 주해를 달 때 '중용' 편에서 다음과 같이 설
명한다. "중용이란 중화(中和)를 쓰는 것이다. 용(庸)이란 곧 쓰는 것이
다." 그러므로 "곧으면서 온화하고, 관대하면서 위엄 있으며, 강직하면
서도 포학하지 않고, 대범하되 오만하지 아니하여야 한다(直而溫, 寬以
栗, 剛而無虐, 簡而無傲)"[『상서(尙書)』'순전(舜典)']라는 주장과 그 이
후의 "진실로 중심을 잡아라(允執厥中)"[『논어』'요왈(堯曰)']라는 주장
이나, 아니면 "즐기되 빠지지 말고 슬프되 사람의 마음을 상하게 하지
말아야 한다(樂而不淫, 哀而不傷)"(『논어』'팔일')는 주장과 그 이후의
"과유불급(過猶不及)"[『논어』'선진(先進)'] 등 유가의 이런 주장들은
모두 인륜 도덕의 색채를 부여하고 있다. 그러므로 "중용은 '실천 과정
에서의 인(仁)' 사상의 완벽한 체현이다"[57]라고 말할 수 있다. 여기에는
인간의 감성적 소원과 사회 규범 간의 평형 관계에 대한 유가의 사고방
식을 포함하고 있으며 유가의 중정인화(中正仁和)를 추구하는 높은 도
덕적 이상을 표현하고 있다. 공자가 말한 "중용의 덕은 극히 지극한 것
이다(中庸之爲德也, 其至矣乎)"(『논어』'옹야')와, 자사(子思)가 말한
"성실한 사람(誠者)은 애쓰지 않아도 처사가 합리적이고 심사숙고하지
않아도 타당한 언행이 얻어지므로 쉽게 중용의 도를 깨닫게 되는데, 이
런 사람이 바로 성인이다(誠者, 不勉而中, 不思而得, 從容中道, 聖人

---

57) 龍延,「儒家中庸思想與佛敎中道觀」,『南通師範學院學報』哲史版(2001년 제3기).

也)"(『중용』)와 『중용』 1장에서 언급한 "희로애락을 표출하지 않으면 중(中)이라 하고, 표출하되 절제할 수 있으면 화(和)라고 한다. 중(中)은 천하지대본(天下之大本)이요, 화(和)는 천하의 처세지도(處世之道)이다. 중화(中和)를 이루어야만 천지가 바로 서고 만물이 제대로 자랄 수 있다 (喜怒哀樂之未發, 謂之中. 發而皆中節, 謂之和. 中也者, 天下之大本 也. 和也者, 天下之達道也. 致中和, 天地位焉, 萬物育焉)"는 주장들은 모두 착안점을 현실 세계의 사람들이 자신의 수양을 닦는 데 두고 있으 며 중화에 이르려고 노력하는 도덕적 속성을 띠고 있다. 또한 사람들에 게 인생의 이상을 제공함으로써 이를 통해 전반 사회의 조화를 이루려 하고 있다.

유가의 '중용' 사상이 추구하는 것은 현실적인 실용과 도덕의 조화로 서 긍정적인 변증법이다. 그리고 중용 사상은 "A이면서도 B이며 A는 A 를 초월하지 못하며 B는 B를 초월하지 못한다"로 표현할 수 있다. 이에 비해 불가의 '중도' 사상이 추구하는 것은 바로 이론적 사고방식과 철학 적 입장으로서 비긍정적이면서도 비부정적인 변증법이다. 그 표현은 "A 도 아니고 B도 아니며, A가 될 수도 있고 B가 될 수도 있다"로 표현할 수 있다. 엥겔스는 일찍 이렇게 말한 바 있다. "변증법적 사유는 개념의 본질 연구를 진제로 하기 때문에 사람만이 가능하고, 그것도 비교적 높 은 발전 단계에 처한 사람(불교도와 그리스인)만이 가능하다."[58] 불가에 서 중도 사상이 나타난 것은 불가적 사유의 발전 단계가 성숙해졌음을 의미한다. 불가의 중도 사상은 농후한 도덕적 의미를 가진 유가의 '중용' 과 달리 중생들로 하여금 편집(偏執)을 없애고 인생 해탈을 실현하게끔 도와주는 방법론적 원칙이며 사고적인 지혜이다.

비록 각 교파의 '중도'에 대한 이해는 서로 다르지만[예를 들면 '연기

---

58) 『馬克思恩格斯全集』 제20권(人民出版社, 1971), 565면.

중도(緣起中道)', '팔불중도(八不中道)' 등] 모두 중도를 불교의 최고 진리로 보며 진여(眞如), 법성(法性), 실상(實相), 불성(佛性)과 함께 해석하고 있다. 석가모니가 처음 중도 이론을 제기한 것은 당시 인도의 96개 종교 집단의 편집적인 행위에 반발해서다. 이런 종교 집단들은 수행 방식에 있어 순세파(順世派)의 극단적 향락주의자와 바라문교의 극단적 고행주의자가 있었고, 우주와 인생의 문제에 대한 시각에서도 극단적인 숙명론과 극단적인 '무인론(無因論)'이 있었다. 이러한 극단적인 주장에 대해 석가모니는 모두 취할 바가 아니라고 주장하면서 이렇게 해서는 '도'를 얻을 수 없고 오직 '중도'를 통해서만 불법을 깨달을 수 있다고 했다. 『과거현재인과경(過去現在因果經)』 권 3에서 석가모니는 다섯 비구에게 "고행을 하면 마음이 어지럽고 몸이 즐거우면 마음도 즐겁다. 고와 낙은 도를 얻는 요인이 될 수 없고 중도를 행해야만 마음이 가라앉는다. 나는 이미 중도를 행하여 아누다라삼모삼보리(阿耨多羅三藐三菩提)가 되었다"[59]라고 했다. 그리고 석가모니는 녹야원(鹿野苑)에서 다섯 비구에게 설법할 때 "여러 욕망 가운데 낙을 탐하는 자는 하열(下劣)한 범부(凡夫)로 성스럽지 못한 무의미한 일을 하고 있다(非聖無意義之事). 그리고 자신의 욕구대로 고행하는 자도 성스럽지 못한 무의미한 일을 하고 있다. 이 양자를 떠나 중도를 행해야만 여래에게 의지할 수 있고 도를 깨칠 수 있다"고 했다. 훗날 대승 불교 중관파의 용수(龍樹)는 '중도'를 보편적 방법론으로 승화시켰는데 『중론(中論)』 '관사체품(觀四諦品)'에서 "여러 인연이 모여 모든 법이 형성되었으며 우리(불교)는 이를 공(空)이라 하고 또한 가명(假名)이라고도 하는데 중도를 의미한다(衆因緣生法, 我說卽是空, 亦謂是假名, 亦是中道義)"고 하며 '중도'를 모든 사물 현상의 본질을 파악하는 경로라고 강조하면서 사물의 무자성(無自

---

59) 다카쿠스 준지로 등 편저, 『大正新修大藏經』 제3권(日本大正一切經刊行會, 1934), 644면.

性)적인 면과 거짓인 면도 보아야 하고 이를 통해 공과 유에 대한 타파
와 종합을 실현함으로써 모든 편견과 집착을 타파하여 사물의 실체를 보
여주며 사유가 한쪽으로만 기울지 않으므로 '중도'에 부합된다고 했다.

중도 사상은 중국에 전파된 후 현상과 본체, 색과 공, 세간과 출세간
(出世間)의 관계에 있어 점차 인도 불교의 원래 궤적을 벗어나 현상과
본체, 색과 공, 세간과 출세간의 대립을 타파하는 길로 발전했다. 후진
(後秦) 시기의 구마라습은 대승 불교의 중관론을 토대로 '공유질용(空有
迭用)'이라는 관점을 제기했다. 즉 "불법에는 두 가지가 있는데 하나는
유이고, 하나는 공이다. 만약 늘 유를 탐구하면 생각이 많아 힘들어지고
늘 공을 탐구하면 본질을 잃게 된다. 공과 유를 합하여 구분하지 않고
탐구하면 해와 달이 바뀌듯 모든 것이 이루어질 것이다"(『주유마힐경』
권 6)라고 했는데 공과 유에 대한 편집을 타파하여 중도에 부합할 것을
강조했다. 그리고 진나라의 승조(僧肇)는 당시 도교 학파에서 주장하는
'숭무(崇無)'와 '귀유(貴有)'의 구별이든 아니면 중국 불교 반약파(般若
派)에서 주장하는 '즉색'과 '본무(本無)'의 구별이든 모두 사물의 한 가
지 면만 보았을 뿐 '비무비유(非無非有)'의 중관지도(中觀之道)를 보지
못했다고 했다. 그것은 유와 무, 동(動)과 정(靜), 색(色)과 공(空), 진(眞)
과 속(俗) 등과 같이 사물의 양면을 간난히 구분하거나 분할해서는 안
되기 때문이라고 했다. 이에 승조는 '불진공론(不眞空論)'을 제기했는데
"그것을 유라고 말하자니 유는 진에 의해 생겨난 것이 아니고, 그것을
무라고 말하자니 사물의 형태가 있다. 형태가 있으므로 무라 할 수도 없
고 진(眞)도 아니고 유도 아니다. 그러니 불진공의 뜻으로 나타내고자 한
다(欲言其有, 有非眞生; 欲言其無, 事象旣形. 象形不旣無, 非眞非實
有, 然則不眞空義顯示茲矣)"[『불진공론(不眞空論)』]라고 했다. 승조는
공과 유 양쪽에 치우치는 것을 타파하고 사물의 실상을 떠나지 않는 관
찰 방법을 강조했는데 유와 무를 모두 말하며 또한 비유비무(非有非無)

하고 역유역무(亦有亦無)하며 어디에도 치우치지 않고 유무를 모두 사용하는(有無雙遣) 방법으로 농후한 변증법적 색채를 띠게 함과 동시에 상대론적인 곤경에 빠지게 되었다. 수나라 삼론종(三論宗)의 길장(吉藏)도 저서에서 여러 번 중도를 언급했는데 '쌍견양변(雙遣兩邊)'의 주장을 제기했다. 그는 "유에 얽매이지 말고" '상(常)'에 대한 집착을 버려야 할 뿐만 아니라 "무에 매달리지 말고" 허무에 대한 집착을 버려야 한다고 보았다. 또한 '공유상의(空有相依)'를 주장하며 공과 유의 상호 의존성을 강조했는데,[60] "유는 본래부터 유가 아니라 공으로 인해 유가 되었고 공은 원래부터 공이 아니라 유로 인해 공이 되었다(有不自有, 因空故有, 空不自空, 因有故空)"라고 보았다.[61] 동시에 그는 '속체(俗諦)', '진체(眞諦)', '이체합명(二諦合明)'이라는 세 가지 중도를 제기했다. "다른 주장들에서는 유를 세체(世諦)라 하고 공을 진체라 한다. 지금 밝히는 바와 같이 유와 공을 막론하고 모두 세체이고 비유비공이야말로 진체이다. 그리고 공유는 서로 다르지만(空有爲二) 비공유는 서로 다르지 않다(非空有爲不二). 이(二)와 불이(不二)는 모두 세체이고 비이비불이(非二非不二)야말로 진체이다(他[師]但以有爲世諦, 空爲眞諦. 今明, 若有若空, 皆是世諦, 非有非空, 始爲眞諦. 三者, 空有爲二, 非空有爲不二, 二與不二皆是世諦, 非二非不二, 名爲眞諦)."[62] 길장은 이 같은 주장을 통해 숱한 일방적인 편견을 초월했으며 무소득(無所得)과 불즉불리(不卽不離)를 취지로 삼아야 한다고 강조했다. 훗날 교연(皎然)은 승조의 영향을 받아 '시가중도(詩家中道)'의 주장을 제기하였고, 천태종의 지의 대사(智顗大師)는 중도를 실상으로 하는 주장과 '공(空), 가(假), 중(中)'

---

60) 다카쿠스 준지로 등 편저, 『大正新修大藏經』 제42권(日本大正一切經刊行會, 1934), 9면.
61) 다카쿠스 준지로 등 편저, 『大正新修大藏經』 제45권(日本大正一切經刊行會, 1934), 89면.
62) 위의 책, 108면.

삼체설(三諦說)을 제기하였는데 '중체(中諦)'의 비공비가(非空非假)와
불견공가(不遣空假)의 지혜를 중도의 제일의(第一義)로 삼고 있다. 그는
『법화현의(法華玄義)』에서 "중도란 두 변을 막고 곧추 가는 것(中道遮
二邊而調直)"[63]이라는 즉공(卽空), 즉가(卽假), 즉중(卽中)을 주장하고
있다. 이러한 '삼체설(三諦說)'에 대해 이케다 다이사쿠는 이들을 상호
내포하고 상호 보충하는 관계로 보고 그중에서 중체는 사물의 본원적 존
재로서 다른 이체(二諦)를 통괄하며 공체와 가체의 모순을 버리고 본질
과 현상을 조화시킨다고 주장하면서 만약 그러하지 않는다면 이러한 삼
체론은 일종의 원칙이 없는 타협으로서 일종의 정체(停滯) 현상일 수밖
에 없다고 주장하였다.[64] 그 외에 법상종(法相宗)에서는 '유식(唯識)'을
중도로 삼아 무(無)는 외경(外境)이 있으므로 비유(非有)이고 유(有)는
내식(內識)이 있어 비공(非空)이며 비공비유는 곧 중도라고 주장한다. 그
러나 선종에 이르러서는 어느 양쪽으로 치우치지 않는 불즉불리의 중도
사상을 극대화시켰다. 그들은 "무는 이상(二相)이 없으며 여러 가지 번뇌
의 마음이 없다(無者, 無二相, 無諸塵勞之心)"[65]와 "불법은 불이지법이
다(佛法是不二之法)"[『육조단경(六祖壇經)』 '행유품(行由品)']라는 주장
을 강조했고, 불성 선악에 관한 문제에 있어 "불성(佛性)은 비선비불선
(非善非不善)이므로 이름을 불이(不二)라고 한다"(『육조단경』 '행유품')
고 주장했다. 또 자성(自性)과 불성(佛性)의 문제에 있어 '즉심즉불(卽心
卽佛)'을 주장하였으며[66] 출세(出世)와 입세(入世)의 문제에서 "평상심

63) 다카쿠스 준지로 등 편저, 『大正新修大藏經』 제33권(日本大正一切經刊行會, 1934),
    693면.
64) 아널드 토인비·이케다 다이사쿠, 『展望二十一世紀: 湯因比與池田大作對話錄』, 荀
    春生·朱繼征·陳國梁 역(國際文化出版社, 1985), 351면.
65) 다카쿠스 준지로 등 편저, 『大正新修大藏經』 제48권(日本大正一切經刊行會, 1934),
    353면.
66) 다카쿠스 준지로 등 편저, 『大正新修大藏經』 제51권(日本大正一切經刊行會, 1934),

(平常心)이 도(道)이다"라는 관점을 강조하였다.[67] 이를 통해 사람들의
이것이 아니면 저것이라는 식의 사고방식을 부정하고 세간에 주객(主客)·
시비(是非)·선악(善惡)·생사(生死)·유무(有無)의 구별이 있게 됨은 모두
사물의 표상에 대해 집착하기 때문이므로 대립되는 양측의 구조를 없애
야만 사물의 본원(本源)으로 돌아올 수 있다고 했다. 이런 주장은 사람들
로 하여금 편파적인 인식을 극복하고 수행하는 데 있어 중도적이고 적당
히 하도록 인도한다. 비록 부동한 개념들 간의 차이점을 말살했지만 이
론적인 면에서 실제적으로 세간과 출세간 사이의 절대적 차이를 완화시
켜 '즉입세이출세(卽入世而出世)', '즉유한이무한(卽有限而無限)'이라
는 내적 초월의 길을 추구하게 함으로써 현대인들에게 이상과 현실, 물
질과 정신의 관계를 통합하게끔 적극적인 계시를 주고 있다.[68]

2) 중도의 생태적 지혜

불가의 중도 사상은 사람들로 하여금 현상과 본질 두 가지를 동시에
볼 것을 요구하며, 이를 통해 양측을 고려하면서도 어느 한쪽에 치우치
지 않는 사유 방식을 가지도록 요구한다. 이러한 양단론(兩端論)을 주장
하며 극단을 취하지 않고 사물의 전체를 관찰할 것을 중시하면서 편면적
인 사고방식을 방지하려는 사상은 변증법적 사유의 합리적인 요소를 내
포하고 있다.[69] 생태적 측면에서 불가의 '중도' 사상을 분석해보면 그것
은 세상을 있는 그대로 비추어보는 도경이자 집착이 없는 인생 입장이며
또한 전체를 관찰할 수 있어 매우 비판적이며 동적인 지혜로서 사람들의

309면.
67) 위의 책, 440면.
68) 唐忠毛, 「'中道'的超越之路 — 對佛敎般若中觀超越模式的詮釋」, 『人文雜誌』(2000년
    제3기).
69) 方立天, 「中國佛敎哲學的現代價値」, 『中國人民大學學報』(2002년 제4기).

이원론적 대립의 사유 방식을 타파하는 데 유리하다는 것을 알 수 있다. 사실 사람들은 늘 탐(貪, 집착)·진(瞋, 분노)·치(癡, 그릇된 판단) 등 번뇌로 인해 편견을 가지고 세상을 보게 되므로 세상의 본질을 보지 못한다. 그러므로 "모든 것이 유이다"라는 극단적인 주장과 "모든 것이 무이다"라는 극단적인 주장을 갖게 되는데 이 두 가지 주장에 대한 집착을 버리려면 반드시 전체에 대한 관찰과 파악이 필요하다. 세상 만물이 부단히 변화하고 있으므로 '중'의 함의도 끊임없이 변화한다. 그러므로 우리는 '중'의 함의가 죽은 것처럼 조용한 것이 아닌 동적인 것이라는 것을 알아야 한다. 위에서 서술한 불교의 '중도'에 관한 온갖 해석들은 모두 부동한 시각에서 공과 무, 내근(內根)과 외경(外境), 현상과 본질, 객관과 주관, 세간과 출세간이 서로 동일함을 설명하고 있다. 비록 궤변론적인 경향과 상대주의 색채를 띠고 있기는 하지만 인간과 세상의 관계를 개선하는 데 어느 정도 도움을 주고 있다.

  불가는 중도 이론을 토대로 중도를 행하며 평형과 적절함을 추구하는 생활 방식을 주장한다. 오늘날 물질에서 정신, 생산에서 소비, 개인에서 사회에 이르기까지 만약 '중도'를 엄수한다면 이 사회는 균형을 이루게 될 것이고, 이러한 생존 환경이야말로 인류가 추구하는 최고의 목표이다. 하나의 인생관으로서의 '중도' 사상은 극단을 취하지 않고 어느 쪽에도 치우치지 않는 생활 태도와 생활 방식을 말한다. 중도적인 인생이란 바로 하늘에 운명을 맡기려 하지도 않고 하늘을 이기려 들지도 않으며, 마음껏 향락을 추구하지도 않고 금욕과 고행을 하지도 않으며, 생과 사를 모두 중시하며 자신의 이익과 타인의 이익을 함께 중시하는 인생이다. 이러한 사유 방식은 현대인들에게 물질과 정신을 통합하고 현실과 이상을 통일하도록 이론적인 도움을 주는데 사람들로 하여금 물질적인 것에 욕망을 두지 않게 함으로써 주체적 독립성을 잃지 않고 물질적 현실을 떠나 허무한 것을 추구하지 않게 한다. 예를 들면 『아미타경』에서

언급한 바와 같이 풍족한 물질적 생활에서도 불법(佛法)을 지켜야 하는
데, 즉 '팔정도(八正道)'의 생활을 지내야 한다. 또『금강경』에서 언급한
"마음이 집착하는 데 없이도 본연의 마음이 생겨난다(應無所住而生其
心)"70)는 도리는 사람들에게 모든 것을 버려야 한다는 뜻이 아니라 불교
의 중도적인 생활을 강조하는 것이다. '중도' 사상을 정확히 인식하고
파악하는 것은 행복한 생활과 마음의 평형을 얻는 조건이다. 인간은 반
드시 욕망을 억제하고 자연에 대한 지나친 개발을 절제해야 하며, 합리
적인 소비 관념을 가지고 자연으로 하여금 휴양 생식을 하게 해야 한다.
또한 '중도' 사상은 일종의 처세관으로서 사람들의 대립 상태를 화해시
키고 평화 통일과 조화로운 사회를 구축하는 데 지혜를 제공한다.

3) '중도'의 생태 심미적 의의

불가에서 말하는 '불즉불리'의 중도적 사유 방법은 고대 중국의 문예
미학 사상에 어느 정도 영향을 주었다. 첫째, 심미적 시각에서 볼 때 '중
도'는 유와 무, 색과 공, 내근(內根)과 외경(外境), 세간과 출세간 등 부
동한 시각으로 우주 만물을 탐구했으며 불교의 중국화(中國化) 과정에
서 불가 특유의 심미적 사유가 중국 본토의 심미적 사유 속에 침투하여
전통적인 심미 활동의 주관과 객관의 간격을 타파하고 예술적 사유의 융
합으로 발전했다. 7세기경에 의정법사(義淨法師)가 저술한『남해기귀내
법전(南海寄歸內法傳)』에서는 "중관이란 속세에 진공이 있고 형체는 허
무하여 환상과 같은 것이다(中觀者, 俗有眞空, 體虛如幻)"라고 하였는
데, 속체(俗諦)에서는 사물이 존재하지만 진체(眞諦)에서는 존재하는 사
물이 실체성이 없으므로 본질은 성공(性空)이라는 것이다. 의정법사의
'속유진공(俗有眞空)'설은 승조의 '진공묘유(眞空妙有)'설처럼 불자의

---

70) 다카쿠스 준지로 등 편저,『大正新修大藏經』제8권(日本大正一切經刊行會, 1934),
   749면.

시각으로 본 세계를 보여주고 있다. 즉 이 세계는 '유'라고도 할 수 없고 '무'라고도 할 수 없으며, '유'와 '무' 사이에 있다는 것이다. 이처럼 중관적인 방법으로 세상 만물을 바라보면 모든 것에서 유무가 상생하고 진환(眞幻)이 어울려 있으며 이러한 세상 만물의 존재는 "미언(微言)을 빌려 도를 전하고, 형상을 빌려 진을 전하기 위해서이다(借微言以津道, 托形象以傳眞)"[석혜교(釋慧皎), 『의해론(義解論)』]. 이러한 불교 사상의 영향을 받은 문인들은 이전처럼 산수(山水)를 '형적(形跡)'의 실제 존재로 보지 않았고 '공무(空無)'의 진리로도 보지 않았으며 산수에 대해 '유상'과 '무상'의 통일을 이루었다. 예를 들면 종병(宗炳)은 '비유비무'의 사유 방식으로 산수의 신령(神靈)을 평론하는 가운데 양자의 '숙성일체(肅成一體)'를 깨닫고 "산수는 그 실체 속에 기묘한 경지를 담고 있다(山水質有而趣靈)"[『산수화(山水畵)』 '서(序)']고 결론을 내렸다. 또한 용수는 '수중월(水中月)'이란 비유를 한 바 있는데, 즉 물속의 달은 진짜 달이 아니지만 하늘의 달이 진짜 달이므로 물속의 달과 하늘의 달은 진환상즉(眞幻相卽)의 일체를 이룬다는 것이다. 송(宋)나라 때의 엄우(嚴羽)는 이 영향을 받아 '공중음(空中音)', '상중색(相中色)', '수중월(水中月)', '경중상(鏡中像)' 등에 대한 탐구를 시작하여 나중에는 "영양이 뿔을 나뭇가지에 걸고 자니 발자취를 찾을 수 없는 것(羚羊掛角, 無跡可尋)"처럼 이치를 지나치게 내세우지 않고 시간의 흔적을 초월하는[『창랑시화(滄浪詩話)』] 예술적 경지에 이르렀다.

둘째, 중관론은 교연(皎然)의 '시가중도' 이론에 큰 도움을 주었다. 교연은 "문인들의 글은 그들의 본성과 관련된다. 학식이 뛰어나지만 글재주 없는 자는 도리는 맞지만 글이 딱딱하고, 글재주가 좋지만 학식이 적은 자는 글은 아름답지만 멋이 없다. 감정이 지나쳐 언어를 소홀히 하면 언어가 소박하여 감정이 빛을 잃고, 언어를 중시하고 감정을 소홀히 하면 감정이 적어서 언어가 담담해진다. [……] 대체적으로 이를 해결하려

면 불교에서 중도를 행하는 것과 비슷하다. 왜냐면 비록 의미의 형태는
있지만 언어가 간단하고, 힘이 있지만 의미가 부족하고, 비록 바르지만
소박하며, 비록 곧지만 비천하며, 오직 느낌으로만 얻을 수 있고 말로는
얻지 못하는데 이것이 바로 시가의 중도이다(且夫文章關其本性, 識高
才劣者, 理周而文窒; 才多識微者, 句佳而味少. 是知溺情廢語, 則語樸
情暗; 事語輕情, 則情闕語淡 [……] 大抵而論, 屬於至解, 猶空門證性
有中道乎! 何者? 或雖有態而語嫩, 雖有力而意薄, 雖正而質, 雖直而
鄙, 可以神會, 不可言得, 此所謂詩家之中道也)"라고 했다.71) 교연은
시를 쓰는 법과 불교의 참선을 비슷한 것으로 보고 오직 감정과 언어,
학식과 재능 등 대립되는 사물의 양면을 없애야만 어느 쪽에도 치우치지
않으며 스스로 기연(機緣)을 볼 수 있다고 보았다. 그는 『시식(詩式)』에
서 예컨대 전려(典麗)함과 자연스러움, 허탄(虛誕)함과 고고(高古)함, 궤
괴(詭怪)함과 신기(新奇)함 등 서로 상반되면서도 보충해주는 심미적 개
념을 제기했으며 훌륭한 시가 창작은 반드시 "결합과 분리 양쪽에서 모
두 나타나야 하며 모든 방법은 성상(性相)을 떠나서는 아니 되는"72) 방
법을 취해야 한다고 주장하면서 양자 간의 경계를 적당히 유지해야 한다
고 했다. 이로부터 불교에서 숭상하는 쌍견쌍비(雙遣雙非), 무가비무가
(無可非無可)적인 '중관지도'는 '불즉불리(不卽不離)'적인 '시가중도'에
깊은 영향을 주었음을 알 수 있다.73)

셋째, 중도 사상은 중국 미학의 독특한 심미적 언어 표현 방식을 탄생
시켰다. 이러한 언어 표현 방식은 유교의 '중용'에서 나타나는 긍정적인
표현 방식인 "A이면서도 B이다"라는 양쪽 끝을 강조하면서 중간을 수

---

71) 『文鏡秘府論』南卷 『論文意』錄; 王利器, 『文鏡秘府論校注』에서 재인용(中國社會
科學出版社, 1983), 327면.
72) 다카쿠스 준지로 등 편저, 『大正新修大藏經』 제48권(日本大正一切經刊行會, 1934),
343면.
73) 祁志祥, 『佛敎美學』(上海人民出版社, 1997), 4면.

용하는 표현 방식(예를 들면 아름다우면서 착한 것, 어질면서 지혜로운
것, 형식도 훌륭하면서 내용도 풍부한 것 등)과는 다르다. 불가의 중도는
쌍견쌍비의 방법으로서 이미 언어로 단정 지은 어느 한쪽에도 집착하지
않고 양자의 통일에도 집착하지 않으며 양쪽을 모두 부정하면서 '언어도
단(言語道斷)'을 특징으로 하는 "A도 아니고 B도 아니다"를 주장한다.
이는 물(物)과 아(我) 또는 사물의 양단(兩端)에서 그 어느 쪽과도 관련
이 없는 불교 미학의 특징을 충분히 보여주고 있다.74) 즉 "A도 아니고
B도 아닌", '혹유혹무(或有或無)'하고, '비유비무(非有非無)'하며, '역유
역무(亦有亦無)'하고, '즉유즉무(即有即無)'한 "유무를 서로 달리 부르
지만 하나로 향하는(有無稱異, 其致一也)" 중관(中觀)의 원칙이다. 이런
독특한 중관 이론은 고대 문인들의 언어 표현 방식에 영향을 주었다. 종
병이 『우답하승천서(又答何承天書)』에서 말한 바와 같이 "모든 색(色)
은 자성(自性)이 없으며 고로 모든 색은 공(空)이다. 인연이 모여 유가
되고, 원래부터 유가 있는 것은 아니다. 모든 것이 환상이 만들어낸 것처
럼, 또는 꿈에서 본 것처럼 있지만 없는 것이다. 장래는 오지 않았고 과
거는 소멸되었으며 현재는 머무르지 않으니 영원한 유(有) 또한 없다(夫
色不白色, 雖色而空; 緣合而有, 本自無有. 皆如幻之所作, 夢之所見,
雖有非有, 將來未至, 過去已滅, 現在不住, 又無定有)"[엄가균(嚴可均),
『전상고삼대진한삼국육조문(全上古三代秦漢三國六朝文)』 '전송문(全宋
文)' 권 20)는 주장에서 종병은 이미 승조가 주장한 '불진공(不眞空)'의
'비유비무'를 터득했던 것이다. 그리고 여본중(呂本中)이 『하균부집서
(夏均父集序)』에서 제기한 시가의 '활법(活法)' 이론으로 "정법이 있지
만 정법이 없으며, 정법이 없지만 정법이 있다(有定法而無定法, 無定法
而有定法)"는 주장은 창작 방법에 있어 '불즉불리'의 태도를 취할 것을

---

74) 黃念然, 「佛敎中觀論與中國古代美學」, 『湛江師範學院學報』哲社版(1998년 제4기).

강조했다. 그리고 명나라의 당지계(唐志契)는 『회사미언(繪事微言)』 '명인도화어록(名人圖畫語錄)'에서 "그림은 골기(骨氣)가 없어도 안 되고 골기가 있어서도 안 된다. 골기가 없으면 분본(粉本, 초벌 그림)과 같고 골기가 가득하면 북종(北宗, 명나라 때 산수화 남북종의 북종)의 화법과 같다. 그리고 그림은 광기가 없어서도 안 되고 광기가 있어서도 안 된다. 광기가 없으면 자유자재한 종횡의 느낌이 부족하고 광기가 가득하면 색깔이 연하고 짙은 모습이 부족하다(畫不可無骨氣, 不可有骨氣. 無骨氣, 便是粉本; 純骨氣, 便是北宗. 不可無顛氣, 不可有顛氣. 無顛氣, 便少縱橫自如之態; 純是顛氣, 便少輕重濃淡之姿)"고 했는데 이런 이론들에 대한 표현 방법은 모두 불가의 중도 사상인 '비유비무'와 '역유역무'의 사유 방식과 매우 흡사하다. 또한 이렇게 해야만 "멀지도 가깝지도 않고 머물지도 움직이지도 않고 자유자재로 종횡하면서 모두를 도를 닦는 장으로 만드는(不卽不離, 不住不著, 縱橫自在, 無非道場)"[『균주황벽산단제선사전심법요(筠州黃蘗山斷際禪師傳心法要)』] 방법으로 훌륭한 시구를 얻을 수 있으며, 예술적 심미 활동에 활력을 더할 수 있다.

제2절 '생태 중심'의 윤리관

폴 테일러(Paul Taylor)는 '생태 윤리'가 주로 세 가지 요소를 포함한다고 했는데 하나는 신앙 체계로서 자연과 관련된 세계관이고, 다른 하나는 자연을 존중하는 태도이며, 마지막 하나는 도덕적 대리인에게 보편적인 제한을 행사하는 규범과 규칙들이라고 했다.[75] 이로부터 우리는

---

75) Paul W. Taylor, "The Ethics of Respect for Nature", *Environment Ethics*, 1981(3): pp.197~218.

생태 윤리가 인류에게 일종의 전체적이고 비인간 중심적이며 생태 환경
과 우호적이고 자연을 경외하면서 만물을 동정하는 가치 관념을 가져다
주었다는 것을 알 수 있다. 생태 윤리는 도덕적 관심을 인류 사회에서
자연으로까지 확대시켜 자연적으로 존재하는 사물 역시 도덕적 관심의
대상으로 보고 있다. 일본 학자 이마미치 도모노부(今道友信)도 생태 윤
리를 "인간의 생존 환경에 적응하는 윤리학으로, 현대 과학 기술 환경에
서 생기는 새로운 문제를 해결하는 사고 내용을 포함한다"[76]고 보았다.

불가의 윤리 사상을 돌이켜보면 수많은 잠재적인 생태 윤리의 내용을
포함하고 있음을 알 수 있다. 비록 법률처럼 실효성이 뚜렷하지는 않지
만 인간의 양심을 통해 사람들의 행위를 제한하는 그 의미와 역할은 대
단한 것이다. 불가에서 만물을 소중히 여기고 중생을 아끼는 소박한 생
태 윤리 관념은 농경 문화 사람들의 생존 실천 경험과 도덕적 이해로서
고대 문명을 전승(傳承)하는 정신적 역량을 구축하였을 뿐만 아니라 오
늘날 환경윤리학에서 구축하고자 하는 이론 자원이 되고 있다. 그리고
인간과 사회, 인간과 자연 및 인류 주체 자신들의 관계를 조절하는 데에
도 지혜를 제공하고 있다.

1. '중생 평등'의 윤리적 관심

불가에서는 인간과 사회의 관계를 처리하는 문제에 있어 인성의 '선
악'과 '자비' 등의 시각에서 사람들의 마음속에 있는 '생명애'를 자극하
여 사람들로 하여금 자비로운 부처님의 씨를 마음속에 품게 하고 만물에
차이가 없다는 윤리적 관심을 키우도록 했다. 또한 불가에서는 '중생 평

---

76) 이마미치 도모노부 편저, 『美學的將來』, 樊錦鑫 등 역(廣西敎育出版社 1997),
    261~262면.

등’의 시각에서 만물 평등을 주장하고 이러한 평등의 범위를 ‘유정중생
(有情衆生)’에서 ‘무정중생(無情衆生)’으로 확대시켜 전통적인 윤리의
고유한 경계를 확대하였다. 이처럼 현대 생태론적 의미를 지닌 윤리적
관심은 그 당시 환경 보호에서도 중요한 역할을 하였을뿐더러 사람들로
하여금 만물을 동정하는 관념을 토대로 만물과 합일을 이루는 심미적 체
험을 하게 했다.

1) ‘선악인성(善惡人性)’과 자비로운 마음

인성에 대한 선악 구분은 불가 윤리의 가장 기본적인 원칙으로, 불가
의 도덕 판단의 가치적 기준이다. 불자들은 일반적인 ‘선’과 ‘바른 마음’
이 개체의 중생에 대한 동정심과 자비심을 촉진시킨다고 보고 있다. 불
가의 선악설은 바라문교의 ‘우파니샤드’에서 비롯되었는데『광림오의서
(廣林奧義書)』에서는 “선을 행한 자는 선을 이룰 것이요 악을 행한 자는
악을 이룰 것이다(行善者成善, 行惡者成惡)”(『광림오의서』3장 2윤 13절)
라고 했으며,『가자오의서(歌者奧義書)』에서는 “이 세상에서 선(善)을
베푼 자는 착한 생(善生)을 얻게 되는데, 브라만으로 태어나거나, 혹은
크샤트리아로 태어나거나, 또 혹은 바이샤로 태어날 것이다. 그러나 이
세상에서 악(惡)을 저지른 자는 악한 생을 갖게 되는데, 개로 태어나거
나, 혹은 돼지로 태어나고 또 혹은 천민으로 태어날 것이다(此世行善者
將得善生, 或生爲婆羅門, 或生爲刹帝利, 或生爲吠舍. 而此世行惡者
將得惡生, 或生爲狗, 或生爲豬, 或生爲賤民)”라(『가자오의서』5장 10윤
7절)고 했다. 불가에서는 바라문교의 “선인(善因)은 선과(善果)를 가져오
고 악인(惡因)은 악과(惡果)를 가져온다(善因有善果, 惡因有惡果)”는
이론을 계승하여 우주 만물이 모두 인과 관계의 지배를 받으며 각 사람
의 선악 행위는 반드시 자신에게 선과나 악과를 가져온다고 보고 있다.
불가 경전인『중아함경(中阿含經)』에서는 ‘선’에 대해 다음과 같이 정의

를 내리고 있다. "자신을 해치지 말고 남을 해치지 말고 해로운 것을 가지지 말며, 깨달음과 슬기로움을 키우고 남을 돕는 것을 싫어하지 말고 열반을 얻으며, 지(智)와 깨달음과 열반에 이르는 것을 즐겨 해야 하는 것이다(謂行身行不自害, 不害彼, 不俱害, 覺, 慧, 不惡相助, 得涅槃, 趣智, 趣覺, 趣至涅槃)."(『중아함경』214경) 여기서 '선'이란 두 가지 의미를 포함하고 있는데 하나는 중생의 이익에 손해 주지 말고 중생 돕기를 즐기라는 의미이고, 다른 하나는 자신의 수행에 불리한 모든 사상과 언행을 배제하라는 의미이다. 석가모니는 이 이론을 통해 사람들로 하여금 악을 없애고 선을 닦으며 괴로움을 떠나보내고 낙을 얻게 함으로써 생활 실천 속에서 인간의 선악 행위와 실제 이익을 결합시켰다.

불가의 '자비로운 마음'은, 인성은 원래 '선'하다는 원칙 아래 세워진 것으로 인간은 '탐(貪), 진(瞋), 치(癡)' 세 가지 번뇌로 인한 이기주의와 끊임없이 남의 물건을 점유하려는 욕망이 있으며 주동적으로 기타 생물에 관심하고 사랑하며 심지어 자신의 생명까지 바치려는 마음을 가지기가 불가능하다는 것이다. 또한 인간은 세 가지 번뇌와 무명(無明)의 이화(異化) 상태를 없애야만 다른 사물에 대한 사랑을 통해 인간의 본진(本眞)의 존재를 드러낼 수 있으며 결국 우주와의 합일을 이루는 최종적 수요를 만족시킬 수 있다고 보고 있다. 화엄종은 '정심연기(淨心緣起)'[『화엄경(華嚴經)』]를 바탕으로 심성의 선악을 가늠하고 있으며 '무정유성(無情有性)'[『금강비(金剛錍)』]을 주장한다. 선종에서는 사람마다 본래 항상 청정한 불성(佛性)과 자유롭고 더러워지지 않은 선성(善性)이 있다고 주장한다. 비록 천태종의 '성구선악설(性具善惡說)'(『법화현의』)은 성품이 선악의 양면성을 가지고 있다고 주장하지만 '일천제(一闡提, 본디 해탈의 소인을 갖지 못하여 부처가 될 수 없는 이)'도 부단히 성선을 행함으로써 부처가 될 가능성이 있다는 것을 인정하기 때문에 그 주류적인 주장을 성선설로 볼 수 있다. 이처럼 각 종파들은 모두 인간의 심성은 본래 깨끗하고 선한 것이라는 전제를 기초로 인성을 인식하고 현세에 입각하여 중생들을 이끌고 선을 행하는 데 힘을 아끼지 않았다. 이는 중국 불교 각 종파들의 공통 취지인 동시에 세상 속으로 들어가 중생을 인도하고(化世導俗), 자신과 타인을 이롭게 하는 윤리적 관심의 표현 형식이 되었다.[77] 그러므로 중국 전통 사상인 유교나 도교의 사상과도 쉽게 융합되었던 것이다. 이에 일본 학자 요시오카 요시토요(吉岡義豊)는 다음과 같이 말하고 있다.

○ '선'은 복잡한 역사적 사회에서 생존해온 중국인들이 영원히 의지할 수 있었던 것으로, 만약 그것을 잃게 되면 인생의 모든 근거가 붕괴되기 때문에 그 어떤 물건으로도 대체할 수 없는 생활필수품 같은 것이다. 중국인에게 선은 평면적인 윤리 도덕의 권고 용어가 아니라 중국인들이 사회생활을 하는 데 있어 목숨처럼 여기며 심지어 목숨보다 더 귀하게 수호하는 중국의 '혼'이기도 하다('善'是生存於複雜曆史社會的中國人所可以永遠依靠的; 如果失去了它, 人生的憑藉將完全崩潰; 這是任何東西也難以取代的生活必需品.對於中國人來說, 善並不只是平面的倫理道德之勸誡語詞, 它是中國人謀求社會生活時, 視爲生命同價, 或比生命更可貴, 而謹愼守護的中國之'魂').[78]

미국 하버드 대학교의 생물학 교수 에드워드 윌슨(Edward Wilson)은 인류가 천생적인 '생명애(biophilia)', 즉 "기타 생명에 대한 긴밀한 감정적인 친근성"을 가지고 있는데 이는 '생물적인 수요'로서 "인류가 기타 형태의 생명에 관심하고 자연 생명체와 융합하기를 바라는 천성"[79]이라고 주장했다. 이런 생명에는 인류 생명에 존재하는 심층적인 본성을 보여줌으로써 개인의 이기주의와 이타주의 원칙의 통일 가능성을 보여준

77) 王月淸, 『中國佛敎倫理硏究』(南京大學出版社, 1999), 29~31면.
78) 요시오카 요시토요, 『中國民間宗敎槪說』 世界佛敎名著譯叢 권 50, 餘萬居 역(華宇出版社, 1985), 서문.
79) 에드워드 윌슨, 『生命的未來』, 陳家寬 등 역(上海人民出版社, 2003), 262면.

다. 불자들은 인간이 마지막 해탈을 얻는 과정에서 자신의 자비심을 통해 기타 모든 생명을 구해야 하며, 기타 생명 형식의 존재 가치와 생존 권리를 사랑하고 존중해야 한다고 주장한다. 불가의 연기설에서 주장하는 바와 같이 일체 사물은 인연화합에 의해 태어나므로 인간 역시 우주 공간의 독자적인 존재가 아니다. 그리고 기타 생명 형식도 사람과 마찬가지로 윤회 속에 바삐 보내고 있는 존재로서 사람들의 구원과 동정을 필요로 한다. 이를 위해 불가에서는 사람들에게 "자비로운 마음으로 모든 움직이는 물건을 해치지 말 것"을 권고한다. 또 "늘 어질고 용서하는 마음을 가슴에 품고 늘 사랑을 생각하며 꿈이든 생시든 자비심을 잃지 말아야 하며 구더기나 날벌레에게마저 자비를 베풀고 보호해야 한다" [연수대사(延壽大師), 『만선동귀집(萬善同歸集)』]고 하면서 중생들로 하여금 각자의 생존 공간에서 살아가도록 가르치고 있다.

불가에서는 "대자(大慈)는 일체 중생과 더불어 즐기는 것이고, 대비(大悲)는 일체 중생의 고(苦)를 덜어내는 것이다(大慈與一切衆生樂樂, 大悲拔一切衆生苦)"라고 말한다.[80] 그중에서 "더불어 즐김(與樂)"을 자(慈)라 하고 "고를 덜어냄(拔苦)"을 비(悲)라 하는데 양자를 합하여 '자비(慈悲)'라고 한다. 이러한 불교의 '대자대비'적인 보살 정신과 '동체대비(同體大悲)'적인 자애(慈愛) 정신은 자연계의 일체 중생들을 자신의 신체로 간주하여 관심을 주게 하며, 기타 생명체의 고통을 느끼고 받아들여 중생에 대한 동정과 자애를 생성시키며, 자신의 실제 행동을 통해 중생을 보호하게 한다. 자비 사상은 『유마힐경』에서 가장 뚜렷하게 나타나는데 유마힐은 자신을 중생들과 동일시하며 아무 조건 없이 사람들에게 기쁨을 안기고 중생들의 질고를 몸소 체험하며 그들에게 관심을 주는데 이러한 과정이 바로 '보살심(菩薩心)'을 발(發)하는 과정이다. 『화

---

80) 다카쿠스 준지로 등 편저, 『大正新修大藏經』 제25권(日本大正一切經刊行會, 1934), 256면.

엄경』'입법계품(入法界品)'에서는 "보살의 일체 행위와 마음을 수행하려면 먼저 보살심을 발해야 한다(欲修菩薩一切行願, 先當發菩提心)"고 말하고, 『대집경(大集經)』'허공장보살품(虛空藏菩薩品)'에서는 "보살심은 일체 불법을 안정시키는 근본이고, 일체 법은 보살심에 자리 잡으니 보살심도 많아지고 커지게 된다(菩提心是安一切佛法根本, 一切法住菩提心故, 便得增長)"고 말한다. 이처럼 불가에서는 보살심을 베푸는 것을 근본으로 삼아야 사람들이 사상적으로 진심으로 생명체의 존재에 관심할 수 있고, 실천을 통해 용감하게 중생들을 고해 속에서 구원할 수 있다고 주장한다.

비록 불가에서 주장하는 자비는 대부분 유정중생에 치중해 있지만 총체적으로 보면 역시 '유정'과 '무정'을 모두 포함하고 있다. 수(隋)나라의 혜원법사(慧遠法師)는 『대승의장(大乘義章)』에서 자비를 '유정연자(有情緣慈)', '법연자(法緣慈)'와 '무연자(無緣慈)' 세 가지로 구분했는데 그중 무연자에 대해 "수행하는 행자는 제법을 따르고 구별 차이를 멀리하며 법상을 일으키지 말고 자비심을 길러야 한다(修善行者, 復於諸法, 遠離分別, 不起法相, 修慈俱心)"고 하였는데, 이는 인간 집단에 대해 친소 관계를 따지지 않고 일률적으로 관심을 베풀라는 뜻이며 나아가 인간과 동물, 생명체와 비생명체의 구별을 없애 자비심을 우주 공간의 모든 무정(無情) 사물까지 확대시킴으로써 자아실현이 타자 생존에 대한 관심과 융합되게 하라는 것이다. 불교가 중국에 전파된 후 이러한 '여락발고(與樂拔苦)'의 자비이타(慈悲利他)적인 관념은 중국 사람들의 도덕의식에 영향을 주었는데 타인을 대하는 평등 자애 사상이든 아니면 생태 환경적인 의정불이(依正不二, 자연과 나는 하나)의 관념이든 모두 기타 생명체에 대한 동체 대비 사상으로 하여금 남 돕기를 즐기며 모든 생명을 사랑하는 중국 사람들의 보살심 속에 깊숙이 자리 잡았다.[81]

불가의 생명체에 대한 자비로운 태도는 불법 전파되는 과정에서 대승 불교 인생관의 핵심이 되었을 뿐만 아니라 후에는 불법 정신의 상징이 되었다. 이케다 다이사쿠는 불법이 사람들을 인도하여 "이기주의적 인생 태도에서 모든 사회의 인간과 일체 생물들에게 관심과 사랑을 베푸는 자애(自愛)의 인생 태도로 변화시켰는데, 이는 인간의 한 차례 위대한 혁명이다"라고 했다.[82] 『금강경』 제3품 '대승정종분(大乘正宗分)'에서는 "중생을 널리 제도한다(普度衆生)"는 거대한 이상을 제기했는데 "일체 중생들에 대해 그것이 난생(卵生)이든 태생(胎生)이든 습생(濕生)이든 화생(化生)이든, 유색(有色)이든 무색(無色)이든, 유상(有想)이든 무상(無想)이든, 비유상(非有想)이든 비무상(非無想)이든 막론하고 나는 남김없이 죄다 열반으로 이끌어 멸도(滅度)할 것이다(所有一切衆生之類, 若卵生, 若胎生, 若濕生, 若化生, 若有色, 若無色, 若有想, 若無想, 若非有想, 若非無想, 我皆令入無餘涅槃而滅度之)"[83]라고 했다. 불가의 이런 자비 사상은 비록 생명체를 관심하고 존중하는 면에서 중국 전통문화인 '인애', '겸애' 사상들과 서로 통하지만 그 흉금은 더욱 원대하다.

전통 유가 문화의 '인애주의'는 혈연관계를 기초로 세운 인간과 인간 사이의 사랑에 구별이 있고 친소(親疏)가 있으며 서로 밀접하게 연관된 생명관이다. 공자의 '인자애인(仁者愛人)'(『논어』 '안연')이든 맹자의 "내 집 이른을 공경하듯 남의 집 어른을 공경하고 내 집 아이를 사랑하듯 남의 집 아이를 사랑하라(老吾老以及人之老, 幼吾幼以及人之幼)"(『맹자』 '양혜왕' 상)든지, 또는 순자의 "(성인은) 자신에 비추어 남을 헤아리고 자기의 마음에 비추어 남의 마음을 헤아리며, 비슷한 것을 통해 그와 비슷한 것을 헤아린다(以人度人, 以情度情, 以類度類)"[『순자』 '비상

---

81) 王月淸, 『中國佛敎倫理硏究』(南京大學出版社, 1999), 243~234면.
82) 이케다 다이사쿠·아우렐리오 페체이, 『二十一世紀的警鐘』, 卞立强 譯(中國國際廣播出版社, 1988), 182면.
83) 다카쿠스 준지로 등 편저, 『大正新修大藏經』 제8권(日本大正一切經刊行會, 1934), 749면.

(非相)']라든지 모두 사람과 사람이 서로 사랑해야 한다고 강조한다. 물론 유가 사상에는 "백성을 사랑하여 만물도 사랑한다(仁民而愛物)"와 같은 기타 생명체에 대해 제한적인 관심을 보여준 주장도 있다. 예를 들면 공자의 "낚시를 하되 그물을 쓰지 않고, 나는 새는 쏘아도 둥지의 새는 쏘지 않는다(子釣而不綱, 弋不射宿)"(『논어』'술이')는 주장과, 맹자의 "모든 사람이 측은지심이 있다(惻隱之心, 人皆有之)"(『맹자』'고자' 상)는 주장과, "군자는 푸줏간과 부엌을 멀리해야 한다(君子遠庖廚)"(『맹자』'양혜왕' 상)는 주장이 그렇다. 이런 주장은 송명이학(宋明理學)에 와서는 불가 사상의 영향을 받아 인애(仁愛)를 "사람을 사랑하는(愛人)" 데에만 제한하지 않고 우주 만물로 확대시켜 "인이라 함은 천지 만물을 하나로 보아야 한다(仁者, 以天地萬物爲一體)"[정호어(程顥語)]로 바뀌었다. 그러나 전반적으로 볼 때, 유가의 인애 사상은 여전히 인류 사회에 중점을 두고 있다. 그들은 먼저 자신을 위한 다음에 다른 것을 위하라고 주장하며, "자신이 입신하고자 남을 입신해주고 자신이 통달하고자 남을 통달시켜준다(己欲立而立人, 己欲達而達人)"(『논어』'옹야')는 입장을 견지하며 "혈육을 친애(親愛)하는 까닭에 백성을 인애(仁愛)하게 되고 백성을 인애하는 까닭에 만물을 사랑하게 되는 것이다(親親而仁民, 仁民而愛物)"(『맹자』'진심' 상)는 주장이나, "사람은 귀하고 만물은 비천하다(貴人賤物)"와 "사랑에도 차이가 있다(愛有差等)"는 주장과 같은 공리주의 색채를 띤 생태 가치 시스템을 구축했다. 이는 마치 물에 돌을 던지면 일어나는 물결처럼 종친에서 백성에게로, 중화에서 오랑캐에게로, 동물에서 식물로, 유기물에서 무기물로 퍼지는데 인애의 마음은 원심(圓心)과의 거리에 따라 점점 약해진다.[84]

그러나 불가에서 주장하는 "자신과 인연이 없는 사물에게도 자신과

---

84) 陳炎·趙玉, 「儒家的生態觀與審美觀」, 『孔子硏究』(2006년 제1기).

동등하게 큰 자비를 베풀라(無緣大慈, 同體大悲)"는 정신은 만물의 연기평등(緣起平等)과 불성론을 기초로 하여 인간과 만물 간에 차이가 없고 자신과 동등하게 자비를 베풀며 중생을 구제한다는 대애(大愛)로 발전했다. 불가에서는 '발고여락(拔苦與樂)'이든 아니면 '자각각타(自覺覺他)'든 또는 '자리이타(自利利他)'든 모두 인간이 우주 만물에 대해 무조건적인 동정과 사랑을 베풀 것을 강조한다. 자비의 범위에서는 인류 자신과 인간과 동물, 인간과 무기물 간의 관계를 포함하고 있으며 "중생을 자신의 신체와 같이 자애하는(慈愛衆生如己身)"(『대보적경』) 비공리주의적인 생태 가치 시스템을 구축했다. 량쑤밍(梁漱溟)은 『유불이동론(儒佛異同論)』에서 유가와 불가의 차이를 심도 있게 분석했다. "유가는 종래로 인간을 떠난 주장을 펼치지 않는데 그 시작은 바로 인간이다. 유가의 이런저런 주장은 모두 인간을 둘러싼 것인데 예외가 없다. 그러나 불가는 이와 반대다. 불가는 인간보다 훨씬 높은 차원에 서서 초탈한 주장을 펼치는데 이러한 주장은 모두 사람이 아닌 부처를 둘러싸고 진행된다."[85] 이처럼 불가는 "중생은 모두 불성이 있음"을 주장함으로써 만물이 내재적 평등성을 가지게 한다. 동시에 불가의 자비심은 생태 윤리 면에서 풍부한 내용과 의의를 가지는데 인류의 생태적 양심을 민감하게 하여 사람들로 하여금 생명을 관심하고 생태 환경을 보호하는 실천을 하게 한다. 이는 오늘날 생태 위기 속에서 인간의 기형적인 윤리 관념을 완화시키고 자연과 만물이 동근일체(同根一體)이며 공생공영의 관계라는 생태적 책임감을 키우고 인간과 자연 및 만물이 조화로운 발전을 추진하는 데 유익한 사고방식과 윤리적 신념을 제공해주었다.

우리는 불가의 자비 사상이 현대 서양의 환경 윤리에서 도덕적 관심 원칙과 비슷한 점이 많다는 것을 알 수 있다. 환경윤리학자 홈스 롤스턴

---

85) 『中國文化與中國哲學』에서 재인용, 深圳大學國學研究所 편(東方出版社, 1986), 429면.

은 "낡은 윤리학은 한 생물 종에 대한 복지를 강조한다. 새로운 윤리학
은 반드시 지구의 진화를 구성하는 수백만 생물 종에 대한 복지에 관심
을 가져야 한다"[86]고 했는데, 이는 환경윤리학에서 윤리적 관심의 범위
를 인류에서 생태계의 기타 사물로 확대시켰음을 의미한다. 그러나 불가
에서는 이미 2천 년 전에 전통 윤리학의 선악을 인류 자신에게만 제한시
키는 울타리에서 벗어나 자신들의 자비를 모든 유정 생물로 확대시켜 이
들이 자연에서 지속적으로 존재할 수 있는 권리를 보장해주었다. 그리하
여 사람과 기타 생물의 관계는 정복과 대항의 공리적인 관계에서 조화롭
고 우애적인 공생의 관계로 전환되었다. 더 중요한 것은 불가의 자비 원
칙이 인류가 동물에 피해를 주었을 경우 보상을 해야 하며 그 피해가
클수록 보상도 더 커진다고 주장하여 만물을 대하는 태도를 수시로 적절
히 조절할 수 있다는 점이다.[87] 노벨 평화상 수상자인 알베르트 슈바이
처(Albert Schweitzer)는 "선이란 생명을 유지하고 생명을 촉진하며 생명
의 발전을 통해 최고의 생명 가치를 실현하는 것이고, 악이란 생명을 괴
멸시키고 생명에 해를 주며 생명의 발전을 억제하는 것이다. 이는 필연
적이고 보편적이며 절대적인 윤리 원칙이다"[88]라는 '선악'에 대한 독특
한 견해를 가지고 있다. 이처럼 우리는 생태 윤리적인 시각에서 인성의
선악에 대한 기준을 인간의 행위가 자연의 완전성과 안정 및 아름다움을
유지할 수 있느냐 없느냐에 의해 정할 수도 있다는 것을 알 수 있다.

2) '중생 평등'과 윤리의 확대

알다시피 불교는 처음 바라문교를 반대하는 데서 시작되었다. 바라문

---

86) H. Rolston, *On Behalf of Bioexuberance, Garden* 11, No.4, July/August,1987, p.32.
87) 張文彪, 「佛敎環境思想與西方當代的環境哲學」, 『福建論壇』(人文社科版, 2001년
    제6기).
88) 알베르트 슈바이처, 『敬畏生命』(上海社會科學出版社, 1992), 9면.

교에서 브라만, 크샤트리아, 바이샤 등 앞의 세 계급은 '재생족(再生族)'으로 분류되었는데 그들은 송경(誦經), 제사, 수행, 윤회를 통해 천도(天道)의 지위까지 상승할 수 있고 '범(梵, 브라만, 우주의 근본 원리)'과 결합할 수 있다. 하지만 네 번째 계급인 수드라는 '일생족(一生族)'으로 그들은 종교적 사무에 참여하여 정신적 생명을 얻을 권리가 없다. 그러므로 '삼도윤회(三道輪廻)'에서 다른 계급과 같은 기회를 가지지 못한다. 그러나 석가모니는 네 계급의 구별을 무시하고 중생의 평등을 주장하였으며 사람마다 '육도윤회(六道輪廻)'에서 동등한 기회를 가진다고 주장했다. 『장아함경(長阿含經)』에서는 "바실타(婆悉吒)야, 너는 알아라. 지금 나의 제자들이 계급이 다르고 출신이 다르지만 나의 법문 중에서 출가 수도하고 있다. 그러니 누가 너에게 '어느 계급의 씨냐?'고 물으면 '나는 불가의 씨입니다'라고 대답하라"[89]고 적고 있다. 『잡아함경(雜阿含經)』에서도 "대왕님, 만약 네 계급이 모두 평등하면 어떤 차이가 있습니까? 대왕은 아서야 합니다. 네 계급은 모두 평등하고 차이가 없습니다. [……] 때문에 대왕님은 네 가지 계급이란 오직 세간에서 말하는 차이라는 것을 알아야 합니다. 그러나 업(業)에 따르면 진실은 차별이 없습니다(複問: 大王, 如是四姓悉皆平等, 有何差別? 當知大王, 四種姓者皆悉平等, 無有勝如差別之異. [……] 是故大王當知, 四姓, 世間言說爲差別耳, 乃至依業, 眞實無差別也)"(『잡아함경』 권 20)라고 적고 있다. 석가모니는 바라문교의 교의를 일부 고쳐 계급의 특권을 약화시키고 중생 평등의 사회적 의의를 주장했지만 학리(學理)적인 면에서 볼 때 '삼도윤회'를 '육도윤회'로 변화시킨 것은 본질적인 차이가 없다.

이론을 구축하기 위해 석가모니는 아집을 타파하고 신창론(神創論)을 없애고 그 후에는 '연기'를 주장했는데 만물은 모두 인연화합에 의해 생

---

89) 다카쿠스 준지로 등 편저, 『大正新修大藏經』제1권(日本大正一切經刊行會, 1934), 37면.

겨나므로 전능한 조물주는 존재하지 않는다고 주장하면서 근본적으로
만물 지상과 독존지불(獨尊之弗)의 존재 가능성을 배제했다. 그리고 "중
생은 모두 불성이 있다(衆生皆有佛性)"[『대반열반경(大般涅槃經)』]는
주장에서 '불성'은 우주 만물이 보편적으로 가지고 있는 본능이며 고귀
와 비천의 구별이 없으므로 우주 공간에서 만물의 지위는 모두 평등하다
고 했다. 더구나 '부처(佛)'는 오직 불교에서 일종의 경지에 대한 도달일
뿐이고, 진리를 깨달은 자에 대한 호칭으로서 사람마다 부처가 될 가능
성이 있다고 했다. 따라서 부처의 지위는 중생의 지위와도 평등하고 생
존 가치에서도 고저귀천의 차이가 없으며 부처도 유아독존과 만물이 모
두 나를 위해 준비되었다는 우월감을 가져서는 안 된다고 했다. 그리하
여 불가에서 주장하는 평등의 관념은 이론적인 면에서 중생이 평등하고
모두 부처가 될 수 있다는 기초를 확립했다. 『대반야경(大般若經)』권
380에서는 "위로는 제불(諸佛)에 이르고 아래로는 짐승에 이르기까지
모두 평등하고 차이가 없다"고 했으며, 『대지도론(大智度論)』권 95에
서는 "현재 일반 사람도 평등하고 수타원(須陀洹)도 평등하고 부처도 평
등하고 모두 평등하여 서로 다름이 없다"고 했으며, 『대반열반경』권 8에
서는 "모든 중생에게는 불성이 있다(一切衆生悉有佛性)"고 했고, 『화엄
경』권 10에서는 "자심과 불심과 중생심(心佛衆生)은 삼무차별(三無差
別)이다"라고 했다. 대승 불교는 그 경전인 『대승기신론(大乘起信論)』
에서 세상 만물은 모두 '진여(眞如)'의 표현이고, 진여는 만물을 만들고
만물 속에 들어 있으므로 "일체 중생은 본래 늘 열반에 머물며(一切衆
生, 本來常住於涅槃)" 자연히 불성을 가진다고 주장한다.

　불가의 '평등'은 다음과 같은 몇 가지 내용을 포함한다. 즉 중생과 부
처의 평등, 사람과 사람의 평등, 사람과 동물의 평등, 유정과 무정의 평
등이다. 다시 말하면 우주 안의 모든 사물인 부처, 사람, 동물, 식물, 무
기물 간에는 서로 평등하다는 것이다. 그중에서 '중생 평등'과 '무정 유

성'이라는 두 개의 중요한 명제는 불교의 중생의 함의에 대한 확대를 체현하고, 불가의 보편적인 평등관을 집중적으로 보여준다.

중생은 불교의 주요 개념으로 인류와 기타 생명체 그리고 인류와 우주 자연 간의 공생 관계를 나타내는 핵심 이념을 담고 있다. 불교는 우주 만물을 두 부류로 나누는데 하나는 정식(情識, 감정과 지식)과 생명을 가진 사물, 즉 사람과 동물로서 최초에는 '중생'으로 불렸고 후에는 '유정중생'으로 불렀다. 다른 하나는 정식을 가지지 않은 사물로 초목와석(草木瓦石)과 산하대지 등인데 '무정중생'이라 부른다. 중생의 내용은 역사의 흐름과 중국 전통문화의 영향으로 외연이 부단히 확대되어 최초의 유정중생으로부터 나중에는 '유정'과 '무정'이라는 두 부류의 세간 사물을 포함하는 데 이르렀다.

그럼 중생의 함의가 시간의 흐름에 따라 어떻게 점점 부단히 확대되었는지를 보기로 하자. 『대반야경』의 "위로는 제불에 이르고 아래로는 짐승에 이르기까지 모두 평등하고 차이가 없다"와 『대지도론』의 "일반 사람과 부처는 평등하니 서로 다르지 아니하다"는 주장에서는 아직 여러 부처와 일반 사람인 인류가 평등하고 차이가 없다는 점을 강조했다. 십육국(十六國) 시기 북량(北涼)의 담무참대사(曇無讖大師)는 『대반열반경』을 번역하며 "모든 중생이 부처가 될 수 있다"는 관점을 제기했다. 그는 "불성이 동등하므로 중생을 보면 차별이 없다"고 주장했다. 남북조 시기의 축도생은 앞선 시기의 주장에서 악인(惡人)을 '일천제(一闡提)'로 보고 수행에서 제외시킨 편견에 대하여 "일천제에 속하는 사람도 모두 부처가 될 수 있다"는 관점을 제기했다. 천태종에서는 이를 기초로 '성악설'을 제기했는데 "성(性)은 공(功)을 갖추며 그 공이 바로 성악(性惡)이다"[90]라고 했다. 그들은 중생이 가지는 불성에는 선과 악, 양면이

---

90) 다카쿠스 준지로 등 편저, 『大正新修大藏經』 제46권(日本大正一切經刊行會, 1934), 934면.

있다고 하면서 중생은 진심(眞心)으로도 부처가 될 수 있고 망심(妄心)으로도 부처가 될 수 있다고 했다. 이는 모든 중생이 본성의 선악을 막론하고 모두 부처가 될 가능성이 있다는 주장으로 기존의 청정한 본심을 가진 사람만 부처가 될 수 있다는 중생의 범주를 확대시켰다. 그리고 천태종 사람들은 『법화경』권 1의 '방편품(方便品)'에서 "십계(十界)가 모두 도를 이룰 수 있다"는 사상을 선전하여 십계의 중생들이 모두 부처가 될 수 있다고 주장하면서 이를 근거로 '십계호구(十界互具, 십계가 각각 다른 아홉 계를 갖추다)'의 사상을 제기했다. 즉 생명이 번뇌와 고통에 대한 감각에 근거하여 '육범(六凡, 여섯 가지 범부의 세계, 지옥·아귀·축생·아수라·인간·천상)'과 '사성(四聖, 아미타불·관세음보살·대세지보살·대해중보살 네 성인)'이라는 열 개 단계, 즉 '십계'를 이루는데 지옥으로부터 불계에 이르기까지의 십계 중 어느 한 계(界)에도 모두 십계를 갖추고 있으며 이들은 수행의 정도가 다르지만 모두 숨어 있는 불성의 씨로 인해 서로 전환하고 영향을 주어 최종에는 불과(佛果)를 얻게 된다는 것이다. 여기에는 사람과 사람이 평등하고, 사람과 동물이 평등하고, 사람과 부처가 평등하다는 사상을 포함하므로 중생의 함의는 더욱 확대되었다. 그러나 이런 중생에 관한 논의는 아직 유정중생의 범위에만 제한되어 부처와 유정중생 간의 평등을 강조한다.

중국 불교학자들의 공헌은 중생이라는 개념에 새로운 내용을 주입한 것인데, 중생의 내용을 '유정중생'에서 '무정중생'으로 확대시켜 인류의 생명에 대한 자비와 평등의 이론 관념을 진일보 확대시켰으므로 가히 혁명적이라 할 수 있다. 당송 시기의 3대 종파인 천태종, 화엄종과 선종은 모두 "모든 중생에게는 불성이 있다"고 주장했고 이 시기의 '중생'은 이미 무정 사물로 확대되었다. 그러나 각 종파의 불성론은 각자의 특징이 있다. 삼론종의 길장은 "번뇌가 사라져 집착이 없는 사람은 공이 되어 불성이 있을 뿐만 아니라 일체 초목 모두 불성을 가진다(於無所得人, 不

但空爲佛性, 一切草木都是佛性耶)"[『대승현론(大乘玄論)』권 3]고 했
는데 모든 중생은 불심이 있으며 초목도 마찬가지라고 주장했다. 천태종
의 지의(智顗)는 『화엄경』의 '심·불·중생의 삼무차별'에 대해 설명했는
데 자심(自心)과 중생심(衆生心)과 불심(佛心)은 서로 평등하고 각자 서
로를 갖추고 있는데 자심은 중생심과 불심을 갖추고, 불심도 중생심과
자심을 갖추고 있다고 주장하면서 "자심을 들여다보면 중생심과 불심을
가지지 않은 자는 형체가 좁은 자이고 중생심과 불심을 가진 자는 형체
가 넓은 자이다(若觀己心不具衆生心佛心者, 是體狹, 具者是體廣)"(『법
화현의』권 6 상)라고 했다. 천태종의 담연(湛然)도 『금강비』에서 '무정
유성설(無情有性說)'을 체계적으로 논증했는데 "수연불변(隨緣不變)설
은 대승 불교에서 나왔고 목석무심(木石無心)설은 소승 불교에서 생겨
났다(隨緣不變之說出自大敎, 木石無心之語, 生於小宗)"[91]고 했다. 즉
나무와 돌 등 무정 사물이 불성을 가지지 않았다는 설은 소승 불교의
협애한 주장이라는 것이다. 또 "만법(萬法)이 진여(眞如)인 것은 불변하
기 때문이고, 진여가 만법인 것은 인연을 따르기(隨緣) 때문이다. 무정
사물에 법성이 없다고 믿는 자는 만법이 무진여(無眞如)하는 것이 아닌
가? 만법이라고 하면서 어찌 작은 먼지를 배제할 수 있는가? 진여의 실
체가 어찌 너와 나에게만 속하겠느냐?(萬法是眞如, 由不變故; 眞如是
萬法, 由隨緣故. 子信無情無佛性者, 豈非萬法無眞如耶? 故萬法之稱,
寧隔於纖塵? 眞如之體, 何專於彼我)"[92]고 했는데 소승 불교에서처럼
무정 사물에 불성이 없다면 진여의 불성은 보편성을 띠지 못하고, "진불
의 실체는 일체 법에 있다"는 결론을 얻을 수 없다고 했다. "나와 중생
이 모두 이런 성품을 가지기 때문에 불성이라고 한다. 불성은 널리 만들
어지고 널리 변하며 널리 실행한다. 세간의 사람들은 대승 불교의 실체

---

91) 앞의 책, 282면.
92) 위의 책, 783~784면.

를 잘 모르기 때문에 무정만 말하고 유성을 말하지 않는데 반드시 무정
유성이라고 말해야 한다(我及衆生皆有此性故名佛性, 其性遍造遍變遍
攝. 世人不了大敎之體, 唯雲無情不雲有性, 是故須雲無情有性)."[93] 이
러한 논증을 통해 담연은 유정중생들이 모두 불성을 가질 뿐만 아니라
초목와석과 산하대지 등 감정과 지식이 없는 사물들도 불성이 있다고 주
장함으로써 중생 평등의 범위를 크게 확대했다. 화엄종은 '정심연기(淨
心緣起)'설을 주장하는데 모든 제법들을 "자성(自性)의 청정심에 여래가
들어 있다"는 주장에 귀결시키며 "꽃 한 송이에 하나의 세계가 있고 잎
사귀 하나에 한 분의 여래가 계시다(一花一世界, 一葉一如來)"는 주장
을 널리 선전했다. 즉 유정중생만 불성이 있는 게 아니라 무정 사물들도
불성이 있다는 것이다. 법장(法藏)은 "먼지떨이를 찰해(刹海)라고 하는
것은 의(依)요, 불신이 지혜롭고 광명함은 정(正)이다. 먼지는 불지(佛智)
를 나타내는데 먼지떨이를 들어 올리면 모두가 다 불지이다. 그러므로
광명 속에서 미진불찰을 보는 것이다(謂塵毛刹海, 是依; 佛身智慧光明,
是正. 今此塵是佛智所現, 擧體全是佛智, 是故光明中見微塵佛刹)"[『화
엄경의해백문(華嚴經義海百門)』]라고 했는데 일체 유정중생뿐만 아니라
세간 만물 모두 불지를 나타내며 성품에 따라 수행하기만 하면 부처의
진리를 얻을 수 있다고 주장했다.

   선종의 육조(六祖) 혜능(慧能)은 '불성 평등(佛性平等)'을 주장했는데
홍인대사(弘忍大師)의 물음에 답할 때 이런 말을 했다. "사람이 사는 곳
은 남북이 있지만 불성에는 남북이 없습니다. 오랑캐(獦獠, 남쪽 오랑캐,
혜능 자신을 가리킴)의 몸과 화상(和尙, 홍인대사를 가리킴)의 몸이 다르
지만 불성에는 어찌 차별이 있겠습니까?(人卽有南北, 佛性卽無南北; 獦
獠身與和尙不同, 佛性有何差別?)"[94] 그 후에도 선종의 일부 선사들은

---

93) 위의 책, 783~784면.
94) 慧能, 『壇經校釋』, 郭朋 校釋(中華書局 1983), 8면.

'무정유성'을 주장했는데 다음과 같다. 선종의 우두종(牛頭宗)은 '도편무정(道遍無情)'의 관점을 제기하며 "푸른 대나무는 언제나 법신(法身)이고 무성한 노란 꽃은 곧 반야이다(青青翠竹盡是法身, 鬱鬱黃花無非般若)"[95]라고 널리 선양했는데 푸른 대나무와 노란 꽃 모두 불성을 드러내며 반야 지혜의 외화(外化)라고 주장함으로써 불교의 모든 중생이 성불할 수 있다는 사상으로 하여금 더욱 광활한 시야와 흉금을 가지게 했다.[96] 그리고 선사 양기방회(楊岐方會)는 '무정설법(無情說法)'을 선양했는데 "안개는 긴 허공으로 사라지고 바람은 큰 들판에서 일어나니 온갖 풀이며 나무가 큰 사자후를 내어 마하대반야를 연설하고 3세 모든 부처님이 그대들 발꿈치 아래 대법륜을 굴린다. 내 말뜻을 알아들었다면 공이 헛되지 않았을 것이다(霧鎖長空, 風生大野, 百草樹樹木作大獅子吼, 演說摩訶大般若, 三世諸佛在爾諸人脚跟下轉大法輪. 若也會得, 功不浪施)"[97]라는 어록에서 무정 사물이 불성을 가지고 있는 동시에 불신을 통해 불법을 선전한다고 주장한다. 이외에도 백운수단(白雲守端) 스님은 "산하대지, 물과 새와 수림, 유정과 무정이 오늘 법화주장두(法華柱杖頭)를 향해 큰 사자후를 하며 마하대반야를 연설한다(山河大地, 水鳥樹林, 情與無情, 今日盡向法華柱杖頭上作大獅子吼, 演說摩訶大般若)"[98]고 하였고, 오조(五祖) 법연(法演)도 "뭇 산의 푸른 나무, 늘어진 강가의 버들, 노래 부르는 나무꾼, 노 젓는 어부, 땅을 진동하는 생황(笙簧) 소리, 지저귀는 새들, 아름다운 여인과 멋진 공자(公子), 이들 모두가 너희를 위해 집중하여 법안(法眼)을 여는구나(千峰列翠, 岸柳垂金. 樵夫謳歌, 漁人鼓舞. 笙簧聒地, 鳥語呢喃. 紅粉佳人, 風流才子. 一一爲

---

95) 普濟, 『五燈會元』 권 3(中華書局 1984), 157면.
96) 林偉, 「佛敎'衆生'槪念及其生態倫理意義」, 『學術硏究』(2007년 제12기).
97) 『楊岐方會禪師語錄』; 다카쿠스 준지로 등 편저, 『大正新修大藏經』 제19권(日本大正一切經刊行會 1934), 1230면.
98) 『卍新纂續藏經』 제69책(臺北白馬精舍 1989, 영인본), 294면.

汝等諸人發上上機, 開正法眼”[99]고 했으며, 원오극근(圓悟克勤)도 “푸른 산, 푸른 물, 모든 풀잎에서 천기(天機)가 보이고, 화려하고 눈부신 번화한 거리에서 진정한 지혜가 보인다(靑鬱鬱, 碧湛湛, 百草頭上漏天機. 華簇簇, 錦簇簇, 鬧市堆邊露眞智)”[『불과선사어록(佛果禪師語錄)』권 2]라고 했으며, 『오등회원(五燈會元)』에서는 “하늘은 평등하므로 늘 (만물을) 덮고 있고 땅은 평등하므로 늘 (만물을) 이고 있다. 일월이 평등하므로 사시(四時)가 늘 밝으며 열반이 평등하므로 성인(聖人)과 범부(凡夫)가 다르지 않다. 인심이 평등하므로 신분 고저의 번뇌가 없다(天平等, 故能常覆. 地平等, 故能常載. 日月平等, 故四時常明. 涅槃平等, 故聖凡不二. 人心平等, 故高低無諍)”고 했다. 이러한 주장들이 보여주다시피 선사들은 모두 자신의 선어(禪語)를 통해 만물성불(萬物成佛)의 범위를 확대했다. 전체적으로 선종은 ‘무정유성’의 학설을 주장했는데 일부 사람들은 이를 ‘범성론(泛性論)’이라고 하지만[100] 그들이 주장하는 천지일체(天地一體), 만물 평등의 화합 이론은 생태 윤리적인 면에서 적극적인 의의가 있으며 중국 고대 문학 예술의 심미관에 깊은 영향을 미쳤다.

중국의 불자들이 중생의 범위를 ‘유정유성’에서 ‘무정유성’으로 확대할 수 있었던 것은 주로 다음의 세 가지 이론적 근거에서 비롯된다. 첫째는 만물연기의 법칙에 의거한다. 각종 사물은 모두 연기공생(緣起共生)하고 의정불이(依正不二)하며 중생이 성불함과 동시에 중생들이 처한 환경도 성불할 가능성을 갖게 된다. 이에 길장은 『대승현론』에서 “의정불이로 인해 중생은 불성이 있게 되고 초목도 불성이 있게 된다(以依正不二故, 衆生有佛性, 則草木有佛性)”[101]고 하고 있다. 둘째는 진여

99) 『卍新纂讀藏經』 제80책(臺北白馬精舍 1989, 영인본), 392면.
100) 아베 마사오, 『禪與西方思想』, 王雷泉·張汝倫 역(上海譯文出版社, 1989), 138면.
101) 다카쿠스 준지로 등 편저, 『大正新修大藏經』 제45권(日本大正一切經刊行會, 1934),

(眞如) 불성이 보편적으로 존재한다(眞如佛聖遍在)는 법칙에 의거한다. 불교학자들은 '도(道)'가 보편적으로 유행한다는 도가의 우주관을 받아들여 우주 만물의 본성을 진실한 불성에 귀속시켜 세상 만물을 논증했는데 심지어 초목와석에도 진여성(眞如性), 즉 불성이 있다고 주장했다. 셋째는 불성허공(佛性虛空)의 사상에 의거한다. 불교학자들은 『열반경』 '가엽품(迦葉品)'에서 제기한 "중생들의 불성은 허공과 같아서 안도 아니고 밖도 아니다(衆生佛性猶如虛空, 非內非外)"는 주장을 인용하여 "허공에 무엇이 포함되지 않는가? 허공이란 말은 모든 것을 갖춘다는 뜻인데 어찌 성벽의 기와와 돌을 버릴 수 있겠는가?(虛空何不收? 虛空之言, 何所不該, 安棄城壁瓦石等耶?)"고 서술했는데 불성의 허공으로 하여금 우주 만물을 포함하게 함으로써 중생 평등의 결론을 얻어냈다. 이에 일본 불교사에서 유명한 도겐(道元) 스님은 "모든 중생에게는 불성이 있다(一切衆生悉有佛性)"는 주장을 "일체 즉중생은 모두 즉불성(卽佛性)이 있다(一切卽衆生, 悉有卽佛性)"고 해석했는데 불교학자 아베 마사오는 한발 더 나아가 "'모두 즉불성이 있다(悉有卽佛性)'에서 '있다(有)'라는 단어는 우주 간의 모든 실체와 과정을 포함하며 사람과 생물뿐만 아니라 무생명적 존재도 포함한다. 그리하여 '초목국토 모두 부처가 될 수 있고(草木國土皆能成佛)', '산하대지가 모두 법신을 보여주는(山河大地悉現法身)' 경지에 이르게 되었다"라고 해석했다.[102]

불가의 생명 평등사상을 귀납해보면 그 장점은 두 가지 면에서 나타난다. 우선, 불가의 "모든 중생이 부처가 될 수 있다"는 사상은 사람마다 부처가 될 수 있는 가능성을 천명했는데 불성과 인성의 통일을 강조한다. 고대 인도의 원시 불교와 부파 불교에서 언급된 '불성' 사상은 매우 적다. 그 외에도 중관학파(中觀學派)와 요가학파(瑜伽學派)의 경전에서

40면.

102) 아베 마사오, 『禪與西方思想』, 王雷泉·張汝倫 역(上海譯文出版社, 1989), 42~43면.

도 불성에 관한 내용이 많지 않다. 그중 요가학파의 세친(世親)이 지은 『불성론(佛性論)』을 보면 '불성'에는 세 가지가 있다고 했는데 하나는 일반 사람이 본래 가지고 있는 불성이고, 다른 하나는 수행을 통해 나타나는 불성이며, 마지막 하나는 불과(佛果)를 얻은 다음에 가지게 되는 불성이라고 했다. 하지만 그는 일부 중생은 불성이 없으며 부처가 될 가능성이 없다고 주장했다. 그러나 중관학파 이후부터 불교는 '진공(眞空)'에서 '묘유(妙有)'로 전환하기 시작했고 『법화경』, 『열반경』 등에서는 중생들이 보편적으로 가지는 불성에 대해 선전하기 시작했다. 이러한 주장은 불교가 중국에 유입된 후 중관학파의 "모든 사람이 모두 부처가 될 수 있다"는 주장과 중국 전통의 "모든 사람이 모두 요순(堯舜)이 될 수 있다"는 주장이 흡사하므로 불교의 여러 주류 종파들에 의해 받아들여졌다. 중국의 불자들은 '연기성공(緣起性空)'(『반야경』)과 '불성묘유(佛性妙有)'(『열반경』)의 이론을 결합시켰는데 중생의 본성에서 불성을 논하며 "모든 중생에게는 불성이 있다"는 주장을 제기했다. 이 불성은 중생이 부처가 되는 내적 근거이자 원인이며, 중생들에게 보편적으로 존재하는 가치로서 "중생이 부처가 될 수 있는 가능성" 또는 "성불각오(成佛覺悟)의 본성"으로 이해할 수 있다. 불성은 갠지스 강의 모래처럼 헤아릴 수 없이 많지만 사람들의 번뇌와 망념에 가려져 있다. 그러나 철저한 깨달음을 얻으면 불성은 원래의 상태를 드러낸다. 불성론은 우선 사회적인 면에서 볼 때 '중생 평등'의 이념에 이론적 근거를 제공했는데 중생이 모두 부처가 될 가능성이 있으므로 이는 지위의 평등뿐만 아니라 기본적인 가치 면에서도 존중받을 만하다. 다음은 인생철학을 구축한다는 목표에서 볼 때, 사람마다 부처가 될 가능성이 있으므로 사람들로 하여금 인생의 고난에서 해탈하여 정신적 해방을 얻는 성불의 경지는 일종의 보편적 가능성이 되었다. 그리하여 사람들을 부처에 대한 숭배에서 해방시켜 부처의 신성함을 없애고 인간의 주체성을 회복함으로써 인간

의 생명적 의미를 부각시켰고, 종교적 추구 과정을 외적인 석가모니에
대한 숭배에서 내적인 생명에 대한 체험으로 전환시킴과 아울러 결국 선
종 이후부터는 불교적인 심미 의미가 종교적 의미를 능가하는 국면을 초
래했다.

다음, 불가는 인간과 동물 등 유정 생물을 생명적 존재로 보았을 뿐만
아니라 평등의 관념을 우주 만물에 확대시켜 이들을 생명으로 가득 찬
하나의 통일체로 보았다. 그리고 시종 경외(敬畏)와 겸손의 마음가짐으
로 우주 자연을 대하였고 인간의 생명에 대한 이해 영역을 확대시켰다.
생태학적으로 볼 때, 우주 만물은 생태계에서 모두 자체적으로 존재하는
'생태적 위치'가 있으며 생태계의 평형을 유지하는 면에서 생물적 형태
든 비생물적 형태든 모두 평등하고 자유롭다. 그러나 사실상 인류는 생
태 공동체의 일원으로서 자주적(自主的)으로 생태계를 조절하려는 의식
을 가지고 있는데, 그렇다고 하여 이런 의식이 사람이 기타 생물보다 우
월하다는 근거가 되어서는 안 된다. 인류는 오직 만물의 평등 권리를 수
호해야만 지속적으로 발전할 가능성이 있다. 이처럼 전체 우주 생태계의
모든 요소들을 평등하게 대하는 불가의 사상은 전통적인 윤리적 관심과
윤리적 책임을 우주 만물로 확대시켰다. 만약 이를 오늘날의 생태 실천
에 옮긴다면 사람들이 사연을 이용하고 자연을 파괴하며 자연의 도구적
가치만 중시하는 전통적인 공리주의 관념을 타파할 수 있을 것이다. 도
널드 브라운(Donald Brown)은 환경 윤리는 반드시 인류와 자연 간의 불
가분리적 관계에 의거해야 하며 인류의 번영은 우리가 "나무·풀·돌·먼
지 그리고 법의 소리를 들을 수 있느냐"[103]에 의거해야 한다고 했다. 이
러한 주장은 불가의 평등관과 약속이나 한 듯 우연의 일치를 이루고 있
다. 이는 인류가 자연과 우주에 대한 정복자에서 우주 자연을 보살피는

---

103) Donald K. Swearer, "Principles and Poetry, Places and Stories: The Resources of
    Buddhist Ecology", *Daedalus,* Vol. 30, No.4(fall 2001), pp.240~241.

사람으로 변화하는 것을 의미하는 동시에 "인류가 마땅히 그들의 생물
적 동반자를 존중해야 하고, 또한 똑같은 태도로 대지 사회(大地社會)를
존중해야 함을 의미한다."[104] 즉 인류가 기타 만물에 관심을 돌리는 것
은 바로 자신들의 생존 환경을 보호하는 데 기여하게 되는 것이다. 미국
학자 로드릭 내시(Roderick Nash)가 말한 바와 같이 "인류가 기왓장이나
돌을 대할 때 윤리적 책임을 느낄까? 기독교의 전통적 영향을 받은 미국
인에게는 아무런 가치가 없는 물음이다. 그러나 어느 날 이 물음이 더
이상 황당하게 느껴지지 않는다면 우리는 각성해야 하고 가치관을 바꾸
어 날로 심해지는 생태 위기를 해결해야 한다."[105] "세계는 점점 작아지
고 있으며, 서로 의지하게끔 변화하고 있다. [……] 오늘날 우리는 그
어느 시기보다 생명을 대하는 것을 보편적인 책임으로 삼아야 하는데,
여기에는 인류가 인류 자신에 대한 책임과 기타 생명 형태에 대한 책임
감도 포함한다."[106]

2. '원융무애(圓融無礙)'한 친화 관계

불가에서는 '중생 평등'의 윤리 원칙을 실행하는 과정에서 자신에 대
한 자비심을 인류 사회 전반으로 확대시켰고, 나아가 우주의 자연 만물
로 확대시켜 인간과 자연 만물 간의 원융무애(圓融無礙)한 친화 관계를
실현시켰다. 또 이를 바탕으로 불가에서는 '의정불이(依正不二)'의 원칙
으로 중생들의 자연환경에 대한 생태적 책임감을 강조하면서 원래 순수
한 이론 분야에 속해 있던 생태적 지혜를 실천에 옮겨 점차 일상생활의

104) 앨도 레오폴드, 『大地倫理學』, 葉平 역, 『自然信息』(1990년 제4기).

105) R. Nash, *The Right of Nature*, The University of Wisconsin Press, 1989, P.87.

106) Nancy Nash & Klas Sandell, eds., *The Buddhist Perception of Nature Project: In
    Buddhist Perspectives on the Ecocrisi*, Buddhist Publication Society, 1987.

준칙을 형성시켜 고대의 환경을 보호하는 데 중요한 역할을 했다. 또한 '원융무애'의 이념을 통해 중생과 자연 만물 간에 조화롭고 친화적인 관계를 구축했다. 그들은 현상과 현상, 현상과 본체 간에 각자의 차이가 있지만 아무런 장애가 없는 화합에 관심을 돌렸는데 유정이든 무정이든, 개체든 전체든 상관없이 자연계를 대할 때 내심 속의 욕망과 공리적 추구를 버리면 우주 만물이 서로 연결되고 서로 내포하는 원융(圓融)의 상태를 직접 체험할 수 있으며 만물과 공령(空靈) 간 원융의 아름다움도 체험할 수 있어 모든 현상들이 원만하고 융통하는 자연 광경을 얻을 수 있다고 했다.

1) '의정불이(依正不二)'와 생태적 책임

인간과 자연의 관계를 처리하는 과정에서 불가는 우선 '의정불이(依正不二)' 사상을 빌려 중생들에게 각자 생태적 책임감을 가지도록 가르쳤다. 고대 인도의 불교는 세상 모든 현상의 생사윤회는 모두 중생들의 '업력(業力)'에 의한 것이라고 선전했다. 업력이란 시간과 공간 속에 지속적으로 존재하는 보응(報應)의 원천으로 중생들의 부동한 행위로 인해 고(苦)와 낙(樂)이라는 서로 다른 인생의 결과를 가져온다는 것인데 신(身, 행위)·구(口, 말)·의(意, 의식)라는 '삼업(三業)'을 포함한다. 불가에서는 생명 주체의 그 어떤 행위도 모두 객관적인 환경에서 행하는 일종의 '업'으로, 이런 '업'은 다시 생명 주체에 반작용하게 된다고 주장한다. 인과응보의 관건은 업이며, 업은 응보의 성질을 결정한다. 그리고 이러한 업은 현세뿐만 아니라 영원히 윤회하며 작용한다. 『유가사지론(瑜伽師地論)』권 38에서는 "지은 업은 없어지지 않고 짓지 않은 업은 응보를 받지 않는다(已作不失, 未作不得)"[107]고 말하는데 이미 지은 업은

---

107) 다카쿠스 준지로 등 편저, 『大正新修大藏經』 제30권(日本大正一切經刊行會, 1934), 502면.

'과(果)'를 얻기 전에는 저절로 없어지지 않으며 짓지 않은 업으로 인해
이유 없이 '과'를 얻지 않는다는 뜻이다. 때문에 "천지간에 오도(五道)가
분명하니 그 광대함이 헤아릴 수 없이 깊으며 끝없이 넓고 아득하다. 선
악의 응보는 화복으로 이어진다(天地之間, 五道分明. 恢廓窈冥, 浩浩茫
茫. 善惡報應, 禍福相承)"[108]라고 하는데, 이는 인간의 행위가 객체에
작용할뿐더러 주체의 업보로 이어진다는 뜻이다.

불가의 업보 사상은 생명 윤회 및 인간과 자연환경의 의존 관계에 있
어 "머리카락 하나를 잡아당기면 몸 전체가 움직이는" 것과 같은 상호
관계를 중시하고 있다. 업보 사상은 객관상 생명 주체와 생존 환경 간의
'의정불이'의 변증 관계를 보여주었고, 생명 주체와 생존 환경 간에 서
로 다름이 있지만 또한 상호 인과 관계를 가지는 불가분의 관계이며 부
단히 움직이는 시스템이라는 이념을 설명해주었다. 『화엄경행원품소초
(華嚴經行願品疏鈔)』권 2에서는 "의(依)란 부처와 중생이 의지하는 국
토로서 깨끗하거나 어지럽다. 정(正)이란 부처와 중생이 의지하는 몸으
로 사람과 하늘, 남녀, 재가(在家)와 출가(出家), 외도제신(外道諸神), 보
살과 부처를 말한다(依者, 凡聖所依之國土, 若淨若穢. 正者, 凡聖能依
之身, 謂人天, 男女, 在家出家, 外道諸神, 菩薩及佛)"[109]고 했는데 '의
보(依報)'란 인류가 살아가는 환경, 즉 중생이 의지하는 국토 세계이며
'정보(正報)'란 유정중생을 말한다.[110] 이외에도 북위(北魏)의 담란(曇
鸞)은 '공보(共報)'와 '별보(別報)'설을 제기하며 그 구별을 설명했는데
『왕생론주(往生論註)』에서 "중생은 별보의 몸이고 국토는 공보의 응용
이다(別報之體, 共報之用)"라고 했다.[111] 여기서 공보란 중생들이 공동

---

108) 「佛說無量壽經」, 다카쿠스 준지로 등 편저, 『大正新修大藏經』 제12권(日本大正
    一切經刊行會, 1934), 277면.
109) 『卍新纂讀藏經』 제7책(臺北白馬精舍, 1989, 영인본), 848면.
110) 方立天, 『佛教哲學』(中國人民大學出版社, 1986), 166면.
111) 다카쿠스 준지로 등 편저, 『大正新修大藏經』 제40권(日本大正一切經刊行會, 1934),

으로 지은 업력으로 그 보응은 중생들이 함께 받아야 하며, 개체 자신이 지은 업력은 별보로 그 보응은 개체 자신이 받아야 한다고 했다. 훗날 천태종의 담연은 『십불이문(十不二門)』에서 '의정불의' 사상[112]을 명확히 제기하여 '정보'로서의 불신과 '의보'로서의 불토는 불가분의 긴밀한 관계임을 강조하였고, 양자는 모두 '일념삼천(一念三千)'을 받아들여 최종적으로 하나의 생각 속에 들어 있게 된다고 했다. '의정불이' 사상은 불교에서 추구하는 생명 주체와 객관 환경의 조화로운 관계를 반영하고 있으며 불가에서 주관과 객관, 인류와 자연 간의 관계를 처리하는 기본적인 입장으로서 현대 생태 이론을 구축하는 데 중요한 가치를 제공한다. 그러므로 이러한 불가의 인과응보 이론에 기초한 "선은 스스로 복을 부르고 악은 스스로 화를 자초한다(善自獲福, 惡自遭殃)"는 도리는 세간의 윤리 관계를 규범화하는 데 매우 중요한 역할을 했다.

　환경 윤리의 시각에서 보면 '의정불이' 사상은 인류 주체의 공중도덕 책임감에 대한 호소이기도 하다. 전반적으로 보면 매개 개체의 정당하지 않은 행위는 모두 생태 환경에 영향을 주어 전반적인 생태계에 대한 파괴를 초래한다. 반면에 환경 파괴의 결과는 모두 매개 개체에게 돌아가게 된다. 히브리 성서에서 묘사한 에덴동산과 달리 불교의 창세 신화는 인류의 사리사욕과 탐욕이 지구에 가져다준 소극적인 영향을 묘사하고 있다. "불교의 허구된 에덴동산에서 지구는 번성한 자연으로 묘사되는데 탐욕스러운 욕망으로 인해 토지의 분할과 점유를 초래한다. 이는 다시 폭력적인 충돌과 파괴와 혼란을 초래한다. 쉽게 설명하면 불교의 신비 기원설에서 인류는 스스로 자연의 질서를 파괴한 원흉으로 묘사되었고, 불교는 시종일관 자연의 발전이 인류 도덕 행위의 영향을 받는다고

841면.

112) 다카쿠스 준지로 등 편저, 『大正新修大藏經』 제46권(日本大正一切經刊行會, 1934), 703~704면.

굳게 믿고 있다."[113] 그리고 훗날 불교에서 지향하는 극락세계의 화락
(和樂), 부족(富足), 장엄(莊嚴) 등도 유정중생들의 공덕(功德)에 의한 것
으로 이 역시 불교에서 인간에 대해 '업'의 논리로 부단히 평가를 내린
다는 것을 설명하며 이로 인해 '선업(善業)', '악업(惡業)', '무기업(無記
業)'의 구별이 있게 된다. 때문에 불교에서는 '공보'와 '별보'의 개념을
제기하여 전통적인 인과응보의 가족적 요인을 자신의 인과응보 이론 체
계로 끌어들여 인과응보의 개체성과 가족성이 논리적으로 병존할 수 없
는 모순을 해결했다.[114] 알다시피 현재 우리가 직면하고 있는 생태 위기
는 모두 인류의 '공업(共業)'에 의한 것이다. 겉으로 볼 때 생태 위기는
대자연의 독립적 현상이지만 본질적으로 따져보면 인류를 포함한 전반
세계의 작용에 의한 것이다.[115] 이처럼 인류가 집단적으로 지은 업이 초
래한 생태 파괴는 혼자의 힘으로는 고칠 수 없고 중생들이 공동으로 노
력해야만 해결할 수 있다. 그러므로 사람들은 현재 상태의 심각성을 깨
닫고 자신의 사상을 바로잡아 자연환경을 신중히 대하고 생태 윤리적 책
임감을 가져야 한다.

불가의 '의정불이' 사상은 유가의 '만물일체' 사상과 도가의 '천인합
일' 사상과 마찬가지로 모두 사람과 자연을 하나의 전체로 보고 양자의
통일성과 일치성을 중시한다. 그러나 '의정불이' 사상은 인류 주체와 생
태 환경 간의 변증 관계와 상호 작용의 관계를 더욱 중시한다. 즉 생명
주체의 존재는 자연 생태의 건강한 발전을 전제로 하며 객관 환경도 인
류 행위(업)의 영향을 받아 부단히 변화한다고 보고 있다. 인류는 생태계

---

113) Lily de Silva, "The Hills Wherein My Soul Delights", in *Buddhism and Ecology*, eds. Martine Batchelor & Kerry Brown, London: Cassell, 1992.

114) 萬全勇, 「中國佛敎因果報應說的理論特色」, 『西藏民族學院學報』 哲社版(2006년 제3기).

115) 아널드 토인비·이케다 다이사쿠, 『展望二十一世紀: 湯因比與池田大作對話錄』, 苟春生·朱繼征·陳國梁 역(國際文化出版社, 1985), 37면.

의 일원으로서 반드시 자신의 행위와 환경을 하나의 전체로 보아야 하며 악업을 짓고 마음대로 생태를 파괴하고 생명 질서를 파괴하면 반드시 자신에게 재난을 불러온다는 점을 알아야 한다. 왜냐면 인간은 최종적으로 생태적 순환 속으로 돌아가야 하기 때문이다. 즉 환경 파괴는 결국 인류 주체에 반작용하게 된다는 것이다. 이케다 다이사쿠는 "불교의 '의정불이'는 인간과 자연이 서로 대립하는 관계가 아니라고 명확하게 주장한다. 만약 주체와 환경을 분리시켜 독자적으로 고찰한다면 양자의 진체(眞諦, 참된 실체)를 알 수 없다고 했다."[116] 그러므로 사람들은 자연과의 상호 관계 속에서 출발하여 자연환경 상태의 변화에 주의를 돌리고 생명의 순환 발전 법칙에 따라 생존 환경의 건강한 발전을 수호하며 인간과 자연의 상호 화합을 추진해야 한다. 여기서 우리는 불가의 '의정불이'의 생명 법칙에 대한 관점이 "굴곡적이고 모호한 방식으로 생물계와 무기계(無機界)의 유기적 관계 및 생태계의 상호 의존의 복잡성을 추측하며 또한 사람들로 하여금 생태 규칙에 따라 자연과 더불어 화목하게 살아가는 합리적인 요소들을 찾게 하는 것"[117]임을 알 수 있는데 그 생태적 윤리 가치는 매우 크다.

　인간과 자연의 관계에 끼친 불가의 공헌은 일찍이 자발적으로 자연 이용과 자연 보호의 상호 관계 쪽으로 주의를 돌려 원래는 순수 이론 분야에 속하던 생태적 지혜를 실천에 끌어들여 일상생활의 규칙을 만들어냄으로써 고대 중국의 환경 보호와 환경 관리에 중요한 역할을 하게 했다는 점이다. '의정불이' 사상을 바탕으로 불가에서는 '지은보은(知恩報恩)'의 주장을 제기하여 실천 과정에서 중생들로 하여금 자연계에 경외심과 감사의 마음을 갖게 하며, 자연 자원에 대한 과소비를 줄이려고 노력했다. 그중에서 가장 중요한 것이 '천하은(天下恩)', '국토은(國土

---

116) 위의 책, 30면.
117) 餘正榮, 『生態智慧論』(中國社會科學出版社, 1996), 23~24면.

恩)' 사상인데 여기서 '천하'는 전체 세계에 해당하고 '국토'는 자신이
속한 나라의 토지에 해당한다. 천하와 국토는 모두 중생들이 생존하는
장소다. 학리(學理)적인 면에서 이들이 주장하는 연기 이론은 세상만사
와 만물 간의 의존 관계를 중시하는데 인간의 신체가 '4대 물질'(땅·물·
불·바람)로 형성되었다고 보면서 대자연은 인류에게 크나큰 양육지은
(養育之恩)을 가지고 있다고 했다. 그리고 중생은 우주가 가져다준 자연
자원을 통해 계속 생존할 수 있으므로 마땅히 모든 사물에 감사의 마음
과 경외심을 가져야 하며 무절제한 점유, 낭비와 소모를 해서는 안 된다
고 했다. 이러한 주관적 인식이 있었기 때문에 사람들은 생태 환경을 약
탈하고 파괴만 한 것이 아니라 자각적으로 자연 자원을 아끼고 보호하게
되었다. 예를 들면 『능엄경(楞嚴經)』에서는 "청정비구(淸淨比丘)와 보
살은 험한 길을 걸을 때도 살아 있는 풀을 밟아서도 안 되고 뽑아서도
안 된다(淸淨化丘及諸菩薩, 生草, 況以手拔!)"[118]는 교의로 불제자들에
게 초목을 아끼고 보호하도록 가르치고 있다.

그리하여 불가에서는 식수조림하고 자연을 아끼고 사랑하는 우수한
전통을 가지고 있는데 일반적으로 불교 사찰은 수목이 울창하고 새소리
와 꽃향기로 가득하며 환경이 조용하고 아늑하다. 생태미학의 시각으로
볼 때 사찰에서 깨달음을 얻기 위해 조성한 환경은 인간과 자연이 화목
하게 공생하고 자연 생태와 정신 생태가 조화를 이루어 발전하는 아름다
운 경지이다. 『고승전(高僧傳)』 '담마밀다전(曇摩密多傳)'의 기록에 의
하면, 북위 초기의 고승 담마밀다는 돈황(敦煌)에 이르러 "넓고 트인 곳
에 정사(精舍)를 짓고 나무를 천 그루 심고 백 리 터전을 일구었다(於閑
曠之地, 建立精舍. 植柰千株, 開園百裏)"고 한다. 그리고 동진(東晉) 때
혜원(慧遠)의 제자인 담선(曇詵)은 여산(廬山) 운정봉(雲頂峰) 강경대(講

---

118) 다카쿠스 준지로 등 편저, 『大正新修大藏經』 제19권(日本大正一切經刊行會, 1934),
    132면.

經臺) 동남쪽에 꽃과 나무를 심었는데 고로 운정봉을 일명 대림봉(大林峰)이라고도 한다. 백거이(白居易)는 「유대림사(遊大林寺)」란 시의 서(序)에서 "대림사는 깊은 산속 인적이 드문 곳에 자리 잡았는데 절 주위에는 깨끗한 계곡과 푸른 바위가 많고 키 작은 소나무와 가는 대나무가 많다. [······] 이곳이 실로 여산 제일경(第一境)이로다"라고 적고 있다. 그리고 시에서는 다음과 같이 묘사한다. "인간 세상과 접하지 않고, 절의 대문은 산을 향해 열렸도다. [······] 달이 구름과 나무 밖에 숨으니, 낭하에는 불나방이 날아엔다. 운이 좋아 화계(花界)에 묵으니, 잠시나마 마음과 머리를 쉴 수 있구나(不與人境接, 寺門開向山. [······] 月隱雲樹外, 螢飛廊宇間. 幸投花界宿, 暫得靜心顔)." 그리고 혜사(慧思) 이후의 복엄(福嚴)도 식수조림을 중시하여 "삼(杉)나무 10만 그루를 심었다"고 한다. 왕유(王維)의 "산길에 본디 비가 내리지 않는데 푸르른 나뭇잎이 옷을 적시네(山路元無雨, 空翠濕人衣)"라는 시구는 당나라 때 산림 환경의 진실한 모습이라고 할 수 있다. 당나라 중·후기에 이르러서는 선종의 급속한 발전과 더불어 녹화 붐이 성행했으며 사원의 원림 건설은 극에 달했다. 『오등회원』과 『고존숙어록(古尊宿語錄)』 등의 기록에서도 당시의 조림 활동이 매우 활발했음을 알 수 있다.

마크 엘빈(Mark Elvin)은 『코끼리의 은퇴』 서문에서 전통적인 중국 문화는 삼림에 적대 의식을 갖고 있는데 불교의 각 종파에서는 나무 심기에 매우 열중했다[119]는 중요한 점을 제기했다. 우리는 역사 문헌에서 불교도들이 산림을 마구 벌목하는 행위를 제지하는 기록을 쉽게 찾아볼 수 있다. 『남전대장경(南傳大藏經)』 '장부(長部)'에는 "이와 같은 여러 종류의 종자와 여러 종류의 나무를 마구 채벌해서는 안 된다(不應采伐如是等諸種之種子與諸種之樹木)"라는 기록이 있는데 이는 식물과 종

---

119) Mark Elvin, *The Retreat of the Elephants: An Environmental History of China*. New Haven: Yale University Press, 2004, P. xvii.

자를 존중하기 위해 취한 조치이다. 천진(天津)의 계현(薊縣) 반산(盤山)
에 위치한 여러 절에서는 반산의 절경을 수호하기 위해 청(淸)나라 강희
(康熙) 연간에 '합산공의규약인(合山公議規約引)'을 제정하여 사람들로
하여금 산림 환경을 보호하고 숲과 나무를 보호하도록 주의를 주었다.
청나라의 반뢰(潘耒)는 이에 깊은 감명을 받고 다음과 같이 적고 있다.
"자고로 유명한 사찰은 대부분 명산에 자리 잡고 있는데, 중들이 산을
차지하고 거주하기 위해서가 아니다. 이는 중들이 아니면 산을 가꾸지
못하고 중들이 아니면 산을 수호하지 못하기 때문이다. [……] 기암절벽
과 아름다운 산골짜기를 보고 훌륭하다고 말하지 않은 이는 없으나 단지
한두 밤 자고 구경만 하고 돌아갈 뿐이지 산을 사서 거주할 은자(隱者)
가 과연 몇이나 될까? 고로 산은 오직 중들의 산이다. 그들은 황량한 곳
에는 나무를 심고, 위험한 곳은 위험 요소를 없애고, 풀을 베어 집을 짓
고 거주하며, 제자들을 길러 세세대대로 산을 지킨다(歷來寶刹多在名
山, 非僧之好占山以居也. 山非僧不能開, 非僧不能守. [……] 奇峰秀
壑, 見者無不稱佳, 而一宿再宿, 則望望然去, 能買山而隱者幾人乎? 惟
僧之於山也, 荒者能辟之, 險者能夷之, 誅茅以居, 傳諸其徒,世世守
之)."[반뢰, 『수초당별집(邃初堂別集)』 권 4]

2) '현상원융(現像圓融)'의 자연지경(自然之境)

불가에서는 '의정불이' 사상으로 사람들을 인도하여 생태적 책임감을
갖게 하는 일 외에 '원융(圓融)' 사상으로 사람들을 인도하여 대자연과의
친밀한 친화 관계를 구축하게 했다. 유가에서 현세의 도덕적 규범을 준수
할 것을 중시했다면 도가에서는 현세의 자유로움을 중시하여 자연의 '화
(和)'를 미적 경지로 삼았다. 이에 반해 불가에서는 현실 집착에 대한 해
탈과 초월을 중시하여 만물의 원융을 통해 미적 경지에 도달하려 했는데
"중국 불교의 전반적인 방향은 모두 원융의 길을 향하고 있다"고 해도

과언이 아니다.[120] 그러므로 유가의 천인합일(天人合一) 사상이든 도가
의 만물일제(萬物一齊) 사상이든 혹은 불가의 '원융무애(圓融無礙)' 사
상이든 모두 '조화로움'를 앞자리에 놓고 있으며 이 3자는 중국 고대 철
학의 '조화로운' 생태 지혜의 아름다운 경관을 함께 구축하고 있다.

  '원융'은 인도 불교에서 전해진 것도 아니고 중국 전통문화에 고유한
것도 아니다. 이는 중국 불자들이 교의를 해석하는 가운데 형성된 새로
운 낱말이다. 『사원(辭源)』에서는 '원융(圓融)'을 "불교 용어로서 편집을
타파하고 원만융통하다"는 의미로 정의를 내리고 있으며, 『불광대사전
(佛光大辭典)』에서는 "원만융통하고 장애가 없음을 뜻한다. 즉 각 사물
들이 원래의 입장을 견지함으로써 원만무결(圓滿無缺)하고 완전한 일체
를 이루며 어우러져 서로 영향을 주지만 모순과 충돌이 전혀 없다. 그리
고 서로 격리하면 각자가 한 단원(單元)을 이루는데 이를 '격력(隔歷)'이
라고 한다. 원융과 격력은 절대적이고도 상대적인 대립 관계이다"라고
해석했다.[121] 불가의 '원융' 사상은 연기 이론의 기초 위에 건립되었으
므로 만물일체와 같은 특성을 가진다. 지자(智者)가 『관음현의(觀音玄
義)』 상권에서 말한 바와 같이 "법계원융(法界圓融)이란 색심의정(色心
依正)으로 곧 성(性)이다. 고로 한 가지 법이 모든 법과 관련되고 제법
(諸法)이 모두 관련되어 서로 중복을 이룬다. 그러므로 법마다 서로 관
련되어 그 경계가 없으므로 무계(無界)를 그 경계로 삼는다(法界圓融者,
色心依正以卽性故, 趣指一法遍攝一切, 諸法遍攝亦復如是. 法法互遍
皆無際畔, 乃以無界而爲其界)."[122] 불가에서는 현상과 현상, 현상과 본
체 간에 서로 다른 차이가 있지만 아무 지장 없이 조화를 이루는 특성을

---

120) 霍韜晦, 『絶對與圓寂』(臺北: 東大圖書公司, 1986), 418면.
121) 慈怡法師 편저, 『佛光大辭典』 제6책(北京圖書館出版社, 2005), 5404면.
122) 다카쿠스 준지로 등 편저, 『大正新修大藏經』 제45권(日本大正一切經刊行會, 1934),
    595면.

매우 중시한다. 그들은 자연 세계의 심미적 대상을 마주할 때 내심의 욕
망과 세속에 대한 공리적인 추구를 없앤다면 만물의 공령원융(空靈圓
融)을 이루는 아름다움을 체험할 수 있으며, 모든 현상이 원융을 이루는
자연의 경지에 도달할 수 있다고 주장한다.

중국 불교의 각 종파들은 현상계(現象界) 사이에는 서로 융합하고 서
로 평등하며 아무런 저애(沮礙)가 없다고 보았다. 중국의 유가와 도가에
서는 일찍 인간과 자연 동태(自然動態) 간에 조화를 이루는 '천인합일'
이라는 이념을 탄생시켰다. 불교에서는 이를 토대로 '현상원융'의 자연
지경이라는 개념을 만들어냈다. '원(圓)'을 미(美)로 여기는 관념은 일찍
인도의 공종(空宗)과 유종(有宗)에서 나타났고, 후에 중국에 전파되어 천
태종·화엄종·선종을 거쳐 '원융'이라는 최고의 심미적 경지에 도달한
것이다.

『능엄경』권 4에서는 "여래가 말씀하기를, 땅·물·불·바람은 원래 본
성이 원융하고 법계에 널리 퍼져 늘 맑고 조용히 머문다(如來觀地水火
風本性圓融, 周遍法界, 湛然常住)"고 했는데 현상계를 5대 원소가 조화
롭게 공존하는 장소로 보고 있다. 남조(南朝) 천태종의 혜사는 『대승지
관법문(大乘止觀法文)』에서 '자성원융(自性圓融)'과 '원융무이(圓融無
二)'의 사상을 제기했고, 그 후 천태종의 지의는 『법화현의』에서 '법계
원융(法界圓融)'과 '삼체원융(三諦圓融)'이라는 핵심적 사상을 제기했는
데 법계의 각종 현상과 사실 간에는 모두 원융무애하다고 주장하며 공
(空), 가(假), 중(中)의 삼체(三諦)가 동시에 이루어진다고 선양하면서 선
(禪)의 관점에서 그 어느 일체(一諦)를 보아도 모두 다른 이체(二諦)를
포함하고 있다고 주장했다. "중도(中道)는 불법을 모두 나타낼 뿐만 아
니라 진속(眞俗) 역시 그러하다. 삼체가 원융을 이루니 1이 곧 3이요
3이 곧 1이다."[123] 이러한 주장으로 천태종은 '원교(圓敎)'라는 별칭을
얻었다. 그러므로 천태종의 관점에서 볼 때 자연 만물은 그 존재의 형태

가 천차만별하더라도 본질적으로는 융통하기 때문에 서로 다르지 않다. 이러한 원융 사상은 모든 모순과 대립을 해결할 수 있고 모든 격리(隔離)와 분소(分疏)도 융합을 이룰 수 있다. "이(理)와 사(事), 성(性)과 상(相), 지(智)와 경(境), 세간(世間)과 출세간(出世間), 생사(生死)와 열반(涅槃) 등은 절대적으로 격리된 것이 아니고 적대적인 것도 아니며 융합이 불가능한 것도 아니므로 근본적으로 불이(不二)의 관계이다(諸如理與事, 性與相, 智與境, 世間與出世間, 生死與涅槃等, 並不是絶對隔離, 敵對, 不可融和的, 而根本上是一種不二關系)."124)

화엄종은 경지의 미학을 강조하면서 인생의 이상 경지에 대한 추구를 뚜렷하게 보여주고 있다.125) 그것은 화엄종이 원융을 최고의 경지로 발전시켰고 본질과 현상, 현상과 현상 간의 철저한 원융을 선양하기 때문이다. 『화엄경』에서 묘사한 '화장세계(華藏世界)'는 법계를 '이법계(理法界)', '사법계(事法界)', '이사법계(理事法界)', '사사법계(事事法界)' 넷으로 나누고 이 네 가지 법계에는 세 가지 원융 관계가 존재한다고 보았다. 첫째는 '이사원융(理事圓融)'으로 현상계와 진여지리(眞如之理, 참된 진리)가 원융무이하다는 것이다. 마치 물결과 물의 관계처럼 물결이 곧 물이고 물은 곧 물결로 표현되므로 동질성을 가지고 차별이 없다는 것이다. 당나라 때 화엄사조(華嚴四祖)로 불린 징관(澄觀)이 말한 것처럼 "이사무애(理事無礙)라 함은 이(理)가 따로 형상(形相)을 가지지 않고 모두 상(相) 속에 들어 있으며 존망(存亡)이 서로 엇바뀌므로 무애라 하는 것이다(理事無礙者, 理無形相, 全在相中, 互奪存亡, 故雲無礙)."126) 둘째는 '이리원융(理理圓融)'으로 이체(理體) 간의 상호 융통을

---

123) 智顗, 『妙法蓮華經玄義』; 다카쿠스 준지로 등 편저, 『大正新修大藏經』 제33권 (日本大正一切經刊行會, 1934), 725면.

124) 陳兵, 「中國佛敎圓融精神的當代意義」, 『中華文化論壇』(2004년 제3기).

125) 皮朝綱, 「佛敎美學硏究瑣義」, 『西南民族大學學報』 社科版(2008년 제1기).

126) 澄觀, 『華嚴法界玄鏡』; 다카쿠스 준지로 등 편저, 『大正新修大藏經』 제45권(日

뜻하는데 모든 사물의 이체는 모두 공성(空性)으로 마치 물[水]과 물[水]
의 관계와 같다. 셋째는 '사사원융(事事圓融)'으로 화엄종은 '사사무애
(事事無礙)'를 법계 연기(緣起)의 경지로 여겨 이를 우주 경지의 가장 높
은 단계로 삼고 사법계, 이법계, 이사무애법계(理事無礙法界) 위에 놓았
다. 화엄종은 현상계를 '사법계'라 칭하고 사법계의 "하나하나가 차별이
있으므로 서로 경계가 있다(一一差別, 有分齊故)"[127]라고 하면서 현상
은 모두 천차만별한 것이지만 진리가 모든 현상을 융합하므로 모두 본체
를 통해 서로를 체현할 수 있다고 했다. "현상은 본래 서로 장애가 있고
대소 차이가 있지만 진리는 모든 것을 포함하므로 공(空)처럼 무애하다.
진리로 현상을 융합하면 모든 현상이 진리처럼 되는데 작은 먼지나 털에
이르기까지 모든 것을 포함한다(事本相礙, 大小等殊; 理本包遍, 如空
無礙. 以理融事, 全事如理, 乃至塵毛, 皆具包遍)."[128] 그러므로 '사사
무애'의 법계가 가리키는 것은 바로 현상들 사이의 원융무애이다.[129] 아
울러 사사무애의 이론을 바탕으로 화엄종에서는 사람들이 현상을 떠나
본체를 추구할 필요가 없으며 개별적인 현상을 떠나 보편적인 것을 추구
할 필요가 없다고 보는데 이러한 관점은 '육상원융(六相圓融)'과 '십현
무애(十玄無礙)'의 이론에서 집중적으로 체현되고 있다. 육상원융이란
총상(總相)·별상(別相)·동상(同相)·이상(異相)·성상(成相)·괴상(壞相)을
말하는데 이 여섯 가지 상이 서로 어울려 융화하는 것을 말한다. 특히 그
중에서 논의할 것이 동일성(同一性)과 차별성(差別性), 현실성과 가능성

本大正一切經刊行會, 1934), 672면.

127) 宗密, 『注華嚴法界觀門』; 다카쿠스 준지로 등 편저, 『大正新修大藏經』 제45권
(日本大正一切經刊行會, 1934), 684면.

128) 澄觀, 『華嚴法界玄鏡鏡』; 다카쿠스 준지로 등 편저 『大正新修大藏經』 제45권(日
本大正一切經刊行會, 1934), 672면.

129) 劉亞明·胡敏燕, 「佛敎圓融思想的和諧道德智慧」, 『井岡山學院學報』 哲社版(2007년,
제7기).

간의 관계다. 십현무애는 '동시구족상응문(同時具足相應門)', '제장순잡구덕문(諸藏純雜具德門)', '일다상용부동문(一多相容不同門)', '제법상즉자재문(諸法相卽自在門)', '비밀은현구성문(秘密隱顯俱成門)', '미세상용안립문(微細相容安立門)', '인타라망경계문(因陀羅網境界門)', '탁사현법생해문(托事顯法生解門)', '십세격법이성문(十世隔法異成門)', '유심회전선성문(唯心回轉善成門)' 등 열 개의 문을 말한다. 이들은 각각 본체와 현상, 개별과 일반, 통일성과 다양성, 차별성과 다중성, 배타성과 공존성, 공성(共性)과 개성(個性), 포용성(包容性)과 함섭성(含攝性), 과거와 현재와 미래, 은(隱)과 현(顯) 등 여러 관계들 간의 융통무애를 나타낸다. 팡둥메이(方東美)는 화엄종 철학의 공헌을 개괄하여 서술한 바 있다. 그는 "화엄종의 철학은 세 가지 관계를 발전시켰는데 우선 신명(神明)과의 '내적 융통' 관계이고, 다음은 사람과의 '호애호조(互愛互助)' 관계이며, 세 번째는 세계와의 '참찬화육(參贊化育) 관계'이다"[130]라고 했다. 이처럼 화엄종의 원융 이론은 더 높은 차원에서 모든 요소들을 적극적으로 움직여 조화로운 환경을 형성하고 유지하는 데 유리하다.

당나라의 불교학자들과 거사(居士)들은 화엄종의 사사무애 사상을 받아들였는데 특히 선종은 사사무애의 기초 위에서 원융 사상에 대한 이해를 심화시키고 발선시켰다. 그들은 "천지기 비록 크나 한 손가락으로 개괄할 수 있고, 만물이 비록 많으나 현묘하게 보면 다 알 수 있고, 사(邪)와 정(正)이 서로 다르나 그 본성은 같다(天地一旨, 萬物一觀, 邪正雖殊, 其性不二)"(『주유마힐경』'제자품')면서 이를 통해 "모든 경지가 동일한(觸境皆如)" 상태에 이르렀다고 한다. 다시 말하면 그들은 사람과 세계 그리고 세상 만물 간에는 모두 원융무애하고 자유자재로 움직인다고 본 것이다. 지통선사(智通禪師)는 "사물과 나는 본디 다르지 않고 거

---

130) 方東美, 『中國大乘佛學』(台北: 成均出版社, 1981), 293면.

울 속 삼라만상의 모양도 모두 같도다. 중요한 것과 중요하지 않은 것이
분명한 것 같은데 나중에 깨닫고 보니 진공이로구나. 한 몸에 여러 법이
들어 있으니 서로 섞여 그물을 짠 듯하구나. 겹겹이 쌓여 끝이 없는 법
계에서 움직이는 것도 정지된 것도 모두 원융으로 통하는구나(物我元無
異, 森羅鏡像同. 明明超主伴, 了了徹眞空. 一體含多法, 交參帝網中.
重重無盡處, 動靜悉圓通)"131)라는 시에서 유정이든 무정이든 개체든
전체든 막론하고 우주 만상으로 구성된 모든 것이 서로 반영하고 서로
포함하는 원융의 모습이라고 했다.

　여기서 불자들은 자신의 '귀·코·신체·마음·의지(耳·鼻·身·心·意)'
등 오근(五根)이라는 전체적 관능을 통해 '색·소리·향기·맛·촉각·법
(色·聲·香·味·觸·法)' 등 육진(六塵)을 체험했는데 신체 자세든 아니면
호흡을 통해 얻은 미묘하고 감지하기 어려운 느낌이든 전통적인 심미적
감각 기관을 벗어나 더욱 전면적인 촉각·미각 등이 조화를 이룬 심미적
특성으로 발전하여 이를 통해 원융의 전체적 심미관을 형성했다. 또한
자연 만물이 보편적으로 진리를 체현한다는 시각에서 푸르른 대나무와
우거진 노란 꽃, 일색(一色)과 일향(一香), 산하대지(山河大地)와 일월성
신(日月星辰) 등 자연 만물 사이에는 모두 서로 융통하며 장애가 없다고
주장했다. 심지어 그들은 사람과 하늘의 차별까지 없애고 자연 만물 사
이에는 법성(法性)으로 가득하다고 주장하면서 "인간과 하늘은 모두 한
없이 크고 넓어 차별이 없으며 법은 여기저기 종횡하며 곳곳에서 나타난
다(人天浩浩無差別, 法是縱橫處處彰)"132)고 했다. 이처럼 사람은 만물
에 의지하고 만물을 귀납하여 자신의 정신적 경지로 삼기 때문에 사람의
정신적 경지는 만물을 포함해야 하고 만물에서 이탈해서는 안 된다. 이
것이 바로 이른바 원융의 경지이다. "이는 중생계(衆生界)와 불계(佛界),

---

131) 普濟, 『五燈會元』 권 18(中華書局, 1984), 1180면.
132) 普濟, 『五燈會元』 권 10(中華書局, 1984), 569면.

현상과 본질, 개별과 일반의 간격을 없애 서로 통하게 함으로써 도달한 원융무애의 경지로"[133] 선사들이 진정으로 추구하는 "청산은 바로 내 몸이요, 유수는 곧 내 생명이다. [……] 한 속성이 또 다른 속성을 대체하니 빙글빙글 춤을 추면서 크고 둥근 거울을 만드누나(靑山是我身, 流水爲我命 [……] 一性切一性, 婆娑大圓鏡)"[『고존숙어록(古尊宿語錄)』권 30]와 같은 인생의 최고 경지이다.

환경 보호의 실천에 있어 불교 사원들은 대부분 경치가 아름다운 곳에 자리를 잡고 있는데 부동한 시각에서 자연을 미화하여 외부 환경으로 하여금 최대한 내심의 체험과 융합의 상태에 이르게 함으로써 환경 미화와 심령의 정화를 통일했다. 그리고 이는 생태적 욕구의 보편적 반영이자 동시에 정토이상(淨土理想)의 외적 실체이기도 하다. 『능가사자기(楞伽師資記)』의 기록에 의하면, 한 제자가 홍인대사에게 왜 도시가 아닌 산에서 도를 닦아야 하느냐고 묻자 홍인은 "큰 집을 짓는 재목은 원래 깊은 산골짜기에서 날 뿐 인간 세상에서 날 수 없다. 재목감들이 인간 세상을 멀리한 까닭은 칼과 도끼를 피하기 위해서다. 나무 하나하나가 크게 장성해야 기둥으로 쓸 수 있다. 고로 깊은 산중에 몸을 담고 속세를 멀리하고 산중에서 수행하며 세속과 오래 멀리하면 눈앞에 물건이 보이지 않으니 미음은 자연히 안정을 취할 것이니 이리하면 도수(道樹)에는 꽃이 필 것이고 선림(禪林)에는 과일이 맺힐 것이다"라고 대답했다. 불교를 수행하는 사람들은 산중에 은거하면서 해탈을 목적으로 삼고 자신의 수도(修道)와 오불(悟佛)을 위해 세간의 정토와 양호한 환경을 제공했다. 그들은 현실 세계의 생태적 대미(大美)와 정신 영역의 원융 정신을 결합하여 제한된 산천대지에서 무한한 인생의 경지를 체험하며 우주에 대한 관찰과 내심에 대한 고찰의 합일을 통해 매우 풍부한 자유적

---

133) 吳言生, 「禪詩審美境界論」, 『陝師範大學學報』 哲社版(2000년 제1기).

심미의 경지를 실현했다.

요컨대 불가의 현상원융 이론은 교묘하게 생태적 심미 이론을 지원하고 있다. 먼저 만물원융 사상을 근거로 불가에서는 만물을 모두 불심의 자연스러운 표출과 불성(佛性)의 진정한 체현으로 간주하여 불성을 매개 삼아 우주 전체를 하나의 상호 교류의 장으로 만들었다. 이 과정에서 불자는 자신의 각오에 대한 추구를 자연 세상으로 돌려보내게 된다. 인간과 만물은 상호 교류하고 원융무애하며 동시에 각자의 특징을 보존하고 있으며 상호 간에는 정보 전달을 통해 교류를 진행한다. 인류는 이러한 정보 교류의 장에서 정보 유통의 법칙에 따라 자연의 내적 가치를 정보 교환 과정에서 충분히 발굴하고 중시하게 된다. 산천유수, 봄풀과 구름, 하늘 등은 불가에서는 모두 각자의 특성을 가지고 인연에 따라 움직이는데 그들로 하여 마음대로 생존하게 하는 것은 가장 자연스러운 일이다. 때문에 이들은 종교적 경지와는 다른 심미적 경지에 더욱 치우치게 된다. 그리하여 사람의 마음과 자연 사이에는 동질적이며 동일한 구조를 가진 친화 관계를 형성하고, 이는 또 사람들로 하여금 자연 속에서 생명들 간의 내적 연관성과 본질적 의미를 발견하게 함으로써 활발한 생명적 의미와 원융 정신을 선양하게 한다. 그리하여 사람과 만물의 관계는 "사물과 내가 다르지 않고 나와 사물이 다르지 않으니 사물과 내가 서로 어우러져서 하나 되는(物不異我, 我不異物, 物我玄會, 歸乎無極)"[승조, 『열반무명론(涅槃無名論)』] 상태로 나타나는 것이다.

또 불가에서는 만물연기, 물아합일의 시각에서 인간과 자연의 관계를 보았는데 동체자비(同體慈悲)의 이념으로 우주 만물을 관심하고 이를 통해 사람들로 하여금 "자신을 통해 사물을 가늠하는" 방식으로 자연 만물을 관심하고 접근할 것을 인도하고 있다. 이 과정에서 인류는 자신의 우월한 지위를 버리고 타자의 존재를 인정하며 그들의 가치를 승인하고 타자의 고통을 자신의 고통으로 삼고 체험함으로써 양자 간의 거리를 없애고 얻는 것과 베푸는 것, 자비심의 주체와 대상 간에 서로 융합하여 최종적으로 하나가 되는 것이다. 뤼시앵 레비브륄(Lucien Lévy-Bruhl)은 원시적 사유에서 존재하는 '상호 침투' 현상을 지적했는데 "자신과 자연계의 상호 침투의 느낌과 도처에서 느낄 수 있는 상호 침투의 느낌을 빌려 자연계를 감지한다"[134]고 했다. 이러한 관점은 불가의 논리와 대체로 비슷한 점이 있는바 사람과 자연계의 모든 사물이 모두 정신 영역에서 서로 교류하고 같은 감정과 같은 구조(同情同構)를 가질 수 있다는 것이다. 인간은 만물을 동정하는 과정에서 자연의 생명을 느낄 수 있고, 자연의 위대함과 영원함을 느낄 수 있으며, 생명의 아름다움을 체험할 수 있다는 것이다. 마르틴 부버(Martin Buber)가 묘사한 바와 같이 "나도 본심에서 우러나오는 의지와 자비심으로 나를 주재할 수 있다. 내가 집중하여 나무를 관찰하면 나는 물아(物我)가 구별되지 않은 상태에 빠지게 되는데 이때 나무는 '나무'로 돌아가지 못하고 유일성(唯一性)의 위대한 힘은 완전히 나를 통제하게 된다"는 것이다.[135] 이로부터 불가의 만물 평등에 기초한 동정관(同情觀)은 인류의 본질적 존재 방식을 체현할 수 있으며 자아와 세계의 분열을 봉합하는 수단이라는 것을 알 수 있다. 그리고 가치론적 시각에서 볼 때 인류는 존재론적 영역에서 자아와 타아를 소통시킨다.[136]

이외에도 인간은 반성할 줄 아는 생명체로, 자신의 입장에서 사물을 관찰하고 문제를 사고할뿐더러 자연의 입장에서 자신을 관찰하고 세계를 체험하기도 한다. 이는 독특한 심미적 시각이고 또한 깊은 동정심이며, 생명을 관심하는 철학적 경지이기도 하다. 그러므로 불가 사상의 영

134) 뤼시앵 레비브륄, 『原始思惟』, 丁由 역(商務印書館, 1981), 124면 .
135) 마르틴 부버, 『我與你』, 陳維綱 역(三聯書店, 2002), 5면.
136) 楊春時, 「審美理解與審美同情：審美主體間的構成」, 『廈門大學學報』哲社版(2006년 제5기).

향을 받은 문인과 학자들의 붓끝에서는 산천·벌레·물고기 등과 평등하
게 교류하며 화목하게 살아가는 생태적 세계가 그려진다. 고로 "내가 청
산을 보매 그토록 매력적인데 청산도 나를 보면 역시 그러하리라(我見
靑山多嫵媚, 料靑山見我應如此)"[신기질(辛棄疾),「하신랑(賀新郎)」]며,
"마주 보아도 서로 지겹지 아니함은 오직 경정산뿐이로다(相看兩不厭,
唯有敬亭山)"[이백(李白),「독좌경정산(獨坐敬亭山)」]며, "청산은 높이
오른 사람과 함께 이야기하려 하누나(靑山欲共高人語)"[신기질,「보살만
(菩薩蠻)」]며, "청산은 저마다 머리를 내밀고 암자에서 쓴 차를 마시는
나를 구경하누나(靑山個個探頭看, 看我庵內飮苦茶)"[고과화상(苦瓜和
尙)의 시] 등의 시구가 나오게 된 것이다. 명나라 사람 당지계(唐志契)는
『회사미언(繪事微言)』'산수성정(山水性情)'에서 심미의 주체가 우주 생
명의 정묘(精妙)함을 알려면 반드시 먼저 "산수의 성정을 알고" 난 다음
에 "산의 성품이 곧 나의 성품이요, 산의 감정이 곧 나의 감정이라(山性
卽我性, 山情卽我情)"는 것과 "자연의 물의 성품이 나의 성품에 미치니
물의 감정이 곧 나의 감정이다(自然水性及我性, 水情卽我情)"라는 느낌
을 체험해야 하며 나아가 "천지와 내가 공생하고 만물과 내가 하나가 되
는(天地與我竝生, 而萬物與我爲一)" 경지에 이르러 자유를 획득하고 초
탈하여 인간과 자연 만물의 원융무애와 합일을 실현해야 한다고 했다. 이
렇게 동정심에 기초하여 다시 생각하고 되돌아봄으로써 인간 중심주의를
주장하는 오만한 주체를 겸손한 주체로 바꾸어놓았고, 인간과 자연이 서
로 심미적 호응을 하며 서로 감상할 수 있게 했다.[137)

　뿐만 아니라 불가 '원융' 사상의 영향으로 선시(禪詩) 중에는 원융을
나타내고 활발한 생명의 경지를 보여주는 작품들이 많이 나타났다. 예를
들면 "수천의 산봉우리에 장맛비가 내리니 집 주위로 샘물 흐르는 소리가

---

137) 劉成紀,「生態學時代的新自然美學」,『光明日報』2005년 2월 8일 자.

들리네(千峰梅雨歇, 繞舍流泉音)"[승지인(僧志仁), 「담거고(淡居稿)」), "늘 집 밖에서 풀밭을 거닐며 한가한 시간을 보내고 소 잔등에 앉아서 피리를 부네(常居物外度淸時, 牛上橫將竹笛吹)"[두솔종열선사(兜率從悅禪師)], "사립문이 있어도 닫으려 하지 않음은 한적할 때 저절로 오고 가는 새들을 보기 위함이라네(柴門雖設未嘗關, 閑看幽禽自往來)"[청공(淸珙), 「석옥시(石屋詩)」) 등은 모두 원융 화합의 경지와 자유 생명을 체현하고 있으며 불심과 불지(佛智)를 표출하고 있다. 그들은 마음속 깊은 곳에서부터 주객·내외·물아의 차이를 없애고 자연 만물과 소통하고 교류하며 대화한다. 그러므로 "인간과 자연의 만남은 인간이 자신의 내적 생활에 대한 일종의 관심이자 감상이기도 하다. 이것이 바로 자연계가 불교의 텍스트 환경에서 독립적인 심미 대상이 된 심층적 원인이다."[138] 인간은 이러한 사리원융(事理圓融)의 경지에서 살아가며 반드시 만물원융과 혼연여일(渾然如一)의 생태적 경지를 체험하게 될 것이고, 반드시 자연이 생동하는 매 순간 마음을 열어 자연을 맞이할 것이며, 심미적인 태도로 자연을 체험할 것이다. 이에 중바이화(宗白華)는 "중국은 육조 때부터 이상적인 예술 경지를 '맑은 마음으로 도를 바라보는(澄懷觀道)' 것으로 삼고 염화미소(拈花微笑) 속에서 미묘한 색상(色相)과 심오한 선경(禪境)을 깨달았다"[139]고 평했다.

요컨대 불가에서는 '천지동근(天地同根), 만물일체(萬物一體), 법계원융(法界圓融)'을 이념으로 삼고 자연현상과 진여본체(眞如本體), 만물과 자아의 동일성을 숭상하였으며 우주 간의 원융 조화를 최대한 실현함으로써 유가, 도가와 더불어 중국 고대 사상의 '화합'이라는 이념을 탄생시키고 발전시켰다. 오늘날 생태 위기의 주원인은 사람들이 자연환경을 정복하고 개조하는 데만 관심을 보였을 뿐, 양자 간 상호 작용의 관계는

138) 儀平策, 「玄, 佛語境與陶, 謝詩旨」, 『山東大學學報』 哲社版(1997년 제2기).
139) 『宗白華全集』 제2권(安徽敎育出版社, 1994), 363면.

소홀했기 때문이다. 인류가 장기적으로 평화롭고 생태가 양호한 환경을
유지하려면 반드시 '외향형 이원론적 사유'의 속박에서 벗어나야 하며
불가 사상에서 인간의 자아 완성과 우주 생명 간의 조화와 공존을 본질
로 하는 '원융 사상'을 빌려 인간과 자연의 관계를 처리해야 한다.

3. '선정반야(禪定般若)'의 정신적 치료

우리가 연구하는 '생태계'는 자연 생태계와 정신 생태계도 포함한다.
그중에서 자연 생태계와 정신 생태계는 불가분의 두 가지 요소다. 자연
생태 위기의 출현과 미래 물질 자원의 결핍, 무절제한 점유 등의 환경
오염은 인류의 정신세계로 빠르게 퍼져 인문 생태계의 위기를 초래하게
될 것이다. 혼란한 가치관, 단일한 문화 생태, 쇄락한 윤리 도덕, 퇴화하
는 심미 능력, 결핍한 인생의 의미, 위축된 정신세계 등은 모두 환경 악
화가 정신 생태계에 가져다준 마이너스 효과다. 인간은 점점 "단순하고
물질적이며 이기적인 인간"으로 변해가고 있다. 끊임없이 자연을 정복
하고 향수를 누리는 과정에서 인간은 점차 자신들이 몸 둘 곳마저 잃어버
리게 된다. 일반 체계 이론의 창시자인 루트비히 폰 베르탈란피(Ludwig
Von Bertalanffy)가 말한 것처럼 "우리는 이미 세계를 정복했지만 그 과
정에서 영혼을 잃어버렸다."[140] 반면에 일부 학자들은 마음가짐이 생태
계를 결정한다고 주장한다. 이케다 다이사쿠는 생태 위기의 원인을 '천
재(天災)'의 형식으로 나타난 '인재(人災)'라고 하는데[141] 근본적으로 볼
때 생태 환경의 불균형은 인간의 심리 불균형의 표현으로서 이는 인간과

---

140) 루트비히 폰 베르탈란피·폴 라비올렛(Paul Laviolette), 『人的系統觀』, 張志偉 등
역(華夏出版社, 1989), 19면.
141) 아널드 토인비·이케다 다이사쿠, 『展望二十一世紀: 湯因比與池田大作對話錄』,
苟春生·朱繼征·陳國梁 역(國際文化出版社, 1985), 37면.

세계 간의 분열적인 위기이며 인간과 자연, 인간과 사회 간의 가치적 대
립으로 인한 곤경일 뿐만 아니라 인류의 내적 정신이 상실된 반응이기도
하다. 오직 정신 생태계가 내적 균형을 이루고 또 생태 문제를 가치적
차원에서 이해해야만 인류는 비로소 건강한 태도로 자신과 환경 간의 관
계를 제대로 처리할 수 있을 것이며, 생태 환경에 대한 인간의 약탈적인
개발을 효과적으로 제어할 수 있을 것이다.

　루수위안(魯樞元) 교수는 중국에서 비교적 일찍 '정신 생태'라는 개
념을 제기했는데 "인간의 심리, 의식, 관념을 연구하는 것은 곧 인간의
정신 활동과 정신 상태 및 '정신'이라는 이 변수가 지구의 생태 평형을
수호하는 데 일으키게 될 잠재적 역할을 연구하는 것이다"[142]라고 했다.
그러나 정신 생태계의 복구는 "한 면으로는 정신 주체의 건강한 성장과
관련되고, 다른 한 면으로는 정신적 변수의 조절에 의한 생태계의 균형과
안정 그리고 변화와 관련된다"[143]고 했다. 그러므로 자연 생태계와 정신
생태계 간에 양질(良質)의 상호 작용을 일으키려면 반드시 자연 생태계
의 균형을 회복하는 동시에 인문 정신 생태계의 균형도 재건해야 한다.

　'선(禪, dhyana)'은 '사유수(思惟修)', '정려(靜慮)', '섭념(攝念)', '명
상(冥想)' 등으로도 번역되었는데 선은 내적 심리 조절의 훈련을 통해
생각을 집중하여 우주의 비밀을 탐구하며 심리적 균형을 통해 진실한 자
아를 되돌아보게 한다. 그리고 우주 공간의 모든 속박과 간격을 없애고,
사람들로 하여금 외적으로 사물에 의거하던 데로부터 내적 심리 조절을
하도록 전환시키며, 자연에 노역을 시키던 데로부터 자연으로 융합하는
등 일련의 변화를 가져오게 한다. 그러므로 '선'은 '정(定)'을 통해 일종
의 특출한 생존 지혜를 만들었다고 할 수 있는데 그것이 바로 '반야지
(般若智)'다. 이를 통해 사람들이 추구하는 절대적 자유와 객관 현실, 정

142) 魯樞元,「關與精神生態」,『文學報』(2000년 제5기).
143) 魯樞元,『生態批評的空間』(華東師範大學出版社, 2006), 93면.

신과 물질, 정신과 육체 사이의 모순을 해결하고 사람들의 정신 생태계의 균형과 치료에 적극적인 역할을 할 수 있게끔 시도한다. 이에 천빙(陳兵)은 "고대 동방의 선민(先民)들이 발명한 '선'은 석가모니와 그의 수백 세대가 넘는 제자들이 종교 실천을 통해 널리 전파했다. 선은 자성(自性)의 잠재력을 철저하게 개발하고 인간과 자연의 근본적 모순을 해결하여 영원히 행복한 열반의 경지에 이르는 도경이자, 사람들이 진실한 자신을 인식하고 '인간 혁명'을 실현하는 길로서 극동 지역 정신문명의 정수(精髓)를 집중적으로 나타내고 있다"고 했다.[144] 일본의 기무라 다이켄(木村泰賢)은 『대승 불교 사상론(大乘佛敎思想論)』에서 "기독교가 기도를 떠나서는 생명이 없는 것처럼 불교는 선을 떠나서는 생존하지 못한다"고 하면서 선(禪)의 수행이 불교에 있어서의 중요한 점을 지적했다. 그리고 선정(禪定)이란 "바로 모든 불교 사상의 기조(基調)이며, 모든 불교 사상은 선정을 통한 사고와 고찰의 결과"라고 했다.[145]

1) 공간의 거폐(去蔽): 반야지관(般若智觀)의 진면목

'반야'는 불가에서 장악하고 사용하는 근본적인 지혜이다. "반야는 지혜이다. 모든 것이 적절하고 매 순간 어리석지 아니하며 항상 지혜를 행하므로 반야행이라고 한다. 한순간에 어리석으면 곧 반야가 없어지고 한순간에 지혜로우면 곧 반야가 생겨난다(般若是智慧. 一切時中, 念念不愚, 常行智慧, 卽是般若行. 一念愚卽般若絶, 一念智卽般若生)."[146] 불가에서 말하는 보편적 지혜란 인류가 개념을 만들고 논리적으로 예상하는 지적 능력을 말한다. 보편적 지혜에는 '분별지(分別智)'와 '혹지(惑

---

144) 陳兵, 『東方文明與佛敎禪學』(上海人民出版社, 1992), 628면.

145) 기무라 다이켄, 『大乘佛敎思想論』, 釋演培 역(臺北: 天華出版有限公司, 1989), 제7장.

146) 慧能, 『壇經校釋』, 郭朋 校釋(中華書局, 1983), 51면.

智)'가 있다. 그러나 반야지혜는 "무지하기 때문에 무소부지(無知, 故無所不知)다"[승조, 『조론(肇論)』]는 방법을 응용하여 감각과 사유의 장애를 없애는 것을 통해 불가의 이상적인 참된 깨침을 얻는 것인데 사람들에게 생명을 보살피는 참신한 시각을 보여줌으로써 '성지(聖智)'라 불린다(『조론』).

반야지의 보살핌은 만물로 하여금 "상(相)에 가까우면서 상과 멀어지는" 과정에서 점차 '비상지상(非相之相)'의 진면목을 드러내게 한다. 이 점은 선종에 이르러 더욱 뚜렷하게 표현되었다. 선종은 세상 만물의 진면목을 들여다보는 것을 취지로 삼고 있는데 사물의 진정한 본연성(本然性)이 인류의 후천적인 지식 이성(知識理性)의 영향을 받아 점차 진면목을 상실하고 미망(迷妄)의 길에 들어섰다고 주장한다. 그리하여 선종에서는 중생의 원초적인 진면목을 회복하는 방법의 하나로 개념과 논리를 완전히 버려 지식 이성을 타파하고 현실 대립을 초탈하는 것을 통해 마음속의 조용한 한구석에서 반야지혜를 써야 한다고 주장한다. 『오등회원』 권 4에서는 "중이 '꼼짝도 하지 않고 조용히 무엇을 생각합니까(兀兀地思量什麼)?' 하고 묻자 대사(大師)가 '생각하지 않으려고 생각한다(思量個不思量底)'고 답했다. 중이 다시 '생각하지 않으려면 왜 생각합니까(不思量底如何思量)?' 하고 묻자 대사가 '비사량(非思量)이다'라고 답했다"는 내용이 있다. 임제종의 의현(義玄)은 "제자가 스승 앞에 나서자 스승이 제자의 학업 수준을 알고 손에 든 책을 구덩이에 던지라고 했다(出善知識前, 知識辨得是境, 把得抛向坑裏)"(『오등회원』 권 11 상)고 하며 심지어 어떤 이는 "우리 선종에서는 예로부터 다른 사람한테 지식을 구하지 않는다"[『황벽희운선사전심법요(黃檗希運禪師傳心法要)』]라고 공개적으로 말하고 있다. 동산(洞山) 양개(良介)도 "선종을 배우는 것은 서쪽으로 가는 것 같은데 동쪽으로 가는 느낌이다(擬將心意學禪宗, 大似西行卻向東)"(『오등회원』 권 6)라고 말했다. 이러한 기록

들을 통해 반야지가 선정(禪定)을 할 때 어떻게 원래의 논리 관계를 타
파하고 후천적인 사유 방식을 버림으로써 시공을 초월하고 공정무물(空
靜無物)하며 지혜를 주입하여 철저하게 깨닫는 심미적 감각과 본질적
체험을 획득한다는 것을 어느 정도 알 수 있다. 이외에도 선종에서는 언
어가 진리를 깨닫는 데 장애가 된다고 하면서 언어의 명확성에 집착하지
않고 엇비슷하며 모호한 언어 표현을 추구했는데 "문자에 근거하지 않
고 직접 속마음을 이해한다(不立文字, 直指人心)"와 같이 표상을 없애
는(掃相) 방법을 사용하여 "그 어떤 비슷한 묘사나 설명을 통해서도 본
질을 설명할 수 없다(說似一物卽不中)"는 언어 원칙을 세웠다. 그들은
"말의 묘미를 어찌 문자를 통해 알겠는가(妙道之語, 豈可以文字會)"(『오
등회원』권 14)라고 주장했고, "제불의 묘한 도리는 문자와 상관없다(諸
佛妙理, 非關文字)"[『육조단경』'종보본(宗寶本)']는 관점을 주장했으
며 "사람이 물을 마실 때 차고 더운 것을 절로 아는(如人飮水, 冷暖自
知)" 것과 같은 경지에 도달하려 했다. 그리하여 도가의 '득의망언(得意
忘言)'과 현학의 '득상망언(得相忘言)'을 한층 더 발전시켰다. 스즈키 다
이세쓰(鈴木大拙)는 여러 차례 '반논리'와 '반이성(反理性)'이란 말로
선종 언어의 특징을 설명했다. 그러나 푸웨이쉰(傅偉勳)은 선종의 언어
에 대해 논리 혹은 이성을 초월하거나 논리 혹은 이성의 제한을 받지
않는 것으로 보아야지 '반논리'나 '반이성'이 아니라고 주장했다. 그는
"의식이나 분별지(分別智) 활동의 일상적인 세계에서 사람들이 논리나
이성을 따르는 것은 보편적이고 필요한 조건이다. 그렇지 않으면 지식이
구성될 수 없고 언어도 사용될 수 없다. 하지만 선지(禪智)나 반야지가
행해지는 철저한 깨달음의 경지에서는 선자의 심성이 논리 또는 이성적
사유에서 해방되어 나와 자유자재하며 절대적인 해탈을 얻는다"고 설명
했다.147) 그러므로 반야지혜는 "문제를 해결하는 지식도 아니고, 마음을
위로하는 감정도 아니며, 적막하고 조용하며 세상과 담을 쌓는 심정은

더더욱 아니다. 이는 옆에서 조용히 추세의 흐름을 관찰하고 추세에 따라 자연적으로 변화하면서 모든 허무하고 환상적인 '공(空)'의 경지를 들여다보는 것이다. 이러한 '공'의 경지는 인심(人心)의 본성으로서 수행을 마친 뒤 본원으로 회귀하는 진리이다. 그러므로 반야지는 출발점이자 종착점이다"148)라고 했다.

선종에서 중생의 진면목을 회복하는 두 번째 방법은 바로 이성적인 해체(解體)의 방법으로, 만물을 쉽게 대해서는 안 된다는 것이다. 특히 '진여(眞如)'와 '불성(佛性)' 등 전체와 관련된 현상을 대할 때 이들은 "그 현묘함을 추측하기 어렵고 무형무상(無形無相)이다. [……] 마치 물속의 소금 맛, 물감 속의 교청(色裏膠靑)처럼 그것이 있음을 알지만 그 형태를 볼 수 없다(玄妙難測, 無形無相, [……] [如]水中鹽味, 色裏膠靑, 決定是有, 不見其形)."[『종경록(宗鏡錄)』권 22] 따라서 마땅히 전체적인 시각으로 직접 느끼고 관찰해야 한다. 그 유명한 예로 『오등회원』권 17에 실린 이야기가 있다. "길주(吉州)의 청원(靑原) 유신선사(惟信禪師)가 법당에 올라 이런 말을 하였다. '노승이 30년 전 참선하기 전에는 산이 산으로 보였고 물은 물로 보였다. 그러다가 나중에 선지식(善知識, 스승)을 친견(親見)하여 깨침에 들어서서는 산은 산이 아니고 물은 물이 아니게 보였다. 지금 휴식처를 얻고 나니 옛날과 마찬가지로 산은 다만 산이요, 물은 다만 물로 보인다.'" 선을 통해 깨달음을 얻는 세 단계 과정에 대해 학자들은 여러 가지 해석을 내놓았는데 그중 아베 마사오의 해석이 가장 대표적이다. 그는 이 세 단계를 미오(未悟), 초오(初悟), 철오(徹悟)로 나누었는데 미오는 "선을 배우기 전의 견해"이고, 초오는 "수년 동안 선을 배우고 어느 정도 느꼈을 때"의 견해를 말하고, 철오는 "깨달음을 얻었을 때(開悟時)"의 견해를 말한다. 선사가 선법(禪

---

147) 傅偉勳, 『從西方哲學到禪佛敎』(臺北: 東大圖書公司 1986), 336~337면.
148) 葛兆光, 『中國禪思想史』(北京大學出版社, 1995), 88면.

法)을 배우지 않았을 때는 거짓 유(有)를 진짜 유(有)로 여겼는데 지적 판단의 영향을 받아 산수를 명확히 구분하여 산과 물이 뚜렷하게 구별된 다 여겼고, 선사가 수년 간 선을 배운 후에는 마치 "불제자가 처음 해탈 의 문에 들어섰을 때 업(業)의 고통을 조금 이해하고는 산천대지와 시방 (十方)이 모두 허공처럼 보이고 모두 소멸된 것으로 여기는 것처럼(學人 初登解脫之門, 乍釋業系之苦, 覺山河大地十方虛空, 並皆消殞)"[『옹정 어선어록서(雍正禦選語錄序)』] 처음에는 마음을 비우고 유(有)를 관찰 하다가 지나치게 공(空)에 집착한 나머지 산과 물이 구별도 없고 개성도 없게 되며 오직 '유'에 대한 철저한 부정만 남았던 것이며, 철저한 깨달 음을 얻었을 때는 알고자 하는 과정을 철저하게 버렸으므로 그때는 직관 적으로 존재의 본질을 직접 체험하니 산과 물은 다시 구별성과 개성을 갖게 되었으며 이때의 산과 물 사이에는 이미 '경지융통, 색공무애(境智 融通, 色空無礙)'의 전체성을 띠게 되었다. 이에 아베 마사오는 첫 단계 에서는 "주관과 객관의 이원론이 존재하는데 산과 물 및 세계를 구성하 는 모든 사물을 구별할 때 우리는 자신과 기타 사물을 구별하게 된다. [……] 여기서 '나'는 구별의 기초이며 '나'는 자신을 만물의 중심에 놓 게 된다." 인류는 자아의식과 지적 능력을 지닌 후부터 취사분별(取捨分 別)의 마음을 가지게 되고 물아분리(物我分離)의 느낌이 생기며 점차 이 원론적 대립 속에 들어서게 되고 자아 중심의 수렁에 빠져들게 된다. 선 을 배우는 과정이 진일보 전개된 둘째 단계에서 사람들은 지식적 판단을 부정하는 동시에 자아의 존재도 부정하는데 "그 어떤 분별도, 객체화의 작용도, 긍정성도, 주체와 객체의 이원적 대립도 존재하지 않으며 '만물 이 모두 공(空)'의 상태에 도달한다. 그러나 이러한 '무분별'은 단지 분 별에 대한 부정으로 또 다른 구별에 빠져드는데 이 구별은 '분별'과 대 립하면서 분별을 반대하게 된다." 이처럼 둘째 단계에서는 지나친 부정 으로 인해 또 다른 집착으로 빠져들게 된다. 셋째 단계에서는 이러한 부정을 부정하게 된다. 그러므로 선을 배우는 사람들이 추구하는 최고의 경지는 바로 "지금 휴식처를 얻고 나니 옛날과 마찬가지로 산은 다만 산이요, 물은 다만 물로 보이는" 경지이다. 즉 산수는 전체성과 개체성에서 자신을 보여주는데 이는 사람들의 주관적 입장에서 보는 객체가 아니다. 중생은 이로 인해 자성의 최고 상태에 도달하며 자성의 진면목을 되찾게 되고, "부모가 자신을 낳기 전의 진면목"을 되찾게 되는데 이것이 바로 반야지관(般若智觀)의 셋째 단계인 최고의 단계이다.[149]

명나라의 감산대사(憨山大師)는 매일 외나무다리에 앉아 수련했는데 처음에는 물소리가 완연히 들리다가 시간이 지나자 마음을 움직이면 들리고 마음을 움직이지 않으면 들리지 않았다. 그러던 어느 날, 대사가 외나무다리에서 정좌하고 있는데 갑자기 소리와 색상(色相, 형상)의 장애를 받지 않게 되었고 모든 의문이 사라졌다고 한다. 때문에 사람들은 지속적으로 반야의 선을 수련하면 '자아'와 '타자'의 이원적 대립을 철저히 없애고 자아와 자연 세계가 분리된 부족한 점을 다시 발견하게 되며 현재, 과거와 미래라는 시공간적 분할을 없앰으로써 개체로 하여금 현재를 관찰하는 동시에 다른 시공간 속의 생명적 존재를 관찰할 수 있게 한다. 그리하여 주체의 내적 징명(澄明)을 실현함으로써 우주의 본질 속으로 파고 들어가 무저무애(無著無礙)한 인생 지혜의 경지를 열고 마지막으로 인생의 해탈과 자유를 얻게 한다. 선종의 이와 같은 '반야지관'의 전체적인 시야에 대해 스즈키 다이세쓰는 "과학적인 방법은 물체를 죽이고 분해한 다음 다시 각 부분을 모아서 원래의 생명체 그대로 만들어내려 하지만 이는 실제로 불가능하다. 그러나 선의 방법은 생명을 살아 있는 형태로 이해하려 하지 죽여서 분해한 다음 다시 지적 활동을 통해 회복시키려 하거나 추상적으로 파편들을 붙여놓으려 하지는 않는다"[150]고 평

---

149) 아베 마사오, 『禪與西方思想』, 王雷泉·張汝倫 역(上海譯文出版社, 1989), 9~20면.
150) 스즈키 다이세쓰·에리히 프롬(Erich Fromm), 『禪與心理分析』, 孟祥森 역(中國民

가했다. 이로부터 알 수 있는바 심령 의식적인 면에서 '반야지'를 통해 만물 간의 모든 차이와 분별, 집착을 없애고 의식(意識)과 심령을 체험할 수 있는 수준에 도달할 수 있다. 프랭크틴 브루노가 말한 것처럼 "일단 제자들이 주체와 객체의 양분법이 사실상 일종의 가상이며 고통의 근원이라는 것을 알게 되었을 때 '깨달음(頓悟)'이 찾아온다."[151]

전체적으로 선종은 지적인 이성이 생명의 활력에 가져다준 질곡(桎梏)을 보고 반야지혜를 얻으려면 반드시 "부처님이 출생하기 이전인 아무 이름도 없는" 원초적인 상태로 돌아가야 한다고 강조했다. 그리하여 불가에서는 특별히 갓난아기의 마음을 추구하는데 『오등회원』 권 5에서는 "그대는 어린 아기가 갓 태어나서 내가 교리를 해석할까 못할까 하는 말을 들어본 적이 있는가? 어린애는 자라면서 여러 가지를 배우는데 그것들이 언제나 객진번뇌(客塵煩惱)인 것을 알지 못한다"고 적고 있다. 불가에서는 오직 갓난아기의 마음만이 세속에 더러워지지 않았으므로 인간의 대상적인 사유 형식을 초월할 수 있다고 보면서 이를 빌려 사람들에게 '반야지관'의 방식을 통해 논리적 사유를 초월하고 분별취사를 멀리하며 우주 인생을 직접 체험하고 진리가 존재하는 "진상(眞常)의 경지"[152]를 보여주라고 호소한다. 그렇게 해야만 비로소 "요즘의 나는 옛날의 나와 다르다. 이전에는 하늘은 하늘이고 땅은 땅이며, 산은 산이고 물은 물이며, 승(僧)은 승이고 속(俗)은 속이어서 감정과 마음을 가리려 했으나 요즘은 이전과 다른(山僧近來非昔人也, 天是天地是地, 山是山水是水, 僧是僧俗是俗, 所以迷情擁蔽, 翳障心源, 如今別也)"(『고존숙어록』 권 27) 경지에 이르러 "현재는 감정을 버려 한순간도 다시 생겨나지 않으니 원래의 풍경을 볼 수 있고 진면목을 볼 수 있는"[『원어록(圓語錄)』 권 9]

間文藝出版社, 1986), 33면.
151) 프랭크틴 브루노, 『通向心理健康的7條路』, 王晶 역(上海文化出版社, 1988), 106면.
152) 釋集成 등 편, 『宏智禪師廣錄』 권 4, 『禪宗語錄輯要』(上海古籍出版社, 1992).

경지에 이를 수 있다는 것이다. 선종은 이처럼 반야지관을 통해 자신의 망념과 집착을 타파하여 청정하고 더러워지지 않은 생명의 원천으로 되돌려 대립을 없애고 물아가 하나가 되며 불이법문하며 본래의 모습을 되찾아[153] 진면목을 재현하려는 목적에 도달한다. 여기서 선종의 반야지관은 노자의 '관도(觀道)'와 장자의 '체도(體道)'처럼 사람들로 하여금 마음의 지혜를 버리고 모든 이성적 사고를 배제하고 물아의 융합을 통해 주체와 객체의 경계를 허물어 '아(我)'를 화하여 물(物)로 되게 하며 마음(心)을 도에 융합시켜 몸(體)으로 도의 존재를 깨닫게 한다.[154]

생태적인 시각에서 볼 때 자신의 진면목을 되돌아보는 이런 방식은 "사람들을 인도하여 파괴로부터 자연을 보호하고 경외심으로 산천 하류를 찬미하고 대지를 노래하며 자신의 신체와 합일을 이루게 하는 동시에 인류가 생태 위기에서 벗어날 수 있는 하나의 도경을 제공해준다."[155] 심미적 시각에서 볼 때 이는 하이데거의 본질적 '존재'와 비슷하다. 즉 "인간은 일종의 존재물이다. 이런 존재물의 존재는 아무것도 숨기지 않고 개방된 존재의 내재성을 통해 존재에서 출발하여 존재 속에서 표시되는 것이다."[156] 이런 의미에서 하이데거의 후기 연구에 나타나는 '존재'는 이미 서양의 전통적인 철학적 사유를 벗어났으며 선종의 '돈오(頓悟)' 이후의 '공(空)', 또는 도교의 허정(虛靜) 이후의 '도(道)'에 접근한다고 볼 수 있다. 푸웨이쉰은 하이데거가 실존주의 철학에서 '존재' 사유로 전환한 것은 사실상 서양의 '학문적 생명'이 동양의 '생명적 학문'으로 전환하는 한 차례 큰 계기였다고 주장하면서 선종은 처음부터 '생

153) 吳言生, 「論禪宗所謂的'本來面目'」, 『晉陽學刊』(1999년 제3기).

154) 蔣永文, 「無蔽的瞬間: 禪語和妙悟」, 『雲南師範大學學報』 哲社版(2002년 제2기).

155) Mary Evelyn Tucker & Duncan *Ryuken Williams, eds. Buddhism and Ecology: The Interconnection of Dharma and Deeds*, Cambridge, Mass: Harvard University Press, 1997, p.172.

156) 마르틴 하이데거, 『回到形而上學的基礎』, 梁志學 역, 『哲學譯叢』(1964년 제2기).

명적 학문'의 입장에서 본연의 진실성을 긍정하였고, 본연성이 아닌 우매한 상태를 배척했으며, 생명의 존재와 가치관의 선택에 있어서는 우리로 하여금 반드시 실제로 존재하는 비본연성을 본연성으로 철저히 전환시켜 세간과 세속을 초월하는 진면목을 되찾을 것을 명확하게 주장했다고 했다.157) 그러나 선종은 진면목을 찾는 과정에서 그 어떤 개념과 논리적 추리의 지혜를 사용하는 것도 거절하고 심성을 본체로 하는 진실생명에 의존하여 아무런 숨김도 없는 공간의 존재를 획득하려고 했다. 이는 에드문트 후설(Edmund Husserl)의 현상학 이론과도 매우 흡사한바 모두 전통적인 경험 지식과 이성적 판단을 방치하고 직감과 직관을 통해 사물의 본질을 파악하며, 주관과 객체의 이분법을 반대하고 본질의 존재로 되돌아 심미적 공간을 확장할 것을 주장한다. 다시 말하면 선종은 우리에게 시적으로 생존할 수 있는 길을 열어준 것과 같다. 즉 공리성을 배제한 시각으로 사물을 관찰하고 추상적인 개념으로 사물을 제한하지 않았으며, 자연과 본성으로 하여금 우리들의 마음속에서 최초의 모습을 유지하게 했는데 이것이야말로 가장 생동하고 가장 역동적이며 가장 심미적인 것이다. 그리고 이렇게 해야만 우리는 비로소 개체의 생명을 초월하여 만물과 자신의 자연적 본질을 있는 그대로 들여다볼 수 있고 최종적으로 심미에 부합되는 생존 경지에 이르게 되는 것이다.

2) 시간의 응집: '무념위종(無念爲宗)'의 순간적 돈오(頓悟)

반야지혜는 선정(禪定)의 수련을 통해 얻어진다. 그러나 선정의 본의는 직감적인 체험과 순수한 내심적인 깊은 사고를 통해 점차 선의 경지에 이르는 것이다. 인도 불교에서 사람이 계(界), 정(定), 혜(慧)를 통해야 부처가 되는 것과 달리 중국의 선종에서는 사람의 마음은 본디 청정하며

---

157) 傅偉勳, 『生命的學問』(浙江人民出版社, 1996), 72면.

일반 사람과 부처의 질적 변화의 관건은 '오(悟)'의 한순간으로서 어두운 장애와 주관적인 망념을 걷어내고 공적(空寂)한 마음으로 돈오를 실현하면 부처가 될 수 있다고 보고 있다. 즉 "전념(前念, 앞에 벌어진 일에 대한 생각)에 미혹되면 일반 사람이고 후념(後念, 앞으로의 일에 대한 생각)을 깨닫게 되면 부처가 된다(前念迷卽凡夫, 後念悟卽佛)"[『육조단경』 '반야품(般若品)']는 것이다. '오(悟)'라는 글자의 의미에서 보면 '오(吾, 나)'의 현실 상태와 나의 마음인 '심(心)'이 본래의 상태에 도달하여 통일을 이룰 때 선(禪)에 대한 깨달음은 생명의 각성 경지에서 순간적으로 나타날 수 있다. 혜능의 말을 빌리면 "만약 진정한 관조반야(觀照般若)가 생긴다면 찰나에 망념이 모두 사라지고 만약 자성을 알게 되면 한 번의 깨달음으로 불지에 이르게 된다."(『육조단경』 '반야품') 이를 바탕으로 혜능은 또 "무념을 원칙으로 삼고, 무상을 본체로 삼고, 무주를 근본으로 삼는다(無念爲宗, 無相爲體, 無住爲本)"[『육조단경』 '정혜품(定慧品)']는 선을 수련하는 지도 사상을 제기했는데 '무념(無念)'과 '무상(無相)'에 대한 수련을 중시함으로써 '무상(無常)'과 '무주(無住)' 같은 찰나의 깨달음을 얻고 '진여본성(眞如本性)'의 순간적 출현을 실현하며 인생으로 하여 짧은 관조(觀照)에서 불후(不朽)를 얻게 한다는 것이다. 이에 대해 기타 선사들도 비슷한 논술을 했는데 예를 들면 대주선사(大珠禪師)는 "모든 것에 무심하게 되면 이는 무념이다. 무념에 도달하면 자연적으로 해탈하게 된다"[『돈오입도요문론(頓悟入道要門論)』]고 했고, 황벽선사(黃蘗禪師)는 "사람들은 깨달음을 얻으려 하지 않고 보고 듣고 느끼고 배우는 것을 마음에 담으려 하며 이런 것들에 파묻혀 정명(精明, 깨끗하고 밝음)한 본체를 보지 못하게 된다. 그러나 당장이라도 생각을 없애면 본체는 절로 나타난다"[『전심법요(傳心法要)』]고 했다. 선사들은 오직 본원의 마음으로 우주 생명의 진실한 존재를 체험하고 느끼며 본체를 꿰뚫는 감성적 느낌으로 "공성(空性)이 현상 속에서 감성적으로 갑자기 나타남"[158]에 도달해야만 "무심으로 사물을 항복시키니 항복하지 않는 사물이 없는(無心伏於物, 而物無不伏)"[『주유마힐소설경(注維摩詰所說經)』 '불국품(佛國品)' 제1] 경지에 이를 수 있으며, 물아합일과 허공징철(虛空澄澈)의 순간적 심미 체험을 얻을 수 있다고 주장한다. 그러므로 '오'는 선종에서 수행하는 가장 기본적인 방법이며 선종의 가장 빛나는 정수로서 생명을 전환시키고 각성시키며 도약시킬 수 있는 돌파구라고 할 수 있다.

   선사들의 이해에 의하면, 돈오는 모든 망념과 억측을 없앨 수 있는데 중요한 점은 "마음을 비우고 길이 막혀야 하는(窮心路絶)"[159] 것이다. 그리고 돈오는 만물의 가상을 꿰뚫어 진실한 본성을 볼 수 있는데 가장 중요한 것은 "바로 진이 된다(卽眞)"(승조, 『열반무명론』)는 것이다. 그리고 돈오를 통해 만물을 포용하는 것을 체험할 수 있고, 이를 통해 만물이 평등하고 자유롭다는 것을 체험할 수 있는데 중요한 것은 "공허하고 조용하며 묘하고 편안하게(虛通寂靜, 明妙安樂)"[단제선사(斷際禪師), 『전심법요(傳心法要)』] 해야 한다는 것이다. 다음은 돈오를 통해 모든 간격을 없앨 수 있는데 중요한 것은 "깨달음은 번잡한 큰길과 같아서 산과 강에도 막힘이 없지만 이름과 모양에 미혹되면 매우 작은 것에도 막힌"[『선종영가집(禪宗永嘉集)』 '사리부이(事理不二)' 제8]다는 것이다. 그러므로 돈오는 사람들의 허황한 마음을 불러일으키는 과정이고, 본래의 생명 의미가 개방되는 과정이며, 생명의 가치에 대해 심사숙고하는 과정이다. 스즈키 다이세쓰가 말한 것처럼 "'본래무일물(本來無一物)'이라는 개념으로 '본성자성, 청정무염(本性自性, 淸淨無染)'의 개념을 대체하면 사람들의 모든 논리적, 심리적 기반은 발밑에서 모두 사라

---

158) 曾儀漢, 『禪宗美學研究』(臺灣中國文化大學哲學硏究所, 2004), 박사 논문.
159) 다카쿠스 준지로 등 편저, 『大正新修大藏經』 제48권(日本大正一切經刊行會, 1934), 292면.

지고 발 디딜 곳조차 없어진다. 이것이 바로 불교를 학습하는 사람들이 진정으로 본심을 알기 전에 반드시 체험해야 하는 것이다. '견(見)'은 아무것도 의지할 곳이 없는 결과이다."[160] 이와 비교해보면 유가에서는 공리적인 인생 태도로 자연에 접근하는데 자연의 심층 생명력을 보지 못하고 도리어 개체가 본성을 되돌아보는 데 걸림돌이 되어 윤리 교화라는 표층에서 인생을 관찰하게 된다. 그리고 도가는 현실의 공리주의 요소를 없앰으로써 자성을 되돌아보는데 자연으로의 회귀 과정에서 자유의 경지를 획득한다. 그러나 선종의 '돈오', '무념'처럼 직접적으로 본성을 불러일으키고 자아를 개방하여 더욱 맑고 더욱 자유롭고 더욱 투명한 것에는 미치지 못한다. 선종은 사람들로 하여금 불자의 출세(出世)와 입세(入世) 간의 모순을 통일시켜 무한과 유한의 속박을 벗어나게 했고, 시간과 공간의 장애를 초월하여 반야와 열반의 합일을 실현시켰으며, 최종적으로는 하나의 마음속에 만물의 심오한 생명 체험을 융합시켜 몸과 마음이 무애(無礙)하는 즉흥의 상태에 도달하게 했다.

비록 선종의 '무념위종(無念爲宗)'이 도달한 '선정(禪定)' 상태와 유교의 '신독(愼獨)' 및 도교의 '심재(心齋)'는 사상의 잡념을 없애 더욱 본질적으로 자연과 심성을 비추어본다는 점에서 서로 통하는 면이 있다. 그러나 목표를 실현하는 면에서 유가는 성의(誠意)와 정심(正心)을 이상적인 인격을 형성하는 수단으로 삼았고, 도가에서는 심재(心齋)와 좌망(坐忘)을 사물과 함께 거닐 수 있는 도경으로 삼았으며, 선종은 개인의 주관 욕망, 번뇌, 감정을 버리고 내심으로 하여금 고요하고 조용한 상태에 도달하게 하여 생명을 최대한 자유롭게 확장시켰다. 그리하여 모든 법을 알면서도 한 가지 법에 집착하지 않고, 세간에 살면서 또한 세간을 벗어나고, 공리를 버리고 우주 자연 전체를 내심으로 느끼며 몸으로 직

---

160) 스즈키 다이세쓰, 『禪風禪骨』, 耿仁秋 역(中國靑年出版社, 1989), 38면.

접 체험하는 데 힘을 다했다. 그리하여 공허하고 조용(虛靜)한 마음에
더욱 큰 관찰의 기능을 제공해주었다. 선종의 무념위종은 "의지는 어지
러워지지 않고 정신은 서로 엉키(用志不紛, 乃凝於神)"는데 이렇듯 "정
신을 하나로 엉키"게 하는 응신(凝神)의 과정에서 선종의 신자들은 감상
대상 밖의 세상을 잊고 자신의 존재조차 잊어버리게 된다. 주광첸(朱光
潛)이 말한 것처럼 사물과 나의 구별을 잊어야 응신의 경지에 이르게 되
는 것이다.161) 응신의 상태에서 인간은 다시는 자기 신체의 감수성을 기
초로 하지 않고, 신체와의 이해관계로 자연의 가치를 가늠하지 않으며,
자연을 감지(感知)의 상대 또는 객체로 여기지 않는다. 반면, 자연 전반
에 심신을 완전히 쏟아부어 자유롭고 공허한 심경으로 심미적으로 우주
만상을 파악하며 순간적으로 심미적 생태의 경지에 도달하게 된다. 마치
화이트헤드가 말한 '평온함(peace)'처럼, 평온함의 경험은 우리의 느낌을
확대할 수 있으며 이를 통해 높은 차원의 형이상학적인 시각을 갖게 되
는데 이러한 시각의 가치 조절에 대한 중요성은 말로 다 이룰 수 없
다.162) 선종의 말을 빌린다면 이런 응신의 상태와 돈오의 경지는 바로
"가을철 물에 비친 달처럼 맑고 깨끗한 경지(秋水著月, 境界澄明)"163)
로서 일종의 시적인 생존을 체현하고 모든 잡념을 버린 뒤에 도달한 객
관적 순간의 경지이다.

그리고 선종의 무념위종에서 찰나의 돈오는 쉽게 흘러가는 시간을 무
한한 공간 속에 융합시킬 수 있는데 우주 전체에 대한 관찰 속에서 시간
을 구축한다. 선종의 "큰 몸뚱어리는 시방(十方)을 넘고 본각(本覺, 청정
한 마음)은 삼세(三世, 과거·현재·미래)를 넘는다(大身過於十方, 本覺

---

161) 朱光潛, 『文藝心理學』(復旦大學出版社, 2005), 9면.

162) A. N. Whitehead & Alfred North, *Adventures of Ideas: A Brilliant History of Mankind's Great Thoughts*, Mentor Books, 1933, p.283.

163) 釋集成 등 편, 『宏智禪師廣錄』 권 4, 『禪宗語錄輯要』(上海古籍出版社, 1992).

超於三世)"164)라든지, "한번 깨달음을 얻으니 만물을 알게 된다(一悟之後, 萬象冥會)"165)라든지, 또는 "천지는 국화밭이요 만고는 중양절이라(天地一東籬, 萬古一重九)"의 영원함이라든지 "순간은 곧 영원함이고 하나의 티끌은 곧 온 세상이니라(瞬間卽永恒, 一塵卽大千)"의 연장성이라든지 우리가 체험할 수 있는 것은 모두 광대한 자연과 개체인 사람이 순간적으로 긴밀하게 결합한 상황들이다. 또 "'스님은 여기서 얼마나 계셨습니까?'라고 묻자 스님이 '산이 푸르고 누렇게 되기를 네 번 했습니다'라고 대답했고 '산길을 떠나 어디로 가십니까?'라고 묻자 스님이 '흐르는 대로 갑니다'라고 답했다"[『경덕전등록(景德傳燈錄)』]라는 기록과, "'스님은 이 산에서 얼마나 사셨습니까?'라고 묻자 '춘추(한 해)를 지나지 않았습니다'라고 답했고, '스님과 산 중에서 누가 먼저 사셨습니까?' 묻자 '모르겠습니다'라고 답했다"(『오등회원』)라는 기록들에서 선사들이 돈오를 통해 생명의 유한성을 해소하고 생명의 영원함을 얻었음을 알 수 있고, 시간의 흐름은 찰나의 돈오에 의해 응고되어 매 순간의 존재도 자신의 영원함을 드러내고 있다. 이와 동시에 인간도 아르투르 쇼펜하우어(Arthur Schopenhauer)의 말처럼 "무의지, 무고통, 무시간의 주체"166)로 변해버렸다. 여기서 우리는 만약 '돈오'의 종교적 색채를 제거한다면 돈오는 아마 쉽게 보편적 의미를 가진 심미적 사유의 방법으로 발전할 것이라고 생각한다. 리허우쩌(李厚澤)는 「장현선종만술(莊玄禪宗漫述)」이라는 글에서 선종은 중국의 철학처럼 그 발전 추세와 절정은 종교가 아니라 미학이라고 했다. 그리고 "이러한 심미의 경지와 심미적인 인생 태도는 인식처럼 사고적이고 판단적인 이성과 구별되며, 공리나 도덕 같은 실천적인 이성과도 구별되며 감성 세계를 이탈한 '절대정신'

164) 王維, 「六祖能禪師碑銘」, 『壇經校釋』 附錄(中華書局, 1993), 141면.
165) 胡應麟, 『詩藪』(上海古籍出版社, 1979), 109면.
166) 杜道明, 『中國古代審美文化考論』(學苑出版社, 2003), 198면.

(종교)과도 구별된다. 선종은 세간에 존재하면서도 초(超)세간적이고, 초
(超)감성적이면서도 감성을 잃지 않았으며, 그 발전의 최고봉은 낙관적
이고 적극적이며 신비하지 않고 도리어 대자연과 합일을 이루는 유쾌함
이다"[167]라고 했다.

　선종의 이러한 '무념위종'의 돈오 방식은 시간에 대한 일종의 신비한
깨달음이다. 즉 '영원한 순간' 또는 '순간이 곧 영원하다'는 직관적인 느
낌[168]은 심미적 체험과 종교적 체험을 융합시켜 최고의 경지로 끌어올
려 이화(異化)를 벗어나 심미적 심경을 유지하는 정신적인 힘이 되게 했
다. 임제 의현은 "그대가 생사(生死)와 거주(去住)와 탈착(脫著)에서 자
유롭기를 바란다면 지금 법을 듣고 있는 사람들은 알아야 한다. 이 사람
은 형상도 없고 근본도 없고 머무는 곳도 없이 활발하게 움직인다(你若
欲得生死去住脫著自由, 卽今識取聽法的人, 無形無相, 無根無本, 無
住處, 活潑潑地)"[『임제록(臨濟錄)』]고 말했는데 이는 일반적인 세계에
서의 자유이자 죽음을 정복한 후의 생명에 대한 전시(展示)이며 자아 생
명 의식에 대한 각성이다. 돈오를 통해 우리는 깨끗한 마음에서 찰나에
나타나는 사물의 모양은 아름답고 원초적이고 자연적이라는 것을 보았
고 정신과 생명의 자유로운 초월을 보았는데, 이러한 초월들은 순간적
시공에서 생성되는 것이다. 그러므로 이러한 본체를 꿰뚫는 감성적 감각
들은 자연 사물들에 다가갈 때 만물이 가장 활발하게 포용하는 순간을
포착하고 이를 예술화하여 나타낸다고 할 수 있다. 비록 이는 전통적인
감물(感物)과 감흥(感興)에 비해 일정한 어려움이 있지만 자연 만물을
포착하는 찰나의 미를 보여줌과 동시에 자연 만물에 대한 최고의 체험과
생명에 대한 경외심과 존중을 전달한다. 즉 우주의 형태를 숨김없이 순
간에 드러내고 시간이 공간화되는 생명의 미를 드러내며 또한 '무상(無

---

167)　李澤厚, 『中國古代思想史論』(人民出版社, 1985), 215~216면.
168)　앞의 책, 207면.

常)'의 미에 대한 찰나의 관찰과 직접적인 돈오를 촉진했다. 이러한 무상의 미는 문인 학자들의 심미적 의식과 창작 이념에 영향을 주어 그들로 하여금 의지할 곳 없이 떠돌아다니는 심경을 표현하기 시작했으며 점차 공허와 적막, 순간에 소실되는 독특한 심미적 경지로 발전시켰다. 특히 발묵화(潑墨畵)에서는 순간에 그림을 완성하는 기법을 중시했다. 예를 들면 석도(石濤)가 『화어록(畵語錄)』에서 강조한 '일화론(一畵論)'은 바로 선종의 돈오에서 비롯된 심미관의 응용과 실천이다. 이에 중바이화는 "선은 동(動)에서의 극정(極靜)이자 정(靜)에서의 극동(極動)이다. 고요하면서 항상 빛을 내고 빛을 내면서 항상 고요하다. 동정불이(動靜不二)하며 직접 생명의 본질을 탐구한다. 중국 사람들은 불교의 대승의(大乘義)를 통해 선을 접했고, 자신의 마음속 깊은 곳에서부터 선을 체험하고 인정하였으며, 이를 발휘하여 철학적 경지와 예술적 경지로 발전시켰다. 조용한 관찰과 비약적인 생명은 예술을 구성하는 두 가지 요소이자 '선'의 심령 상태를 구성하는 요소"[169]라고 했다.

3) '반야선정(般若禪定)': 정신적 생태의 평형

불가 반야선정의 수행 방법은 인류 심리의 완전성과 본질성 등 문제를 관심하기 때문에 현실에서 인성이 짓밟힌 사람들에게는 그들을 치유하는 약이 될 뿐만 아니라 현대의 정신 생태계의 균형에도 적극적인 계시를 주어 많은 과학자들이 탐구하는 과제가 되었다.

현대 미국 정신분석학파 심리학자인 에리히 프롬(Erich Fromm)은 선종의 수행 방식과 정신분석에 대해 깊이 있는 비교 연구를 진행했다. 그는 선과 도가 중시하는 것은 모두 '스트레스 해소'와 '자아실현'의 문제라고 했다. 즉 개체의 자각적인 노력을 통해 무의식 가운데 억압받던 창

---

169) 宗白華, 『藝境』(北京大學出版社, 1987), 157면.

조적 에너지를 방출하여 생명 창조의 과정에서 자아실현을 하게 한다는 것이다. 이와 동시에 프롬은 정신분석학과 선종의 개오(開悟)가 비슷한 점이 있는데 프로이트의 무의식을 의식으로 전환하는 원칙의 최종 결과는 "인간의 모든 심신이 진실에 대한 충분한 각성이다"라고 하면서 이것이 곧 '개오(開悟)'라고 했다. 그리고 선의 지식과 실천은 정신분석의 초점을 더욱 집중시킬 수 있게 하였음과 아울러 "본성을 관찰하기 위해 새로운 광휘(光輝)를 비치게 했다"라고 했다. 스즈키 다이세쓰도 선의 목표는 "우리로 하여금 미치거나 기형이 되지 않게 예방해준다"고 했다. 그것은 선이 본질적으로 인간의 생명 본질을 관찰하는 예술이므로 단조롭고 메마른 생활과 아예 평범한 생명을 예술적이고도 내적 진실성으로 가득한 것으로 변화시켜주기 때문이라고 했다. 그리고 선은 개인의 몸에 축적된 에너지를 완전히 자연스럽게 방출하여 개체로 하여금 노역에서 자유로 나아가게 한다고 했다. 여기서의 자유란 "우리 마음속에 들어 있는 창조적인 것과 어질고 자애로운(仁慈) 충동을 모두 자유롭게 발휘하는 것이다"[170]고 했다.

푸웨이쉰도 선종은 우리를 도와 현대인의 '생사지혜(生死智慧)'를 만들어 빅터 프랭클(Viktor Frankl)의 '의미치료학'의 단점을 보충할 수 있다고 했다. 이를 바탕으로 타이완 학자 린안우(林安梧)는 동양 철학과 치료 문제를 집중적으로 연구하여 중국의 유가와 도가, 불가를 각각 '의미치료학'과 '존유(존재)치료학', '반야치료학'으로 보았다. 그는 불가의 반야치료학을 프랭클의 의미치료학과 비교했는데 양자 모두 인간의 존재 의미와 자아 초월을 관심하지만 반야치료학은 무의식, 무심, 무상(無相)의 자아를 관심하며 주체와 객체가 동일하고 경계가 모두 사라진 전체적인 원융의 경지를 강조한다고 했다. 이를 통해 생명을 완전히 변화

---

170) 스즈키 다이세쓰·에리히 프롬·리하르트 데 마르티노(Richard de Martino), 『禪宗與精神分析』, 王雷泉·馮川 역(貴州人民出版社, 1998), 137면.

시킬 수 있으며 비본연적 자아를 본연의 자아로 철저히 변화시켜 주체의 자유자재한 생존 상태를 실현할 수 있다고 했다. 그러나 의미치료학은 의식적으로 유심한 자아를 관심하고, 쉽게 주객과 경계가 분명한 입장에 빠져 문제를 사고한다고 했다. 이에 린안우는 "사람들은 수행과 체험을 하는 과정에 의식을 자신에게로 되돌아오게 하는데 이때 의식은 외재적 사물에 욕심과 집념이 생기지 않게 하고 한 가지 대상에 집착이 생기지 않게 하며 사물로 하여금 사물 자신에게로 되돌아가게 하고 심령으로 하여금 자신에게로 돌아가게 한다. 이처럼 심령과 사물이 일체가 되어 분리되지 않는 상태는 고요하고 조용한 상태이고 진실한 존재, 즉 진리적 존재다. 이런 존재 때문에 생명은 원래의 집착으로 생겨난 욕구, 탐욕 및 여러 가지 더러워진 번뇌들로부터 통제를 받지 않으므로"[171] 사람들은 돈오의 선심(禪心)과 선취(禪趣)를 느끼고 철저하게 본연의 생명적 근원에 들어가려 노력한다고 했다. 장신민(張新民)은 "'선도 치료(禪道治療)'의 과정은 바로 미혹을 버리고 진리를 추구하며 더러운 것을 깨끗하게, 지식을 지혜로 전환하는 과정인데 이는 생명에는 진실을, 정신에는 자유를, 존재에는 정신을, 생활에는 미감을, 세계에는 따뜻함을 가져다준다. 그러므로 정신적 위안이 절실한 현대인들에게 그 매력과 가치는 거대하고 무궁하다"[172]고 했다.

이상에서 알 수 있는바 불가의 선정(禪定) 훈련과 반야지관은 현대 인류의 정신 생태계의 균형 및 심리 건강을 수호하는 데 의의를 가지므로 이미 국내외 많은 학자들의 인정을 받고 있다. 미국 뉴욕 주에 거주하는 선사(禪師) 루리(Loori)는 선을 수행하는 것이 사람과 사람 사이의 관계를 회복시키며 '사람과 우주' 간의 벌어진 홈도 치유하고 회복할 수 있

---

171) 林安梧, 「邁向佛家型般若治療學的建立 - 以'金剛經般若波羅蜜經'爲核心的展開」, 『原道』 제3집(中國廣播電視出版社, 1996).
172) 張新民, 「般若智慧與禪道治療學」, 『國學論衡』 제2집(蘭州大學出版社, 2002).

다고 했다.173) 불교의 '무주위본(無住爲本)' 사상도 현대인들에게 인생의 곤경을 돌파할 수 있는 지혜를 제공하며, 우리에게 사물을 따르되 사물을 힘들게 하지 말며 반대로 마음은 사물을 좇지 말고 사물로 인해 힘들어 하지 말라고 주의를 주고 있다. 현대 서양의 선사(禪師) 잭 콘필드(Jack Kornfield)는 『마음의 숲-명상의 자아 요법』에서 건전한 자아의식과 진아(眞我)를 발견하는 능력을 동시에 길러야 한다고 주장하면서 우리가 자아의 발전과 발견을 '공(空)'에 대한 이해와 결합해야만 진정으로 진아(眞我)를 이해할 수 있다고 주장한다.174)

일상적인 심미적 면에서 보면 선정의 수련을 통해 선을 수행하는 사람들의 심미 의식은 자연의 경지와 서로 의지하여 존재하며, 자연 본질의 세계로 회귀하는 과정에서 생명에 최고의 관심을 주는데 편안하고 아무 욕심도 없는 마음으로 심미의 경지에 이른다. 영가(永嘉) 현각선사(玄覺禪師)의 "깊은 산속에 들어가 절에서 머물며 험한 산봉우리와 깊은 숲 속 큰 소나무 아래 스님의 집에서 유유하게 정좌하니 고요하고 편안하여 실로 멋지구나(入深山. 住蘭若. 岑崟幽邃長長下. 優遊靜坐野野家. 閑寂安居實瀟灑)"라는 말처럼 울창한 송백나무 숲에서 선정을 수행하노라면 산천의 정기를 얻어 천지자연과 합일하여 진정한 자유를 실현할 수 있다. "무념돈오(無念頓悟)하는 순간, 감성적 지각과 무념의 상태는 우리에게 습관적으로 세계를 이해하던 방식을 버리고 심미 대상의 깊은 내포에 대한 탐구를 버리며, 가능한 한 자연으로 하여 활발한 모습을 드러내게 하고 찰나의 관찰에서 영원한 생명의 요구를 만족시키게 인도한다." 당송(唐宋) 시기에는 선열지풍(禪悅之風)이 성행했는데 문인들은

---

173) Mary Evelyn Tucker & Duncan Ryuken Williams, eds., *Buddhism and Ecology: The Interconnection of Dharma and Deeds, Cambridge,* Mass: Harvard University Press, 1997, p.177.

174) 잭 콘필드, 『心靈幽徑-冥想的自我療法』, 曾麗文 역(臺北: 幼獅文化事業公司, 1995).

이러한 선의 수행 방식을 극구 찬양했다. 왕유는 "조회가 파하면 향을 피워 독좌(獨坐)하고 선을 외는 것을 일삼았다(退朝之後, 焚香獨坐, 以誦禪爲事)"[『구당서(舊唐書)』'왕유전(王維傳)']고 기록하고 있으며, 백거이(白居易)도 "첫째는 선이요 둘째는 술이로다. 선은 나를 '공'의 경지로 불러들이고 술은 나로 하여금 출세의 성쇠를 잊게 한다(第一莫若禪, 第二無如醉. 禪能泯人我, 醉可忘榮悴)"[『백씨장경집(白氏長慶集)』권 22]고 했다. 그리고 소식(蘇軾)도 「황주안국사기(黃州安國寺記)」에서 "향을 피워놓고 조용히 앉아서 깊은 성찰을 하니 물아를 모두 잊고 심신이 모두 비워지는구나(焚香默坐, 深自省察, 則物我兩忘, 身心皆空)"[『동파집(東坡集)』권 33]라고 했고, 미우인(米友仁)도 "노년에 그림을 그리니 세상 속의 아주 작은 일에도 욕심이 없고 물들지 않는다. 매번 조용한 방에서 선좌(禪座)를 하고 앉으면 모든 걱정을 잊어버리고 넓고 푸른 하늘과 흐름을 함께한다(畵之老境, 於世海中一毛髮事泊然無著染, 每靜室僧趺, 忘懷萬慮, 與碧虛寥廓同其流)"[미우인자제기(米友仁自題其)『운산득의도권(雲山得意圖卷)』]고 했다. 이처럼 문인들은 참선입정(參禪入定)을 통해 자신과 자연이 최대한 조화를 이루게 하여 예술적 심미 과정에서 물아가 하나가 되고, 맑고 깨끗하고 텅 빈 경지와 인연에 따라 자유롭게 초탈하는 생활 태도를 체험하게 된다. 선정정심(禪定淨心)을 통해 문인들은 "걱정거리를 훨훨 털어버리고 상에 마주 앉아 자연스럽게 되도록 내버려두고(忽忽忘機坐, 怅怅任運行)"[백거이, 「강상대주(江上對酒)」), "집에서 한가하게 사니 날마다 청정하고 긴 대나무가 저절로 예뻐지는(閑居日清淨, 修竹自檀欒)"[배적(裴迪), 「심십사습유신죽생독경처동제공지작(沈十四拾遺新竹生讀經處同諸公之作)」)] 생활을 누릴 수 있었으며, "홀로 무심한 곳에 누워 있으니 봄바람도 한가하여 조용한(獨臥無心處, 春風閑寂寥)"[왕안석(王安石), 「병중수기절행화수지이수(病中睡起折杏花數枝二首)」 기이(其二)] 생활을 할 수 있었다. 이러한 선정의

상태는 문인들이 추구하는 예술 창작의 심경(心境)과 어느 정도 같은 점
이 있었다. 문인들이 선정 상태에 들어서서 내심이 고도의 자유에 이르
면 순식간에 만물의 세계에 들어서게 되고 창작의 영감을 얻어내는 것이
다. 선자(禪者)들의 심미 의식과 자연의 경지는 서로 의지하여 존재하며
선을 수행하는 것을 통해 자연 본질의 경지로 회귀하는 과정에서 생명에
대해 최고의 보살핌을 주게 되며 찰나의 관찰을 통해 영원한 생명을 포
착하게 되는데 편안하고 아무 욕심이 없는 상태에서 심미의 경지로 들어
서게 된다. 푸웨이쉰이 말한 바와 같이 "선도(禪道) 예술의 취지는 예술
작품에 대한 고도의 심미성에 있는 것이 아니라 예술 작품들이 선자(禪
者) 자신의 무아무심(無我無心)의 해탈 경지를 자연적으로 반영하거나
표출할 수 있느냐 하는 데 있다. 장자의 주장처럼 선도가 진정으로 주장
하는 바는 사람마다 수행과 깨침을 하나로 하는(修證一如) 생활의 예술
가로 변화하는 것이다. 이러한 생활 예술가에게 있어 하루하루는 좋은
날이고 평상심은 곧 도심(道心)이다. 선도의 심미성은 바로 이런 것이지
다른 것이 아니다."[175] 여기서 선을 수행하는 사람들은 일상생활을 지향
했지만 간단히 생활에 빠져버린 것이 아니라 그들은 이성과 현실을 초월
하여 더욱 높은 차원의 심미적 존재의 상태에 도달한 것이다.

그러므로 불가의 선정반야(禪定般若)의 수행 방식을 "본질을 들여다
보는 방법과 질곡을 벗어던지고 자유의 길로 인도하는 방법"[176]으로 삼
는다면 개체의 진실한 생명을 긍정하고 인류 주체의 내적 심리의 완전성
을 회복하는 데 매우 적극적인 의의가 있다. 동시에 현대인들에게 정신
과 물질 간의 대립을 어느 정도 없애고 심령 본질의 상태를 회복하고
정신 생태계의 균형을 유지하는 새로운 도경을 제공하는데, 이는 현대
사회에서 진일보 탐구하고 사고해야 할 바다.

---

175) 傅偉勳, 『從創造的詮釋學到大乘佛學』(臺北: 東大圖書公司, 1991), 262면.
176) 스즈키 다이세쓰, 『禪與生活』, 劉大悲 역(光明日報出版社, 1988), 1면.

제3절 공환상즉(空幻相卽)의 예술관

불가의 심미 활동은 신체의 감각 기관에 의지하는 것이 아니라 직접 마음의 느낌을 통해 진행한다. 불자들은 생명의 본연인 '심성(心性)'을 중시하면서 거기에 자신의 생명적 의의에 대한 사고를 쏟아 부어 심미적 경향으로 나타냈다. 이러한 경향은 불가의 심미적 경험을 재건하였으며 그로 하여금 극도로 심령화(心靈化)하게 했다. 첫째, 그들은 우주의 자연을 '공(空)'으로 보고 이를 청정하고 공허한 '마음(心)'속에 끌어들여 전체적으로 나타냈다. 그리하여 불가의 텍스트 환경 속에서 '자연'이란 단어는 새로운 의미를 가지게 되었으며('자연'이란 단어는 불가에서 진실이 드러나는 의미로 변하여 불자들이 불성을 깨닫는 방법과 수단으로 사용된다) "현상을 통해 진실을 얻는" 데에서 "현상을 통해 깨끗한 마음을 얻는" 데로의 전환을 실현했는데 그리하여 미(美)는 "마음이 만든 환영(幻影)"이 되었다. 둘째, 그들은 모든 정보와 사유를 통해 인간과 자연의 관계를 관찰하였고, 가치관을 인류의 심층 의식 속에 끌어들이는 동시에 주체의 내적 반성을 강화하여 '물아합일'로부터 '심경교융(心境交融)'으로 전환하였으며 미(美) 역시 "공에 대한 직관(空的直觀)"으로 전환되었다. 셋째, 불가의 최고의 심미 경지는 현상들이 원융을 이루는 자연의 경지가 아니고 아름다운 이상적인 극락세계도 아닌 일체 세속적인 아름다움을 부정하면서 자신의 깨달음을 통해 도달하는 이상적이고도 최고의 물질적 체험을 할 수 있는 무락지락(無樂之樂)하고 무미지미(無美之美)한 열반의 경지이다.

1. '색즉시공(色卽是空)'이 만들어낸 마음의 환영

1) 자연: 깨끗하고 진실한 자성(自性)

탕융퉁(湯用彤)은 『한위량진남북조불교사(漢魏兩晉南北朝佛教史)』에서 "불가의 성공지설(性空之說)은 노장(老莊)의 허무(虛無)와 비슷하고, 불가의 열반즉멸(涅槃卽滅)도 도교의 무위(無爲)에 견줄 만하다. 도안(道安)·법태(法汰)·법심(法深) 등 불가의 대가들을 살펴보면 모두 내면과 외면의 수양에서 뛰어났다. [……] 때문에 육조 초기에 불교의 성공(性空)설은 노자와 장자의 청담(淸淡)설을 빌려 당대의 수많은 문인과 명사(名士)들을 매료시켰다. 그리하여 천하의 학문 연구의 대권은 점차 불자들의 손에 넘어가게 되었다"[177]라고 말한 바 있다. 불가의 반야공관(般若空觀) 사상이 널리 전파됨에 따라 중국 전통문화 속의 '자연'의 의미도 변화를 가져오게 되었다. 원래 만물의 성장과 소멸을 상징하던 자연의 실체가 일체 망념(妄念)을 없앤 다음의 '본심' 또는 '본성'의 깨끗함이라는 뜻으로 변했다. 도안(道安)이 "자연은 이때부터 시작되었다(自然自爾)"[178]라고 말한 것처럼 심성에 만족하고 본성이 자유로운 존재라는 의미로 변화했다. 지둔(支遁)이 말한 "깨끗하고 맑은 마음이 투명하여 자연을 비춘다(寥亮心神瑩, 含虛映自然)"[179]는 내용은 사람의 마음이 깨끗하고 헛된 고집을 버려야 공허한 적막 속에서 원래의 '자성(自性)'이 나타난다는 뜻이다. 축법호(竺法護)가 번역한 『정법화경(正法華經)』에도 "제불(諸佛)은 본래 깨끗하고 늘 자연을 행한다(諸佛本淨, 常行自然)"와 "법을 관찰하면 자연스럽고 여러 법은 본래 없는 것이다(觀

---

177) 湯用彤, 『漢魏兩晉南北朝佛教史』(上海書店, 1991), 241면.
178) 「名僧傳抄·曇濟傳」, 『卍新纂續藏經』 제18책(臺北白馬精舍, 1989, 영인본), 270면.
179) 「詠懷詩五首」 其二, 『廣弘明集』 권 39; 다카쿠스 준지로 등 편저, 『大正新修大藏經』 제52권(日本大正一切經刊行會, 1934), 350면.

法自然, 諸法本無)"라는 서술이 있는데 '자연'을 만물 근원의 청정한 불성으로 깨끗하고 진실하고 아름다우며, 초월성을 가진 자성(自性)의 체현이라고 정의를 내렸다.

불가가 '자연'의 의미에 대해 전환을 실시한 것은 그 자체가 자연을 대함에 있어 자연 세계의 진실한 물체를 통해 심미적 이미지를 획득하는 유가나 도가의 방식과는 완전히 다름을 결정하게 되었다. 유교에서는 자연현상과 인류의 도덕 행위 간에 비교 가능성이 있는 것으로 보고 인간과 자연의 연관 속에서 도덕과 심미를 포함한 근거를 찾으려 했다. 그리하여 "지혜로운 사람은 물을 좋아하고 어진 사람은 산을 좋아한다(知者樂水, 仁者樂山)"는 도덕화한 자연관을 주장한다. 도가에서는 자연을 머물지 않고 영원히 움직이며 만물이 변화하는(變動不居, 大化流行) 주체로 보고 사람은 응당 자유롭게 자연에 순응하여 만물과 평등하며 정신과 물질이 서로 어울려 자유롭고 편안해야 한다고 주장했다. 그러나 불가에서의 자연은 자신의 진실한 심경 속에서 허화(虛化)하여 형성된 상태로서 다시는 현실 물체의 본신과 구체적 시공간의 규칙의 제약을 받지 않기 때문에 보는 이(觀者)의 심상(心相)이 되었다. 따라서 불가에서는 장자, 공자 및 현학자들의 눈에 비친 자연에 관한 모든 세부적 특징을 교묘하게 보류하는 한편 동일한 자연을 공화(空化)하고 심화(心化)하여 심미적 직관으로 하여금 질적인 변화를 가져오게 함과 아울러 자연에 새로운 의미를 부여했다.[180] 이렇게 함으로써 자연의 감성적인 의미도 보류하였고 자연에 대한 단순한 복제를 초월하여 고대 심미 활동이 지나치게 실체를 추구하는 관념을 갱신하여 불가의 텍스트 환경 속의 '자연'이라는 새로운 의미를 탄생시켰다. 불교의 "가까이하지도 멀리하지도 않음(不卽不離)"과 "형상에 가까이하면서도 형상을 멀리하는(於相而離相)" 심미

---

180) 張節末, 『禪宗美學』(浙江人民出版社, 1999), 4면.

적 관찰 방법은 고대 심미 방식으로 하여 "진실한 형상을 보던" 데에서 "마음으로 형상을 보는 데"로의 전환을 실현했다. 이 과정에서 불가는 자연의 이미지를 임의로 배열하여 깨끗한 본심으로 순수한 현상의 무(無)를 관찰하고 무(無)로 유(有)를 제어하며 정(靜)으로 동(動)을 제어하고 속세를 초월하여 '마음으로 법계를 노니는' 심성의 미를 추구했다.

불교 승려의 관념에서 '심(心)'은 두 가지 특징이 있다. 하나는 깨끗하고 거짓이 없는 것이고, 다른 하나는 공허하고 끝이 없는 것이다. 불가에서는 오직 깨끗하고 거짓이 없는 진심으로 나타나는 사물만을 가장 원만한 것으로 본다. 그리하여 '청정지심(淸淨之心)'은 불가에서 마음과 물체의 관계를 구축하는 출발점이 되었다. 혜능은 "인성은 본래 깨끗한데 망념으로 인해 진실이 뒤덮인다(人性本淨, 爲妄念故, 蓋覆眞如)"[181]고 주장하였고, 홍인은 "자성은 청정하다. [……] 이는 마음의 원천이다(自性淸淨 [……] 心之源也)"고 주장했으며, 혜해법사(慧海法師)도 "자성은 본래 청정하다(自性本來淸淨)"[182]고 주장했다. 그리고 불가에서는 심성을 논함에 있어 '마음'의 허공성(虛空性)을 더 강조한다. 그들은 모든 것을 허공으로 보는 과정에서 가장 중요한 것은 사람 마음의 공이라고 주장한다. 법융(法融)은 "허공은 도의 기본이다(虛空爲道本)"[183]라 주장했고, 혜능은 "마음의 크기는 광대하여 마치 허공과 같다(心量廣大, 猶如虛空)"고 하면서 "허공은 일월성신과 대지와 산하를 포함하고 있어 일체 초목, 악인과 선인, 악법과 선법, 천당과 지옥이 모두 허공 속에 있다"[184]고 주장했다. 따라서 오직 공허한 마음만이 불자(佛者)들로 하여금 현실

---

181) 慧能, 『壇經校釋』, 郭朋 校釋(中華書局, 1983), 36면.

182) 『大珠禪師語錄』 卷上, 『中國佛敎思想資料選編』 제2권 제4책(中華書局, 1983), 176면.

183) 法融, 『絶觀論』, 『中國佛敎叢書·禪宗編』 第1册, 任繼愈 편저(江蘇古籍出版社, 1992), 245면.

184) 慧能, 『壇經校釋』, 郭朋 校釋(中華書局, 1983), 49면.

속의 주체와 객체의 대립을 초월하고, 호오취사(好惡取捨)를 떠나 비공리적인 심미적 태도를 갖게 인도하며, 만물로 하여금 자연의 형태로 자신의 본질을 나타내게 할 수 있는 동시에 심성은 광대하므로 시공을 초월할 수 있고 불생불멸할 수 있으므로 우주 만물을 포함할 수 있는 능력을 가진다고 했다. 또한 이 역시 자연의 객체를 허화(虛化)하는 과정으로서 자연 객체와 심미 주체 간의 차이를 없앰으로써 심미 주체로 하여금 자연 만물과 자유롭게 융통할 수 있게 한다고 여겼다. 이러한 '마음'이 주도하는 사상의 확립으로 인해 "위진(魏晉) 시기 현학(玄學)에서 숭상하던 '명교(名敎)를 뛰어넘어 자연에 맡긴다(越名敎而任自然)'와 같은 '인격아(人格我)'가 남조(南朝) 시기의 불교학에서는 종병이 묘사한 것처럼 '자유로움이 자신을 초월하여 무궁함(暢於己也無窮)'에 이르는 '정신아(精神我)'로 변화되었던 것이다. [……] 이는 적어도 심령의 절대적 자유가 조용히 인격을 수호(守護)하는 것에 비해 더욱 편리하면서도 적합한 초월 방식이라는 것을 의미함과 아울러 '정신아'가 이미 날이 갈수록 당시 중국 선비들의 자각적인 선택이 되었음을 의미한다."185)

2) 자연: 심경화(心境化)를 통한 내면 관찰

중국 불가의 마음과 사물 간의 관계에 대한 인식은 주로 대승공종(大乘空宗)의 심물관(心物觀)에서 비롯되었다. 첫째, 불가에서 주장하는 '색즉시공'은 만물이 인연화합하지만 모든 것이 공허하여 감관을 통해 얻은 모든 물상들은 허망하고 진실한 것이 아니라는 것이다. 그러므로 자연 물상도 가상·환상·허상이 되는데 즉 "무릇 모든 물상은 모두 허망한 것이다(凡所有相, 皆是虛妄)."[『금강경(金剛經)』 '명영락내부각본(明永樂內府刻本)'] 그러나 모든 물상은 모두 마음을 본원으로 하는 고로

---

185) 儀平策, 「玄, 佛語境與陶, 謝詩旨」, 『山東大學學報』 哲社版(1997년 제2기).

"무릇 보이는 형상(色)은 모두 마음을 보는 것이다"[186]라고 했다. 불자들은 자연을 심상화(心相化)하는 방식으로 자연을 관찰하여 모든 물상의 미를 모두 마음이 만든 환영(幻影)으로 변화시켰고 심령으로 본 물상은 "마치 물속의 달, 거울 속의 형상"(『유마힐소설경(維摩詰所說經)』)과 같은 것으로 보았고, 그 외에 "마음 밖에는 진실이 없다(心外無法)"고 했다. 혜흔본(慧昕本) 『육조단경』에는 "바람이 불어 깃발이 움직인다(風吹幡動)"는 공안(公案)이 있는데 다음과 같은 이야기를 적고 있다. 혜능이 광주(廣州) 법성사(法性寺)에 머물 때였다. 어린 중 둘이 바람이 불면 깃발이 움직이는데 바람이 움직인 것인가 아니면 깃발이 움직인 것인가를 두고 쟁론하고 있었는데 이에 혜능은 바람이 움직인 것도 아니고 깃발이 움직인 것도 아니며 "사람의 마음이 움직인 것이다"라고 답했다. 여기서 혜능은 물리 작용인 바람이 불어 깃발이 움직이는 것을 의식 작용에 의한 "상황이 마음에 의해 변하는 것"으로 변화시켜 자연의 바람과 사람이 만든 깃발을 시공과 현실을 초월하여 심령으로 직관할 수 있는 '자연'으로 철저하게 허화(虛化)하였다. 이 과정에서 순수한 직관인 '마음(心)'과 순수한 현상인 '경(境)'이 서로 융합된다. 다시 말하면 이는 특수한 심미적 경험인데 기존의 노자와 장자, 공자와 맹자 등이 주장하던 인간과 자연의 본연적인 친화와 어울림의 관계를 자연의 심경화로 변화시켰다는 점에서 특수하다.[187]

그러나 주의해야 할 점은 불가는 비록 마음의 작용을 중시한다고 하지만 주체의 마음으로 세상 만물을 망라하는 것을 주장하지 않고 자신의 마음과 만물의 융합을 중시한다는 점이다. 오직 깨끗하고 무망한 마음으로 인생 자연을 대한다면 모든 곳이 도를 닦는 장소이고 모든 곳에서 자연을 얻을 수 있으며 "내외를 갈라서 머물지 않고, 오고 감이 자유롭

186) 『景德錄』권 6 『馬祖傳』, 『佛藏要籍選刊』제13책(上海古籍出版社, 1994), 50면.
187) 張節末, 『禪宗美學』(浙江人民出版社, 1999), 17면.

고, 집착을 버릴 수 있어 통달에 장애가 없는(內外不住, 去來自由, 能除
執心, 通達無礙)"(『육조단경』 '반야품') 경지에 도달할 수 있다는 것이
다. 여기서 선종의 '세 가지 경지'는 불교의 '자연'이 심성의 내면 관찰
을 통해 형성된 공령(空靈)의 경지로 해석할 수 있다. 선종의 첫 번째
경지는 "낙엽이 빈산에 가득하니 어디에서 행적을 찾으랴(落葉滿空山,
何處尋蹤跡)"인데 선을 수행하는 사람이 아직도 낙엽 등 객관 대상에
제한되어 법집(法執)을 타파하지 못하고 선오(禪悟)의 종적과 돌파구를
찾지 못한다는 뜻이다. 선종의 두 번째 경지는 "빈산에 사람이 없고 물
이 흐르고 꽃이 핀다(空山無人, 水流花開)"인데 선을 수행하는 사람이
이미 자아의 집착을 버리고 깨끗한 자성을 회복하여 물과 꽃 등 자연의
의상(意像)이 깨끗하고 빈 마음속에 나타나게 되며 이를 돈오의 수단으
로 삼게 된다는 뜻이다. 선종의 세 번째 경지는 "만고장공, 일조풍월(萬
古長空, 一朝風月)"인데 선을 수행하는 자가 돈오를 통해 진정으로 막
힘없는 순간에 도달했음을 비유한다. 이때 시공간의 경계는 없어지고 넓
은 하늘과 풍월 등 자연의 의상은 심성의 내심 관찰 과정에서 개체의
해탈과 초월을 실현하는 가장 직관적인 증명이다.

3) 자연: 신여불성의 표현

불가에서는 한편으로 '색즉시공(色卽是空)'을 주장하고 다른 한편으
로는 '공즉시색(空卽是色)'을 강조하면서 늘 자연의 '색'을 빌려 마음에
계발을 준다. 그들은 "마음은 저 홀로의 마음이 아니라 색으로 말미암아
마음이 있는 것이다(心不自心, 因色故有)"[188]라고 하면서 공에 대한 관
찰은 색(자연계)에 대한 관찰을 통해서야 이루어지며 최종적으로 "모든
색은 부처의 색(佛色)이고 모든 소리(聲)는 부처의 소리(佛聲)"인 경지에

188) 다카쿠스 준지로 등 편저, 『大正新修大藏經』 제51권(日本大正一切經刊行會,
1934), 246면.

이른다고 주장한다. 그리하여 자연 사물은 진여불성의 표현이 되었고 불
자들의 해탈과 초월의 대상과 매개가 되었다. 승조가 말한 바와 같이
"마음을 비우고 만물을 통해 진리를 얻는(虛其心, 實其照)" 것은 불가에
서 자연을 포함한 모든 것을 비우며 재미있는 세상 만물을 보고 자연을
통해 진리를 터득해야 한다고 주장한다. 그러므로 "선자의 깨달음이 열
에서 예닐곱(적어도 아주 많이)은 자연과 관계된다"는 현상은 사실이
다.189) 선종에서 불성에 대한 체험과 불도에 대한 깨달음은 "정신과 물
질이 어울리는(神與物遊)" 상태로서 불성과 자연이 고도로 융합되고 불
성 세계에 대한 자연의 심미적 표현이기도 하다. 예를 들면『운문문언선
사어록(雲門文偃禪師語錄)』에 어떤 사람이 "'불법의 대의(大意)'는 무
엇입니까?" 하고 물으니 운문문언선사가 "봄이 오면 풀이 저절로 푸르
게 되는 것이다(春來草自靑)"(『오등회원』 권 15)라고 답했다는 기록이
라든지, 이고(李翶)가 "도란 무엇입니까?" 하고 물으니 유엄(惟儼)이 답
하기를 "구름이 하늘에 떠 있고 물이 물병이 담겨 있는 것이다(雲在靑
天水在甁)"[『조당집(祖堂輯)』 권 4]라는 기록이라든지, 굉지(宏智) 정각
(正覺)이 말한 "여러 선덕(禪德)이란 산속에서 오고 가는 사람들처럼 청
산이 곧 몸인 것을 알면 청산이 몸이니 몸은 곧 자신이다. 그러니 다시
어디에서 주관(根)과 객관(塵)이 나겠는가(諸禪德, 來來去去山中人, 識
得靑山便是身, 靑山是身身是我, 更於何處著根塵)"190)라는 기록이든
지, 경흠선사(竟欽禪師)가 말한 도를 깨닫는 경지가 "밤에는 암자 뒤 대
나무 숲에서 들려오는 물소리를 듣고 낮에는 앞산의 구름을 보는 것이다
(夜聽水流庵後竹, 晝看雲起前面山)"(『오등회원』 권 15)라는 기록이라
든지, 여유선사(如有禪師)가 말한 청정의 본원은 "비래산의 경치가 청정
법신불을 나타내고 합간 계곡의 물소리가 광장설상(廣長舌相, 진실한

189) 張節末,『禪宗美學』(浙江人民出版社, 1999), 4면.
190) 釋集成 등 편저,『宏智禪師廣錄』권 4,『禪宗語錄輯要』(上海古籍出版社, 1992).

소리)을 들려주네(飛來山色示淸淨法身, 合澗溪聲演廣長舌相)"(『오등회원』권 16)라고 한 기록이라든지, "염화미소(拈花微笑)라는 고사에서 석가모니가 집었던 꽃이 불성의 진리를 깨닫는 매개물이자 상징"이라든지, 선자들이 주장하는 "나의 마음이 곧 산림 대지다(我心卽山林大地)" 또는 "푸르른 대나무는 모두 법신이고 무성한 노란 꽃은 반야다(靑靑翠竹, 盡是法身, 鬱鬱黃花, 無比般若)" 등이 이러하다. 이런 예들에서 우리는 선사들이 성불(成佛)하는 문제에 대한 대답을 모두 자연의 시각에서 천명하고 있다는 점을 알 수 있다. 따라서 성불은 더 이상 사후(死後)의 일이 아니라 활발한 자연 속에서 실현된다는 것을 알 수 있다. 성불은 더 이상 몸과 정신이 소멸하는 영결(永訣)이 아니라 생명 정신의 승화이며 자연에 대한 심미적 인식인 것이다. 불자들의 관점에서 보면 만물은 모두 불성의 체현이므로 활발하고 생동적이며 생생불식(生生不息)한다. 그러므로 풀 한 포기든 나무 한 그루든 아니면 산이든 물이든 더는 인간과 멀리 떨어진 순수하고 자유로운 물체가 아니라 부처의 진리와 큰 뜻을 가득 품은 시적이고 심미화한 존재이다.

그러므로 불가에서의 자연은 도가에서의 천지대화(天地大化)나 현학에서의 자연독화(自然獨化)와 서로 다르다. 불가의 이러한 "색과 심을 모두 중시하는" 중도적 자연관은 '자연'으로 하여금 불가의 텍스트 환경에서 새로운 의미를 갖게 하였고, 중국 고대의 심미 방식으로 하여금 실제 존재로부터 허공으로, 유한에서 무한에로, "실제 사물을 통해 현상을 보던 데(審象於眞)"에서 "마음으로 현상을 보는 데(審象於心)"로의 전환을 실현했다. 동시에 "현상은 마음을 통해 보는 것이다(象爲心觀)"라는 방식이 출현하여 중국인들로 하여금 새로운 영역의 심미 경험을 개척하게 했다. 이를 기초로 하여 불자들은 아름다움이 스스로 아름답지 않고 인연으로 인해 아름다우며 세상에 실제 존재하는 아름다움도 가짜로 존재하고 본성이 공허하며 진상(眞相)과 환상이 서로 어울린 것으로 인식하게 되었다.

4) 심성으로 비추어보는 심미적 내용

생태적 심미관에서 불가의 심성으로 비추어보는 특성을 관찰하면 우리는 다음과 같은 깨달음을 얻을 수 있다. 첫째, 인간과 자연은 서로 의지하며 불가분의 유기적 생명체로서 자연은 인간과 '오온(五蘊)' 면에서 생리적 감각 기관의 접촉이 있을 뿐만 아니라 인간의 내적 정신과 서로 통하는 의향성(意向性)의 관계를 가진다. 불가에서 자연을 마음속으로 끌어들여 관찰하고 깨닫는 의의는 인간을 자연환경 속에 놓고 심령 세계의 심층적인 내부 전환을 통해 자신의 선(禪)에 대한 사고의 오성(悟性)과 상상 공간을 확대시킬 수 있다는 것이다. 그리하여 전체적인 심신의 존재 상태를 통해 전면적으로 자연을 관찰하고 심미에 참여하고 조화로움을 체험하며 자연 속에서 인격과 심령 및 생명 의식의 투영(投影)을 찾아낸다. 그리고 이를 통해 물아일여와 만물 평등의 원융지경에 도달함으로써 "자연과 사람을 동일한 규칙에 따르게 하여 선의(善意)와 질서를 풍부하게 한다."[191] 비록 이러한 심성을 통해 자연 만물의 불성을 들여다보는 방식은 어느 정도 신비주의 색채를 띠고 있지만 일정한 정도에서 사람과 자연 사물 간의 조화로운 심미적 관계를 인도하는 데 유리하다. 그리고 이러한 마음(心)과 대상(境)의 관계에서 대상이 공허할뿐더러 심지어 마음까지도 공허하게 되었는데, 이는 인간이 더 이상 자신의 이익, 좋고 나쁨(好惡), 시비 판단에 근거해 임의로 자연현상을 분열시키지 아니하며 자연현상을 자연스럽게 마음속에 두어 광명의 불성을 나타내게 함으로써 인간의 심미적 태도를 비공리적으로 전환시켰다는 것을 의미한다. 동시에 불자들은 자연 세계를 매개로 하여 자신의 정신세계를 깨

---

191) 요시카와 고지로(吉川幸次郞), 『中國詩史』, 章培恒 등 역(安徽文藝出版社, 1986), 369면.

닫게 되었고 자연을 더는 인간의 사욕을 위해 정복되는 대상이 아닌 진여를 나타내는 매개와 수단으로 높이 상승시켜 더 높은 가치를 가지게 함으로써 불자들의 존경과 경외심을 얻게 했다.

불교가 전파되지 않아 그 영향을 받지 않았던 선진(先秦), 양한(兩漢) 시대의 심미 관념은 사물에 대한 느낌으로서 "날씨가 사물을 변화시키고 사물이 사람의 마음을 감동시키는(氣之動物, 物之感人)"[종영(鍾嶸), 『시품서(詩品序)』] 것으로 "감정이 배움에 따라 변화하고 보는 사물에 의해 생겨나는 것(情因所習而遷移, 物觸所遇而興感)"[손작(孫綽), 『삼월삼일난정시서(三月三日蘭亭詩序)』]에 관심을 가졌고 "만물의 사이를 오고 가며(流連萬象之際)", "사물의 변화에 따를 것(隨物以宛轉)"을 선도했다. 여기서 사람의 감정은 사물과 서로 접촉한 후에 생겨나므로 마음은 사물과의 관계에서 언제나 수동적이다. 문인들은 불가의 심성 특성의 영향을 받아 점차 주체 심리의 능동적 작용을 발휘하여 미를 "마음이 만든 환영(心造幻影)"으로 보았다. 그러나 알아야 할 것은 불가에서는 비록 마음의 역할을 중시했지만 여전히 마음을 고정적이고 통일적인 실체로 보지 않았는데 마음의 역할은 오직 자연 만물을 드러내거나 없어지게 하고 사물과 함께하거나 빠지게 하는 것이었다. 불가에서는 "독단적으로 모든 사물이 아름답다고 하지 않았고 각 사물들이 마음속에서 나타나는 찰나의 모습만 아름답다고 하였다"[192]고 강조했다. 즉 우리가 마음의 청정만 유지하고 현실의 공리적인 안광을 버리고 자연을 관찰하며 논리적 분석과 습관적인 사유로 자연을 제한하지만 않는다면 우리의 깨끗하고 밝은 마음속에 찰나에 나타나는 자연의 모습은 바로 자연 그 자체로서 활발하고 생동하며 생명력이 있을 뿐만 아니라 상당한 미적 감각을 지닌다는 것이다. 사람들은 모든 것을 마음속에 융합시킨 심미적 직관

---

192) 彭鋒, 『完美的自然－當代環境美學的哲學基礎』(北京大學出版社, 2005), 285면.

속에서 즉시적이고 자유적이며 초탈적인 심미적 경지에 도달한다. 그러므로 우리는 "이런 방법을 심리학적인 것인 동시에 미학적인 것이라고 할 수 있다. [……] 우리는 당나라 이후의 미학과 예술의 발전 과정에서 선종이 직관적인 방식으로 중국의 산수화와 사의화(寫意畵)에 정신적인 깊이를 도입함으로써 그림으로 하여금 심령화(心靈化)되고 경계화(境界化)되게 하였으며, 또 중국 시가의 연정(緣情) 전통에 더욱 공허하고 환상적인 의미를 부여함으로써 시의 의경을 형성하였다는 것을 알 수 있다."[193]

둘째, 불가의 심성적 특성은 중국 고대 미학이 "사물에서 현상을 관찰하던 데"로부터 "마음에서 현상을 관찰하는 데"에로의 변화를 실현하는 데 영향을 주었다. 기존의 중국 미학은 '현상'과 '사물'의 구별에 중심을 두었다. 『역전』에는 '상(象)'이 늘 '형(形)'과 '기(器)'와 함께 나타나는데 예를 들면 "나타나는 것을 상이라 일컬었고, 형을 기라 일컬었다(見乃謂之象, 形乃謂之器)"[『주역』 '계사전(系辭傳)']라고 했다. 종병은 더욱 명확히 '물'과 '상'을 구별했는데 "성인은 도로써 사물을 보고 현자는 맑은 마음으로 현상을 보아야 한다(聖人含道映物, 賢者澄懷味象)"[『화산수서(畵山水序)』][194]라고 했다. 유협(劉勰)도 『문심조룡(文心雕龍)』에서 "만물의 사이를 오고 가며 보고 들은 현상들의 구별을 깊게 읊는다(流連萬象之際, 沈吟視聽之區)"고 서술했는데 이러한 사물의 현상은 아직 객관적인 사물의 단계에 머물러 있으며 그 어떤 잠재적이고 초월적인 심미적 내용도 담고 있지 않다. 그러나 불가의 "마음은 제법의 근본(心是諸法之本)"이라는 내관(內觀)을 경험한 문인들은 더 이상 사물의 외부 형태에 대한 관찰을 고집하지 않고 감성 생명 형태 밖의 '유의미적 형식'을 추구하기에 이르며 고대 심미의 의미는 실질적인 사물로부터 미묘(美

---

193) 張節末, 『禪宗美學』(浙江人民出版社, 1999), 23면.
194) 潘知常, 「禪宗的美學智慧 - 中國美學傳統與西方現象學美學」, 『南京大學學報』 哲社版(2000년 제3기).

妙)한 형상을 추구하는 데로 전환한다. 이후의 불교학자, 시학자, 미학자
들은 불가의 심성 특성의 영향을 받아 저마다 자신의 심미에 대한 요지
(要旨)를 제기했다. 화엄종의 징관은 "부유함은 만덕을 가지셨고, 텅 비
어 없음은 먼지 하나 없도다. 고요한 지혜 바다의 맑은 파도가 텅 비어
만상을 다 품고, 밝고 밝은 법성 하늘의 둥근 달이 한꺼번에 모든 강물
위에 떨어지도다(富有萬德, 蕩無纖塵, 湛智海之澄波, 虛含萬象; 皎性
空之滿月, 頓落百川)"[『대방광불화엄경소서(大方廣佛華嚴經疏序)』]라
고 하였으며, 혜교(慧皎)는 "영묘로 사물에 응하고, 명적을 체험하여 신
과 통하며, 미언을 빌려 도를 전수하며 형상을 빌려 진리를 전한다(資靈
妙以應物, 體冥寂以通神, 借微言以津道, 托形像以傳眞)"[『고승전(高
僧傳)』권 8]라고 했으며, 교연은 "기이한 것은 상외에서 찾아라(采奇於
象外)"[『시식(詩式)』]고 주장했다. 사공도(司空圖)도 "상외를 초월하라
(超以象外)"고 주장하면서 "상외지상, 경외지경(象外之象, 景外之景)"[『이
십사시품(二十四詩品)』]을 추구하였고, 사혁(謝赫)은 "상외에서 얻어야만
고유(膏腴, 미사여구를 비유)를 싫어하게 되고 미묘하다고 말할 수 있다
(若取之象外, 方厭膏腴, 可謂微妙也)"[『고화품록(古畵品錄)』]라고 했
다. 유우석(劉禹錫)은 "경(境)은 상외에서 생긴다(境生於象外)"[『유빈객
문집(劉賓客文集)』권 19]라고 했고, 왕부지(王夫之)는 "시는 어둠과 밝
음 사이에 있다. 보이지 않으면 색을 보여주고, 들리지 않으면 소리를
들려주고, 힘쓰지 못하면 상을 얻게 된다. 비미(霏微)하고 완연하며 조용
하면서 영묘하며 빈 것 같으면서 속이 들어 있다. [……] 때문에 시란
마음의 형상이다(詩者, 幽明之際者也. 視而不可見之色, 聽而不可聞之
聲, 搏而不可得之象, 霏微蜿蜒, 漠而靈, 虛而實. [……] 故詩者, 象其
心而已矣)"[『시광전(詩廣傳)』권 5]라고 주장했다. 또 청나라의 달중광
(笪重光)은 "공(空)은 원래 그리기가 쉽지 않다. 실제 경물은 맑아야 하
고 빈 경물은 드러내야 한다. 정신은 그릴 수 없지만 그림이 진짜 경물

에 가까우면 정신적 경지가 생겨난다. [……] 허와 실이 상생하여 그림을 그리지 않은 곳도 모두 묘경이다(空本難圖, 實景淸而空景現, 神無可繪, 眞境逼而神境生 [……] 虛實相生, 無畫處皆成妙境)" [『화전(畫筌)』])라고 했는데 위에서 언급한 여러 심미관은 모두 불가의 심성 특성의 도움을 받았으며 마음의 내적 전환을 취지로 하고 징철지심(澄澈之心)을 통해 우주 자연의 본질을 관찰하며 우주 만물과 자신 생명의 상호 연결을 체험하여 마음에서 드러나고 사물에서 보이는 순간의 묘경을 보여주려 했다. 중바이화는 『중국 예술적 의경의 탄생(中國藝術意境的誕生)』에서 "우주 인생의 구체적인 것을 대상으로 하여 그들의 색상(色相)·질서·절주(節奏)·조화 등을 감상하고 이를 통해 자신의 마음속 깊은 곳까지 들여다본다. 그리고 실제 경물을 '허경(虛景)'으로 전환하고 형상 창조를 상징으로 전환하여 인류의 심령을 가장 구체화하고 육신화(肉身化)하는 것이 바로 '예술적 경지'이다"195)라고 했다. 그리하여 육조 시기부터 서예에서는 내적 '신의(神意)'의 표현을 중시하기 시작했고, 회화에서는 무한한 "기의 운치(氣韻)"와 "거침없는 정신세계(暢神)"의 표현을 중시했으며, 시가에서는 생동한 '의상(意象)'을 추구했다. 그리하여 고대의 심미 사상은 이미 점차 '징회관도(澄懷觀道)'(종병)로 변하기 시작했으며 선심(禪心)을 시화(詩畫)에 융합하여 높고 넓으며 깨끗하고 조용한 '염화미소(拈花微笑)'의 심령 세계에서 깊고 미묘한 선의(禪意)를 찾으려 했다. 특히 왕유 등의 '문인화(文人畫)'가 가장 전형적이다. 왕유는 불교의 도리와 선의 경지를 그림 창작에 도입하여 그림의 의미와 선의 의미를 결합하여 선의화(禪意畫)를 탄생시켰는데 이런 형식의 회화 창작은 송나라 때 매우 성행하여 예술의 오묘한 정신적 운치를 추구하는 모델이 되었다.

---

195) 宗白華, 『美學散步』(上海人民出版社, 1981), 70면.

2. '인심생경(因心生境)'에 의한 의경 표현

1) '심경합일(心境合一)': 생명에 대한 깨달음과 반성

불가는 자연을 공(空)으로 보는 동시에 자연의 가유(假有, 가짜로 존재)를 강조했고 주체를 비어 있는 것으로 보는 동시에 불성의 존재를 강조했다. 나중에 그들은 '돈오(頓悟)'를 통해 공과 유가 평형을 이루는 경지를 찾았고 주체를 공으로 보는 자연관과 자연을 공으로 보는 인격관을 결합하여 마음이 만든 경지인 의경(意境)을 탄생시켰다.196) 그리하여 불가의 심성 특성의 영향을 받아 중국 전통적 심미 형태는 '물아합일(物我合一)'에서 "심경이 서로 융합하는(心境交融)"하는 데에로 변화했다. 전통적인 물아합일의 심미 형태는 자연 사물과 인류 자아 간의 관계를 자연적인 묵약(默約) 관계로 보기 쉬우므로 대상에 대한 주체의 내적 반성 정도가 약하다. 그러나 불가에서 인류 주체의 심성을 심미 과정에 도입한 후, 미는 징철지심(澄澈之心)과 자연지경(自然之境)이 서로 겸하고 서로 융합하며 서로 반영하는 가운데 탄생한 산물로서 더는 "마음이 사물을 좇"거나 "사물이 마음을 따르는 것"이 아닌 사람들의 정신적인 반성 과정에서 마음과 경지의 상호 작용에 의해 탄생된다는 것이다.

동진(東晉) 시기부터 불자들은 자연을 공으로 보는 자연관을 바탕으로 '인심생경(因心生境, 마음에 의해 경지가 생김)'의 경지를 해석했다. 승조는 반야공관(般若空觀)으로 성공(性空)의 진체(眞諦)를 터득한 후의 경지를 설명했는데 이러한 경지는 텅 빈 것으로서 실물이 아니며 현상 밖에 있다고 주장했다.[『반야무지론(般若無知論)』] 축도생은 '심'과 '경'의 관계를 더욱 심각하게 보았는데 '심'은 인연에 의해 생겨나며 그 중 가장 중요한 인연은 '경계연(境界緣)'이라고 주장하면서 '경'과 '심'

---

196) 張節末, 『禪宗美學』(浙江人民出版社, 1999), 4면.

의 상호 의존 관계를 강조했다.[197] 종병도 "경은 심에서 생긴다(境生於心)"는 사유를 바탕으로 "마음을 깨끗이 하면 반드시 기묘한 경지에서 오묘한 것이 생긴다(淸心潔情, 必妙生於英麗之境)"[198]라고 하면서 주체의 마음이 확 트이고 깨끗해야 초월과 자유의 심미적 경지에 이를 수 있다고 했는데, 이는 미학 사상 중의 '의경(意境)'의 특징과 일치한다.[199] 당나라 이후에는 '경계(境界)' 이론에 대한 불교학자들의 해석이 더욱 세밀해졌다. 유식종(唯識宗)은 '식[識, 외경(外境)을 식별하고 인식하는 마음의 작용을 밝힌 불교의 교설]'과 '경(境)'의 밀접한 관계를 강조했는데 마음을 떠나서는 독립적으로 존재하는 경이 있을 수 없고, 객관적인 경은 심식(心識, 마음의 인식 작용)에 의지해야만 존재할 수 있다고 주장했다. 『구사론소(俱舍論疏)』에서는 심과 경이 서로 의존하여 공생하는 관계를 밝혔는데 "마음이 있는 곳은 돌아다니고 의존하기 때문에 경이라 부른다(心之所遊履攀援者, 故稱爲境)"라고 주장했다. 선종은 심과 경의 상관성을 더욱 강조했는데 '명심견성(明心見性, 밝은 마음으로 성을 본다)'의 길은 객관에 대한 관찰이라고 하면서 '대경관심(對境觀心, 경을 통해 마음을 보다)'을 주장했다. 규봉(圭峰) 종밀(宗密)은 『선원제전집도서(禪源諸詮集都序)』에서 "마음은 홀로 생기지 않고 경에 의해 생기며 경도 저절로 생기지 않고 마음에 의해 나타난다. 심공(心空)은 바로 경사(境謝, 경이 쇠락함)이고, 경멸(境滅, 경의 소멸)은 바로 심공이다. 경이 없는 심이 없는데 어찌 심이 없는 경이 있을쏜가?"라고 했다. 이러한 '인심생경'의 과정에서 첫째는 자기 심성에 대한 내면의 반성과 거꾸로 되는 관찰을 통해 숨기는 것이 없는 깨끗한 상태에 도달하고, 둘째는 경계에 대한 관찰을 마친 불성에 대한 반성과 생명 경

---

197) 呂澂, 『中國佛敎學思想槪論』(臺北: 天華出版公司, 1982), 132~133면.

198) 宗炳, 『明佛論』; 南朝梁僧祐 편, 『弘明集』 권 2 참조, 『四部叢刊』 영인본.

199) 李澤厚·劉綱紀, 『中國美學史』 魏晉南北朝編(安徽文藝出版社, 1999), 492면.

계의 깨달음과 이해를 얻게 된다. 그러므로 '인심생경' 후에는 '섭경입심(攝境入心, 경을 마음에 끌어들임)'하여 주체의 이중적인 반성 효과를 얻게 되었던 것이다.

위의 이론들은 모두 선사들이 '심'과 '경'에 대한 상호 융합과 상호 섭취, 상호 작용을 파악하고 이해한 것인데, 여기서 우리는 선사들이 심령으로 깨달음의 경지에 이르는 것을 중시하는 동시에 자연의 경을 정복의 대상에서 생명의 활기가 가득한 부처의 경지로 전환했음을 알 수 있다. 이러한 관념은 특히 선종이 대표적인데 일본 선학의 석학 스즈키 다이세쓰는 이를 높이 평가했다. "선은 바다이고 대기이고 고산(高山)이며, 우레고 번개이며, 또한 봄이면 꽃이 피고 여름이면 무덥고 겨울이면 눈이 오는 현상들이다. [……] 선종은 역사가 오래되고 장기적으로 형성된 여러 가지 형식과 습관 및 기타 모든 외적 요인에 구애받지 않고 직접 사람들의 마음에 영향을 주므로 활발하고 생명력이 있다."200) 그러므로 '경'은 중국 고대의 심미적 추구 대상이며 심미 활동의 중요한 내용이기도 하다.

임제 선종(臨濟禪宗)에서 귀납한 '사료간(四料簡)'은 "때론 사람을 취하고 경을 버리고, 때론 경을 취하고 사람을 버리고, 때론 사람과 경을 모두 취하고, 때론 사람과 경을 모두 버리는 것"인데 '심'과 '경', 주관과 객관의 존재 방식에 대한 생동한 표현이며 선자들의 '심'과 '경'이 상호 작용하는 과정을 잘 반영하고 있다. 우선 "사람을 취하고 경을 버린다(奪人不奪境)"는 것은 "이곳에 방초는 있는데 온 성안엔 고인이 없네(是處有芳草, 滿城無故人)"라는 비유를 빌려 주체가 먼저 자신에 대한 집착을 버리면 그 어떤 경우에도 희로애락의 감정이 생기지 않는다는 뜻으로 '대경무심(對境無心)'을 강조하면서 객관적인 경지를 남기고 주관적인

---

200) 스즈키 다이세쓰, 『通向禪學之路』(上海古籍出版社, 1989), 16면.

인식을 버린다는 것이다. 다음은 "경을 취하고 사람을 버린다(奪境不奪人)"는 것인데 "상원의 꽃은 이미 시들었는데 거마는 아직 가득 모여 있네(上苑花已謝, 車馬尙駢闐)"라는 비유를 빌려 먼저 만물에 대한 집착을 버리면 주체인 사람을 남기고 객관인 경을 버린다는 뜻인데 경의 공적(空寂)으로 내심의 번뇌를 없애 '심인경적(心因境寂, 마음이 경으로 인해 고요하다)'의 상태에 도달함을 강조했다. 다음은 "사람과 경을 모두 취한다(人境兩俱奪)"는 것인데 자신과 만물에 대한 집착을 동시에 버리면 자아도 사물도 없이 텅 비고 생명도 텅 비어 장애가 없는 경지로 들어선다는 뜻이다. 마치 "구름이 흩어지고 물이 흘러가니 천지가 텅 비고 조용하네(雲散水流去, 寂然天地空)"라는 경지처럼 "심경이 모두 조용한(心境皆寂)" 무한한 효과를 거둔다는 것이다. 마지막은 "사람과 경을 모두 버린다(人境俱不奪)"는 것인데 주관과 객관에 대한 집착을 버리면 물아양망(物我兩忘, 물아 모두 잊는다)하고 인경합일(人境合一)하게 되며 더는 취함과 버림의 구별 없이 동과 정, 물과 아, 심과 경이 완전히 혼연일체를 이루어 마치 "달 한 조각이 바다에 뜨니 여러 집 사람이 누각에 오르는(一片月生海, 幾家人上樓)" 경지처럼 "심경이 모두 융합하고(心境皆融)" 종교적 의미를 띤 선열(禪悅, 선정에 들어선 기쁨)을 얻게 된다는 것이다. 이 네 가지 '심'과 '경'의 상호 작용 과정은 "경을 통해 인식하는(以境執識)" 단계에서 "인식을 통해 경을 얻는(以識執境)" 단계로, 다시 "경과 인식이 모두 없어지는(境識俱泯)" 단계로 변화하고 최종적으로 "경과 인식이 모두 생겨나는(境識俱起)" 단계와 '심경합일'의 단계로 변화하는 과정이다. 이러한 "심경이 서로 융합하는" 심미적 경험은 한편으로는 주체의 마음으로 대상을 관찰하는 과정에 자신을 반성하게 되고 다른 한편으로는 주체의 마음으로 직접 자신을 반성하게 된다. 그러므로 "이는 순수한 반성일 뿐만 아니라 반성의 반성이다."201)

불가의 "심경이 서로 융합하는" 사상은 예술과 심령을 서로 통하게

했는데 당나라 이후의 문인 학자들에게 받아들여졌고 또 이를 바탕으로
한 '의경(意境)' 이론이 생겨났다. 왕창령(王昌齡)의 "마음이 경지에 들
어오고 정신이 사물과 만난다(心入於境, 神會於物)"[202]는 주장에서 사
공도의 "생각과 경지가 어울리고(思於境偕)", "감정과 경물이 융합된다
(情景交融)"[203]는 주장에 이르기까지 육조 이전의 '감흥(感興)'과 '비흥
(比興)' 등 주제와 비교하면 매우 큰 변화를 가져왔으며, 더는 "사물에서
출발하여" 심미 활동을 구축하지 않고 주체의 마음을 심미적 논리의 출
발점으로 삼았던 것이다. 이는 종전의 "사람의 마음은 사물에 의해 움직
인다(人心之動, 物使之然)"(『예기』 '악기')는 심미 방식을 바꾸어 주체
의 마음의 존재와 미의 경험에 대한 규정성을 강조한 것이다. 그리하여
주체의 만족은 더 이상 감각 기관에만 제한되지 않고 내재적인 정신을
중시하기 시작했다. 이러한 관념은 자기 마음의 반성적 기능을 극도로
활성화했고 자연의 경지를 내적 변화를 통해 선사(禪思)와 선어(禪語)로
전환시켜 주체 심령의 반성 능력과 기민성, 자유성과 이해 능력을 가동
시키는 동시에 중국 고대의 미학에 유다른 생동감과 함께 역동적이며 투
명하고 조용한 심미적 운치를 가미해주었다. 그리하여 객관 세계는 더
이상 심미의 대상이 아니라 내심 속에서 주체와 융합하여 하나가 된 세
계, 종래로 주체와 분리되지 않은 세계이다. 즉 이 세계는 "시는 산천을
경지로 하고, 산천은 시를 경지로 하는(詩以山川爲境, 山川亦以詩爲
境)"[동기창(董其昌), 『화선실수필(畵禪室隨筆)』] 세계이고, "내가 청산
을 보니 그리도 아름다운데 청산도 나를 보면 역시 그러하리라(我看靑
山多嫵媚, 料靑山看我應如是)"(신기질, 「하신랑」)의 세계이며, "서로

---

201) 吳學國·秦琰, 「從'天人和合'到'心境交融' – 佛教心性論影響下中國傳統審美形態
的轉化」, 『南開學報』 哲社版(2006년 제1기).
202) 胡經之 주편, 『中國古典美學叢編』(中華書局, 1988), 245면.
203) 郭紹虞 주편, 『中國歷代文論選』 제2책(上海古籍出版社, 2001), 217면.

마주 보아도 싫증이 나지 않는 것은 오직 경정산뿐이로다(相看兩不厭,
唯有敬亭山)"(이백, 「독좌경정산」)의 세계이다.

2) '경식구민(境識俱泯)': 공적 직관(空的直觀)

'심경의 융합'은 자기에 대한 반성과 경지를 통한 마음에 대한 사고라
는 두 가지 단계 외에도 전체적인 직관(直觀)을 수요로 한다. 장제모(張
節末)는 직관을 '공적 직관(空的直觀)'이라 하면서 "공적 직관은 불가사
의하고 분석이 불가하며 현재 실존하는 것이고 초월적이다. 공적 직관은
사람들이 늘 대립 관계라고 여기는 심과 색(色, 형체)의 관계에 있으며
이러한 대립 관계를 타파하여 심과 색으로 하여금 소통을 이루게 하고
융합하여 하나가 되게 한다. 이러한 감성적 경험은 선종의 산물로서 기
초적인 것인데 광의적으로 말하면 그 자체가 바로 심미 직관이며 협의적
으로 말하면 문예 비평의 분야에서 탄생하였으므로 예술적 심미 직관이
다"[204]라고 했다. 이러한 공적 직관에 기초하여 불가에서는 차안(此岸)
과 피안(彼岸)의 구별을 없애고 외경(外境)과 내근(內根)의 차이를 없앴
으며 법경(法境)과 심경(心境)의 대립을 타파했다. 그들은 일단 공적 직
관에 도달하면 위에서 말한 대립 관계들이 청정한 마음속에서 융합되어
합일을 이루는데 이는 유가의 심성론(心性論)이 인간 세상의 공리 도덕
정복 과정에서 취하는 성자(聖者)적인 상태를 초월한 것이며 또한 도가
의 심성론이 외부 사물에서 노니는 자유로운 상태도 초월한 것으로서 반
성을 통해 내심 세계의 불아(佛我) 정신을 직관한 것이다. 그들은 진정
으로 불성을 얻은 사람은 반드시 '심'과 '경'의 통일을 현재의 직관에서
이루고 마음속에 만물을 융합시킨 지자(智者)여야 한다고 주장했다. 인
간과 자연 만물이 융합하여 하나를 이루고 인연에 따라 장애가 없어지면

---

204) 張節末, 『禪宗美學』(浙江人民出版社, 1999), 241~272면.

인간은 자연의 경지에서 성정(性情)을 다스리게 되고 불성을 깨달으면 자연은 사람들의 관심 속에서 자유롭게 생장할 수 있는데 인간은 더 이상 자연의 매력을 빼앗아가는 정복자가 아니라 자연의 매력을 되찾아주는 심미자(審美者)라는 것이다. 선사들이 주장하는 "천지와 나는 뿌리가 같고 만물은 나와 일체이다(天地與我同根, 萬物與我一體)"(『고존숙어록』권 9)라는 주장과 황룡(黃龍) 조심선사(祖心禪師)가 말한 "어리석은 사람은 경지를 없애고 마음을 잊지 못하며 총명한 사람은 마음을 잊고 경지를 없애지 않는다. 심경이 본디 진리인 것을 모르니 보고 만나는 인연마다 무장애로다(愚人除境不忘心, 智者忘心不除境, 不知心境本如如, 觸目遇緣無障礙)"(『오등회원』권 17)라는 주장은 모두 위와 같은 의미를 나타낸 것이다.

불가가 모든 것을 공(空)으로 보는 과정에서 가장 중요하게 생각한 부분이 바로 사람 마음의 공이다. 오직 텅 빈 마음을 가져야 불자들은 주관과 객관의 대립을 초월하고 주관과 객관에 대한 좋고 나쁨을 떠나 비공리적인 심미 태도로 인도할 수 있으며, 모든 사물의 형태로 하여금 자유자재한 형태로 진정한 불성을 나타낼 수 있다. 불자들은 텅 빈 마음과 텅 빈 현상의 융합 과정에서 예술과 선심(禪心)이 하나가 되게 하는데 이러 방법은 예술 분야에도 적용되어 문인 학자들로 하여금 텅 비고 조용한 창작적 심리 환경을 획득함으로써 공허하고 기묘한 예술적 경지를 창조해내게 한다. 예를 들면 지둔의 「사월팔일찬불시(四月八日讚佛詩)」에서 "혜택이 하나도 빠짐없이 녹이니 공허함은 마음의 변화를 잊는구나(慧澤融無外, 空同忘化情)"라고 한 것은 불성이 우주 만물을 덮어 만물이 모두 비게 되고 물아를 모두 잊는 경지에 이른다는 것을 설명한다. 왕유도 "오온은 본래 공한 것이고 육진은 있지 않다(五蘊本空, 六塵非有)"[「육조능선사비명(六祖能禪師碑銘)」]라 했고, "안계가 지금 더러워지지 않았는데 어찌 심공을 미혹할 수 있으리(眼界金無染, 心空安可迷)"[『청룡사담벽상인형원집(靑龍寺曇壁上人兄院集)』]라고 했는데 이는 모두 '공유상생(空有相生)'에 정통한 중도관(中道觀)과 "유를 통해 공을 가까이 하는(以有襯空)" 변증법의 가장 좋은 예들이다. 그리고 소식(蘇軾)은 『송삼료사(送參廖師)』에서 "시어가 기묘하려거든 공과 조용한 것을 싫어하지 마라. 조용함은 본래 모든 움직임을 그치게 하고 공은 본래 온갖 경지를 담는다(慾令詩語妙, 勿厭空且靜, 靜故了群動, 空故納萬境)"라고 했는데 이는 조용한 마음속에서 자연 만물은 모두 활발하고 자연적인 모습으로 나타난다는 것이다. 이에 중바이화는 "미학에서의 '정조(靜照, 조용하게 바라봄)' 개념처럼 정조의 시작은 모든 것을 비우고 마음속에 아무런 저애가 없고 세속의 일들과 잠시 절연(絶緣)하는 것이다. 이때 한 점의 깨닫는 마음으로 만물을 조용히 바라보면 만물은 마치 거울 속에 있는 것처럼 밝게 빛나고 깨끗하며 모두 제자리에서 자신들의 충실하고 내재적이고 자유로운 생명을 나타내는데, 이것이 이른바 만물을 조용히 바라보면 스스로 얻어지게 됨이란 것이다. 이렇게 스스로 얻어진 자유로운 각자의 생명들은 조용하게 빛을 발한다"205)고 했다. 린안우는 만약 유가가 '짐을 지는 것'을 강조하고, 도가가 '정확하게 볼 것'을 강조한다면, 불가는 '내려놓을 것'을 강조한다고 했다. '내려놓는다는 것'은 모든 존재의 공무성(空無性)을 설명하는 것인데 "그 어떤 존재의 존재는 모두 우리의 심령 의식과 밀접한 관계를 가진다. 우리 심령 의식의 활동이 사물에게 영향을 줄 수 있으므로 그 사물은 비로소 사물이 된다. 만약 우리의 심령 활동이 자기에게로 돌아오면 우리의 심령 의식과 외재적 사물은 혼연일체 상태로 돌아오는데 이것이 바로 '공무(空無)'와 '자재(自在)'의 상태다. 즉 소위 '경식구민(境識俱泯, 경지와 의식이 모두 없어짐)' 상태를 말한다"206)라고 했다. '의경(意境)'이란 바로 공무(空無) 이론을 바탕

---

205) 宗白華, 『美學散步』(上海人民出版社, 1981), 25면.
206) 林安梧, 「儒釋道心性道德思想與意義治療」, 『道德與文明』(2002년 제5기).

으로 한 '유'와 '무'의 통일이며 '심'과 '경'의 통일이다. 이러한 '오경정조 (悟境停照, 경지를 깨닫고 그만 바라봄)'[혜달(慧達), 『조론소(肇論疏)』] 와 심경이 융합하는 방법은 중국 고대 미학으로 하여금 오직 경험한 세계에 대한 사고를 하던 데로부터 심령 세계에 대한 탐구와 자세한 관찰을 하게 하였고 점차 내적인 전환을 실현하여 최종적으로 심령의 초탈 상태에 이르게 했다. 불자들에게 '경'은 그것이 지니는 관찰의 요소를 가짐으로써 공은 공이 아니며(空而非空) 이러한 '공령(空靈)' 의식이 의경 이론에 뿌리를 내리면서 원생(原生)적인 철학적 속성은 이미 희미해지고 반면에 예술적 심미 의미는 더욱 강화되었다.[207]

불가는 개체의 각오경계(覺悟境界)를 추구하는 과정에서 깨달아야 하는 것, 심령 내화(內化)적인 것, 시공을 초월한 것 등 종교의 경지를 중국의 미학에 끌어들였다. 당송 시대부터 시사서화(詩詞書畵)는 더 이상 '사실(寫實)'과 '전신(傳神, 정신 전달)'을 추구하지 않고 '의경(意境)'과 '신운(神韻)'을 추구하게 되었다. 또한 더는 "보이는 것을 그릴 수 있고 (目擊可圖)", "기상이 웅위로운(氣象崢嶸)" 경험적 관찰과 "상(象)을 빌려 의미를 전달하는(立象以盡意)" 제한적인 외향(外向)적 의상(意象)을 추구하지 않고 "밖으로는 조화를 본받고 안으로는 마음의 근원을 얻는 (外師造化, 中得心源)" 반성적인 자세한 관찰과 "심이 곧 경이다"라는 무한한 내향성 공간을 추구했으며, 더는 감각 경험의 개별적 사물 현상을 추구하지 않고 "스스로 형상을 만드는(自成形跡)" 유기적인 신운(神韻)을 추구하게 되었다. 그리하여 중국의 미학은 전체적인 관찰과 작은 것을 통해 전체를 보여주는 등 눈에 보이지 않는 예술적 경지를 나타내기 시작했다. 문인 학자들은 "생각과 경지가 함께 있어야 한다(思與境偕)"[사공도, 『여왕가평시서(與王駕評詩書)』]는 사상을 제기하기 시작

---

207) 金丹元, 「以佛學禪見釋'意境'」, 『雲南民族學院學報』(1991년 제1기).

했고, "경지와 의미의 만남(境與意會)"[소식, 『서연명음주시후(書淵明飲
酒詩後)』]을 숭상했으며, "정신과 경지의 결합(神與境合)"[왕세정(王世
貞), 『예원치언(藝苑卮言)』]을 주장했고, "의경의 투철함(意境融徹)"[주
승작(朱承爵), 『존여당시화(存餘堂詩話)』]을 표방했다. 예랑(葉朗)은 "형
상과 경지(象外之象)의 구별은 형상이 모종의 고립적이고 제한적인 사물
현상인 데 반해 경지는 대자연 또는 인생의 전체 화폭인데 경지에는 형
상을 포함할 뿐만 아니라 형상 밖의 허공도 포함한다. 경지는 일초일목
이나 일화일과(一花一果)가 아닌 원기가 유동하는 자연 조화이다"[208]라
고 했다. 그러므로 감각 기관을 통해 경험하는 '물상(物象)'과 비교하면
'의경'은 생명의 민첩성과 생동성을 띠고 있는 심미적 의미를 가진다.
그중에서 보이지 않는 허공의 마음을 잘라내는 것은 의경의 근원이 된
다. 이는 "전체 세계가 진정으로 통하고 진정으로 서로 통하여 하나가
되는, 만물의 상통성, 상관성, 상융성(相融性)을 표현하며 현장과 비현장
간의 상호 보충으로서 한마디로 말하면 진정한 정신 공간과 심리 공간이
중국 미학의 시야에 들어왔음을 의미한다. 이는 선종의 '공적 미학'의
지혜로 모든 가치적 차이를 없앤 필연의 결과로서 개체는 이로 인해 '심
령의 초월'과 진정으로 아무것에도 의지하지 않는 절대적인 자유를 얻게
되었다."[209]

　　이로 인해 사대부들의 심미적 취미는 그들 심령 속에서 내적 변화를
가져오는데 그들은 내심의 심층 발굴을 중시했고, 생동한 자연과 광활한
우주를 마주하여 세계 전체에 대한 심각한 관찰을 마음속에 융화시켜 평
범한 생활 속에 심각한 명상(冥想)을 나타냈으며, 안일하고 평범한 정신을
최대한 드러내어 자연적으로 형성된 깨끗하고 조용하며 허무한 예술의 심
미적 경지를 미학의 중심이 되게 했다. 불교 '공관(空觀)'의 영향을 가장

---

208) 葉朗, 『中國美學史大綱』(上海人民出版社, 1985), 270면.
209) 潘知常, 『生命美學論稿: 在闡釋中理解當代生命美學』(鄭州大學出版社, 2002), 204~205면.

많이 받은 시인은 왕유인데 그의 시에는 늘 '공(空)'이라는 글자가 나타난다. 예를 들면 "공산신우후(空山新雨後)"[「산거추명(山居秋暝)」], "공산불견인(空山不見人)"[「녹시(鹿柴)」], "공림대언건(空林對偃蹇)"[「희증장오제인삼수(戲贈張五弟諲三首)」], "야정춘산공(夜靜春山空)"[「조명간(鳥鳴澗)」] 등의 시들은 모두 사물에 대한 공관을 통해 얻은 묘득(妙得)을 표현하고 있으며 자연을 비어 있는 것으로 본 다음에 도달한 최고의 심미적 경지를 보여주었다. 송나라의 매요신(梅堯臣)은 "시를 짓는 데에는 고금에 차이가 없지만 오직 평담함이 제일 어렵다(作詩無古今, 唯有平淡難)"[『독소부의학사시권(讀邵不疑學士詩卷)』]라고 하였으며 평담한 예술적 운치를 최고의 기준으로 삼았다. 구양수(歐陽脩)도 『육일시화(六一詩話)』에서 "조용하고 깊이 있으며 고풍스럽고 담아함을 그 뜻으로 한다(以閒遠古淡爲意)"고 했다. 그리고 소식은 그 나름의 자연스럽고 간결하고 깊이 있는 시풍으로 유명하다. 북송 시기에는 여덟 가지 산수의 의경이 가장 많이 그려졌는데 이들은 평사낙안(平沙落雁, 모래톱에 내려앉는 기러기), 원포귀범(遠浦歸帆, 먼 포구로부터 돌아오는 돛단배의 모습), 산시청람(山市晴嵐, 봄기운에 싸인 강촌 풍경), 강촌모설(江村暮雪, 강촌에 내린 저녁 눈), 동정추월(洞庭秋月, 동정호에 비치는 가을 달), 소상야우(瀟湘夜雨, 소상강에 내리는 밤비), 연사만종(煙寺晚鐘, 해 질 녘 산사의 종소리), 어촌낙조(漁村落照, 어촌에 깃드는 석양) 등이다. 이 시들은 모두 조용하고 아늑하며 몽롱하고 담백한 미를 체현하고 있는데 사람과 자연의 완벽한 조화를 보여주고 있다. 팡하오(方豪)는 『송나라 시기 불교의 회화에 대한 공헌(宋代佛敎對繪畫的貢獻)』에서 "송나라 시기에 불교는 회화에 또 다른 공헌을 하였는데 바로 선의 심물합일(心物合一)의 경지와 선적 공령(禪的空靈)의 경지로서 화가들로 하여금 사실(寫實), 전신(傳神)을 알뿐더러 묘어(妙語), 즉 '상외 초월'을 알게 하였다. [……] 그림을 논하는 사람들은 늘 당나라 시기 그림은 법도(法道)를 숭상하였고 송나라 시기 그림은 이(理)를 숭상한다고 즐겨 말한다. 소위 이(理)란 선가(禪家)의 이(理)로서 화가들이 이르는 기운(氣韻)이다."[210] 여기서 우리는 운치에 대한 추구는 이미 후세 사대부들이 추구하는 최고의 예술적 경지가 되었다는 것을 알 수 있다. 이처럼 원만하고 자유로우며 조화롭고 청정한 경지는 우주 자연의 생명력과 정보 교류를 포함하고 있다.

3. '공환적멸(空幻寂滅)'의 심미 경지

불가의 사상은 일종의 인생철학으로서 그 최종 목적은 사람들을 도와 모든 현실 속의 고난에서 초탈하여 인과윤회의 고통도 없고 아집무명(我執無明)의 고통도 없는 경지에 도달하게 하는 것인데, 이것이 바로 열반의 경지다. 불가에서 현상 세계에 대한 완전 부정적인 이론과 논리를 통해 이끌어낸 이상 세계는 허무하고 환상적이며 신비로운 피안의 세계다.[211] 모우중젠(牟鐘鑒)은 "철학을 미학으로 승화하고 종교를 예술로 승화하고자 하는 것은 중국 사상가들이 끊임없이 추구해온 목표다. 중국 철학과 불교·도교에서 묘사한 '천인합일'의 경지와 열반성불(涅槃成佛)의 경지, 득도성선(得道成仙)의 경지는 모두 이와 같은 견해로 볼 수 있다"[212]고 했다. 불가에서는 "탐욕이 영원히 사라지고 진에(瞋恚)가 영원히 사라지며 우치(愚癡)가 영원히 사라지고 일체 번뇌가 영원히 사라지는 것을 열반이라고 명명한다(貪欲永盡, 瞋恚永盡, 愚癡永盡, 一切煩惱永盡, 是名涅槃)."[213] 이는 개인의 지혜와 덕이 원만하여 내세의 기탁

---

210) 方豪, 「宋代佛敎對繪畵的貢獻」, 『現代學苑』 제7권(제11기), 30면.

211) 王海林, 『佛敎美學』(安徽文藝出版社, 1992), 40면.

212) 牟鐘鑒, 『宗敎·文藝·民俗』, 『中國宗敎與中國文化』 제3권(中國社會科學出版社, 2005), 27면.

213) 다카쿠스 준지로 등 편저, 『大正新修大藏經』 제2권(日本大正一切經刊行會, 1934),

을 초월하는 경지이며, 개체가 현실의 욕념을 버리고 시공간적으로 생사
를 초월하는 경지이다. 구체적으로 말하면 석가모니가 제기한 '열반' 사
상은 주로 두 가지 형식인데 하나는 '유여열반(有餘涅槃)'으로서 "상대
를 잘라버렸으니 나타나지 못하고, 나타나지 않으니 안온낙주할 수 있으
며, 안온낙주하니 열반이라 부른다(彼斷已, 無所著. 無所著, 安隱樂住.
安隱樂住已, 名爲涅槃)"214)인데 이는 인생이 살아 있는 동안에 도달하
는 '아집'을 없애버린 경지로서 생명을 버리고 또 다른 이상 세계를 찾
는 것이 아니라 자신의 덕행과 지혜를 향상시킴으로써 초월적인 생존의
상태에 도달하는 것이다. 동시에 이런 방식은 완전하지 못하고 철저하지
못한 해탈 방식으로 여겨진다. 다음은 '무여열반(無餘涅槃)'인데 즉 "나
의 생은 이미 끝이 났으니 범행(梵行, 불도의 수행)은 이미 이루었고 할
것을 다했으니 후유(後有, 다음 생에서 받는 몸과 마음)를 받지 않음을
스스로 안다(我生已盡, 梵行已立, 所作已作, 自知不受後有)"215)는 것
인데 이는 개체의 생명이 죽은 후 윤회의 자유로운 경지에서 영원히 벗
어났음을 뜻하지만 육체가 타서 재가 되고 지혜가 끊기고 영원히 사멸
(死滅)하는 상태에 대한 추구에는 여전히 소극적인 비관주의적 색채가
있다.

후에 대승 불교에서는 석가모니의 열반의 함의에 대해 진일보적인 해
석을 했는데, 일단 개인이 열반의 경지에 도달하면 진정한 '상(常)', '낙
(樂)', '아(我)', '정(淨)'의 네 가지 덕성을 가지게 된다(『대반열반경』)고
했다. '상'이란 항상 불변하고 생멸(生滅)이 없음을 뜻하며, '낙'이란 적
멸(寂滅) 후 탄생하는 안락을 뜻하며, '아'는 큰 자유를 얻고 쉽게 변하
지 않음을 뜻하며, '정'이란 일체 더러운 때(垢染)를 초탈함을 뜻한다.

126면.
214) 위의 책, 8면.
215) 앞의 책, 203면.

이 네 가지 덕행에는 최고의 '진(眞)'을 포함하는데 이는 항상 불로불사하고 영원불변한 것이며, 최고의 '선(善)'도 포함하는데 이는 청정하고 더러워지지 않았으며 더러운 것을 멀리하는 것이며, 그리고 최고의 '미'도 포함하는데 이는 안락하고 시원하며 쾌락한 것이다. 이로부터 불가는 모든 세속적인 감정과 번뇌를 없앤 후 쾌락에 도달하며 "장자(莊子) 식의 소요감(逍遙感)이 아닌 법희선열(法喜禪悅)이고 열반임을 알 수 있다. 이는 일종의 번뇌를 해탈한 후의 징명(澄明)감이고 청정심이며 불교에서 말하는 '제일의(第一義)의 낙'이며 일종의 최고의 체험이다."216) 인본주의 심리학자 에이브러햄 매슬로가 말한 초월성 자아실현자란 바로 이렇게 조용히 심사숙고하는 심경을 가진 사람이다. 그리하여 매슬로는 '최고 체험'의 경지를 '열반'이라는 불교 용어를 사용했다. 그러므로 불교 미학은 '부정(否定)의 미학'217)으로서 불교의 교리에 어긋나는 세속의 미를 부정하는 동시에 이상적이고 최고의 체험 성격을 띤 무락지락(無樂之樂), 무미지미(無美之美)의 열반의 경지를 구축했다. 자세한 분석을 통해 우리는 열반의 경지에 아래와 같은 몇 가지 생태적 심미 이념이 들어 있음을 알 수 있다.

1) '죽음을 향한 삶'의 생명적 경지

중국의 불자들이 원초적 열반의 경지에 대해 끊임없이 해석하고, 게다가 중국 전통적 '중생(重生)'의 관념이 침투되고 영향을 주어 중국 본토의 열반 사상은 인도 불가의 신체와 지혜가 소멸하는 죽음의 경지를 초월하여 죽음을 향해 살고 자유 초탈을 위해 사는 삶의 경지로 변화했으며 생명의 무번뇌와 청정적(淸淨寂)의 특성을 가지게 되었다. 따라서 불자들은 소극적인 출세(出世) 수행으로부터 적극적인 재세(在世) 수행

---

216) 張節末, 『禪宗美學』(浙江人民出版社, 1999), 16면.
217) 釋太虛, 『佛法與美』, 『太虛大師全書』 제24권(宗教文化出版社, 2005).

으로의 전환을 실현했다. 혜원은 "감정으로 생을 힘들게 하지 않으면 생을 가히 멸해도 된다. 생으로 정신을 힘들게 하지 않으면 정신을 초탈시켜도 된다. 정신을 초탈시킨 높은 경지이므로 니원(泥洹, 열반)이라고 부른다(不以情累其生, 則生可滅; 不以生累其神, 則神可冥. 冥神絶境, 故謂之泥洹)"[218]고 했다. 팡리톈(方立天)은 여기서 혜원은 열반에 대해 생을 멸하고 정신을 초탈시키며 형상이 없어지고 정신만 남겨진 경지로 이해했는데 이는 인도 초기 불교의 육체를 태워 재가 되게 하고 지혜가 끊기게 하여 영원히 생사를 멸하게 하는 열반과는 내용상 많이 다르다고 지적했다.[219] 때문에 "초탈시킨 높은 경지"는 중국 불자들이 공인하는 중생들이 가장 이상적인 귀속처(歸屬處)로 인정되었는데 이는 개체가 형체 생명이 자아 정신에 대한 걸림돌을 제거하고 도달한 일종의 고도의 지적 생존 경지로서 사람과 자연의 묵약으로 하나가 된 심미의 경지이기도 하다.

동시에 중국 불자들은 열반이 번뇌와 생사를 멀리하지 않으면서 번뇌와 생사를 초월하려는 상태라고 주장한다. 예를 들면 『열반무명론』에서는 "정명(淨名)이 말하기를 '번뇌를 멀리하지 않고 열반을 얻는다' 했고, 천녀(天女)가 말하기를 '마계(魔界)를 나서지 않고 불계(佛界)로 들어선다'고 했다. [……] 피차가 적멸(寂滅)하고 물아가 어울려 하나가 되고 담담하여 아무런 징조가 없으므로 열반이라 한다('淨名'曰: '不離煩惱, 而得涅槃.' '天女' 曰: '不出魔界而入佛界.' [……] 彼此寂滅, 物我冥一, 泊爾無朕, 乃曰涅槃)"[220]라고 했는데 열반을 반야를 획득한 사람이 도달하는 최고의 정신적 경지, 즉 부처가 되는 상태로 보았다. 특히 선종

218) 『沙門不敬王者論·求宗不順化』, 『弘明集』 권 5, 『四部叢刊』 영인본.

219) 方立天, 『中國佛敎哲學要義』 상권(中國人民大學出版社, 2005), 155면.

220) 다카쿠스 준지로 등 편저, 『大正新修大藏經』 제45권(日本大正一切經刊行會, 1934), 155면.

은 열반의 경지를 세속 생활에 끌어들여 '여여지경(如如之境, 진여의 경
지)'으로 보았는데 이는 원래의 열반 사상에 대한 한 차례의 중대한 개
조이다. 선종에서는 사람들이 죽음을 통하지 않아도 열반을 체험하고 인
간 세상에서 해탈을 얻을 수 있으며, 생명의 과정에서 적멸 상태를 체험
하여 생명의 무상(無常)함을 깨닫고 본성의 허무함을 느낄 수 있으며 생
명 본질에 대한 인식을 얻을 수 있다고 본다. 다시 말하면 개체가 자신
의 생명이 단지 우주 생명의 일부분임을 인식할 때, 자신과 우주 생명의
일체성, 상관성 및 생명에 대한 초월적인 체험을 얻게 된다는 것이다.
이케다 다이사쿠가 말한 것처럼 "불교는 자연 속의 모든 형체와 모든
중생들에게 보편적으로 존재하는 생명의 법을 자신들의 근본적인 종교
로 삼고 있다. 다시 말하면 불교의 가장 중요한 취지는 바로 우주와 생
명 속에 존재하는 '법'을 일치하게 하는 것이며 이를 통해 사람과 자연
이 융합되고 조화로운 방향으로 나아가게 하는 것이다."221)

독일의 철학자 마르틴 하이데거는 '죽음을 향한 삶(being toward death)'
을 제기했는데 자세히 연구해보면 이는 중국 불가에서 주장하는 열반의
경지와 어느 정도 비슷하다. 하이데거는 인간의 존재 방식을 '비본질적
인 존재'와 '본질적인 존재'로 구별했는데 '비본질적인 존재'는 일상생
활에서 남이 하는 대로 따라 하는 존재 방식으로 '타락'의 이화(異化)
상태를 기본으로 삼고 개인은 각종 자질구레한 일에 빠져버리는 반면에
'본질적인 존재'는 개인이 진정으로 자신을 위해 존재하는 존재라고 했
다. 하이데거는 '죽음을 향한 삶'의 방식은 사람들에게 계시를 줄 수 있
고 사람들을 타락의 이화 상태에서 구출하여 "자신의 가장 본질적인 능
력"을 개발할 수 있다고 보았다. 하이데거는 진정한 '죽음을 향한 삶'은
자신으로 하여금 지금까지 초월이 불가능한 경지를 위해 자유롭게 선행

---

221) 아널드 토인비·이케다 다이사쿠, 『展望二十一世紀: 湯因比與池田大作對話錄』,
    荀春生·朱繼征·陳國梁 역(國際文化出版社, 1985), 382면.

(先行)하게 하는데 이는 "종점을 향해 존재하는 자신의 가장 본질적인 가능성의 불확실한 확실성이다"[222]라고 했다. 그리고 "'무(無)'가 나타내는 원시적 경지가 없다면 자아의 존재도 없고 자유도 없게 된다"[223]고 했다. 때문에 하이데거는 '죽음을 향한 삶'의 방식으로 인생 현실의 이화에서 벗어나 개인의 본질적 존재를 회복하고 생명 자유의 경지를 얻으려 했다. 중바이화는 "무한(無限)에서 무진(無盡)을 깨친다면 모든 생멸하는 자는 영원을 상징한다"[224]고 했다. 하이데거의 사상과 비교할 때, 불자들은 먼저 열반의 경지에 도달한 다음 자신의 종교적 체험과 심미적 체험을 융합하고 고요한 환경에서 우주 만물과 자신 생명의 심층적 결합을 느끼게 된다. 또한 이 과정에서 번뇌와 근심을 덜어버리고 생명의 본질로 향하게 된다. 이는 생명 시야의 확장이자 생명 차원의 초월적 존재이기도 하다.

프로이트는 '열반'으로 죽음의 본질을 묘사한 적이 있는데 죽음에 대한 꾸준한 내적 요구를 "숭고한 필연성"이라고 했다.[225] 중국 고대 여러 학파의 생명의 경지에 대한 주장을 돌이켜보면 저마다 특징을 가지고 있다. 유가에서는 시종 생사의 범위 안에서 생명의 존재를 탐구하였는바, 공자는 "생을 모르는데 어찌 사를 알겠는가(未知生, 焉知死)?"(『논어』 '선진')라 하였고 그 어떤 도덕적 목표를 위할 때만 '살신성인(殺身成仁)'(『논어』 '위령공')과 '사생취의(捨生取義)'(『맹자』 '고자' 상)를 강조했다. 그러므로 유가에서 관심하는 것은 천하의 성인이 되는 것이다. 불가의 '열반'과 도가의 '좌망(坐忘)'은 모두 '무(無)'를 중시하는데 이를

---

222) 하이데거, 『時間槪念』, 『海德格爾選集』 上册(上海三聯書店, 1996), 17면.
223) 하이데거, 『形而上學是什麼?』, 『海德格爾選集』 上册(上海三聯書店, 1996), 146면.
224) 宗白華, 『藝境』(北京大學出版社, 1986), 159면.
225) Sigmund Freud, "Beyond the Pleasure Principle", in *The standard Edition of the Complete Psychological Works of Sigmund Freud*, ed. James Strachey, London: Hogarth, 1961, p.5.

통해 세계를 최초의 순수함으로 돌리고자 노력한다. 다른 점은 도가에서
는 비록 "태어나는 순간 죽음도 같이 생기고(方生方死), 죽는 순간 생도
맞물려 생긴다(方死方生)"(『장자』 '제물론')와 "생사를 같게 보다(生死
齊一)"[『장자』 '지북론(知北論)']를 승인하지만 장생불로와 육체가 썩지
않는다는 현세의 수신(修身) 방식을 개체 생명 연속의 희망으로 보고 현
세의 생존 경지에만 머물러 있으며 "천지의 아름다움을 능히 갖추는(能
備於天地之美)"[『장자』 '천하(天下)'] 심미의 길을 관심한다. 그러나 불
가는 시종 '생사'에 대한 사고를 관심의 대상으로 삼아 신령이나 하늘의
힘을 빌리지 않고 직접 정신 분야를 언급하면서 자신의 내적 성찰과 반
야의 지혜를 통해 우리로 하여금 인생의 욕망과 무망(無望)의 몸부림 속
에서 해탈하게 하고 생명의 가치에 대한 탐구를 죽음에 대한 관심과 무
외(無畏)로 확대하게 했는바 그 취지는 생명의 궁극적 의미로 돌아가는
것이며, 따라서 '부처'의 경지, 즉 깨달음의 경지를 획득하게 하는 동시
에 생명 중의 가장 순수하고 고상하며 장엄하고 웅장한 심미적 생존 체
험도 얻게 하는 것이라고 주장한다.

2) '지묘허통(至妙虛通)'의 자유 경지

수나라 삼론종(三論宗)의 길장(吉藏)은 '지묘허통(至妙虛通)'[『삼론
현의(三論玄義)』 상권]이라는 관점을 제기했는데 '허통(虛通)'이란 열반
의 존재 상태라고 주장했다. 이런 열반의 경지는 주로 공관(空觀)의 순
수한 심령적 경지를 통해 사람으로 하여금 명상의 상태에 들어가게 함으
로써 시공 경계에 대한 모종의 초월에 도달하여 공간상의 허무와 시간상
의 정적(靜寂)을 포착하고 최종적으로 자유에 대한 체험과 만족을 획득
하게 한다고 주장했다. 당나라의 징관이 "열반이란 [……] 그 뜻에 따라
번역하여 원적(圓寂)이라 부른다. 그 도리가 법계에 가득 차고 덕이 먼
지와 모래처럼 많아서 원이라 하고 체궁과 진성과 묘절이 서로 쌓여 적

이라 한다(涅槃 [……] 以義翻稱爲圓寂. 以義充法界, 德備塵沙曰圓. 體窮眞性, 妙絶相累爲寂)"[『화엄경수소연의초(華嚴經隨疏演義鈔)』제 52]라고 주장한 바와 같이 열반의 경지는 "적(寂)을 취지로 삼는데 불자들은 대자연의 만물이 모두 고요한 정적(靜的) 상태를 불성을 얻는 최적의 상태로 보았고 내심의 정적 상태를 열반의 방식으로 들어서는 도경으로 삼았기 때문에 개체로 하여금 이러한 상황에서 우주와 고독하게 싸우는 상황에서 벗어나게 했다. 불자들은 '적(寂)'에서 자심 불성의 진아를 관찰하였고, '적'에서 사물의 진면목을 알아보게 되었다. 찰나에 돈오하고 열반을 체험하는 과정에서 현상계의 모든 번뇌와 장애를 버릴 수 있을뿐더러 개체의 마음으로 하여금 자연의 천지와 동화공생(同化共生)하고 융합하여 하나로 되게 하며 유한(有限) 속에서 관찰을 통해 무한한 자유를 얻을 수 있으며 불아일여의 최고의 체험을 실현한다. 탕용퉁은 "니원(泥洹)이란 스스로 무상(無相)의 실상(實相)을 증명하는 것으로 물아를 함께 잊고 유무를 같게 보며 언어도(言語道)를 끊고 제심행(諸心行)을 멸하고 유혹을 제거하고 번뇌를 멸하여 인생의 진상을 철저히 깨닫는 것이다. 여기서 진아지설이 생겨났다"[226]고 했는데 여기서 알 수 있는바 불가에서 도달하는 열반의 경지는 "모든 선악과 공무, 더러움과 깨끗함, 유위(有爲)와 무위(無爲), 세출(世出)과 세간(世間), 복덕(福德)과 지혜(智慧)에 얽매이지 않으며"(『오등회원』 권 2) 자신의 내심 세계에서 영욕, 화복, 생사와 현세 세속의 정감, 번뇌, 걱정을 철저히 팽개치고 내외가 모두 없는 자유 초탈한 명상과 관찰에 도달하며 주체의 정신의 조화(調和), 안정(安靜)과 초탈을 실현하는 것이다.

헤겔은 "심미(審美)는 사람을 해방시키는 성격을 띠고 있는데 대상으로 하여금 자신의 자유와 무한함을 유지하게 한다"[227]는 말을 한 적이

---

226) 湯用彤, 『漢魏兩晉南北朝佛教史』(上海書店, 1991), 635면.
227) 헤겔, 『美學』 제1권, 朱光潛 譯(商務印書館, 1979), 147면.

있다. 이에 두다오밍(杜道明)은 "'열반'의 경지는 사람의 정신을 해탈시키는데 필연적으로 심미적 색채를 띠고 있다. [……] 선종의 불학이 중국 미학에 큰 영향을 주게 된 중요한 원인의 하나가 바로 '열반'의 자유 경지에 대한 묘사와 찬양을 한 것이다"[228]라고 하면서 불자들은 찰나의 순간, 돈오의 순간에 완전히 자유롭고 초탈한 수의지경(隨意之境)에 도달하여 본심으로 하여 매우 풍부한 심미적 자유의 내용을 체험하게 한다고 했다. 그리고 이를 통해 최고의 진리를 획득하는 동시에 가장 아름다운 경지에 이른다고 했다. 그러므로 미와 자유는 불교의 열반 경지의 정수로서 생명 개체가 '허공'의 묘경(妙境) 중에서 현실에 대한 자유롭고 초월적인 구축이며 생명 개체가 자신의 생명 경지에 대한 무한한 상승이기도 하며 더 중요한 것은 자신의 이상 경지에 대한 미학적 해석이다. 장제모는 『선종 미학(禪宗美學)』에서 선종의 열반론(涅槃論)은 미학에서 중요한 의의를 가진다고 하면서 열반론은 위진(魏晉) 시기의 연정(緣情) 미학의 존재적 기초를 뽑아버리고 무정론을 주장했으며 감성 경험 면에서 공(空)으로 보았기 때문에 자연은 반드시 심화(心化)되고 '공화(空化)'된다고 했다. '연정 미학'은 사물감을 주장하므로 경계를 논할 나위는 없지만 초탈한 높은 경지에서의 열반은 순 신령적인 경지로서 공의 상태에서 사물을 관찰할 뿐 감정으로 사물을 느끼지 않는다고 했다.[229] 때문에 불가는 중국화하는 과정에서 유가와 도가의 종교 체험에서의 단점을 보충하였고 사람들로 하여금 유가의 '미선합일(美善合一)'과 도가의 '대도지미(大道之美)' 외에 세상(世相)의 아름다움이 허무하고 환상적이며 실제가 아님을 인식하게 하였고, 나아가 불가의 열반 경지의 적멸허공(寂滅虛空)과 활짝 피어난 묘유(妙有)의 아름다움을 체험하게 하였다. 이런 초탈하고 자유로운 열반 정신과 청정하고 그윽한 심미적 경

---

228) 杜道明, 『中國古代審美文化考論』(學苑出版社, 2003), 194면.
229) 張節末, 『禪宗美學』(浙江人民出版社, 1999), 59면.

지는 후세의 문인지사들의 예술적 사유와 심미적 정취에 중요한 영향을 미쳤다.

3) '등무차별(等無差別)'의 여여지경(如如之境)

위에서 서술한 바와 같이 불가 초기의 열반설은 '유여열반(有餘涅槃)'과 '무여열반(無餘涅槃)'으로 나뉜다. 불법의 전파와 함께 대승 불교 중관파에 이르러 용수는 '무여열반'을 최고의 경지로 보는 관점을 반대하였는데, "열반은 세간과 크게 다르지 않고 세간과 열반도 크게 다르지 않으며 열반의 실제(實際)와 세간제(世間際)는 이제(二際)로서 한 치의 구별도 없다"[『중론(中論)』 '관열반품(觀涅槃品)']고 하면서 열반과 세간이 본질적으로 일치하며 모두 '공'이라 주장하고 '실상열반(實相涅槃)'의 사상을 제기했다. 이후 선종에서는 이를 기초로 '즉심즉불(卽心卽佛)'을 주장함으로써 자심(自心)의 해탈을 중시하고 자심 밖에서 새로운 열반의 경지를 찾는 것을 반대했으며 열반의 경지와 피안의 세계는 모두 현실 세계에서 주체의 마음만으로도 모든 것을 증명할 수 있으며 그 밖에서 찾을 필요가 없다고 주장했다. 그리하여 현실과 열반이 동등하고 무차별이라는 현실에 의거하면서도 현실을 초월하는 자유 해탈의 길을 찾아냈다.

현세의 열반 해탈에 대해 선사들은 각자 독특한 이해와 체험을 가지고 있다. 혜능은 "선지식(善知識), 즉 번뇌가 부처이다. 지나간 생각(前念)에 사로잡히면 범인(凡人)이고 다음의 생각(後念)에서 깨치면 부처이다(善知識, 卽煩惱是菩提. 前念迷卽凡, 後念悟卽佛)"[230]라고 했다. 혜능은 번뇌와 부처는 상즉상생하며 등무차별(等無差別)한 것으로, 번뇌에서 해탈하면 깨달음을 얻고 곧 열반에 이를 수 있다고 보았다. 마조

---

230) 慧能, 『壇經校釋』, 郭朋 校釋(中華書局, 1983), 51면.

(馬祖) 도일선사(道一禪師)는 "모든 법은 불법이고 제법은 곧 해탈이며 해탈자는 곧 진여(眞如)이다. 제법은 진여에서 나오지 않았고 행(行), 주(住), 좌(坐), 와(臥) 등은 모두 불사의용(不思議用, 무심용)으로 시절을 기다리지 아니한다"고 했는데 일상생활 곳곳에서 진여를 체현하므로 모두 참선오도(參禪悟道)의 계기라고 주장했다. 임제종의 의현(義玄)은 전통 열반 사상의 불합리성을 공공연히 비판하면서 자심(自心)이 곧 열반임을 강조했다. "물을 긷고 땔감을 나르는 것도 묘도(妙道)가 아닐 수 없다(運水搬柴, 無非妙道)"라고 하며 마음 밖에서 열반을 찾을 필요가 없다고 했다. 이러한 "세간을 떠나지 않는 깨달음(不離世間角)"의 사상은 모두 열반에 대한 선종의 태도를 보여주는데 즉 사회생활을 떠나 수행해서는 안 되며 현실 속의 활발한 세계에서 불성에 대한 인식을 추구해야 한다고 주장한다. 그들은 참선 수행 과정을 인연에 맡기는 심미의 생활 방식으로 바꾸었는데 종교의 감정과 심미적 정취를 결합시킴으로써 이러한 생활 방식이 자연에 적합한 생명의 본질을 나타내게 하였고 사람과 부처가 등무차별하며 세간과 출세간이 등무차별하다는 인생 태도를 나타냈으며 일상생활 속의 자신의 '깨달음(悟)'을 통해 생명의 아름다움을 전달했다.

그리하여 선종은 '열반'을 형이상학의 '공무(空無)'에서 생활 중의 '묘오(妙悟)'로 끌어들여 "생사를 버리지 않고 열반에 이르는 것이 돈오이다(不捨生死而入涅槃, 是頓悟)"[231]라는 방식으로 열반에 들 것을 주장했다. 선종은 '무여열반'이 세간을 떠나 열반을 추구하는데 이는 무(無)에 대한 집착이므로 진정한 열반에는 이를 수 없다고 보았다. 오직 세간의 생활을 버리지 않아야 "모든 선악, 공무, 더러운 것과 깨끗한 것, 유위와 무위, 출세와 세간, 복덕과 지혜의 구속을 받지 않고"(『오등회원』

---

231) 神會,『菏澤神會禪師語錄』; 石峻 등 편저,『中國佛教思想資料選編』제2권 제4책 (中華書局 1983), 88면.

권 3) 세간 만물의 실상을 알 수 있고 적극적으로 생활에 참여하여 중생들을 해탈시키며 진정한 열반의 상태에 도달할 수 있다고 주장했다. 『육조단경』 '반야품'에서는 "불법은 세간에 있어 세간을 떠나지 않고 깨닫는다. 세간을 떠나 부처를 찾는 것은 마치 토끼의 뿔을 찾는 것과 같다(佛法在世間, 不離世間覺, 離世覓菩提, 恰如求兔角)"[232]라고 했는데 이는 사실상 선종에서 '중도(中道)'의 사유 방식을 사용하여 불교의 '집유(執有, 유에 대한 집착)'를 타파한 후에 일으킨 또 한 차례의 반발이다. 그들은 불법이 시종 '집공(執空, 공에 대한 집착)'해서도 안 되며 그렇지 않으면 허무주의에 빠지게 된다고 주장했다. 이른바 "공불자공(空不自空), 인유고공(因有故空)"(길장, 『삼론현의』)이라는 주장처럼 '유'와 '공'은 원래부터 절대 대립적인 것이 아니라는 것이다.

그러하여 선종의 열반 상태는 세속적인 변화가 일어났는데 이는 차안 세계(此岸世界)와 피안 세계(彼岸世界)의 경계를 타파하였을뿐더러 금생과 내세의 차이도 없애버려 열반의 경지를 현실 생활의 기초 위에 세워놓았다. 『육조단경』에서는 "스스로 본심을 알고 스스로 본성을 보며 오(悟)란 바로 무차별이다(自識本心, 自見本性, 悟即原無差別)"이라 하고 있으며, 『신회어록(新會語錄)』에서는 "진정으로 해탈한 사람은(眞解脫者) 여래와 같다(卽同如來). 식견(識見)이 광대심원(廣大深遠)하여 일무차별(一無差別)하다"라 하고 있다. 『진주임제혜조선사어록(鎭州臨濟慧照禪師語錄)』에서 임제종의 의현은 이렇게 말했다. "한 사람이 외로운 산꼭대기에 있으면 출신의 길이 없다. 한 사람이 십자 거리에 서면 역시 앞뒤가 없다. 어느 것이 앞이고 어느 것이 뒤란 말인가(一人在孤峰頂上, 無出身之路. 一人在十字街頭, 亦無向背. 那個在前, 那個在後?)"(『고존숙어록』 권 4) 이러한 기록들은 모두 선종이 열반의 경지를

---

232) 『六祖壇經校釋』(福建莆田廣化寺佛經流通處, 1969), 49면.

사용하여 여러 모순을 해결하기 위해 노력한 사실을 집중적으로 보여준
다. 그중에서 "내외를 갈라서 머물지 않고, 오고 감이 자유롭고, 집착을
버릴 수 있어 통달에 장애가 없다(內外不住, 來去自由, 能除執心, 通達
無礙)"(『육조단경』)와 "통하여 사용함이 막힘이 없으므로 곧 반야삼매
이다. 자유자재로 해탈하니 무념행이라 부른다(通用無滯, 卽般若三昧,
自在解脫, 名無念行)", 그리고 "한 사물은 마치 만물과 같고 만물은 마
치 한 사물과 같다(一物猶萬物也, 萬物猶一物也)"[계숭(契嵩), 『육조대
사법보단경찬(六祖大師法寶壇經贊)』] 등의 기록들처럼 인간과 자연, 주체
와 객체, 물질과 정신, 유정과 무정의 거침이 없고 장애가 없는 '등무차별'
을 구성하여 이들을 조용하고 조화로운 무한한 경지로 끌어들였다.233)

불가의 생활 속에서 등무차별과 정신절묘의 경지를 추구하는 열반 이
념은 충분한 자유 생활에 대한 추구이면서도, 심령의 해방과 개방에 대
한 갈망이며 더욱이 일종의 생활이 교의(敎義)를 초월한 심미적 생존의
경지이기도 하다. 그들은 "이미 그들이 말하는 세상에서 영원한 생명이
라는 것에 도달하기만 하면 더는 생사로 인해 그들을 영원한 자아와 갈
라놓을 수 없다고 믿기 때문에 그들이 자아를 발견했다고 하거나 자아가
그들을 발견했다고 할 수 있다."234) 그리하여 생활과 열반이 등무차별한
여여지경[如如之境, 즉 진여(眞如)의 경지를 말함]에서 심령의 자유로
인한 행(行)·주(住)·좌(坐)·와(臥)의 자연에서 초탈하여 불자들은 자신과
현실에 대한 완벽한 초월을 완성하고 자신의 생활 심미화의 존재를 실현
했던 것이다.

후스(胡適)와 나눈 선종에 대한 대화에서 스즈키 다이세쓰는 선은 오
직 중국에서만 형성되고 흥성할 수 있었다고 하면서 그것은 인도 사람들

---

233) 杜道明, 『中國古代審美文化考論』(學苑出版社, 2003), 201면.
234) 프리드리히 막스 뮐러(Max Muller), 『宗敎的起源與發展』, 金澤 역(上海人民出版
社, 1989), 251~252면.

이 늘 깊은 사고를 하기 때문에 추상적인 것에 치우칠 뿐만 아니라 피안(彼岸)의 성격과 비역사적인 마음가짐을 가지고 있는 데 반해 중국인들의 심리는 적극적이고 실제적이기 때문에 인도 사람들에 비해 중국인들의 대지 의식(earth conscious)이 더욱 강하므로 중국인들은 지면에서 높은 곳으로 상승하는 것을 매우 싫어한다[235]고 했다. 이 말은 선종이 중국 본토의 문화적 환경 속에서 어떻게 진공(眞空)을 통해 묘유(妙有)를 파악하고 차안과 피안, 생사와 열반을 통일시키는지 그 진정한 원인을 어느 정도 반영하고 있다.

제4절 불가의 생태적 지혜와 예술적 추구의 한계

오늘날 갈수록 엄중해지는 생태 문제는 우리로 하여금 문제의식을 가지고 불가의 경전으로 들어가 그동안 잊혀버린 사상적 자원을 발굴해낼 것을 절박하게 요구하고 있으며, 불가의 내재적 생태 지혜를 탐구하고 불가 사상의 독특한 정신적 내용을 이용하여 현대화의 물결 속에서 씻겨나간 인간과 자연의 관계를 회복할 것을 요구하고 있다. 불가의 생태적 지혜와 현대 생태 이론은 전체적인 시각과, 인간과 자연이 조화를 이룬다는 관점, 그리고 생명을 존중하고 평등을 주장하는 면에서는 대체적으로 일치를 보이지만 양자가 처한 문화적 환경과 각자 이론의 출발점, 그리고 각자가 생태 평형을 실현하는 방법과 도경 등에서는 크게 다르다. 이 중에는 불가의 생태적 지혜를 제한하고 저애하는 많은 요소들이 있다.

---

235) D. T. Suzuki, *Studies in Zen*. New York: Dell Publishing Co., 1955, p.155.

1. '계율'을 준수하는 신비주의 경향

불가의 생태적 지혜와 현대 생태 이론은 그들이 처한 문화적 환경이 다르기 때문에 전혀 다른 역사의 흐름 속에서 자신들이 처한 환경 조건에 근거하여 서로 다른 생태적 선택을 하게 된다. 불가의 생태적 지혜는 농업 문명기에 탄생했는데 이 시기에는 생태 환경에 대한 대규모 파괴도 없었고 자연 자원에 대한 과도한 소모도 없었으며 자연과 인간의 관계도 지나치게 대립되지 않은 상황이었다. 그러므로 불가의 생태적 지혜는 대부분 '생명 일체화(生命一體化)'라는 원시적인 사유 방식에 기원을 두고 있는데 인류가 고대 농업 사회의 조건에서 자연환경에 대해 자연적으로 의지하게 되는 소박한 표출 방식이다. 불가의 생태적 심미 지혜에는 만물의 연기공생, 자아 중심 타파, 현상의 원융무애 등 일련의 이념을 포함하는데 이는 고대 중국의 '천인합일' 이념 속에 포함된 조화의 정신을 체현하고 있으며 동시에 불가에서 자신들의 생명 지혜를 통해 창조해낸 오늘날에도 적용될 수 있는 소박한 생태 이념이다. 이러한 이념은 서양의 공업 문명이 자연에 입힌 피해나 파괴와 비교하면 선명한 대조를 이루고 있고, 이로 인해 현대인들이 인간과 자연의 관계를 정확히 처리하는 지혜의 '모델'이 되고 있다. 그러나 우리는 불가의 생태적 지혜가 모호하고 직감적인 사유의 특징을 가지고 있으며, 이론의 출발점이 인생의 최종적인 해탈을 추구하는 것이며, '열반' 상태에 도달하는 것을 취지로 삼고 있다는 점을 부인하지 못한다. 이로 인해 불가의 전체 사상을 보면 불가피하게도 소극적인 비관주의 색채를 띠게 되며 그 주장은 현존하는 윤리 도덕들과 어느 정도 저촉이 있게 된다. 불가는 자신이 부처가 되는 것을 추구하고 생명에 대해 깨달음을 얻는 과정에서 인류의 모든 욕망을 없애려 하고 인류의 신체적 존재를 포기하고 있는데 이는 사실상 인류의 자연 속성과 사회 속성을 무시하는 것이다. 인간의 윤리, 도덕, 정감 등은 모두 현실 세계에 존재한다는 것을 우리는 잘 알고 있다. 그러나 불가의 최종 목표가 "몸이 타서 재가 되고 지혜가 소멸되는" 열반이라는 데 대해 다시 한 번 생각해볼 필요가 있다. 만약 인생철학의 최종 관심이 사람들을 인도하여 생존의 현실을 떠나 허무한 피안에 도달하는 것이라면 그것이 가지고 있는 생태적 지혜와 윤리 실천이 아무리 많다 하더라도 적극적이고 장기적으로 생태를 보호하는 원칙과 근거가 될 수는 없다.

현대 생태 이론은 공업 문명 시기에 서양의 공업화가 생태 환경을 마구 파괴하고 자연 자원을 지나치게 소비하여 자연과 인간의 관계가 소통되지 않고 멀어지는 긴급한 상황을 대처하기 위해 탄생했다. 그러므로 현대 생태 이론의 내용은 대부분 전통적인 기계론적 자연관에 대한 반성의 내용을 담고 있으며 인간과 자연의 현재 상황에 대한 심도 있는 탐구인 동시에 윤리관과 가치관 등 시각에서 위기에 대처하려는 지혜의 총화이다. 여기에는 생태학·생태철학·생태윤리학·생태미학 등 다양한 학제 간 이론들의 융합과 사고들을 포함하고 있어 이론적인 면에서 더욱 체계적이고, 연구의 심도가 깊고 범위가 더욱 넓으며, 전체 생태계의 지속적인 평형을 추구한다. 그러므로 어떻게 불가 사상에서 이용할 수 있는 생태적 지혜를 찾아낼 것인가 하는 문제는 현대 생태 사상의 중요한 과제가 되고 있다. 현대 서양의 생태 이론은 생태 위기를 해결함에 있어 과학의 발전에 의지할 것인지 아니면 가치관의 제고에 의지할 것인지 하는 문제와 '인류 중심주의'일지 아니면 '생물 중심주의'일지 하는 문제에서 시종 결론을 내리지 못하고 있다. 그러나 서양의 심층생태학은 불가 사상의 영향을 받아 과학적 기술 수단에만 의지하여 생태 위기를 해결하려는 표층생태학의 이념에만 머물지 말고 부단히 심층적으로 문제의 본질을 연구해야 한다는 주장을 하고 있다. 이 또한 서양 학자들이 동양의 생태적 지혜를 배우려 하는 원인이기도 하다.

한편 우리는 불가의 평등사상과 현대 생태 이론의 평등주의의 차이를 발견할 수 있다. 불가의 평등사상은 중생의 수행과 해탈을 출발점으로 삼아 평등심으로 모든 중생을 대해야만 생사에서 해탈하고 열반을 통해 부처가 될 수 있다고 주장한다. 그러므로 불가에서는 '중생 평등'의 관념을 극히 찬양하는데 이는 자신들의 종교적 신앙에서 출발하여 이를 통해 중생들이 세상 만물을 대하는 태도와 행위를 개변시켜 열반 대아(大我)를 구한다는 것으로서 매우 짙은 신비주의 색채를 띠고 있다. 게다가 불가 평등관의 이론적 근거는 "중생은 모두 불성을 가지고 있다"는 것인데 여기서 모든 동물과 식물까지 생명의 자주성과 부처를 향한 각오를 가진다는 관점은 자연 숭배의 범신론(汎神論)적 색채를 띤다. 그리고 불가 사상에는 '권리'나 '가치'와 같은 개념이 없으므로 이들을 간단히 현대 생태윤리학의 '자연 가치'나 '동물 권리' 등과 비교해서는 안 된다.236) 비록 불가 평등사상의 출발점이 불성을 깨닫고 자신의 해탈에 도달하는 것이지만 불가의 평등사상은 완전히 교의(敎義)에만 국한되지 않고 적극적으로 '살생 금지(戒殺)', '방생(放生)', '소식(素食)' 등의 원칙을 실천한다. 이와 반대로 현대 생태 윤리 사상의 평등 규칙은 생태 위기에 대한 반성에 기초하는데 만물의 천부(天賦)적인 내재적 가치를 통해 동식물의 권리를 보호한다. 그들은 생태 윤리를 구축하고 사람들을 깨우쳐 환경 윤리를 실천할 수 있도록 기대하는데 매우 과학적인 이성을 가지고 있다. 그러나 이들이 비록 '내재적 가치', '평등공생' 등 생태적 이념을 제기했지만 실천에 있어 살생을 금하고 소식을 하는 사람은 극소수에 지나지 않는다. 그들이 관심을 갖는 것은 생태계를 파괴하지 않는 전제하에 진행되는 온화한 실천일 뿐이다.

불가는 소식을 통해 자신들의 자비심을 제고하며 최종적으로 불성을 얻게 된다고 주장한다. 객관적인 효과를 보면 소식은 동물의 다양성을

---

236) 張文彪, 「佛敎與西方環境哲學」, 『福建論壇』(人文社科版, 2001년 제6기).

보호하는 면에서 직접적으로 촉진하는 역할을 한다. 그리고 곡물, 과일과 채소, 콩으로 만든 식품을 많이 섭취하는 소식은 사람의 신체 건강에도 유리하다. 하지만 이러한 소식의 방식도 극단화의 위험을 피해야 한다. 생태계의 균형을 놓고 말할 때 단지 '소식주의'와 '비소식주의'로 구별하는 것도 너무 간단한 구분이다. 오직 곡물과 채소와 과일 등으로만 생활해도 충족한 영양을 섭취하는 사람들은 가히 칭찬할 만하다. 그러나 고위도(高緯度) 지역의 초원이나 사막, 산맥에서 생활하는 사람들은 비식물성 음식물에 의지해야만 정상적으로 생존할 수 있다. 때문에 불가에서 불살생과 소식 이념에 대한 극찬은 유기적인 생활에 가까워지려고 쉽게 고려한 것만은 아니다. 생태계의 일원으로서 우리는 기타 만물과의 일체성과 연관성을 알아야 하고, 지나친 도살로 인해 조성된 생물계의 고통을 자각적으로 생물을 보호하려는 의지로 전환하고 점차 자신의 생활 방식과 습관을 고쳐야 한다.

전체적으로 불가의 평등사상은 자연 만물에 대한 경외와 존중으로서 사람들의 평등 의식과 자비심을 높여주는 동시에 생태 평형과 조화로운 사회의 건설에 도움을 준다. '소식'과 '불살생' 등은 인류 생활의 이정표이자 척도이며 이상이지만 극단으로 나아가서는 안 된다. 인도의 자이나 교도들은 '불살생'을 문자 의미 그대로 이해하여 순결성을 지키려 하는데 이 역시 자기 신체에 대한 자해이며 폭력이다. 인류는 응당 자신의 '기본 수요(vital needs)'를 만족시키는 것을 전제로 만물을 관심하고 사랑해야 한다. 그러나 다른 점에서 볼 때 인류의 기본 수요에 대해 일정한 기준과 경계를 정하기란 매우 어려운 일이다. 부동한 민족, 부동한 환경, 부동한 문화의 사람들이 각자 자신들의 수요가 있기 때문이다. 그리고 인류가 자신의 기본 수요를 만족시킨다는 전제하에 인류 이익의 우선권을 출발점으로 계속 기타 생명 개체 및 생태 환경의 생존 권리를 무시한다면 이는 여전히 해결하기 어려운 난제이다. 심층생태학의 창시자인 아르네 네스는 "심층생태학의 기본 원칙 중 하나로 우리가 충분한 이유가 없다면 다른 생물을 상해할 권리가 없다"[237]고 말했다. 그렇다면 심층생태학의 원칙을 지지하는 사람들이 동물을 죽일 충분한 이유가 없으므로 육식을 하지 못하고 모두 소식을 하며 자신의 생존을 유지해야 한다는 말인가? 사실 심층생태학의 원칙을 주장하는 사람들 중에 소식주의자는 많지 않다. 서양의 보육 시조로 불리는 앨도 레오폴드는 심지어 한평생 사냥의 취미를 버리지 않았는데 그 이유가 전체 "지역 생태의 완전성과 안정성 그리고 아름다움"을 파괴하지 않으면 된다는 것이었다. 이로부터 서양의 생태 관념과 동양의 생태적 지혜(특히 불교와 자이나교의 불살생주의)가 서로 다름을 알 수 있다.[238]

이러한 현실에 근거하여 생태주의 시인 게리 스나이더(Gary Snyder)는 "비록 불살생을 실천하지 않은 결과에 대해 미안해하고 자책하지만 우리는 더 큰 시야가 나타날 것을 기대한다. 여기서 말하는 더 큰 시야는 모든 사람이 복잡하게 얽힌 세계의 아름다움과 고통을 모두 느낄 수 있는 것을 말한다. 이 또한 인타라망(因陀羅網)이 가지는 의미이기도 하다. 그리고 불교도로서 이런 점을 배워야 한다. 즉 동물과 식물은 서로 의지하며 전체 자연계는 영원한 에너지 교환체로서 생명과 죽음의 순환이다. 불경에서는 우주를 사랑의 신(Kama)의 영역이라고 하며 모든 생물을 부리려는 욕망과 욕구로 가득하다고 한다. 모든 숨 쉬는 사물은 기아감(飢餓感)이 있다고 한다. 그러나 이런 세계에서 도망치지 말고 인타라망에 가입하라!"[239]라고 말했다. 그러므로 비록 인류는 자신의 기본

237) Bill Devall & George Sessions, *Deep Ecology: living as if Nature Mattered*, Salt Lake City: Peregrine Smith Books, 1985, p.75.

238) 釋恒淸, 「草木有性與深層生態學」, 『佛教與社會關懷學術研討會論文集』(臺灣中華佛教百科文獻基金會, 1996).

239) Gary Snyder, "Nets of Beads, Webs of Cells", in *Dharma Rain: Sources of Buddhist Environmentalism*, eds., Stephanie Kaza & Kenneth Kraft, Boston, MA: Shambhala

수요로 인해 불살생 원칙의 완벽성과 순수성을 지키지 못하지만 이를 일종의 '생존을 위한 마음의 흔적'으로 보고 이를 '불필요한 상해'로 해석할 수 있다. 만약 우리의 내심에 만물의 가치에 대한 존중과 자비심만 있으면 자신에게 적합한 도경을 찾아 불살생의 원칙을 실현할 수 있으며 노력하여 이 도전에 응할 수 있다. 스나이더가 제기한 '더 큰 시야'와 알베르트 슈바이처가 제기한 '생명에 대한 경외'의 관점은 서로 통한다. "우리는 자연을 관찰할수록 자연 속에는 생명으로 가득하다는 사실을 더 잘 알게 된다. 생명 하나하나는 하나의 비밀로서 우리는 자연의 생명들과 긴밀히 연관된다. 사람은 자신만을 위해서 살아서는 안 된다. 우리는 그 어떤 생명도 모두 가치 있다는 점과, 우리와 그들이 불가분하다는 것을 알고 있다. 이러한 인식에서 출발하면 우리와 우주의 친화 관계가 탄생한다."[240] 인간의 생명은 기타 생명에 의존해야 한다. "나는 생존을 요구하는 생명이다. 나는 생존을 요구하는 생명 속에 있다"[241]는 표현은 숭고한 정신적 경지의 생동한 표현이자 내심 속의 평등관과 자유관의 진실한 체현이기도 하다.

2. 열반을 추구하는 금욕주의 특징

불가의 예술적 요구는 '마음'에서 출발할 것을 주장하며 내관(內觀)의 진실성을 승인하는 것이다. 비록 유심론의 색채를 띠고 있지만 인류 심령의 개조와 환경 보호 면에서 '탐(貪)'·'진(瞋)'·'치(癡)' 이 세 가지 독(毒)과 인류의 외부 사물에 대한 집착을 없애는 면에서, 또 자신의 내재

Publications, 2000, pp.349~351.

240) 陳澤環·朱林, 『天才博士與非洲叢林 — 諾貝爾和平獎獲得者阿爾貝貝特·施韋澤傳』(江西人民出版社, 1995), 156면.

241) 알베르트 슈바이처, 『敬畏生命』(上海社會科學出版社, 1992), 9면.

성에 대한 초월을 실현하는 면에서 문제의 근원과 해결 방법을 찾아냈다. 그러나 사람들을 인도하여 심령의 융합을 통해 우주 자연을 체험하고 자신과 우주의 관계를 조절하며 자아와 현실의 대립을 해결하려 했지만 그 결과는 심령으로 하여금 자유롭게 감지하는 공간을 획득하는 동시에 객관 사물의 소멸을 승인하는 것을 기초로 이루어낸 절대적인 조화일 뿐이다. 불가의 이런 심미적 추세는 우주 자연이 점차 인간의 심층 심령과 의식 속에 들어옴과 동시에 현실 생활의 아름다움에 대한 폄하로 이어졌고, 현실적인 심미의 창조를 무시하게 된다. 그러므로 불가의 심성적 특성의 영향을 받는 예술적 요구는 일정한 제한성이 있다고 할 수 있다.

불가에서는 "만물은 모두 공이다"와 자성이 없음을 주장하고 이를 토대로 인간의 감각 기관의 작용과 현실적 욕망을 부정하기 때문에 본질적으로 모든 현실적 미의 탄생과 존재의 가능성을 부정하게 된다. 게다가 불가에서는 인생을 중생들이 '생로병사' 등 '팔고(八苦)'를 겪는 공간으로 보고 세상 사람들의 '육근(六根, 눈·귀·코·입·몸·뜻)'이 '육진[六塵, 심성을 더럽히는 색(色)·성(聲)·향(香)·미(味)·촉(觸)·법(法)의 육경(六境)을 말함]'에 덮여 흐려지면 '육경(色境·聲境·香境·味境·觸境·法境)'을 감지하는 '육식[六識, 육근에 의하여 대상을 지각하는 여섯 가지 작용: 안식(眼識)·이식(耳識)·비식(鼻識)·설식(舌識)·신식(身識)·의식(意識)]도 의거로 될 수 없게 되므로 석가모니는 사람들이 '팔정도(八正道, 고통을 소멸하는 여덟 가지 참된 진리)'를 수호하는 동시에 모든 감성적 욕구와 무명의 망상을 철저히 버려 해탈을 이루어야 한다고 주장한다. 그리고 해탈의 방식은 자연적으로 현실 인생을 부정하는 것인데 '청어상(靑淤想), 혈도상(血塗想), 농란상(膿爛想), 괴상(壞想)' 등 '구상(九想)'으로 인류의 '육욕(六慾)'을 막으려 했는데 '식·색·음(食色音)' 등 욕망에 대한 억제를 강조했다. 그리고 추악한 상상을 여성의 아름다운 몸매에 대입시켜 사람들로 하여금 감성적 희열을 멀리하게 했다. 『아함경』에는 석가모니가 미색에 동하지 않는 기록이 있다. "가로세로 너부러진 모든 추태를 보이니 지저분하기가 시체와 같다"고 비빈(妃嬪)들의 잠자는 모습을 기록했는데 심지어 '시체'나 '백골' 등 언어로 사람들로 하여금 자신의 신체를 혐오하게 했다. 그러므로 심미 의식에서 유가가 적극적인 입세와 낙관적이고 진취적인 현실 미학 정신에 입각한 것과 달리 불가에서는 사람들에게 강제로 인생의 허환(虛幻)을 주입하여 사람들로 하여금 실현하기 어려운 공환(空幻)의 열반과 정토를 향한 심미의 길로 나아가게 했다. 이러한 현상은 선종에 이르러서야 공환허무(空幻虛無)한 희망을 순간의 깨달음과 풍채에 대한 추구로 전환되었다.

여러 가지 예술 형식을 대하는 문제에서 불가의 예술적 요구는 억지에 가까우며 비정상적이다. 불가는 세속의 음악과 춤 등 예술 활동에 대해 심한 편견을 가지고 있다. 첫째, 석가모니는 제자들이 기악가무(伎樂歌舞)를 구경하는 것을 반대했는데 "지금부터 노래를 불러서는 안 된다. 노래를 부르면 계(戒)를 범해 죄를 짓는다. 노래를 부르면 다섯 가지 과실이 있다. 자신의 마음이 탐욕스러워지고, 다른 사람을 탐욕스럽게 하고, 혼자 있으면 늘 환각이 생기는데 이는 탐욕이 마음을 덮기 때문이다(從今不應歌, 歌者突吉羅. 歌有五過失: 自心貪著, 令他貪著, 獨處多起覺觀, 常爲貪慾覆心)"[242]라고 하며 경계했고 자신도 "나는 가무 창기(歌舞倡妓)를 보러 가기를 멀리하고 단절할 것이며 가무창기를 보러 가려는 마음을 깨끗이 없앨 것이다"[243]라고 했다. 석가모니는 제자들에게 가무를 멀리할 것을 권고하는 것 외에도 계율로써 그들을 단속했다. 『장아함경』권 14의 기록에는 부처가 강조하기를 "불문(佛門)의 중들은 음주

---

242) 다카쿠스 준지로 등 편저, 『大正新修大藏經』 제23권(日本大正一切經刊行會, 1934), 269면.

243) 다카쿠스 준지로 등 편저, 『大正新修大藏經』 제1권(日本大正一切經刊行會, 1934), 733면.

를 멀리하고 화려한 옷을 입지 아니하고 가무를 보지 아니한다(沙門瞿曇舍離飮酒, 不著香華, 不觀歌舞)"[244]고 했는데 만약 조심하지 않아 이를 범했을 경우, 이는 악업(惡業)을 지은 것이고 사견(邪見)으로 "죽은 뒤 두 개의 세상으로 가게 되는데 그것은 지옥취(地獄趣)와 축생취(畜生趣)이다(應生二趣, 若地域趣, 若畜生趣)"[245]라고 했다. 여기서 예술 활동에 대한 석가모니의 강렬한 반대와 질책의 태도를 알 수 있다. 둘째, 불가에서 주장하는 인생 해탈의 관점에서 볼 때, 그들은 예술을 인간의 심식(心識)이 허망한 결과로 보았는데 『대방광불화엄경』에서는 "예를 들면 그림 잘 그리는 화사(畵師)가 여러 가지 색을 칠하며 그림을 그리지만, 그가 그린 그림이 모두 허망한 이상(異相)이니 대종(大種, 근본 마음)은 차이가 없다(譬如工畵師, 分布諸彩色. 虛妄取異相, 大種無差別)"고 말하고 있다. 그리고 『금강경』에서도 "무릇 모든 물상은 모두 허망한 것이다(凡所有相, 皆是虛妄)"라고 말하고 있으며 심지어 "색으로 나를 보고 음성으로 나에게 요구하는 것은 사람이 사도(邪道)를 행하는 것으로 여래를 뵐 수 없다(若以色見我, 以音聲求我, 是人行邪道, 不能見如來)"고 말한다. 여기서 불가는 회화처럼 시각으로 완성하는 예술에 대해서도 그 본질을 허망한 것으로 보고 이와 같은 형상에 대한 집착을 없애고 마음 깊은 곳에서 깨달아야 진정한 해탈을 얻을 수 있다고 주장한다. 셋째, 이러한 예술적 요구는 어찌 보면 감성 생명과 생활에 대한 무시이고 감성의 미에 대한 학대이며 심미 감정과 심미 체험에 대한 억제이다. 러시아 학자 야코블레프(E. г Yakovlev)가 말한 바와 같이 "불교는 오랜 옛날부터 자체의 형식을 가지고 있었다. [……] 이를 통해 일반적인 의식이 세계에 대한 정감, 즉 형상에 대한 태도의 여러 요소와

---

244) 위의 책, 89면.
245) 다카쿠스 준지로 등 편저, 『大正新修大藏經』 제2권(日本大正一切經刊行會, 1934), 227면.

심미적 요소, 예술적 요소 등을 종교적 의식에서 제거했고, 고난과 열반의 교의를 창조하여 거기에 금욕이라는 엄격한 도덕적 성격을 부여하려 했다."246)

그러나 우리는 수많은 불교 경전들을 통해 아름다운 현실 사물에 대한 불자들의 긍정과 찬미를 볼 수 있다. 예를 들면 석가모니를 묘사하는 '삼십이대인상(三十二大人相)'과 '팔십종수행호(八十種隨行好)'라든가, 정토를 묘사하는 '이십사종락(二十四種樂)'과 '삼십종익(三十種益)' 등이 그렇다. 우리가 똑똑히 알아야 할 것은 불가의 신화·회화·건축·조각 등 여러 예술적 요소들이 불교와 함께 탄생한 '우상 숭배'와 '피안 기탁' 등 사상에 의해 발전해왔다는 점이다. 여기서 우리는 철학적 불가에서 종교적 불교로 끊임없이 변화하고 이화하는 과정을 관찰하고 체험해야 한다. 왜냐하면 이후의 불교도들은 불교의 교의를 선전하고 더 많은 신도들을 모으기 위해 불교의 원초적 사상을 저촉하는 것을 대가로 거짓을 묘사하고 있다. 이렇게 하여 추상적이고 복잡한 불교의 교의를 생동적이고 형상적으로 신도들에게 보여주었고, 각종 종교적 신앙 요소들을 신도들의 심미적 감응(感應) 속에 주입하여 공고히 했다. 비록 불교의 예술이 오늘날에는 불가의 처음 의도와는 다르지만 사실상 불가는 사력을 다해 현실의 미를 부정하면서 불교 예술의 번영 과정을 이끌어냈고 불교의 조각·건축·회화 등 예술 형식으로 하여금 고대 예술사의 기관을 만들어내게 했으며 예술과 불교가 더욱 긴밀히 결합되게 하였다. 심지어 이러한 불교의 예술 형식들이 불교 교의 중의 적멸무위(寂滅無爲)의 이상을 보여준다기보다는 생활에 대한 가장 유력하고 가장 천진하며 가장 세속적인 사랑을 보여준다고 하는 편이 더 적합하다.247)

---

246) 야코블레프, 『藝術與世界宗敎』(文化藝術出版社, 1989), 151면.

247) 르네 그루세(René Grousset), 『印度的文明』, 常任俠·遠音 역(商務印書館, 1965), 45면.

제 5장

세 가지 생태적 지혜와
예술적 추구에 대한 비교

제1절 유·불·도가 중국 문화사에서 차지하는 위치

이 책이 유·불·도(儒·佛·道)의 생태적 지혜와 예술적 주장을 연구한 이유는 분명 이 세 가지 사상이 중국 고대 사회에서 매우 중요한 위치를 차지하고 있기 때문이다. "유교로 입신하여 도교로 나와 불교로 도망을 간다(入於儒, 出於道, 逃於佛)"는 논법은 고대 부동한 상황에 처했던 옛사람들이 이 세 가지 부동한 사상에 대해 부동한 선택을 했음을 표현한 말이다. 기실 처지가 다른 사람들뿐만 아니라 부동한 성격, 기질, 가정환경, 사회적 지위에 있는 사람들도 유·불·도를 어느 정도 편애했다. 심지어 동일한 사람도 부동한 연령대에서 세 가지 부동한 사상의 추종자나 애호자가 되기도 했다. 말하자면 젊은 시절에는 재기가 넘쳐 유학자들처럼 '수신(修身)·제가(齊家)·치국(治國)·평천하(平天下)'의 대업을 갈망하지만 중년에는 세정(世情)의 성쇠와 인정의 반복(反覆)에 너무 익숙한 나머지 노자나 장자처럼 세속을 멀리 떠나 조용히 무위하고자 한다. 그리고 노년 이후에는 인생의 고난에 대해 더 많은 깨달음을 갖게 되면서 석가모니에게 정신적 해탈을 구하고자 한다. 고대 중국 사람들은 이러한 세 가지 사상에 대해 같지 않은 선택, 같지 않은 애호를 갖고 있었음에도 불구하고 모두 많든 적든 그 사상의 영향을 받았던 것이다. 역으로 말하면 유·불·도는 독립적인 생태관과 예술관은 없으나 그 독특한 인생 태도, 처세 방식, 감정 표현은 때론 많게, 때론 적게 고대 중국 사람들의 생태적 행위와 예술적 실천에 영향을 미쳤던 것이다. 보다 중요한 것은 은연중에 감화를 주는 이러한 영향은 지금까지도 완전히 정지되지 여전히 자각적 혹은 비자각적으로 우리의 생활 처세 방식과 감정 표현 방식을 지배하고 있음과 아울러 직간접적으로 오늘날 인간의 생태적 지혜와 예술적 추구를 배양하여 이룩해가고 있다는 점이다. 때문에 우리는 유·불·도의 생태적 지혜와 심미적 사상을 분석한 뒤에, 이 세 가지 사상이 동태적 환경에서 가지게 되는 역사적 발전 방향과 정태적 환경 하에서 형성된 되는 관계에 대해 간단히 기술할 필요가 있다.

1. '상호 배척'에서 '차소피장(此消彼長)'으로

유가(儒家)는 중화 민족의 주류 이데올로기로, 황하 유역에서 나타난 '조숙(早熟)'한 아시아 고대 문명이다. 이른바 '조숙'이라 함은 바로 성숙하지 못했음을 의미한다. 마르크스의 "생산력이 생산 관계를 결정하고", "하부 구조가 상부 구조를 결정하며", "사회적 존재가 사회의식을 결정한다"는 역사적 유물주의 원리에 따르면 문명의 출현은 우선 마땅히 선진적인 생산력에 의해 이루어진다. 마치 서양 문명의 근원인 고대 그리스 사회처럼 기원전 11세기부터 9세기까지의 '호메로스 시대'[1]에 철기가 있었으며, 철제 농기구의 사용은 생산력을 크게 향상시켜 잉여 사회 재부(財富)가 산출되게 했으며 이로 해서 사유재산이 출현하게 되었다. 그러나 바로 이런 사유 재산 및 그에 따라 나타난 노예제 생산 관계를 수호하기 위해 씨족 사회를 점차적으로 해체하고, 도시 국가가 형성되기 시작했다. 그러나 중국의 상황은 오히려 그렇지 못했다. 우리가 알다시피 일찍 하·상(夏商)과 서주(西周) 시대에는 철제 도구를 갖지 못했을 뿐만 아니라 청동 제련 기술도 주로 예기(禮器)나 병기(兵器) 제조에 국한되어 있었다. 바로 장꽝즈(張光直)가 지적한 바와 같이 중국의 "청동기 시대 시작 직전과 직후의 농기구들은 대부분 쟁기·돌·호미·돌

---

1) 호메로스(Homeros, 약 기원전 9~8세기)는 고대 그리스의 저명한 맹인 시인이다.

낫 같은 것들이었으며, 그 시기 사회의 변화가 기술적인 것에 의해 일어
난 것임을 보여주는 그 어떤 자료도 없다."[2] 때문에 적지 않은 학자들이
중화 문명을 만들어낸 특수한 지리적 환경에 눈길을 돌렸다. 그들은 당
시 우리의 선조들이 사유 재산을 수호하기 위해서가 아니라 황하의 범람
을 다스리기 위해 부득불 생산력 수준이 상대적으로 낮은 상태에서 앞당
겨 대규모적인 사회 조직을 구축하게 되었으며, 또 이로 해서 국가 형태
가 너무 일찍 나타났던 것으로 보고 있다.

발생학의 의미에서 말하면, 가족의 혈연관계는 고대 씨족 사회의 기
반과 전제다. 페이샤우퉁(費孝通)의 『향토 중국(鄕土中國)』에서는 '씨
족'을 '가족'의 집합체로 보았다. 즉 하나의 가족이 사회적 임무를 독립
적으로 담당할 수 없을 경우, 당지의 기타 가족들과 결합하여 강대한 사
회 조직인 '씨족'을 형성한다는 것이다. 그리고 '국가'는 '씨족'의 집합
체로 보았다. 한 씨족 부락이 사회적 임무를 독립적으로 담당할 수 없는
상황에 봉착할 경우, 다른 씨족 부락과 결합하여 보다 강대한 사회적 조
직인 '국가'를 형성하게 된다는 것이다. 우리가 알다시피 황하를 다스리
는 이 같은 거대한 공사는 어느 한 가족이 독립적으로 완성할 수 있는
일도 아니고, 또 어느 씨족 부락이 능히 단독으로 감당할 수 있는 일도
아니다. 이는 보다 광범위한 사회적 참여와 강대한 사회 조직을 필요로
한다. 바로 이와 같은 공동의 사회적 수요 때문에 전설 속의 '곤(鯀)'이
나 '우(禹)' 같은 인물들이 수많은 씨족 부락들을 연합하여 효과적인 사
회 조직을 구성하게 되고 아울러 황하를 다스리는 과정에 조숙한 국가
정권을 탄생시키는 결과를 낳게 되었던 것이다.

하지만 그러한 '조숙(早熟)' 역시 성숙하지 못한 것이었다. 고대 그리
스 문명의 발전 과정과 달리 당시 중국은 상품 교환과 사회 분업이 보편

---

2) 張光直, 『中國靑銅時代』(三聯書店, 1983), 18면.

화되지 못했고 토지도 완전한 사유화가 이루어지지 않았을 뿐만 아니라, 씨족 내부의 혈연관계도 철저하게 파괴되지 않았었다. 때문에 원래 씨족 사회에서 득세하던 씨족들이 점차 노예주 계급으로 변하고 기타 씨족 성원들은 노예로 전락할 때, 그들 사이에는 적어도 표면적으로 일종의 원시적인 종족 관계를 유지하게 된다. 여기에선 하·상(夏商) 두 시대의 자료들이 결핍하기 때문에 우리는 적어도 주(周)나라와 관련한 역사적 자료들에서 이 점을 실증할 수 있는 자료들을 획득할 수 있다. 씨족 수령에서 국가 정권의 통치자로 변화, 발전한 주나라 천자(天子)는 분봉한 제후 및 원래의 토족 세력들과 결합하는 방법으로 국가를 다스렸다. 즉 한편으로는 혈연과 친소 관계에 따라 일부 토지는 자신의 자제(子弟)들에게 나누어주었고, 다른 한편으로는 지방 씨족 세력들의 합법적 지위를 인정함과 아울러 성(城)을 하사하거나 혼인 관계를 맺는 등의 방식으로 자신의 종족 계통 속에 끌어들였다. 이론적으로 말하면 "하늘 아래 왕의 땅 아닌 곳이 없는 바(普天之下, 莫非王土)", 땅은 개인이 아닌 국가에 속하는 것이었다. 그러나 실제로 왕과 제후, 영주들의 땅에 대한 통제와 사용은 모두 세습적 권력을 갖고 있었기 때문에 장기적인 과정에서 일종의 혈연성(血緣性), 지역성(地域性)이 매우 강한 '종법적(宗法的)' 관리 체제를 이루었던 것이다. 이런 조숙한 사회 형태는 고대 그리스가 사회 계약 기초 위에 구축한 국가 정권과는 분명한 차이가 있으므로 이러한 국가 형태는 '도시 국가'라기보다 '사직(社稷, 국가 이전의 공동체 조직-옮긴이)'이라고 해야 할 것이다.

바로 이러한 사회적 토양 위에서 친자(親子) 혈연관계로부터 유가의 윤리가 생겨났으며 이것이 '백가쟁명'을 거쳐 점차 '독존적 유가 학술'로 통치적 지위를 획득하게 되었고 따라서 주도적 지위를 차지한 이데올로기로 자리매김했다. 그리하여 일종 '종교 문화'와 다른 '종법 문화'가 일종 '도시 국가'와 변별되는 '사직(社稷)'을 기초로 출현하게 된 것이다. 그러므로 우리 입장에서 볼 때, 공자가 중화 문화를 창조했다고 말하기보다는 아시아적 사회 토양이 공자를 선택하고 만들었다고 말하는 편이 나을 듯싶다.

'국(國)'이란 것은 다만 확대된 '가(家)'에 불과하고, '군군신신(君君臣臣)'은 '부부자자(父父子子)'를 확대한 것에 불과하기 때문에 친자 혈연관계의 기초 위에 구축된 유가 윤리도 특수한 사회적 의미를 갖게 된다. 즉 윤리의 내재적 구속력을 이용하여 많은 민중들에게 일종의 인격적 형상화를 진행함으로써 그들로 하여금 "가까이는 어버이를 모시고, 멀리로는 임금을 섬기게 하는" 행위적 규범 속에 '수신·제가·치국·평천하'의 인생 이상을 실현하게 하며 '반부논어치천하(半部論語治天下)'의 사회적 기능을 완성하게 한다. 그러나 비록 친자 혈연을 기초로 구축된 원시 유학과 음양오행 학설을 도입하여 진일보 개조한 한(漢)나라 유학임에도 불구하고 내적인 행위 구속력과 외적인 사회 통합 능력을 가지게 되었고, 따라서 화하(華夏) 문명의 발전에 도움이 되기도 했지만 일종 세속적인 윤리 도덕적 관념으로서의 유가 사상은 오히려 신앙 차원에서의 결함을 갖고 있었다. 결국 원시적 유학의 소박한 '인학(仁學)' 사상과 '예학(禮學)'적 행위 규범은 비록 윤리 감정과 행위 규칙의 문제들은 해결할 수 있었지만 현실 이외의 인생 의탁(依託)을 제공할 수 없었으며 사회 이외의 존재 근거도 제공할 수 없었다. 그러나 한나라 유학의 거칠고 경솔한 '천인감응설(天人感應説)'3)과 '오덕종시설(五德終始説)'4)은

---

3) '천인감응(天人感應)'은 중국 고대 유가의 신학(神學) 술어이다. 중국 철학에서 천인 관계와 관련한 일종의 유심주의 학설이다. 천의(天意)와 인사(人事)가 서로 교감하고 감동을 줌을 가리킨다. 하늘은 인간 세상의 일에 관여하고 재난의 징조를 예고해주고 사람의 행위도 하늘을 감동시킬 수 있다는 것이다-옮긴이.

4) '오덕종시설'은 중국 전국 시기의 음양학가 추연(鄒衍)이 주장한 역사관이다. 여기서 '오덕'은 오행(五行)에서 목·화·토·금·수가 상징하는 다섯 가지 덕성을 가리킨다. '종시'는 오덕이 끊임없이 반복 순환함을 가리킨다. 추연은 이러한 학설로 역사의 변화와 왕조의 흥망성쇠를 해석했다고 한다-옮긴이.

비록 정치 윤리와 왕조(王朝) 교체 등의 문제를 해석할 수는 있었지만 생명의 가치와 존재의 실질 등의 문제는 해결할 수 없었다. 이러한 상황에서 밖에서 들어온 불교와 본토의 도교도 도입과 입각의 근거를 갖게 되었다. 본디 신앙 방면의 결핍을 보완하기 위해 한나라 '금문경(今文經)' 학파는 참서5)를 유학에 끌어들였는데, 이로 인해 유학은 종교적인 경향을 띠게 되었다. 그러나 이러한 무술(巫術)의 미신적인 것들은 유가의 전통적인 '실천 이성' 정신과는 거리가 멀었기 때문에 '고문경(古文經)' 학파의 강력한 배척을 받았다. 이와 동시에 금문경 학파를 배척하는 투쟁에서 '고문경' 학파는 오히려 또 문자상의 훈고와 고증 쪽으로 흐르면서 선인들의 학설이나 이론을 기술했을 뿐, 자기의 생각을 가미하여 창작하지 않았으며, 사상적으로 새롭게 이룬 것이 없었다. 이렇게 '금문경'과 '고문경' 두 학파가 서로 다투면서 점차 몰락해가는 마지막 과정에 불교와 도교가 그 허점을 노리고 들어오게 되었다.

서역에서 들어온 불교는 '연기설(緣起說)'로부터 착수하여 대천세계에서 만사만물(萬事萬物)은 모두 단일 원소로 이루어졌고, 또 각종 원소의 조합은 조건이 있으며 상호 의존하는 것으로서 "이것이 있으므로 저것이 있고 이것이 살아 있으므로 저것이 살며 이것이 없으므로 저것이 없으며 이것이 소멸되므로 저것도 소멸된다"6)고 여겼다. 따라서 만사만물은 우연한 것이고 잠시적인 것이며 '자성(自性)'적인 것으로 보았다. 예를 들면 인간은 바로 '오온(色蘊·受蘊·想蘊·行蘊·識蘊)'이 화합하여

---

5) 참위(讖緯)는 고대 한족의 공식적인 유가 신학(儒家神學)으로, 참서(讖書)와 위서(緯書)를 통틀어 일컫는 말이다. 참은 진한 간에 유가들이 만들어낸 길흉을 예시하는 은어인데, 후에 한족 민간에서 사당이나 도교 사원에서 신에게 길흉을 점치는 것을 나타내는 말로 발전하였다가 점차 더 간단한 제비뽑기 점치기를 의미했다.-옮긴이.

6) 「雜阿含經」 권 12, 다카쿠스 준지로 등 편, 『大正新修大藏經』 제2권(日本大正一切經刊行會, 1934), 85면.

이루어진 존재물로서 어느 한 가지 온(蘊)도 단독으로는 그 생명의 존재
를 구성하고 적재할 수 없다는 것이다. 그러므로 인간을 포함한 만사만
물은 다 자기 운명을 좌지우지할 수 없으며, 다만 성·주·괴·멸(成·住·
壞·滅) 속에 끊임없이 윤회할 뿐이라고 했다. 때문에 불교는 자아의 존
재에 집착하지 말고 유한한 인생에 연민을 가질 필요가 없을 뿐 아니라
마땅히 생사를 제대로 파악하고, 인생을 포기함으로써 '공·환·적·멸
(空·幻·寂·滅)'의 '열반(涅槃)'의 경지에 들어가라고 사람들을 훈계한
다. "열반은 원래 불의 꺼짐 혹은 바람이 불어 흩뜨림의 상태를 의미한
다. 불교가 발생하기 이전에 이미 이러한 개념이 있었는데 불교는 연구
하고 숙달하면서 이르러야 하는 최고의 이상적 경지다. 불교의 뜻은 여
러 가지가 있다. 인간의 번뇌와 고뇌를 제거하고 생사의 괴롭고 쓰디쓴
과실을 없애며, 또 생사의 인과를 다 없애면 사람은 도(度)를 얻게 되므
로 이를 멸(滅) 또는 멸도(滅度)라고 했다. 중생이 생사의 이곳저곳을 떠
돌아다니는 것은 모두 번뇌에서 비롯된 것으로, 번뇌의 근원을 제거하면
생사의 고통도 스스로 사라지므로 이를 원적(圓寂) 또는 해탈(解脫)이라
부른다는 것이다. 그리고 또 영원히 삼계 생사의 윤회를 다시 받지 않게
되므로 불생(不生)이라 일컫는다고 했다. 끝없는 미혹이 없고 이루지 못
할 덕이 없는 고로 안락무위에 도달하면 자유의 경지에서 해탈되는데 이
를 열반이라 했다."[7] 불교가 우주와 인생의 궁극적 의미에 대해 독특한
견해를 제기한 까닭에 어느 정도에서는 유가의 '궁극적 배려'가 지닌 부
족함을 메울 수 있었다.

그러나 비록 불교의 인입(引入)이 신앙의 공백을 메워준 의의가 있다
하더라도 오히려 세 가지 측면의 내용은 많은 중국 사람들에게 수용되기
가 매우 어려웠다. 우선 행위 방식이다. 불교는 부모도 무시하고 임금도

7) 『中國大百科全書·宗教』(中國大百科全書出版社, 1988), 290면.

무시하는 '무부무군(無父無君)'의 출세 태도를 주장하는바, 이는 부모를 존중하고 군왕을 숭상하는 한민족(漢民族)의 윤리 관념과 위배되는 것이다. 다음, 신앙의 내용인데 불교가 제창하는 것은 공·환·적·멸의 '열반'의 경지로서, 이는 적극적으로 사회에 진출하고 낙관적인 한민족의 '낙감 문화(樂感文化, 리쩌허우가 1985년에 제기한 개념)'에 위배된다. 마지막으로 종교 이론에서 불교는 사변적 의미의 교의를 설명한다. 이는 구체적인 현실을 중시하는 한민족의 '실천 이성' 정신에 위배된다. 그리하여 서역의 불교가 중원에 들어와 신앙의 공백에 대한 보충을 목적으로 활약하는 동시에 본토의 도교(道敎)도 안달하면서 이데올로기의 주도권을 탈환하고자 했다.

종교로서의 도교는 많은 민간 신앙과 도가 철학의 기초 위에서 개혁하여 만들어진 것이다. 우선 도교는 원래 철학자였던 노자를 신통력 있는 교주로 개조한 것이다. 『노자화호경(老子化胡經)』에서는 "내가 윤희더러 그 토끼를 타고 천축국에 내리게 하였는데 마침 살결이 흰 부인의 입안에 들어가서 그들을 받쳐 들고 태어났다. 호를 실달(悉達)이라 하며 태자의 자리를 버리고 산속에 들어가 도를 닦았는데 최고의 도가 되어 호를 불타(佛陀)라 하였다(我令尹喜, 乘彼月精, 降中天竺國, 入乎白淨夫人口中, 托蔭而生, 號爲悉達, 舍太子位, 入山修道, 成無上之道, 號爲佛陀)"라고 했다. 이렇게 되어 석가모니는 윤희의 후신(다시 태어난 몸)이 되었고 노자의 제자가 된 것이다. 그럼으로써 중국 사람들은 종교를 획득하게 되고 호인들의 뒤를 따르지 않으려는 허영심을 만족시켜줄 수 있었다. 다음, 도교는 불교의 교의를 마구 표절한 동시에 유가의 효제(孝悌)·충의(忠義) 등의 학설을 보충해 넣음으로써 화하 민족(華夏民族)들로 하여금 죽은 뒤의 기탁을 얻게 하면서도 전생의 행위에 영향을 미치지 않게 했다. 마지막으로 도교는 도가(道家)의 청정무위(淸靜無爲)의 출세 태도를 취했을 뿐만 아니라 단약(丹藥, 불로장생의 약) 만들기, 수

행 등 종교적 마법으로 신도들을 장수를 뜻하는 '장생구시(長生久視)'의
경지에 도달하게 함으로써 죽음에 대한 그들의 우려를 해소시키는 한편
적극적이고 낙관적인 '낙감 문화'의 민족 전통에도 부합되게 하였다. 그
러나 도교의 이런 장점은 또한 단점이기도 했다. 왜냐하면 그러한 표절
과 도용은 다만 유·불(儒佛) 두 종교를 한 접시에 담아놓은 격에 불과할
뿐, 스스로 아직 하나의 완전하고 독립된 사상 체계를 갖추지 못했기 때
문이다. 따라서 도교는 초창기에는 일반적으로 상층 사대부들의 주목을
받지 못하고 민간에 광범위하게 영향을 미쳤을 뿐이다. 아마 바로 이런
이유 때문이어서인지 본래는 통치자들이 '정신적 아편'으로 삼아 민중들
의 종교 신앙을 우롱하는 데 이용되었던 도교가 오히려 종종 역으로 민
중을 묶어세워 통치자들에게 반항하는 도구로 이용되기도 했다. 예를 들
면 장각(張角)의 '태평도(太平道)'[8]와 장로(張魯)의 '오두미도(五斗米
道)'[9]가 바로 그것들이다. 때문에 불교에 대한 태도와 마찬가지로 위진
(魏晉) 이래의 통치자들은 도교에 대해서도 이용하거나 견제하는 태도를
취하면서 때론 제창하다가도 때론 금지시키기도 했던 것이다.

2. '삼족정립(三足鼎立)'에서 '삼교 합일'로

　한말(漢末) 이후, 3백여 년의 역사를 거치면서 유·불·도는 상호 제약

---

8) 장각(張角)은 황천(黃天)을 지고무상의 신(神)으로 삼고, 황신(黃神)이 세상과 인간
  을 만들었다고 여겼다. 또 그는 황제(黃帝)와 노자(老子)를 신봉했으며 황제 시대
  의 천하는 태평세상이었다고 여겼다. 이러한 태평세계에는 착취와 억압이 없고
  굶주림과 질병, 재해가 없으며 사기와 도둑, 강도가 없고 사람마다 자유롭고 행복
  했다고 여겼다. 이러한 기초 위에 장각은 태평세계를 만들어가는 것을 이상으로
  삼았던 것이다. 이것이 이른바 '태평도'의 기본 교의와 종교적 사상이다-옮긴이.
9) 후한(後漢)의 장도릉(張道陵)이 사천(四川) 지방에서 일으킨 도교의 일파를 말한다
  -옮긴이.

하면서 완만하게 발전했다. 아시아 생산 방식의 역사적 산물로서 유가는
비록 신앙 차원의 결함을 갖고 있지만 현실에서 중국 사람들에게 가장
잘 맞는 사유 방식과 행위 방식이었다. 유가는 비록 위진 시기에 일찍
한동안 이데올로기의 주도적 지위를 상실했으나 그 완강한 생명력으로
점차 다시 전반적 사회의 정통 사상으로 자리 잡아갔으며 수·당(隋唐)
이후의 과거 제도를 통해 관리 계층의 가치적 취향을 확실히 통제하게
되었다. 외래문화로서의 불교는 한편으로는 원시 교의를 견지하는 동시
에 본토 문화와의 타협 방식을 찾고 있었는바, 예를 들면 군신부자(君臣
父子)를 대하는 문제에서 점차 융통성 있는 태도를 취했다. 다른 한편으
로는 그 사변적 내용이 비교적 적은 중국 불교 파벌들도 적극적으로 도
가의 사상을 섭취하여 장족의 발전을 이룩했다. 그러나 본토 문화의 산
물인 도교는 한편으로는 유가와 불가의 사상을 섭취하고 융합하는 동시
에 자기 이론적 체계를 구축하고 있었다. 예를 들면 후한위(後漢魏) 때
백양(伯陽)의 『참동계(參同契)』, 동진(東晉) 때 갈홍(葛洪)의 『포박자(抱
樸子)』등과 같은 주요 저서들이 출현했던 것이다. 다른 한편으로 대량
의 민간 신화를 빌려 특유의 신선 계보를 구축하는 동시에 '단정(丹鼎)'
과 '부록(符籙)' 등의 수단을 통해 사람들이 재난과 사악을 몰아내려는
욕망과 장수하려는 욕망을 만족시켜주었다. 수·당 시기에 이르러, 한나
라의 '유학 독존(儒學獨尊)'의 국면이 이미 더는 존재하지 않았으며, 그
것을 대체하여 나타난 것이 바로 유·불·도 세 세력이 정립하는 새로운
국면이었다.

　　일찍 수나라 문제(文帝) 시대에 조정에서는 유·불·도 세 세력을 아울
러 장려하는 정책을 실시하기 시작했다. 그러나 이러한 정책이 당나라에
서 철저하게 실시된 데는 또 다른 특수한 정치적 원인이 있었다. 우리가
알다시피 이씨(李氏) 종족은 비록 북주(北周)와 관련 있는 성씨이지만
전통적인 관점에서 볼 때, 관룽[關隴, 지금의 산시(陝西), 간쑤(甘肅), 닝

샤(寧夏) 등 지역 포함-옮긴이] 지방의 귀족들은 산둥(山東)의 토족들과 우열을 비길 수가 없었다. 때문에 정치적인 필요로 초당 시기의 이연(李淵)과 이세민(李世民)은 모두 이이(李耳)의 후대라고 자칭했으며 도교를 이용하여 자신들의 가문을 높이고 같은 문벌의 세력들과 맞섰다. 고종(高宗)·중종(中宗) 등 황제 때에 이르러서도 역시 도사(道士)들에게 모두 매우 높은 지위를 주었으며 서열에서도 도교를 유교, 불교 앞에 세웠다. 반대로 무측천(武則天)이나 위황후(韋皇後)를 대표로 한 외척(外戚) 세력이 황제의 자리를 쟁탈하던 시기에는 또 불법(佛法)을 선양하고 도교를 폄하하면서 승려와 여승을 도교도(道士)들 위에 모셨다. 이렇게 불가와 도가가 황실의 정치적 투쟁으로 인해 서로 증감하는 동시에 통치 집단의 이데올로기였던 유가학파는 때때로 그들에게 이용되기도 하고 배척당하기도 하면서 투쟁의 세력균형을 유지하였다.

세 세력이 정립한 상황에서 유·불·도는 장족의 발전을 이룩했다. 이 시기에 유가는 과거 제도를 통해 '수신·제가·치국·평천하'의 사회적 포부와 '군군·신신·부부·자자' 등급 관념이 국가 관리들의 가치 이념으로 되게 했을 뿐만 아니라 공자·맹자 등의 학술을 기초로 유가의 '도통(道統)' 구축을 진일보 완성했는데 이것이 바로 한유(韓愈)가 『원도(原道)』에서 말했던 요(堯)·순(舜)·우(禹)·탕(湯)·문(文)·무(武)·주공(周公)·공(孔)·맹(孟)이다. 이 시기 불교는 남쪽으로부터 북쪽에 이르기까지 중국에 대한 전방위적 침투를 실현했을 뿐만 아니라 한(漢)나라 10대 불교 전파 파벌의 이론적 구축을 완성하였는바, 이것이 바로 성실종(成實宗)·구사종(俱舍宗)·삼론종(三論宗)·천태종(天台宗)·법상종(法相宗)·화엄종(華嚴宗)·율종(律宗)·정토종(淨土宗)·선종(禪宗)·밀종(密宗)…… 등이다. 이 시기 도교의 흥성은 도교 사원이 명산대천에 퍼지게 하였을 뿐만 아니라 손사막(孫思邈), 성현영(成玄英), 이영(李榮), 왕현람(王玄覽), 사마승정(司馬承禎), 오균(吳筠), 이전(李筌), 장만복(張萬福), 시견오(施

肩吾), 두광정(杜光庭) 등과 같은 수많은 도교 학자들을 배출함으로써 역사상 첫 도교 전서(道敎全書)인 『개원도장(開元道藏)』을 완성했다.

그러나 천하 통일 사상의 국가 정권으로 말할 때, '정립된 세 세력'의 이데올로기 구조는 분명 정상적인 상태는 아니었다. 유·불·도는 각자 독립적인 발전 중에 있었고, 또 서로 영향을 주며 상호 침투하고 있었다. 그리하여 송·명(宋明) 이후, 유학을 주도로 하고 불가·도가의 사상을 섭취한 새로운 이론적 구축이 점차 나타나기 시작했는데 이것이 바로 '이학(理學)'과 '심학(心學)'이다. '이학'의 선구자인 주돈이(周敦頤)는 송(宋)나라 초기 도사 진단(陳摶)이 전해준 『선천도(先天圖)』와 『무극도(無極圖)』를 개조하여 『태극도(太極圖)』로 만들고 한(漢)나라 유학자들이 끌어들인 '음양', '오행' 관념과 도교의 '현도(玄道)' 이론을 하나로 융합하여 도교 사상의 영향 아래 유학 계통에 속하는 객관적 유물주의의 우주 본체론적 표준 형식을 구축했다. 이 표준 형식의 의의는 자연의 본체와 도덕의 본체를 통일하여 '입성(立誠)', '주정(主靜)'의 '인학(仁學)' 수양을 위해 보다 높은 정신적 기탁을 찾음으로써 유학의 신앙 차원을 연장시킨 데 있다. 그 영향을 받아 정이(程頤)·정호(程顥) 두 유학자는 '이(理)'를 핵심으로 한 우주 본체론을 구축하게 되었으며, 주희(朱熹)도 "전체적인 천지 만물의 이(理)는 바로 태극(總天地萬物之理, 便是太極)"[『주자어류(朱子語類)』 권 94]임을 인정했다. 그들의 공동 목적은 바로 자연 본체를 도덕적인 것으로 만드는 것이었다. 왜냐하면 하늘은 인간, 자연법칙, 사회 윤리가 '이(理)'나 '태극'으로 물질화된 결과이므로 사람들이 '격물치지(格物致知)'를 통하면 곧 '궁리정심(窮理正心)'이 될 수 있기 때문이다. 총괄적으로 말하면 도교의 '현도' 사상의 영향 아래 이학자들은 헤겔의 '이념론(理念論)'과 비슷한 객관적 본체론을 구축했는데, 그중의 현실 세계 만사만물들은 '이(理)'의 물질화(외화) 결과가 아닌 것이 없다. 그렇지만 사람들은 만사만물을 통해 '즉물궁리(卽物窮

理)'에 도달할 수 있는데, '격(格)'은 '이(理)'의 정수에서 나와 "바로 사물의 이치에 통달하기"에 이르렀으며 우주 본체에 대한 정신적인 회귀를 실현했다. 다만 이념론의 '이(理)'와 달리 '이학자(理學者)'들의 '이(理)'의 중점은 자연이 아닌 윤리에 있으며 이는 곧바로 유가의 '인학(仁學)'의 새로운 체계를 이루었던 것이다.

이렇게 이학자들이 도교의 '현도' 이론을 빌려 유가에 속하는 객관적 본체론을 구축했다면, 심학자(心學者)들은 불교의 '불성(佛性)' 이론을 빌려 유가에 속하는 주관적 본체론을 구축했다. 육구연(陸九淵)은 분명히 "사방 상하를 '우(宇)'라 일컬었고 고금을 왕래하는 것을 '주(宙)'라 하였다. 우주는 바로 내 마음이고 내 마음은 바로 우주이며(四方上下曰宇, 往來古今曰宙. 宇宙便是吾心, 吾心卽是宇宙)"[『상산선생전집(象山先生全集)』권 22], "만물이 마음에 빽빽이 늘어서고 마음에 차면 발하게 되는바, 우주에 넘치는 것들이 이러한 이치가 아닌 것이 없다(萬物森然於方寸之間, 滿心而發, 充滿宇宙, 無非此理)"(『상산선생전집』권 34)라고 지적했다. 기왕 이(理)의 외화된 물질세계 자체가 바로 심령의 산물이라고 한다면 사람들은 외적인 물질 대상을 통해 이(理)의 진수를 이해할 필요가 없다. 그러나 오직 자신을 되돌아보고 본성을 터득해야만 비로소 심령의 자각을 실현할 수 있다는 것이다. 때문에 육구연은 '격물치지'는 '즉물궁리'가 아니라 심령 속의 물욕에 의해 가려진 더러움을 제거하여 그 본래의 순결함을 회복하게 하는 것이라 여겼다. 또 그는 "마음에 병이 생기면 반드시 벗겨야 하며, 한바탕 벗기면 바로 한바탕 정신이 맑아진다. 후에 일어나면 또 벗기고 또 깨끗해진다. 반드시 다 깨끗이 벗겨야만 비로소 그렇게 되는 것이다(人心有病, 須是剝落, 剝落得一番, 卽一番淸明; 後隨起來, 又剝落, 又淸明, 須是剝落得淨盡, 方是)"(『상산선생전집』권 35)라고 했다. 이는 선종(禪宗)에서 이른바 "몸은 보리수(菩堤樹)요, 마음은 명경대(明鏡臺)이므로 때때로 부지런히 청

결해서 먼지가 묻지 않도록 해야 한다(身是菩提樹, 心爲明鏡台, 時時勤
拂試, 勿使染塵埃)"(『육조단경』)고 한 사상과 얼마나 흡사한가? 다만 선
종과 다르다면 심학자들의 '심(心)'은 세상은 모든 현상이 공허임을 의
미하는 '사대개공(四大皆空)'의 마음이 아니고 윤리 도덕의 '마음'인 것
이다. 육구연은 "정신을 수습하고 스스로 주재하면 만물은 다 나에 의해
마련될 것이니 어찌 궁궐이 부족하겠는가? 측은할 때 자연히 측은해지
고, 추악할 때 자연히 추악하게 되며 너그럽고 부드러울 때 자연히 너그
럽고 부드럽게 되며, 또 강해지고 의지가 굳으면 자연히 강해지고 의지
가 굳게 된다(收拾精神, 自作主宰, 萬物皆備於我, 有何欠闕? 當惻隱
時, 自然惻隱; 當羞惡時, 自然羞惡; 當寬裕溫柔時, 自然寬裕溫柔; 當
發强剛毅時, 自然發强剛毅)"(『상산선생전집』 권 35)고 했고 "사단(인·
의·예·지)의 온갖 선행은 모두 하늘이 부여한 것이므로 일하지 않는 사
람은 치장으로 한다(四端萬善, 皆天之所予, 不勞人妝點)"(『상산선생전
집』 권 35)고 주장했다. 그의 영향을 받아 명(明)나라의 왕수인(王守仁,
陽明)은 '치량지(致良知)'의 격물설(格物說)을 제기했다. 왕수인이 보기
에는 사람의 마음속에 양지(良知)가 있고, 양지는 발하기 전에는 선도
악도 없이 완전무결한 것이나 사람의 마음에 관념 활동이 발생하였을 때
는 사심(私心)이 더해지면서 선과 악의 구별이 생긴다는 것이다. 하지만
'양지'는 본래부터 선악을 변별하는 본능을 갖고 있으므로 사람들이 그
것에 순종하여 착한 마음(善念)의 확장으로 사악한 생각을 극복하고, 또
이런 원칙에 따라 일을 처리하면 '치량지'의 경지에 도달할 수 있다고
보았던 것이다. 때문에 '왕문사구교(王門四句敎)'에서는 이르기를 "선도
악도 없는 것이 마음의 본체이고, 선도 악도 있는 것이 뜻의 움직임이며,
선도 알고 악도 아는 것이 양지이고, 선을 행하고 악을 제거하는 것이
'격물'이다(無善無惡是心之體, 有善有惡是意之動, 知善知惡是良知,
爲善去物是格物)"(『전습록』 하)라고 했다.

요컨대 이학자들과 심학자들은 비록 '이(理)'와 '심(心)'의 관계, '격물
치지'의 방법에서 전혀 다른 이해를 갖고 있지만 공동의 목적은 사람들
로 하여금 근심 없이 생활하게 할 수 있는 '도덕적 형이상학'을 구축하
는 데 있었다. 이러한 도덕적 형이상학은 사람들에게 도교가 주장한 것
처럼 장생불로를 추구하도록 요구하지 않으며, 또 불교가 선양한 것처럼
열반의 경지에 들어갈 것을 요구하지도 않는다. 그러나 사람들로 하여금
일상적인 사회생활 속에서 우주 본체의 법칙에 맞게 마음속 지선(至善)
의 본능을 발굴할 것을 요구한다. 즉 정신(상)에서는 도교식 장생을 획득
하게 하고 의식(상)에서는 불교식 불후를 획득할 것을 요구하며 동시에
이른바 '격물·치지·정심·성의·수신·제가·치국·평천하' 과정에서 생명
의 가치와 존재적 의의를 실현할 것을 요망한다. 때문에 이들의 주장은
일종의 외적인 초월이 아닌 내적인 초월로서 종교적 의식은 없고 오히려
종교적 정신을 갖는다. 이러한 신앙 차원에 대한 연장과 구축은 송·명
(宋明) 유학으로 하여금 피안의 세계를 지향하지 않으면서도, 또 형이상
적 가치와 의미를 갖게 했다.

이 같은 사상사적 회고를 통해 우리는 유·불·도 세 종교가 부동한 시
기, 부동한 지역에서 부동한 사회 계층에 미친 영향은 같지 않지만 부동
한 차원과 측면에서 공동으로 고대 중국 사람들의 성신적 세계를 구축했
음을 쉽게 볼 수 있다.

제2절 유·불·도가 중국 생태 관념에 미친 영향

생태 문제는 환경뿐만 아니라 자연 생태, 사회 생태가 있으며 또 정신
생태도 있다. 결국 생태란 인간과 전체 세계의 생활 형태이며, 생태 문제

는 인간과 주위 세계 내지 자체의 조화 문제다. 그러나 이 문제에서는 철학과 신앙에 따라 그 강조하는 바가 다르다. 예를 들면 유가는 인간과 사회의 조화를 중시하고, 도가는 인간과 자연의 조화를 중시하며, 불가는 인간과 자체의 조화를 더 중시한다. 이런 세 가지 부동한 측면에서의 판단과 주장이 충분히 전개되어 공동으로 중국 고대 생태 문명을 구축하고 있다.

1. 인간과 사회의 조화

'아시아 생산 방식'의 역사적 산물로서 중국의 '조숙(早熟)'한 국가 정권에는 정치 계약적 요소가 아닌 농후한 씨족 혈연 요소가 포함되어 있다. 이러한 상황에서 '예제(禮制)'가 '법제(法制)'보다 더 우월한 치국 계획과 책략이었으므로 주(周)나라의 통치 집단은 이를 이용했던 것이다. 아마 은·상(殷商)이 멸망한 교훈을 마음에 새겨 주나라 건국의 역사에서 십분 중요한 역할을 발휘했던 주공(周公)은 처음으로 '제례작악(制禮作樂)'의 기획을 세웠다. 사회 질서를 수호하는 견지에서 보면 '제례작악'은 그냥 간단하고 문명적인 행위와만 관련되어 있는 문제가 아니었다. 그 실질은 사람들의 사회적 지위를 확립하고, 사람들의 사회적 행위를 규범화하는 것이었으며, 각기 다른 사람들로 하여금 부동한 수준의 일상생활, 옷단장, 말과 행동에서 각자 자기 것이 있게 함으로써 문명사회의 인문 생태를 유지하게 하는 것이었다.

그러나 춘추(春秋) 말년에 이르러 지방 할거 세력들이 강대해지면서 주공이 만든 이러한 예악 규칙은 점차 원래의 구속력을 상실하게 된다. '예악붕괴(禮崩樂壞)'의 역사적 국면에 봉착한 원래 '상례지유(相禮之儒)'의 공자는 '이인석례(以仁釋禮)'의 사상을 구축하기 시작한다. 이른바 '이인석례'란 바로 '인(仁)'의 내적 감성으로서, '예(禮)'의 외적 행위

를 해석한 것이다. "번지(樊遲)가 인(仁)이 도대체 뭔지 여쭤봤더니 공자
가 이르기를 '사람을 사랑하는 것이다'라고 했다(樊遲問仁. 子曰: '愛人')."
(『논어』 '안연') 우리가 알다시피 세상에선 결코 이유 없는 사랑이 있을
수 없으며 이유 없는 미움도 있을 수 없다. 그럼 공자의 '인애(仁愛)' 사
상의 근거는 무엇일까? 공자의 학생인 유자(有子)는 분명하게 "군자가
사물의 근본에 주력하는 것은 근본을 세움으로써 도(道)가 생기게 하기
위함이다. 효제(孝悌, 부모에게 효도하고 형을 공경하다)는 그 사람의 기
본이 아닌가?"(『논어』 '학이')라고 말했다. 고대 사회의 윤리 감정에서
부자는 '효(孝)'라 하고 형제는 '제(悌)'라 일컬었으며 부자·형제 간의
밀접한 혈연관계는 곧바로 공자의 인애 사상의 현실적 기반과 사회적 근
거가 되었던 것이다. 아버지가 아들을 사랑하고 아들도 아버지를 사랑하
지만 그 사랑이 다르기 때문에 '부자자효(父慈子孝)'라 일컬었으며, 형
은 동생을 사랑하고 동생도 형을 사랑하지만 그 사랑이 다르기 때문에
'형우제공(兄友弟恭)'이라 일컬었던 것이다. 이와 같이 친자 혈연관계에
서 비롯된 인애 사상은 분명 하느님 앞에서 사람마다 평등한 '박애(博
愛)' 정신과는 다른 '차별화된 사랑'이었다. 바로 이러한 애(愛)의 차별
이 예(禮)의 변별을 결정짓게 되었는데, 즉 동생은 형에게 두터운 예를
베풀어야 하고 형은 동생에게 가벼운 예로 보답해야 하며 아들은 아비
한테 머리를 조아리고 부모는 아들의 어깨를 다독이기만 하면 된다는 것
이다. 공자가 보건대 '인(仁)'의 내적 감정은 '예(禮)'와 '악(樂)'의 외적
인 형식을 빌려 나타낼 필요가 있으며, 인애의 차별도 예악의 차별을 결
정짓게 된다는 것이다. 그러므로 공자는 "사람이 착하지 못하면 예(禮)
인들 어찌하며 사람이 착하지 못하면 악(樂)인들 어찌하겠는가?(人而不
仁, 如禮何? 人而不仁, 如禮何? 人而不仁, 如樂何?)"(『논어』 '팔일')라
고 했다. 결국 '예'는 일종의 사회적 행위 규범으로서 외적인 정치 집단
이 사람들에게 강요한 것도 아니고 외적인 신앙 체계를 사람들에게 강요

한 것도 아닌 사람들의 친자 혈연적 감정에서 자발적으로 생겨난 행위 방식이었다.

공자의 이러한 '이인석례'의 문화적 구축은 바야흐로 붕괴될 예악 문화를 위해 그 존재 가치의 근거를 찾았을 뿐만 아니라 안으로부터 밖으로, 입장을 바꾸어 생각하는 방식으로 가족 윤리를 사회적 윤리로 널리 보급했다. 즉 '이지사부(邇之事父)'로부터 '원지사군(遠之事君)'에 이르고, '부부(父父)·자자(子子)'로부터 '군군(君君)·신신(臣臣)'에 이르며, '수신·제가'로부터 '치국·평천하'에 이르게 되는 것이다. 이러한 개인→가족→국가→천하에 이르는 사회적 감정은 혈연, 범혈연(汎血緣), 의혈연(擬血緣)적 윤리가 추단 연역의 기초 위에 구축되어 있다. 이는 바로 무한히 확대된 동심원(同心圓)처럼 개인적인 감정을 한 파문 한 파문 점차 확대해나간다. 여기서 동심(同心)은 자아이며, 자아가 상대에게 베푸는 감정은 상대가 자아와의 혈연적 거리의 멀고 가까움(생물학적 견지에서 말하는 유전자의 비슷한 정도)에 따라 결정된다. 가족 범위 내에서 부자간의 사랑을 형제간의 정과 같은 것으로 취급할 수 없는 것은 사람과 나[我]간의 혈연관계를 마음대로 고칠 수 없기 때문이다. 그리고 국가 범위 내에서 "널리 백성들에게 베풀고 백성들을 구제하는 것(博施於民而能濟衆)"(『논어』 '옹야')으로 '화(華)와 이(夷)의 차별'을 변화시킬 수 없는 것은 내(內)와 외(外) 간의 친소(親疎) 관계를 깰 수 없기 때문이며 또 천하 만물의 범위에서 "백성들에게 물질적인 것을 베푸는(民胞物與)" 감정으로 "그것을 사랑하지만 인으로 대하지 아니하는 것(愛之而弗仁)"의 관념 차이를 대신할 수 없는 것은 바로 인간과 사물 간의 원근 관계를 혼란에 빠지게 할 수 없었기 때문이다.

맹자가 말하기를 "대저 물건이 서로 같지 않은 것은 사물의 이치이다(물건의 실정이니). 혹은 서로 갑절도 되고 다섯 배도 되며, 혹은 서로 십 배, 백 배도 되며, 혹은 천 배, 만 배도 되는 것이다(夫物之不齊, 物

之情也. 或相倍蓰, 或相什伯, 或相千萬)"(『맹자』 '등문공' 상)라고 했다. 그렇다면 서로 같지 않은 사물에 대해 같지 않은 애(愛)를 베푸는 것은 도리에 맞는 것이다. 즉 "군자는 재물을 대함에 있어 그것을 사랑하지만 인(仁)으로 대하지 아니하고 백성을 대함에 있어 어질지만 친(親)으로 대하지 아니한다(君子之於物也, 愛之而弗仁. 於民也, 仁之而弗親)."(『맹자』 '진심' 상) 이 이해하기 어려운 언론을 조기(趙岐)는 다음과 같이 분석하였다.

○ 친(親)은 즉 인(仁)이다. 그러나 인은 친의 전부가 아니다. 인은 같은 족속에서 친으로 삼으며 그것은 보통 백성들에게 베푸는 것으로 통틀어 인이라고 할 뿐이다. 인(仁)은 사람을 말한다. 인이라고 한 것은 사물과 변별하기 위함이다. 친(親)의 부름이 친(親)이다. 친이라고 부른 것은 소(疏)와 변별하기 위함이다(親卽是仁, 而仁不盡於親. 仁之在族類者爲親, 其普施於民者, 通謂之仁而已. 仁之言人也, 稱仁以別於物; 親之言親也, 稱親以別於疏).

초순(焦循)이 이에 주석을 달아 말하기를 "사물로 말하자면 많은 물질이 사람들을 양육할 수 있으니 그것을 사랑하고 키우나 그것은 인인(人仁)에 비기지 못하는 것이므로 만약 희생한다면 부득불 그것을 죽여야 한다(物, 謂凡物可以養人者也, 當愛育之, 而不如人仁, 若犧牲不得不殺也)", "대하고 있는 백성은 자기 족속과 다른 부류이므로 친(親)과 같게 해서는 안 된다(臨民以非己族類, 故不得與親同也)"[10]고 했다. 이는 바로 부동한 대상을 대할 때 친·인·애(親仁愛)의 함량은 원래부터 부동한 차이가 있음을 말한다. 사람과 사물에 대해서는 모두 애(愛)가 있어야 한다. 그러나 사람을 양육하기 위해 사물을 죽일 수 있지만 이와 반대로 해서는 안 된다는 것이다.

---

10) 焦循, 『孟子正義』(上海書店, 1986), 559면.

○ 단지 도리대로 말한다면 원래부터 친근함과 소원함이 있는 것이다. 예를
들면 몸은 일체이지만 수족으로 머리와 눈을 지키는데 어찌 굳이 수족을
홀대하겠는가? 그 도리는 바로 이러한 것이다. 금수와 초목을 똑같이 사
랑한다. 초목으로 금수를 키우면 또 용납한다. 사람과 금수도 모두 사랑해
야 한다. 금수를 잡아 친인을 양육하고 제사에 쓰고 손님을 초대하면 마
음은 또 참을 수 있다. 육친과 길 가는 사람은 다 같이 사랑해야 한다. 마
치 소쿠리에 두붓국을 담아 먹는 것과 같이 얻으면 생기고 얻지 못하면
죽는 고로 두 가지를 다 겸비할 수 없는 바 육친을 구할지언정 길 가는
사람을 구하지 않는 것이 마음상 수용할 수 있는 것이다. 이런 경우, 도리
는 이와 같아야 한다(惟是道理自有厚薄. 比如身是一體, 把手足捍頭
目, 豈是偏要薄手足? 其道理合如此. 禽獸與草木同是愛的, 把草木去
養禽獸, 又忍得. 人與禽獸同是愛的, 宰禽獸以養親, 與供祭祀, 燕賓
客, 心又忍得. 至親與路人同是愛的, 如簞食豆羹, 得則生, 不得則死,
不能兩全, 寧救至親, 不救路人, 心又忍得. 這是道理合該如此).[11]

이렇게 말하면 유가는 인류와 자연이 하나로 융합된 생태적 관념이
마치 물속에 던진 돌멩이가 수면에 겹겹으로 잔잔한 파문을 일으키는 것
과 같이 종친(宗親)에서 국민(國民)에 이르기까지, 화하(華夏)에서 이적
(夷狄)에 이르기까지, 또 동물에서 식물에 이르기까지, 쭉 무기물에까지
파급되어가며 원심에 접근할수록 파문이 높아지고 애(愛)의 에너지도 갈

11) 王守仁, 『王陽明全集』(上海古籍出版社, 1992), 108면.

수록 커진다. 그리고 또 반대로 원심 부분에서 멀어질수록 파문은 작아
지고 애(愛)의 에너지도 작아진다. 분명히 여기서 '원심'은 다른 것이 아
니라 바로 하나하나의 행위 주체이고, '파문'은 별것이 아니라 바로 겹
겹마다 '혈연', '범혈연(汎血緣)', '의혈연(擬血緣)'의 관계다. 물론 이론
상에서 말하면 유가의 이러한 안에서부터 밖으로, 입장을 바꾸어 생각하
는 애(愛)는 끝이 없다. 하지만 그 핵심은 분명 인간과 인간의 조화이지,
인간과 자연의 조화는 아니다. 마치 파문이 퍼져나가는 거리가 유한한
것처럼 인간 애(愛)의 에너지도 무한하지는 않다. 그리하여 점점 멀리 확
산되는 과정에 물의 파문은 언젠가는 사라지게 된다. 더 정확하고 적절
하게 말한다면 유가 학자들의 안중에 인간과 인간의 조화는 인간과 자연
의 조화보다 우선적이고 뛰어난 것이었다. 이런 두 가지 관계가 충돌했
을 경우, 유가 학자들은 분명 전자에 관심을 갖고 후자는 포기한다. 바로
"마구간이 불에 탔는데 공자는 퇴근하여 말에 대해서는 묻지 않고 '사람
이 다쳤더냐?'(廐焚. 子退朝, 曰: '傷人乎?'不問馬)"[『논어』'향당(鄕黨)']
라고 말한 이유가 바로 여기에 있는 것이다.

　비록 무수한 인문주의자(휴머니스트)들이 계급 사회에서의 등급 제도
에 맹렬한 비판을 가하긴 했으나 우리가 보았다시피 현재까지의 모든 문
명사회는 또 모두 등급 제도를 전제로 했던 것이다. 기능 면에서 따져보
았을 때, 만약 일정한 등급 제도가 없었더라면 이 방대한 사회는 필요한
조직, 통제와 조화 능력이 결핍되었을 것이다. 그러나 등급 관계가 너무
삼엄하면 사회 계층은 또 단절과 분화, 대립의 국면이 생긴다. 이런 의미
에서 말하면 유가가 구축한 이러한 애(愛)와 그 차이성, 조화되면서도 또
서로 다른 인문 생태는 매우 높은 지혜를 보여주면서도 보다 '아시아 생
산 방식'의 특별한 역사적 토양에 부합되기도 한다. 그런 까닭에 중국
고대 사회의 안정과 화하(華夏) 문명의 번영에 모두 지극히 중요한 기여
를 하게 된 것이다.

만약 오늘날의 전문 용어로 유가의 이러한 가치 체계를 표현한다면 그것은 분명 '인류 중심주의', 심지어는 '개인 중심주의'이다. 그러나 여기서 '인류'와 '자연', '개인'과 '사회'의 관계는 오히려 대립 관계가 아니라 상호 침투하고 서로 소통하는 관계인 것이다. 적극적인 측면에서 말하면 유가의 이러한 가치 계통을 기반으로 구축한 생태 지혜는 실용성·융통성·전면성의 특징을 가지며, 소극적인 측면에서 말하면 이러한 생태적 지혜는 또 공리주의와 기회주의적 특징을 가지기도 한다.

2. 자연과 인간의 조화

유가의 핵심 범주가 '인(仁)'이라면, 도가의 핵심 범주는 바로 '도(道)'다. '도'의 최초 의미는 어쩌면 여성의 성기 숭배와 관련이 있었으나 철학적 측면에서는 그것이 일종의 생식 능력을 가진 자연 본체로 승화되었다.[12) 노자가 "사람은 땅을 본받고, 땅은 하늘을 본받고, 하늘은 도를 본받고, 도는 스스로 그러함을 본받는다(人法地, 地法天, 天法道, 道法自然)"(『노자』 25장)고 말했다. 때문에 유가와 달리 도가의 가치관은 그 핵심이 사회에 있지 않고 자연에 있다.

거시적 측면에서 보면 도가는 인생이란 것은 잠깐 나타났다가 바로 사라져버리는 우담화(優曇華)처럼 자연에서 태어나 자연으로 돌아가는 것으로서 그 사회적 속성은 본래 자연의 속성에서 온 것이라고 여긴다. "옛날에 장주(莊周)가 꿈에 나비가 되었는데, 나비처럼 훨훨 자유롭게 날아가는 것이 스스로 즐거워서 자기가 장주임을 잊어버렸다. 잠깐 지나 문득 꿈을 깨고 보니 자신은 틀림없는 장주였다. 그러니 장주가 꿈에 나비가 된 것인지, 나비가 꿈에 장주가 된 것인지를 알 수 없었다. 장주와

---

12) 文達三, 『老子新探』(嶽麓書社, 1995), 143면.

나비 사이에는 틀림없이 차이가 있는 것이다. 이를 사물의 변화라고 한다(昔者莊周夢爲蝴蝶, 栩栩然蝴蝶也, 自喩適志與! 不知周也. 俄然覺, 則蘧蘧然周也. 不知周之夢爲蝴蝶與, 蝴蝶之夢爲周與? 周與蝴蝶, 則必有分矣. 此之謂物化)."(『장자』 '제물론') 무릇 꿈을 꿔본 적이 있는 사람들은 다 꿈속의 느낌이 진짜와 같은바, 그중에는 희로애락의 진실한 감정이 있을 뿐만 아니라 심장이 뛰고 땀이 나는 등 생리적 반응을 수반하게됨을 안다. 하지만 대다수 사람들이 꿈은 짧으면서도 거짓된 것이므로 대할 가치가 없다고 여긴다. 그러나 장자는 도리어 만약 꿈을 인간의 일생에 비긴다면 매우 짧은 것이지만 인생을 기나긴 우주에 비길 때에는 어찌 마치 꿈의 정경과 같이 짧다 하지 않을 수 있겠는가 하면서 비록 "인생이란 것은 천지간에 있으며 마치 흰말이 지나가는 것을 문틈으로 본것과 같이 문득 그렇게 사라지고 마는 것이지만(人生天地之間, 若白駒之過郤[隙], 忽然而已)"(『장자』 '지북유') 우리가 또 무슨 이유로 삶 속의 '인간'과 꿈속의 '나비'를 분명하게 변별할 수 있겠는가 하고 생각했다.

본질적으로 말하면 스스로 법칙에 따라 운동, 변화하는 세상에서 '인간'과 '나비'의 차이는 다만 자연 본체의 짧은 '물화(物化)' 형태에 지나지 않는다. 진일보 말한다면 기왕 인간과 나비의 변별이 모두 상대적이고 짧은 것이라고 한 이상, 그렇다면 '부(父)'와 '자(子)', '형(兄)'과 '제(弟)', '부(夫)'와 '처(妻)', '군(君)'과 '신(臣)', '인(人)'과 '물(物)'의 차이는 또 무엇을 근거로 삼을 수 있겠는가? 이로 해서 '군군, 신신, 부부, 자자'(『논어』 '안연')를 견지함과 아울러 '개인→가족→국가→천하'의 등급 체계를 건립한 유가와 달리, 도가는 장유존비(長幼尊卑), 친소원근(親疎遠近)을 강조하지 않고 도리어 천지일체(天地一體)와 만류제물(萬類齊物)을 주장했던 것이다.

구체적으로 말하면 도가의 '제물론'은 주로 '제시비(齊是非)', '제귀천(齊貴賤)', '제생사(齊生死)' 이 세 차원을 내포하고 있다. 이른바 '제시비'란 바로 인식론적 의미에서의 상대주의를 가리킨다. 장자가 볼 때, 일체 시비는 모두 인식 주체가 구체적 사물에 대해 내린 판단이며 그것은 인식 주체가 처한 지위의 한계 때문에 절대적 의미를 갖지 못한다는 것이다. 즉 "이것이 또한 저것이며 저것 또한 이것이다. 저것에 또한 하나의 옳고 그름이 있고 이것에도 옳고 그름이 있는 것이다. 과연 저것과 이것은 있는 것일까? 아니면 저것과 이것은 없는 것일까? 저것과 이것의 대립이 그치는 것을 지도리라 일컫는다. 지도리라야 비로소 수레바퀴가 굴러 무궁한 변화를 제어할 수 있다. 옳음도 하나의 무궁한 변화이고, 틀림 또한 하나의 무궁한 움직임이다. 그러므로 '대도에 밝음만 같지 못하다'고 한 것이다(是亦彼也, 彼亦是也. 彼亦一是非, 此亦一是非. 果且有彼是乎哉? 果且無彼是乎哉? 彼是莫得其偶, 謂之道樞.樞始得其環中, 以應無窮. 是亦一無窮, 非亦一無窮也. 故曰莫若以明)."(『장자』 '제물론') 때문에 오로지 '도'의 높이에서 출발하여 '제물론'의 관점으로 시와 비를 대할 때만 비로소 상호 모순적인 판단에서 벗어날 수 있으며 맑고 투명한 심경으로 사물의 실제 상태를 관조할 수 있다는 것이다. 이른바 '제귀천'은 바로 가치론적 의미에서의 상대주의를 가리킨다. 장자가 보기에는 비록 도의 관점에서 볼 때, 시비는 이미 존재하지 않는데 귀천은 또 무엇으로 논의할 것이 있겠느냐 하는 것이다. 즉 "도의 차원에서 본다면 사물에는 귀천의 차별이 없으나 사물의 관점에서 보면 스스로를 존귀하게 생각하고 상대를 천하게 생각하는 차별이 생긴다(以道觀之, 物無貴賤; 以物觀之, 自貴而相賤)"(『장자』 '추수')는 것이다. 어떠한 귀천도 다 오로지 행위 주체의 가치 판단에 불과하다. 그것은 행위 주체가 처한 지위의 한계 때문에 절대적인 의미를 지니지 못한다. 그러므로 장자는 "사람이 짐승과 더불어 살고, 만물과 무리 지어 살면 어찌 군자와 소인의 차이를 알 수 있겠는가? 무지한 것들과 같게 되면 사람과 만물이 일체가 되어 구별하지 않으면 모든 인간의 지혜와 천성도 상실하

게 된다(同與禽獸居, 族與萬物竝, 惡乎知君子, 小人哉! 同乎無知, 其
德不離)"(『장자』'마제')고 말했다. 이른바 '제생사'는 생명철학에서의
상대주의를 가리킨다. 장자가 보기에는 시비와 귀천 모두 상대적 의미만
가지고 있는 이상, 생(生)과 사(死) 간에는 대단한 차이가 별로 없다는
것이다. 이런 까닭에 그는 꿈을 예로 들어 인생은 하나의 큰 꿈에 지나
지 않으며 죽음은 아마 꿈의 결속에 지나지 않은 것임을 은유했다. 그리
고 그는 또 "사람의 삶이란 원래부터 어리석은 것이 아닌가? 아니면 나
홀로 어리석고 다른 사람은 어리석지 않은 것일까?(人之生也, 固若是芒
乎? 其我獨芒, 而人亦有不芒者乎?)"(『장자』'제물론')라고 감탄하면서
말한 바 있다. 그러면서 또 아울러 해골의 입을 빌려 "죽음이란 임금(군
주) 위에 있는 것이 없고 신하 아래에 있는 것도 없으며 사계절의 일들
에도 없으며 천지를 춘추로 삼는다 해도, 또 군주의 낙을 누린다 할지라
도 지나치게 해서는 안 된다(死, 無君於上, 無臣於下, 亦無四時之事,
從[縱]然以天地爲春秋, 雖南面王樂, 不能過也)"(『장자』'지락')라고 했
다. 때문에 "옛날 진인(眞人)들은 삶을 말할 줄 모르며 악과 죽음을 모른
다. 그리고 그런 삶을 기뻐하지 않고 그 죽음을 거부하지 않으며 이런
것들은 자유자재로 갔다가 자유자재로 오는 것에 지나지 않는다(古之眞
人, 不知說生, 不知惡死; 其出不欣, 其死不距; 儵然而往, 儵然而來而
已矣)"(『장자』'대종사')고 굳게 믿었다.

'제시비', '제귀천', '제생사'의 철학적 신념이 있었기 때문에 도가는
친자 혈연의 기초 위에 구축된 윤리 제도와 등급 관념을 안중에 두지도
않고 자연의 품속에서 그 기탁을 찾으려 했던 것이다. 도가는 자연 자체
가 곧 하나의 순환 반복과 스스로의 조화를 이루는 생태 체계라고 생각
했다. 그리하여 『장자』'추수'에서는 "외발인 기(夔)는 노래기를 부러워
하고, 노래기는 뱀을, 뱀은 바람을 부러워했고, 바람은 한 걸음 더 빨리
볼 수 있는 눈을 부러워했고, 눈은 보지 않고도 다 알 수 있는 마음을

부러워한다(夔憐蚿, 蚿憐蛇, 蛇憐風, 風憐目, 目憐心)"고 말했다. 말하
자면 외발 동물 기는 수많은 발을 가진 지네를 부러워했고, 발로 걸어갈
수 있는 지네는 발 없이 걸어갈 수 있는 뱀을 부러워했으며, 발 없이 걸
어갈 수 있는 뱀은 또 형체 없이 움직이는 바람을 부러워했다……. 기실
만물이 모여 있는 대천세계에서 모든 사물은 다 각자 독특한 면을 가지
고 있으며, 이는 모두 자연 조화의 결과이므로 그 누구도 부러워할 필요
가 없다. 『열자』 '천서(天瑞)'에 이르기를 "세상에는 모든 기능을 다 갖
춘 것이 없고, 성인도 전지전능한 성인이 없으며, 만물은 다 쓸 수 있는
것이 없다(天地無全功, 聖人無全能, 萬物無全用)"고 했다. 이러한 현대
생태관의 시각에서 보면 이는 생물의 다양성을 지키는 데 충분한 이론적
근거를 제시해주는 것이라 할 수 있다. 다시 말해 천지 만물 자체가 하
나의 조화되고 질서가 있는 총체인 이상 인류는 자기의 능동성을 남용할
필요가 없는 것이다.

때문에 인간과 자연의 관계에서 도가는 인간이 자연에 순응할 것을
강조할 뿐 개조할 것을 강조하지 않는다. 『노자』 40장에서 말하기를 "순
환 반복의 운동 변화는 도의 운동이며 도의 역할은 미묘하고 연약한 것
이다(反者道之動, 弱者道之用)"라고 했다. 또 『장자』 '추수'에서는 "마
소(말과 소)가 발이 넷인 것을 일러 천연적이라고 말하며 말에게 굴레를
씌우고 소의 코를 꿰는 것은 인위적인 것이라 말한다. 그러므로 이르기
를 '인위적인 것으로 천연적인 것을 멸하지 말아야 하며 고의로 생명을
멸하지 말며 헛된 명성을 얻기 위해 혼신의 힘을 다 쏟지 말라'고 한다.
신중하게 자연의 본래 성질을 잃지 않도록 잘 지키는 것을 일러 바로
본래의 참된 도로 돌아가는 반진(反眞)이라 한다(牛馬四足, 是謂天; 落
馬首, 穿牛鼻, 是謂人. 故曰: 無以人滅天, 無以故滅命, 無以得殉名. 謹
守而勿失, 是謂反其眞)"고 했다.

이는 다시 말하면 인간은 강자의 태도로 자연에 대해 공격적인 약탈

과 개조를 진행하지 말고 마땅히 약자의 자세로 자연에 대해 순응적인
복종과 회귀를 취해야 한다는 것이다. 이러한 마음가짐이 있어야 인류
사회도 산업 문명을 창조하지 않을 것이며 아울러 인간과 자연, 인간과
인간 간의 모순을 격화시키지 않는 "사람이 짐승과 더불어 살고, 만물과
무리 지어 사는 것(同與禽獸居, 族與萬物竝)"(『장자』'마제')의 '소국과
민(小國寡民, 작은 나라 적은 백성)' 상태에 머물게 될 것이다. 당연히
도가의 이러한 생태 관념은 분명 인간의 욕망이 무절제하게 팽창하는 것
을 제한하는 적극적인 역할을 하며, 심지어 산업 사회를 살아가는 현대
인들에게 여전히 효과 있는 '의식 회복제'이기도 하다. 그러나 인류 사
회의 질서 있는 구조를 약화시키고 인류의 진보와 발전을 제한하려는 노
력은 또한 실현될 수 없는 것이다.

3. 인간과 자아의 조화

불가는 유가처럼 적극적으로 입세(入世)하려 하지 않으며 심지어는
도가의 소극적인 처세 태도보다 더 비관적이다. 불교 철학의 기초가 되
는 '연기설'은 세상의 만사만물은 모두 조건적이고 상호 의존적이며, 따
라서 우연적이고 일시적이며 '자성(自性)'이 없는 것으로 여겼다. 그럼으
로써 불가는 '장주몽호접(莊周夢胡蝶)'처럼 인류 주체의 영구한 지위를
전복하게 되었다. 또한 불가는 인생이 짧을 뿐만 아니라 고난과 불행으
로 충만해 있다고 여겼다. 그런 까닭에 인생의 '사제(四諦, 불교에서 말
하는 네 가지 진리)' 중에서 가장 중요한 것이 바로 '고제(苦諦, 심신 괴
로움의 진리)'이다. 구체적으로 말하면 불가는 다시 인생고(人生苦)를
'삼고(三苦)', '팔고(八苦)' 등 부동한 유형으로 나누었는바, 전자는 현재
받고 있는 고통인 '고고(苦苦)'와 즐거움의 마무리를 향수할 때의 고통

인 '괴고(壞苦)' 그리고 불고불락 때, 변화무상한 자연법칙에 의해 지배
되는 고통인 '행고(行苦)'를 포함하고 후자는 '생고(生苦)', '노고(老苦)',
'병고(病苦)', '사고(死苦)', '구부득고(求不得苦)', '원증회고(怨憎會苦)',
'애별리고(愛別離苦)', '오음성고(五陰盛苦)'…… 등을 포함한다고 보았
다. 이러한 관점에 따르면 인생살이에는 언제 어디서나 고통을 참고 견
디고, 고통을 기다리며 고통을 창조하는 과정에 있지 않은 것이 없다는
것이다. 또 이러한 고통을 일으킨 직접적인 원인에는 자연적인 원인도
있고 사회적인 원인도 있지만 결국 세계의 본질이 규정한 것이므로 불가
에서 볼 때, 이 세계는 서운할 만한 가치가 없다는 것이다.

불교에 앞서 있었던 바라문교는 인생의 가장 큰 불행은 죽음을 피할
수 없는 것이며, 또 이로 해서 '업보윤회(業報輪回, 업은 불교에서 악업,
전생에 지은 나쁜 일)'의 사상이 생겨났고 사람들은 내세의 행복을 위해
현세의 고통을 참아야 한다고 여겼다. 그러나 불가가 보기에는 기왕 생
존의 본질은 끝없는 고통으로 충만된 것인 이상, "생사가 연이어짐"도
오로지 '윤회의 고통'이라는 것이다. 이로써 불가는 현세에 대해 절망감
에 빠졌을 뿐만 아니라 내세에 대해서도 자신감을 잃게 되었다. 그러므
로 유가나 도가와 달리 불가는 '수제치평(修齊治平)' 과정에서 공훈을
세우고 업적을 쌓는 것은 필요치 않을 뿐만 아니라 '승물유심(乘物遊
心)' 상태에서 인생을 자유롭게 즐기려 하지도 않으며 '공환숙멸(空幻寂
滅)'의 경지에서 열반좌화(涅槃坐化)하기를 바란다. 바꾸어 말하면 불가
가 보기에는 육체의 장생불로나 정신의 청사(青史)에 이름을 남기는 것
은 모두 아무 의미도 없는 것이었다. 따라서 이 이론의 중심은 인간과
사회의 조화를 탐구하는 것이 아니고, 인간과 자연의 조화를 탐구하는
것도 아니며, 오로지 인간과 자신의 조화를 탐구하는 것이었다.

불가는 또한 인간과 자신의 조화를 실현하기 위해 사람들로 하여금
밖으로 향한 촉수를 단속하도록 하며 공명과 이익과 녹봉 그리고 음식과

남녀의 유혹에서 벗어나 '팔정도(八正道)'의 방식을 통해 자아를 수련할 것을 요구한다. 즉 첫째는 '정견(正見)'이다. 이는 온갖 욕망과 공명의 유혹을 배제하고 정확한 태도로 영원과 무상 간의 차이를 깨닫게 하는 것을 말한다. 둘째는 '정사유(正思惟)'다. 이는 견해를 단정히 하는 기초 위에서 인생의 본질을 명백히 이해하도록 함을 말한다. 셋째는 '정어(正語)'다. 이것은 경망스러운 말, 비방하는 말, 모욕하는 말 그리고 각박한 말을 쓰지 않는 것을 통해 수행 절차에 들어가는 것을 말한다. 넷째는 '정명(正命)'이다. 이는 수행을 말에서 행위로 승화시키고 싼 것을 탐내고, 위험한 보복과 온갖 나쁜 짓을 저지르는 일을 하지 않는다는 것이다. 다섯째는 '정업(正業)'이다. 이는 생계를 도모하는 것과 인격·지조를 유지하는 것은 왕왕 저촉되기 때문에 사람은 이런 위험한 상황에 빠지지 않도록 항상 경계해야 한다는 것이다. 여섯째는 '정정진(正精進)'이다. 이것은 언어, 행위, 직업적 기초 위에 자비와 박애의 정이 넘치게 함으로써 일상생활에서 지선(至善)의 경지에 접근하도록 함을 말한다. 일곱째는 '정념(正念)'이다. 이는 인격 수련의 기초 위에 개인적인 사념을 포기하고 스스로를 진리의 화신이 되게 함을 뜻한다. 여덟째는 '정정(正定)'이다. 이것은 정선(禪定)의 상태에서 일체 회의, 유혹과 번뇌를 모두 없애고 열반의 경지에 들어가는 것을 말한다.

"열반의 원래 의미는 불이 스러지거나 또는 불을 입으로 불어 끄는 것, 불어서 꺼진 상태를 말한 것이다. 불교가 탄생하기 전부터 이러한 개념이 있었으며 불교는 이것을 수련을 통해 도달하는 최고의 이상적 경지로 삼았다. 열반의 의미는 다양한 바, 번뇌의 업인을 폐지하고 생사의 괴로운 고뇌를 떨쳐버리며 생사의 인과도 다 소멸됨으로써 인간은 도(度)를 얻게 되기 때문에 소멸 또는 멸도라고 한다. 또한 중생들이 생사를 전전하는 것은 모두 번뇌업인(煩惱業因)에서 비롯된 것이므로 이를 제거하면 생사의 괴로움도 스스로 그치게 될 것이니 이를 이름하여 원적

(圓寂) 또는 해탈(解脫)이라 했다. 또 영원히 삼계(三界)의 생사윤회를 다시 받지 않을 것이므로 불생(不生)이라 일컬었다. 그리고 의혹은 끝없는 것이 없고 덕은 원만하지 않은 것이 없으므로 다시 원적(圓寂)이라 일컬었다. 안락하고 무위하며 해탈되고 자유로운 경지에 도달하는 것을 열반이라 일컬었다."13)

그러나 이와 같이 "탐욕이 영원히 사라지고, 성냄이 영원히 사라지며, 어리석음이 영원히 사라지고, 모든 번뇌가 영원히 사라진 상태(貪欲永盡, 瞋恚永盡, 愚癡永盡, 一切煩惱永盡)"14)의 '열반적정(涅槃寂靜)'은 간단히 육체적인 소멸로 해석되어서는 안 된다. 이는 죽은 후의 내세(來世)에 대한 기탁이라기보다 현세(現世)의 욕념에 대한 포기이며 개체가 자아 집착의 타파를 통하여 도달하게 되는 지혜와 덕행의 원만한 경지다. 바꾸어 말하면 일종의 생리 상태라기보다는 심리 상태라고 말하는 것이 낫다. 그러나 이러한 심리적 상태는 인간과 사회의 관계 위에 이루어진 것이 아닐 뿐만 아니라 인간과 자연의 관계 속에서 이루어진 것도 아닌, 인간과 자신이 서로 협조한 산물이다.

구체적으로 말하면 불타(佛陀)가 제기한 '열반' 사상은 주로 다음과 같은 두 가지 형식이 있다. 그중 첫째는 '유여열반(有餘涅槃)', 즉 "상대를 잘라버렸으니 나타나지 못하고, 나타나지 않으니 안온낙주할 수 있으며, 안온낙주하니 열반이라 부른다(彼斷已, 無所著. 不著故, 安隱樂住. 安隱樂住已, 名爲涅槃)."15)

이는 인간이 세상에 있는 동안 도달해야 하는 '아집(我執)'을 타파한 경지로서 결코 생명을 버리고 별도로 이상적인 피안의 세계를 찾는 것이

---

13) 『中國大百科全書·宗教卷』(中國大百科全書出版社, 1988), 290면.
14) 「雜阿含經」 권 18, 다카쿠스 준지로 등 편저, 『大正新修大藏經』 제2권(日本大正一切經刊行會, 1934), 126면.
15) 위의 책, 8면.

아니라 자신의 덕행과 지혜를 향상시킴으로써 얻는 초월적인 생존 상황인 동시에 불완전하고 불철저한 해탈 형식이다. 두 번째는 '무여열반(無餘涅槃)', 즉 "나의 생은 이미 끝이 났으니 범행(梵行)은 이미 이루었고 할 것을 다했으니 후유(後有)를 받지 않음을 스스로 안다(我生已盡, 梵行已立, 所作已作, 自知不受後有)"[16]는 것이다. 이는 개체 생명이 죽은 뒤에 윤회를 영원히 벗어난 자유의 경지이지만 그 회신멸지(灰身滅智, 번뇌를 다하고 심신 모두 무로 돌아가는 경지 또는 깨달음을 이르는 말), 영사영멸(永死永滅, 영원히 소멸됨을 말함)에 이른 것은 여전히 심리적 순응, 내적 수행의 결과라는 것이다. 이론의 원류에서 말하면 불타의 '열반' 학설은 인도 바라문교의 '해탈' 이론을 답습한 것이며 바라문교의 초창기 사상에서도 현실적 세계는 고통이라고 주장했던 것이다. 오직 '베다 천계(吠陀天啓)', '제사 만능(祭祀萬能)', '브라만 지상(婆羅門至上)'의 3대 종교 법칙을 엄수하고 삼도윤회에서 점차 치솟아 올라가야만 마지막 해탈에 이를 수 있고 '범아일여(梵我一如, 나와 불교의 신이 같음)'의 경지에 도달할 수 있다는 것이다. "글자의 뜻대로 풀이하면 '범(梵)'자는 '청정(淸靜)', '이환(離欲)'의 의미"로서 마찬가지로 금욕주의 색채를 띤다.[17] 마치 『광림오의서(廣林奧義書)』에서 말한 것과 같이 "우주의 원리(진리)를 인식한 사람은 천계에 곧추 올라가 해탈에 이를 수 있다(認識梵者, 直升天界, 到達解脫)"[18]는 것이다. 이러한 설법이 역사적으로 나타난 시간이 길고 영향력도 컸으며 내용상 출세와 소극적인 무위를 주장했기 때문에 불타에 의해 계승되고 발전되었던 것이다. 그렇지만 바라문교의 '해탈' 이론에 비교할 때, 불교의 '열반' 사상은 오히려 더 비관적이고, 더 철저하며, 더 견결했다. 그리고 그 열반 사상이

---

16) 앞의 책, 203면.

17) 杜繼文, 『漢譯佛敎經典哲學』 상권(江蘇人民出版社, 2008), 13면.

18) 『廣林奧義書』 4장, 4윤, 8절.

강조한 것은 바로 현세 고뇌에 대한 이해와 해탈이었지 내생의 행복에 대한 기탁과 동경이 아니었다.

제3절 세 가지 예술적 추구의 상호 보완성

비록 유·불·도 3자 사이에는 매우 복잡한 관계가 있어 서로 다른 구조 패턴으로 분석할 수 있기는 하지만 화하 민족의 예술에 대한 공헌으로 말하면, 유가의 기능은 주로 '구축'하는 데 있다. 즉 중국 사람들의 심미적 활동을 위해 일종의 질서화되고 격식화, 기호화된 규칙과 습관을 제공해준다. 그에 비해 도가의 기능은 주로 '해체'에 있었다. 즉 문식(文飾)을 깨고, 규칙을 깨고, 기호를 해석하는 태도로 유가의 미학이 '구축' 과정에 나타난 이화 현상(異化現象)에 대해 역방향으로 경문의 어려운 뜻을 풀이함으로써 자유로운 창작 활력을 유지하고 있다. 불가의 기능은 바로 '새로운 구축'에 있다. 즉 공·환·적·멸(空幻寂滅)의 기초 위에서 색공 일체의 정취 세계를 새롭게 구축함으로써 예술 창작을 위해 새로운 공간을 개척했다……. 바로 이러한 끊임없는 '구축'과 '해체' 그리고 '재구축' 과정에서 중국의 고전 미학은 비로소 건전하고 지속적인 발전을 이룩하게 되었으며 인류 예술사의 기적을 창조할 수 있었다.

1. 유가의 '구축'

발생학의 시각으로 볼 때, 유가는 예악 문화를 새롭게 구축하는 과정에서 중화 민족의 심미 및 심리적 관습을 배양하고 이루어가는 데 특수한 기여를 했다고 할 수 있다. 우리가 알다시피 인간과 동물의 구별은 인간이 일종의 문화적인 동물이며 문화는 바로 기호를 매체로 삼은 데 있다. 이런 의미에서 독일의 유명한 기호론 철학자인 에른스트 카시러 (Ernst Cassirer, 1874~1945)는 일찍 인간은 기호의 동물이라고 지적한 바 있다. 최초에는 '상례(相禮)'를 직업으로 하는 유학자들이 바로 이런 문화적 기호를 파악하고 다루는 사람들이었다.

장타이엔(章太炎)의 견해에 따르면 옛날 고문자에서는 '유(儒)'를 '수 (需)'로 썼다고 한다. '수'는 비를 청하는 무당이라는 뜻이었다. 또 최근 에 와서 일부 사람들은 『주역』 '수괘(需卦)' 중의 단사(彖辭, 『역경』의 각 괘의 뜻을 풀어놓은 글)의 내용으로부터 '수(需)'는 "유학자가 행하는 무술(巫術)의 동작 행위"임을 고증한 바 있다고 한다. 또는 은나라 때 무당과 선비가 예를 행할 때 쓰는 모자였다고 한다. 한마디로 '수'는 유 학자의 옷차림 및 행동과 관련되어 있는 것이다. 또 다른 고증학자들은 유의 기원으로 보아 악사, 즉 초기 교육과 의식을 주관했던 악관(樂官) 과 관련이 있다고 했다. 그 외 다른 사람의 고증에 따르면 '유'의 기원은 옛날에 교육과 의식을 담당하는 악사와 관련이 있다고 했다.[19] "근대의 어느 학자는 '유'의 전신을 고대 귀족에만 봉사하는 무당·사관·박수·점 쟁이로 인식하는 학사도 있다. 동란의 춘추 시기에 '유'는 원래의 자리 를 잃었고 그들이 귀족의 예의에 익숙했기 때문에 '상례'란 직업으로 생 계를 도모했던 것이다."[20] 하늘과 인간을 연결시킨 기우(祈雨) 활동이든 인간 교류를 규범화한 예의 활동이든 모두 특별한 옷차림과 몸가짐이 필 요하기 때문에 그것은 하나의 특별한 기호 행위라고 할 수 있다.

이런 견해는 어느 정도 근거가 있다. 공자와 그의 제자들은 무당·사 관·박수·점쟁이(巫史祝蔔) 중에서 비교적 높은 실용적 이성을 가진 전

---

19) 葛兆光, 『中國思想史』 제1권(復旦大學出版社, 2001), 88면.
20) 『中國大百科全書·哲學 Ⅱ』(中國大百科全書出版社, 1987), 730면.

통적인 '군자유(君子儒)'들을 계승했을 것이다. 이런 견해는 공자가 이른바 "제사와 관련한 일들은 이미 일찍 들어서 알고 있지만 군사에 관한 것들은 내 배운 적이 없소이다(俎豆之事則嘗聞之矣, 軍旅之事未之學也)!"(『논어』 '위령공'), "나는 어렸을 때 가난해서 여러 가지 막일을 할 줄 알았으며(吾少也賤, 故多能鄙事)", "나가서는 공경대부를 섬기고, 집에 들어와서는 어른을 섬기며 장례를 치를 때 온 힘을 다하고 술로 해서 곤경에 빠지지 않음에 .이외에 나한테 무슨 문제 되는 것이 더 있겠는가?(出則事公卿, 入則事父兄, 喪事不敢不勉, 不爲酒困, 何有於我哉?)"(『논어』 '자한')라고 한 데서 그 근거를 찾아볼 수 있다. 묵자가 유가에 대해 "공자는 화려한 수식으로 세상을 속이고 거문고와 북과 춤으로 사람들을 모으고 등강(登降)의 예를 복잡하게 하여 의표(儀表)의 시범을 보이며 추상(趨翔)의 예절에 힘써 무리에 뽐내고 있다(盛容修飾以蠱世, 弦歌鼓舞以聚徒, 繁登降之禮以示儀, 務趨翔之節以觀衆)"[『묵자』 '비유' 하]고 비판한 데에서 유학자들도 분명히 기호적인 드러냄과 표현에 능했음을 엿볼 수 있다.

그러나 불행히도 공자가 살았던 춘추 말기는 "예가 붕괴하고 악이 무너진(禮崩樂壞)" 시대였다. 이런 '예붕악괴' 현상은 천인 관계의 해이함, 즉 인간은 더 이상 무당의 행위가 하느님의 의지를 좌우할 수 있다는 것을 믿지 않는 데에서 비롯되었을 뿐만 아니라, 또 대인 관계의 느슨함, 즉 사람들이 더 이상 주공이 만든 예악 규범이 자기의 의지를 속박함을 믿지 않은 데서 비롯되었을 수도 있다는 것이다. 그리하여 후에 '상간복상(桑間濮上)'과 같은 '망국지음(亡國之音)'과 '팔일무어정(八佾舞於庭, 분수에 넘쳐 지나치다)'과 같은 '불륜지사(不倫之事)'가 나타났던 것이다. 결국 원래 천인 관계를 소통하고 군신 등급을 규범화하는 역할을 하던 예악 문화는 점점 사람의 관능적인 즐거움을 충족시켜주는 오락 수단으로 전락했다.

이러한 국면은 유학자들의 입장에서는 도저히 받아들일 수 없는 현실이었음은 물론 의심할 바 없이 신성한 직업에 대한 도전이었음을 어렵지 않게 볼 수 있다. 그러나 공자는 직업인 '유(儒)'에서 사상적인 '가(家)'가 되어 기술적 측면에서 사람이 어떻게 예를 행하고 악을 만들 것인가를 가르쳐주려 하였을 뿐만 아니라 사상적 측면에서도 사람에게 어떻게 예를 행하고 악을 만드는지를 가르쳐고자 했다. 공자는 이르기를 "사람이 어질지 못하면 예(禮)를 지켜서 무엇을 할 것이며 악(樂)을 한들 또 무슨 소용이 있겠는가?(人而不仁 如禮何? 人而不仁 如樂何?)"(『논어』 '팔일')라고 했다. 공자가 보기에는 소위 '예'의 형식은 '인(仁)'에 담은 내용의 외적인 표현이었을 뿐이다. 그러므로 '인(仁)'은 유가 사상의 핵심적인 범주가 되었다. 『설문해자』에 따르면 "'인(仁)'이란 곧 사람(인간의 본성)이다. '인(人)'자가 두 개 합쳐진 것(仁者人也, 從人, 從二)"이라고 한다. 이는 바로 '인(仁)'의 내포는 인간과 인간 사이의 관계에 달렸음을 말한다. 그렇다면 어떠한 관계가 인(仁)에 대한 공자의 이해에 부합될까? "번지가 인(仁)이 도대체 뭔지 여쭤봤더니 공자가 이르기를 '사람을 사랑하는 것이다'라고 했다(樊遲問仁. 子曰: '愛人')."(『논어』 '안연') 우리가 앞에서 말했다시피 세상에 아무 이유도 없는 사랑이란 있을 수 없다. 공자의 '인애' 사상은 친자 혈연관계를 바탕으로 건립된 것이다. 이 때문에 그가 말하는 '인애'는 후에 묵자가 말한 사람마다 평등한 '겸애(兼愛)'와 달리 사랑에 차별이 있는 인애다. 예를 들면 아버지가 아들을 사랑하고 아들이 아버지를 사랑하지만 전자는 '자(慈)'라 하고 후자는 '효(孝)'라고 한다. 이 두 가지 애(愛)는 서로 차별이 있는 것인바, '부자자효(父慈子孝)'를 거꾸로 '부효자자(父孝子慈)'로 전도시킬 수는 없다는 것이다. 마찬가지로 형이 아우를 사랑하고 아우가 형을 사랑하지만 전자의 사랑은 '우(友)'이고 후자의 사랑은 '공(恭)'인 것이다. 이 두 가지 사랑도 차별이 있기 때문에 '형우제공(兄友弟恭)'을 '형공제우(兄恭

弟友)'로 전도시켜서는 안 된다는 것이다. 우리는 '애(愛)'에 차별화된 인(仁)이 있음을 알았고 또 '예(禮)'에도 차별화된 '예'가 있다는 것을 알게 되었다. 마침 공자의 후배인 순자가 말하는 것처럼 "'예(禮)'에는 귀천에 등급 차이가 있고, 장유(長幼)에도 차별이 있으며, 재산의 많고 적음과 지위의 높고 낮음에 다 적응할 수 있다(禮者, 貴賤有等, 長幼有差, 貧富輕重皆有稱者也)."(『순자』 '부국') 자식이 부모에게 절하는 것은 자기의 효심을 나타내기 위함이다. 그렇다고 해서 부모가 자식에게 절할 필요는 없다. 다만 자식들의 어깨를 살짝 쳐주는 것만으로도 그들에 대한 부모의 '자애'를 충분히 나타낼 수 있다는 것이다. 또 아우가 형한테 허리를 굽혀 인사하는 것은 형에 대한 '공경'을 나타내기 위한 것이지만 형은 아우에게 허리를 굽혀 인사할 필요 없이 그냥 고개만 끄덕여도 아우에 대한 '우애'를 충분히 나타낸다는 것이다. 한마디로 우리가 부동한 사람에 따라 부동한 예의를 갖추는 것은 우리가 부동한 사람에 대해 부동한 사랑을 베풀기 때문이다. 공자가 보기에는 자식이 부모에게 절하지 않고 아우가 형에게 허리를 굽혀 인사하지 않는 것과 같은 '팔일무어정'의 행위가 "절대 참을 수 없는", "이런 짓을 참는데 무슨 짓인들 못 참겠는가?(是可忍,而孰不可忍?)"(『논어』 '팔일') 하는 상황이 된 것은 바로 사대부 신분인 계손씨(季孫氏)가 이미 천자를 안중에 두지 않았기 때문이라고 보았던 것이다. 이렇게 말하면 공자가 '극기복례(克己復禮, 자기 욕심을 누르고 예의범절을 따르다)'를 실천하기 위해 기울인 노력은 곧바로 가정 윤리를 세우고 사회 질서를 재건하는 것이었다. 즉 '친친(親親)'부터 '존존(尊尊)'에 이르고, "가까이로는 부모를 섬기게 하는 것(邇之事父)"으로부터 "멀리는 임금을 섬기는 것(遠之事君)"(『논어』 '양화')으로 전환함으로써 가족·혈연·지역을 토대로 한 국가 정권과 사회 제도에 이론적인 보장과 행위상의 규범을 제공해주었다. 공자가 볼 때는 이러한 보장과 규범을 갖춘 후에야 인간은 비로소 야만인이 아닌 군자다운 문화적 인간이 될 수 있는 것이다.

때문에 기호학의 시각에서 말하면 이른바 '인(仁)'을 '예(禮)'로 해석한 목적은 바로 외적인 행위 규범(기호 형식)을 위해 내적인 윤리 규범(가치 관념)의 지지대를 찾아냄으로써 문화적 기호의 무질서한 역사적 국면을 극복하고 세상 인간들의 문화적 품위를 유지하려는 데 있었다. 이른바 "예의, 예의 하지만 옥이나 비단을 말하겠는가? 음악, 음악 하지만 종과 북만 말하겠는가? 공경을 하고서 옥백(玉帛)으로 받들면 예(禮)가 되고, 조화를 하고서 종고(鍾鼓)로 나타내면 악(樂)이 된다. 근본을 빠뜨리고 오로지 그 끝만을 일삼으면 어찌 예악이라고 할 수 있겠는가?(禮云禮云, 玉帛云乎哉? 樂云樂云, 鍾鼓云乎哉?)"(『논어』 '양화')라고 한 것은, 즉 공자가 보기에는 예악 행위가 단지 일종 간단한 기호 형식에 지나지 않는 것이 아니라 그 자체가 인간과 비인간의 경계였음을 표명한 것이다. 그리고 정치적 의미에서 말한다면, 오직 예악 자체가 규범화한 행위 법칙과 등급 제도를 지켜야만 비로소 사람과 사람들로 하여금 순식간에 드나드는 일종의 행위를 일치하게 하고 애(愛)에도 차별이 있는, 화목하고 질서와 법도가 있는 사회 질서를 유지할 수 있게 한다는 것이다. 즉 이른바 "폭넓게 학문을 배우고 예를 규범으로 삼는다면 도에 어긋나지 않을 것(博學於文, 約之以禮, 亦可以弗畔矣夫)"(『논어』 '안연')이라는 것이다. 문화적 의미에서 말하면 오직 예악 자체가 갖고 있는 의미가 있는 기호 형식을 장악해야만 비로소 사람들로 하여금 온·량·공·검·양(溫良恭儉讓)의 사회와 교류하는 과정에 일종의 몽매와 야만적 색채보다 높은 문명 이미지를 유지할 수 있게 한다. 즉 이것은 이른바 "문식(겉차림)과 실질(바탕)이 조화를 이루어야 군자가 된다(文質彬彬, 然後君子)"(『논어』 '옹야')는 것이다. 비록 공자에게 있어 문화 구축은 생명의 번성과 물질의 보장을 전제로 하고 있지만, 즉 "공자가 위나라에 갈 때, 염유가 수레를 몰아 모시고 갔다. 공자가 말했다. '백성들이 많구나!' 이에 염유가 여

쭈었다. '백성들이 많아지면 또 무엇을 해주어야 합니까?' '그들을 풍족하게 해주어야지.' '풍족하게 된 다음에는 또 무엇을 더해주어야 합니까?' 그러자 공자가 이르기를 '그들을 가르쳐주어야지'라고 했다(子適衛, 冉有仆. 子曰: '庶矣哉!' 冉有曰: '卽庶矣, 又何加焉?' 曰: '富之.' 曰: '旣富矣, 又何加焉?' 曰: '敎之').''(『논어』 '자로') 그러나 이런 '서(庶)' -'부(富)'-'교(敎)'의 점진적 과정 역시 문화의 구축만이 인간으로 하여금 최종적으로 인간다운 인간이 되게 하는 관건임을 표명했다.

분명 이러한 문화적 기호 계통의 구축 과정에서 사람들은 일종의 예술적 경험을 하게 되었고 미적 향수도 누리게 되었다. 때문에 결국 "예술은 일종 기호 언어로 정의될 수 있으며", "미(美)는 필연적으로 그리고 본질상 일종 기호인 것이다." 이와 같은 예술과 미를 포함한 '기호 체계'는 "볼 수 있고, 만질 수 있고, 들을 수 있는 외적인 것에 대한 파악으로 우리에게 질서를 주어", "우리로 하여금 인간 영혼의 가장 깊은 곳에 있는 것과 가장 다양화한 운동을 보게 한다."[21] 이 점에 대해 우리의 선조들은 『악기』 '악본편(樂本篇)'에서 이미 어느 정도 깨달은 바가 있었던 것 같다. 즉 "무릇 음악이라는 것은 사람의 마음에서 생겨나는 것이다. 마음에서 충동받은 감정을 나타내면 소리가 되는데, 이 소리가 곡조를 이룬 것을 음악이라고 한다(凡音者, 生人心者也. 情動於中, 故形於聲; 聲成文, 謂之音)", "무릇 음악이라는 것은 인간적 기본 행위인 윤리와도 통하는 것이다. 이런 까닭에 소리만 알고 음악을 모르는 자는 금수와 같다. 음악만 알고 음악 이론을 모르는 자는 평민 백성이다. 다만 군자만이 음악 이론을 알 수 있다(樂者, 通倫理也. 是故知聲而不知音者, 禽獸是也. 知音而不知樂者, 衆庶是也. 惟君子爲能知樂)." 여기서 소리·음악·음악 이론의 구별은 금수와 인간, 야만적 인간과 문명적인 인간을 구별하는

---

21) 에른스트 카시러, 『人倫』, 甘陽 역(上海譯文出版社, 1985), 213~214면, 189면.

중요한 지표가 되어 있다. 이른바 "감정이 마음에서 움직임으로 해서 이루어지는 것이 소리이다"라고 한 것은 사람이 입으로 내는 소리는 인간감정의 자연스러운 발로임을 말한 것이다. 그러나 이와 같은 감정의 자연스러운 발로는 아직 기호 체계에 들어가지 못한 것으로서 일종의 소통할 수 없는 소리가 될 때 그것은 야수의 울부짖음과 같게 된다. 즉 이때 비록 일정한 정서를 나타냈다 할지라도 그 소리를 변별할 수도, 알아들을 수도 없게 된다. 오직 이러한 소리가 기호 체계에 들어갈 때만 비로소 주관적 감정의 '인간적' 표현 방식이 되는 것이다. 즉 "소리가 곡조를 이룬 것을 음악이라고 한다(聲成文, 謂之音)"고 한 것은 소리가 잘 엮이고 조합되어 아름다워진다는 의미로 이해할 수 있으며, 또는 소리가 표의적 기호 네트워크에 들어가면 문의(文義)를 구비하게 된다는 의미로도 이해할 수 있다. 사실 오직 자연적인 소리가 표의적 기호 체계 속으로 들어가야만 비로소 무한히 풍부한 복잡성과 다양성을 갖게 되는 것이다. 동물들은 다양한 소리를 낼 수 있지만 이러한 소리는 기호적 의미에서 구분할 수 없을 뿐만 아니라 또 그 구분의 기초 위에서 진일보 조직하고 새롭게 이룰 수 없기 때문에 결국 단조로운 것이 되고 마는 것이다. 아무튼 문채(文采)나 문의(文義)를 막론하고 모두 인간이 갖고 있는 것이며, 이는 바로 인간과 비인간의 변별점으로서 "소리만 알고 음악을 모르는 자는 금수와 같다." 한발 더 나아가 소리는 일단 기호 체계에 들어가면 소통의 기능을 갖게 될 뿐만 아니라 윤리의 의미도 갖게 되는 것이다. 즉 "인간의 마음속 깊이 잠재되고 가장 다양화된 운동이 되는 것이다." 공자가 볼 때, 만약 사람들이 소리가 감정을 전달할 수 있는 것만 알고 이런 감정의 배후에 잠재한, 오직 인간만이 지니고 있는 윤리적 내포의 말을 보지 못한다면 그것은 바로 '예(禮)'의 형식적인 것만 알고 '인(仁)'의 내용을 모르는 것처럼 기껏해야 야만인에 불과할 뿐 문명인에는 미치지 못한다고 보았다. 때문에 "음악만 알고 음악 이론을 모르는 자는 평민 백성이다. 다만 군자만이 음악 이론을 알 수 있다"고 했던 것이다. 이른바 "다만 군자만이 음악 이론을 알 수 있다"는 말은 유가를 초월한 특정된 윤리적 내포로 볼 때, 이 말은 실제로 미의 다양한 형식과 다단계적 내포에 대한 문화적 인간의 이해와 파악을 의미하는 것이다. 상상할 수 있다시피 만약 공자가 3대 문화를 기초로 회복하고 다진 일련의 "그야말로 찬란한 문물이도다(鬱鬱乎文哉)"라고 한 것과 같은 윤리적 규범과 전장 제도가 없었더라면 고대 사람들의 행위 방식과 감정 방식은 무질서해졌을 것이며 단조롭고 흥미가 없었을 것이다. 심지어는 이렇게 말할 수도 있다. 만약 공자 및 그 유가가 예악 문화의 구축을 위해 쏟아부은 역사적 노력이 없었다면 "예의의 나라(以禮儀之邦)"로 불렸던 중화 민족은 상당히 긴 시간 동안, 혹은 상당한 수준에서 몽매와 야만적인 상태에 머물러 있었을 것이다. 이는 우리로 하여금 매우 쉽게 송나라 때 사람이 한 말, 다소 과장된 말이긴 하지만 "하늘이 공자를 내주지 않았다면 기나긴 역사는 끝없는 밤처럼 되었을 것이다(天不生仲尼, 萬古如長夜)"라는 말을 떠올리게 한다.

'기호 계통'의 시각에서 볼 때 공자가 재건한 이런 예악 문화는 시·음악·무용, 이 세 가지가 서로 연관되어 이루어진 부분을 망라하고 있다. '예(禮)'와 '악(樂)' 간의 관계에 대해서 『악기』 '악론(樂論)'에는 말은 간결하지만 뜻은 매우 완벽하게 분석한 바 있다. "음악의 특징은 같음을 추구하는 것이고 예의 특징은 다름을 추구하는 것이다. 같음은 사람들로 하여금 서로 친하게 하고 다름은 사람들로 하여금 서로 공경하게 한다. 악을 지나치도록 절제하지 않으면 사람들 간 존비(尊卑)의 경계선을 혼란하게 만들어 서로 범람하고 예가 지나치도록 절제되지 않으면 사람들이 한마음 한뜻이 못 된다. 인정을 조화롭게 하고 행위와 외모를 다듬어 존비의 질서를 바로잡는 것은 예악이 해야 할 일이다(樂者爲同, 禮者爲異. 同則相親, 異則相敬. 樂勝則流, 禮勝則離. 合情飾貌者, 禮樂之事

也)." 이는 말하자면 '악(樂)'은 사람과 사람 간의 감정을 소통할 수 있고 '예(禮)'는 장유(長幼)와 존비를 변별할 수 있는 경계선임을 말한다. '악'만 있고 '예'가 없으면 인간과 인간 사이의 감정이 곧 제멋대로 나타나 질서감이 없고 등급 관념이 약화된다. 반대로 '예'만 있고 '악'이 없으면 부동한 지위에 있는 사람들이 한마음 한뜻이 못 되어 의사소통이 제대로 이루어지지 않아 응집력이 약화된다. 때문에 가장 좋은 방법은 바로 '악'으로 '예'를 보충해주고 '예'로써 '악'을 절제하여 일종의 '화이부동(和而不同, 남과 사이좋게 지내기는 하나 무턱대고 한데 어울리지 않음)'하고 '애유차등(愛有差等, 사랑에는 차등이 있음)'의 경지에 도달하는 것이라고 보았다. 이로부터 '예'와 '악' 간의 변증 관계는 바로 '인(仁)'과 '예' 간의 모순 운동이 의식 형태/이데올로기 영역에서 직접 표현된 것임을 알 수 있다. 그러나 이러한 표현으로서의 감정 기호인 광의적 의미의 '악'은 또 언어(시가)·멜로디(음악)·동작(무용) 등 세 가지 요소로 이루어져 있다. 총괄적으로 말하면 이러한 요소들이 공동으로 예의를 수반함으로써 사람들의 마음을 소통시킬 때, 그것은 일종 감정의 공명과 미적 향수를 불러일으킨다는 것이다. 그러므로 『논어』 '학이'에는 "예를 행함에 있어 조화로움을 가장 귀하게 여긴다. 옛날 제왕들은 도를 행함에 있어 이를 으뜸으로 귀하게 여겼나(禮之用, 和爲貴. 先王之道, 斯爲美)." 다시 말하면 이러한 요소들이 독립적으로 발전했을 때, 그것들은 곧바로 부동한 예술적 형식이 될 뿐만 아니라 아울러 각자 그 미적 기능을 발휘하게 된다는 것이다. 때문에 시에 대해 공자는 비로소 "『시경』을 배우지 않고서는 남들과 말을 할 수 없다(不學詩, 無以言)"[『논어』 '계씨(季氏)']고 가르치게 되었으며, 음악과 무용에 대하여 공자는 비로소 "3개월 동안 고기 맛을 잊는"(『논어』 '술이') 체험을 갖게 되었던 것이다. 어떤 의미에서 말하면 중국 고대의 시·음악·무용 등 표현 예술이 상대적으로 발달한 역사적 특징은 유가에서 예악으로 문화를 구축하려 했던 독특한 방식에서 그 근원을 찾을 수 있다.

유가에서 예악 문화를 구축하는 이러한 역사적인 노력은 중화 민족의 심미·심리 습관의 형성과 예술적 가치를 확립하는 데 거대하고 심원한 영향을 미쳤을 뿐만 아니라, 좀 더 과장해서 말하면 무에서 유를 창조한 것이기도 했다. 그러나 이런 윤리적 관념의 기호에서 파생되어 나온 예술적 감정 기호는 또한 천성적으로 단점과 한계를 갖고 있다. 형식상에서 후기 유학자들은 공자의 '극기복례'의 깊은 뜻을 진짜로 이해하지 못했던 것이다. 때문에 끊임없이 '예(禮)'의 외적 형식에서 여러 가지를 고안하여 『주례(周禮)』, 『의례(儀禮)』, 『예기(禮記)』 등의 저작 중에 우리에게 세상에 보기 드문 번잡하고 쓸모없는 것을 남겨줌으로써 사람들로 하여금 관·혼·상·제·연·형·조·빙(冠婚喪祭燕亨朝聘) 등 일체 사회활동에서 손끝부터 발끝까지의 모든 행위들이 이에 따라 엄격한 훈련을 받게 했던 것이다. 그 결과 '악(樂)'의 형식도 간단한 데로부터 복잡한 데로, 미사여구나 군더더기 말로 글을 짓는 추이를 형성하게 되었다. 그리고 내용상에서는 '예'의 등급 관념이 시종 '악'의 자유로운 상상을 규제하기 때문에 예술 형식의 발전은 관념 갱신의 협력과 지지를 얻을 수 없었다. 따라서 아무리 변화해도 본질은 달라지지 않으며 언제나 "정에서 나와 예의에 머무르는(發乎情, 止乎禮義)" 감정의 표준 형식에서 맴돌며 중용(中庸)에서 평용(平庸)으로 되었던 것이다. 그리하여 최초에는 창조성이 풍부했던 구축 활동이 형식과 내용에서 이중적 이화(異化)를 초래하게 되었다. 이러한 상황에서 도가의 '해체' 활동은 특수한 역사적 의의를 띠게 되었다.

2. 도가의 '해체'

헤겔은『작은 논리』(1817)[22]에서 절대적인 논리의 기점은 오직 하나뿐이며 그것은 바로 '유(有)'라고 했다. 즉 아무런 규칙성이 가미되지 않은 순수한 '유'라는 것이다. 그러나 이러한 '유'가 아무리 순수해도 아무런 규칙성이 없을 경우에는 그것이 자기와 대립적인 면으로 전환되고, 다른 논리적 일환인 '무(無)'가 된다고 했다. 만약 우리가 이러한 범주에서 중국 문화를 이해한다면 유가의 구축 목적은 바로 '유(有)'이고, 도가의 해체 목적은 바로 '무(無)'인 것이다. 헤겔의 관점과 같은 것은 유가의 '유'는 앞에 있고, 도가의 '무'는 뒤에 있는 것으로서 양자의 논리적 관계는 쉽게 바꿀 수 없는 것이다. 그렇지 않으면 도가의 해체는 곧바로 아무 의미가 없어진다. 그리고 헤겔의 관점과 다른 것은 유가의 '유'는 그 규칙성의 결핍 때문에 자각적으로 '무'로 전화한 것이 아니라 반대로 그것이 바로 과다한 규칙성 때문에 '무'로써 해소할 필요가 생겼고, 또 이로써 일종 역사적인 회귀(回歸)를 실현했던 것이다.

이런 역사적 회귀로서 도가의 창시자들은 우선 윤리 정치적 측면에서 '선대 유학자(先儒)'의 그러한 인의도덕(仁義道德)에 한해 질의했다. 물론 시간적으로 말하면 여기서 이른바 '선대의 유학자'가 반드시 공자를 가리키는 것은 아니다. 왜냐하면 공자 이전에 적어도 주공이 '제례작악(制禮作樂)'의 문화적 활동을 진행한 바 있기 때문이다. 여기서 마땅히 한 가지 문제가 언급되어야 하는데 그것이 바로 노자와 공자 중에 누가 먼저이고 누가 나중이냐 하는 문제다. 이에 대해 학술계에서는 일부 같지 않은 견해들이 있지만, 필자는 여전히 사마천의『사기』의 견해를 그대로 받아들여 노자와 공자는 같은 시대에 살았으나 연령상 노자가 공자

---

22) 헤겔이 1817년에 집필한『철학백과사전(*Encyklopadieder philosophischen Wissenschaften*)』의 제 1부에 해당함-옮긴이.

보다 나이가 더 많았다고 본다. 노자는 공자와 같은 시대에 생활했기 때문에 그도 '예붕악괴'의 국면을 맞기는 했으나 노자의 연령이 공자보다 많기 때문에『노자』에서는 그 당시 아직 학술적 영향을 미치지 못했던 공자를 언급하지 않았던 것이다. 노자도 '예붕악괴'의 국면에 대해 불만을 갖고 있었으나 그의 입장과 태도는 오히려 공자와 달랐다. 노자는 "대도(大道)가 폐하니 인의(仁義)가 생겨났고, 지혜가 나타나니 거짓이 생겨났으며, 육친(六親)이 화목하지 못하면 효자(孝慈)가 생기고, 나라가 혼란에 빠지면 충신이 나타난다(大道廢, 有仁義; 智慧出, 有大僞; 六親不和, 有孝慈; 國家昏亂, 有忠臣)"(『노자』18장)고 했다. 그가 보기에는 인의도덕을 내용으로 한 예악 제도의 출현 자체가 바로 일종의 허위적인 문화 현상이었던 것이다. 그러므로 노자는 올바른 방법은 '극기복례'가 아니라 '절성치지(絶聖棄智)', 즉 문명의 이런저런 제약을 던져버리고 원시적인 순수로 돌아가는 것이라고 보았다. 즉 "성스러운 것을 끊어내고 지혜(智慧)를 버리면 백성의 이익은 백 갑절이 된다. 인의도덕의 기준을 버리면 효자(孝慈, 효도와 사랑)가 스스로 회복될 것이며 기교를 없애고 이익을 버리면 크고 작은 도둑이 없어진다(絶聖棄智, 民利百倍; 絶仁棄義, 民復孝慈; 絶巧棄利, 盜賊無有)"(『노자』19장)는 것이다. 노자의 후계자인 장자는 더욱 급진적이었는 바, 직접 '성인(聖人)'을 토벌할 것을 주장하면서 다음과 같이 말한 적이 있다.

○ 원목을 베어내지도 않았는데 누가 그것으로 술잔을 만들고, 백옥을 깨지 않았는데 누가 그것으로 옥장신구를 만들 수 있겠는가. 인간의 원시적인 자연 본질이 버려지지 않으면 어떻게 인의를 실행할 수 있고, 인간 고유의 천성과 진솔한 감정이 위배되지 않으면 어찌 예악을 쓸 수 있으며, 오색이 서로 헷갈리지 않으면 누가 아름다운 색깔(文彩)을 조합해낼 수 있으며, 다섯 가지 소리가 배합되지 않으면 어찌 육률(六律)을 이룰 수 있겠는가! 원목을 분해하여 각종 그릇을 만든 것은 목공의 죄이고, 인간의 자연 본질을 버리는 것으로 이른바 '인의'를 널리 시행한 것은 바로 성인들

의 죄이다(純樸不殘, 孰爲犧尊! 白玉不毁, 孰爲圭璋! 道德不廢, 安取
仁義! 性情不離, 安用禮樂! 五色不亂, 孰爲文采! 五聲不亂, 孰應六律! 夫
殘樸以爲器, 工匠之罪也; 毁道德以爲仁義, 聖人之過也).(『장자』 '마제')

　노자가 이처럼 강경하게 유가의 윤리를 반대한 것은 노자와 장자가
일련의 군군신신(君君臣臣) 관계에서 불평등을 발견했고, 또 그러한 각
종 번거로운 예의 중에는 자유가 없음을 발견했을 뿐만 아니라 그런 점
잖고 고상한 속에 진실하지 못한 것들이 있음을 발견했기 때문이다. 이
런 측면에서 도가의 학설은 분명히 이화(異化)에 대한 반항이라는 특별
한 의미를 가진다. 그러나 이화에 대한 노자와 장자의 반항은 현실적으
로 그 역사적 존재의 합리성을 갖고 있기 때문에 이러한 반항 자체를
단순하게 철학적 의미에서 긍정해서는 안 된다.

　도가의 창시자들은 윤리 제도에 반항한 동시에 또 진일보 비판의 예
봉을 선유(先儒)들이 구축한 일련의 문화 부호 체계에 돌리면서 철저히
해체하고 전복하려 했다. 노자는 "학문을 끊어버리면 근심이 없어진다
(絶學無憂)"(『노자』 20장)고 주장하며 "온갖 화려한 볼거리는 사람들의
눈을 멀게 하고, 온갖 즐거운 음악은 사람들의 귀를 먹게 하고, 온갖 맛
있는 음식은 사람들의 입을 버리게 한다. 또한 말을 타고 달리면서 하는
사냥은 사람 마음을 미치게 하며 얻기 어려운 진귀한 재화는 사람의 행
실을 빗나가게 한다(五色令人目盲, 五音令人耳聾, 五味令人口爽, 馳騁
畋獵令人心發狂, 難得之貨令人行妨)"(『노자』 12장)고 말했다. 장자는
이보다 더 급진적이었는 바, 아예 다음과 같이 단언했다.

　○ 여섯 가지 음을 교란하고 젓대와 거문고를 훼손해버리며 장님 악사 사광
　　(師曠)의 귀를 막아버리면 천하의 사람들은 비로소 자기들의 원래 청각으
　　로 내면의 소리를 들으려 할 것이다. 화려한 문장을 없애고 오색을 흩뜨려
　　버려 이주(離朱)의 눈을 붙여버리면 천하의 사람들은 금방 자기들의 본래
　　밝은 눈을 보존할 수 있을 것이다. 또 그림쇠와 먹줄을 훼손하고 컴퍼스와

잣대를 버리고 공수(工倕)의 손가락을 부러뜨리면 천하의 사람들은 비로
소 자기들의 원래 지혜와 기교를 보존할 수 있을 것이다(擺亂六律, 鑠絶
竽瑟, 塞瞽曠之耳, 而天下始人含其聰矣; 滅文章, 散五采, 膠離朱之
目, 而天下始人含其明矣; 毁絶鉤繩而棄規矩, 攦工倕之指, 而天下始
人有其巧矣).(『장자』 '거협')

이런 측면에서 보면, 도가의 학설은 또 확실히 일종의 반문화적 색채
를 가지고 있다. 그러나 도가의 이런 반문화적 경향은 특수한 배경과 전
제를 가지고 있기 때문에 이런 반항 자체를 또 간단히 미학적 의미에서
부정해서는 안 된다. 바꾸어 말하면 도가의 '무'는 유가의 '유'를 견주어
한 말이고, 도가의 '해체'는 유가의 '구축'을 견주어 한 말이다. 그러므
로 철학적 의미나 미학적 의미를 막론하고 도가에 대한 이해는 모두 반
드시 유가에 대한 비판을 전제로 삼아야 한다.

미학적 의미에서 유가가 구축한 예악 문화에 대한 도가의 해체는 주
로 다음과 같은 세 가지 측면에서 표현된다. 우선, 문식(文飾)에 대한 해
체다. 즉 문명이 물질 대상에 덧붙여진 모든 치레 성분을 제거하여 그것
으로 하여금 소박한 혼돈 형태로 환원하게 한다. 우리는 공자가 '문(文)'
과 '질(質)'의 변증 관계를 강조하고 "본바탕이 겉치레를 능가하면 질박
하게 되고, 겉치레가 본바탕을 능가하면 사치스러운 것이 된다(質勝文
則野, 文勝質則史)"(『논어』 '옹야')를 주장한다는 전제 아래 '문(文)'에
대해서는 그래도 매우 중시했음을 알고 있다. 이른바 "그 문물 제도가
빛나는구나!(煥乎! 其有文章)"(『논어』 '태백')라고 한 것은 바로 요순시
대에 창립한 조탁과 겉치레에 대한 감각적 문화에 대한 찬양으로, 이른
바 "먹는 음식은 매우 간소하면서도 조상의 신에게는 정성을 다했고, 입
는 옷은 허름하면서도 제사 옷은 아름답게 했다(菲飮食而致孝乎鬼神,
惡衣服而致美乎黻冕)"(『논어』 '태백')고 함은 바로 우임금 시대에 시작
된 화려하고 다채로운 예의 복식에 대한 표창이다. 또 이른바 "주나라는

하나라와 은나라 2대를 거울로 삼았다. 그야말로 찬란한 문물이도다!(周監於二代, 鬱鬱乎文哉)"라고 한 것은 바로 "나는 주나라를 따르리다(吾從周)"(『논어』 '팔일')라고 말한 것의 필요한 전제였다. 인간의 수양을 논할 경우, 공자가 이르기를 "장무중(臧武仲)의 지혜와 (맹)공작의 욕심 없음과 변장자(卞莊子)의 용맹과 염구(冉求)의 재주에 예악을 문채(文彩)로 삼으면 이로써도 역시 성인이 될 수 있느니라(若臧武仲之知, 公綽之不欲, 卞莊子之勇, 冉求之藝, 文之以禮樂, 亦可以爲成人矣)"(『논어』 '헌문')라고 했다. 여기서 이른바 "예악을 문채로 삼으면(文之以禮樂)"은 바로 예악을 일종의 문식으로 삼아 그것을 인간의 몸에 덧붙임으로써 그것으로 하여금 고귀한 품성과 문화적 의미를 갖도록 하는 것이다. 문장의 사령(辭令, 응대하는 말)을 논함에 있어, 공자는 말하기를 "정나라에서 사명(辭命)을 만들 때에는 비심(裨諶)이 초고를 만들고 세숙(世叔)이 검토하고 그것을 집행하는 자우(子羽)가 수식(修飾)을 하고 동리(東裏)의 자산(子産)이 윤색을 하였느니라(爲命, 裨諶草創之, 世叔討論之, 行人子羽修飾之, 東裏子産潤色之)"(『논어』 '헌문')라고 했다. 여기서 이른바 '수식지(修飾之)'와 '윤색지(潤色之)'는 분명 사장(辭章, 운문과 산문)의 가공과 언어적 치레를 말한 것이다. 그리고 예술적 감상을 논함에 있어 공자는 이르기를 "악사인 '지(摯)'가 처음으로 '관저(關雎)'의 마지막 악장을 연주할 때의 음악이 크게 넘쳐흐르는 듯 귀에 가득 차 있었느니라(師摯之始, '關雎'之亂, 洋洋乎盈耳哉!)"(『논어』 '태백')라고 했는데 여기서 이른바 '양양호영이재(洋洋乎盈耳哉)'라는 것은 의심할 바 없이 예술가의 수법과 장심(匠心)이 응집되었음을 말한 것이다. 이런 사상은 후기 유가에서 더욱 분명하게 설명되어 있는바 순자가 말하기를 "성(性)은 본디 순박한 본성이고 위(僞, 거짓)는 문(文)과 이(理)로 융성한다. 무성은 거짓에 무를 가미한 것이고 무위는 바로 본성이 스스로 미가 될 수 없다(性者, 本始材樸也; 僞者, 文理隆盛也. 無性則

僞之無所加, 無僞則性不能自美)"(『순자』 '예론')고 했다. [······] 그렇
지만 이와 같은 형태의 "깎고 다듬으며 쪼고 가는 것처럼 하는(如切如
磋, 如琢如磨)"(『논어』 '학이'에서 인용한 『시경』 관련 문구 참고) 문화
적 노력은 도가의 입장에서 볼 때는 바로 자연과 인성에 대한 위배였다.
노자는 "밝은 도는 어두운 듯하고, 전진하는 도는 물러서는 듯하며(明道
若昧, 進道若退)"(『노자』 41장), "도의 화려함은 어리석음의 시작(道之
華而愚之始)"(『노자』 38장)이라고 여겼다. 이렇게 말하면 모든 인위적
인 노력과 문명에 대한 추구는 '도'의 원초적 경지에 접근할 수 없을 뿐
만 아니라 오히려 '도'와 배치되어 수두룩한 허위와 거짓, 왜곡되고 난
잡한 문화적 쓰레기를 만들어내게 되는 것이다. 즉 "벼슬아치가 지극히
위엄을 부리다 보면 농경지는 잡초만 우거지고 곳간은 텅 비고 만다. 벼
슬아치들이 화려한 비단옷에 멋진 칼을 차고 음식을 포식하고 재화가 남
아돌게 되니 이것이야말로 도둑질이지 임금의 도(道)가 아니다(朝甚除,
田甚蕪, 倉甚虛, 服文彩, 帶利劍, 厭飮食, 財貨有餘, 是謂盜竽. 非道也
哉!)"(『노자』 53장)라는 것이다. "배우는 것은 날마다 더하는 것이고, 도
를 닦는 것은 날마다 비우는 것(爲學日益, 爲道日損)"(『노자』 48장)의
상태에서 노자는 지나치게 많은 감각적 향수와 정신적 추구를 포기하고
"무위를 위해 무위를 일삼으며 맛이 없더라도 맛있는 것처럼 여기는 것
(爲無爲, 事無事, 味無味)"(『노자』 63장)이 낫다고 주장했을 뿐만 아니
라 아울러 간단하고 소박한 생활 속에서 순결하고 원시적인 생명의 즐거
움을 체험함으로써 일종의 "순수함을 보여주고 질박함을 간직하며, 사
사로움을 적게 하고 욕심을 줄이는 것(見素抱樸, 少私寡欲)"(『노자』
19장)과 같은 경지에 들어가야 한다고 주장했다. 장자와 그 후학들은 그
런 조탁과 장식의 인위적인 노력에 대해 회의와 비판적 태도를 취하면서
"마소(말과 소)가 발이 넷인 것을 일러 천연적이라고 말하며 말에게 굴
레를 씌우고 소의 코를 꿰는 것은 인위적인 것이라 말한다. 그러므로 이

르기를 '인위적인 것으로 천연적인 것을 멸하지 말아야 하며 고의로 생명을 멸하지 말며 헛된 명성을 얻기 위해 혼신의 힘을 다 쏟지 말라'고 한다. 신중하게 자연의 본래의 성질을 잃지 않도록 잘 지키는 것을 일러 바로 본래의 참된 도로 돌아가는 반진(反眞)이라 한다(牛馬四足, 是謂天; 落馬首, 穿牛鼻, 是謂人. 故曰, 無以人滅天, 無以故滅命, 無以得殉名. 謹守而勿失, 是謂反眞)"(『장자』 '추수')고 주장했다. 따라서 '인뢰(人籟)'는 '지뢰(地籟)'보다 못하고, '지뢰'는 '천뢰(天籟)'보다 못하며, "하늘과 땅은 위대한 아름다움을 지니고 있으면서도 말하지 않고, 사계절은 분명한 법도를 지니고 있으면서도 논의하지 않으며, 만물은 생성의 법칙을 지니고 있으면서도 설명하지 않는다. 성인은 하늘과 땅의 미덕을 근원으로 하고 있으며 만물의 이치에 통달해야 한다. 그러므로 지인(至人)은 무위하며, 유명한 성인은 작위가 없지만 천지의 원리에 달관하고 있다고 말한다(天地有大美而不言, 四時有明法而不議, 萬物有成理而不說. 聖人者, 原天地之美而達萬物之理, 是故至人無爲, 大聖不作, 觀於天地之謂也)"(『장자』 '지북유')고 주장했다. 이로써 볼 수 있다시피 노자와 장자가 문식(文飾) 해체를 위해 쏟은 노력은 다만 소극적인 파괴 역할만 있는 것이 아니라 문화 기호를 풀이하는 과정에 일종의 '자연 회귀(自然回歸)'와 "자연을 본받고 본질을 중시하는 것(法天貴眞)"을 탐구하는 새로운 미학적 의의도 있다.

다음, 도가는 물질 대상의 외부적인 문식을 해체한 기초 위에서 한 걸음 더 나아가 유가 창작의 문화 기호가 지키는 내적 법칙을 해체해야 했다. 우리가 이미 말했다시피 공자에게 '예(禮)'와 '악(樂)' 같은 문화 기호들은 '인(仁)'과 '예(禮)'의 가치 관념의 이데올로기 영역에서의 직접 표현인 것이다. 때문에 특수한 '감정 기호'로서의 예술이 지켜야 하는 창작 법칙은 완전히 '과유불급(過猶不及)'의 행위 기준과 '중용지도(中庸之道, 중용의 도)'의 사유 형식에 의해 결정되었다. 공자는 줄곧

"이로써 감정을 절제하고(以理節情)", "먼저 흰 바탕이 있은 후에야 비로소 그림 그리는 것이 가능하다(繪事後素)"(『논어』 '팔일')고 주장하였는바, 안연의 말을 빌리면 "선생님께서는 차근차근 사람들을 잘 이끄시고 학문으로 내 시야를 넓혀주시고 예로써 갖추게 하였다(夫子循循然善誘人, 博我以文, 約我以禮)"(『논어』 '자한')는 것이다.

이런 법칙으로 예술을 대해야 비로소 「관저(關雎)」 같은 "즐거워하되 음탕하지 않고, 슬퍼하되 상심하지 않는(樂而不淫, 哀而不傷)"(『논어』 '팔일') 윤리 도덕적 기준에 맞는 걸작을 창조해낼 뿐만 아니라 "나는 자주색이 붉은색을 빼앗는 것을 미워하고, 정나라 음악이 아악을 어지럽히는 것을 미워하며, 교묘한 말로 나라를 뒤엎는 것을 미워한다(惡紫之奪朱也, 惡鄭聲之亂雅樂也, 惡利口之覆邦家者)"(『논어』 '양화')와 같은 유형의 경계 작용을 일으킬 수 있다고 생각했던 것이다. 그러나 도가의 입장에서 볼 때, 유가에서 지키는 이런 윤리적 기준 자체가 회의적이었다. 왜냐하면 이런 기준으로 예술의 공리적 가치를 규정할 경우 그 요령을 더더욱 파악하지 못하기 때문이다. 노자는 예술을 수단으로 인간의 자연적 감정을 통제하고 왜곡해서는 안 되며 마땅히 사람들의 생활과 예술이 자연의 법칙과 규율을 준수하게 함으로써 일종의 "사람은 땅을 본받고, 땅은 하늘을 본받고, 하늘은 도를 본받고, 도는 스스로 그러함을 본받는(人法地, 地法天, 天法道, 道法自然)"(『노자』 25장) 경지에 들어가야 한다고 주장했다. 이러한 경지에서 예술은 소박하고 자연적이며 비공리적인 것이 되고, 또한 이 세 가지를 전제로 해야만 사람들의 예술활동은 비로소 자유로운 상상과 끊임없는 창조를 실현할 수 있는바, 즉 "하늘의 도는 다투지 않아도 잘 이기고, 말하지 않아도 잘 감응하며, 부르지 않아도 저절로 오고, 너그러우면서도 잘 도모하게 된다(天之道, 不爭而善勝, 不言而善應, 不召而自來, 繟然而善謀)"(『노자』 73장)는 것이다. 그리고 이와 같은 '무목적적인 합목적성'은 마치 "정에서 나와 예의에 머무른다(發乎情, 止乎禮義)"는 유가의 관점보다 더욱 예술 창조의 법칙에 부합되는 것 같다. 장자와 그의 후학들도 "마음이 바르게 되면 고요해지고, 고요해지면 밝아지고, 밝아지면 비우게 되고, 비우면 무위(無爲)에 이르게 되어 이루어지지 않는 것이 없게 된다(正則靜, 靜則明, 明則虛, 虛則無爲而無不爲也)"[『장자』 '경상초(庚桑楚)']고 주장했던 것이다. 아울러 이러한 기초 위에서 일련의 '승물이유심(乘物以遊心)' 인생 - 예술적 경지를 발전시켰다. 이른바 '승물(乘物)'이란 바로 자연의 법칙과 규칙을 부림을 말한다. 오직 최대한 자연에 순응해야만 비로소 '유심(遊心)'이 되어 정신적 자유와 해탈을 실현할 수 있다는 것이다. 이는 마치 포정(庖丁)이 소를 해체하는 것과 같이 오직 "하늘의 이치에 의거하고(依乎天理)", "소의 본래의 자연스러운 결을 따라감(因其固然)"으로써 비로소 "얇은 칼날이 큰 틈새에 들어가니 텅 빈 곳에서 칼을 여유 있게 움직일 수 있는 것이다(以無厚入有間, 恢恢乎其於遊刃必有餘地矣)." 더 나아가 '싹싹, 썩썩(砉然向然)' 하는 소리가 가락에 맞지 않은 것이 없었으니 "그 소리는 모두가 음률에 맞고 그 몸놀림은 상(商)나라 때의 악곡인 「상림(桑林)」의 춤에도 맞았고, 요(堯)임금 시대의 악곡인 경수(經首)의 화음에도 들어맞았다(莫不中音, 合於'桑林'之舞, 乃中'經首'之會)."(『장자』 '양생주') 이로부터 볼 수 있는비, 예술 법칙에 대한 노자와 장자의 '해체'는 오직 인위적이고 공리적인 기준을 버리고 객관적 자연법칙을 무시하지 않았다. 반대로 자연과 자유의 변증 관계를 처리함에 있어 도가의 '해체' 활동은 바로 그 독자적인 견해와 창의성을 지니고 있다.

끝으로 문식(文飾)을 해체하고 법칙을 해체하는 기초 위에서 도가 사상이 극단적으로 발전한 것은 바로 문화 현상의 매체인 언어 기호 체계에 대한 해체다. 우리가 알다시피 일찍 공자 이전에 예악을 핵심으로 한 문화적 기호 체계는 이미 존재하였으며 다만 윤리적 가치 관념의 지탱점의 결핍으로 인해 이 체계가 매우 느슨해지고 튼튼하지 못했던 것이다. 그러나 유가의 이른바 '구축'은 바로 '인학(仁學)'의 가치적 관념으로서 '예악'의 기호 체계를 지탱하고 또 '예붕악괴'의 국면을 극복하는 것이었다.

당시 문화적 기호 체계의 혼란 상태에 대하여 공자는 일찍 "고(觚)가 고답지 않으니 고인가! 고인가!(觚不觚, 觚哉! 觚哉!)"(『논어』 '옹야')라고 개탄한 바 있다. 그가 볼 때 "고가 고답지 않은(觚不觚)" 이런 유형의 표층 기호의 혼란은 "임금이 임금답지 않고(君不君)", "신하가 신하답지 않은(臣不臣)" 심층적 가치관의 동요를 의미하는 것이었다. 때문에 그는 극력 '정명(正名)'의 방식으로 새롭게 가치 관념과 기호 체계를 정돈하는 한편, 아울러 양자 간의 밀접한 표리 관계를 조절할 것을 주장하면서 "명분이 바르지 않으면 말이 제대로 이루어지지 않고, 말이 제대로 이루어지지 않으면 일이 이루어지지 않고, 일이 이루어지지 못하면 예악이 흥하지 못할 것이며, 예악이 흥하지 못하면 형벌이 적절하지 못하게 될 것이고, 형벌이 적절하지 않게 되면 백성들이 어찌할 바를 모르게 된다. 그러므로 군자는 말을 분명하게 할 수 있어야 할 뿐만 아니라 말하면 반드시 행해야 한다. 군자는 말을 함에 있어 아무렇게나 내뱉지 않는다(名不正, 則言不順; 言不順, 則事不成; 事不成, 則禮樂不興; 禮樂不興, 則刑罰不中; 刑罰不中, 則民無所措手足. 故君子名之必可言也, 言之必可行也. 君子於其言, 無所苟而已矣)"(『논어』 '자로')고 했다. 사실 공자가 자기 관점을 천명하는 과정에 우리도 능히 그가 언어 기호의 운용을 매우 중시하였고 또 자신감으로 충만해 있었음을 발견할 수 있다. 예를 들면 어진 사람의 품격을 논함에 있어 공자는 이르기를 "공손하고, 너그럽고, 믿음성이 있고, 민첩하고, 은혜로움이다. 공손하면 모욕을 당하고, 너그러우면 많은 사람들을 얻을 수 있으며, 신의가 있으면 뭇사람들의 신임을 얻고, 민첩하면 일에서 공을 세울 수 있고, 은혜를 베풀면 사람을 부릴 수 있다(恭·寬·信·敏·惠. 恭則不侮, 寬則得衆, 信則人任

焉, 敏則有功, 惠則足以使人)"(『논어』 '양화')고 했다. 또 시가의 예술적 기능을 논할 때, 공자가 말하기를 "시는 감흥을 일으킬 수도 있고 사물을 관찰할 수도 있으며 화합을 꾀할 수도 있고 마음의 응어리를 풀 수도 있다(詩, 可以興, 可以觀, 可以群, 可以怨)"(『논어』 '양화')고 했다. 비록 유가는 논리학과 수사학에 별 관심이 없었지만 이 모든 것은 적어도 공자 등이 언어 기호에 대한 태도를 보여준 것이다……. 그러나 '해체'를 장기로 삼는 도가에서는 언어 기호를 대하는 태도가 이와는 정반대였다. 노자는 말하기를 "도를 도라 할 수 있는 것은 진정한 도가 아니며 이름을 지을 수 있는 것은 진정한 이름이 아니다(道可道, 非常道; 名可名, 非常名)"(『노자』 1장)라고 했다. 노자가 보기에는 진정한 본체의 내용은 언어 기호로 나타낼 수 없으며 일단 우리가 유한한 기호로 '도'를 형용했을 때는 이 본체의 무한한 함의가 가려지게 된다는 것이다. 이것이 이른바 '도은무명(道隱無名, 도는 숨어 있어 이름이 없다)'(『노자』 41장)이다. 그의 영향으로 장자도 언어 기호의 한계를 보았던 것이다. 그래서 그는 "도는 들을 수 없으니 들린다면 도가 아니다. 도는 볼 수 없으니 보이는 것은 도가 아니며, 도는 말할 수도 없는 것이니 말할 수 있다면 역시 도가 아니다. 형체에 형체를 부여하는 것은 형체가 없는 것임을 아는가? 그러니 도는 이름을 붙여 밀힐 수 없는 것이다(道不可聞, 聞而非也; 道不可見, 見而非也; 道不可言, 言而非也. 知形形之不形乎? 道不當名)"(『장자』 '지북유')라고 했던 것이다. 그리고 아울러 이렇게 주장했다.

○ 도를 배움에 있어 세상에서 귀중히 여기는 것은 글이다. 글은 말에 불과하지만, 그 말은 또한 귀중한 것이다. 말이 귀중한 까닭은 뜻이 있기 때문인데, 뜻이란 무엇인가 추구할 바가 있다. 특히 추구하는 것은 말로써 전할 수 없는 것이다. 그런데도 세상은 그 때문에 말을 귀중히 여기며 글을 전한다. 세상에선 비록 그것들을 귀중히 여기지만 귀중히 여길 것이 못 되

는 것이다. 세상 사람들이 비록 귀중히 여기지만 오히려 귀중하게 여길 것이 못 된다. 그런데 눈에 보이는 것은 형체와 색깔이다. 귀로 들을 수 있는 것은 명칭과 소리다. 슬프다! 세상 사람들은 그 형체와 색깔과 명칭과 소리로써 그것들의 진실을 파악할 수 있다고 생각하고 있다. 형체와 색깔과 명칭과 소리로써는 절대로 그것들의 진실을 파악할 수 없는 것이다. 그러니 아는 사람은 말하지 않고 말하는 사람은 알지 못하고 있으니, 세상 사람들이 어찌 그것을 알 수 있겠는가(世之所貴道者書也, 書不過語, 語有貴也. 語之所貴者意也, 意有所隨; 意之所隨者不可言傳也, 而世因貴言傳書. 世雖貴之, 我猶不足貴也, 爲其貴非其貴也. 故視而可見者, 形與色也; 聽而可聞者, 名與聲也. 悲夫! 世人以形色名聲爲足以得彼之情. 夫形色名聲, 果不足以得彼之情, 則知者不言, 言者不知, 而世豈識之哉!).(『장자』 ‘천도’)

이렇게 말하면 형체·색깔·이름·소리로 이루어진 언어 기호 계통은 모두 이미 해체의 행렬에 들어 있는 것이라 할 수 있다. 그러나 장자의 언어 기호 계통 해체의 목적은 이 체계를 제거하려는 것이 아니라 언어를 빌려 기호를 초월한 의미에 도달하려는 데 있는 것이다. 『장자』 ‘외물’에 이르기를 “통발은 물고기를 잡는 도구인데 물고기를 잡은 후에는 잊어버린다. 올가미는 토끼를 잡는 도구인데 토끼를 잡은 후에는 잊어버린다. 말은 뜻을 전달하는 수단이나, 그 뜻을 전달하면 그 말을 잊는다(荃者所以在魚, 得魚而忘荃, 蹄者所以在免, 得免而忘蹄, 言者所以在意, 得意而忘言)”고 했다. 이런 표면적 기호의 해체와 심층적 함의에 대한 추구는 서로 모순되는 것이다. 때문에 문식 해체와 법칙 해체처럼 기호 해체에 대한 노자와 장자의 노력도 전혀 소극적인 것이 아니며, 사실 이것은 바로 다른 하나의 측면에서 예술적 언어의 깊은 뜻에 접근한 것이 되었다.

상기한 삼중(三重) 해체에서 볼 수 있는 바와 같이 중국 미학에 대한 도가의 역사적 기여는 바로 유가 미학의 대립적 측면으로 나타난 것이다. 심미적 이상에서 볼 때, 소박함 자체는 아름답지 않고 오직 애초의 순수함과 소박함으로 돌아가는 것이 바로 아름다운 것이다. 때문에 만약 유가가 구축한 원시 형태와 멀리 떨어진 예약 문화가 없었다면 도가가 추구했던 "사람이 짐승과 더불어 살고, 만물과 무리 지어 사는 것(同與禽獸居, 族與萬物竝)"(『장자』'마제') 생활 상태는 아무런 심미적 가치도 없었을 것이다. 예술 분야의 경우, 만약 유가의 미학과 음악, 무용 간에 직접적인 혈연관계가 있다면 도가의 미학은 서화 예술에 보다 심원한 영향을 미쳤을 것이다. 성당(盛唐)의 시인이자 대화가인 왕유(王維)가 주장하기를 "그림 중에서는 수묵화가 최상의 것이며 자연의 원래 본질을 꾀하면 조화의 공이 이루어진다(畫道之中, 水墨最爲上; 肇自然之性, 成造化之功)"[『산수결(山水訣)』]고 했다. 여기에는 분명히 노자의 '도법자연(道法自然, 도는 자연을 본받는다)' 사상이 포함되었다. 만당(晚唐)의 화론가(畫論家) 장언원(張彦遠)은 "초목이 꽃을 피워도 담록의 색채가 필요치 않으며 구름과 눈이 펄펄 날려도 연백분의 색깔이 필요치 않은 흰색이다. 또 산은 공청(空靑)의 색깔이 필요치 않은 비취색이며 봉황은 오색이 필요치 않은 비단 색채이다. 이렇게 먹을 씀에 있어 오색이 다 갖추어지게 되는 고로 이를 가리켜 뜻을 얻었다고 말한다(草木敷榮, 不待丹綠之彩; 雲雪飄飄, 不待鉛粉而白. 山不待空靑而翠, 鳳不待五色而絳. 是故運墨而五色具, 謂之得意)"[『역대명화기(歷代名畫記)』'논화체공용탑사(論畫體工用搨寫)']고 인정했다. 이 사이에는 의심할 바 없이 장자의 "뜻을 얻으면 말을 잊는(得意而忘言)" 정신이 침투되어 있다.

쉬푸관(徐複觀)은 일찍이 다음과 같이 주장했다.

○ 중국 문화 중의 예술 정신은 궁극적으로 오직 공자와 장자로 나타낸 두 가지 전형만 있다. 공자가 나타낸 인(仁)과 음악이 하나가 된 전형은 도덕과 예술이 궁극적 경지에서 이룬 통일이며 만고의 이정표로 삼을 수 있다. [……] 장자가 나타낸 전형은 철저히 순 예술 정신의 성격을 지니며 주로 회화에서 결실을 맺게 된다.[23]

여기서 두 가지 문제를 의논, 협의할 필요가 있다. 첫째, 필자는 유가와 도가, 이 두 종교의 예술 정신을 '순(純)'과 '불순(不純)'으로 구별 짓는 데 동의하지 않는다. 만약 유가의 미학이 '선(善)'을 강조했다면 그 극단적인 발전은 필연코 '윤리주의'를 야기했을 것이며 도가의 미학이 '진(眞)'을 추구했다면 그 극단적인 발전은 '자연주의'를 야기했을 것이다. 그 궁극적인 가치 추세로 말한다면 그것들은 그 어느 것도 순수한 '미'와 순수한 '예술'이 아니다. 그러나 미와 예술은 오히려 바로 '선'과 '진', 윤리주의와 자연주의 사이에 처해 있는 것이다. 때문에 바로 마치 유가의 '구축'이 도가의 '해체'로 끊임없이 제거함으로써 '이화'를 피해야 하듯이 도가의 '해체' 역시 유가의 구축으로 끊임없이 보완함으로써 '허무화(虛無化)'를 방지해야 한다. 사실상 바로 유가와 도가 사이에 형성된 필요한 장력의 추동 아래 중국 미학은 비로소 다채로운 품격을 나타낼 수 있었으며 아울러 건강한 발전을 이룩할 수 있었던 것이다. 둘째, 필자도 중국 문화 중의 예술 정신은 "오직 공자와 노자로 나타낸 두 가지 전형"뿐이라는 점을 인정하지 않는다. 비록 유가와 도가가 분명 중국 미학의 발전에서 매우 중요한 역할을 했다 할지라도 우리는 제3의 예술적 정신의 영향을 소홀히 해서는 안 된다. 그 3자가 바로 불교다.

3. 불교의 '재구축'

외래 종교로서의 불교는 그 탄생 초기에는 역시 일종의 해체와 비판적 자태도 나타났었다. 오직 그 해체와 비판의 대상은 종법 제도를 대표한 유가가 아니라 카스트 제도를 대표한 바라문교였다.[24] 원시적인 인

---

23) 徐複觀, 『中國藝術精神』(春風文藝出版社, 1987), '前言' 5면.
24) 參閱陳炎, 『多維視野中的儒家文化』(山東教育出版社, 2006), 제6장.

도 종교의 숭배와 비교해볼 때, 바라문교는 세 가지 특징이 있다. 첫째, 바라문교는 원래 난잡하고 무질서한 다신(多神) 숭배를 개조하여 범(梵)을 최고의 형태로 한 다원적이고 통일된 신학 체계로 만들었다. "최종적으로 바라문교의 일신론이 최후에 지고무상의 지위를 획득함에 따라 베다(吠陀)의 저자는 제천제(諸天帝)로 돌아간다. 그리고 제천(諸天)도 베다도 영원한 것으로 여겨졌다."[25] 둘째, 바라문교는 전문적인 제사(祭司, 원시 민족에서 제의나 주문을 통해 영험을 얻게 하는 사람 또는 신령의 대표-옮긴이) 계층이 있었다. "제사가 하나의 독립 계층으로 출현한 것은 종교가 사회생활에서 중요한 역할을 담당했음을 나타낸 것이다."[26] 셋째, 바라문교의 교의와 제사 활동은 더욱 체계화, 규범화되었다. "제사의 출현은 고대 종교의 경전으로 하여금 계통적인 정리와 해석을 얻도록 하였다."[27] 바꾸어 말하면 베다 천계(吠陀天啓)와 제사 만능(祭祀萬能), 바라문교의 지상(波羅門至上)을 3대 강령으로 한 바라문교는 인도 원시 종교의 원래 잡다하고 무질서한 기호 계통에 대한 체계화와 완비화의 결과이다.

물론 이러한 완비되고 계통적인 기호 체계도 신앙적 필요성에서만 나온 것이 아니라 전체 중생들을 얽어매어 공동으로 신앙하게 하는 종교적 배후에 바라문교도 인도 사회의 카스트 제도를 위해 이론상의 합법성을 제공하기도 했다. 이른바 '카스트'는 피부색·형상·품성 등의 뜻이 있으며 인간의 사회적 지위의 혈연적 상징이다. 당시의 인도 사회는 네 가지 계급으로 나뉘어 있었는데 첫 번째 계급은 제사 계층으로부터 발전해온 문화적 특권을 누리는 브라만이고, 두 번째 계급은 무사(武士) 계층에서 발전해온 군사 특권을 누리는 크샤트리아이다. 그리고 세 번째 계급은 농

---

25) 德·恰托巴底亞耶, 『印度哲學』(商務印書館, 1980), 204면.
26) 『世界宗教全書』(上海人民出版社, 1994), 47면.
27) 위의 책, 같은 면.

민·목민·상인·수공업자 들로부터 발전해온 바이샤이며, 네 번째 계급은
정복된 토족 거주민과 생산 자원을 상실한 고용자 및 노예로 이루어진
수드라이다. 이들 외에 아주 비천하여 계급에 들지 못하는 불가촉천민들
도 있다……. 사회 역사적 시각에서 분석하면 4대 계급의 초기 형성은
아리안족의 대거 침입과 관련이 있는 것 같기도 하지만[28] 동시에 사회
분업으로 인해 조성된 계급 분화의 결과이기도 하다. 그리고 그 실질적
내포는 계급 착취와 계급 억압이었지만 바라문교는 오히려 그것을 위해
하나의 '업보윤회(業報輪回)'라는 이론적 근거를 제공했다. 영혼의 전세
(轉世, 이 세상에 다시 태어남-옮긴이)를 믿는 바라문교에서 볼 때, 한 사
람이 어떤 계급으로 태어나느냐 하는 것은 부모의 책임이 아니라 그 생
전의 수행(修行)과 관련된다고 보았던 것이다. 즉 "이 세상에서 선(善)을
베푼 자는 착한 생(善生)을 얻게 되는데, 브라만으로 태어나거나, 혹은
크샤트리아로 태어나거나, 또 혹은 바이샤로 태어날 것이다. 그러나 이
세상에서 악(惡)을 저지른 자는 악한 생을 갖게 되는데, 개로 태어나거나,
혹은 돼지로 태어나고 또 혹은 천민으로 태어날 것(此世行善者將得善
生, 或生爲婆羅門, 或生爲刹帝利, 或生爲吠舍. 而此世行惡者將得惡
生, 或生爲狗, 或生爲豬, 或生爲賤民)"[『가자오의서』 5장, 10윤, 7절]이
다. 이른바 '행선(行善)'은 자기와 본분을 지키며 신지를 우러러 모시는
것을 말하는데, 바라문교에서 만든 일련의 행위 규범, 전장(典章) 제도에
따라 생활해야 하고 한 걸음도 그 경계선을 넘지 말아야 한다.

　여기에서 바라문교가 제정한 기호 법칙도 유가의 예악 제도처럼 매우
선명한 등급 의미를 갖고 있는데, 심지어 후자보다 더 가혹했다. 부동한
계급의 사람들은 통혼하거나 같이 음식을 먹는 것이 불가능할 뿐만 아니
라 제사 활동에서의 지위도 분명히 달랐다. "바라문교 법전 규정에 따르

---

28) 尙會鵬, 『種姓與印度敎社會』(北京大學出版社, 2001), 17면.

면 앞의 세 계급은 베다경을 낭송할 수 있고 종교 제사 의식에 참가할 수 있으며 부모로부터 제일 생명을 획득하고 '입법례(入法禮)'를 통해 다시 제2의 생명을 획득하기 때문에 재생족(再生族)으로 불린다. 수드라는 베다경을 읽거나 듣지 못하게 할 뿐만 아니라 종교 의식에도 참가하지 못하게 하므로 일생족(一生族)으로 불린다. 각 계급의 사회적 지위와 권리, 의무 및 생활 방식 등 방면에 한해서 전부 부동한 규정이 있었다."[29] 분명 이러한 종교 의식은 인간과 신의 관계를 소통해야 할 뿐만 아니라 인간과 인간의 지위를 구분해야 했다. 이러한 기호 계통이 있음으로써 사람들의 말과 행동에 자연스럽게 등급상의 차이를 갖게 되었다. 즉 "계급은 어떤 인도 신도가 어디에서 태어나야 하고 어떠한 출생 의식을 행해야 하며, 또 어디에 거주하고 거주하는 집은 어때야 하는지, 그리고 어떤 음식을 어떻게 먹고 어떤 옷을 어떻게 입어야 하며 어떤 직업에 종사하고 어떻게 종사해야 하는지, 또 그리고 마땅히 어떤 보수를 받아야 하고 얼마를 받아야 하며, 어떤 사람과 교제하고 어떻게 교제해야 하는지, 어떤 사람과 결혼하고 어떻게 결혼해야 하는지, 어떤 사회적 지위와 권리를 가져야 하고 어떤 책임을 져야 하는지, 어디에서 죽어야 하고 어떻게 죽어야 하며, 어디에 매장하고 어떻게 매장해야 하는지, 심지어 죽은 뒤에 어떻게 죽은 그 사람을 대해야 하는지 등등을 결정했다."[30]

예를 들어 바라문교는 임신 후 8년째 되는 해에 '입문식(入門式)'를 거행할 수 있으며 크샤트리아는 10년이 되어야 하고, 바이샤는 12년이 되어야 입문식이 가능했다. 또 브라만의 나무 지팡이 길이는 머리 밑까지 와야 하고 크샤트리아의 나무 지팡이는 이마 높이, 바이샤의 나무 지팡이 길이는 코끝 높이까지만 가능했다⋯⋯. 이러한 등급 차별의 기호 체계는 당연히 신학 의미를 가질 뿐만 아니라 사회 역사적 시각에서 볼

---

29) 『中國大百科全書·宗教』(中國大百科全書出版社, 1988), 302면.
30) 尙會鵬, 『種姓與印度教社會』(北京大學出版社, 2001), 2면.

때, 등급 제도의 출현은 바로 야만 사회에서 문명사회로, 원시 사회에서 노예 사회로 진입하는 중요한 징표이다. 그러나 인도 초창기 문명사회의 기호 체계의 구축자로서 바라문교는 당시 사람들로 하여금 혼연일체가 된 몽매 시대를 떠나 일종 존비(尊卑)의 질서가 잡힌 문명 시대에 들어가도록 했던 것이다.

그러나 역사는 언제나 '이율배반' 속에서 전진한다. '문명'과 '이화(異化)'는 한 쌍의 쌍둥이 자매로서 '문명'은 사람들에게 물질적 축적과 재부의 증가, 계층의 확립과 신앙의 전파를 가져다줌과 아울러 '이화'는 사람들에게 빈부의 현격한 차이와 비천의 차이, 번잡한 예절과 각박한 형벌을 가져다주었다. 바로 엥겔스가 『반듀링론』에서 말한 바와 같이 "문명이 한 걸음 전진할 때마다 불평등도 동시에 한 발짝 전진한다. 따라서 문명의 탄생과 더불어 사회는 자기가 건설한 모든 기구를 위해, 그것들이 원래 목적했던 반면으로 모두 전변(轉變)한다."[31] 바라문교의 발전과 더불어 승려 계층은 날로 강대해졌고 브라만은 신성불가침의 숭고한 지위에까지 올라가 '인간의 신'으로 불렸다. 이런 귀족,등급은 종교적 사무와 문화 지식의 특권적 지위 및 정치 세력을 독점했을 뿐만 아니라 각종 보시(布施)와 부세(賦稅) 면제, 중대한 범죄의 사면 등을 처리하는 특권을 향유했다. 그리하여 많은 브라만들이 이러한 특권을 이용하여 물질적 향수를 추구하고 대량의 재부를 축적했다. 한편 브라만 교의(敎義)로서의 각종 등급 제도와 번거롭고 불필요한 예절들은 인간과 인간의 정상적인 교제를 제한했을 뿐만 아니라 부동한 사회 계층 간에 겹겹의 간격을 만들어 전체 사회가 응집력을 상실하는 경향을 더욱 가속화했다. 분명 이런 문명 제도의 출현은 이화(異化) 현실을 전제로 하고 있다. 바로 이런 이화 현실의 반동으로 불교가 출현했던 것이다. 기원전 6세기경

---

31) 『馬克思恩格斯選集』 제3권(人民出版社, 1995), 482면.

에 일종의 계급 혈통론과 신이 사성(四姓, 인도의 신분 제도 등급을 말
함. 브라만, 크샤트리아, 바이샤, 수드라-옮긴이)을 창조했다는 설을 견
결히 반대했던 최초의 불교는 바라문교의 영향력이 비교적 취약하고 도
시 경제가 비교적 발달한 갠지스 강 유역 중·하류의 여러 지역에서 점차
형성되었다. 종교적 신앙에서의 불교는 바라문교의 3대 강령의 직접적
인 도전이 되었다. 즉 바라문교의 '베다 천계(天啓)'의 학설에 대하여 초
창기 불교는 '베다'를 경전으로 삼는 것을 인정하지 않았고 '여러 법도
의 개공(開空)'을 주장하면서 "그것이 당시 인도에서 숭배받던 무수하면
서도 늘 황당무계했던 신의 진실성에 대해 수호하지도 않고 부정하지도
않았으며 그것들을 내버려둔 채 상관하지 않았다."[32] 바라문교의 '제사
만능' 이론에 대해 초창기 불교는 '팔정도(八正道)'의 수행과 전행(前行)
을 좋아하는 것으로 제사를 대체할 것을 주장했다. "원시적 불교는 주로
이런 행위의 종교였지 의식을 준수하고 제사를 올리는 종교는 아니었
다."[33] 또 바라문교의 '브라만 지상'의 관점에 대해 불교는 '사성 평등
(四姓平等)' 내지 '중생 평등(衆生平等)'을 주장하면서 소유의 생령은
본질적으로 다 같은 것이며 계급의 구별이 없는바, 누구를 막론하고 모
두 수행을 통해 해탈할 수 있고 아라한(阿羅漢)의 열매를 얻으면 특수한
성직자의 지도가 필요하지 않을뿐더러 어떠한 예의 규범도 필요치 않다
고 여겼던 것이다. "그것들은 절도 없고 제사를 올리는 법도 없으며 제
사를 집행하는 자의 성직(聖職)도 없었다." 한마디로 개괄하면 불교는
당시 인도 사회 등급 제도의 반대자였을 뿐만 아니라 당시 인도 문화
기호 체계의 해체자이기도 했다.

문화적 기호의 해체자로서 인도의 불교는 중국의 도가와 마찬가지로
역시 세 가지 측면에서 일부 투철한 사업을 진행했다. 우선 '겉치레를

---

32) 安修·李, 『宗敎的故事』(內蒙古人民出版社, 2002), 326면.
33) 위의 책, 같은 면.

해체'하는 방면에서 바라문교의 호화로움과 사치한 생활 방식과 반대로 초창기 불교는 간단하고 소박하며 심지어 빈궁한 생활을 주장했다. 불교 신자들의 입장에서 볼 때, 의식주행(衣食住行) 방면에서 자기들의 등급 신분과 우월한 여건을 나타내는 것은 남은 재무를 다른 사람들에게 '보시'하는 것만 못했던 것이다. 때문에 출가한 스님들은 모두 빈궁과 적막을 달갑게 여겼고 저녁 늦게까지 일하고 아침 일찍 일하는 적적한 생활을 하며 푸른 등잔불과 서책(靑燈黃卷, 불교를 배우는 자의 고독한 생활) 속에서 온갖 정성을 다하여 인생의 고난을 깨닫는다. 그리고 정좌하고 수선(修禪)하며 쟁반을 들고 구걸하는 가운데 끊임없이 자비의 감정을 양성한다. 다음, '법규의 해체'적 측면에서 곳곳마다 계급 차이를 나타내는 바라문교의 문화적 노력과 달리 불교 승려 집단 내부 성원들은 계급의 높고 낮음을 가리지 않고 입교의 선후 순서에만 따라 서열을 정하였으며 외부 성원들에 대해서도 겸손함과 공경의 태도를 가졌을 뿐, 어떠한 독점적 신앙의 우월감도 갖지 않았다. 마지막으로, '언어 부호 체계에 대한 해체' 방면에서 베다 경전을 신격화하고 종교 신앙을 독점하려는 바라문교의 문화적 노력과 달리 석가모니의 생전 어록으로서의 불경(佛經)은 당시 '바른 표준적 언어(雅言)'인 범문 판본을 썼을 뿐만 아니라 당시 '속어'로 된 바리문(巴利文) 판본을 쓰기도 했다. 그 목적은 분명 문화 정도가 비교적 낮은 대중들이 쉽게 이해하도록 하기 위한 데 있었다. 이후의 불교 전파 역사를 보면, 이 종교는 종래로 문화가 없는 대중을 차별화하지 않았다. 오히려 온갖 방법을 통해 그들에게 손으로 돌릴 수 있는 경통(經筒, 마니륜 또는 '마니차', '마니륜통'이라고도 함)과 입으로 염불육자명호(나무아미타불), 읊조릴 수 있는 육자대명왕진언(옴 마니 반메 훔) 등 간편하면서도 쉽게 행할 수 있는 방법들을 제공했다. 일부 선종의 도를 닦는 신도들은 심지어 '이심전심(以心傳心, 마음에서 마음으로 뜻이 통함)', '불립문자(不立文字, 불도의 깨달음은 문자나 말로써 전하는 것이 아니라 마음에서 마음으로 전한다는 뜻임)'의 정도에까지 이르렀다. 『오등회원(五燈會元)』 1권과 『선종정맥(禪宗正脈)』 1권 및 『무문관(無門關)』 제6칙에는 다음과 같은 기록이 있다.

○ 세존께서 이르기를 "나에게 정법(正法)을 깨달은 눈과 열반(涅槃)을 체득한 마음이 있다. 그것은 진실하고 영원한 것이지만 형상이 없는 미묘한 법문으로서 문자나 말로써 전할 수 있는 것이 아니며 교 밖에 전하는 것이오니 마하가섭에게 부촉하노라"라고 하였다(世尊雲, 吾有正法眼藏, 涅槃妙心, 實相無相, 微妙法門, 不立文字, 教外別傳, 付囑摩訶迦葉).

그리고 밀종(密宗) 『중화전심지선문사자승습도(中華傳心地禪門師資承襲圖)』에서는 다음과 같이 말했다.

○ 달마는 서역 인도에서 와서 유일하게 심법을 전수했다. 그런고로 스스로 말하기를 "내 방법은 이심전심, 불립문자요. […] 불도를 구하고자 하면 반드시 그 마음을 깨달아야 할 것이니 그런고로 역대 조상들은 유일하게 이것을 전했던 것이오"라고 했다(達磨西來, 唯傳心法, 故自雲: 我法以心傳心, 不立文字. […] 欲求佛道, 須悟此心, 故曆代祖宗唯傳此也).

또 『흥선호국론(興禪護國論)』 중권(中卷)에서는 다음과 같이 기록했다.

○ 이른바 불(佛)·선(禪)이란 말로 할 수 없는 불법(佛法)을 가리킨다. 오늘 이른바 선자는 바로 그것과 비슷하다. […] 만약 사람들이 부처를 말하고 선을 문자와 언어로 말하면 실은 불법과 승려를 비방하는 셈이다. 그래서 개조(開祖)께서는 문자에 근거하지 않고 직접 속마음을 이해하는 것, 바로 사람의 마음을 직지(直指)하고 마음 본성을 보아 깨달음을 이루어 부처가 되는 것을 이른바 선문(禪門)이라 하였다(所謂佛法者, 無法可說, 是名佛法. 今謂禪者, 卽其相也. […] 若人言佛·禪有文字言語者, 實是謗佛謗法謗僧, 是故祖師不立文字, 直指人心, 見性成佛, 所謂禪門也).

그들의 입장에서 볼 때, 불법이 오묘한 점은 한정적인 언어로 전달할 수 없다는 것, 오직 기호 매체로서의 문자를 철저히 해체할 때만 사람들은 비로소 문화의 어두운 면을 제거하고 불교 교리의 오묘함을 이해할 수 있다고 생각했던 것이다. 그리고 이 모든 것은 다 우리로 하여금 불가에 대한 도가의 해체를 연상케 한다.

그러나 원시 불가가 해체한 대상은 중국의 유가가 아니라 인도의 바라문교였다. 마침 바라문교가 일으킨 이화(異化) 현상은 유가보다 더 심각했던 것과 같다. 도가가 문명의 속박에 반항하는 것은 오직 자연으로 회귀하기 위한 것에 지나지 않는다. 그 '도법자연(道法自然)'의 사상은 필경 하나의 귀착점이 있는 것이다. 그러나 불교가 인생의 고난을 초월한 뒤 '열반'의 경지에 도달하려 했지만 '사대개공(四大皆空)'의 사상은 근본적으로 감성적인 생명에게 그 어떤 여지도 남겨주지 못했다. 불교의 이러한 사상은 그 유명한 '기원설(연기설)'을 이론적 기초로 삼고 있는 것이다. 이른바 '연기성공(緣起性空)'은 바로 세상의 모든 일과 모든 사물은 모두 조건적이고 상호 의존적인 것으로서 "이것이 있으면 저것이 있고, 이것이 생기면 저것이 생기며, 이것이 없으면 저것도 없고, 이것이 없어지면 저것도 없어진다(此有則彼有, 此生則彼生, 此無則彼無, 此滅則彼滅)."[34] 때문에 만사만물은 우연적이고 일시적이면서 '자성(自性)'이 없다는 것이다. 예를 들면 사람은 바로 '오온(色蘊·受蘊·想蘊·行蘊·識蘊)'이 결합하여 생겨난 존재물로서 그 어떤 온(蘊)이든 혼자서는 생명의 존재를 이루거나 그 생명 존재의 중량을 견딜 수 없다는 것이다. 오온이 합쳐지면 인간이 존재하고 오온이 흩어지면 인간이 죽는다는 사상은 매우 농후한 유물주의적 색채를 띠고 있다. 그러므로 초창기 불교는 어떠한 생명이든 모두 '자성'이 없다고 여겼으며 심지어 '영혼'의 존

---

34) 「雜阿含經」 권 12, 다카쿠스 준지로 등 편, 『大正新修大藏經』 제2권(日本大正一切經刊行會, 1934), 85면.

재까지 부인했다. 이러한 부정적인 학설로부터 볼 때, "'무상(無常)'이라
는 것은 바로 탄생과 멸망이 연이어 일어나는 것을 가리키며 거기에는
'인과상속(因果相續)'의 뜻이 내포되어 있는 것이다. '무아(無我)'는 바
로 주재자가 없음을 의미한다. 혼자만의 주재자가 없을 뿐만 아니라 우
주 만물의 주재자도 없음을 의미한다. '무조물주(無造物主)'라는 뜻도
바로 여기에 포함되어 있는 것이다."35) "이 도리는 매우 간단한바, 불교
는 기왕 '제법개공[諸法皆空, 즉 속어 중의 '만법개공(萬法皆空)'이다]'
을 교리로 삼고 있던 까닭에 당연히 신(神) 역시 공(空)이라고 보았다.
신이 공인데 어찌 세상의 일들을 창조할 수 있겠는가?"36) 때문에 불교
의 '삼법인(三法印)'은 "모든 것은 멈춤 없이 변화하고, 존재하는 모든
것은 실체가 없으며, 모든 것이 괴로움(諸行無常, 諸法無我, 一切皆苦)"
이라고 주장한다. 때문에 진정으로 지혜 있는 사람은 현세에서 열심히
노력하는 것을 통해 내세에 브라만에서 태어나려 하지 않고 철저히 인생
의 고해를 벗어나 무지(無知)·무욕(無慾)·무아(無我)적 열반의 경지에
들어가는 것이다.

　이러한 '열반'을 취지로 한 학설은 브라만의 신학(神學) 사상에 대해
커다란 해체적 작용을 했지만 그 해체의 결과는 도리어 스스로 공·환·
멸(空幻滅)의 경지에 빠지게 했다. 또한 이 학설은 중국에 들어온 후 중
국의 전통적 중생 사상과 갈등이 생기면서 '해체'와 동시에 일종 '재구
축'의 노력을 시작하게 되었던 것이다. 이와 같은 재구축의 노력은 다방
면적이었는바, 우선 권선징악의 목적에 도달하기 위해 불가는 '열반'을
추구하는 동시에 오히려 또 바라문교의 '윤회' 사상을 발휘하게 되었다.
다음, 윤회 사상에 이론적 근거를 제공하기 위해 불가는 '자성'을 부인

---

35) 趙樸初, 「佛敎與中國文化的關系」, 『中印文化交流與比較』(中國華僑出版社, 1994),
　　91면.
36) 앞의 책, 92면.

하는 동시에 오히려 '불성'의 존재를 승인했다. 그리고 또 사람들로 하여금 이러한 고난의 세계에서 살아가게 하기 위해 불가는 '무상(無常)'을 제창하는 동시에 '무색(名色)'의 의의를 인정했던 것이다.

불가가 말하는 '색(色)'은 일반적으로 모든 감관으로 느낄 수 있는 경험의 세계를 가리키며 이러한 경험 세계를 구성하는 만사만물은 모두 형태가 있고 용도가 있는 것이다. 하지만 그 형태와 용도의 배후에는 영구불변의 주재자가 없기 때문에 또 '공(空)'이라는 것이다. 이른바 '공'은 제색(諸色) 외에 절대 공적의 존재가 있다는 것이 아니라 바로 사람들로 하여금 제색 중에서 그 존재를 깨닫게 하는 것이다. 이는 바로 "색불이공, 공불이색, 색즉시공, 공즉시색(色不異空, 空不異色, 色卽是空, 空卽是色)"이라는 것이다. 『반야경(般若經)』중의 이러한 사상은 동토(東土)의 영향이 매우 컸는바, 더욱이 불교 예술에 잘 나타나 있다. 상상하기 어렵지 않겠지만 만약 '공'만 인정하고 '색'을 인정하지 않았다면 휘황한 사원과 아름다운 불상, 감동을 주는 벽화와 미묘한 음악이 있을 수 없었을 것이다. 반대로 '색'만 인정하고 '공'을 인정하지 않았다면 이러한 예술 작품은 그저 감관의 자극으로만 흘렀을 것이며 따라서 불교의 내포와 의의를 상실하게 되었을 것이다. '색'과 '공'의 변증적 관계는 유교와 다르고 또 도교와도 다른 대량의 불교 예술을 창조했을 뿐만 아니라 유가의 '사실(寫實)'과 다르고 또 도교의 '낭만(浪漫)'과도 다른 새로운 예술적 추구 - '의경(意境)'를 지향했던 것이다.

본토 문화 자원으로 말하면, 위진 시기 현학(玄學) 중에서 '형(形)'과 '신(神)'의 관계, 그리고 '언(言)', '상(象)', '의(意)' 이 3자의 관계는 모두 그 뒤에 나타난 '경지' 이론에 일정한 도움과 이익을 주었다고 볼 수 있다. 그러나 진정으로 그 이론적 기초를 다진 것은 불교다. 불가에서는 사람의 눈·귀·코·혀·몸·의(眼耳鼻舌身意)를 아울러 '육근(六根)'이라 일컫고 이 '육근'이 획득한 색깔·소리·향기·맛·촉감·법을 '육경(六境)'

이라 했다. 그리고 이 '육근'과 '육경'으로 이루어진 안식(眼識)·이식(耳識)·비식(鼻識)·설식(舌識)·신식(身識)·의식(意識)을 '육식(六識)'이라고 일컬었다. 또다시 '육근', '육경', '육식'을 통틀어 '십팔경계(十八境界)'라고 했다. 바로 슝스리(熊十力)가 지적한 바와 같이 "불가는 법상(法相)에 있어 해석이 간결하고 엄밀하며 근·식·경(根識境) 3법은 서로 의존하며, 의근(依根)과 경생(境生)을 이해하면 근경[根境, 감각 작용인 육근(六根)과 감각 대상인 육진(六塵)을 아울러 이르는 불교 용어-옮긴이)에 미치지 않아도 친생(親生)할 수 있다. 일체 현상은 서로 의지하는 이유가 있는 것이다."[37] 이런 '상의유고(相依有故)'의 특징은 '경계(境界)'로 하여금 주관적이면서도 또 객관적이게 하고, 진실하게 할 뿐만 아니라 또 허황하게 하기도 하며, 유한하게 할 뿐만 아니라 무한하게도 한다. 이런 인생 '경지론(境界論)' 사상은 분명히 예술 '의경설(意境說)' 이론에 대해 직접적인 계발과 의의가 있다.

　그뿐만 아니라 『대승기신론(大乘起信論)』의 원리에 따르면 각종 '경지'는 모두 연근(緣根)에서 비롯되었음에도 불구하고 그 차원이 같지 않았는데 첫째는 '범부지경(凡夫之境)'이고, 둘째는 '초오지경(初悟之境)'이며, 셋째는 '성불지경(成佛之境)'이라 한다. 구체적으로 말하면 평범한 보통 사람은 그들의 욕망이 너무 강하기 때문에 관념적인 육식(六識)으로 원래 깨끗하고 맑은 육근(六根)을 교란하여 육경(六境)의 순결함과 완전함을 보증할 수 없다는 것이다. 또 인생의 도리를 어느 정도 깨달은 사람은 심성이 차분하고 거울처럼 주변의 경치를 또렷이 비출 수 있다는 것이다. 그리고 또 부처가 되어 도(道)를 깨달은 고승(高僧)은 진일보로 인색오공(因色悟空, 외면적인 현상을 통해 본질적인 것을 통찰하다-옮긴이)하여 오색찬란한 외부 세계에서 우주 본연의 모습을 통찰할 수 있

---

37) 熊十力, 『佛家名相通釋』(東方出版中心, 1985), 9면.

다고 보았다. "유식종의 입장에서 볼 때, 사람은 객관적 사물의 '경(境)'
이나 그 인지 대상에 대한 집착이 지극히 강렬하고 욕구가 왕성하기 때
문에 '경(境)'도 '식(識)'을 타파할 수 있는 계기와 입구가 된다."[38] 이와
같은 '인색오공'의 불학(佛學) 방식과는 달리, 예술가들이 '사여경해(思
與境諧, 생각와 경물이 조화를 이루다)'[왕창령(王昌齡), 『시격(詩格)』]와
'경여의회(境與意會, 풍경과 심경의 일치)'[소동파, 「제연명음주시후(題
淵明飮酒詩後)」]의 목적에 도달하려면, 곧 한정적인 '경(境)'을 통하여
무한한 '의(意)'를 얻게 되고 객관적인 '경'을 통해 주관적인 '의'를 깨치
게 된다는 것이다. 여기서 예술가들은 비록 '경'의 '색(色)'을 통해 '식
(識)'의 '집(執)'을 배제할 것을 바라지는 않지만 오히려 마찬가지로 일
종의 공리성을 초월한 '정관(靜觀)'의 태도로 미를 감상함이 필요했던
것이다. 이렇게 되어 불가의 '경지론(境界論)'은 자연스럽게 시인들의
'의경설(意境說)'로 전환되었던 것이다.

중국 고대에서 '의경설'에 대한 명확한 서술은 왕창령이 편찬한 시론
서인 『시격』에 처음 보인다. 여기서 그는 "시에는 세 가지 경지가 있다"
는 관점을 제기하고 다음과 같이 해석했다.

○ 시에는 세 가지 경지가 있는데 그 첫째는 물경(物境)이고 둘째는 정경(情
境)이며 셋째는 의경(意境)이다. 그 첫 번째로 물경이라 함은 다음과 같은
경우를 가리킨다. 산수시를 지으려고 하면 샘·바위·구름·봉우리의 경계
(境)를 펼쳐냄에 있어 지극히 아름답고 수려한 것을 마음에 신성하게 새
기고 자신을 그 경지에 두고 마음으로 그 경지를 보게 되면 손바닥 안처
럼 분명히 파악하게 된다. 그렇게 한 뒤에 상상력을 운용하여 그 경지의
이미지를 뚜렷하게 나타내야 형사(形似)의 경지에 도달할 수 있는 것이
다. 두 번째로 정경이라 하는 것은 즐거움·근심·원망 따위를 다 생각에
펼치고 몸에 두고 난 뒤에 상상력을 발휘하면 자기 마음속으로 그 정감을
깊이 체득할 수 있음을 말한다. 세 번째로는 의경이다. 이 역시 생각에 펼

---

38) 王耘, 『隋唐佛教各宗與美學』(上海古籍出版社, 2010), 151면.

처두고 마음으로 헤아리면 그 참된 것을 얻을 수 있게 됨을 말한 것이다
(詩有三境: 一日物境, 二日情境, 三日意境. 物境一: 欲爲山水詩, 則
張泉石雲峰之境極麗絶秀者, 神之與心. 處身於境, 視境於心, 瑩然掌
中, 然後用思, 了然境象, 故得形似. 情景二: 娛樂愁怨, 皆張於意而處
於身, 然後馳思, 深得其情. 意境三: 亦張之於意而思之於心, 則得眞).

불교 미학의 시각에서 분석할 때, 이른바 '물경', '정경'이라는 것은
"온몸을 얽매는 세상사의 번거로움(物累)"과 "인정에 얽매인 괴로움(情
累)"일 뿐이다. 다만 의경이야말로 진정한 경지로서 희비(喜悲)가 없고
선악(善惡)이 없고 염정(染淨)이 없고 무사무생(無死無生)의 공령(空靈,
여백으로 나타내는 신묘함)이 있는 '원미(元美)'의 지경이라는 것이다.
때문에 왕창령의 "시에는 세 가지 경지가 있다(詩有三境)"는 관점은 용
재(熔裁, 『문심조룡』 중의 문장을 가리킴-옮긴이) 불학(佛學)의 '삼식성
(三識性)'에서 발전한 것이라고 일부 학자들은 주장한다.[39] 삼경(三境)
중에서 최고의 경지에 이른 의경은 외부 세계의 현상을 객관적으로 반영
한 것을 포함할 뿐만 아니라 내면세계의 감정을 주관적으로 토로한 내용
도 망라한다. 그리고 의경은 외부 세계의 번거로움에 시달리는 상태를
초월할 뿐만 아니라 인정에 얽매인 괴로움도 초월함으로써 진정으로 주
관적 사상과 객관적 존재가 잘 융합되고 내면적 심성 세계와 외면적 물
질세계가 하나로 합치되는 경지에 도달하게 된다.

'시유삼경(詩有三境)'의 관점과 호응하여 왕창령은 또 『시격』에서
"시에는 세 가지 사(思)가 있다"고 주장했다. 그는 "시에는 세 가지 사
(思)가 있는데 첫째는 생사이고 둘째는 감사이며 셋째는 취사이다. 첫째
는 생사(生思)로서 오랫동안 정밀하게 생각해도 의상(意象)과 맞지 않으
면 힘은 다하고 지혜는 고갈되고 만다. 생각을 편안히 놓아두고 마음이
우연히 경계에 조응되면 어느새 생각이 떠오르게 된다. 둘째는 감사(感

---

39) 王振複, 「唐王昌齡'意境'說的佛學解」, 『複旦大學學報』(2006년 제2기).

思)라 하니, 옛말을 음미하고 옛 작품을 읊조려보면 이에 감회가 생겨 생각이 절로 나오게 된다. 셋째는 취사(取思)라 하니, 물상에서 찾아보고 마음이 경지에 들어오고 정신이 사물과 만나면 마음으로부터 얻어지게 된다(詩有三思: 一曰生思, 二曰感思, 三曰取思. 生思一: 久用精思, 未契意象. 力疲智竭, 放安神思. 心偶照境, 率然而生. 感思二: 尋味前言, 吟諷古制, 感而生思. 取思三: 搜求於象, 心入於境, 神會於物, 因心而得)"고 했다. '생사'는 사람이 힘을 다해 생각하는 것이기 때문에 지나치게 주관적이고 능동적인 색채를 띠며, '감사'는 감회로 생기는 생각이기 때문에 객관적이고 수동적인 색채가 농후하다. 다만 취사만이 비로소 진짜로 생각에서 물상을 얻을 수 있다는 것이다. 마음이 경계로 들어가 정신이 대상물을 만난다는 의경은 "마음이 경지에 들어오고 정신이 사물과 만나는 것(心入於境, 神會於物)", 즉 이것은 주관과 객관의 통일 그리고 능동과 수동의 결합이다. 이에 우리는 '생사'와 '감사'는 다만 '물경'과 '정경'의 수준에 그치고, '취사'만이 비로소 '의경'의 수준에 도달할 수 있다고 이해할 수 있을지도 모른다. 그 때문에 일부 학자들은 왕창령의 '시유삼경설(詩有三境說)'과 '시유삼사설(詩有三思說)'이 유기적 통일체로 오늘날의 '의경설(意境說)'을 이루는 데 없어서는 안 될 부분일 뿐만 아니라 '의경설'을 이루는 과정에 옛것을 계승하고 새로운 기초를 마련하는 역사적 역할을 발휘했다고 주장하고 있다. 왕창령이 이른바, "옛것을 계승한다"는 것은 선인들의 시론(詩論)에 대한 참조와 발전뿐만 아니라, 그들의 시가 창작 경험에 대한 총결산을 의미하기도 한다. 무엇보다 중요한 것은 그가 불교의 '경(境)'을 문학 이론의 '경(境)'으로 전환시키고 '의경설'이 한층 더 성숙될 수 있도록 했다는 점이다. 이른바 '계후(啓後)'라는 것은 그가 이후의 '의경설'의 발전과 완성에 대한 매우 큰 계발적인 역할을 했음을 가리킨다. '의경설'의 집대성자인 근대의 왕궈웨이(王國維)가 이에 대해 충분히 논증한 것만 봐도 그 평가가

헛된 것이 아님을 확신할 수 있다. 왕궈웨이는『인간사화(人間詞話)』에
서 일찍 다음과 같이 말한 바 있다.

> ○ 문학이란 대내적으로 작가 자신의 사상을 남김없이 표현할 수 있고 대외
> 적으로 남들의 공감을 불러일으킬 수 있는 '의(意)'와 '경(境)'의 결합일
> 뿐이다. 내심의 심사정의라는 뜻인 '의(意)'와 외재 상황을 의미한 '경
> (境)'이 잘 융합하면 가장 좋은 문학 작품이라고 할 수 있으며 이 정도가
> 아니면 '경'이든 '의'든 반드시 한쪽이 우수해야 한다. 그렇지 않으면 문
> 학이라고 말할 수 없다(文學之事, 其內足以攄己, 而外足以感人者, 意
> 與境二者而已. 上焉者意與境渾, 其次或以境勝, 或以意勝. 苟缺其一,
> 不足以言文學).40)

　　바로 불가의 '경계론'이 시인들의 '의경설'로 전환함으로써 중국 고대
의 예술가들은 비로소 허구와 진실, 운동과 정지, 유한과 무한 그리고
주관과 객관의 통일에 대해 더욱 자각하게 했으며 아울러 문학을 통해
회화와 희극을 비롯한 모든 예술 분야로 침투할 수 있게 되었다. 이로써
불가는 유가와 도가 못지않게 중국의 예술 정신에 큰 영향을 미쳤음을
알 수 있다. 그 본질을 따져보면 윤리에 치중하는 유가의 형식주의 구성
과 이화(異化)를 반대하는 도가의 자연주의 해체 외에 주관적인 '의(意)'
와 객관적인 '경(境)' 간의 쌍방향적 재건을 이룬 데 있다. 바로 이 때문
에 중국 미학 중의 함축·함의·깨달음·음미 등 일련의 특징들이 남김없
이 표현될 수 있었던 것이다.

4. 세 가지 예술 사조

　　상기한 바와 같이 유가는 문명 질서를 유지하는 입장에서 '구축'의 방

---

40) 王紅麗, 「王昌齡'三境說'淺探」, 『名作欣賞』(2006년 제7기).

식으로 논리화·질서화·기호화의 미학적 세계를 꾸몄다. 그리고 도가가 현실 이화에 반항하는 목적에서 '해체'의 방식을 통해 비논리·비질서·비기호의 심미적 세계를 모색했다면 불가는 인생 각성의 각도에서 출발하여 '재구성'의 방식으로 심도 있는 심미적 이미지를 창조했다. 만약 유가의 노력이 유에서 무로, 간단한 것에서 복잡한 것으로의 과정이라 한다면 그가 추구하고자 하는 것은 "'충실'함을 미(美)라 하고(充實之謂美)"(『맹자』 '진심' 하), "순수하지 못한 것은 미라고 할 수 없다(不純不粹之不足以爲美)"[『순자』 '권학(勸學)']는 것의 경지였다. 도가는 번잡함을 버리고 간단함을 취하며 장애를 거두고 밝음을 얻고자 노력하는 과정이었으며 그가 추구하고자 하는 것은 "큰 소리는 잘 들리지 않고, 큰 형상은 아무 형체가 없으며(大音希聲, 大象無形)"(『노자』 41장), "세상에 단순함과 아름다움을 다툴 만한 것이 없는(樸素而天下莫能與之爭美)"(『장자』 '천도') 경지였다. 그렇다면 불가가 노력을 경주한 것은 곧 겉은 번잡한 듯하지만 실은 간단하고, 있는 듯 없는 듯한 경지를 창조하는 과정이었으며, 불가가 추구한 것은 '명심견성(明心見性)', '인색오공(因色悟空)'의 경지였다.

　논리적으로 볼 때, 이 세 가지 경지는 중국 미학 범주에서 많은 변형된 형태를 가지고 있었다. 만약 유가와 불가가 '실(實)'과 '허(虛)', '동(動)'과 '정(靜)', '번(繁)'과 '간(簡)', '형(形)'과 '신(神)', '유법(有法)'과 '무법(無法)', '자각(自覺)'과 '자유(自由)', '양강(陽剛)'과 '음유(陰柔)' 사이에서 두 가지를 취하려 했다면 불가는 이처럼 대립되는 양자 사이에서 모종의 설득력 있는 변증 관계를 모색하고자 했던 것이다. 나누어 말하면 이러한 범주는 유가와 도가 양자 간의 미학 정신의 분열과 대립으로 볼 수 있는바, 모두어 말한다면 매개 범주의 대립 통일은 곧바로 미학에서의 유가와 도가의 '상호 보완적' 관계이자 유·불·도 세 세력의 '정립(鼎足)' 관계로 볼 수 있다. 과거 미학계(美學界)에서는 이런 범주에 대한 주목과 연구가 적지 않았지만 세 가지 문화 정신적 차원에서 분석한 학자들이 드물었기 때문에 표면의 현상만 알고 그 본연의 까닭에 대해선 모르는 한계를 피할 수 없었다. 하지만 유·불·도의 입장에서 이러한 범주를 본다면 중국 미학의 범주 체계는 일종의 민족적 문화 패턴의 제한을 받으며 매 짝의 범주는 모두 이 패턴의 홀로그래피 축소판임을 우리는 발견할 수 있다. 역으로 말하면 이 무수한 구체적이면서도 생생한 홀로그래피 축소판을 통해 중국 미학의 진정한 저력과 상당히 안정된 구조 시스템을 파악할 수 있는 것이다.

역사적인 의미에서 말한다면 이 세 가지 문화 사상은 중국 심미 문화의 변천 과정에서 또 상호 비판적이며 피차간에 한쪽을 잃으면 다른 한쪽이 진보하는 원동력 형태를 이룬 것이다. 일반적으로 유가 사상이 사회적 이데올로기에서 주도적인 역할을 할 경우 이 시대의 문학 예술 작품은 내용상에서 단체적인 실천을 중시하거나 현실적인 관여 혹은 현실을 미화한 공리적인 경향을 나타내며 형식상에서는 일종의 형식과 법칙을 중시하는 번잡하고 화려한 미를 나타낸다. 그리고 도가 사상이 사회적 이데올로기에서 주도적인 위치를 차지할 경우 이 시대의 문학 예술 작품은 곧 개체의 가치를 존중하면서 자연을 갈망하거나 미화하는 자연주의적 경향을 나타내며 형식상에서 사유를 강조하고 법규를 무시한 자유롭고도 분방한 미를 나타낸다. 하지만 도가 사상이 사회적 이데올로기에서 주도적인 위치를 차지할 경우 이 시대의 문학 예술 작품은 내용상에서 관능적인 경험을 초월하고 내심 체험을 중시하는 초공리주의적 경향을 나타내며 형식상에서는 신체적인 언어를 중시하고 경지를 추구하는 청신하면서도 담백한 미를 나타낸다.

이 문제를 설명하기 위하여 한(漢)나라 이후의 예술적 실천에 대해 간단히 알아본다. 언어 예술의 시각에서 보면 사(辭)와 부(賦)는 한나라 문학의 대표적인 형식이라고 할 수 있다. 한무제(漢武帝) 초기부터 동한

(東漢) 중엽에 이르는 근 2백 년 동안은 한나라 부(賦)의 전성기였다. 그러나 이 시기는 또한 "백가를 밀어내고 유가의 학술이 독존하는(罷黜百家, 獨尊儒術)" 시기이기도 했다. "망한 나라를 일으켜 세우고, 왕업을 윤색하는(興廢繼絶, 潤色鴻業)" 정신의 고취 아래 이 시기의 작품은 대부분 사방에 위엄을 떨치는 강대한 국력, 신흥 도시의 번영, 물산의 풍요와 궁전과 화원(花園)의 화려함을 공들여 묘사했으며 형식상에서는 문체의 화려한 수식, 지나치게 겉치레한 필치, 압운과 시와 산문이 결합된 언어, 그리고 성세 호대한 기세로 후세 문인들이 감히 따라잡을 수 없게 했다. 부인할 수 없는 것은 이것들은 분명히 일종의 미(美), 일종의 금옥이 눈을 부시게 하듯 웅장하고 화려한 아름다움이며 또한 일종의 인공으로 조각한 기세가 웅장한 아름다움이라는 것이다. 이런 의미에서 볼 때, 「자허(子虛)」, 「상림(上林)」 같은 작품들은 문학사에서 마땅히 영원한 위치를 차지해야 한다. 바로 양웅(揚雄)이 『법언(法言)』 '오자(吾子)'에서 평가한 바와 같이 "만약 공씨(孔氏) 문하에서 부(賦)를 썼다면 바로 가의(賈誼)의 학문적 수준이 상당한 수준에 이르렀고 사마상여(司馬相如)의 학문이 최고로 오묘한 경지에 이르렀을 것이다(如孔氏之門用賦也, 則賈誼升堂, 相如入室矣)." 하지만 이러한 유가 사상에서 야기된 예술적 정신은 그 부단히 '구축'하는 노력 속에 온갖 미사여구나 군더더기로 된 글과 지나치게 과장하는 그릇된 영역 속에 빠져들게 되었다. 서진(西晉)의 지우(摯虞)가 비판한 것과 같이 "가상이 너무 크면 같은 유형의 사물과 멀어지고, 뛰어난 언어들이 과도하게 성하면 사실과 멀어지며, 지나치게 이치를 따지면 의와 서로 멀어지게 된다. 또 문구의 화려함이 지나치면 정과 상충된다(假象過大, 則與類相遠; 逸詞過壯, 則與事相違; 辯言過理, 則與義相失; 麗靡過美, 則與情相悖)."[『문장유별론(文章流別論)』]
그리하여 한나라 말년부터 당시 이데올로기의 권위였던 유가와 도가의 지위가 뒤바뀌면서 두 세력의 일시적인 성행과 더불어 쇠퇴해가던 예술적 형식이 곧 새로운 문학과 새로운 미에 의해 대체되었다.

위진 시기에는 현학(玄學)이 크게 기세를 떨쳤는바, 조씨(趙氏) 집단의 자각적인 현학 창도는 말할 필요도 없고 설령 사마 왕조가 명교(名敎)를 복원했다 하더라도 지식층의 마음속에 자리 잡은 노자와 장자의 지위는 동요시킬 수 없었다. "명교를 뛰어넘어 자연에 맡긴다(越名敎而任自然)" 는 구호 아래, 새로운 미학적 풍모와 재능이 시문 영역에서 나타나게 되었는데 내용 면에서 보면 위진 시기 문인의 주의력은 이미 사회에서 자연으로, 궁궐에서 산천으로, 공적을 노래하는 노력으로부터 자유를 찬미하는 쪽으로 기울어졌는바, 이로써 현언시(玄言詩), 유선시(遊仙詩), 전원시(田園詩), 산수시(山水詩) 등이 나타나게 되었다. 그리고 형식상에서는 지나치게 겉치레만 강조하던 대부(大賦)가 문단의 주도적 지위를 상실하고 곧바로 간결하면서도 의미심장한 사언시(四言詩)와 오언시(五言詩)로 대체되었다. 유협(劉勰)이 말한 바와 같이 "사언시의 정통으로 말하면 주로 아정(雅正)하고 윤택한 것을 근본으로 하였으며 오언시의 격조로 말하면 주로 참신하고 화려함을 주요한 취지로 삼았다(若夫四言正體, 則雅潤爲本; 五言流調, 則淸麗居宗)."[『문심조룡』 '명시(明詩)'] 이런 시체의 번영은 분명히 당시의 '아윤(雅潤)'과 '청려(淸麗)'를 중시하던 심미적 정서와 연관된다. 우리가 알다시피 심미적 정서에서 보면 위진 시기 인사들은 초범탈속하고 맑고 깨끗한 미를 극히 추앙했는바 『세설신어(世說新語)』에서는 '표선청령(標鮮淸令)', '수출청화(秀出淸和)', '목연청념(穆然淸恬)', '풍화청미(風華淸靡)'뿐만 아니라, 심지어 '청울간령(淸蔚簡令)', '청풍낭월(淸風朗月)', '청로신류(淸露晨流)', '청편완전(淸便宛轉)'과 같은 문구들을 곳곳에서 볼 수 있다. 오직 이러한 사회적 환경에서만 비로소 완적(阮籍)의 "깊은 밤 잠 이룰 수 없어, 일어나 앉아 거문고 타네. 엷은 휘장으로 비쳐 드는 밝은 달빛 맑은 바람 옷깃에 스미네(夜中不能寐, 起坐彈鳴琴. 薄帷鑒明月, 淸風吹我襟)"라고 읊조린 「영회시(詠

懷詩)」가 탄생할 수 있었고, 혜강(嵇康)의 "은은한 물결은 흐르고 흘러 아득히 사라지고, 일엽편주가 파도 타고 오르락내리락하네(淡淡流水, 淪胥而逝. 泛泛柏舟, 載浮載滯)"라는 「주회시(酒會詩)」의 출현이 가능했으며, 그리고 도연명(陶淵明)이 지은 "동쪽 울 밑에서 국화를 꺾어 들고, 유유히 남산을 바라보네. [……] 이 속에 참뜻이 들어 있어 말하고자 하나 이미 말을 잊고 말았네(采菊東籬下, 悠然見南山. [……] 此中有眞意, 欲辯已忘言)"라는 「음주시(飮酒詩)」가 탄생할 수 있었다. 중바이화(宗白華)가 평가한 것처럼 "위진 육조 시기는 중요한 전환기로서 두 단계로 나뉜다. 이 시기부터 중국 사람들의 미감은 새로운 단계에 진입하였으며 참신한 미적 이상을 드러내었는바, 그것이 바로 '갓 피어난 연꽃(初發芙蓉)'이 '정교하고 화려한 것(錯采鏤金)'보다 더 높은 미적 경지임을 인정한 것이다. 또한 예술적으로는 문장에 대한 수식보다 개인의 사상과 인격을 표현하는 데 중점을 두었는바, 도잠(陶潛)의 시와 고개지(顧愷之)의 그림이 바로 그 월등한 예다. 왕희지(王羲之)의 글은 한나라 때 예서(漢隸)보다 정교하지도 못하고 장식적인 효과가 뛰어나지도 않았으며 그냥 '자연적이고 귀여운' 미였다."[41]

이러한 예술적 현상들을 모두 시대적인 정신과 통일시켜 분석한 것은 주도면밀하다고 하지 않을 수는 없지만 진(晉)나라 사람의 입장에서 단순히 도가의 정취를 유가의 경지보다 "더 높은 차원의 미"라고 보아서는 안 된다는 것이다. 사실상 중국 미학사에서 유가와 도가의 매번의 '구축'과 '해체'는 모두 부동한 차원의 심미적인 품격과 이론적 의의를 지니게 되며 선진(先秦) 시기의 "소박하고 화려하지 않은 것(樸實無華)"에 비해 양한(兩漢) 시기의 "정교하고 아름다운 것"은 역사적 진보임이 분명하다. 왜냐하면 오직 이 단계를 거쳐야만 위진 시기의 "갓 피어난 연꽃"이

---

41) 宗白華, 『美學散步』(上海人民出版社, 1981), 35면.

더 높은 단계에서 본래의 출발점으로 돌아갈 수 있기 때문이다. 또 다른 시각으로 볼 때 위진 시기의 '초발부용(初發芙蓉)'은 절대 궁극적 의미에서의 이상적인 경지가 아니었는바, 남북조(南北朝) 시기 불가의 미학적 '재구성'을 통해서만 비로소 당시(唐詩)라는 더 높은 단계에 진입할 수 있었던 것이다.

남북조 시기는 중국 불교가 지속적인 급상승을 이루던 시기였고 사원뿐만 아니라 승려와 여승의 수(數)도 동진(東晉) 때에 비해 배로 성장했다.42) 이는 "남조엔 불교 사원들 480개, 얼마나 많은 누각들 자욱한 안개비 속에 휩싸여 있느냐?(南朝四百八十寺, 多少樓台煙雨中?)"라는 문학적인 묘사에서 상상할 수 있을 뿐만 아니라 북위(北魏), 북제(北齊), 북주(北周) 시대가 남긴 대량의 석굴 불상을 통해서도 검증할 수 있다. "남조 불교는 양무제(梁武帝) 때 절정에 이르렀는데 양무제는 96가지 도(道) 중에서도 오직 불교가 최고라고 여겼다. 그는 선후로 네 차례나 친히 동태사(同泰寺)를 방문했고 신하들에게 무수한 돈을 기부하도록 명했는데 시주한 재물이 툭하면 천만에 이르렀다. 또한 그가 신축한 대사원들마다 각각 여덟 개의 불상을 세웠는데 그 화려함과 웅장함이 남조시기에는 매우 드물었다. 또 양무제는 육식을 금지하고 소식만 하도록 명하였으며 참회법(懺悔法)을 만들어 '양황참(梁皇懺)'이라고 일컬었다. 이러한 조치들은 불교가 사회 심층으로 광범위하게 퍼져나가는 촉진제 역할을 했다. [……] 뿐만 아니라 그의 큰아들 소명(昭明) 태자와 셋째 아들 간문제(簡文帝), 일곱째 아들 원제(元帝)도 모두 불교 교리를 좋아하기로 유명하였다."43) 하지만 바로 불학이 전성기에 들어간 이 같은 시대에 문단에는 한 가닥의 시풍이 불어왔는데 그것이 바로 여성의 자태와 규방 생활, 남녀 간의 사랑을 내용으로 한 '궁체시(宮體詩)'이다. 그럼

---

42) 參見杜繼文, 『佛敎史』(江蘇人民出版社, 2007), 161면.
43) 杜繼文, 『佛敎史』(江蘇人民出版社, 2007), 162면.

어찌하여 이런 현상이 나타난 걸까?

역대의 문학사가들은 일반적으로 남조 시기 문학을 매우 낮게 평가했는데 "남조 시기 문학의 근본적인 결함은 작품에서 사회 갈등과 백성들의 생활에 대한 묘사가 거의 없으며 작가가 정치상에서 실의에 빠진 불평도 아주 적다. 이러한 현상은 당시 정치 형세의 혼란과 우월한 작가들의 생활과 의기소침한 사상 정서와 관련이 있었다."[44] 궁체시에 대한 평가는 더욱 그랬다. 사실 '정치 형세의 혼란'과 '작가들의 우월한 생활 여건' 간에 원래부터 존재하는 모순되는 점들을 제쳐두고라도 정치 경제적 원인 외에 우리는 문화적 환경도 함께 고려해야 할 것 같다. 다시 말해 불교 본연의 신앙에서 분석하면 이러한 사조의 출현은 결코 우연이 아니다. 우리가 알다시피 일찍 고타마 싯다르타는 도를 닦아 성불(成佛)하기 전에 인간 세상의 부귀영화와 속세의 남녀 간의 정을 모두 누렸었다. 태자의 출가수행을 막기 위해 정반왕(淨飯王)은 일반 사람들이 상상할 수도 없을 정도의 우월한 조건을 제공했다. 『불소행찬(佛所行贊)』 '이속품(離俗品)' 제4에는 이렇게 쓰여 있다.

> ○ 태자가 원림에 머무르면 주변에 거들어주는 사람들이 역시 매우 많다. 옷차림을 정리해주는 사람, 손발을 씻어주는 사람, 향료를 발라주는 사람, 화려한 것들로 장식해주는 사람, 또는 영락을 꿰어주는 사람들, 잠자리를 준비해주는 사람, 몸을 기울여 귓속말을 하는 사람, 농지거리하는 사람, 또는 여러 가지 사욕적인 것을 말하거나 여러 가지 속세의 형태를 만들고 진심을 움직이려 꾀한다(太子在園林, 圍繞亦如是. 或爲整衣服, 或爲洗手足; 或以香塗身, 或以華嚴飾; 或爲貫纓珞, 或爲安枕席; 或傾身密語, 或世俗調戲; 或說衆欲事, 或作諸俗形, 規以動眞心).

그러나 이러한 것들은 석가모니에게 쾌락을 안겨준 것이 아니라 오히

---

44) 『中國大百科全書·中國文學 I』(中國大百科全書出版社, 1986), 587면.

려 홀연 각성하여 생명의 한계를 깨닫게 했다.

○ 보살의 마음은 청정하고 굳세니, 그 마음을 되돌리기 어렵구나. (태자 싯다르타는) 여러 (아리따운) 천녀의 말을 들어도, 근심하지도 기뻐하지도 않네. 싯다르타가 세속적 삶을 등지고 (올바른) 사유에 들어가니, 천녀들은 이를 한탄하며 괴이하게 여기네. (이에 태자는) 비로소 여러 여인(천녀)의 욕망이 이와 같이 (치)성함을 알게 되었네. 젊을 땐 건강하고 아름답지만, 이윽고 늙어서 병들고 죽어 썩어버림을 알지 못하는구나. 슬프구나, 이 어리석음이여! 어리석음이 그 (본래의 청정한) 마음을 덮었구나. 늙고 병들고 죽음을 생각함에, 밤낮으로 부지런히 정진하네. (생로병사의) 칼날이 목을 겨누어오는데, 어찌 여전히 낄낄거리고 있을 수 있으랴? 다른 이의 늙고 병들고 죽음은 보아도, 자신의 생로병사는 또렷이 알아차리지 못하는 이것이 바로 진흙과 나무로 만든 사람이라네(菩薩心語靜, 堅固難可轉, 聞諸采女說, 不憂亦不喜, 信聲厭思惟, 歎此爲奇怪, 始知諸女人, 欲心盛如是, 不知少壯色, 俄頃老壞死. 哀哉此大感, 愚癡覆其心. 嘗思老病死, 盡夜動勖勵, 鋒刀臨其頸, 何如猶嬉笑? 見他老病死, 不知自觀察, 是則泥本人).

그리하여 석가모니는 안일한 세속의 생활을 떨쳐버리고 분연히 궁궐을 떠나 우주의 본연과 생명의 참뜻을 찾아 나섰던 것이다. 이런 석가모니의 생활 경력보다 더한 자가 있었으니 바로 유마힐(維摩詰)이다. 『유마경』에 나오는 주인공 유마는 원래 번화가에 살고 있던 거사(居士)였다. 그는 권력자들과 교제하면서 부를 축적하고 아내를 맞아 아이를 낳았을 뿐만 아니라 심지어 술집이나 청루에 드나들며 쾌락을 즐겼다. 그는 세속에서 생활했지만 세속에 빠지지 않았으며 불교의 교리에 능통하고 웅변을 잘하여 "속박이 없고 또 풀 필요가 없으며, 쾌락도 없고 불행도 없는" 인생 경지에 이르렀는데 이로 해서 불교계에서 여전히 추앙받는 인물이 되었다.

석가모니와 유마의 '인색오공(因色悟空)'의 생활 태도와 흡사한 것은 양무제였다. 그는 「정업부(淨業賦)」를 지으면서 불교의 관점으로 세속

의 생활을 맹렬히 공격하고 부정하였으며 사람들이 흔히 '육근(六根)'
즉 '눈·귀·코·혀·몸·뜻'으로 '육경(六境)' 즉 '색·성·향·미·촉·법'을 추
구하고자 하는 것은 취할 바가 못 된다고 하였으며, 심지어 나라와 백성
을 재앙에 빠뜨릴 수 있다고 여겼다. 양무제는 『육근참문(六根懺文)』에
서 세속적인 생활에 대한 반성과 비판의 관점을 제기했다. 하지만 다른
한편으로 그들은 예술적인 기교로 감각적인 향락을 반영한 작품들을 외
면하지 않았으며 심지어 '궁체시'의 선도자가 되기도 했다. 불학에서는
"공은 색 밖에 없고 색 중에 존재한다"고 주장하면서 삼라만상을 꿰뚫어
보아야만 세속의 욕망을 버릴 수 있다고 훈시했다. 그리하여 불경에는
온갖 생활 형태뿐만 아니라, 더 나아가 남녀 자태에 대한 묘사도 적지
않다. 여기에는 부처님이 여인으로 변해 인간의 음욕을 만족시키고 해골
로 변해서 사람들로 하여금 인간 세상의 무상함을 깨닫게 한다는 이야기
가 있는데 이것은 『홍루몽(紅樓夢)』 속의 '풍월보감(風月寶鑑)'과 흡
사하다. 중국의 유학 전통으로 본다면 인도 불학 중의 허다한 문자는
극히 요염하여 『방광대장엄경(方廣大莊嚴經)』 권 9의 '항마품(降魔
品)'에서는 파순(波旬, 불도에 정진하는 사람의 수행을 방해하는 마왕-
옮긴이) 마녀가 32가지 교태로 불타를 미혹시켰다는 이야기를 서술했
는데 그 색정적인 정도가 '궁체시'보다 더 심하다. 이런 시각에서 보면
우리는 아마 남조(南朝)에서 성행했던 궁체시에 대해 새로운 인식을 가
질 수 있을 것 같다.

　과거 문학사가들은 전통적인 윤리 관념의 영향으로 궁체시는 저속적
인 취미와 풍속을 더럽히는 '저속한 시(黃詩)'로 여겼다. 혹은 원이둬(聞
一多)가 쓴 「궁체시의 속죄」의 영향을 받아 궁체시의 최대 결함이 남녀
간의 사랑을 묘사한 것이 아니라 이런 작품들에 "근골이 없고", "정의가
없으며" 창작에 대한 열정과 생명의 활력이 부족하다고 여겼던 것이다.
그러나 작품의 진정한 의도가 남녀 간의 사랑을 묘사하는 것이 아니라

감각적인 묘사로 '인색오공'을 깨닫게 하는 것이라면 그러한 작품들이
어찌 활력이 있고 격정으로 차 넘칠 수 있단 말인가? 물론 궁체시 작가
들이 모두 이런 자각적인 불학(佛學) 의식을 갖고 있었는지는 당연히 논
의해볼 가치가 있는 문제다. 그리고 또 이런 의식을 갖고 있었다 하더라
도 과연 그러한 의식을 자신의 창작에 관통시킬 수 있었는지도 다시 분
석해 봐야 할 문제다. "위에 좋아하는 자가 있으면 아래에 보다 더 심한
자가 있는(上有好者, 下必甚焉)" 상황에서 일부 굳은 신념이 없는 '남우
(濫竽)'들이 '권계(勸誡)'의 음절을 '유혹(誘惑)'의 선율로 연주했을지도
모른다. 이 모든 것은 이해하기 어렵지 않다.

  텍스트 분석의 시각에서 보면 궁체시에는 확실히 '인색오공'의 불학
적(佛學的) 흔적이 남아있는데 예를 들면 양무제의 「환문가(歡聞歌)」에
서 "아름다운 금루의 여인, 마음씨는 아름다운 못의 연꽃 같아, 무엇으
로 낭군의 그리움에 보답하려느냐? 함께 극락세계에서 노닐며 인생을
즐겨보려무나(豔豔金樓女, 心如玉池蓮. 持底極郎思, 俱期遊梵天)"라
는 문장이 있다. 또한 탕승제(湯僧濟)의 「영설정득금구(詠渫井得金
鉤)」에서는 다음과 같이 읊조리고 있다.

> 옛날에 한 기생 있어 우물가에서 꽃을 따고 있었네.
> 딴 꽃을 머리에 꽂은 여인 우물에 비긴 자기 모습 보니 가여워
> 자기 모습 계속 훔쳐보며 웃고 웃다가 스스로 아름답다 하네.
> 갑자기 비녀를 떨어뜨린 그 옛날의 일 종래로 회상하지 않아
> 비취는 이미 퇴색하였건만, 금빛은 그대로구나.
> 사람은 떠나갔어도 물건은 아직도 남아 전해지네.
> (昔日倡家女, 摘花露井邊. 摘花還自插, 照井還有憐. 窺窺終不罷, 笑笑
> 自成姸. 寶鉤於此落, 從來不憶年. 翠羽先泥去, 金色尙如先, 此人今不在,
> 此物今空傳).

  또 『옥대신영(玉臺新詠)』을 자세히 읽어보면 '색'을 빌려 '공'의 깨달

음을 얻는 유형의 작품들이 적지 않음을 알 수 있다. 이로 보면 아름다운 산천 풍경이 현학자(玄學者)들이 말하는 '심오한 이치(玄理)'의 구실에 이용되는 것처럼 향기로운 금지옥체(金肢玉體)는 불학자(佛學者)들이 인색오공의 깨달음을 얻는 도구에 지나지 않는다. 바로 이 때문에 우리는 이러한 시 작품들에 격정과 활력, 정감, 심지어 욕망이 없다고 여기는 것이다. 서릉(徐陵)이 『간인산심법사파도서(諫仁山深法師罷道書)』에서 말한 바와 같이 "법사가 자신에 대한 반성을 거치지 않고 어찌 꽃 파는 의미를 깨달을 수 있겠는가? 그 타인의 마음을 얻지 못하면 어찌상대의 뜻을 알 수 있겠는가?(法師未通返照, 安悟賣花? 未得他心, 哪知彼意?)."

총괄적으로 말해서, 궁체시의 소재는 궁궐과 규방에 구애되었을 뿐만 아니라 불경 속의 이야기를 모방했기 때문에 세속을 쓴 것은 육욕을 꿰뚫어 보기 위함이고, 여색을 묘사한 것은 감정의 불학적 목적을 초월하기 위함이었다고 본다. 이러한 목적이 과연 이루어졌는지, 또는 어느 정도에서 이루어졌는지를 막론하고 모두 예술적 이미지의 심층적 패턴을 재구성하는 데 일종의 의미 있는 탐구를 제공했으므로 일률적으로 모조리 말살해서는 안 된다.

5. 세 가지 예술적 패러다임

무릇 논리적 의의나 역사적 의의를 막론하고 결국 예술은 구체적인 예술가들에 의해 체현되고 완성되는 것이다. 수당(隋唐) 이후 원래 한쪽에서 일어나면 다른 한쪽에서 수그러지는 형태의 기복을 겪으면서 단계적으로 발전하던 유·불·도 세 종교는 또다시 3교를 동시에 장려하고 3교가 나란히 발전하는 사회적 환경에 진입했는데 이것이 곧바로 시가

(詩歌) 예술에 그대로 반영되었고, 그 결과 '시성(詩聖)' 두보(杜甫)와 '시선(詩仙)' 이백(李白) 그리고 '시불(詩佛)'로 불리는 왕유(王維) 등의 출현을 맞게 되었던 것이다.

예종(睿宗) 이후 성당(盛唐) 시기에 이르러 유·불·도가 함께 흥기하고 선후 없이 병행하면서 발전하던 국면은 황제의 조서 형식으로 그 특정 지위가 확정되었을 뿐만 아니라 광대한 민중에게도 깊은 영향을 미쳤다. 이와 같은 특수한 문화적 배경 아래 순수하고도 순수한 종교적 신앙과 철학적 이념을 보유할 수 있는 어떠한 유파나 작가는 거의 없었다. 유파로 놓고 볼 때 '변새시(邊塞詩)'는 유가의 적극적이고 진취적이며 공을 세워 출세하려는 사회 진출의 사상을 구현하였지만 오히려 도교의 기이한 상상과 환각적인 색채가 매우 농후했다. '산수시'는 자연으로 회귀하여 은거 생활을 추구하려는 도교의 낭만적 정취를 체현하였지만 오히려 불교의 담박한 정취와 고요한 경지도 적지 않게 표현했다. 그리고 '전원시'는 불교의 세속에 대한 초월과 '인색오공'의 경지를 구현하면서도 한편으론 도교의 출세에 대한 추구와 독선적인 이상도 적지 않게 나타내고 있다. 작가로 보면 두보는 대대로 선비인 집안에서 태어났고 항상 '가난한 유생'이라고 자칭했으나 또 "쌍봉사에 허락한 몸 칠조선 제자 되길 바라네(身許雙峰寺, 門求七祖禪)"라고 읊조린 깃처럼 북종파(北宗)의 신도가 되었던 것이다. 이백은 도교의 주문(呪文)을 받은 바 있어 '적선(謫仙)'으로 정평이 나 있었고, 또 스스로 '청련거사(青蓮居士)'라는 불교 경전을 자신의 별호로 사용하기도 했다. 그리고 왕유는 불교의 영향을 깊이 받아 「능선사비(能禪師碑)」를 쓴 적도 있으나 "무위(無爲)를 받들어 재심(齋心)으로 자연을 공부하고 싶다(願奉無爲化, 齋心學自然)"고 한 말을 놓고 보면 노장(老莊) 사상의 계승자이기도 한 것같다. 때문에 문학 영역에서 유·불·도와 일대일로 대응되는 현상을 찾고 경위(涇渭)가 분명하게 그것들을 열거하려는 방법은 분명 헛수고임에

틀림없다. 그러나 유·불·도 3교 간의 영향은 비록 복잡하고 교차적이며 상호 침투되었지만 또 지극히 심각하고 거대했으므로 소홀히 할 수 없었다. 상대적으로 말해서 유가의 세계관을 위주로 한 예술가들은 창작 내용 면에서 뚜렷한 윤리적 속성과 사회적 의의를 갖고 있었을 뿐만 아니라 그 창조 형식에서도 왕왕 자각적 또는 비자각적으로 전통적인 법칙을 준수하고 보완하려 했다. 도가나 도교적 세계관을 위주로 한 예술가들은 창작 내용 면에서는 논리 규범과 정치적 구속을 돌파하려는 경향을 갖고 있었으며 예술 형식에서는 흔히 기존의 법칙과 전통적 습관을 무시하려는 경향이 있었다. 이와 달리 불가나 불교적 세계관을 위주로 한 예술가들은 내용적인 면에서는 정치나 민생을 거의 언급하지 않았을뿐더러 예술 형식에서도 자각적인 '구축'이나 제멋대로 하는 '해체'가 매우 적었으며 작품의 논리적 내용이나 언어적 형식에 별로 주목하지 않고 시가의 이미지나 경지를 '재구성'하는 데 주력했다. 이와 같은 '구축', '해체', '재구성'의 세 가지 시가 형태는 두보와 이백 그리고 왕유의 창작에서 집중적이면서도 또 전형적으로 구현되어 있다.

문화적인 배경으로 볼 때, 두보는 진나라 명장이자 대학자인 두예(杜預)의 후손으로 대대로 "유가를 신봉하고 관직을 지키며, 평생 다른 일에 종사하지 않는(奉儒守官, 未墜素業)" 전통을 갖고 있었으므로 그로 하여금 쉽게 "황제를 보좌하여 요순 임금과 어깨를 겨루는 명군이 되도록 하며 백성들이 질서를 잘 지키고 민풍이 소박한 생활을 하게 하려는(致君堯舜上, 再使風俗淳)"[「봉증위좌승장이십이운(奉贈韋左丞丈二十二韻)」] 출세의 포부를 갖게 했다. 역사적 환경으로 보면 두보는 이백이나 왕유보다 11년 늦게 태어났고, 또 그의 생활과 창작 경력은 모두 '안사의 난(安史之亂)' 이후였으므로 이러한 사회적 환경은 매우 쉽게 두보로 하여금 "평생 내내 백성들을 걱정하며 오장이 타도록 탄식하네(窮年憂黎元, 歎息腸內熱)"[「자경부봉선현영회오백자(自京赴

奉先縣詠懷五百字)」라고 읊조린 바와 같은 세상 구제의 감정을 갖게
했다. 때문에 그의 시는 자연이 아닌 사회에 관심을 가졌고, 개인적인
이상에 대한 발로가 아니라 사회와 민중들의 생활을 묘사하는 데 관심
을 가졌다. 이것이 바로 그가 '시성'이라는 명예를 얻게 된 근본 원인이
기도 하다.

　두보의 시가에 반영된 사회적 내용은 이백과 왕유보다 더 풍부하였는
바, 그의 작품에는 위로는 제왕·장군·재상, 가운데로는 문인·관리, 아래
로는 농부·어부 등과 같은 인물들이 모두 등장한다. 당시의 불안한 사회
정세와 순탄치 않은 벼슬길은 시인으로 하여금 떠돌이 생활을 하는 과정
에 사회 최하층 민중과 폭넓게 접촉할 수 있는 기회를 갖게 해주었다.
따라서 시인은 「애강두(哀江頭)」, 「비진도(悲陳陶)」, 「색노자(塞蘆子)」,
「세병마(洗兵馬)」 등의 작품과 유명한 「삼리(三吏)」, 「삼별(三別)」에서
'안사의 난'을 겪는 동안 백성들이 당한 고통과 불행을 구체적이면서도
섬세하게 묘사함으로써 이러한 작품들에 '시사(詩史)'적 의의를 부여했
다. 더 기특한 것은 "백골이 들판에 나뒹굴고 천 리를 가도 닭 우는 소리
들리지 않는(白骨露於野, 千裏無雞鳴)" 시대에 참된 "어진 사람의 마
음(仁者之心)"으로 일반 서민들의 슬픔과 기쁨, 이별과 만남을 자신의
희로애락으로 삼아 표현하고 또 "부잣집에서는 술 고기 썩어나지만, 길
가에는 얼어 죽은 송장들이 나뒹구는(朱門酒肉臭, 路有凍死骨)" 사회
에서 "백성은 근본이며 사직은 그 버금이고 임금은 맨 뒤에 와야 한다
(民爲本, 社稷次之, 君爲輕)"는 입장으로 인간 세상의 불평을 호소한 점
이다. 때문에 그의 작품에는 "깊은 밤중에 전장을 지나니 차가운 달이
백골을 비추네(夜深經戰場, 寒月照白骨)"「북정(北征)」라는 묘사가 있
는가 하면, "동네 어르신들을 위해 노래 부르리, 힘든 세월에 보내준 깊
은 동정 어찌 잊으랴!(請爲老父歌, 艱難愧深情!)"「강촌삼수(羌村三首)」
하고 시인의 슬픈 감정을 표현한 것도 있으며, "관리의 호통 소리 어찌

나 매서운지, 할머니의 우는 소리 어찌나 구슬픈지(吏呼一何怒, 婦啼一何苦)"[「석호리(石壕吏)」]라는 묘사가 있는가 하면, "살림살이 집도 없이 끌려가니 어찌 백성이라 하리오?(人生無家別, 何以爲蒸黎)"[「무가별(無家別)」]라고 통탄하는 시인의 탄식도 있다. 또 "조정에서 우매한 군주로 일으킨 화란(禍亂)이 아직 없기는 하나 전인의 교훈을 잊으면 그런 재앙을 또 당하기 마련일세(朝廷雖無幽王禍, 得不哀痛塵再蒙)"[「동수행(冬狩行)」]라는 충고가 있는가 하면, "어떻게 하면 수많은 집들을 마련하여 세상의 가난한 사람들의 얼굴을 활짝 펴지게 할 수 있을까!(安得廣廈千萬間, 大庇天下寒士俱歡顏)"[「모옥위추풍소파가(茅屋爲秋風所破歌)」]라는 앞날에 대한 기대도 있는데 이런 시구를 읽다 보면 천추(千秋)의 눈물이 흐르고 애간장이 타는 듯하다.

두보의 시가는 사상적 측면에서 유가의 민본 사상과 출세의 감정이 매우 다분히 흐르고 있을 뿐만 아니라 예술적 측면에서도 유가 미학의 엄밀하고 정연한 형식적 특징과 침울하면서도 변화 있는 우환 의식을 충분히 구현하고 있다.

> 나라는 패망했으나 산천은 여전하고,
> 봄이 깃든 성안엔 초목만 무성하네!
> 시절이 걱정되어 꽃 봐도 눈물을 흘리고,
> 이별의 한에 새소리에도 놀라네!
> 연이은 전란은 끝날 줄 모르고,
> 가족들 소식 만금보다 귀하네.
> 흰머리 긁고 긁어 짧아져,
> 이젠 비녀조차 꽂을 곳이 없구나!
> (國破山河在, 城春草木深. 感時花濺淚, 恨別鳥驚心. 烽火連三月, 家書抵萬金. 白頭搔更短, 渾欲不勝簪)
>
> ─ 「춘망(春望)」

바람에 흐느적이는 강기슭 세초(細草)

돛대 높이 단 외로운 밤배.
별들이 드리워진 벌판은 드넓고
달 솟아오른 큰 강은 쉼 없이 흐르네.
내 어찌 문장으로 이름 날리랴?
늙고 병들면 벼슬도 그만두어야 하네.
떠도는 이 몸 무엇 같을까?
천지간의 한 마리 외로운 갈매기로구나.
(細草微風岸, 危檣獨夜舟. 星垂平野闊, 月湧大江流. 名豈文章著, 官應
老病休. 飄飄何所似, 天地一沙鷗)

- 「여야서회(旅夜抒懷)」

옛날부터 들어온 동정호,
오늘에야 악양루에 올랐네.
오나라와 초나라 땅은 동남으로 갈라졌고
하늘과 땅이 밤낮으로 물 위에 떠 있네.
친구에게서 오는 글월 한 장 없고,
늙고 병든 이 몸 의지할 곳은 외로운 배 한 척.
관산 북쪽에선 전쟁이 끊이지 않고 있어
난간에 기대니 눈물만 주르르 흐르누나.
(昔聞洞庭水, 今上嶽陽樓. 吳楚東南坼, 乾坤日夜浮. 親朋無一字, 老病
有孤舟. 戎馬關山北, 憑軒涕泗流.)

- 「등악양루(登嶽陽樓)」

바람 세차고 하늘 높은데 잔나비 슬피 울고
물 맑은 백사장에 흰 새 한 마리 맴도네.
한없이 펼쳐진 나무숲엔 낙엽이 우수수 지고
끝없는 장강은 도도히 흘러오네.
만리타향에서 떠돌며 가을 슬퍼하는 나그네
평생 병으로 시달린 몸 홀로 누대에 오르네.
힘들고 서러운 인생살이에 흰 귀밑머리만 길게 자라
초라한 이 신세 이젠 시름 풀던 술잔도 끊어야 하리.
(風急天高猿嘯哀, 渚淸沙白鳥飛回. 無邊落木蕭蕭下, 不盡長江滾滾來.
萬裏悲秋常作客, 百年多病獨登台. 艱難苦恨繁雙鬢, 潦倒新停濁酒杯)

- 「등고(登高)」

승상의 사당을 어디에서 찾으랴
금관성 밖 잣나무 우거진 곳이라네.
섬돌 위에 비친 푸른 풀 스스로 봄빛 자랑하고
나뭇잎 사이의 꾀꼬리 무심히 즐거운 노래 부르네.
세 번이나 찾아 빈번히 천하의 일 논하고
두 대의 임금 섬긴 늙은 신하의 충성심이라네.
출사하였으나 승전하기도 전에 몸은 미리 죽어
항상 영웅들로 하여금 눈물로 옷깃을 흥건히 적시게 하네.
(丞相祠堂何處尋, 錦官城外柏森森. 映階碧草自春色, 隔葉黃鸝空好音.
三顧頻煩天下計, 兩朝開濟老臣心. 出師未捷身先死, 長使英雄淚滿襟)
                                             -「촉상(蜀相)」

옥 같은 이슬 맞아 단풍나무 숲 시들고
무산의 무협에는 가을 기운 쓸쓸하네.
강물의 파도는 하늘로 용솟음치고
변방의 바람과 구름 땅을 뒤덮어 음산하구나.
거듭 피어나는 국화꽃 보니 옛날이 눈물겨워
외로운 배는 고향 생각에 묶여 있네
곳곳에선 겨울옷 준비에 여념이 없고
저물녘 백제성엔 다급한 다듬이질 소리 높이 울리네.
(玉露凋傷楓樹林, 巫山巫峽氣蕭森. 江間波浪兼天湧, 塞上風雲接地陰.
叢菊兩開他日淚, 孤舟一系故園心. 寒衣處處催刀尺, 白帝城高急暮砧.
                                             -「추흥(秋興)」

두보는 이백보다 율격에 더 관심을 기울였음이 분명하다. 하지만 그
는 남조 및 당나라 초기의 시인들처럼 애써 정교한 것을 추구하고 독창
성 없이 책 속의 멋진 시구들만 베껴온 것이 아니라 외부적인 규칙을
내재적인 요구로 축적시켰다. 바로 이른바 "형식과 내용은 반반씩 취하
고 『시경』의 질박, 전아함과 『초사(楚辭)』의 섬세함과 시어의 화려함을
계승했다. 격조를 논한다면 건안의 풍격을 전통으로 삼았고 시의 음악성
을 논한다면 태강(太康)도 따르지 못한다(文質半取, 風騷兩挾. 言氣骨

則建安爲傳[儔?], 論宮商則太康不逮)"[은번(殷璠), 『하악영령집집론(河嶽英靈集集論)』]고 말한 바와 같이 그는 엄격한 법도와 웅장하고 드넓은 기세를 완벽하게 결합할 수 있었기 때문에 사람들이 고저장단의 선율 속에서 '풍골(風骨, 웅건하고 힘 있는 품격-옮긴이)'의 힘을 느낄 수 있게 했다. 만약 이백이 독특한 기질로 남조 시기 문학의 속박과 질곡을 돌파하였다면 두보는 보기 드문 출중한 재능으로 진(晉)·송(宋) 시기 이래, 음운 규칙에 대한 탐구가 자각적으로 예술적 경지에 대한 추구를 위해 봉사할 수 있게 했다. 두보의 시는 이백 시의 웅대함과 아름다움에 미치지 못했고, 또 왕유 시의 함축됨과 심오함에 미치지 못했지만 자연히 이백과 왕유가 가지지 못했던 웅혼함과 심오함이 있다. 말하자면 그의 시는 비록 황량하지만 처량하지 않고, 슬프고 아프지만 절망감이 조금도 없었다. "별들이 드리워진 벌판은 드넓고 달 솟아오른 큰 강은 쉼없이 흐르네(星垂平野闊, 月湧大江流)"라는 시구에서 우리는 여전히 어려움 속에서도 우뚝 일어서는 웅건한 품격을 느낄 수 있다. 또 "한없이 펼쳐진 나무숲엔 낙엽이 우수수 지고 끝없는 장강은 도도히 흘러오네(無邊落木蕭蕭下, 不盡長江滾滾來)"라는 시구에서는 위험과 재난 앞에서도 여전히 침착하고 강건한 기질을 느낄 수 있다. 그 흉금에는 유생(儒生)의 민본(民本) 감정이 스며 있었고 그 기백에는 유학자로서의 호연지기(浩然之氣)가 자리 잡고 있었다. 이러한 유가적 감정과 기백은 두보의 시가로 하여금 개인의 원한과 자기만의 감정에 구애되지 않고 언제나 민족과 자국 왕조(王朝)를 우선시하게 함으로써 자신을 잊는 일종 독특한 '망아(忘我)의 경지'를 나타내게 했다.

적극적으로 출세를 꿈꾸었던 두보와 달리 이백의 일생은 '출세'와 '은거'의 갈등으로 일관되어 있었다. "15세에 신선과 사귀고 신령을 통한 만남 멈춘 적 없고(十五遊神仙, 神遊未曾歇)", "산중에 은둔한 지 30년 되었어도 한가함을 즐겨 또다시 신선을 좋아하네(雲臥三十年, 好閑復

愛仙)"라고 했던 것처럼 '적선인(謫仙人)'은 분명 공명에 열중하고 벼슬을 갈망했던 것이다. 하지만 그는 대부분의 유학자들처럼 평범한 과거를 통해 공명을 이루고자 한 것이 아니라 제후들과 널리 교제하고 천하를 두루 돌면서 맑은 호수와 푸른 산이 어우러진 아름다운 대자연 속에서 벼슬을 구하고 신선을 찾으며 스승을 모시고 기생들과 어울려 시를 읊조리며 거문고를 타면서 보냈다. 이런 풍류스럽고 호방한 성격 때문에 도교의 대사인 사마승정(司馬承禎)의 높은 평가를 받았으며 출중한 문장 재주로 현종의 파격적인 소견을 받기도 했다. 먼저 "현종 황제가 수레에 내려 맞아주고 칠보 침상 위에 잔치를 베풀어 음식까지 대접해주는(降輦步迎, 以七寶床賜食於前)" 각별한 예우를 받았다는 설이 있었고, 그 뒤에는 "고역사(高力士)에게 자신의 신을 벗기게 하고(力士脫靴)", "양귀비더러 먹을 갈게 하였다(才人硏墨)"는 미담도 있었다. 하지만 "성공에 이르는 지름길(終南捷徑)"은 오래가지 못하고 마침내 그의 인생길에 불우한 일들이 생기게 되었다. 우선 "금을 하사하고 놓아주라(賜金放還)"는 어명으로 그는 다시 나그네 신세가 되었고 그 후에는 또 '영왕막부(永王幕府)'에 들어간 죄로 조정으로부터 벌을 받기도 했다. 이로 해서 그는 고통스러워했고 분노하기도 했으며, 가진 재능을 펼 기회를 만나지 못한 불만과 원대한 포부를 실현하지 못한 유감을 항상 갖고 있었다. 하지만 이 모든 것은 결코 도교에 대한 이백의 신앙이 한낱 허울에 불과한 것이라고 말할 수 없을 뿐만 아니라 더욱이 도교 문화가 그에게 미친 영향이 크지 않았다고 말할 수 없다. 이와 정반대로 만약 도교적인 습성이 없었더라면 이백은 아마 황제로부터 "금을 하사받고 방출되지는" 않았을 것이며, 또 만약 도교의 영향이 없었다면 위와 같은 시풍이 형성될 수도 없었을 것이다.

이백은 공식적인 입교 의식 절차를 밟았을 뿐만 아니라 주문(呪文)을 받은 도사로서 생활 방식이나 정감 표현에서도 유가의 엄밀함과 불가의 비관적인 정서가 전혀 없이 도가의 소탈함과 도교의 자유분방함을 지니고 있었다. 우리가 알다시피 중생을 구제하고 내세를 기원하는 불교의 이념과 달리 도교는 개체의 생명을 소중히 여기고 현세에서의 쾌락을 갈망하는 종교다. 그러므로 도교에는 공·환·적·멸(空幻寂滅)의 금욕적 색채가 없고 오히려 술을 마시면서 현학을 담론하고, 관(冠)을 벗고 은거하여 배를 띄워놓고 즐기며, 불로장생하고 신선이 되는 향락의 정서로 가득 차 있었다. 이와 동시에 도교는 그 당시의 의학·화학·물리학 등 영역의 성과를 망라하여 한편으로는 노장 철학 중에 고유한 '주정전진(主靜全眞)'의 이론을 양생 요법으로 변화시키고 다른 한편으로는 또 불로장생의 영험하고 효력이 있는 신기한 약을 제조하려고 했다.

이 밖에 도교는 남방의 무술(巫術)을 널리 수집하여 '현위각도(懸葦刻桃)'를 사악한 것을 쫓는 부적으로, '고타금도(膏唾禁禱)'를 마귀를 쫓는 주문으로, 또 '제사무의(祭祀巫儀)'를 신선을 구하는 '굿'으로 발전시켰다. 이러한 신선·양생·복단·금기 같은 방법들은 단지 도교가 추구하는 궁극적인 목표인 생존과 향락의 욕망을 표현한 것에 지나지 않았다.

당나라의 도사들은 개인적인 욕망을 채우기 위해 정계 요인들과 널리 교제했을 뿐만 아니라 심지어 벼슬길에 오른 도사들도 많았던 관계로 '외도내유(外道內儒)'라는 설이 있을 정도였다. 당나라 때, 여자 도사들은 자기 욕망을 실현하기 위해 적잖이 명사들과 교제했으며 심지어는 불륜까지 저지른 관계로 '외도내창(外道內娼)'이라는 말까지 유행하였다. 이러한 지나치게 자유로운 생활 태도는 본받을 바 아니었지만 오히려 예술의 금기를 크게 타파함으로써 심미적 공간을 확장하였는바, 이 모든 것들이 이백의 생활과 창작에서 남김없이 체현되었던 것이다.

이백의 일생은 자연스럽고 대범한 인생이었다고 말할 수 있다. 소년 시대부터 그는 놀라운 천부적 재능을 과시했는데, 다섯 살 때 벌써 육갑(六甲)을 외우고, 열 살 때 제자백가들의 저서를 읽었다고 한다. 그리고

또 시를 잘 지었을뿐더러 말을 달리고 활을 쏘며, 악기와 서예에도 능통
했다. 조정으로부터 죄를 받은 뒤에도 여전히 시적 재능으로 여야 인사
들의 광범위한 관심을 받았던바, 이른바 "새로운 시가 궁중 사람들 입에
서 전해지고 훌륭한 시구들이 임금의 마음 사로잡던(新詩傳在宮人口,
佳句不離名主心)" 시절부터 시 「임종가(臨終歌)」로 세상을 마감할 때
까지도 문인의 낭만과 도사의 소탈함은 변함이 없었다. 이백의 시는 실
전(失傳)된 것이 꽤 많지만 아직 9백 여 수의 시가 남아 있는데 그 내용
이 풍부하고 다채로우며 청신하면서도 호방한 품격으로 도가 문화의 심
미적 품위를 남김없이 드러냈다.

　문화적 차원에서 도교는 노자·장자의 "속세를 떠나 살면서 무위자연
의 경지에서 아무 욕심 없이 한가로이 노니는(彷徨乎塵垢之外, 逍遙乎
無爲之業)" 낭만적인 정취와 『남화경(南華經)』의 "치언(卮言, 앞뒤가
맞지 않는 말-옮긴이)을 만연(曼衍, 자득의 경지-옮긴이)으로 삼고, 중언
(重言, 선현들의 말-옮긴이)을 진리로 삼으며 우언(寓言)을 이치를 설명
하는 지식으로 삼는(以卮言爲曼衍, 以重言爲眞, 以寓言爲廣)" 창작 태
도를 계승했을 뿐만 아니라 『산해경(山海經)』과 『초사(楚辭)』 그리고
민간 전설 중의 신화적 요소를 섭취하여 등급 차별이 삼엄하고 체계가
방대한 신선 가계(家系)를 형성하였으며 장생불사(長生不死)하고 동안
영주(童顔永駐)하며 유재유재(悠哉遊哉)하는 지인(至人)과 진인(眞人)들
을 그려냄으로써 거대한 상상적 공간과 과장의 여지를 남겨주었다.

　이백의 시가는 도교의 영향을 받아 대담한 상상과 기이한 과장으로
충만하며 놀라운 시어와 변화가 다양한 문장들이 자주 나온다. 그중 일
부 작품들은 신선의 경지를 노니는 듯한 색채를 뚜렷이 나타내고 있어
도교의 직접적인 영향을 받은 흔적이 분명하다. 예를 들어 「고풍(古風)」
제19수 중에서 먼저 "서쪽으로 연화산에 오르니 아득히 화산(華山)의 옥
녀가 보이는구나. 섬섬옥수로 연꽃을 잡고 서서히 태공으로 올라가네(西

上蓮花山, 迢迢見明星. 素手把芙蓉, 虛步躡太淸)"라고 신선이 노니는
장면을 그린 뒤, 이어 "낙양 들판을 굽어보니 한없이 넓은 들에 오랑캐
병사들이 널려 있네(俯視洛陽川, 茫茫走胡兵)"라고 당시 사회 현실을
묘사함으로써 선명한 대조를 이루고 있다. 또 「양보음(梁甫吟)」에서는
먼저 "나는 임금님께 의지하여 공훈과 업적을 이루고자 했는데 천둥 치
고 하늘 북이 울리누나(我欲攀龍見明主, 雷公砰訇震天鼓)"와 "겹겹이
닫힌 궁궐 문 들어갈 수 없어 이마로 닫힌 문을 두드렸더니 문지기가
화를 내네(閶闔九門不可通, 以額扣關閽者怒)"라는 시구로 벼슬길이 막
혔음을 비유하였으며, 이어서 바로 "알유는 이를 갈며 사람 고기를 다투
지만, 추우는 살아 있는 풀줄기조차 꺾지 않는다네(猰貐磨牙競人肉, 騶
虞不折生草莖)"라는 신화 전설로써 현실의 어두운 면을 암시했다.

「서악 운대에서 시를 지어 단구자(丹邱子)를 바래며(西嶽雲台歌送丹
邱子)」에서는 구중천(九重天)·봉래경(蓬萊境)의 배경 속에 명성(明星)·
옥녀(玉女)·마고(麻姑)·천제(天帝) 등 도교 전설의 선인(仙人)과 자신의
친한 벗인 원단구(元丹邱)를 한데 뒤섞어 넣고 나중에 자신과 도우(道
友, 도교 신자-옮긴이) 두 사람이 미주를 마시고 모용(茅龍)을 잡아타고
승천하는 이야기를 쓰고 있다. 하여간 기괴하고 단서를 잡기 어렵게 전
설과 상상 속에서 자신의 신실한 감정을 신비롭게 변화시키고 있다. 「꿈
에서 천모산에 노닐다 깨어나 시를 남기고 헤어지다(夢遊天姥吟留別)」
에서는 특히 몽유의 방식을 빌려 "무지개로 옷 지어 입은 구름 속 신선
들 맑은 바람 말 삼아 잡아타고 잇달아 내려오네. 범이 거문고와 비파를
타고, 난새가 수레를 모는데 늘어선 선인들 삼대처럼 많기도 하구나(霓
爲衣兮風爲馬, 雲之君兮紛紛而來下. 虎鼓瑟兮鸞回車, 仙之人兮列如
麻)"라고 뭇 신선들이 춤추는 장면을 묘사함으로써 선계(仙界)의 아름다
움으로 세속의 불결함을 부각시켰다.

유선(遊仙)은 도(道)를 찾기 위함이라기보다 자기를 찾기 위함이라고

말하는 편이 더 합리적이다. 왜냐하면 도를 찾아 신선이 되는 자는 타인
이 아니라 바로 자기 자신이기 때문이다. 그리하여 이백의 시는 처음부
터 마지막까지 세속의 불합리한 모든 것에 대해 분개하고 세속을 떠난
고고함을 추구하며 세속에 구애받지 않는 독립적인 주체적 이미지로 일
관되어 있다. 다음의 시들은 바로 이런 특징을 잘 나타내고 있다.

> 흰 깃털 부채 부치기도 귀찮아
> 푸른 숲 속에 웃통 벗은 채로 있네.
> 두건을 벗어 바위에 걸어두니
> 솔바람 드러난 이마의 땀 씻어주네.
> (懶搖白羽扇, 裸袒靑林中. 脫巾掛石壁, 露頂灑松風)
>
> — 「하일산중(夏日山中)」

> 나뭇가지 위의 원숭이 울음소리에 애끊는다
> 방울방울 눈물 내 술잔에 차 넘치네.
> 나를 보고도 무심히 떠나가는 흰 구름
> 그래도 나를 위로해 솟구치며 흘러가네.
> (腸斷枝上猿, 淚添山下樽. 白雲見我去, 亦爲我飛翻)
>
> — 「'정심수(情深樹)'란 시를 지어 상공에게 보내다(題情深樹寄象公)」

위와 같은 도교의 '유아지경(有我之境)'은 유교의 '망아지경(忘我之
境)'과 구별되었을 뿐만 아니라 불교의 '무아지경(無我之境)'과도 구별
되었다. 세속의 생활을 반영하는 시가일지라도 이백의 주체적 이미지는
극히 뚜렷했다. 실의에 빠졌을 때, 그는 "대로가 푸른 하늘처럼 넓은데
나만 홀로 나갈 수 없구나(大道如靑天, 我獨不得出)"라며 고함을 질렀
고, 뜻을 이루었을 때는 "앙천대소하고 문을 박차고 나가며 외쳤네. 나
같은 이가 어찌 초야에만 묻혀 살다 죽을 사람이더냐(仰天大笑出門去,
我輩豈是蓬蒿人)"라고 높이 읊조렸는데 이는 유가의 부드러움이나 돈
후함과도 달랐으며 불교의 맑고 깨끗함과도 어울리지 않았다.

도교 미학이 이백에 미친 영향은 광범위하고도 전면적이었다. 상기한 '유선(遊仙)적 색채'와 '유아(有我)적 경지'의 직접적인 체현 외에도 상상과 과장 그리고 신화적인 색채 등 간접적인 영향을 받은 경우가 더욱 많다.

> 그대는 보지 못했는가?
> 황하의 물이 하늘에서 내려와
> 세차게 흘러 바다에 이르면 다시 돌아오지 못한다는 것을.
> 그대는 보지 못했는가?
> 거울에 비친 백발 때문에 서러워하는 귀한 집사람
> 아침에 청사 같던 머리 저녁엔 눈처럼 흰 것을.
> 인생이란 때를 만났을 때 한껏 즐겨야 할 것이니,
> 빈 금술잔으로 하늘의 명월을 맞이하게 하지 말게나.
> 하늘이 내게 내려준 재능 반드시 쓰일 곳이 있으리니
> 천금을 다 쓴다 하더라도 또다시 돌아올 날 있을 거라네.
> (君不見黃河之水天上來, 奔流到海不復回. 君不見高堂明鏡悲白髮, 朝如青絲暮成雪. 人生得意須盡歡, 莫使金樽空對月. 天生我材必有用, 千金散盡還復來)
>
> — 「술을 드리며(將進酒)」

> 나를 버리고 간 어제는 잡을 수가 없고
> 내 마음 산란하게 만든 오늘은
> 나를 지극히 귀찮고 우울하게 하네…….
> 칼을 뽑아 물을 베어도 끊이지 않고
> 더더욱 세차게 흘러가네.
> 내 원래 술을 빌려 근심을 삭이려 했으나
> 시름만 더해가네.
> 아, 세상살이란 결국 뜻대로 되는 일 없는 법,
> 내일 아침 머리 풀어 헤치고
> 쪽배를 띄워놓고 노닐기만 못하네.
> (棄我去者, 昨日之日不可留; 亂我心者, 今日之日多煩憂……. 抽刀斷水水更流, 擧杯消愁愁更愁. 人生在世不稱意, 明朝散髮弄扁舟)
>
> — 「선주 사조루에서 숙부 이운 교서님을 전별하여(宣州謝朓樓餞別校書叔雲)」

아! 험하고도 높구나.
촉나라로 가는 길 험난하여
푸른 하늘 오르는 것보다 어렵구나.
잠총님과 어부님 같은 촉나라 제왕들
개국한 지가 얼마나 아득한 옛날인가.
그로부터 4만 8천 년 동안
진나라와 내왕할 길이 없었다네.
서쪽으로 태백산을 통하는 험하고 좁은 새들의 길이 있을 뿐
어찌 아미산(蛾眉山) 꼭대기를 가로지를 수 있단 말인가?
땅이 꺼지고 산이 무너지고 장사들이 죽어서야
구름다리와 돌계단이 비로소 만들어졌다네……
(噫籲戲, 危乎高哉! 蜀道之難, 難於上靑天! 蠶叢及魚鳧, 開國何茫然. 爾
來四萬八千歲. 不與秦塞通人煙. 西當太白有鳥道, 可以橫絶蛾眉巓. 地
崩山摧壯士死, 然後天梯石棧相鉤連……)
- 「촉도난(蜀道難)」

……두타사(頭陀寺) 위에 떠 있는 구름 긴 달에 스님의 기운 많아지는데
산수가 어찌 일찍이 사람의 뜻을 칭할 수 있었으랴?
그렇지 않은 것이 갈대 피리 불고 북 두드리며 시원한 물살을 희롱하며
강남의 여자를 불러 뱃노래를 불러보네.
나는 오히려 그대를 위해 황학루를 때려 부술 테니
그대 역시 나를 위해 앵몽주를 뒤엎어주게나.
적벽(赤碧)에서 싸웠던 영웅들, 마치 꿈속과 같고
오히려 이 자리에서 즐거운 노래와 춤으로 이별의 근심을 더는 게 마땅하리.
(……頭陀雲月多僧氣, 山水何嘗稱人意, 不能鳴笳按鼓戲泡流, 呼取江南
女兒歌棹謳. 我且爲君捶碎黃鶴樓, 君亦爲吾倒卻鸚鵡洲. 赤壁爭雄如夢
裡, 且須歌舞寬離憂)
- 「강하에서 남릉 현령 위빙(韋冰)에게 드림(江夏贈書南陵冰)」

두보가 유한한 형식 중에서 무한의 경지를 개척했다면, 두보는 무한
한 격정으로 유한한 형식을 돌파했다고 할 수 있다. 내용적 측면에서 보
면 두보는 조화로운 예술적 경지에 일부 부조화의 요소를 가미했는데 시
인의 고집스럽고 난폭한 성격과 불합리한 현실에 대한 분개의 심경이 위

태로운 주변 환경 및 험난한 벼슬길과 선명한 대조를 이루고 강한 충돌을 일으키면서 그 시적 경지도 이에 따라 기복과 변화가 있고 불안전한 상태에 놓여 있었는 바, 그 웅장한 기백과 언사의 격렬함은 어디서도 그 유례를 찾아볼 수 없다.

그리고 형식적 측면에서 보면, 이백은 숙련된 율시 기초를 갖고 있었을 뿐만 아니라 고체시 활용에도 능란하였기에 늘 안정된 구조에 일부 불온정한 요소를 의식적으로 가미했다. 이런 시들은 비록 칠언 율시를 기본 격식으로 하였지만 감정의 기복에 따라 또 부단히 변화되면서 칠언시를 위주로 하였을 뿐만 아니라, 또 장단도 같지 않았다. 시인은 또 운을 다룸에 있어서도 매우 자유자재로 다루었는데 마치 순식간에 감동이 일어나고 바로 입에서 튀어나오듯 했으며, 때로는 끝까지 압운하다가도 또 때로는 수시로 운을 바꾸기도 하였는 바, 그 어떤 것에도 얽매이지 않았고 완전무결했다. 이처럼 이백의 시는 단순한 편안함이나 홀가분한 쾌감만 주는 것이 아니라 거기에는 또 불안과 혼란 속에 야기된 분발과 부단한 충돌 과정에서 획득한 드높임이 뒤섞여 있다. 이 모든 것을 미학적 관점에서 본다면 웅장하고 장엄한 미일 뿐만 아니라 숭고에 가까운 미였다.

'시선(詩仙)' 이백이 도가의 미학적 이상을 성당(盛唐) 시기의 역사적 정상에 끌어올렸다면 '시불(詩佛)'이라 칭송받던 왕유는 곧 불가 미학의 예술적 경지를 입신의 경지에 이르게끔 남김없이 발휘했다고 할 수 있다. 이백과 마찬가지로 왕유도 보기 드문 재능을 갖고 있었는바, 시문이 절묘하고 음률과 서예 그리고 회화에도 능통하여 그가 머무르는 곳마다 "제후국 왕들과 부마, 토호 권세가들이 총애하여 맞이하지 않는 자가 없었다(諸王附馬豪右貴勢之門無不拂席迎之)"고 할 정도로 재능이 뛰어났다. 그러나 왕유는 오히려 이백처럼 재능을 펼칠 길이 없다고 울고불고하면서 "하늘이 내게 내려준 재능 반드시 쓰일 곳이 있으리니 천금을 다 쓴다 하더라도 또다시 돌아올 날 있을 거라네(天生我材必有用, 千金

散盡還複來)"라고 불평하지는 않았다. 왕유에게는 재능 있는 것이 없는 것과 같고, 쓸모 있는 것이 쓸모없는 것과 같으며, 또 돈 있는 것이 없는 것과 같은데, 이 모든 것은 인생에서 가장 중요한 것들이 아니므로 그로 인해 매일 번뇌하고 불평할 필요가 없다고 보았던 것이다. 때문에 중국 고대 문인들이 보편적으로 갖고 있던 "문인들끼리 서로 경멸하거나 자신의 재능을 믿고 남을 깔보는" 결함을 왕유에게서는 전혀 찾아볼 수가 없다. 왕유는 스무 살 때 진사에 급제한 뒤로 거의 매 고비마다 승진하여 상서우승(尙書右丞)에까지 이르렀는데 벼슬길이 그야말로 입신출세라 하지 않을 수 없다. 하지만 그는 두보처럼 보국 충정의 이상을 가슴에 가득 품고 오로지 현명한 임금의 중용을 받으려 하지 않았을 뿐만 아니라 벼슬과 동시에 은거 생활을 하며 관직에서 물러나기로 결심했다. 그리하여 황제에게 귀농하여 '고행재심(苦行齋心)'하고 '봉불보은(奉佛報恩)'하도록 해주기를 수차례 간청했던 것이다. 『구당서(舊唐書)』에는 왕유가 "장안에서 하루에 10여 명의 중들과 같이 밥을 먹고 현담(玄談)을 즐겼는데 방에는 차를 끓이는 솥, 절구, 책상, 침대 따위밖에 없었다"고 전한다. 이는 "금을 하사받고 방출된" 이후에도 여전히 "관복을 입고 배에 앉아서 안하무인(著宮服錦袍坐舟中, 旁若無人)"으로 행세하던 이백과는 선명한 대조를 이루었다. 중국 고대에는 비록 "진정한 은사는 떠들썩한 시장에 있어도 도를 닦을 수 있고 일반 은사는 으슥한 곳에 가야 평온한 마음을 찾을 수 있다(大隱住朝市, 小隱入丘樊)"는 설이 있지만, 왕유처럼 늘 임금 옆에 있으면서도 지배층과 심리적 거리를 시종 유지할 수 있었던 사람은 거의 없을 것이다. 아마 왕유가 갖고 있는 이러한 재능과 인격과 성품이 뭇사람들로 하여금 그에게 빠져 내심 선망하게 했고, 또 뭇사람들이 아무리 생각해도 이해가 되지 않는 부분이 아닐까 생각한다.

과연 왕유가 천성적으로 소박하고 말주변이 없을까? 왕유의 시를 읽

어본 이라면 그의 성품이 호협하고 정을 중히 여기는 사람이라는 걸 알 수 있다. 만약 그렇지 않고서야 어찌 "신풍(新豊)의 미주는 한 말에 만 냥이나 되고 함양(鹹陽)엔 풍류객 젊은이들 많다네. 서로 만나서 술잔 나누며 의기투합하고 누각 옆 수양버들에 말을 매어놓네(新豊美酒鬪十千, 鹹陽遊俠多少年. 相逢意氣爲君飮, 系馬高樓垂柳邊)"라는 협객의 시를 지을 수 있고, 또 어찌 "홍두는 남방에서 자라는 나무 봄이 되어 몇 가지나 자라났을까? 임이여, 많이 따주세요. 임이 그리울 땐 홍두가 최고래요(紅豆生南國, 春來發幾枝)"라는 회구(懷舊)의 시를 지을 수 있 겠는가?

또한 그의 삶은 평범하고 인생 체험이 부족한 걸까? 왕유의 시를 읽 어본 이라면 사실 왕유가 인생 경험이 매우 풍부하고 경력이 복잡한 사 람이라는 걸 알 수 있다. 그렇지 않고서야 어찌 "벼슬 얻어 궁궐의 금위 군관 되고 처음 표기장군을 따라 어양 전투에 나갔네. 누가 알랴 변경의 고생이 싫은 걸, 죽더라도 의협심 강직한 기골 향기를 전하리(出身仕漢 羽林郎, 初隨驃騎戰漁陽. 孰知不向邊庭苦, 縱死猶聞俠骨香)"라는 시 를 지을 수 있으며, 또 어찌 "위성(渭城)의 아침 비에 땅 위는 촉촉이 젖어 있고, 여관 앞 푸른 버들 빛 더더욱 새롭구나. 여보게, 친구 술 한 잔 더 들게나, 서쪽으로 양관(陽關) 나서면 친구도 없을 터이니(渭城朝 雨浥輕塵, 客舍靑靑柳色新. 勸君更進一杯酒, 西出陽關無故人)"라는 인구에 회자되는 훌륭한 시편을 지을 수 있었겠는가? 궁극적인 원인은 왕유의 마음속 깊은 곳에는 시종 한 줄기의 맑은 시내와 한 조각의 정토 그리고 일체 사대가 공허한 수련의 경지가 숨어 있었기 때문이었다.

왕유의 어머니는 30년 넘게 북종신수(北宗神秀)의 제자인 대조선사 (大照禪師)를 스승으로 모신 독실한 선종 불교 신도였다. 그런 관계로 왕유 본인도 남종(南宗)과 더 빈번히 내왕했는데 일찍이 육조(六朝)가 원적한 후, 친필로 「능선사비」를 지은 적도 있다. 그리하여 그는 비록 벼슬길이 순탄했지만 오히려 오랜 세월 관직 생활과 은거 생활을 병행하며 보내기도 했다. 개인적인 수양과 조예로 보면 왕유는 시문과 서화, 음률에 정통하였을 뿐만 아니라 초년에는 유가의 포부를 품고, 중년에는 도가의 풍채를, 만년에는 불가의 정수를 얻었는데, 이는 중국 고대 문인들의 "유교로 입신하여 도교로 나와 불교로 도망을 간다(入於儒, 出於道, 逃於佛)"는 인격적 이상과 상당히 일치한다. 이백의 시가 도교의 경지를 빌려 원대한 뜻으로 격앙된 감정과 그 휘황하고 현란함을 표현한 시라고 한다면 왕유의 시는 곧 불교의 수양을 빌려 그 현란함이 극에 달했다가 다시 평범함으로 돌아갔다고 볼 수 있다. 이런 최고의 경지에 이른 평범한 작품들이 바로 그가 만년에 지은 시집 『황보악운계잡제(皇甫嶽雲溪雜題)』와 『망천집(輞川集)』에 수록된 산수전원(山水田園) 시들이다.

> 인적이 드문 곳에 계화꽃 떨어지고
> 깊은 밤 봄의 산은 텅 빈 듯하네.
> 떠오르는 달빛에 놀란 산새들 잠을 깨니
> 때때로 산골짜기 냇가에서 울음소리 들리네.
> (人閑桂花落, 夜靜春山空. 月出驚山鳥, 時鳴春澗中)
> － 「조명간(鳥鳴澗)」

> 한적한 대숲 속에 홀로 앉아
> 거문고 타기도 하고 퉁소를 불기도 하네.
> 깊은 숲이라 사람들은 알지 못해
> 밝은 달만 찾아와 조용히 비춰주네.
> (獨坐幽篁裏, 彈琴複長嘯. 深林人不知, 明月來相照)
> － 「죽리관(竹裏館)」

> 인적도 없는 텅 빈 산에서
> 말소리만 두런두런 들려올 뿐,

깊은 숲 뚫고 들어온 석양빛
다시 숲 속 푸른 이끼에 비쳐 드네.
(空山不見人, 但聞人語響. 返景入深山, 複照靑苔上)
- 「녹시(鹿柴)」

가지 끝에 부용꽃
산속에서 꽃망울 피웠구나,
개울가 인가엔 인적도 없이 고요한데
잇달아 피었다 또 지는구나.
(木末芙蓉花, 山中發紅蕚. 澗戶寂無人, 紛紛開且落)
- 「신이오(辛夷塢)」

여기에서는 모든 의심과 방황, 초조감과 긴장감, 불안과 고민이 사라졌으며, 모든 공명과 관록, 시비와 원한, 영욕, 비방과 칭찬도 다 사라졌다. '인한계화락(人閑桂花落)'에서 '심림인부지(深林人不知)'에 이르기까지, 또 '공산불견인(空山不見人)'에서 '간호적무인(澗戶寂無人)'에 이르기까지, 창작 주체는 시가의 경지에서 한 걸음 한 걸음 물러나 대자연 속 봄날의 산과 휘영청 밝은 달, 무성한 숲과 길차게 자란 대나무 속으로 숨어들어, 피고 지는 꽃과 더불어 춤을 추고 푸른 개울물과 속세와 더불어 정처 없이 떠돌고 있다. 우리는 그의 시세계에서 두보의 시와 같은 침울함과 기복이 심한 변화, 중생을 크게 구제하고자 하는 '망아의 경지(忘我之境)'를 찾아볼 수 없거니와 이백의 시와 같이 속세를 잊은 채 고고한 생활을 추구하며, 불합리한 세상에 분노하는 '유아의 경지(有我之境)'도 찾아볼 수 없다. 그의 시세계는 속세와 자기를 잊은 세계, 물(物)도 아니고 아(我)도 아닌 '무아(無我)'의 경지였다. 여기에서 우리는 '인한(人閑)'과 '계화락(桂花落)'이 도대체 무슨 관계를 갖고 있는지를 알 수 없으며, 또 '야정(夜靜)'과 '춘산공(春山空)' 사이에는 어떤 연관이 있는지를 깊이 따질 필요도 없다. 모든 것이 그렇듯 조용하고 투명하여 거의 비슷하게 한 자락의 산, 하나의 돌, 한 포기의 풀과 한 그루의 나무에도 그 어떤 신비함과 항거할 수 없는 미가 함축되어 있는 듯하다. 이에 호응린(胡應麟)은 "시를 읽다 보면 세상일과 자신의 존재를 다 잊어버리고, 마음이 차분히 가라앉는다(讀之身世兩忘, 萬念皆寂)"고 하였으며, 심덕잠(沈德潛)은 "선(禪)의 말을 사용하지 않았지만 그 한마디 한마디에서 선종(禪宗)의 이치를 얻게 된다(不用禪語, 時得禪理)"고 감탄했다. 원래 이것이야말로 "시 속에 그림이 있고(詩中有畵)", "그림 속에 시가 있는(畵中有詩)" 경지이며, 또 이것이 바로 선종이 선양한 '공(空)'이고, '적(寂)'이며, '선(禪)'이다. 때문에 비록 왕유는 여러 면에서 다재다능했지만 가장 출중한 업적은 유한한 공간에서 우주의 무한함을 보여주고, 텅 빈 적막 속에서 인생의 무궁함을 받아들인 데 있으며 가장 큰 공헌은 불가의 경지를 예술의 경지로 끌어올려 선종의 사상을 예술적 정신으로 승화시킨 데 있었다.

총괄적으로 만약 유·불·도, 이 세 가지 문화적 자원의 장기적인 축적이 없었다면 세 가지 선율로 이루어진 '성당지음(盛唐之音)'이 나타날 수 없었으며, 두보와 이백, 왕유 같은 시인들의 뛰어난 시적 재능도 볼 수 없었을 것이다. 신앙 체계와 가치 관념을 잠시 제쳐놓고 논하지 않더라도 이러한 3대 문화적 자원이 이들의 창작을 통해 실현된 심미적 체현은 극히 독특한 특징을 지닌다. 창작 과정에서 볼 때, 두보가 "책 만 권을 독파하면, 신들린 듯 글을 지을 수 있네(讀書破萬卷, 下筆如有神)" (두보, 「봉증위좌승장이십이운」)라고 한 것처럼 근학(勤學)에 의지했다면, 이백은 "민첩함으로 천여 수의 시를 지었고, 한 잔의 술로 평생 떠돌아다녔네(敏捷詩千首, 飄零酒一杯)"[이백, 「불견(不見)」]라고 읊조린 것처럼 천부적인 재능에 의존했다. 왕유의 경우에는 "흥이 일어나면 매번 홀로 가노니, 아름다운 일은 혼자만 깨달을 수 있네(興來每獨往, 勝事空自知)"[왕유, 「종남별업(終南別業)」]라고 읊조린 바와 같이 뛰어난 깨달음에 의존했다.

　그리고 또 창작 결과에서 볼 때, 두보는 이른바 "내 사람됨이 타고난 좋지 않은 버릇이 있어 좋은 글귀만 탐내고, 남들을 놀라게 하는 시 짓지 못하면 죽어도 그만 못 둔다네(爲人性僻耽佳句, 語不驚人死不休)"[두보, 「강상치수여해세료단술(江上值水如海勢聊短述)」]라고 읊조린 것과 같이 노리(老吏)가 형사 사건을 재판하고, 포정(庖丁)이 소를 해부하듯 여유롭게 식은 죽 먹기 식의 법도를 벗어나지 않은 뛰어난 솜씨로 시를 다루었다. 이와 달리 이백의 경우에는 황하의 둑이 터져 홍수가 범람한 것처럼 금방 터지자 미처 수습할 수 없는 것과 같은, 이른바 "붓을 대자 비바람이 일고, 시가 이루어지자 귀신도 감동되어 흐느끼네(筆落驚風雨, 詩成泣鬼神)"[두보, 「기이십이백이십운(寄李十二白二十韻)」]라고 한 것과 같이 격정이 매우 뛰어났다. 하지만 왕유는 "불법으로 마음의 번뇌를 다스릴 수 있고, 도가(道家)의 이치는 노자(老子)에게 물어야 하네(白法調狂象, 玄言問老龍)"[왕유, 「여습유흔배수재적견과추야대우지작(黎拾遺昕裴秀才迪見過秋夜對雨之作)」]라고 읊조린 바와 같이, 날씨가 갠 후의 구름과 보슬비, 오래된 못과 그윽한 개울물처럼 독자들로 하여금 원기와 마음의 안정과 평화로움을 느끼게 하는 경지가 뛰어났다.

　그리고 미학석 품격에서 볼 때, 두보의 시가 삼라만상을 망라한 인간 세계를 한두 마디의 함축된 말에 담고 얼기설기 복잡하게 얽힌 감정을 조리 있게 표현했다면 이백의 시는 사소한 일은 거창하게, 은폐된 감정은 파다하게 다루는 과장적인 기법이 뛰어났다. 왕유의 시는 은폐되고 함축적이어서 두보의 시와 같은 웅장한 기백이 없고 이백의 시와 같은 호방표일(豪放飄逸)함도 없는 독자들에게 상상의 공간과 음미의 여지를 남겨주는 담담한 필치였다. 요컨대 두보의 시는 외계의 사물과 현상에 주력했고, 이백의 시는 자아적인 감정에 몰입되어 있으며, 왕유의 시는 '무아지경'의 경지에 도달했다고 볼 수 있다. 적절치 못한 비유지만 두보의 시가 오래 묵은 향기 짙은 술이라면 이백의 시는 순식간에 정신이 번쩍 들게 하는 '이가두주'와 같은 독한 술이다. 그렇다면 왕유의 시는 어떨까? 아마 무색무미하고 맑고 투명한 동시에 영양소가 풍부한 한 잔의 약수와 같이 나름의 명성을 떨쳤을 것이다.

만약 유·불·도, 이 세 가지 문화의 자양분과 침투가 없었다면 당나라 시단에는 결코 두보·이백·왕유와 같은 풍격이 판이하면서도 출중한 시적 재능을 뽐내는 대시인들이 나타나지 못했을 것이다. 그들의 존재는 성당(盛唐) 시기의 경제적 기초와 정치적 정치적 환경에 힘입었을 뿐만 아니라 그 시기 특유의 문화적 생태에 힘입었던 것이다.

부 록

불가와 불교

본고의 집필 과정에서 우리는 자주 '연기설'과 '불성론' 등 불학(佛學) 내부의 모순에 곤혹을 느꼈지만 끝까지 해결의 방도를 찾지 못했다. 나중에 우리는 '유가'와 '유교', '도가'와 '도교'의 관계와 마찬가지로 불학 내부에도 사실 불가와 불교의 차이점이 존재한다는 것을 발견했다. 인생의 참뜻을 깨친(覺悟者) 석가모니는 '연기론'으로 만물 주체의 '자성(自性)'을 분석하였으며, 바라문교의 베다 천계와 카스트 제도에 반항하는 동시에 공·환·적·멸의 경계에 진입함으로써 영혼과 기탁, 우상이 없는 비관주의 철학 – 불가를 형성했다.

　　그러나 석가모니가 바라문교의 영향에서 완전히 벗어나지 못한 원인과 그 뒤의 신봉자들이 신도 유치와 교리 전파의 목적으로 불가의 철리(哲理)와 바라문교의 영혼 윤회, 극락세계, 우상 숭배 등 사상들을 혼합하여 일종의 영혼과 기탁, 우상이 있는 종교 – 불교를 형성하였다. 불가와 불교 사이의 연계와 구별을 천명하는 것은 전반적인 불학 운동의 발전 과정을 이해하는 데 유리할 뿐만 아니라 불타의 누아론과 불교 윤회 주체의 모순, 불타 열반론과 불교 극락세계의 모순, 불타 무신론과 불교 유신 숭배의 모순 등을 밝히는 데도 도움이 된다.

　　불학의 기원으로부터 2,500여 년이 흐른 오늘까지도 사람들은 불학이 종교인가 아니면 철학인가에 대한 문제에서 시종 수많은 분기가 있었는데 대체로 아래와 같은 네 가지 관점으로 나누어볼 수 있다.

　　첫 번째 관점은 불학이 일종의 순수한 종교 신앙으로서 사람들이 불타 교리에 대한 숭배와 긍정에서 비롯된 심신의 귀의이며 특정된 종교 의식과 종교 활동 중에 구현된다는 것이다. 이런 관점은 대단히 성행하였는바, 『중국대백과전서(中國大百科全書)』는 명확하게 불교는 '기독교, 이슬람교와 어깨를 나란히 하는 3대 종교 중 하나다'라고 규정하였다.[1]

두 번째 관점은 불학이 불교가 아니라 일종의 인생 지혜와 철학으로서, 장타이옌이 언급한 바와 같이 "불법은 본래 종교가 아니라 [……] 일체 대승의 목적은 단지 고정적인 사유 형식이 미지의 사물과 지식을 인식하는 데 장애가 되지 않도록 끊어버림으로써 모든 지혜로운 자가 되는 것뿐으로 분명히 지혜로운 자가 되기를 원하는 뜻에서이지 결코 하나의 종교를 건립하여 사람들로 하여금 그것을 신앙하게 하려는 것은 아니었다."[2] 세르게이 토카레프도 "얼마 되지 않아 이른바 불교 세계관은 종교 체계라기보다는 차라리 철학, 즉 윤리적 체계라고 하는 것이 나을 것이다"[3]라고 인정하였다.

세 번째 관점은 불학이 "종교이면서 철학이라는 것이다." 바로 팡뚱메이(方東美)가 주장하는 바와 같이 불교는 진·선·미·성(眞·善·美·聖)의 경지를 빌려 인간의 영혼을 위로해줄 뿐만 아니라 하나의 독립적인 세계관과 방법론이기도 하다. 때문에 종교적인 시각에서 신앙할 수도 있고 철학적 입장에서 이해할 수도 있다는 것이다.[4]

네 번째 관점은 불학이 "종교도 아니고 철학도 아닌 것"으로 마땅히 종교와 철학의 틀에서 분리되어 나와야 하며, 하나의 독특한 문화체로 인식해야 한다는 것이다.[5]

---

1) 『中國大百科全書·宗敎卷』(中國大百科全書出版社, 1988), 116면.
2) 章太炎, 「論佛法與宗敎·哲學以及現實之關係」, 黃夏年 주편, 『章太炎集·楊度集』 (中國社會科學出版社, 1995), 6~7면.
3) 세르게이 토카레프, 『世界各民族歷史上的宗敎』(中國社會科學出版社, 1985), 508~509면.
4) 方東美, 『華嚴宗哲學』 상권(台灣黎明文化事業公司, 1981), 2면.
5) 歐陽竟無, 「佛法非宗敎非哲學」, 黃夏年 주편, 『歐陽竟無集』(中國社會科學出版社, 1995).

대체적으로 위의 관점들은 각자 나름대로의 이론을 갖고 있지만 자세히 살펴보면 이러한 분기는 불학 자체 문헌의 다양성에서 비롯된 것일 뿐만 아니라, 불학의 전파와 변화 발전 과정의 복잡성에서 기인된 것이기도 하다. 이와 같은 분기의 원인을 규명하는 방법 중 하나가 바로 '불가'와 '불교' 이 두 가지 개념을 구분하여 전자를 철학으로, 후자를 종교로 인식함과 동시에 시간 순서와 교리 내포 영역에서의 양자 간 가구별성(可區別性)과 가연계성(可連繫性)을 진일보 해명하는 것이다.

제1절 '무아'의 주체성 해체에서 '윤회'의 주체성 회귀로

사회 역사적인 시각에서 볼 때, 고대 인도에서 출현한 불학은 결코 우연이 아니었다. 당시 사문사조(沙門思潮)의 중요한 조성 부분이었던 불학의 탄생은 곧 당시 성행하던 바라문교에 대한 반역이었다.

현대 언어문자학자와 체질인류학자의 연구 성과에 따르면, 오늘날 인도 아대륙 거주민은 순 원시 원주민의 후대가 아니라 아리안 침입자와 원주민의 혼혈 후예라고 한다. "대략 기원진 3000~1500년경에 백색 피부를 가진 아리안인들은 아대륙의 원주민인 피부가 검은 드라비다인을 정복했다. 초기에 침입한 아리안인은 주로 젊은 남자들이었는데 그들은 피정복자 중에서 아내를 맞았으며 태어난 딸은 오직 아리안인에게만 시집보냈다. 이리하여 비록 혼혈이 이루어졌지만 정복자 아리안인들은 여전히 혈통에 대한 자부심을 갖고 있었다. 그러다 집단 내 여성의 수가 결혼을 만족시킬 수 있게 되자 더 이상의 혼혈을 방지하기 위해 원주민 여성을 아내로 맞는 것을 금지시키고 본 집단 내부에서만 통혼을 허락했는데 이로써 카스트가 출현했다."[6] 그리하여 고대의 인도인들은 카스트

제도에 적응하는 일종의 사회의식 형태로서의 특수한 종교를 창조하게
되었다.

바라문교의 교리에 따르면, 절대적이고 초험적인 '범(梵)'은 우주의 궁
극적 본체다. '범'은 아무런 구체적인 형식을 갖고 있지 않으며 추상적인
개념으로도 표현이 불가능한바, 오로지 인간의 영혼(아트만)과만 소통할
뿐이라고 한다. 하지만 인간의 영혼과 '범'은 등거리가 아니라 카스트의
고귀함과 비천함에 정비례한다. '범아일여(梵我一如)'의 인생 경지에 이
르기 위해 사람들은 오직 바라문교의 교리에 순응해야만 '업보윤회(業報
輪回)'의 생사 교체에서 영혼의 조도(祖道, 인간의 지위)와 함께 카스트
의 상승을 이룰 수 있다는 것이다. 즉 '바이샤'로부터 '크샤트리아'로,
'크샤트리아'로부터 '브라만'으로의 환생과 심지어 '조도'로부터 '천도
(天道, 신의 지위)'로의 상승을 이룰 수 있으나 반대로 사람들이 신명을
모독하고 카스트의 의무에 위배될 경우에는 그 영혼이 생사 교체 과정에
서 날로 암담해져 '브라만'으로부터 '크샤트리아'로, '크샤트리아'로부터
'바이샤'로, 또다시 '바이샤'로부터 '수드라'로, 결국은 고양이나 개로까
지 변하여 '조도'에서 '수도(獸道)'로 전락한다는 것이다.

독자적인 특색을 갖춘 의식 형태로서의 바라문교는 비록 통치 계급이
현존 질서를 유지하는 데 일조했지만 베다 천계, 제사 만능, 브라만 지상
의 사상은 오히려 심각한 미신, 엄청난 낭비와 사회의 불평등을 초래했
다. 브라만 계급은 종교 사무와 문화 지식을 독점하는 특권 지위에 있었
을 뿐만 아니라 각종 보시, 부세 면제, 중대 범죄 사면 등을 처리하는
특권을 향수하고 있었으며 심지어 신성불가침의 숭고한 지위에까지 추
대되어 '인간 세상의 신'으로 불렸다. 그러나 바라문교 교리의 각종 등
급 제도와 번문욕례(繁文縟禮)는 사람들 간의 정상적인 교제를 제한했

---

6) 尙會鵬, 『種姓與印度教社會』(北京大學出版社, 2001), 17면.

으며 부동한 사회 계층 사이에 장벽을 겹겹이 세워 사회의 분열 경향을 격화시켰다. 기원전 6세기에 이르러 카스트 혈통론(血統論)과 신이 사성(四姓)을 창조했다는 설을 반대하는 초기 불교가 바라문교의 영향이 상대적으로 미약하고 도시 경제가 가장 발달한 갠지스 강 중·하류 지역에서 점차 형성되었다.

정치학의 시각에서 볼 때, 바라문교가 의식 형태를 지배하는 승려 귀족의 이익을 대표했다면 불교는 행정 대권을 장악한 세속 귀족들의 이익을 대표했다고 할 수 있다. "당시 정치 경제의 변화는 사회 계급 역량의 대비의 변화를 가져왔고, 결국 카스트 제도에 변화가 생기게 되었다. 국가 권력의 강화로 경제 및 행정 대권을 장악한 세속 귀족 크샤트리아의 세력이 날로 커졌다. 이는 크샤트리아의 시대로서 크샤트리아의 힘은 이미 브라만을 초월했다. 불교의 창시자인 석가모니와 자이나교의 창시자 대웅(大雄)도 모두 크샤트리아 출신이었다."[7]

실상 '범아일여'와 '삼도윤회(三道輪回)'의 기본적 가설 외에 바라문 교리는 엄밀하고 자체 고유의 타당성을 갖고 있었으며, 자체적 모순도 없었다. 그러므로 종교 철학적 시각에서 볼 때, 불교가 바라문교의 통치적 지위를 동요시키려면 반드시 그 근본적인 이론적 가설인 '범아일여'에 대한 전복으로 시작해야 했는데 이로써 '연기설'이 탄생하게 되었다. "연기 혹은 연생(緣生) 사상은 불교 경론 곳곳에서 그 흔적을 찾아볼 수 있었는데 불교의 철학 이론뿐만 아니라 불교의 사회 실천에 대한 그의 영향은 누구도 비교할 수 없을 정도로 지대했다. 그리하여 일부 학자는 불교 사상의 특색을 '연기'설이라고 귀결하기도 했다."[8] 이른바 연기설의 정신적 본질은 세상 만물이 모두 조건을 가지고 서로 의존하고 있음을 강조한다. "이것이 있으면 저것이 있고, 이것이 생기면 저것이 생기

---

7) 앞의 책, 62면.
8) 杜繼文, 『漢譯佛敎經典哲學』 상권(江蘇人民出版社, 2008), 19~20면.

며, 이것이 없으면 저것도 없고, 이것이 없어지면 저것도 없어진다(此有 則彼有, 此生則彼生, 此無則彼無, 此滅則彼滅)."[9] 그러므로 우연적이 고 일시적이며, '자성'이 없다는 것이다.

인간을 예로 들면 바로 '오온(色蘊·受蘊·想蘊·行蘊·識蘊)'이 화합한 존재물로서 이 중 어느 하나도 혼자서는 생명의 존재를 이룰 수도 적재할 수도 없다는 것이다. 그리하여 결국 바라문교가 우주 본체로 추앙하던 '범 (梵)'과 영혼으로 인식되던 '아트만' 그리고 바라문교의 이론적 기초이던 '범아일여'는 그 존재 근거를 모두 잃게 되었다. 이런 의의에서 보면 연기 설은 불교가 바라문교를 향해 내던진 중형 폭탄임이 틀림없었다.

기왕 세상 만물이 모두 여러 가지 조건이 화합하여 생긴 것이고, 생명 의 매 순간마다 우연히 일치한 결과라면 인간은 생전에 그 어떤 천지신명 의 지배는 물론이고 사후에도 영혼의 지배를 전혀 받지 않는다는 '연기성 공(緣起性空)' 사상은 다소 '유물주의'의 색채를 띠고 있었다. 이로써 불 타는 하나의 종교로 다른 종교를 대체한 것이 아니라 철학으로 미신을 대 체한 것이다. 다시 말해 석가모니는 사람들에게 신령 숭배나 교리 신봉을 강요한 것이 아니라 자신이 보리수 아래에서 깨달은 우주 인생의 철리를 대중에게 전해주어 그들이 유한 생명에 대한 애착과 자아 개체로의 집착 을 버리고 이고득락(離苦得樂)의 최고 경지로 진입하도록 한 것이다.

만약 불학이 여기서 발전을 멈추었다면 단지 일종의 철학이었을 뿐 분명히 종교는 아니었으며 '불교'라기보다 오히려 '불가'라고 하는 게 더 합당했을 것이다. 더 중요한 것은 만약 불학이 이 정도에만 머물러 있었더라면 아무런 모순도 없었으리라는 것이다. 비록 그 독자적인 특색 을 가진 세계관이 비관적이고 절망적이지만 오히려 치밀하면서도 세밀 했기 때문에 자신의 설법을 완벽하게 변호할 수 있었던 것이다.

---

9)「雜阿含經」권 12, 다카쿠스 준지로 등 편저,『大正新修大藏經』제2권(日本大正 一切經刊行會, 1934), 85면.

그러나 비관적이고 절망적인 철학으로 대단한 유혹을 지닌 종교를 거부한다는 것은 이론적으로는 가능할지 몰라도 현실적으로는 불가능했다. 더욱이 역사 깊은 바라문교 전통을 갖고 있는 인도 사회의 대중들에게는 더욱 그랬다. 불교는 '연기설'로 바라문교의 범아일여와 관련된 이론 가설을 해체했지만 더 이상 업보윤회의 이론적 가설을 전복하지 못하고 단지 두 개 영역에서의 개선을 진행했을 뿐이었다. 이는 아마 전술적인 차원에서 고려했을 것으로 추정된다. 내용 면에서 불교는 '영혼 불멸'의 기초 위에 건립된 바라문교의 윤회 사상을 '업력설(業力說)'을 그 이론적 지점으로 삼는 것으로 고쳐 사람의 운명을 자기의 신(身), 구(口), 의(意) 이 3업에 의해 결정되므로 유정중생(有情衆生)과 유전윤회(流轉輪回)의 원인을 자신의 업력에 귀결시켜야 함을 지적했다. 이른바 『잡아함경』에서 말했듯이 "유정(有情)은 업(業)을 본체로 업을 위해 잇따르는 것이다. 업을 모태와 가족으로 하고 업을 위해 행하는 것이다. 무릇 위아래 모든 구별은 다 업을 위해 분배된다(有情以業爲自體, 爲業之相繼者. 以業爲母胎, 以業爲眷屬, 以業爲所爲者. 凡此上下一切之區別, 均爲業所分配)",[10] "세상은 업에 의해 돌아가며 유정도 업에 의해 돌아간다. 유정은 업을 위해 얽혀 있어 마치 수레가 축을 따라 움직이는 것과 같고(世間依業而轉. 有情依業而轉. 有情爲業所纏, 猶如車之依軸而行)",[11] "그 중생들은 자기들이 행하는 업이 있기 때문에, 업에 따라 여러 가지 응보를 받는다. 즉 업을 인연하고 업에 의지하여, 업의 보응을 얻게 되는고로 중생들은 업의 높고 낮음에 따라 그 미묘한 처지와 미묘하지 못한 처지를 얻게 된다(彼衆生者, 因自行業, 因業得報. 緣業·依業·業處, 衆生隨其高下處妙不妙)."[12]

---

10) 木村賢泰, 『原始佛敎思想論』, 歐陽瀚存 역(商務印書館, 1932), 제2편 제4장에서 파리문(巴利文) 『잡아함경』의 문구를 인용했음.

11) 위의 책 참고.

비록 이런 변화는 '범(梵)'의 조물주 지위를 부정하고 인간의 능동성을 강조하는 데 적극적인 의의를 갖고 있었지만 앞으로는 '영혼'을 몰아내고 뒤로는 '업력(業力)'을 받아들임으로써 '무아'의 주체와 '업력'의 윤회 사이의 모순에 빠지게 되었다. 형식상으로 불교는 바라문교의 천도·조도·수도와 관련된 '삼도윤회(三道輪回)'를 '육도윤회(六道輪回)', 즉 천도·아수라도·인도·축생도·아귀도·지옥도로 바꾸었다.

우리가 알다시피 바라문교에서 브라만·크샤트리아·바이샤 등 3대 계급은 '재생족(再生族)'으로 그들은 독경·제사·수행·윤회를 통해 천도의 지위까지 올라 '범(梵)'과 결합한다. 하지만 카스트 제도의 최하위인 수드라는 종교 사무에 참여하여 정신적 생명을 얻을 권력이 없는 '일생족(一生族)'으로 삼도윤회에서도 기타 계급과 동등한 기회를 얻을 수 없었다. 그러나 불타는 사성(四姓)의 차이를 무시하고 중생 평등을 제창하는 등 '육도윤회' 중에서 누구나 모두 동등한 기회를 가진다고 인정했다. 『장아함경(長阿含經)』에 이르기를 "바실타(婆悉吒)야, 너는 알아라. 지금 나의 제자들이 계급이 다르고 출신이 다르지만 나의 법문 중에서 출가 수도하고 있다. 그러니 누가 너에게 '어느 계급의 씨냐?'고 물으면 '나는 불가의 씨입니다'라고 대답하라(婆悉吒, 汝今當知, 今我弟子種姓不同, 所出各異, 於我法中出家修道, 若有人問: 汝誰種姓? 當答彼言: 我是沙門釋種子也)"[13]라고 했다. 『잡아함경』에는 "대왕님, 만약 네 계급이 모두 평등하면 어떤 차이가 있습니까? 대왕은 아서야 합니다. 네 계급은 모두 평등하고 차이가 없습니다. […] 때문에 대왕님은 네 가지 계급이란 오직 세간에서 말하는 차이라는 것을 알아야 합니다. 그러

---

12) 「中阿含經」권 44, 다카쿠스 준지로 등 편저, 『大正新修大藏經』제1권(日本大正一切經刊行會, 1934), 704면.

13) 「長阿含經」권 6, 다카쿠스 준지로 등 편저, 『大正新修大藏經』제1권(日本大正一切經刊行會, 1934), 37면 上.

나 업(業)에 따르면 진실은 차별이 없습니다(複問: 大王, 如是四姓悉皆
平等, 有何差別? 當知大王, 四種姓者皆悉平等, 無有勝如差別之異.
[……] 是故大王當知, 四姓, 世間言說爲差別耳, 乃至依業, 眞實無差
別也)"14)라는 기록이 있다. 이러한 개조는 비록 사성의 특권을 약화시키
고 중생 평등을 제창하는 등 사회적 의의를 갖고 있었지만 학문적 원리
나 법칙의 이론에서 볼 때, '삼도윤회'를 '육도윤회'로 변화시키는 이러
한 수법은 사실상 본질적인 구별이 없었다.

전략적인 고려 외에 불타의 '업보윤회' 문제에 대한 타협은 아마 그
자신의 지식 배경과도 연관이 있다. 석가모니는 '각오(覺悟)' 전에 바라
문교를 수업한 바 있어 바라문교의 교리에 상당히 익숙했으며 오랫동안
바라문교 사상에 빠져 있었기 때문에 바라문교에 대한 비판과 동시에 불
가피하게 많든 적든 이왕 사상의 일부 흔적을 보류하게 되었던 것이다.
하지만 홍보 차원에서의 전략적 고려였든 지식 배경의 침수(沈水) 영향
이었든 간에 불학의 이러한 타협은 철학으로 하여금 종교로 탈바꿈하게
했을 뿐만 아니라 불교 자체도 해결하기 어려운 모순으로 충만하게 했
다. 연기설에 의해 해체된 영혼이 또 어떻게 하면 '육도윤회'의 주체적
직위를 감당할 수 있을까?

우선 이 패러독스에 곤혹을 느낀 것은 불문 제사들이었다. 『중아함경
(中阿含經)』 제62경에 따르면 불타가 현존했을 때 한 제자가 이러한 곤
혹을 제기했다고 한다. 즉 "내가 없으면 누가 살꼬? 또 누가 고락을 받을
꼬?(若無我, 誰活? 誰受苦, 樂?)"15)라는 질문을 했을 뿐만 아니라 『잡아
함경』 제58경에서는 더욱이 "내가 없고 내가 업을 행하지 않으면 내세

---

14) 「雜阿含經」 권 20, 다카쿠스 준지로 등 편저, 『大正新修大藏經』 제2권(日本大正
一切經刊行會, 1934), 142면 中.

15) 「中阿含經」 권 11, 다카쿠스 준지로 등 편저, 『大正新修大藏經』 제1권(日本大正
一切經刊行會, 1934), 498면.

에 누가 업보를 받을꼬?(若無我者, 作無我業, 於未來世誰當受報?)"16)
라는 질문을 제기했다고 한다. 뒤이어 당시 인도의 외도(外道)에서도 불
교의 '무아(無我)'론에 반론을 들고 나오기 시작하였는바, "만일 자아가
실제로 없다면 왜 업을 만드는가?(若我實無, 爲何造業?)", "내 본체가
없다면 누구의 아집인가?(若無我體, 誰之我執?)", "내 몸체가 없다면 누
구에게 고락이 있겠는가?(我體若無, 誰有苦樂?)", "만일 자아가 실제로
없다면, 누가 업을 짓고, 누가 과를 받는가?(若我實無, 誰能作業, 誰能
受果?)"17)라는 등의 질의를 제기했다.

   '연기설'의 관점에 따르면 세상 만물은 여러 가지 요인이 우연히 일치
한 결과이기 때문에 '자성(自性)'을 갖고 있지 않다고 한다. '자성'이 없
는데 윤회가 웬 말인가? 지혜가 뛰어난 불타로서는 당연히 그 모순을 모
를 리 없었기에 '유아(有我)'와 '무아(無我)' 등 문제에서는 애매모호한
태도를 취할 수밖에 없었다. 불교 원전에 따르면 보행 승려가 불타에게
도대체 '유아'냐 '무아'냐고 가르침을 청하자 석가세존은 묵묵히 답하지
않았다고 한다. 나중에 아난다가 불타에게 어찌하여 해답을 주지 않았냐
고 묻자 불타가 대답하기를 "만약 '유아'라고 답한다면 이왕의 '상주론
(常住論)'과 다를 바 없고 '무아'라고 답한다면 허무단멸에 이를까 봐 걱
정된다"18)고 하였다 한다. 불타는 "무아는 아주 깊은 곳에서 보기 어렵
고 알기 어려워서 오로지 깊이 비추어야 하며 미묘하기 그지없어 총명과
지혜로 풀어나가야 하기에 속세의 중생들은 알아낼 길이 없다"19)고 인

---

16) 「雜阿含經」 권 2, 다카쿠스 준지로 등 편저, 『大正新修大藏經』 제2권(日本大正一
   切經刊行會, 1934), 15면.
17) 「阿毗達磨俱舍論」 권 30, 다카쿠스 준지로 등 편저, 『大正新修大藏經』 제29권(日
   本大正一切經刊行會, 1934), 158면 中.
18) 「俱舍論疏」 권 30, 다카쿠스 준지로 등 편저, 『大正新修大藏經』 제41권(日本大正
   一切經刊行會, 1934), 808면 上.
19) 「雜阿含經」 권 5, 다카쿠스 준지로 등 편저, 『大正新修大藏經』 제2권(日本大正一

정했다. 그리하여 제자가 '사후불멸(死後不滅)'과 '윤회주체(輪回主體)'
와 관련된 문제를 물을 때면 그는 늘 입을 닫고 답하지 않았다. 간혹 제
자가 자기 견해를 내놓으면 훈계를 받기까지 했는데 불타로서도 이 문제
에 대해서는 상당히 은밀하게 숨기고 있었음을 알 수 있다.

하지만 이 문제는 '함구불언'이나 '깊이 감추는 것'으로 해결할 수 있
는 문제가 아니었다. 그리하여 부파 불교(部派佛敎)로부터 시작하여 불
타의 많은 제자들이 이 문제의 해결에 진력했으며 변형된 '아(我)' 혹은
'영혼'의 존재를 찾아 '무아'와 '윤회'가 모순 중에서 통일을 이룰 수 있
도록 적극적으로 방법을 강구했다.

소승 상좌계의 독자부(犢子部)는 솔선하여 '불가설(不可說)의 푸드갈
라(pudgala)'를 제기했다. 그들은 "만약 푸드갈라의 유무를 결정하면 누
구를 위해 생사를 유전하겠는가? 생사가 스스로 유전되어서는 안 된다
(若定無有補特伽羅[我], 爲誰說流轉生死? 不應生死自流轉故)"[20]고 여
겼다. 여기서 푸드갈라는 변상 주체의 '아(我)'를 가리키는 것으로 후에
법상종의 '아뢰야식(阿賴耶識)' 제기에 이론적 기초를 정립해주었다. 독
자부가 솔선하여 제기한 '불가설의 푸드갈라'에 이어 경량부(經量部)도
'승의(勝義) 푸드갈라'를 제기했는데 푸드갈라는 영원한 성격(體性, 천
부적인 성격)은 '일미온(一味蘊)'에 의해 구성된 것이며 이는 전생으로
부터 후세에 이르는 주체라고 인정했다. 이러한 해석은 분명히 '오온'설
의 원초적 사상을 위반한 것으로 후일의 대승 불교로부터 '누(漏)'가 있
다고 지적, 비판받기도 했다. 소승 불교의 '누(漏)'를 미봉하는 기초 위에
서 보다 더 좋은 방법으로 모순을 완화시키기 위해 용수(龍樹)를 대표로
하는 '중관학파(中觀學派)'는 '연기지유(緣起之有)'와 '자성지공(自性之

切經刊行會, 1934), 32면 上.

20) 「俱舍論疏」 권 30, 다카쿠스 준지로 등 편저, 『大正新修大藏經』 제41권(日本大正
一切經刊行會, 1934), 808면 下.

空)'의 변증적인 관점을 운용하여 해결하려고 했다. '속체(俗諦)'에서 보면 세상 만물은 확실히 '유(有)'이지만 이것은 단순히 가명에 불과하며, 즉 가설 개념을 차용하여 존재하는 것이다. 또한 '진체(眞諦)'에서 보면 세상 만물의 궁극적인 본질은 자성이 없기 때문에 '공(空)'이라고 할 수 있다는 것이다. 용수는 '유(有)'와 '공(空)'에 집착하지 않고, 혹은 '유'로써 '공'을 관찰하고 '공'으로 '유'를 해석해야만 만물의 실상을 파헤칠 수 있다고 여겼다. 분명한 것은 궤변론 색채를 띤 용수의 이런 학설은 모든 사람들에게 만족할 만한 해답을 주지 못했으며 불교가 유식종으로 발전했을 때, 여전히 오온의 하나인 '식온(識蘊)'에서 육체적 존재를 초월하는 정신적 근거를 찾으려는 사람이 있었던 것이다. 그리하여 안식·이식·비식·설식·신식·의식을 포함한 '육식(六識)' 외에 제7식 '말나식(末那識)'과 제8식인 '아뢰야식(阿賴耶識)'이 추가되었다. 그리고 그들은 사람이 죽은 후, 앞의 7식은 곧바로 모두 쇠망하지만 유독 제8식은 여전히 존재하며 인간이 일생 동안 이룬 모든 선업(善業)과 악보(惡報)는 모두 아뢰야식에 보존되며, 인간이 죽은 뒤에도 아뢰야식은 쇠망하지 않으며 계속해서 윤회의 주체가 된다고 여겼다.

하지만 이런 이론 자체는 모순점을 갖고 있는바, 불교의 '오온' 집합설에 따르면 주체 중의 어떤 요인이 사라지면 기타 요인도 따라서 존재하지 않는다고 했는데 제8식만 존재하는 이유는 무엇일까? 설령 인간이 죽은 후에 아뢰야식이 존재한다 해도 어찌 단독으로 기타 만물 사이의 인연 관계를 결정할 수 있단 말인가? 이러한 수많은 모순이 오늘날까지도 해결되지 못하고 있다. 하지만 이 과정에서 "인도 불교의 각 파는 언제나 천방백계로 각종 굴곡적이고 불분명하며 신비한 설법으로 윤회보응(輪回報應)의 담당자를 독립, 불멸의 실체로 보는 것을 극력 피하면서 도리어 비실체적이고 무실체적인 의식 활동 혹은 행위 작용 등으로 묘사했다."21) 이처럼 철학과 종교, 무신론과 유신론 사이에서의 진퇴유곡하고 우유부단한 태도는 불가와 불교 사이에 처한 조기 불학의 난감한 처지를 충분히 설명해주었는데 이러한 특성은 불학이 중국에 전해진 후 종교화 추세가 날로 강화됨에 따라 영혼 '실체화(實體化)' 추세도 날로 분명해졌다.

불학이 중국에 전파된 후 조상의 영혼을 중시하는 새로운 환경에서 생존하기 위해 불교도들은 신멸신존(神滅神存)의 토론 전개로 세속의 도전에 대처했으며 차차 '무아'의 이론적 기초에서 윤회를 담론하던 궤적을 이탈했는데 이로부터 주체적 '아(我)'는 끊임없이 부각되기 시작했다. 한나라 때 불교는 신속히 중국의 민간 전통인 황로도술(黃老道術)과 결합하여 영혼 불멸과 인과보응의 문제를 탐구하기 시작했다.

『후한기(後漢紀)』에는 "사람이 죽은 뒤 정신은 살아서 곧 다시 형체를 회복하고 이생에서의 선악은 모두 보응을 받는다. 고로 선을 행하고 수도하여 정신을 연마하는 것이 중요하며 무위에 달하면 불(佛)이 된다(以爲人死精神不滅, 隨複受形, 生時所行善惡皆有報應. 故所貴行善修道, 以煉精神而不已, 以致無爲, 而得爲佛也)"[22]고 했다. 이에 탕용퉁(湯用彤)은 "불교가 중국에 전해진 뒤, 경전이 널리 번역 전파되지 못하였는데 제사에서 그 법을 취했다. 그 교지는 청정무위하고 욕망을 아끼고 화려함을 내쳤는바, 이미 한나라의 황로지학과 기를 같이하였다. 스님은 재계 제사하고 점성술사는 제를 지내는 방법을 갖고 있었다. 불언이 영통하면 불멸하고 도를 신선에게서 구하면 오히려 죽는다. 상부상조하여 서로의 이익에 이롭도록 해야 한다"[23]고 여겼다.

동진과 남북조 시기의 혜원(慧遠)·종병(宗炳)·소연(蕭衍)·심약(沈約) 등 불교학자들은 분분히 글을 써서 신불멸론(神不滅論)을 지지함으로써

21) 方立天,『中國古代著名哲學家評傳』先秦兩漢(齊魯書社, 1980),『慧遠評傳』참고.
22)『後漢記』권 10, 1879년 출판한 江西蔡學蘇重刊本, 5면.
23) 湯用彤,『漢魏兩晉南北朝佛敎史』(上海書店, 1991), 77면.

인과보응의 담당자를 확보했다. 그중 혜원은 『사문불경왕자론(沙門不敬
王者論)』에서 신불멸론을 증명함으로써 윤회 이론을 위한 기초를 마련
했다. "무릇 신이란 무엇인가? 정극(精極)하고 영험한 자를 말한다. 정극
이란 괘상(卦象)의 그림이 아니다. 그런고로 성인들은 묘한 사물과 말로
표현하는데 비록 일곱 가지 지혜를 가졌다 해도 마치 그 형체를 짐작할
수 없을 것 같고 그 모양이 지극히 유치(幽致)하다(夫神者何耶? 精極而
爲靈者也. 精極則非卦象之所圖, 故聖人以妙物而爲言. 雖有七智, 猶
不能定其體狀, 窮其幽致)."[24] 이들 불교학자들이 담론했던 '신(神)'은
생명체가 살았을 때는 형체 속에 담겨 있지만 형체가 소멸된 후에는 구
체적인 존재물로 육도(六道) 중에 널리 퍼져 있다고 했는데 이는 분명히
영혼의 존재를 승인한 것이다. 그리하여 일부 학자들은 "인도에서 형체
와 신(神)을 독립적인 차원에서 연구를 진행하지 않는 이유는 연구를 진
행한다는 자체가 형체 실재성을 승인하게 되므로 절대 담론하지 않는다.
반면에 중국의 불교는 형체와 신을 한 쌍의 범주로 삼아 분석하고 있는
데 이는 실상 형체의 존재를 이미 긍정한 것으로 이해할 수 있다."[25]

　이로부터 파생된 중국 불교는 '불성' 문제에 대하여 크게 논의했다.
불타의 최초 이론에 따르면, 세상에는 영원히 불변하는 존재물이 없다고
했다. 그럼 만물이 모두 '자성'이 없다면 영원한 '불성'은 어디에서 나왔
을까? 사실상 인도 초기의 원시 불교와 부파 불교에서는 '불성'과 관련
된 담론이 드물었다. 설사 대승 불교의 중관학파와 유가행파(瑜伽行派)
가 불성을 논의했다 해도 아주 적었다. 그중 대승 불교 유가행파의 바수
반두(Vasubandhu)는 『불성론』에서 '불성'은 아래와 같은 세 가지가 있

---

24) 「沙門不敬王者論·形盡神不滅」, 石峻 등 편, 『中國佛敎思想資料選編』 제1권(中華
　　書局, 1981), 85면.
25) 陳世强, 「中國早期佛敎形神論語其它形神論之比較硏究」, 『中國哲學史硏究』(1984년
　　제4기).

는데 첫째는 범인은 본래 불성(住自性性)을 갖고 있으며, 둘째는 수행을 통해 나타나는 불성(引出性)이며, 셋째는 불과(佛果)에 이른 후 갖게 되는 불성(至得性)이다. 아울러 어떤 중생은 불성과 성불(成佛)할 가능성이 없다고 여겼다.

그러나 중관학파 이후 불교는 '진공(眞空)'에서 '묘유(妙有)'로 나아가기 시작했으며 『법화경』, 『열반경』 등은 중생이 보편적으로 갖고 있다는 불성을 선전하기 시작했다. 특히 불학이 중국에 전해온 뒤 "사람마다 성불할 수 있다"는 불학의 주장이 "사람마다 요순(堯舜)이 될 수 있다"는 중국의 전통적인 설법과 비슷했던 관계로 불교는 각 주류 종파의 영합과 발전을 이룩하게 되었던 것이다.

중국 불교 신도들은 『반야경』의 '연기성공'과 『열반경』의 '불성묘유(佛性妙有)'의 이론을 결합하고 중생의 본성으로부터 출발하여 불성을 담론했는데 "모든 중생에게는 불성이 있다"는 주장을 제기했다. 이러한 불성은 중생 성불의 내적 근거와 원인을 가리키며 중생 중에 보편적으로 존재하는 가치로서 '중생 성불의 가능성' 혹은 '성불각오(成佛覺悟)의 본성'으로 이해할 수 있다. 사실 이는 갠지스 강의 모래처럼 세기 어려운 것이었지만 곧 인간의 망념에 의해 차단되었으며 중생이 철저히 각오한다면 자체의 불성은 곧 나타난다고 했다. 비록 사회적인 의의에서 보면 이러한 '불성'설의 주장은 '중생 평등'의 관점에 이론적인 기초를 제공하여 더 광범한 신도와 신봉자들을 흡수할 수 있었지만 반면에 '사대개공(四大開空)'의 불교 철학과는 첨예한 갈등을 빚게 되었다.

제2절 무기탁의 '열반'에서 기탁의 '정토'로

비관적인 인생철학으로서의 불학은 우연의 일치로 이루어진 인생은 짧고 무상하고 황당무계하며 통제 불가능하기 때문에 고통으로 가득 찬 것이라고 했다. 불타는 "인생은 곧 고통"이라는 것에 대해 매우 상세히 기술했는바, 여기에는 '삼고(三苦)'와 '팔고(八苦)'라는 설이 있다. '삼고'는 자연의 재해와 사람으로 인한 재앙 그리고 굶주림과 추위에 시달린다는 '고고(苦苦)', 일이 한 단락 되면 조용해지고 즐거움 끝에는 슬픈 일이 생긴다는 '괴고(壞苦)'와, 세상만사의 무상과 생사이별을 의미하는 '행고(行苦)'를 포함하며 '팔고'는 생·로·병·사 네 가지 고통 외에 '애별리고(愛別離苦)', '원증회고(怨憎會苦)', '구부득고(求不得苦)', '오성음고(五陰盛苦)'를 포함한다. 한 사람의 지위가 얼마나 높든, 얼마나 많은 재부를 갖고 있든 무상한 운명에서 유한된 자아에 집착한다면 곧 고해무변(苦海無邊)의 불행에 빠지게 된다는 것이다. 그러므로 불타는 바라문교와 달리 사회 재부의 증대 및 사성(四姓) 지위의 상승이 인간에게 진정한 행복을 가져다준다고 인정하지 않았으며 '열반'의 경계로 '윤회'의 숙명을 초월하여 일종의 공·환·적·멸 상태에 진입할 것을 주장했다.

'연기설'의 관점에 따르면 기왕 세상 만물에 '자성'이 없다면 인간에게도 영혼이 없으며 인간에게 영혼이 없다면 개체도 당연히 번뇌가 없어야 한다는 것이다. 불타는 인간 세상의 모든 번뇌와 고통이 개체의 '아집(我執)'에 의해 초래되는 것으로 우주 인생 연기의 진상을 꿰뚫고 자아에 대한 집착을 포기해야만 진정한 해탈을 얻을 수 있다고 했다. 『잡아함경』에서 말한 바와 같이 "거룩한 제자는 나라는 것이 없다는 생각에 머물러 마음의 아만(我慢)을 여의고 거기에 순응해 열반을 얻는다"는 것이다. 열반의 본의는 불의 꺼짐 혹은 바람이 불어 흩어지는 상태를 뜻하는 것으로, 불교가 탄생하기 전에 이미 이런 개념이 있었다. 불교는 수행과 습득으로 최고의 이상 경지에 도달하는 것인데 여러 가지 뜻을 가지고 있다. 즉 번뇌의 업보와 인과를 제거하고 생사 고과(苦果: 과거에 지은 惡業 때문에 받는, 몸과 마을을 괴롭히는 업보)를 멸하는 것으로 생사 인과가 모두 멸하면 인간은 득도하는데 이를 멸 혹은 멸도라고 한다. 중생이 생사를 넘나드는 것은 모두 번뇌업인(煩惱業因) 탓이므로 이를 제거하면 생사 고통은 자연히 안식될 터이므로 이를 원적 혹은 해탈이라고 한다. 영원히 삼계의 생사윤회를 받지 않으면 불생(不生)이라고 하며 의혹이 끝나고 덕이 원만하면 원적(圓寂)이라고 한다. 안락과 무위에 달하고 자아의 경계를 해탈하면 열반이라고 칭한다."26)

그러므로 '각오(覺悟)'한 인생철학으로서의 초기 불교는 인간을 위해 현세의 고통에서 벗어나 내세의 기탁을 찾지 않았고 고통에서 해탈하는 이론적 종점과 수행의 경지를 '열반적정(涅槃寂靜)'에 머물게 했다. 즉 "탐욕이 영원히 사라지고 진에(瞋恚)가 영원히 사라지며 우치(愚癡)가 영원히 사라지고 일체 번뇌가 영원히 사라지는 것을 열반이라고 명명한다(貪欲永盡, 瞋恚永盡, 愚癡永盡, 一切煩惱永盡, 是名涅槃)."27) 그러므로 불가에서 말하는 열반은 단순히 육체의 쇠망으로 해석되지 말아야 하는데 사후 내세에 대한 기탁이라기보다는 현세 욕념에 대한 포기이며 개체가 자아 집착을 극복하고 도달하게 되는 지혜와 덕행을 원만히 하는 경지라고 하는 편이 훨씬 나을 것이다.

구체적으로 말하면 불타가 제기한 '열반' 사상은 주로 두 가지 형식을 갖고 있는데 그중 하나가 '유여열반', 즉 "상대를 잘라버렸으니 나타나지 못하고, 나타나지 않으니 안온낙주할 수 있으며, 안온낙주하니 열반

---

26)「雜阿含經」권 18, 다카쿠스 준지로 등 편저,『大正新修大藏經』제2권(日本大正 一切經刊行會, 1934), 126면.

27) 위의 책, 8면.

이라 부른다(彼斷已, 無所著. 不著故, 安隱樂住. 安隱樂住已, 名爲涅槃)."28) 이는 인간이 살아가면서 '아집'을 극복하고 도달해야 될 경지인데 생명을 대가로 이상적인 피안 세계를 찾는 것이 아니라 자신의 덕행과 지혜를 끌어올림으로써 만들어진 초월적 생존 상태로서 불완전하고 불철저한 해탈 방식으로 알려졌다. 두 번째는 '무여열반', 즉 "나의 생은 이미 끝이 났으니 범행(梵行)은 이미 이루었고 할 것을 다했으니 후유(後有)를 받지 않음을 스스로 안다(我生已盡, 梵行已立, 所作已作, 自知不受後有)"29)이다. 이는 개체 생명이 죽은 후 영원히 윤회를 해탈하는 자유적인 경계로서, 몸이 재가 되고 정신이 소실되어 영원히 사멸된 상태를 추구하는 과정은 여전히 소극적이고 비관주의적인 색채를 띠고 있었다.

만약 불학이 단순히 '유여열반'을 주장했다면 단지 일종의 인생철학으로 아집을 탈출하고 욕망을 버리고 번뇌에서 해탈하는 인생 경계에 머물렀을 것이다. 설령 '무여열반'을 주장했다 해도 엄격한 의미에서의 종교라고 할 수 없었을 것이다. 왜냐하면 석가모니는 피안 세계에 대한 미묘하고 허망한 약속으로 현세에서의 고단하고 번뇌적인 인생을 교환하려 한 것이 아니라 생사윤회를 초월하고 무한한 번뇌에서 해탈하는 데 희망을 두었기 때문이다. "'열반'은 음역으로 '니원(泥洹)', 의역하면 '멸', '적멸', '멸도' 등으로 해석할 수 있는데 불교에서는 흔히 부정적인 개념으로 사용하고 있다. 무릇 긍정적인 규정에 쓰이는 것이라면 불교의 일부 특수 경서와 특수 교파의 관점에만 사용할 수 있었다."30) 하지만 '무여열반'은 필경 생전의 수행을 조건으로 사후 상태를 위해 출로를 찾

---

28) 「雜阿含經」권 18, 다카쿠스 준지로 등 편저, 『大正新修大藏經』제2권(日本大正一切經刊行會, 1934), 203면.

29) 杜繼文, 『漢譯佛敎經典哲學』상권(江蘇人民出版社, 2008), 64면.

30) 위의 책, 13면.

았기 때문에 이는 곧 이후의 '서천정토(西天淨土)', '극락세계'에 복선을 깔아두었다. 이론적인 근원에서 보면 불타의 열반 학설은 인도 바라문교의 '해탈' 이론을 답습한 것으로서 바라문교 초기 사상에도 현실 세계는 고통스러운 것이고 베다 천계, 제사 만능, 브라만 지상의 종교 법칙을 엄수해야만 삼도의 윤회 중에서 부단히 상승하여 최종 해탈을 얻어 '범아일여'의 경계에 이를 수 있다고 주장했다. "글자의 뜻으로 보면 '범'은 '청정, 이욕'을 뜻하는 것"으로서 마찬가지로 금욕주의 색채를 띠고 있다.『광림오의서』에서는 "우주의 원리(진리)를 인식한 사람은 천계에 곧추 올라가 해탈에 이를 수 있다(認識梵者, 直升天界, 達到解脫)"[31]고 했다. 이 설은 탄생 역사가 유구하고 영향력이 지대하였는바, 내용 면에서는 출세와 소극적인 무위를 주장하였으므로 불타에 의해 계승되고 발전되었다. 그러나 바라문교의 해탈 이론과 비교할 때, 불교의 열반 사상은 더욱 비관적이고 철저하였고 견결하였으며, 그가 강조한 것은 현세 고난에 대한 이해와 해탈이었지 결코 내세 행복에 대한 기탁과 동경이 아니었다.

하지만 이런 비관적이고 절망적인 인생철학은 바라문교와 비교할 때 오히려 대중들의 욕구를 만족시키기가 더 어려웠다. 알다시피 종교의 특징 중 하나가 현세의 신앙으로 내세의 구원을 얻는 것이다. 따라서 어떤 방법으로 불가 자체의 철학을 이용하여 대중들을 설득하느냐는 그가 제시한 이상 사회가 민중들의 욕구를 만족시킬 수 있는지, 아울러 이상적인 세계로 통하는 길이 어느 정도 편리하고 신뢰성이 있는지에 의해 결정되었다. 막스 베버(Max Weber)가 말한 바와 같이 "속인에게 있어 종교적 이해관계는 포교의 이유로 고려하지 않을 수 없다. 속인은 결코 열반을 추구하지 않을 뿐만 아니라 불타처럼 오로지 자아 구원에만 멈추는

---

31)『廣林奧義書』4장 4윤 8절.

모범형 선지(先知)에도 만족할 수 없었다. 그들은 단지 현생의 고난을 해결해주는 자와 내세의 극락세계를 희망했을 뿐이었다."[32] 그리하여 세인의 종교 이상과 불학의 원시적 교리 사이에 모순이 발생했을 경우, 불학의 광범한 전파와 신자 쟁취의 공리적인 목적을 실현하기 위해 불가는 자기에 대한 비판과 개조를 시작하게 되었다. 대승 불교에서는 소승 불교가 개인의 이고득락(離苦得樂)만을 위하고 중생의 해탈을 추구하지 않는 '열반박(涅槃縛)'이라며 비판하고 반박했다.

대승 불교는 더 많은 신도들을 흡인하기 위한 목적으로 불법무변(佛法無邊)과 보도중생(普道衆生)을 주장했을 뿐만 아니라 광대한 신자들을 위해 내세를 기탁할 수 있는 이상적인 처소를 찾기 시작했는데, 그 결과 정토종이 고취하는 '서방정토', '극락세계' 등 내세 신앙으로 초기 불학의 열반 사상을 대체하는 중요한 변화가 일어났던 것이다.

정토종은 가장 세속화된 불교 종파 중 하나로, 그 경전인 『불설아미타경(佛說阿彌陀經)』에서는 서방정토 세계를 실체화하여 서방을 그 공간으로 정했는데 "10만억 불토를 넘으면 극락이라는 세계가 있다(過十萬億佛土, 有世界名曰極樂)"[33]고 했다. 그중 호를 아미타라고 하는 불(佛)이 있었는데 "그 나라 중생은 고통이 있는 자가 없고 온갖 즐거움을 누리므로 극락이라고 이름했다(其國衆生, 無有衆苦, 但受諸樂, 故名極樂)"[34]고 했다. 정토 세계에 대한 이런 경전적인 묘사는 민중을 매료시켜 그들로 하여금 내세의 행복을 위해 기꺼이 현세에서 기도와 보시, 속죄 등을 하게 했다. 그와 동시에 불학도 철학적 주장, 인생 태도로부터 철저히 종교적 신앙으로 탈바꿈하게 되었다.

---

32) 馬克思·韋伯, 『印度的宗敎: 印度敎與佛敎』 제2권(台灣源流出版事業公司, 1996), 400면.

33) 「佛說阿彌陀經」, 다카쿠스 준지로 등 편저, 『大正新修大藏經』 제12권(日本大正一切經刊行會, 1934), 346면.

34) 위의 책, 같은 면.

불교에서 극락세계를 서방(西方)에 정한 이유는 단순히 불학의 발상 지로서가 아니었다. 다시 말하면 서방 세계와 사바(娑婆) 현세 사이의 거리는 단지 물리상의 공간 개념만이 아니라 속세를 초월한 신성함을 불 러일으키기 위한 것이었으므로 『무량수경(無量壽經)』과 『아미타경(阿 彌陀經)』에서는 모두 '10만억 찰(十萬億刹)'로 표시했다. 불교가 중국에 전파됨에 따라 극락세계에 대한 미묘한 도경(圖景)은 날로 뚜렷하게 묘 사되었고 사람들이 '서방정토'에 이르는 길 역시 날로 수월해졌다. 당나 라 이전의 미륵 신앙에서는 현세의 중생은 모름지기 개인의 영구한 자력 이 있어야만 소환되는 주체가 될 수 있다고 했으며 당나라 이후의 아미 타 신앙에서는 곧 타력을 빌려 중생을 안내하여 생명을 두루 비출 수 있다고 했다. 이처럼 점점 멀어지는 발전 속에서 불학 본래의 철학적 내 포는 날로 희박해지는 대신에 종교적 정신은 날로 농후해졌는바, 사람들 은 더욱 헐값에 구원을 받게 되었다.

제3절 각자(覺者)[35]의 교훈에서 우상의 숭배로

린스민(林世敏)은 『불교의 정신과 특색(佛敎的精神與特色)』에서 불 (佛)의 특색을 아래와 같은 열 가지로 귀납했다. 첫째, 불은 사람이지 신 (神)이 아니다. 둘째, 불은 진정으로 평등한 자이다. 셋째, 불은 생불(生 佛)이 아니라 지자(知者, 지식이 많고 사리에 밝은 자)이다. 넷째, 불교는 완고하고 교화하기 어려운 사람이 있음을 인정하지 않는다. 다섯째, 불은 유일한 것이 아니고 누구나 성불할 수 있다. 여섯째, 불교는 만물을 창조

---

35) 역자주: 여기서 각자(覺者)는 자신이 스스로 깨닫고 또 남을 깨닫게 하는 사람,
   즉 부처를 이룬 자, 또는 부처를 뜻한다.

하는 신이 있다고 인정하지 않는다. 일곱째, 불법은 개인의 소질과 실정
에 맞게 행한다. 여덟째, 불법은 세속에 얽매인다. 아홉째, 불교는 배타성
이 없다. 열째, 불교는 민주적이고 자유롭다. 이 열 가지는 우리가 일상적
으로 이해하는 종교와 "비교할 때 확실히 큰 차이가 있다. 주지하다시피
종교의 영문자 'religion'은 라틴어 'religare' 혹은 'religio'에서 기원했는
데 허광루(何光瀘)는 『다원화된 상제관(多元化的上帝觀)』 머리말에서
"전자는 '연결'을 뜻하는바 곧 인간과 신의 연결을 가리키고, 후자는 '공
경'을 뜻하는데 인간의 신에 대한 공경을 말한다"36)고 분석했다.

　　모든 종교의 공통된 특징은 천지신명에 대한 신앙으로, 인간과 인간
사이의 관계에서 체현되는데 사람들은 비현실적인 힘을 빌려, 즉 환상
속 신령의 존재로 현실 속의 실제 문제를 해결하려고 한다. 하지만 불학
에서 우리가 부닥친 중요한 난제는 바로 불(佛)이 인간이냐 신이냐? 석
가모니가 유신론자냐 무신론자냐 하는 것이었다.

　　"'불'은 범문으로 'Buddha', '각자(覺者)' 즉 '진리를 깨달은 사람'을
뜻한다. 이외에 '여래(如來, 정각을 이룬 사람)', '석가모니(샤카족의 성
인)' 등 호칭이 따른다."37) 이러한 원초적 호칭에서 보면 석가모니는 분
명 인간이지 신이 아니었다. 물론 그는 보통 인간이 아니라 비범한 지혜
를 가지고 우주 인생의 본질을 깨달은 인간으로서 이른바 철학자에 더욱
접근한다. 린스민도 "'불'은 이성과 지혜, 정감과 실력 모두 가장 원만한
경지에 이른 인격이다. 다시 말해서 불은 대지, 대비(혹은 전지, 전비라
고 일컬음)와 대능한 사람이다. 여기에서 불법과 기타 종교의 차이점을
염두에 두기 바란다. '불'은 결코 만능이 아니므로 우리를 교도할 뿐이
지 해탈을 하사할 수 없으며 자기 자신의 노력에 의해서만 해탈을 이룰

---

36) 何光瀘, 『多元化的上帝觀－20世紀西方宗敎哲學槪覽』(貴州人民出版社, 1991), 머
　　리말 참고.
37) 尙會鵬, 『印度文化史』(廣西師範大學出版社, 2007), 65~66면.

수 있다. '불'은 우리로 하여금 천당에 오를 수도, 지옥에 떨어지게 할
수도 없다. '불'에 대해 정의를 내린다는 것은 확실히 쉬운 일이 아니다.
간단히 말하면 불은 바로 '각자', '깨친 이'다. 좀 더 분명히 말하면 모름
지기 불은 우주와 인생의 근본적인 도리에 대해 철저히 깨달은 사람이
다"고 했다.[38]

　『아함경(阿含經)』 등 많은 역사적 문헌에서 우리는 현실 속의 석가모
니가 대웅보전에 단좌한 금불상이 아님을 알 수 있었다. 그는 범상치 않
은 힘을 가지지 않을뿐더러 남다른 행동도 없었고 오로지 인생과 운명에
대한 사고와 현실 고난에 대한 배려를 품은 채 온갖 고행과 정좌, 명상
을 경험함으로써 세계와 인생의 본질을 탐색하려 했을 뿐이다.

　훗날 그는 보리수 아래에서 크게 깨닫고 지고한 생존 지혜를 얻은 뒤
그 깨달음을 대중에게 전수함과 동시에 제자들이 사처로 다니면서 널리
전파하도록 했다. 그는 불(佛)은 유일한 것이 아니고 무한한 시공간에는
무수한 불이 존재하며 수행으로 인생의 최고 지혜를 얻은 사람은 모두
성불할 수 있다고 했다. 그리하여 그는 우상으로 추대되어 숭배의 대상
이 되려는 욕구가 없었으며 진리를 독단하여 유아독존하려는 기세도 없
었다. 불타가 『증일아함경(增一阿含經)』에서 이르기를 "비구들은 알아
야 하느니라. 저 33날은 다섯 가지 향락에 집착한다. 그러므로 그들에게
는 인간 세상이 천계(天界)가 된다. 그리하여 그들은 여래에게서 출가하
였고 좋은 일을 함으로써 세 가지 지혜를 얻게 되었다. 왜 그러냐 하면
모든 부처, 세존은 모두 인간에서 나온 것이지 하늘로부터 얻은 것이 아
니기 때문이다"[39]라고 했다. 이에 대해 자오푸추(趙樸初)는 「중국불교
협회 30년(中國佛敎協會三十年)」이란 글에서 "불타가 인간 세상에서

38) 林世敏, 『佛敎的精神與特色』(香港佛學書局, 1989), 9~10면.
39) 「增一含經」 권 26, 다카쿠스 준지로 등 편저, 『大正新修大藏經』 제2권(日本大正
　　一切經刊行會, 1934), 694면.

출생했다는 것은 법도가 인간 세상에서 나왔다는 것을 말하며, 불법은 원래 인간에서 나왔고 아울러 인간의 이익을 위한다"고 지적했다. 석가모니가 현존할 때, 인간 세상에 불학을 49년 동안 전파하고 제자들도 갠지스 강 유역에 널리 분포되었지만 종래로 불당을 대거 건설하거나 경전을 반포하고 종교 의식을 대대적으로 거행한 적이 없었다. 이는 그에게 교주가 될 마음이 없었다는 것을 설명한다.

그는 도인제세(度人濟世, 도인하는 것으로 세상을 구제하다)의 이상을 실현하기 위해 승려단을 건립했지만 종래로 남보다 뛰어나다고 생각하지 않았으며 비단 승려단의 통치자가 아닐뿐더러 멸도(滅度, 열반 또는 입적)에 이른 후에도 통치자가 필요 없다고 생각했다. 그리고 승도들의 일체 사무는 모두 승갈마(僧羯磨, 회의를 통해 사무를 처리함)에 의해 결정되었다. 남전(南傳) 『대반열반경(大般涅槃經)』 제2장에 따르면 석가모니는 운명하는 마지막 순간까지도 제자 아난다에게 다른 곳에 귀의하지 말고 오직 자기 자신을 밝은 등불로 삼아야만 인생의 안내를 받을 수 있으며, 또한 자신의 제자라고 할 수 있다고 경고했다. 그 근본적인 뜻은 자신의 신격화를 반대하는 것이었는데 유아독존의 생각을 추호도 내비치지 않았다 한다.

주지하다시피 불학은 처음부터 바라문교의 유신론을 반대하는 태도로 나타났던 것이며, 바라문교의 '제사 만능(祭祀萬能)'의 관점을 비판하기 위해 원시적 불학은 종교에 일상적으로 이용되는 무술(巫術) 행위를 반대했다. 석가모니는 불학을 설교하는 과정에서 종래로 신의 창조론을 선양하지 않았다. 반대로 그는 제자는 마땅히 '팔정도' 원칙에 입각하여 문제를 판단하고 자아 구원을 할 것이며, 그 어떤 형식의 창조자 및 만물에 대한 징벌과 보상이 존재함을 믿지 말아야 한다고 했다. 그는 또 무술이나 제사 등 종교 의식을 반대하면서 단지 형식상으로만 금식(禁食)·목욕(沐浴)·제사 등 행위에 종사하는 것은 개인의 정화에 모두

도움이 되지 않는다고 여겼다. 이론 정립의 수요로부터 볼 때, 석가모니
는 아집(我執)과 신창론(神創論) 타파 후에도 결코 자신을 재차 '신'적
지위에 올려놓지 않았을 것이다.

학리적으로 말하면 불교는 만물은 모두 인연이 화합하여 생기는 '연
기'임을 주장하면서 만능의 조물주는 존재하지 않으며 더 나아가 본체상
에서도 만물의 최고인 독존(獨尊)적인 불의 존재 가능성을 배제했던 것
이다. 그 외에 불교에서 주장하는 평등사상도 중생 평등과 중생 모두가
불이 될 수 있다는 견해에 이론적 기초를 확립해주었다. 『대반야경(大般
若經)』에 이르기를 "위로는 뭇 불로부터 아래로는 중생에 이르기까지
평등하며 구분이 없다"[40]고 했고, 『대지도론(大智度論)』에서는 "오늘에
와서 범부도 평등하고 수다원(須陀洹)도 평등하며 부처님도 평등하여
모든 것이 평등, 무차별하다"[41]고 했다. 『대반열반경』은 "모든 중생에
게는 불성이 있다"[42]고 했다. 『화엄경』에서는 "심불과 중생은 차별이
없다"[43]고 했다. 이 모든 경전들은 원시 불학에는 우상 숭배의 관점이
전혀 없으며 불의 지위와 중생의 지위는 평등하고 차별이 없음을 설명해
준다. 이에 허먼 멀러(Hermann Muller, 미국의 유전자 전문가-옮긴이)는
"불타의 종교는 처음부터 청일색의 무신론이었다"[44]고 명확히 지적했다.

그러나 이런 무신론적인 철학이 어떻게 유신론적인 종교가 될 수 있
었을까? 우리는 『대반열반경』이나 『보요경(普曜經)』 등 경전에서 불타

---

40) 「大般若經」 권 380, 다카쿠스 준지로 등 편저, 『大正新修大藏經』 제6권(日本大正
　　一切經刊行會, 1934), 926면.
41) 「大智度論」 권 95, 다카쿠스 준지로 등 편저, 『大正新修大藏經』 제25권(日本大正
　　一切經刊行會, 1934), 727면.
42) 「大涅槃經」 권 8, 다카쿠스 준지로 등 편저, 『大正新修大藏經』 제12권(日本大正
　　一切經刊行會, 1934), 648면.
43) 「華嚴經」 권 10, 다카쿠스 준지로 등 편저, 『大正新修大藏經』 제9권(日本大正一
　　切經刊行會, 1934), 465면.
44) 繆勒, 『宗敎學導論』, 陳觀勝 譯(上海人民出版社, 1989), 58면.

가 인간 세상의 불로부터 천상의 불로 변신한 궤적을 볼 수 있다. 『대반열반경』에서는 불의 열반에 대해 신화처럼 묘사했는데 부처가 열반에 진입할 때 제천 신령들이 극도로 비통해하고 그 분위기가 사뭇 장엄하고 경건했다고 기록되어 있다. 불이 열반에 들자 순식간에 삼십이상(三十二相) 팔십수형호(八十隨形好) 금신이 나타났으며 천 폭의 바퀴 무늬 모양이 관 밖으로 새어 나와 뭇 제자들과 대면하였다고 했다. 『보요경』에 이르기를 "불이 금방 생겼을 때 빛이 무수히 확대되어 시방세계를 비추었다. 땅에서 금빛 연꽃이 솟아 나와 자연스럽게 발을 받쳐주었다. 동서남북 네 방향에서 모두 일곱 발짝씩 나와서 사방을 관찰하였다. 한 손으로 하늘을, 다른 한 손으로 땅을 가리키면서 사자로 화하여 '천상천하, 유아독존(天上天下, 唯我獨尊)'이라고 외쳤다." 심지어 『아함경(阿含經)』에도 불타의 출생에 대한 신화적인 기록이 있는데 거기서 이르기를 불타의 생모가 비라원에서 노닐 때, 사라수 꽃이 하도 귀여워 오른손을 들어 그 꽃가지를 만지려는 순간 보살(즉 불타)이 곧 오른쪽 옆구리에서 탄생하였다"[45]고 했다. 물론 불타에 대한 이런 신화적 전설은 당시 그가 처한 시대 환경과 밀접한 연관이 있었다. 당시 인도 사회는 여태껏 '신권(神權)'의 사풍(邪風)에 휩싸여 있었는바, 석가모니가 세상을 떠나자 그의 신봉자들은 인간 세상의 진정한 지자(知者)를 천상의 불타로 둔갑시켜 신화적 색채를 더함으로써 사람들이 '불(佛)'의 경지에 도달하도록 인도하여 종교 신앙의 매력을 증대시켰던 것이다.

역사적으로 불타에 대한 신격화는 끊임없이 심화되었다. 비록 상좌부는 여전히 불타가 역사적 인물이며 그의 정신과 지혜가 가장 위대하다고 주장했지만 불교 파별(派別)의 부단한 분화와 불타의 적지 않은 제자들이 원래 바라문교의 신도로서 비록 불교로 개종했지만 전통적인 신앙 관

---

45) 靜·筠二禪師編, 『祖堂集』 卷一之 『釋迦牟尼佛』, 張華點 校(中州古籍出版社, 2001), 16면.

넘은 근절할 수 없었으므로 결국 바라문교의 우상 숭배 사상을 불교에
개입시킬 수밖에 없었던 것이다.

　그리하여 부파 불교에서부터 불타에 대한 숭배가 나타났다. 사람들은
습관적으로 천신(天神)의 관점으로 불타를 대하면서 인간 세상의 불타는
평범하기 그지없기에 모름지기 천상의 최고 지위에 있는 마혜수라천(摩
醯首羅天)으로 봉하여 지고무상의 권위성을 가져야 한다고 여겼다. 그
중 대중부에서는 불타의 인격을 과장하여 32상(相), 80종(種)의 좋은 신
으로 묘사하였고 불타는 진신과 육신으로 나뉘는데 위력이 무궁하고 우
주 본체에 널리 분포되어 있다고 했다. 이에 대승 불교는 성불을 최고
목표로 불신(佛身)에 대한 신격화 과정에서 보신(報身)·응신(應身)·화신
(化身)을 제기하였으며 불(佛)은 단지 석가모니 하나만 있는 것이 아니
라 모든 각행(覺行)이 원만한 자를 포함한 삼세 시방(十方) 어디에나 불
이 존재한다고 했다. 이를테면 미래 미륵불(彌勒佛), 동방 약사불(藥師
佛), 서방 아미타불(阿彌陀佛) 등은 모두 신자의 숭배와 수행을 위해 수
립해놓은 각양각색의 우상들이다. 앤서니 워드(Anthony Warde, 영국의
인도학 학자-옮긴이)는 대승 불교와 소승 불교의 다른 점과 같은 점을
이론적 특징에서 비교한 적이 있는데 전자는 뚜렷한 경험주의 경향을 갖
고 있으며 이런 경험주의 경향은 그의 숭배 대상과 무술(巫術)에서 집중
적으로 구현된다고 했다.[46]

　보살도 불타와 마찬가지로 신격화된 것이다. '보살(菩薩)'은 팔리어
'보디사트바(Bodhisattva)'의 음역인 '보리살타(菩提薩埵)'의 준말로서
'보리(菩提)'의 뜻은 '깨달음'이고, '살타(薩埵)'는 '중생' 혹은 '유정(有
情, 감정이 있는 모든 중생)'을 뜻하며 함께 읽으면 '깨달음을 구하는 중
생'이라는 의미다. 여기서 보다시피 원초적 함의는 사람이지 신이 아니

46) 渥德爾, 『印度佛敎史』, 王世安 역(商務印書館, 1987), 348면.

었다. 불교에서 보살은 불(佛)의 버금가는 지위로 아마 '불'의 준비 단계나 신봉자였을 것이다. 깨달음을 구한 중생은 타인에 대한 깨달음을 자기 책임으로 알고 불타에 협조하여 불법을 전파하고 중생을 구조하는 인물이었다. 불교 초창기인 소승 불교 시기에는 다만 석가모니가 대대로 수행했던 전신과 아직 성불하지 못한 싯다르타 왕자만 보살이라고 칭했다. 대승 불교 창립 이후 무릇 원대한 뜻을 세우고 위로는 불도(佛道)를 구하고 아래로는 중생을 교화시키는 자를 모두 보살이라고 칭했다. 보살의 임무는 윤회 중인 모든 중생을 도화(度化)하여 성불하는 것이었으므로 그 자신도 불(佛)의 버금가는 신이 되었다. 관음보살, 지장보살, 문수보살, 보현보살 등이 그 예다. 이리하여 불교 전체가 불타와 보살로 이루어진 군신들의 가계도가 되었다.

불교가 중국에 전파된 초기에는 신선 방술과 결합하여 우상 숭배에 대한 노력이 더욱 강화되었다. 불교는 한나라 때 곧 황홀하게 변화하고 분신할 수 있고 크기도 자유자재로 늘리거나 작게 할 수 있는 신이 되었다. 『후한서(後漢書)』 '초왕영전(楚王英傳)'에 따르면 동한(東漢) 초왕(楚王) 유영은 "황로(황제와 노자)의 미언(微言)을 외우고 부도지인(불타의 너그러움)의 제사를 숭배하였고 3개월을 깨끗이 하고 재계하면서 신과 더불어 맹세하였다(誦黃老之微言, 尙浮屠之仁祠, 潔齋三月, 與神爲誓)"47)고 한다.

한나라 모자(牟子)가 지은 『이혹론(理惑論)』에서 불(佛)은 "황홀히 변하고 분신할 수 있으며, 존재하는 듯 없어진 듯, 자유롭게 커졌다 작아졌다 하거나 둥글어졌다 네모졌다 하며 늙어졌다 젊어졌다 하거나 사라졌다 나타났다 한다. 불[火]을 만나도 위태롭지 않고, 칼 위를 밟아도 상처가 나지 않으며, 더러움을 만나도 물들지 않고 화(禍)를 당해도 무사하며

---

47) 「楚王英傳」, 『後漢書』 권 42, 제3책(中華書局, 1965), 1428면.

날고 싶으면 날고 앉으면 빛을 발하므로 불(佛)이라고 불렀다(恍惚變化, 分身散體, 或存或亡, 能大能小, 能圓能方, 能老能少, 能隱能彰, 蹈火 不危, 履刃不傷, 在汗不染, 在禍無殃, 欲行則飛, 坐則揚光, 故號爲 佛)"48)고 했다.

이때부터 본래 철학적이었던 불가는 철저히 종교적인 불교로 바뀌었고, 불타도 역사적 인물에서 점차 호풍환우(呼風喚雨), 점철성금(點鐵成金), 기사회생(起死回生), 유구필응(有求必應)의 신으로 변화 발전하게 되었으며, 각자(覺者)와 전수자로부터 종교를 신봉하고 숭배하는 우상으로 변했다. 한편 불타를 제외한 보살의 신격화도 날로 심각해졌다. 본래 지위가 대단하지 않던 관음보살·지장보살·문수보살·보현보살들이 분분히 보타산(普陀山), 구화산(九華山), 오대산(五臺山), 아미산(蛾眉山)에서 각자의 '도장(道場)'을 찾았으며 '신령(神靈)'을 크게 과시했다. 이와 동시에 인도에서 본래 남자 몸이던 보살도 중국 민중의 요구에 따라 여자의 몸으로 화하여 모성과 같은 자비와 배려를 나타냈다. 그중에서도 '송자(送子)'49)로 이름난 관음여신은 한층 더 신자들이 사랑과 공경을 받았다. 그리하여 본래 신창론(神創論)을 반대하고 연기설을 제창하던 불타는 도리어 신도들에 의해 금신 우상으로 부각되어 숭배와 공경의 대상이 되어버렸는데 미상불 풍자가 아닐 수 없다. 그리고 본래 금욕을 주장하고 열반을 실현하기 위해 정진하던 불학은 도리어 사람들의 욕망을 만족시키고 세인의 혈연을 잇는다는 이유로 추앙되었는데 이는 실로 비애가 아닐 수 없었다.

종교 신앙은 주로 유신론을 기반으로 건립되었지만 유신론의 출현도 여러 가지 현실적인 원인들이 있었다. 세르게이 토카레프는 이를 세 가

---

48) 「弘明集」 제1권, 다카쿠스 준지로 등 편저, 『大正新修大藏經』 제52권(日本大正一切經刊行會, 1934), 2면 上.
49) 역자주: 여기서 송자(送子)는 신이 점지해 준 아이를 가리킨다.

지로 귀납했는 바 첫 번째는 바로 민중의 수요를 필요로 한다고 했다. 왜냐하면 일신(一神) 혹은 다신(多神)을 신봉하지 않는 종교는 결국 대중들의 배척을 받기 때문이란 것이다. 두 번째는 전파의 수요인데 불교는 부단히 자신의 전통을 개변시켜 부동한 국가의 원시적 신앙에 적응해야 한다고 했다. 셋째는 대항의 필요로서, 불교는 바라문교와 도교에 대항하는 과정에서 자신을 개변시켜 최후의 승리를 얻어야 했기 때문이었다는 것이다.50)

위의 분석을 거쳐 우리는 다음과 같은 것을 알 수 있다. 석가모니는 당시의 사회적 사조 중에서 바라문교의 카스트 제도에 대한 모반과 인생의 고통에 대한 명시와 초월을 통해 '연기설'의 이론적 기초 위에서 영혼과 기탁, 우상이 없는 일종의 비관주의적인 인생철학─불가를 형성했다. 하지만 바라문교의 영향에서 완전히 벗어나지 못했는지, 아니면 불학 경전의 형성 과정 중에 다른 사람들의 의견이 개입되어서인지 전체적으로 불학 사상에 대한 서술이나 그 이론적 구성이 단순하지 않았다.

보다 더 중요한 것은 불학이 뒤따라 전파되는 과정에 수행자와 신앙자(신도)들이 끊임없이 들어왔는데 종교신앙의 이론적 근거를 첨가하고 공중의 신앙 방법을 증가하기 위하여 공리주의시각에서 출발하여 원시 불학의 인생철학사상에 대해 비교적 큰 규모의 수정과 변동을 진행하기 시작했다는 점이다. 그들은 불타의 인생철학 사상과 바라문교의 영혼 윤회, 우상 숭배 등의 사상들을 혼합하여 일종의 영혼이 있고 우상이 있고 기탁이 있는 종교 신앙인 불교를 형성하였다.

불타의 인생철학이 세속화되는 과정은 동시에 그 자신이 철학으로부터 탈피하여 종교가 되어가는 과정이었다고 말할 수도 있다. 즉 '깨친 자의 가르침'을 기초로 거기에 종교적 형식을 추가하여 철학적인 내포를

---

50) 세르게이 토카레프, 『世界各民族曆史上的宗敎』, 魏慶征 역(中國社會科學出版社, 1985), 513~516면.

구비하게 함과 아울러 신앙의 실천성도 구비하게 했다는 것이다. 이 모든 것은 불학 진체(眞諦, 근본 사상)와 속체(俗諦, 법문에 편리한)의 조화로운 어울림에서 연유되었을 뿐만 아니라 불가의 철학과 불교, 이 두 개념의 상호 작용하에서 연유되었던 것이다. 그러므로 불학 성격에 대한 연구는 반드시 철학의 진행 과정과 종교 신앙의 시점에서 동시에 진행해야만 불타 최초 철학의 형성으로부터 불교 신앙이 부단히 변이되는 과정을 파악할 수 있다. '불가'의 인생철학과 '불교'의 종교 신앙 두 개념에서 접속점을 찾는다면 부분적으로 불교의 발전 과정에 존재하는 많은 이론적인 모순들을 밝히고 해결할 수 있을 것인바, 이를테면 불타의 무아론과 불교 윤회 주체의 모순, 불타 열반적정(涅槃靜寂)과 불교 극락세계의 모순, 불타 무신론과 불교 유신론 사이의 모순 등과 같은 것들이다.

이로부터 영혼 윤회, 극락세계, 우상 숭배 등의 이론은 결코 불학 이론 초창기에 있었던 것이 아니라 불타 학설이 발전한 필연적인 결과이며 불교 종교 신앙의 형성에 없어서는 안 될 요인이었음을 알 수 있다. 이에 어떤 학자들은 "타세(他世), 환생 및 인과응보의 불교 교리는 이미 불타 현존 시기의 불교 교리가 아니라 불타가 작고한 후, 그의 제자들이 완성한 일련의 완전한 교리였다. 만약 불타를 신격화 하지 않고 신의 존재와 피안 세계의 존재를 승인함과 아울러 피안의 세계로 통하는 다리, 즉 현세 선행 및 자아의 정신적 수양을 겸비하지 않았더라면 곧바로 억압받는 백성들에 대한 유혹력을 상실하게 되었을 것이다. 불타가 세상을 뜬 후, 불타의 신격화가 되면서 비로소 불교가 최종적으로 형성되었다."[51]고 지적했다. 그러므로 불교는 바로 불가 인생철학의 기초 위에서 자체 진영에 대한 공고화, 파벌 싸움에서의 우세 확보, 신도 흡수 등을 위한

---

51) 高楊·莉三隆, 『印度哲學與佛敎』(太白文藝出版社, 2004), 297면.

공리적 시점에서 출발하여 대량으로 인도 전통 종교 중의 유신·제사·계율 등 내용을 수용하였는데 이런 수용과 변화도 마찬가지로 불교와 바라문교의 동화 및 인도에서의 때 이른 쇠망을 야기했다.

하지만 인생철학에서 종교 신앙으로의 전환은 중국 선종 시기에 와서 또 한 차례의 부정의 부정 현상이 발생했던 것이다. 오직 이런 의미에서 우리는 왜 불문 제자들이 불타를 질책하고 우상을 때려 부수고 심지어 신(神)을 보면 신을 죽이고 불을 보면 불을 죽이는 지경에까지 이르렀는지, 어찌하여 출가한 사람들은 오히려 물을 길어 나르고 장작을 패는 일상의 노동이 오묘하지 않은 것이 없다고 하는지, 심지어 도살의 칼을 내려놓으면 그 자리에서 성불할 수 있다고 하는지, 또 어찌하여 염불하는 자가 오히려 "보리는 본래 나무가 아니요, 명경 또한 대(臺)가 아니다"라고 하는지, 심지어 "본래 하나의 물건도 없는 것이니, 어디서 티끌이 일어나겠는가"라고 하는 지경에까지 이르렀는지 등등에 대한 이해가 가능할 것이다. 그리하여 이화된 지 오래된 불학 계승자들은 실로 목구멍에 가시가 걸린 듯, 내뱉지 않고서는 안 될 지경에 이르렀다. 이런 의미에서 중국 선종, 특히 후기 선종의 출현은 이화된 불교가 다시 불가로 회귀하려는 노력이었다고 볼 수 있다.

요컨대 불학을 '가(家)'라고 확정할 때, 그것은 곧 그 원초적인 이론 구성에서 설명한 것이 되고 '교(敎)'라고 확정했을 경우에는 그 후의 신앙 내용으로부터 설명한 것으로 된다. 양자는 불교의 발전 과정에서 하나를 두 가지로 사용한 관계이기도 하고, 변이 탈피(蛻化)의 과정이기도 했다. 불타가 창설한 철리는 인생의 근본 문제를 해결하기 위한 학문으로, 이는 일반적인 종교 신앙과 본질적인 구별이 있었으므로 철학적 비중이 비교적 컸다. 하지만 불교에서 선양하는 제세(濟世) 규율은 신도들을 유인하는 일종의 수단으로 허다한 무술(巫術)과 미신 성분을 갖고 있었기 때문에 종교적 색채가 농후했다. 우리는 불가와 불교 양자의 관계

에 대한 명확한 정리를 통하여 불학 중의 일부 고유 모순의 근원을 분석
하고 파악할 수 있을 것이다.

참고문헌

中文 原著

王弼注·樓宇烈 校釋, 『老子道德經注校釋』(中華書局, 2008).

慧皎, 『歷代高僧傳』(上海書店, 1989).

道世 著, 周叔迦·蘇晉仁 校注, 『法苑珠林校注』(中華書局, 2003).

程頤·程顥, 『二程集』(中華書局, 1981).

陸九淵, 『陸九淵集』(中華書局, 1980).

贊寧, 『宋高僧傳』(中華書局, 1987).

張載, 『張載集』(中華書局, 1978).

周敦頤·邵雍, 『太極圖說·通書·觀物篇』(上海古籍出版社, 1992).

朱熹, 『四章句集注』(中華書局, 1983).

朱熹, 『朱子全書』(上海古籍出版社, 安徽敎育出版社, 2002).

胡應麟, 『詩藪』(上海古籍出版社, 1979).

王守仁, 『王陽明全集』(上海古籍出版社, 1992).

郭慶藩, 『莊子集釋』(中華書局, 1961).

膠循, 『孟子正義』(上海書店, 1986).

蘇輿, 『春秋繁露正義』(中華書局, 1992).

王聘珍, 『大戴禮記解詁』(中華書局, 1983).

王先謙, 『莊子集解』(中華書局, 1987).

王先謙, 『荀子集解』(中華書局, 1988).

朱駿生, 『六十四卦經解』(中華書局, 1958).

陳鼓應, 『莊子今注今譯』(中華書局, 1983).

陳奇猷, 『呂氏春秋校注』(學林出版社, 1984).

程樹德, 『論語集釋』(中華書局, 1990).

戴明揚, 『嵇康集校注』(人民文學出版社, 1962).

高亨, 『周易大傳今注』(齊魯書社, 1998).

高明, 『帛書老子校注』(中華書局, 1989).

何寧, 『淮南子集釋』(中華書局, 1998).

劉文典, 『淮南鴻烈集解』(中華書局, 1989版).

樓宇烈, 『王弼集校注』(中華書局, 1980).

上海古籍出版社 編, 『神宗語錄輯要』(上海古籍出版社, 1992).

王明, 『抱樸子內篇校箋』(中華書局, 1991).

楊伯峻, 『列子集釋』(中華書局, 1979).

楊曾文 校寫, 『六祖壇經』 敦煌新本(宗敎文化出版社, 2001).

楊明照, 『抱樸子外篇校箋』(中華書局, 1991).

朱謙之, 『老子校釋』(中華書局, 1984).

高楠順次郎 等 編, 『大正新修大藏經』(日本大正一切經刊行會, 1934).

王利器 校注, 『文鏡秘府論校注』(中國社會科學出版社, 1983).

蔡和森, 『社會進化史』(東方出版社, 1996).

陳兵, 『佛敎禪學與東方文明』(上海人民出版社, 1992).

陳炎 主編, 廖群 著, 『中國審美文化史』 先秦卷(山東畫報出版社, 2000).

陳炎, 『多維視野中的儒家文化』(山東敎育出版社, 2006).

陳揚炯, 『中國淨土宗通史』(江蘇古籍出版社, 2000).

成複旺, 『神與物遊－論中國傳統審美方式』(中國人民大學出版社, 1989).

程習勤·毛茵, 『老莊生態智慧與詩藝－'態觀'視角的文藝理論』(武漢出版社, 2002).

於鴻富·虞富洋·陳平, 『社會生態學』(浙江敎育出版社, 1987).

丁來先, 『自然美的審美人類學研究』(廣西師範大學出版社, 2005).

杜道明, 『中國古代審美文化考論』(學苑出版社, 2003).

樊美筠, 『中國傳統美學的當代闡釋』(北京大學出版社, 2006).

方東美, 『中國大乘佛學』(臺北, 成均出版社, 1981).

方立天, 『佛敎哲學』(中國人民大學出版社, 1986).

方立天, 『中國佛敎哲學要義』 上下卷(中國人民大學出版社, 2005).

馮滬祥, 『人, 自然與文化』(人民文學出版社, 1996).

傅華, 『生態倫理學探究』(華夏出版社, 2002).

傅偉勳, 『生命的學問』(浙江人民出版社, 1996).

高揚·莉三隆, 『印度哲學與佛學』(太白文藝出版社, 2004).

葛兆光, 『中國禪思想史』(北京大學出版社, 1995).

葛兆光, 『中國思想史』(復旦大學出版社, 2001).

郭朋, 『隋唐佛敎』(齊魯書社, 1980).

郭紹虞 主編, 『中國歷代文論選』 第2册(上海古籍出版社, 2000).

洪修平, 『禪宗思想的形成與發展』(江蘇古籍出版社, 2000).

胡經之 主編, 『中國古典美學叢編』(中華書局, 1988).

霍韜晦, 『絶對與圓融』(臺北, 東大圖書公司, 1986).

金克木, 『梵佛探』(江西敎育出版社, 1999).

樂愛國, 『道敎生態學』(社會科學文獻出版社, 2005).

雷毅, 『生態倫理學』(陝西人民敎育出版社, 2000).

李春靑, 『道敎美學與魏晉文化』(中國電影出版社, 2008).

李春秋·陳春花 編著, 『生態倫理學』(科學出版社, 1994).

李霞, 『圓融之思－儒道佛及其關係硏究』(安徽大學出版社, 2005).

李澤厚, 『中國古代思想史論』(人民出版社, 1985).

李澤厚·劉綱紀, 『中國美學史』 先秦兩漢編(安徽文藝出版社, 1999).

林安梧, 『儒學與中國傳統社會之哲學省察－以‘血緣性縱貫軸’爲核心的理解與詮
   釋』(學林出版社, 1998).

劉大椿·岩佐茂 主編, 『環境思想硏究,基於中日傳統與現實的回應』(中國人民大
   學出版社, 1998).

劉紹瑾, 『莊子與中國美學』(廣東高等敎育出版社, 1989).

劉相溶, 『生態文明論』(湖南敎育出版社, 1999).

劉驍純, 『從動物快感到人的美感』(山東文藝出版社, 1986).

劉元春, 『共生共榮,佛敎生態觀』(宗敎文化出版社, 2003).

樓宇烈, 『中國佛敎與人文精神』(宗敎文學出版社, 2003).

魯晨光, 『美感奧妙和需求進化』(中國科學技術大學出版社, 2003).

魯樞元, 『生態文藝學』(山西人民敎育出版社, 2000).

魯樞元, 『生態批評的空間』(華東師範大學出版社, 2006).

呂澂, 『印度佛學源流略講』(上海人民出版社, 1979).

呂澂, 『中國佛學思想槪論』(臺北, 天華出版社公司, 1982).

麻天祥, 『20世紀中國佛學問題』(武漢大學出版社, 2007).

蒙培元, 『人與自然－中國哲學生態觀』(人民出版社, 2004).

牟鐘鑒, 『宗敎·文藝·民俗』 中國宗敎與中國文化 第3卷(中國社會科學出版社, 2005).

牛實爲, 『人文生態學』(中國和平出版社, 1995).

潘顯一 等, 『道敎美學思想史硏究』(商務印書館, 2010).

潘知常, 『生命美學論稿,在闡釋中理解當代生命美學』(鄭州大學出版社, 2002).

彭鋒, 『完美的自然－當代環境美學的哲學基礎』(北京大學出版社, 2005).

彭松喬,『生態視野與民族情懷－生態美理論及生態批評論稿』(武漢出版社, 2006).

漆緒邦,『道家思想與中國古代文學理論』(北京師範學院出版社, 1998).

祁海文,『儒家樂教論』(河南人民出版社, 2004).

祁志祥,『佛敎美學』(上海人民出版社, 1997).

邱紫華,『東方美學史』(商務印書館, 2003).

任繼愈 主編,『中國佛敎史』 三卷本(中國社會科學出版社, 1981).

任俊華·劉曉華,『環境倫理的文化闡釋,中國古代生態智慧探考』(湖南師範大學出版社, 2004).

汝信·曾繁仁 主編,『中國美學年鑒』 2001卷(河南人民出版社, 2003).

餘正榮,『生態智慧論』(中國社會科學出版社, 2002).

沈小峰·吳彤·曾國屛,『自組織的哲學－一種新的自然觀和科學觀』(中共中央黨校出版社, 1993).

釋太虛,『太虛大師全書』(宗敎文化出版社, 2005).

釋昭慧,『佛敎倫理學』(台北,法界出版社, 1995).

孫昌武,『佛敎與中國文學』(上海人民出版社, 1988).

孫慕天·朶赫米斯特羅,『新整體論』(黑龍江敎育出版社, 1996).

湯一介,『佛敎與中國文化』(宗敎文化出版社,1999).

湯用彤,『漢魏兩晉南北朝佛敎史』(上海書店,1991).

童天湘, 林夏水 主編,『新自然觀』(北京中共中央黨校出版社, 1998).

汪濟生,『系統進化論美學觀』(北京大學出版社, 1987).

王海林,『佛敎美學』(安徽文藝出版社, 1992).

王進,『我們只有一個地球』(中國靑年出版社, 1999).

汪凱,『逍遙遊－莊子美學的現代闡釋』(武漢大學出版社, 2004).

汪凱,『自然的神韻－道家精神與山水田園詩』(人民出版社, 2006).

王如松·周鴻,『人與生態學』(雲南人民出版社, 2004).

王月淸,『中國佛敎倫理研究』(南京大學出版社, 1999).

王正平,『環境哲學』(上海人民出版社, 2004).

王志敏·方珊,『佛敎與美學』(遼寧人民出版社, 1989).

吳邦惠 等,『人體科學導論』(四川大學出版社, 1998).

吳彤,『自組織方法論研究』(淸華大學出版社, 2001).

吳爲山·王月淸 主編,『中國佛敎文化藝術』(宗敎文化出版社, 2002).

吳言生,『禪宗詩歌境界』(中華書局, 2001).

星雲大師 監修, 慈怡法師 主編, 『佛光大辭典』(北京圖書館出版社, 2005).

徐復觀, 『中國藝術精神』(春風文藝出版社, 1987).

徐恒醇, 『生態美學』(陝西人民教育出版社, 2000).

楊曾憲, 『審美價值系統』(人民文學出版社, 1998).

葉朗, 『中國美學史大綱』(上海人民出版社, 1985).

葉維廉, 『道家美學與西方文化』(北京大學出版社, 2002).

印順, 『佛法概論』(台北, 正聞出版社, 1992年 修訂 2版).

印順, 『中國禪宗史』(上海書店, 1992).

餘謀昌, 『生態倫理學』(首都師範大學出版社, 1999).

餘謀昌, 『生態哲學』(陝西人民教育出版社, 2000).

袁鼎生, 『生態視閾中的比較美學』(人民出版社, 2005).

曾繁仁, 『生態存在論美學論稿』(吉林人民出版社, 2003).

曾建平, 『自然之思,西方生態倫理學思想探究』(中國社會科學出版社, 2004).

曾永成, 『文藝的綠色之思－文藝生態學引論』(人民文學出版社, 2000).

張法, 『中西美學與文化精神』(北京大學出版社, 1994).

張法, 『中國美學史』(上海人民出版社, 2000).

張國慶, 『儒, 道美學與文化』(中國社會科學出版社, 2002).

張懷承, 『無我與涅槃－佛教倫理道德精粹』(湖南大學出版社, 1999).

張節末, 『禪宗美學』(浙江人民出版社, 1999).

張立文 主編, 『空鏡－佛學與中國文化』(人民出版社, 2005).

張世英, 『進入澄明之境－哲學的新方向』(商務印書館, 1999).

張文勛, 『儒道佛美學思想探索』(中國社會科學出版社, 1988).

張志林·張華夏 主編, 『系統觀念與哲學探索』(中山大學出版社, 2003).

張中行, 『佛敎與中國文學』(安徽教育出版社, 1984).

張海榮, 『生態倫理與生態美學』(復旦大學出版社, 2005).

朱光潛, 『文藝心理學』(復旦大學出版社, 2005).

朱良志, 『大音希聲－妙悟的審美考察』(百花洲文藝出版社, 2005).

宗白華, 『藝境』(北京大學出版社, 1987).

中文 譯著

阿西摩夫, 『人體和思維』, 阮芳賦 等 譯(科學出版社, 1978).

埃裏克·詹奇, 『自組織的宇宙觀』, 曾國屛 等 譯(中國社會科學出版社, 1992).

愛德華·威爾遜, 『生命的未來』, 陳家寬 等 譯(上海人民出版社, 2003).

E. A. 伯特, 『近代物理科學的形而上學的基礎』, 徐向東 譯(北京大學出版社, 2003).

奧爾多·利奧波德, 『沙響的沉思』, 侯文蕙 譯(經濟科學出版社, 1992).

巴裏·康芒納, 『封閉的循環,自然,人和技術』, 侯文蕙 譯(吉林人民出版社, 1997).

大衛·洛耶, 『達爾文,愛的理論』, 單繼剛 譯(社會科學文獻出版社, 2004).

丹尼斯·米都斯 等, 『增長的極限,羅馬俱樂部關於人類困境的報告』, 李寶恒 譯 (吉林人民出版社, 1997).

菲利浦·羅斯, 『懷特海』, 李超傑 譯(中華書局, 2002).

弗蘭克丁·布魯諾, 『通向心理健康的7條路』, 王晶 譯(上海文化出版社, 1988).

大衛·格裏芬 編, 『後現代科學—科學魅力的再現』, 馬季方 譯(中央編譯出版社, 1995).

大衛·格裏芬 編, 『後現代精神』, 王成兵 譯(中央編譯出版社, 1998).

霍爾姆斯·羅爾斯頓, 『哲學走向荒野』, 劉耳·葉平 譯(吉林人民出版社, 2000).

霍爾姆斯·羅爾斯頓, 『環境倫理學—大自然的價值以及人對大自然的義務』, 楊通進 譯(中國社會科學出版社, 2000).

傑克·康菲爾德, 『心靈幽徑—冥想的自我療法』, 曾麗文 譯(台北, 幼獅文化事業公司, 1995).

卡洛琳·麥茜特, 『自然之死—婦女,生態和科學革命』, 吳國盛 等 譯(吉林人民出版社, 1999).

卡普拉, 查·斯普雷那克, 『綠色政治—全球的希望』, 石音 譯(東方出版社, 1988).

卡普拉, 『轉折點 科學社會和正在興起的文化』, 衛颯英·李四南 譯(四川科學技術出版社, 1988).

卡普拉, 『物理學之'道',近代物理學與東方神秘主義』, 朱潤生 譯(北京出版社, 1999).

肯恩·威爾伯, 『沒有疆界,東西方個人成長的路徑』, 許金聲 等 譯(中國人民大學出版社, 2007).

羅·麥金托什, 『生態學概念和理論的發展』, 徐嵩齡 譯(中國科學技術出版社, 1992).

歐文·拉茲洛, 『系統哲學引論——種當代思想的新範式』, 錢兆華·熊繼寧·劉俊生 譯(商務印書館, 1998).

歐文·拉茲洛, 斯坦尼斯拉夫·格羅夫, 彼得·羅素, 『意識革命—跨越大西洋的對話』, 朱曉苑 譯(社會科學文獻出版社, 1982).

喬治·桑塔耶那, 『美感—美學大綱』, 繆靈珠 譯(中國社會科學出版社, 1982).

R. F. 納什, 『大自然的權利,環境倫理學史』, 楊通進 譯(青島出版社, 1999).

576 유·불·도, 환경과 예술을 말하다

R. 卡遜, 『寂靜的春天』, 呂瑞蘭 譯(科學出版社, 1979).

S. 錢德拉塞卡, 『眞與美,科學研究中的美學和動機』, 朱志方·黃本笑 譯(科學出版社, 1992).

斯圖亞特·考夫曼, 『科學新領域的探索』, 池麗平·蔡勖 譯(湖南科學技術出版社, 2004).

唐納德·沃斯特, 『自然的經濟體系,生態思想史』, 侯文蕙 譯(商務印書館, 1999).

梯利, 『西方哲學史』, 葛力 譯(商務印書館, 2004).

尤金·哈格羅夫, 『環境倫理學基礎』, 楊通進·江婭·郭輝 譯(重慶出版社, 2007).

阿布正雄, 『禪與西方思想』, 王雷泉·張汝倫 譯(上海譯文出版社, 1989).

岸根卓朗, 『環境輪－人類最終的選擇』, 何鑒 譯(南京大學出版社, 1999).

池田大作·貝恰, 『二十一世紀的警鐘』, 卞立强 譯(中國國際廣播出版社, 1988).

吉川幸次郎, 『中國詩史』, 章培恒 等 譯(安徽文藝出版社, 1986).

吉岡義豐, 『中國民間宗敎槪說』, 餘萬居 譯(華宇出版社, 1985).

今道友信 編, 『美學的將來』, 樊錦鑫 等 譯(廣西敎育出版社, 1997).

笠原仲二, 『古代中國人的美意識』, 楊若薇 譯(三聯書店, 1988).

鈴木噠拙·佛洛姆, 『禪與心理分析』, 孟祥森 譯(中國民間文藝出版社, 1986).

鈴木大拙, 『禪學入門』, 謝思煒 譯(三聯書店, 1988).

鈴木大拙, 『禪風禪骨』, 耿仁秋 譯(中國靑年出版社, 1989).

鈴木大拙, 『通向禪學之路』, 葛兆光 譯(上海古籍出版社, 1989).

鈴木大拙·弗洛姆·馬蒂諾, 『禪宗與精神分析』, 王雷泉·馮川 譯(貴州人民出版社, 1998).

木村泰賢, 『大乘佛敎思想輪』, 釋演培 譯(台北, 天華出版公司, 1989).

小野淸秀, 『佛敎哲學』, 張紱 譯(商務印書館, 1925).

愛因斯坦, 『愛因斯坦文集』 第3卷, 許良英·趙中立·張宣三 編譯(商務印書館, 1979).

彼得·科斯洛夫斯基, 『倫理經濟學原理』, 孫瑜 譯(中國社會科學出版社, 1997).

赫爾曼·哈肯, 『協同學－大自然構成的奧秘』, 淩複華 譯(上海譯文出版社, 2001).

海德格爾, 『詩·語言·思』, 彭富春 譯(文化藝術出版社, 1991).

漢斯·薩克塞, 『生態哲學』,文韜·佩雲 譯(東方出版社, 1991).

黑格爾, 『美學』, 朱光潛 譯(商務印書館, 1979).

卡爾·雅斯貝爾斯, 『大哲學家』, 李雪濤 等 譯(社會科學文獻出版社, 2005).

萊因哈德·梅依, 『海德格爾與東亞思想』, 張志强 譯(中國社會科學出版社, 2003).

馬丁·布伯, 『我與你』, 陳維綱 譯(三聯書店, 2002).

馬克思·韋伯, 『學術與政治』, 錢永祥 等 譯(廣西師範大學出版社, 2004).

莫爾特曼, 『創造中的上帝－生態的創造論』, 陳仁蓮·蘇賢貴·宋炳延 譯(三聯書店, 2002).

阿爾貝特·史懷澤, 『敬畏生命』, 陳澤環 譯(上海社會科學院出版社,1992).

亨利·伯格森, 『創造進化論』, 薑志輝 譯(商務印書館, 2004).

列維-布留爾, 『原始思維』, 丁由 譯(商務印書館, 1981).

米歇爾·弗伊, 『社會生物學』, 殷世才·孫兆通 譯(商務印書館, 1997).

讓-弗朗索瓦·勒維爾, 馬蒂厄·裏卡爾, 『和尚與哲學家－佛教與西方思想的對話』, 陸元昶 譯(江蘇人民出版社, 2000).

A. N. 懷特海, 『科學與近代世界』, 何欽 譯(商務印書館, 1959).

A. N. 懷特海, 『過程與實在: 宇宙論研究』, 楊富斌 譯(中國城市出版社, 2003).

彼得·拉塞爾, 『覺醒的地球』, 王國政·劉兵·武英 譯(東方出版社, 1991).

彼得·辛格, 『動物解放』, 孟祥森·錢永祥 譯(光明日報出版社, 1999).

達爾文, 『物種起源』, 謝蘊貞 譯(科學出版社, 1972).

達爾文, 『人類的由來』, 潘光旦·胡壽文 譯(商務印書館, 1997).

理查德·利基, 『人類的起源』, 吳汝康·吳新智·林聖龍 譯(上海科學技術出版社, 1995).

羅素, 『中國問題』, 秦悅 譯(學林出版社, 1996).

羅素, 『西方哲學史』, 何兆武·李約瑟 譯(商務印書館, 2003).

麥克斯·繆勒, 『宗教的起源與發展』, 金澤 譯(上海人民出版社, 1989).

柯林武德, 『自然的觀念』, 吳國盛·柯映紅 譯(華夏出版社, 1990).

舒馬赫, 『小的是美好的』, 虞鴻鈞·鄭關林 譯(商務印書館, 1984).

湯因比·池田大作, 『展望二十一世紀: 湯因比與池田大作對話錄』, 荀春生·朱繼征·陳國梁 譯(國際文化出版公司, 1985).

湯因比, 『人類與大地母親』, 徐波 等 譯(上海人民出版社, 1992).

約翰·麥奎利, 『基督教神學原理』, 何光滬 譯(上海三聯書店, 2007).

馮·貝塔朗菲, A. 拉維奧萊特, 『人的系統觀』, 張志偉 等 譯(華夏出版社, 1989).

普裏戈金, 伊·斯唐熱, 『從混沌到有序: 人與自然的新對話』, 曾慶宏·沈小峰 譯(上海譯文出版社, 1987).

馬爾科夫, 『社會生態學』, 雒啓珂·劉志明·張耀平 譯(中國環境科學出版社, 1989).

外文 原著

N. Whitehead & Alfred North, *Adventures of Ideas: A Brilliant History of Mankind's Great Thoughts*, Mentor Books, 1933.

Aldo Leopold, *A Sand County Almanac: And Sketches Here and There*, Ox-ford University Press, Inc., 1977.

Arthur Waskow, *What is Eco-Kosher? Berkeley*, California: Parallax Press, 1993.

Arnold Berleant, *Living in the Landscape: Toward Aesthetics of Environment*, Lawrence: University Press of Kansas, 1997.

Arthur W. Galston & Emily G. Shurr, *New Dimensions in Bioethics: Science, Ethics and the Formulation of Public Policy*, Kluwer Academic Publishers,2001.

Bill Deval & George Sessions, *Deep Ecology: Living as if Nature Matterde*, Salt Lake City: Peregrine Smith Books, 1985.

Charles Birch, William Eakin & Jay B. McDaniel, eds., *Liberating Life: Contemporary Approaches to Ecological Theology*, Maryknoll, N.Y.: Orbis, 1990.

D. T. Suzuki, *Studies in Zen*, New York: Dell Publishing Co., 1955.

David Ehrenfeld, *The Arrogance of Humanism*, Oxford University Press, 1978.

David E. Cooper & Joy A. Palmer, *Spirit of the Environment: Religion, Value, and Environmental Concern*, London; New York: Routledge, 1998.

David R. Loyde, *Loving the World as Our Own Body:The Nondualist Ethics of Taoism, Buddhism, and Deep Ecology*, Boston: Wisdom Publications, 2003.

Eugene P. Odum, *Ecology: The Link Between the Natural and Social Sciences*, New York: Holt, Rinehart & Winston, 1975.

Florence Emily Hardy, *The Life of Thomas Hardy, 1840~1942*, Macmillan Publishers Ltd., 1962.

Glenn D. Paige & Sarah Gilliatt, eds., *Buddhism and Nonviolent Global Problem-Solving: Ulan Bator Explorations*, University of Havaii, 1991.

John Seed, *Thinking Like a Mountain*, New Society Publishers, 1988.

John Benson, *Environmental Ethics: An Introduction With Reading*, London: Routledge, 2000.

M. E. Zimmerman, *Environmental Philosophy: From Animal Rights to Radical Ecology*, Englewood Cliffs: Prentice-Hall, 1993.

Mary Evelyn Tucker & John A. Grim, eds., *Worldviews and Ecology: Religion,*

Philosophy, and the Environment, Maryknoll, N.Y.: Orbis, 1994.

Mary Evelyn Tucker & Duncan Ryuken Williams, eds., *Buddhism and Ecology: The Interconnection of Dharma and Deeds*, Cambridge, Mass: Harvard University Press, 1997.

Mark Elvin, *The Retreat of the Elephants: An Environmental History of China*, New Haven: Yale University Press, 2004.

Paul W. Taylor, *Respect for Nature: A Theory of Environmental Ethics*, Princeton University Press, 1986.

Padmasiri, *Environmental Philosophy and Ethics in Buddhism*, Victoria(Australia): Macmillan Education Australia Tertiary Division, 1998.

Peter Coates, *Nature: Western Attitudes Since Ancient Times*, University of California Press, 1998.

Robert Aitken, *Thoughts on Buddhist Ecology*, Blind Donkey, 1985.

R. F. Nash, *The Rights of Nature: A History of Environmental Ethics*, Madison: The University of Wisconsin Press, 1989.

Steve Odin, *Process Metaphysics and Hua-Yen Buddhism: A Critical Study of Cumulative Penetration VS. Interpenetration*, Albany: State University of New York, 1982.

Stephanie Kaza & Kenneth Kraft, eds., *Dharma Rain: Sources of Buddhist Environmentalism*, Boston: Shambhala Publications, 2000.

후기

　본고는 나와 두 박사 과정 제자들이 공동으로 완성한 것으로 전반적인 원고에 대한 검토와 '서론' 부분 그리고 '제5장'은 내가 책임지고 집필했으며 자오위(趙玉)가 '제1장'과 '제2장', '제3장'을, 리린(李琳)이 '제4장'을, 마지막 '부록' 부분은 나와 리린이 공동으로 완성했다.

　본 과제는 내용이 번잡하고 관련되는 영역이 넓고 깊은 데다 더욱이 나의 분망함과 늑장으로 인해 본고를 완성하기까지 4년이라는 시간이 걸렸다. 이제 그 시절의 박사 과정 제자들도 모두 부교수로 승진했다. 다행스러운 것은 이 프로젝트 성과물이 비교적 높은 평가를 받았는 바, 국가사회과학기금프로젝트 성과물 평가에서 '우수' 성과로 인정받았으며 2011년도 '국가철학사회과학성과문고'에 수록되는 영광까지 누리게 되었다. 그동안 본 프로젝트의 연구비를 지원해 준 국가사회과학기금회에 감사를 드린다. 그리고 여러 심사위원들의 두터운 배려와 출판사의 아낌없는 지지에도 감사드리며 아울러 나의 파트너들한테도 감사의 뜻을 전한다. 바라건대 나의 이 부족한 성과물이 유구하면서도 참신한 본 과제의 연구에 조금이나마 추진 역할을 할 수 있기를 기대한다.

첸옌

2011년 11월 11일

산동대학교에서

김 철

문학박사, 산동대학교(웨이하이) 한국학대학 한국어학과 문학박사 교수.

저서 『동지사 申在植의 회억록 '筆譚' 역주』(공역, 보경문화사, 2004), 『박제가 시 문학과 중국문학 관련 연구』(민족출판사, 2007), 『20세기 상반기중한현대 문학 관련 연구』(산동대학출판사, 2013) 등 저서가 있음.

논문 「박제가와 굴원 관련 연구」(CSSCI, 2012), 「후쓰와 20세기 상반기 한국현 대문단 관련 연구」(KCI, 2013), 「중국 현대 문예 매체에 발표된 김광주의 문예 비평에 대한 소고 ─ 신 발굴 중국어 자료들을 중심으로」(KCI, 2015) 등 다수의 논문 발표.

유·불·도, 환경과 예술을 말하다

초판 1쇄 인쇄 2017년 5월 11일
초판 1쇄 발행 2017년 5월 19일

지 은 이	천옌(陳炎), 자오위(趙玉), 리린(李琳)
옮 긴 이	김 철
발 행 인	한정희
발 행 처	경인문화사
총 괄 이 사	김환기
편 집	김지선 나지은 박수진 문성연 유지혜
마 케 팅	김선규 하재일 유인순
출 판 번 호	406-1973-000003호
주 소	파주시 회동길 445-1 경인빌딩 B동 4층
전 화	031-955-9300 팩스 031-955-9310
홈 페 이 지	www.kyunginp.co.kr
이 메 일	kyungin@kyunginp.co.kr

ISBN 978-89-499-4249-0 93910
값 40,000원